U0879972

高等院校中文專業創新性學習系列教材

古代漢語

趙世舉　李運富　主編

北京大學出版社
PEKING UNIVERSITY PRESS

圖書在版編目(CIP)數據

古代漢語/趙世舉,李運富主編. —北京:北京大學出版社,2013. 11
(高等院校中文專業創新性學習系列教材)
ISBN 978-7-301-23349-8

Ⅰ. ①古… Ⅱ. ①趙…②李… Ⅲ. ①古漢語-高等學校-教材
Ⅳ. ①H109. 2

中國版本圖書館 CIP 數據核字(2013)第 245761 號

書　　名:古代漢語
著作責任者:趙世舉　李運富　主編
責 任 編 輯:張弘泓
標 準 書 號:ISBN 978-7-301-23349-8/H · 3410
出 版 發 行:北京大學出版社
地　　址:北京市海淀區成府路 205 號　100871
網　　址:http://www. pup. cn　新浪微博:@ 北京大學出版社
電 子 信 箱:pkuwsz@ 126. com
電　　話:郵購部 62752015　發行部 62750672　出版部 62754962
編輯部 62752022
印　刷　者:三河市博文印刷有限公司
經　銷　者:新華書店
650mm × 980mm　16 開本　32 印張　541 千字
2013 年 11 月第 1 版　2021 年 12 月第 5 次印刷
定　　價:79. 00 元

未經許可,不得以任何方式複製或抄襲本書之部分或全部內容。

版權所有,侵權必究

舉報電話:010-62752024　電子信箱:fd@ pup. pku. edu. cn

"高等院校中文專業創新性學習系列教材"
總編委會

主 任 委 員: 趙世舉　劉禮堂

副主任委員: 涂險峰　於可訓　尚永亮

委　　　員（按姓氏音序排列）:

陳國恩　陳文新　樊　星　馮學鋒　李建中　盧烈紅
王兆鵬　蕭國政　張　傑　張榮翼　張思齊　趙小琪

“高等院校中文專業創新性學習系列教材”總序

一

這套系列教材的醞釀已有七個年頭兒了。2002 年我受命擔任武漢大學中文系副主任，分管本科教學工作。正值新世紀之初，經濟全球化進程日益加快，我國現代化建設全面推進，高等教育也隨之迎來了新的機遇和挑戰。面對新的形勢，如何更好地培養適應時代要求的高素質人才？這已是擺在我們高等教育工作者面前的不得不思考、不能不應對的當務之急。正是在這一背景之下，為了適應人才觀和教育理念的發展變化，我與時任系主任的龍泉明教授策劃，以漢語言文學專業為試點，從修訂培養方案入手，全方位地開展本科教學改革。舉措之一，就是大刀闊斧地調整課程體系，壓縮通史性、概論性課程，增加原典研讀課程和實踐性課程，旨在强化學生素質和能力的培養。與此相應，計劃編寫配套的教材。起初，為了加大原典閱讀的力度，配合新培養方案增設的語言文學名著導讀系列課程，我們首先組編了“高等學校語言文學名著導讀系列教材”，2003 年正式出版。與此同時，也醞釀編寫一套適應新需要、具有新理念的基礎課教材。從那時起便開始思考、調研、與同仁切磋。經過幾年的準備，2006 年開始系統謀劃和全面設計，2007 年正式組建了編委會，啓動了編寫工作。經過衆多同仁的不懈努力，今天終於有了結果，令人欣慰。

這套教材是針對現行一些教材存在的問題，根據當今社會對人才的新要求，為培養高素質、創新型、國際化人才而設計編寫的。旨在引導學生進行自主學習、創新性學習，養成勤於思考的習慣，强化不斷探索的意識，增添勇於質疑的膽略，培育大膽創新的精神。這也是我們把這套教材命名為“創新性學習系列教材”的用意。全套教材共有 12 種，基本上涵蓋了中文類本科專業的基礎課和主幹課。

客觀地説，現有本科基礎課教材已是鋪天蓋地，其中也不乏特色鮮明、質量上乘之作，但從總體上看，適應新時代新需求的優質教材品種不多，相當多的教材由於時代和條件的限制或受過去教育理念的影響，相對於當今

人才培養的新需求而言,還存在著一定的局限性和薄弱點。很多同仁感到不少教材存在的比較突出的問題是:

1. 重知識傳授而輕思維啓迪和素質能力培育,主要著眼於將基本知識傳授給學生。這恰恰順應了學生從中學沿襲下來的應試性學習的習慣,容易導致學生只是重視背記教材上的知識要點,僅僅滿足於對一些知識的記憶,而缺乏能動思考、深入探究和自我訓練,不能很好地消化吸收,内化為素質和能力。

2. 習慣於"定於一",兼收並蓄不够,吸收新成果不多,較少提供啓發學生思考和進行思想碰撞的不同學術視角、觀點、立場和方法的内容,啓發性、研討性、學術性不足,不利於培養學生的思辨意識、研究能力和創新精神。

3. 内容封閉,功能單一,較少對學生課外自主研習、實踐訓練、拓展提高給予足够的引導,更未能對具有較大的學術潛能、更多的學識追求以及創新意識的使用者提供必要的幫助。即使學生有進一步閲讀、訓練、思考、探索的願望,在學習了教材之後仍往往茫然不知所措。因此教材的有效使用對象也僅限於較為固定、單一、一般的層次。

顯然這些問題與當代人才培養的需要是不相適應的。社會的發展呼唤知識基礎好、綜合素質高、實踐能力强、富於創新精神的人才,而不需要只會死記硬背的書獃子。因此,著眼時代需要,轉變教育理念,吸收新的教學成果、學術成果和現有教材的經驗,進行教材編寫的新探索,是完全必要的,也是必需的。

二

我們這套教材正是針對上述問題,根據時代的需要所做的一種新嘗試:在重視知識傳授的同時,更加注重引導學生思考,幫助學生拓展,强化學生訓練,指導學生探究,激發學生創新,着力將傳授知識與提高素質、培養能力、啓發智慧融為一體,充分發揮教材的綜合功能。

正是從上述理念出發,這套教材的編寫主要致力於體現如下特色:

1. 注重基礎與拓展的有機結合。即在濃縮現行教材重要的基本知識體系的基礎上,增加拓展性的内容,給學生提供進一步拓展提高的空間、路徑和條件。

2. 體現將知識傳授與素質提高、能力培養、智慧啓迪融為一體的理念。在教材中增加探究性内容和訓練性環節,以促使學生發揮能動性和主動性,激發學生積極思考,深入鑽研,注重訓練,敢於質疑,勇於創新,從而使學生獲得能力的鍛煉、知識的積累、素質的提高、情感的薰陶和思想的昇華。

3. 貫徹課内外一體的精神,將課堂内外整體設計,注重課内和課外學習的有機銜接,加强對學生課外學習和訓練的指導。除了提供課堂教學所需要的内容之外,還增加了指導學生課外自主學習、自我研討和自我訓練的内容,將教學延伸至課外,實現課内課外的有機結合和優勢互補,幫助學生有效地利用課餘時間。

4. 引導學生改變被動學習、簡單記憶的慣性,培養學生進行自主學習、創新性學習的能力和習慣。儘量多給學生一些啓發,少給一點成説,把較多的空間留給學生,讓學生自己研讀,自己咀嚼,自己品味,自己感悟,自我訓練。努力構建以學生為主體,以教師為主導,全面調動學生學習積極性和能動性的師生有機互動的新型教學模式。

5. 强化文本研讀。即濃縮概論性、通史性内容,加大經典原著閲讀闡釋比重,促使學生扎扎實實地讀原典,把學習落到實處,從而夯實專業基礎,汲取各方面的營養,獲得全面提高。

6. 構建立體化教學資源系統。除了紙質教材之外,我們還將研製與之配套的輔助性多媒體教學資源,如適應學生自主學習的電子文獻庫、專題資料數據庫、習題與訓練項目庫、自我檢測系統、多媒體課件、網絡課程、師生互動學習平臺等,為學生提供形式多樣、方便適用、全方位的學習服務。

此外,本套教材也與我們已經編輯出版的“高等學校語言文學名著導讀系列教材”互為補充、相得益彰。

本套教材在基本結構上,每章都由以下四個板塊組成:

1. 基礎知識

根據國家有關部門和組織頒佈的以及現在通行的各門課程要求,參照全國有影響的各種教材的做法,精選基礎性教學内容。本着“守正出新”的原則,去粗取精,提綱挈領,注重點面結合。一方面重視知識的系統性、普適性和知識結構的完整性、科學性,另一方面突出重點問題,深入講解,並努力吸收較成熟的最新學術成果。此外我們還儘量注意,對於中學講授過的和其他相關課程有所涉及的内容,一般只作簡要歸納和適當拓展與深化,不作重複性鋪陳。

2. 導學訓練

就本章的課内外學習和訓練提出指導性意見,引導學生抓住關鍵,掌握

方法,自主研習,創新學習。主要包括以下内容:

(1)導學。對本章的學習提出意見和建議,必要時也對主要内容進行歸納,對疑難問題和關鍵點進行闡釋。

(2)思考題。努力避免簡單的知識性題目,著重要求學生從不同角度、不同層面對本章的内容進行爬梳、歸納、提煉和發揮,或就一些問題進行理論思考。

(3)實踐訓練。設計了一些讓學生自己動手動口動腦的實踐性項目,要求學生聯繫學過的知識去驗证、訓練、研討、演繹、發揮。

3. 研討平臺

就本章涉及的若干重要内容或有爭議的問題、熱點問題提出討論,旨在强化、深化學生對這些問題的認識,培養學生的問題意識、質疑精神,提高學生的思辨能力和研究能力。主要包括兩方面的内容:

(1)問題概述。就要研討的問題作引導性的簡單概述,包括適當介紹相關的學術史尤其是最新進展,為學生思考提供背景知識,指點方向、路徑。

(2)資料選輯。圍遶要研討的問題選輯一些重要著作和論文中的重要片段,包括立場、觀點、視角、方法各不相同的材料和最新學術前沿信息,供學生學習、思考,以豐富學生知識,開拓學生視野,啓發學生思維。

4. 拓展指南

介紹有助於本章學習理解的文獻資料和有助於進一步深化提高或開展專題研討的文獻資料,不僅包括紙本文獻,也包括各類電子文獻、數據庫和網絡資源等,以引導學生廣泛而有效地利用各種相關資源進行深入學習和探究。主要包括兩方面的内容:

(1)重要文獻資料介紹。選擇與本章内容有關的若干種重要文獻進行簡要介紹,以便學生有針對性地學習。

(2)其他相關文獻資料目録與綫索。

以上四個板塊中,“基礎知識”和“導學訓練”是基礎部分,主要提供本科生應該掌握的最基本、最重要的系統知識,培養本科生應該具備的素質和能力;“研討平臺”和“拓展指南”兩個板塊是提高部分,一方面是對基礎部分的提高和深化,另一方面也是為進一步學習和研究做好鋪墊,指點路徑和方法,在程度上注意了與研究生階段的區别與銜接。主旨是從各科教學入手,引導學生學會怎樣自主學習、思考問題、分析問題和解决問題,培養學生的綜合素質、研究能力和創新精神。簡而言之,提高部分的主要作用是:激發學生興趣,促使學生學會思考、掌握方法,提高素質和能力。

三

這套教材的編寫,是我們整體教學改革的有機組成部分。幾年來我們一直慎重其事,不僅注重相關的理論思考,而且努力進行實踐探索,同時還積極學習借鑒兄弟院校的經驗,不斷豐富我們的想法。為了保证編寫質量,2007年我正式拿出編寫方案之後,多次召開會議進行專題研討;各部教材也都分頭召開了編委會,反復研究具體編寫方案,不斷深化認識、完善思路、優化設計。因此這套教材是集體智慧的結晶,也是我們教學改革的成果之一。

在編寫隊伍方面,我們約請了本院和其他部屬重點大學的學術帶頭人或知名教授擔任各書主編和主要撰稿人,並組建了總編委會,負責總體把關,各科教材則採取主編負責制,以確保編寫質量。

十分感謝北京大學、北京師範大學、中國人民大學、清華大學、復旦大學、南京大學、四川大學、中山大學、厦門大學、西北大學、西南大學、華東師範大學、華中師範大學、暨南大學、華中科技大學、湖南大學、華南理工大學、中國社會科學院研究生院以及上海師範大學、南京師範大學、首都師範大學、華南師範大學、湖南師範大學、新疆大學、北京第二外國語言大學(隨機列舉)等校同仁的大力支持和積極參與,他們為這套教材的編寫奉獻了智慧,付出了汗水,增添了光輝。

北京大學出版社為這套教材傾注了極大的熱情,鼎力支持,尤其是責任編輯艾英小姐參與了很多具體工作,盡心盡力,令我們感動,在此謹致謝忱!

古言道:"苟日新,日日新,又日新。"教材建設是一個需要根據社會發展的要求不斷與時俱進的常青事業,探索創新是永恒的。我們編寫這套教材,無非是應時代之需,在責任和義務的驅動下,為這項永恒的事業做一份努力。毋庸諱言,作為一種新的探索,肯定還有不少需要改進的地方,我們真誠希望使用本教材的老師和同學提出寶貴的意見,幫助我們不斷改進和完善,使之更加適應高素質、創新型人才培養的需要。

趙世舉

2009 年 7 月於珞珈山麓東湖之濱

本書編委會

主　編：

趙世舉　武漢大學文學院

李運富　北京師範大學文學院

副主編（按姓氏音序排列）：

雷漢卿　四川大學文學與新聞學院

劉曉南　復旦大學中文系

盧烈紅　武漢大學文學院

趙小剛　西北大學文學院

編　委（按姓氏音序排列）：

高永安　中國人民大學文學院

李建廷　武漢大學文學院

邱慶山　湖北大學文學院

王彤偉　四川大學文學與新聞學院

吳吉煌　中山大學中文系

蕭　紅　武漢大學文學院

肖聖中　武漢大學文學院

張建民　蘭州大學文學院

編寫說明

一、編寫背景

古代漢語教材可謂百花爭豔,不乏優秀之作。然而,時代的發展又不斷對古漢語課程提出新的要求和期待,這就不可避免地促使古代漢語教材不斷更新,與時俱進。

當今社會的發展,呼喚高素質、强能力、創新型人才。為了適應新時代的這一需求,國內外高等教育界不約而同地都在進行相應的教育改革。縱觀全球人才培養模式改革的走勢可以發現,以培養創新型人才為目標的厚基礎、寬口徑、强能力、高素質的培養理念和培養模式漸成主流;增加通識課,壓縮專業課,削減理論課,强化實踐課是大勢所趨。這就必然要求中文專業主幹課程之一古代漢語進行相應的改革。為了適應這種現實要求,古代漢語教學不僅要有"量"的調整—壓縮,而且也要有"質"的變革—優化,還需要有"能"的改變—拓展。這是本教材編寫的客觀背景,也是使用本教材有必要瞭解的現實基礎。

二、改進嘗試

本教材的策劃始於2007年,自2009年7月召開第一次編寫會,正式啓動編寫工作也整整四年了。經過編寫人員的反復切磋和打磨,形成了如今的面貌。我們在充分吸收現行優秀教材成功經驗的基礎上,根據人才培養的新需要和教學改革的新要求,以及我們在古漢語教學實踐中的體會,進行了一些改進嘗試,主要體現在以下幾個方面:

1. 貫徹人才培養的新理念。以新的人才觀為導引,由知識教育轉化為素質教育,在傳授知識的同時,更加注重引導學生思考,幫助學生拓展,强化學生訓練,指導學生探究,激發學生創新,著力將傳授知識與提高素質、培養能力、開啓智慧融為一體。本教材就是基於這種理念來設計的。

2. 開拓課程的新功能。過去一般都把古漢語課程單純地當做工具課，主要用來幫助學生解決古文閱讀中的實際問題。根據新的人才培養理念，我們不僅把古漢語課作為工具課，而且視為素質教育課和能力培養課，著力增强其基礎性、綜合性功能，努力使該課程由過去主要服務於傳授古漢語知識和解決古文閱讀問題，拓展至培養學生的人文素質、創新思維和發展能力。本教材就是根據這種課程定位來編寫的。

3. 倡導學習的新模式。我們努力倡導學生自主學習和創新學習，以充分調動學生的主動性和能動性，培養其學習能力、問題意識、思辨精神和創新能力。為此我們在教材中開闢了"導學訓練""研討平臺"和"拓展指南"等空間，選輯了便於自學研討的豐富資料和問題以及訓練項目，以供學生自己研讀，自己思辨，自己品味，自己感悟，自己訓練。

4. 構建教材的新體系。我們以現行教材為參照，注重內部體系的改進：其一，精簡內容，以適應教學時數減少的實際，主要壓縮基礎知識，對各分支領域的常識和與現代漢語相近的知識都提煉要點，放在各章"概述"中略講，抽取古漢語中突出的問題和獨特的內容詳講；其二，精選文獻，除了一般教材所堅持的內容的廣泛性、時代的完整性和體裁題材的多樣性等原則之外，我們還特別重視選擇兼具語料典型、文化知識豐富、內涵深刻、學術性强等特點且與通論內容相關的文獻，以實現減量而不減知識、學一篇而有多得的效果，使壓縮的教學時間得到部分補償；其三，强化實踐，專門設計了探究性內容、訓練性環節和可增加感性認識的材料；其四，優化結構，根據培養理念和課程目標，注重理論與實踐的結合、基礎與拓展的結合、語言與文化的結合、古與今的結合，各章都由"基礎知識""導學訓練""研討平臺"、"拓展指南"和"文選"五個板塊科學組配，形成體系。每個板塊各有分工（詳見本書《總序》），又相互關聯，互為補充，相得益彰。其中，"基礎知識"和"導學訓練"是基礎，提供的是本科生應該掌握的最基本、最重要的系統知識；"研討平臺"和"拓展指南"兩個板塊是提高，一方面是對基礎部分的提高和深化，另一方面也是為進一步學習和研究做鋪墊、指路徑、教方法，旨在以古漢語學習為案例，指導學生學會思考、學會分析問題和解決問題，努力培養學生具有普遍意義的綜合素質、研究能力和創新精神。

5. 增加必要的新內容。根據我們的課程定位和培養理念，增加了一般古漢語教材較少涉及的內容，如能體現中國文化精神與特點的禮俗、制度、中醫、科技等方面的文獻，出土文獻，傳統語言文字學文獻，各領域最新研究成果等。主要目的在於將語言知識學習與學術素養提高相結合，將語言教學與文化教學相結合，讓學生在學習語言知識、語言理論知識的同時，全面瞭解中國文化，認識中國文化的整體性、系統性和廣泛的聯繫性，以培養學生的會通能力和人文素養，冀收事半功倍之效。

以上只是我們的一些嘗試，是否得當，還有待實踐檢驗。

三、編寫分工

本教材是多所部屬重點大學教師合作的成果。最初由趙世舉設計總體方案，李運富起草文選樣稿，經主編、副主編集體研討修訂後分工編寫，最後由趙世舉和李運富統稿。武漢大學文學院楊合鳴先生審閱了文選初稿，在此致謝。具體編寫分工是：

緒　　論：趙世舉
文　　字：李運富　吳吉煌
詞　　彙：趙世舉　肖聖中
語　　法：盧烈紅　蕭　紅
音　　韻：高永安　劉曉南
修　　辭：趙小剛　張建民
訓　　詁：雷漢卿　王彤偉
文選校核：李建廷　邱慶山

教材更新是與時俱進的常青事業，也是應對需要必須付出的努力。我們只是因需要驅動而在這項永無止境的事業中盡一份努力而已。儘管我們盡心竭力地想編好這部嘗試性教材，但由於我們的功力有限，加上我們多數人正值中年，來自各方面的繁務壓身，時間精力畢竟有限，不當之處在所難免，懇請同仁批評指正，以便我們不斷改進。

本教材的編寫也得益於一些優秀教材的啓發，並從中吸收了某些營養，但因教材編寫通例，有些難於出注，恕不一一，在此一併致謝！

編　者

2013 年 7 月

目　録

緒　論

一、什麽是古代漢語

所謂古代漢語,簡言之,就是古代漢民族所使用的語言。

古代漢語的時限如何? 看法不盡一致。一般以“五四”新文化運動時期為分界線,因為從這一時期開始,白話取代了文言,因而人們便以此作為古今漢語的分水嶺。五四運動以前的漢語稱作古代漢語,其後的漢語稱作現代漢語。

五四運動是古代漢語的下限,那麽它産生的起點何在? 這是一個幾乎無法回答的問題。因為一種語言的産生要早於記録它的文字,漢語也是如此,在漢字産生以前漢語面貌如何,今天無從得知,我們能够接觸到的衹是漢字産生以後的古代漢語。目前能確認的記録漢語的最早文字材料是原始社會時期的陶文,距今約有五六千年的歷史。但已發現的陶文衹是隻字片符,或許還不是成熟的文字系統,因而尚無法藉以瞭解遠古漢語的面貌。目前能够見到的記録漢語的最早的成系統的可靠材料,是殷商時期的甲骨卜辭,距今有三千多年的歷史。因此,我們所説的古代漢語,在理論上可指自其産生開始直至五四運動為止的漢語,但實際上衹是指漢字産生以後的古代漢語,具體地説是指甲骨文産生之後的古代漢語。

漢字産生以後,不僅有口説的漢語,而且有了手寫的漢語,因而古代漢語和現代漢語一樣,也有口語和書面語兩種形式。

古代漢語的口語系統,我們今天所知甚少。因而,通常所説的古代漢語,很多時候實際上僅限於古代漢語的書面語。

古代漢語書面語經過幾千年的發展演變,先後形成了兩個不同的系統:一個是以先秦口語為基礎形成的上古漢語書面語言以及後來歷代仿古作品所使用的語言,即所謂文言。用文言寫成的文章叫文言文。傳世的經史子集中絶大多數文獻都使用的是文言,包括晚清文人的文章大多也是用文言書寫的。古代漢語的另一個書面語系統是晚唐以來在北方話的基礎上逐步形成的一種新的書面語形式,即通常所謂古白話。如唐變文、宋話本、元戲曲、明清小說等幾乎都是用古白話寫成的。也有不少學者把古白話從古代漢語中剝離出來,叫作近代漢語。古白話是現代漢語的直接淵源。

在古代,儘管文言是上古漢語書面語,後世漢語也發生了很大的變化,但由於歷朝歷代都以它為正宗和規範,後世文人沿用不輟,因而自上古直至五四運動前,文言一直佔據書面語壟斷地位,古白話始終未能上升到全民書面語的地位。因此,在我國古代相當長的歷史時期內,書面語與口語是有很大差異的。

古代漢語的發展具有階段性。關於其階段的劃分,則見仁見智,莫衷一是。有不同看法是正常的,因為語言的發展並非爆發式的,而是漸變的,所以並没有涇渭分明的界限。根據一般的看法,大體上可以把古代漢語劃分為三個時期:

上古期(先秦兩漢階段)

中古期(三國至唐中葉)

近代期(晚唐至五四前)

在這三個不同的歷史時期,漢語都呈現出一些不同的特點。上古時期,漢語已經成熟,書面語形式文言基本定型,口語與書面語大體一致;中古時期,漢語語音發生了較明顯的變化,新詞語大量湧現,口語與書面語日趨脱節;近代時期,口語與書面語文言的差異很大,新的書面語形式古白話應運而生,出現了兩種書面語並存的局面,不過,文言還是書面語的主導。

由上述可知,"古代漢語"這一術語內涵和外延頗為複雜,理解和運用時一定要注意其實際意義。

二、古代漢語課的性質與內容

古代漢語課兼具基礎課和工具課的性質。

説它是基礎課,是因為,古漢語知識是我們以漢語為母語的大學生應該具備的基本知識和基本素養的重要組成部分,古代漢語課肩負著幫助學生完善知識結構、提高基礎素養的任務,從這個意義上説,古代漢語課也是素質教育課;同時,古代漢語課也是學好其他相關課程的基礎,比如要學習中國古代文學、中國古代文獻學、中國歷史和各種專門史、中國哲學、中國古代文化乃至現代漢語等,都需要有一定的古漢語功底。可見,古代漢語課是一門實實在在的基礎課。

説它是工具課,是因為,就一般學生而言,學習古代漢語的直接目的就是為了能够順利地閲讀古籍,古代漢語課的重要任務之一就是要指導學生掌握古代漢語這個語言工具,教給學生識字、解詞、析句之類的方法,幫助學生解決閲讀古籍中可能遇到的問題,提高閲讀古籍的能力。所以説古代漢語課又是一門工具課。

基於古代漢語課程的性質,在教學内容設計上就必須充分考慮其基礎性、工具性和實用性的有機結合,充分發揮其綜合功能。

那麼具體講授什麼内容呢?

從知識層面來説,大體包括三個方面:語言知識、文獻知識和文化知識。其中語言知識是核心和主導。在主要講授古代漢語語言知識的同時,也適當傳授課文中所涉及的重要的古代文獻和文化方面的知識。

從内容形態來説,主要包括基礎知識和文選兩大部分。基礎知識部分,較系統地介紹古代漢語詞彙、語法、修辭、文字、音韻、訓詁知識,重點是與現代漢語有差異的方面,這一部分旨在提高對古代漢語的理性認識和系統把握,以求觸類旁通;文選部分,則是古代優秀作品的選輯,講授作品所涉及的語言、文獻與文化知識,旨在培養學生的感性認識和應用知識的能力。

在上一節説過,古代漢語上下幾千年,並且具有不同的層面,不可能面面俱到地講授。我們重點講授古代漢語的主要書面語——文言,而不是古白話,並且重點是以上古漢語語料為對象。這是因為:

其一,從學習的難易程度來看,古白話與現代漢語較為接近,學習起來困難不大。而文言則不同,有些東西我們是"素昧平生",難於理解;有些東西"似曾相識",其實未必真懂,閲讀理解容易出錯。因此應該把文言作為講授的重點。

其二,從源流關係來看,上古漢語是後世漢語的源頭,文言被後世奉為正宗和圭臬,世代沿襲仿效。因此,從上古漢語入手,可以溯源及流,收到事半功倍、觸類旁通之效。

其三,從我國現存的古代文獻來看,大多數是用文言寫成的。要閲讀古文獻,不可避免地要讀文言文。因此,從閲讀的實際需要看,首要的是要學好文言。

在教學内容的組織上,我們將基礎知識與文選相結合,並輔以導學訓練、問題研討、拓展指南等内容,旨在將理論與應用相結合、講授與訓練相結合、知識傳承與能力培養相結合、打牢基礎與拓展提高相結合、教師講授與自主學習相結合,努力培養學生的知識修養、綜合素質、實踐能力和創新精神。

三、學習古代漢語的意義

學習古代漢語具有多方面的意義和作用。

1. 有助於培養古籍閱讀和鑒賞能力。

古今漢語的差異,給我們閱讀古籍帶來了一定的困難。其難表現在很多方面:

其一,文字難識。漢字數量龐大,我國第一部字典《說文解字》收字9353個,第一部楷書字典《玉篇》收字22000多個,第一部官修字典《康熙字典》收字47000多個,新編的《漢語大字典》收字超過六萬個,足見漢字之多;漢字不僅數量多,而且形體幾經變易,甲骨文、金文、篆書、隸書、楷書、草書、行書各有不同;漢字的結構頗為複雜,構件類别和構形模式多種多樣,筆畫繁簡不一;漢字的運用也變化多端,所謂古今字、異體字、通假字、繁簡字交相混雜,辨識不易。可見,要掌握這麽複雜的漢字,缺乏古漢語知識是不行的。

其二,詞義難解。一方面,古漢語一詞多義現象突出,往往本義、引申義、假借義集於一身,難於辨認。例如"信"這個詞,具有言語真實,真誠、守信用,認為可靠、相信,隨意、放任,信約,憑證、符信,使者,消息,書信,真的、的確,住宿兩夜,伸展等十多個意義,掌握起來頗有難度。另一方面,古今詞彙有差異,詞義有演變,要準確理解也不容易。有的詞古今意義迥異,成為閱讀障礙。例如《世說新語·忿狷》:"王藍田性急。嘗食雞子,以箸刺之,不得,便大怒,舉以擲地。雞子於地圓轉未止,仍下地以屐齒蹍之,又不得。瞋甚,復於地取内口中,齧破即吐之。"其中的"雞子"指雞蛋,而非雞肉。有的差别微殊,極易誤解,例如《史記·魏公子列傳》:"秦聞公子死,使蒙驁攻魏,拔二十城,初置東郡。其後秦稍蠶食魏,十八歲而虜魏王,屠大梁。"其中的"稍"很容易被誤解為程度副詞"稍微",其實是一個表示變化的副詞,相當於現代漢語的"漸漸"。此外,有些詞語意義抽象靈活,也難於把握。尤其是那些牽涉到古代思想觀念、典章制度、風俗習慣等方面的詞,其義有時讓人難於捉摸,如"仁"、"道"等。這些都需要我們學習和積累古代漢語詞彙知識。

其三,句子難析。古漢語中不同於現代漢語的句法形式和結構規則也是閱讀古籍的障礙。例如古漢語中的使動用法、意動用法以及某些特殊語序、特殊句式、特殊虚詞等。

學習古代漢語,可以幫助我們解決上述難題,從而提高我們閱讀和鑒賞古籍的能力。

2. 有助於提高現代漢語素養和表達能力。

古代漢語是現代漢語之源,現代漢語很多成分和規則都是由古代漢語繼承和發展而來的。學習古代漢語其實也是在為現代漢語的學習和應用打基礎。如果没有一定的古漢語功底,是很難掌握好現代漢語的。我們今天在現代漢語的理解和運用中出現的很多問題,其實都是因為古漢語知識貧乏導致的。例如很多人"辯""辨"不分,就是因為缺乏古漢字知識。如果懂得這兩個字都是形聲字,它們的區别在於一個字的意符是"言",本義是辯説,另一個字的意符是"刀",本義是剖分,就不會混淆了,也就不會把"辯論"寫作"辨論"、"辯解"寫作"辨解",把"分辨"寫作"分辯"、"辨析"寫作"辯析"了。又如,"即"、"既"也常被混淆。但如果我們掌握了它們的古本義,不僅能將二者清楚地區别開來,而且相關的詞語也都迎刃而解了:"即"的本義是靠近,於是引申出臨近、當前、立即、就、就是、假使等意義,這些意義有的單獨沿用至今,有的則作為語素義遺存於合成詞或成語之中,故有"即位"、"即席"、"即興"、"即景"、"即日"、"即時"、"即刻"、"在即"、"立即"、"當即"、"迅即"、"隨即"、"即將"、"即使"、"即便"、"即令"、"即或"、"即若"、"若即若離"、"可望而不可即"、"即景生情"、"召之即來"、"一觸即發"、"非此即彼"等詞語;"既"的本義是完畢、結束,於是引申出已經、不久、既然以及表示並列等意義和用法,故有"既往"、"既然"、"既望"(望日的次日)、"食既"、"既而"、"一如既往"、"既成事實"、"既往不咎"、"既得利益"、"既快且好"等詞語。至於學習古代漢語對於成語的理解和運用的作用,更是不言而喻的。僅以"不毛之地"為例。很多辭書都解釋為"不能生長植物的地方"、"寸草不生的地方",認為"毛"指草木。但我們讀一讀諸葛亮《出師表》就會發現問題:"五月渡瀘,深入不毛。"這裏説的是横渡瀘水,征討孟獲一事。該地區多為深山老林,豈能不長草木? 顯然不當。查一查古代訓詁資料即可明白。何休《公羊解詁》:"墝埆不生五穀曰不毛。"段玉裁《説文解字注》"竓"字注:"按毛苗古同音,苗亦曰毛,如不毛之地是也。"可見,"毛"指莊稼;"不毛之地"指不長莊稼的地方。由上述可知,學好古代漢語對於提高現代漢語素養和表達能力具有十分重要的意義,可以幫助我們更加全面地掌握現代漢語,更加深刻地理解現代漢語,更加準確和得體地運用現代漢語。

以上説的是學習古代漢語對於提高個人現代漢語素養的意義和作用。此外,從大的方面而言,學習古代漢語,合理地吸收其中有生命的成分,也有助於進一步豐富和發展現代漢語。

3. 有助於提高人文修養和綜合素質。

古代漢語具有極為豐贍的文化蘊涵,學習古代漢語,也有助於我們豐富文化知識,吸取古代文化精華,培育審美情趣,提高人文素養,陶冶道德情操,鑄就高尚人格,促使我們健康成長和全面發展。同時,本課程所貫徹的自主學習和創新學習理念、訓練型和研討性的教學設計以及豐富的文獻資料,也有利於提高我們的學習能力、知識應用能力、獨立思考能力、創新精神和綜合素質。

4. 可為相關領域的進一步學習和研究奠定基礎。

古代漢語課其實也是一門綜合性課程,它不僅屬於語言學,而且還廣涉文學、歷史、哲學、文獻學、文化學、人類學、民俗學以及各類專業史等領域。這門課程的學習,無疑可為我們今後進一步涉獵相關領域打下重要基礎,並且提供實用的語言工具。

5. 可為優秀文化傳承服務。

古代漢語知識不僅是我們解讀、獲取和研究文化的工具,而且語言本身也是文化的最重要組成部分,是文化的最集中體現,同時,語言也是文化的最重要載體,是文化傳承的最重要媒介和手段,因此,學習古代漢語,就是學習和傳承中國文化。尤其是在世界需要漢語、更加關注中國文化的今天,學習古代漢語具有更深遠的意義。

四、學習古代漢語的方法

一談到古人讀書,無不提及"聚螢映雪,懸頭刺股"(《北史・隱逸傳》)之類的千古美談。《儒林外史》介紹說:"五六歲上請先生開蒙,就讀的是四書五經;十一二歲就講書,讀文章,先把一部王守溪的稿子讀的滚瓜爛熟。"韓愈也有類似描述:"口不絕吟於六藝之文,手不停披於百家之編……焚膏油以繼晷,恒兀兀以窮年。"(《進學解》)可見,古人的學習方法主要就是潛心苦讀,皓首窮經。當然也有一些基礎知識的學習和基本能力的訓練,據《漢書・藝文志》記載:"古者八歲入小學,故周官保氏掌養國子,教之'六書',謂象形、象事、象意、象聲、轉注、假借,造字之本也。"《禮記・學記》說:"一年視離經辨志。"前者說的是漢字知識教學,後者說的是對斷句析意能力的考查和要求。但這畢竟不是主流。死記硬背的苦讀方法,固然可以學到一些東西,但由於缺乏理性認識,所學知識零散而不系統,知其一不知其二,費時多而效率低。有時難免囫圇吞棗,一知半解。

後來的學校教育則反其道而行之,把重點轉向了系統語言知識的傳授。新中國成立前的一些大學開設了系列課程,給學生講授文字、音韻、訓詁、文法等知識,二十世紀五十年代初一些學校模仿蘇聯的語言教學模式,開設了"古代漢語"課,重點講授古漢語語法等專門知識。這類教學模式忽視了學生感性認識的積累,在一定程度上教成了漢語史或語言理論課,没有把重點放在培養學生閱讀古書的能力和人文素質上,因而學生學起來吃力,效果不佳。五十年代末,北京大學試行了"文選、通論、常用詞"三結合的教學方法,收到了良好的效果,為古漢語教學開創了新的局面。

就古代漢語教學的歷史經驗和我們的教學實踐來看,我們認為將基礎知識與文選相結合、講授與訓練相結合的教學方法是很好的選擇。基礎知識的教學,有利於學生系統掌握古漢語規律和特點,增强理性認識,促使學生面對古籍閱讀中的任何問題時,能够以理論知識為指導,舉一反三,觸類旁通;文選的教學,則可幫助學生熟悉語料,增强語感,積累感性認識,以加深對基礎知識的理解和把握,提高閱讀古籍的實際能力,同時還可讓學生從中獲得很多文化知識等。兩相結合,優勢互補,相得益彰。在教學過程中,教師的系統講授可為學生提供系統的知識和成熟的經驗,以減少學生自己摸索的盲目性,提高學習效率和效果;對學生進行一些必要的實踐訓練,可以調動學生的積極性,發揮學生的主觀能動性,促使學生鑽進去,消化理論知識,積累感性經驗。這種講練結合、師生互動的方式有利於促進學生理論素養和實際能力的全面提高。

以上主要是從教的角度來説的。那麽,作為學生,怎樣具體地學好古代漢語呢?我們認為,以下幾個方面是十分重要的。

一是多讀。即熟讀大量的古代典範作品和一些系統講授古漢語知識的著作(包括本教材提供的各種資料),尤其是前者。這是獲取古代漢語知識的重要途徑和有效方法。古言道:"書讀百遍,其義自見。"大量而扎實的閱讀能有效積累知識、提高能力。不過,讀要講究方法,不能囫圇吞棗、死記硬背,一定要讀思並行,潛心領會,讀通讀懂。即如朱熹所言:"熟讀深思而問辨之。"(《白鹿洞書院學規》)尤其是閱讀作品,一定要辨識每個字、理解每個詞、弄懂每個句,特别要把握那些與現代漢語有差異的字、詞、句。只有這樣,才能讀有所獲。

二是善記。即多記一些古漢語常用詞和文字、音韻、詞彙、語法、修辭、文化中一些帶規律性的東西。掌握了那些關鍵的系統知識,在具體的閱讀實踐中就能够得心應手,觸類旁通。要記的東西很多,應注意選擇重點,即重點把握古今不同的方面,不同之中更要特別留心那些古今差別微殊的、容易混淆的。這樣記有側重,就會收到事半而功倍之效。

三是勤練。就是要多自主訓練。其一,要做好各種練習,以鞏固自己所學的知識。其二,要理論聯繫實際,化知識為能力和素養,把所學的古漢語知識運用於自己的閱讀實踐中去,融會到自己的人文修養中去,有意識地去獨立解決一些實際問題,以鍛煉獨立分析問題、解決問題的能力。

四是勤查。即要養成勤於翻檢工具書的習慣。有人稱工具書為"無聲的老師"、"案頭顧問"、"良師益友",是很有道理的。充分利用工具書,既是一種便捷的學習方法,也是閱讀古書的一項基本功。這有助於準確而迅速地解決實際問題。尤其是遇到似懂非懂的問題時,更應求助於"案頭顧問"。

以上四點是我們學習古代漢語的硬工夫。只要工夫到位了,我們的古漢語水準就一定會大大提升。

此外,如下三點也值得注意:

第一,要培養興趣。古代漢語去今甚遠,比較生疏和枯燥,如果不努力培養興趣,肯定無法學好。

第二,要樹立信心。古漢語問題多,難度大,如果缺乏信心,就會遇難卻步,半途而廢。

第三,要循序漸進。要扎扎實實地從基礎抓起,由淺入深,穩步推進,不可好高騖遠,急於求成。古言道:"欲速則不達。"操之過急,往往不能如願。

第一章　文　字

第一節　概　述

一、漢字屬性

文字是記録語言的視覺符號系統，是人類交流思想的輔助工具。從時間上看，人類語言的産生遠遠早於文字的創製。因此，我們説語言是第一性的，文字是第二性的。作為符號系統，文字是以視覺可見的形體來記録語言的。文字形體是用來記録語言的能指，而語言就是文字形體記録的所指。

漢字是記録漢語的視覺符號系統。作為視覺符號系統，形體是它存在的前提，所以"漢字"實際是指記録漢語的構形符號，但它的内涵並不單一，至少可以具有三種指稱：

1．指稱外部形態，即字樣。例如説："文"字跟"文"字不同；楷體字是從隸體字演變來的；那個字寫得不好看；這副對聯的字真漂亮；啓功先生的字很值錢。這些加點的"字"就是指稱外部形態。

2．指稱内部結構，即字構。例如説："歪"字為會意字；獨體為文，合體為字；現代的"秦"字不好分析。這些加點的"字"就是指稱内部結構。

3．指稱記録職能，即字用。例如説：某篇文章有六千字（指稱文字記録的音節單位）；"睹"跟"覩"是同一個字（指稱文字記録的單音詞）；創業者的字典裏找不到"害怕"這個字（指稱文字記録的多音詞）；這篇文章"文從字順"（泛指文字記録的語言單位）①。

這三種指稱反映了漢字具有"形、構、用"三個方面的屬性，每個方面的屬性都體現出作為記録漢語的符號不同於記録其他語言的非漢字符號的

① 我們日常所説的"字"，還可以指稱口語的音節單位，例如説"他咬緊牙一字不吐"、"你剛才説的話用十個字就能概括"；甚至可以指稱發音，例如説"咬字很準"、"字正腔圓"等等。這些"字"都與文字形體没有直接關係，説的不是記録語言的視覺符號，所以屬於"俗稱"，不能進入科學的定義。

特點。

所謂“形”是漢字成立的前提,是視覺感受到的直接印象,是每個漢字任何時候都具備的外部形態。漢字的外形屬性表現為“平面方塊型”。“方塊型”外貌是人們最容易感覺到的漢字的區別性特徵,它明顯不同於英文等線型文字系統。

所謂“構”指的是漢字內部的結構,包括造字的結構和析字的結構。結構的基本單位是構件。造字結構都是有理據的,構件反映對客觀事物(包括抽象概念)和語言音義的認識。析字結構是解說字形的操作模式,由於形體的變化,有的構件改變或喪失了原功能,所以析字結構可能跟造字結構不一致。漢字的構件有三種,即表意、示音和區別(通常稱為記號)。這三種功能在漢字結構中的地位是不平衡的,大致說來,表意構件(包括象形、表義、標識)是漢字構形的主體,同時兼用示音構件和區別性記號構件。

所謂“用”指的是漢字的功用或職能。原始漢語的語素大都是單音節的,與之相適應,漢字也是單音節的,一個單音節的漢字正好可以用來記錄一個單音節的音義結合體——語素。後來由於音節的衍分和音譯外來語,漢語出現了多音節語素,而漢字仍然是單音節的,要完整地記錄一個多音節語素,就得同時用多個漢字,這時候每個漢字所記錄的僅僅是一個音節而不是語素。因此,從總體上來看,漢字只跟漢語的音節對應,而無法簡單地跟漢語的詞或語素一一對應。準確地說,漢字的職能應該是記錄漢語的音節,包括有意義的音節(語素)和無意義的音節(非語素)。“記錄漢語音節”的職能是漢字的本質屬性之一。不過,雖然漢字都能記錄音節,但其主要職能是記錄漢語的音義結合體——單音節語素(包括單音節語詞),這一點在揭示漢字屬性時應該明確表述。所以不宜把漢字簡單地稱為“音節文字”,而可以叫作“語素音節文字”。

綜上所述,漢字的屬性可概括為:漢字是用表意構件兼及示音和記號構件組構單字以記錄漢語語素和音節的平面方塊型符號系統。為了指稱方便,也可以分別從外形上把漢字叫作“方塊型文字”,以區別英文等“線型文字”;從構造上叫作“表意主構文字”,以區別英文等“表音主構文字”;從記錄職能上叫作“語素音節文字”,以區別英文等“表詞文字”。

漢字是世界上使用時間最長、使用人口最多、記錄典籍最豐富的文字。在漫長的歷史發展進程中,漢字的外部形態、內部結構以及使用職能發生了巨大的變化,呈現出多姿多彩的字體形態、或隱或現的構造意圖、錯綜複雜的職能關係。這些變化給認讀漢字,把握漢字構造意圖,明確字詞對應關係,閱讀古代文獻帶來了不少困難。為此,我們在學習和研究漢字時應該區分不同的觀察角度,分别從不同的平面來加以分析和掌握:從外部形態入手,要關注字樣涵義的"字",把握字樣的書寫規律和變異規律,包括書寫單位、書寫方法、書寫風格、字體類型、字形變體等等;從內部結構著眼,要關注字構涵義的"字",把握漢字的構形理據和構形規律,包括構形單位、構件類别、構件功能、組合模式以及各種構形屬性的變化等等;從記錄職能的角度,要關注字用涵義的"字",把握漢字的記錄單位、字詞對應關係、職能屬性、職能演變等等。

當然,對應用漢字而言,主要涉及寫讀和運用。寫讀跟漢字的外形直接相關,運用跟漢字的職能直接相關,至於結構的分析,通常是為寫讀和運用服務的,所以人們一般只關注漢字的"形"和"用"。而"用"包含語言的"音義",於是人們把"形"、"音"、"義"放到一個平面,看作漢字的"三個要素"。這樣處理是有實用價值的,但應該明白:所謂"音"、"義"實際上是語言賦予漢字的,處於"用"的平面,而漢字本體除了書寫認讀的"形"外,還有內部結構值得專業學習者探究。所以漢字的基本屬性應該包括形體、結構、職能三個方面,而真正的漢字學的內容也應該包括形體、結構、職能三個方面。

二、漢字起源

(一)漢字起源的各種傳説

有關漢字起源的一系列問題從先秦時期起就成為人們思索的內容。據文獻記載,跟漢字起源相關的言論主要有如下幾種。

1. 結繩説。

《周易·繫辭下》:"上古結繩而治,後世聖人易之以書契。"這是中國文獻中有關結繩記事的最早記載。《莊子·胠篋篇》進一步指出了結繩記事所处的時代:"昔者容成氏、大庭氏、伯皇氏、中央氏、栗陸氏、驪畜氏、軒轅氏、赫胥氏、尊盧氏、祝融氏、伏羲氏、神農氏,當是時也,民結繩而用之。"

關於結繩記事的具體方法,孔穎達《周易正義》引《虞鄭九家易》説:"古者無文字,其有約誓之事,事大大結其繩,事小小結其繩,結之多少,隨物衆寡;各執以相考,亦足以相治也。"

從文獻記載來看,繩結的大小和數量可以記錄信息、幫助記憶。這種結繩記事的現象在後代甚至現代的某些民族和部落中仍然存在。

結繩記事可以使信息突破空間和時間的限制，傳之久遠，功能上起到類似文字的作用，作為實物符號的結繩形狀也可能成為後來文字形體的摹寫對象。但結繩受實物的限制，符號形態的區別度不大，無法跟語言單位直接對應，無法表達複雜的思想，因此後世聖人要用“書契（即文字）”來取代它。

2．契刻說。

元朝戴侗《六書故・六書通釋》：“治益繁，巧益生，故有刻竹木以為識者。今蠻夷與俚俗不識文字者，猶或用之，所謂契也。契不足以盡變，於是象物之形、指事之狀而刻畫之，以配事物之名，而簡牘刀筆興焉，所謂書也。”《釋名・釋書契》：“契，刻也，刻識其數也。”這裏的“刻”是指在木板或竹板的邊緣上刻削齒缺，用來記數。契齒的記數往往同時具有憑證、契約作用。

在竹木邊緣刻鑿齒缺以記數的“契約”，是以立約雙方的“約定俗成”為前提條件的，在此基礎上也可以使信息的傳遞突破時間和空間的限制，具備了文字系統的某些性質。不過和結繩一樣，也只是古人記事的手段之一，與文字的形體無關。如果把“契刻”理解為刻劃形成的簡單符號，那有些遠古陶器上的符號倒是可以看作漢字的源頭。

3．八卦說。

《周易・繫辭下》：“古者庖犧氏之王天下也，仰則觀象於天，俯則觀法於地，觀鳥獸之文與地之宜，近取諸身，遠取諸物，於是始作八卦，以通神明之德，以類萬物之情。”可見八卦只是用來“以通神明之德，以類萬物之情”的象徵性符號，雖然能够表達某些事物和某些思想，但符號跟內容的關係並不固定，因而八卦本身並不是文字。

把八卦跟文字聯繫起來，始於漢人。《易緯乾鑿度》說：“☰，古文天字；☷，古文地字；☲，古文火字；☵，古文水字；☴，古文風字；☳，古文雷字；☶，古文山字；☱，古文澤字。”宋代以後，人們更把八卦的“卦畫”跟文字的形體對照比附，直接把八卦（有的推廣到六十四卦）當成文字或者看作文字的來源。如楊誠齋《易傳》說：“卦者，其名。畫者，非卦，乃伏羲初制之字。”鄭樵《通志・六書略・第五》“因文成象圖”：“有近取：取𠀘（天）於☰（乾體）。取巛（地，亦為坤字）於☷（坤體）。取巜（水）於☵（坎體）。取灬（火）於☲（離體）。……有遠取：取山於☶（艮體）。取雷於☳（震體）。取風於☴（巽體）。取澤於☱（兌體）。”並解釋說：“文字便從（縱）不便衡（横）。坎、離、坤，衡卦也。以之為字，則必從。故☵必從而後能成巜，☲必從而後能成火，

☷必從而後能成巛。”(“論便從”節)

漢宋人比附的字形是晚起的小篆,即使小篆也只有“近取”的四個形體相似,還得變横為縱才行,所以根本無法説明漢字起源問題。而且從出土的材料來看,早期的“卦象”是由數字組成的,甲骨文、金文、包山楚簡中都有實例。後來所謂由陰爻陽爻組成的“八卦”應該是對這些“數字卦”進一步抽象和歸納的結果(把自然數字概括為奇偶兩類數以象徵陰陽)。由數字組成的“卦象”當然是在文字(至少是數字)産生之後才有的,所以《漢書·律曆志》説:“自伏犧畫八卦,由數起。”可見實際情况是“八卦”來源於漢字(數字),而不是漢字(包括數字)來源於“八卦”。因此,將八卦與漢字的小篆形體相比附,看作漢字的來源是錯誤的。

4. 河圖洛書説。

除了以上幾種説法之外,還有所謂的河圖洛書説,認為漢字是神賜予的,是神派龍馬和靈龜把圖、書馱到了人間。《尚書·顧命》傳:“伏羲王天下,龍馬出河,遂則其文,以畫八卦,謂之河圖。”《河圖玉版》:“蒼頡為帝,南巡狩,發陽虚之山,臨於無扈洛汭之水,靈龜負書,丹甲青文,以授之。”

古人一般把“河圖”看作“八卦”或“圖譜”的來源,把“洛書”看作《洪範》“九疇”的來源。如漢班固《漢書·五行志》:“劉歆以為伏羲氏繼天而王,受河圖,則而圖之,八卦是也。……禹治洪水,賜洛書,法而陳之,九疇是也。”宋鄭樵《通志·總序》:“河出圖,天地有自然之象,圖譜之學由此而興;洛出書,天地有自然之文,書籍之學由此而出。”

前面的分析已經明確“八卦”跟“漢字”的起源無關,即使“河圖”是“八卦”之源,也不能證明“河圖”是“漢字”之源。

5. 倉頡造字説。

關於漢字的創造者,古人傳説中影響最大的是黄帝史官倉頡。《吕氏春秋·君守》:“蒼頡作書。”《韓非子·五蠹》:“蒼頡之作書也,自環者謂之私,背私謂之公。”《説文解字·叙》:“黄帝之史倉頡,見鳥獸蹏迒之跡,知分理之可相别異也,始造書契。”“倉頡之初作書,蓋依類象形,故謂之文。”《春秋元命苞》:倉頡“龍顔侈侈,四目靈光,實有睿德,生而能書。於是窮天地之變,仰觀奎星圜曲之勢,俯察龜文鳥羽山川,指掌而創文字。天為雨粟,鬼為夜哭,龍乃潛藏”。

漢字當然不可能是某一個人創造的,倉頡其人是否真實也值得懷疑,但這個傳説並非毫無意義,它至少從兩個方面透露了有關漢字起源的信息。

首先是漢字形體的來源。“見鳥獸蹏迒之跡”,“仰觀奎星圜曲之勢,俯察龜文鳥羽山川”,這說明初期漢字的形體來源於客觀事物形象,是先人受到自然界紋理印跡的啓發,用線條和實塊直接“畫成其物”,將所見的客觀實物轉化為平面符號而創製的。這種“依類象形”的造字情況在甲骨文中仍有一定程度的反映。

其次是漢字記錄文獻的時代。傳說中倉頡的身分是黄帝的史官,而史官的職責是負責書寫記錄和整理收藏文獻。這種大量使用文字的人,雖然不可能是漢字的初創者,卻可以是漢字的收集者和整理者,正如《荀子·解蔽》所說:“好書者衆矣,而蒼頡獨傳者,壹也。”所以人們把漢字的創造之功都歸於他。這說明漢字形成系統,能够被史官運用來比較完整地記錄語言而形成文獻,是在距今五千年左右的黄帝時代。

(二)漢字起源的歷史遺跡

甲骨文已經是成系統的漢字體系,在數量上有四千多個單字,在結構類型上既有象形字,也有指事字、會意字和形聲字,基本能够滿足當時語言記錄的需要。這說明甲骨文已經是漢字發展的成熟階段,而漢字的起源階段要遠在甲骨文之前。

隨著中國境內考古工作的深入開展,陸續出土的文物材料為探討漢字的起源提供了寶貴的歷史遺跡。其中最為大家所關注的是陶器上的刻畫或彩繪符號。

在約公元前1750—前1350年的鄭州二里崗商代文化遺址中出土的陶器上,刻畫著十五種符號。它們是:

(二里崗遺址刻符)

這些符號與約在公元前19—前15世紀的河南偃師二里頭商代遺址出土的陶器刻符有著某些傳承關係:

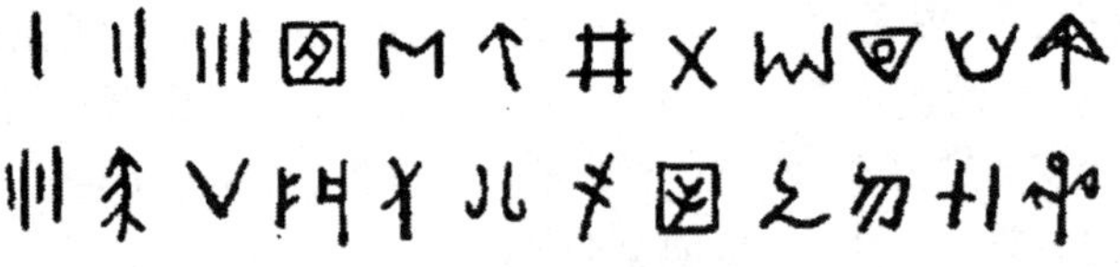

(二里頭遺址刻符)

由殷商時代向前追溯,在大約公元前4500—前2300年的山東大汶口文化遺址出土的陶器及其殘片上,發現了一些與甲骨文和早期金文形體十分接近的刻符,如:

大汶口陶符	甲骨文	金文
	（戌）	
	（斤）	
	（旦）	
	（丁）	

而在此之前約公元前 5000—前 4500 年的仰韶文化遺址出土的彩陶上同樣繪有與甲骨文和金文形體相似的符號，如：

彩陶圖畫	甲骨文	金文
	（魚）	（魚）
	（隹）	（隹）
	（黽）	
	（鹿）	

上面所舉的陶符雖然記錄的不是漢語中完整的詞句，但從事理上推斷，最初産生的一批或幾批漢字，不會按照完整的語句來創造，而應該是以需要表達的重要概念或信息為對象，一個一個地創製。因此，根據這些陶符之間及其與甲骨文、金文所具有的形體承傳關係，至少可以將漢字的源头追溯到公元前 4500 年左右的仰韶文化時期，而這個時期跟文獻傳説的倉頡時代非常接近。

實際上，與文字起源相關的出土材料還有更早的，例如距今 8000 年左右的河南賈湖文化、寧夏大麥地文化、甘肅大地灣文化，距今 7000 多年的安徽雙墩文化等，都有不少刻畫符號，但是否漢字的源頭尚有爭議。

三、漢字材料

今天所能看到的古代漢字材料主要包括四個部分：一是出土文物上的漢字。如甲骨文、金文、玉石碑刻文字、簡帛文字、紙卷文獻等。二是傳世文獻裏的漢字。如《左傳》、《論語》、《史記》等文獻中使用的漢字。三是歷代字書中的漢字。如《倉頡篇》、《說文解字》、《玉篇》等字書收錄的漢字。四是古代書法作品中的漢字。如王羲之、顏真卿、柳公權等書法家的字帖。

在這些漢字材料中，傳世文獻內容最為豐富，使用的漢字數量最多。傳世文獻在隋唐以前主要靠手抄，唐宋以後才有雕版印刷，經由歷代傳抄刻寫，難免出現訛舛，但總體上較為規整。字書是對文字材料的集中收集、整理和儲存。許多文獻中或社會上曾經使用過的漢字通過字書得以保存，為漢字研究和文獻解讀提供了便利。字書文字在傳抄、刻印的過程中，也難免會產生訛誤。書法藝術作品中的漢字，不但是不同歷史時期不同書法家實際書寫的漢字，而且具有很高的藝術價值，體現了漢字形態的豐富變化及藝術美，是漢字文化研究和書法研究的重要內容。這三類材料都較容易得到，認讀上不會有太多的障礙。相對而言，出土文字材料較為難得，較好地保存了不同階段漢字使用的原貌，是了解漢字發展和使用歷史的寶貴材料。下面主要介紹出土文物上的漢字材料。

（一）甲骨文

甲骨文是商代和西周早期（約公元前 16 世紀—前 10 世紀）刻寫在龜甲、獸骨上的文字。除了少數使用毛筆書寫外，大部分均為契刻文字，因此又稱契文或甲骨刻文。甲骨文的內容主要是有關占卜的記錄（此外還有少數記事甲骨），因此又稱卜辭。

甲骨文最早出土於河南安陽小屯的殷墟，於 1899 年被發現。其後經過多次考古挖掘，還在河北、陝西、山東等地發現了殷商的甲骨文，並在陝西、北京、山西等地出土周代的甲骨。自清末至今，已經發現有文字的甲骨七萬多片，單字四千五百多字，已經識別出的文字大概有一千七百字左右。

甲骨的著錄、綴合、辨偽、彙編及考釋等取得了可喜的成果。郭沫若主編的《甲骨文合集》是迄今為止彙集甲骨最為完備的著錄書，另外有中國社會科學院歷史研究所編的《甲骨文合集補編》可為補充。甲骨文字的整理則有孫海波主編的《甲骨文編》、金祥恒的《續甲骨文編》、劉釗等的《新甲骨文編》。釋讀方面有徐中舒主編的《甲骨文字典》、劉興隆的《新編甲骨文字典》、陳濟的《甲骨文字形字典》等可供參考。

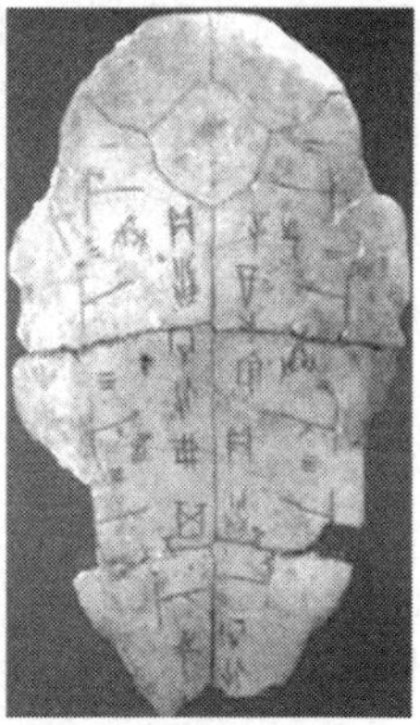

殷墟甲骨

周原甲骨

（二）金文

金文原專指鑄刻在青銅器上的文字，因為古代稱銅為金，故名。又稱鐘鼎文、鐘鼎款識等。後來，金文也可以泛指鑄刻在所有金屬器物上的文字，如鐵質兵器上的文字等。

最早的金文見於商代中期，多為圖形符號、氏族徽號等。西周是青銅器銘文的鼎盛期。青銅器上的銘文少則幾個或幾十個，多的也可以達到數百字。在已發現的青銅器中，毛公鼎銘文字數最多，有四百九十七字。現已發佈的青銅器銘文有一萬三千餘件，文獻總字數十三萬多字，單字六千左右，已釋讀的大約二千五百多字。

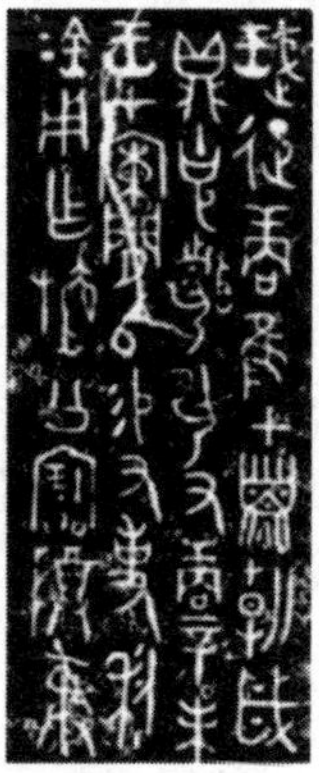

利簋銘文（西周早期）

鄂君啓節（戰國時期）

對金文進行整理和研究大致始於宋代。中國社會科學院考古研究所編纂的《殷周金文集成》是最豐富的金文資料彙集，其後又有《近出殷周金文集錄》可為補充。文字整理方面有容庚的《金文編》，後經張振林、馬國權增補，是目前收字最全的一部工具書。另有陳漢平《金文編訂補》、董蓮池《金文編校補》及戴家祥《金文大字典》、陳初生《金文常用字典》等可供參考。

（三）簡帛文字

簡帛文字是指用毛筆寫在竹簡、木牘或絲帛上的文字的總稱。“簡”也叫作“策”。《墨子・兼愛下》：“吾非與之並世同時，親聞其聲，見其色也。以其所書於竹帛，鏤於金石，琢於槃盂，傳遺後世子孫者，知之。”《孟子・盡心下》：“盡信《書》，則不如無《書》。吾於《武成》，取二三策而已矣。”可見戰國時代的主要書寫載體是簡帛。

戰國時期的簡帛文字在歷史上曾被多次發現，其中影響最大的有漢武帝末年魯恭王壞孔子宅而出土的壁中書（古文《尚書》等），以及晉太康二年汲郡（今河南汲縣）魏王墓出土的“汲冢竹書”（今存《穆天子傳》、《竹書紀年》）。

今天所能見到的出土簡帛文字主要是戰國和兩漢時期的遺存。其中戰國時楚簡帛文字材料數量最多，主要有長沙子彈庫戰國《楚帛書》、河南“信陽楚墓竹簡”、湖北江陵“望山楚簡”、湖北隨縣“曾侯乙墓竹簡”、湖北荆門“包山楚簡”，湖北荆門“郭店楚簡”以及最近陸續整理公佈的“上海博物館藏楚簡”等。秦簡主要有“睡虎地秦簡”、“青川木牘”、“龍崗秦墓竹簡”等；兩漢簡帛主要有“居延漢簡”、“敦煌漢簡”、“武威漢簡”、“銀雀山漢墓竹簡”、“馬王堆漢墓帛書”、“尹灣漢墓簡牘”等；此外還有長沙走馬樓出土的三國吳紀年簡牘。

以上簡帛文字材料都有經過整理的圖版和釋文發表，還有一些字表出版，如文物出版社的《郭店楚墓竹簡》、《馬王堆簡帛文字編》，上海古籍出版社的《上海博物館藏戰國楚竹書》（一至七册），華東師範大學出版社的《楚文字編》，科學出版社的《雲夢龍崗秦簡》，湖北人民出版社的《睡虎地秦簡文字編》等。何琳儀的《戰國古文字典》具有綜合性，收錄了很多簡帛文字。

出土的簡帛文字內容豐富，不僅包含了經書、史書、子書等方面的文獻，同時還有帳簿名册、信函、公文、契約、法律等文書，不僅具有重要的文字學研究價值，對於歷史學、文獻學、社會學、哲學等領域也有重大的研究價值。

郭店楚簡

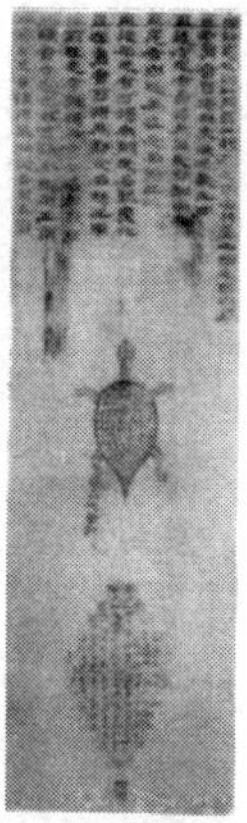

尹灣漢墓木牘

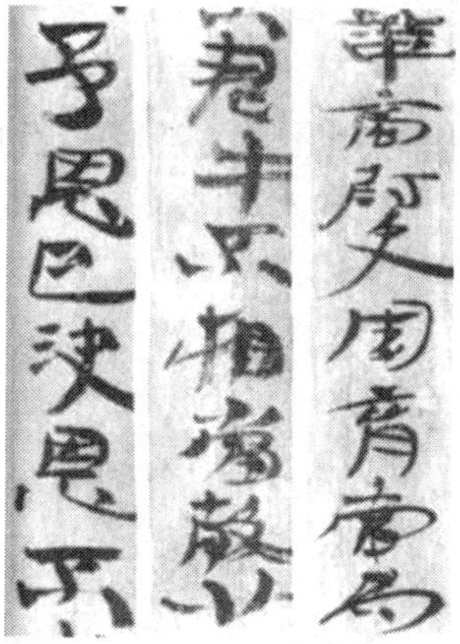

《居延新簡》

（四）玉石文字

玉石文字是指刻寫在玉片或石料上的文字。

以玉為載體的文字在安陽殷墟出土的文物中已有發現，而數量最為可觀的是山西侯馬出土的侯馬盟書（主要是玉片，也有石片）。在石料上刻寫文字，現存的以石鼓文為最古，其後較為著名的有《詛楚文》及秦始皇東巡時在嶧山、泰山、琅琊臺等地留下的刻石。漢代以後，碑刻逐漸興起，經久不衰，留下了大量的石刻文字材料。最為重要的有儒釋道三家經典石刻。儒家經典石刻出現最早，其中以東漢靈帝時所刻《熹平石經》、曹魏正始年間所

正始石經

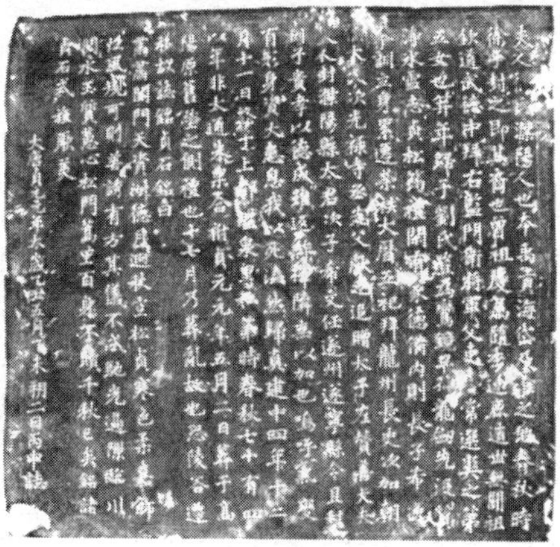

唐代墓誌銘

刻《正始石經》、唐文宗開成年間所刻《開成石經》最為著名。此外，歷代還保存下來大量碑碣、摩崖、墓志、表銘、文告、契券、經幢、造像題記等石刻材料，另有歷代的璽印文字也是以玉石為主要載體的。

對於歷代數量衆多的碑刻文字和璽印文字，有一些集成性的彙編著錄，可供查用。如《北京圖書館藏中國歷代石刻拓本彙編》、《中國歷代石刻史料彙編》、《房山石經》、《古璽彙編》、《古璽文編》、《碑別字新編》、《廣碑別字》等等。

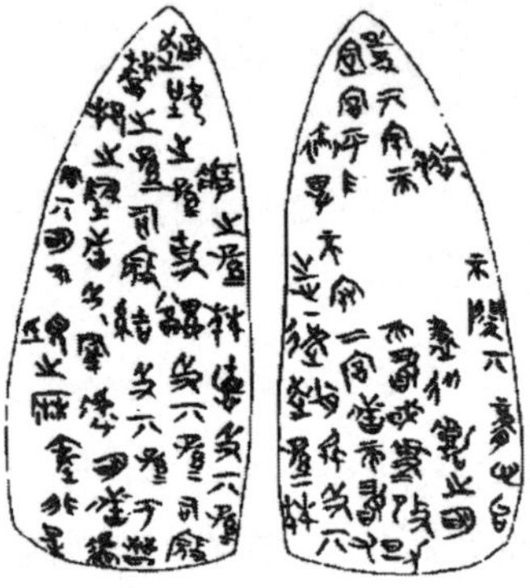

侯馬盟書

戰國璽印

石鼓文

（五）紙卷文獻

從考古發現的實物來看，紙在蔡倫之前的戰國後期可能就已經存在。由於其造價低廉，攜帶和收藏較為輕便，所以很快就取代簡帛成為最主要的文字載體。

1986年發現於甘肅放馬灘的西漢時期的紙質地圖，是今天能夠見到的最早的古紙實物。之後有出土於居延和樓蘭等地的紙質漢字材料。不過最受世人矚目的當屬1900年發現的甘肅省敦煌莫高窟的紙卷材料。這些紙卷材料除了少數刻本之外，多數為手寫本，抄刻時間從三國魏晉至北宋，跨越八百多年，內容多半為佛教經典，此外還有儒家和道家經典、先秦諸子、史籍、韻書、詩賦、小說、變文、契約及醫學文獻等，所用文字以漢字為主，兼有梵文、波斯文、藏文等。

敦煌紙卷材料先後被英國人斯坦因、法國人伯希和等盜攜至海外。現主要分藏於中國國家圖書館、英國不列顛博物館、巴黎國家圖書館等處。敦煌文書內容豐富，紙本簡牘卷帙浩繁。英國在上世紀五十年代將敦煌文書製成縮微膠卷,共六千餘件。其後,法藏、俄藏及國內所藏敦煌文書紛紛製成縮微膠卷,並開發縮微閱讀,儼然成了一座獨具特色的敦煌學圖書館。現中國社會科學院、浙江大學古籍研究所等單位藏有全套敦煌縮微膠卷,總計二十萬張。

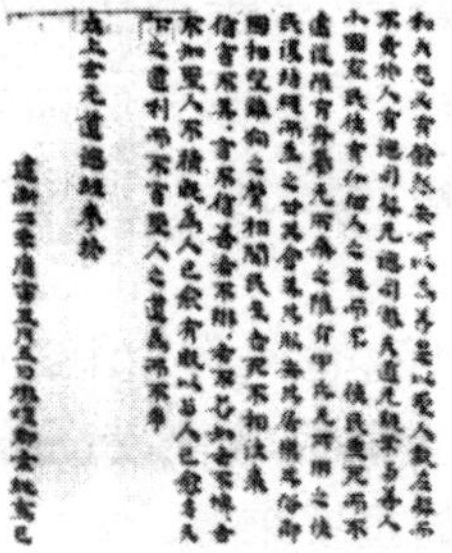

敦煌寫本《道德經》

敦煌寫本《金光明經》

第二節 漢字形態

一、漢字形態的歷史發展

由於書寫材料、書寫者以及時代風尚的差異,漢字形態在歷史發展過程中形成了不同的書寫風格。其中有不同時代或不同時期的社會風格,也有不同書寫者的個人風格。我們稱前者為字體,後者為書體。書體是個人書寫時的運筆特徵、所寫文字的間架結構所顯示出來的漢字形態風格,它是因人而異的。例如,同樣是楷書,唐代顏真卿、柳公權、歐陽詢和元代趙孟頫所寫就風格各異,形成了所謂的顏體、柳體、歐體和趙體。這些就是不同的書體。書體是書法研究的主要內容,對漢字學而言,更需要關注的是字體。以下主要介紹漢字形態的社會風格,即漢字形態發展史上的不同字體。

(一) 小篆之前的古文字體

人們通常將甲骨文、金文與小篆並稱為漢字的字體。事實上,甲骨文和金文只是根據書寫載體的不同而分別出來的不同類別的漢字材料,並不一定是當時文字形體的主體風格。但在沒有發現別的實用文字的情況下,甲骨文、金文由於載體和書寫工具的特殊性,具有自己的風格特徵,也可以當作字體看待。就字體而言,甲骨文線條纖細直硬,結構鬆散不整,金文線條粗實圓轉,結構緊湊規則。

在小篆之前,還有所謂的“史籀大篆”,又稱“大篆”、“籀文”。傳統的漢字研究認為“籀文”是周宣王時的史官籀所編寫的童蒙識字課本《史籀篇》中的文字,也就是相當於西周晚期的金文。近人的研究表明《說文解字》中所保留的“籀文”與西周晚期的金文並不相同,而與戰國時期秦國所使用的文字更為相似。因此,所謂的“大篆”、“籀文”應該是戰國時期秦國所使用的一種字體,如石鼓文之類,線條婉轉繁複,秦代李斯規範“小篆”時曾據之進行省改。

戰國時期除秦國外的六國文字被稱為“古文”,也叫作“蝌蚪文”,已經有了明顯的筆畫,比較便於毛筆書寫,往往下筆重而收筆輕,有的還出現了波磔,跟秦國的隸書比較接近,是漢代隸書形體的重要來源。

甲骨文、金文、籀文(大篆)、蝌蚪文(古文)等先秦文字雖然風格各異,但沒有專用的字體名稱,為了指稱的方便,可以統稱為“古文字體”。

(二)小篆

小篆是秦始皇統一中國之後實行“書同文”政策時頒行的標準字體,由丞相李斯等在古文字體(主要依據大篆)基礎上規範而成。

小篆將古文字體中的實塊、尖筆和粗細不同的筆道改為粗細均勻的線條,線條分佈均衡,結構環抱緊密,團聚內向,整體呈長圓態勢。小篆的構件寫法和構件位置基本定型,不能隨意變動,是規範化程度比較高的一種字體。現存的小篆資料主要有秦始皇巡視泰山、嶧山、琅琊臺等地留下的刻石,秦國虎符、銅器、權量、詔版、印璽上的小篆,以及《說文解字》中所收錄的九千多個小篆。

小篆的頒行是漢字發展史上第一次大規模的文字規範化運動。它結束了春秋戰國以來漢字長期混亂的局面,為促進民族的團結和國家的統一作出了重大貢獻。小篆是古文字階段的終結。通常將小篆及小篆以前的漢字稱為古文字階段的漢字,將隸變以後的隸書和其他漢字稱為今文字階段的漢字。但由於秦王朝的短命,實際上作為標準字體的小篆並未通行全國,只見於皇帝和國家使用的某些場合,所以小篆只是停留在專家規範的層面,並不是一種實用字體。在漢字發展史上,小篆的價值更多地表現在結構規範上,對漢字外形的影響不是很大。

秦始皇詔版小篆

嶧山刻石小篆

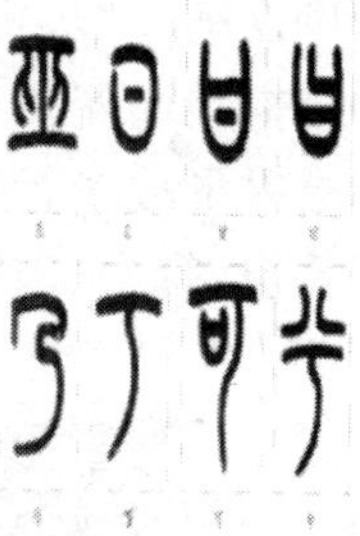

說文解字部首小篆

（三）隸書

隸書又稱佐書、史書、八分，是以點、橫、掠、波磔等點畫結構取代篆書的線條結構而便於書寫的一種字體。

隸書起源於戰國晚期，到漢代趨於成熟。在演變過程中，隸書的形態發生過不小的變化。通常將戰國及秦統一後使用的隸書稱為秦隸（也叫古隸），將漢代成熟的隸書稱為漢隸（也叫今隸）。秦隸處於隸書發展的初期，形體上還帶有濃厚的古文字體意味，點畫用筆的特點不突出，波磔不明顯，如《睡虎地秦墓竹簡》。漢隸經過進一步的改造和美化，從根本上改變了古文字體的構形和筆道形態，筆勢舒展，筆畫蠶頭雁尾，有波勢挑法，字體扁方，是漢代官方的正式字體和隸書的代表，如《史晨碑》和《曹全碑》。

隸書的形成是漢字發展史上一次大的飛躍。筆畫化的書寫形態以及字體演變過程發生的結構調整使漢字失去了古文字階段的象形意味，進入到了今文字階段。

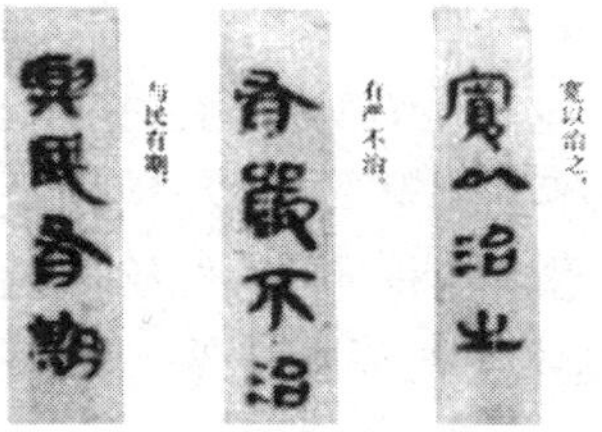

《睡虎地秦墓竹簡》

《史晨碑》

《曹全碑》

（四）楷書

楷書也叫正書、真書，最初都是規範化的標準字體的名稱，隸書的標準體也可以稱為“楷書”。後來才逐漸成為與“隸書”相區別的字體專名。

楷書字體產生於漢末，盛行於魏晉南北朝，成熟於隋唐。

楷書形成後，漢字的筆畫進一步定型，此後没有再出現新的發展。其他所謂草書、行書、宋體等等都是楷書的對應轉化，不是自然演變而產生的新字體。

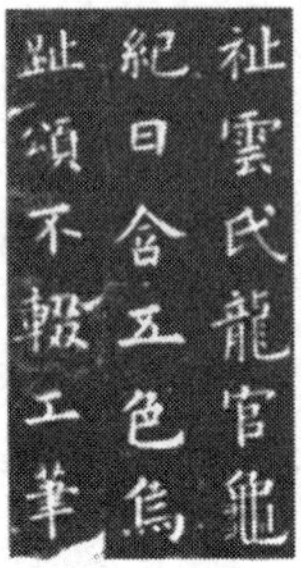

歐陽詢《九成宫醴泉銘》

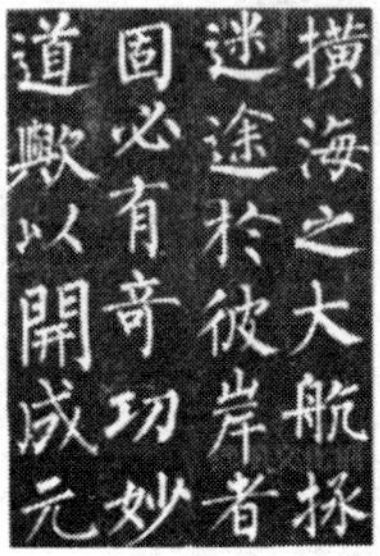

柳公權《大達法師玄秘塔碑》

二、漢字形態的構成要素

（一）漢字形態的書寫單位

漢字是刻、劃、鑄或寫成的，因此，遠古陶符的劃痕、甲骨文的刻印、金文的鑄紋、簡帛紙墨文字的筆跡，這些藉助刀、範、筆等工具形成的線條、實塊和筆畫等，都是漢字的書寫單位。

甲骨文、金文，由於其圖畫性質濃厚，除了刻痕、鑄紋形成的線條外，有的書寫單位没有明確的起止點，而是塊狀，這樣的書寫單位我們稱之為實塊，如（止）。到了篆文階段，書寫單位不再有實塊，全都變成了線條，如（止）。隸書和楷書則以筆畫作為書寫單位，如“止”。

甲骨文的刻痕和金文的鑄紋因為象形性强，並且帶有實塊，往往很難歸納出類型，也很難數出數目、定出刻鑄的先後次序。到篆文階段，特别是人為規範過的小篆，字形的線條已相當規範，雖然書寫次序不定，但線條的樣式已經可以分出類别，構成一個字的線條數也基本上可以數出來。小篆的線條依形狀可分為八類①：

---

① 轉引自王寧主編《漢字學概要》，北京師範大學出版社，2001年，第64頁。

綫條名稱	定義	書寫樣式	字例
横	無曲、無折、無斷的左右平放的綫條	一	井 三
竪	無曲、無折、無斷的上下直放的綫條	丨	十 丄
斜	向左下或右下的直綫	／ ＼	爻 五
弧	沿同一方向旋轉而不封閉的綫條	∪ ⊏	八 甘
曲	中途方向改變的弧綫	[illegible]	[illegible]
折	中途方向改變的直綫	∧	[illegible]
封	首尾相接的綫條	□	日 因
點（斷）	不足構成上述筆畫的短綫條	丨	[illegible]

線條可以指稱，有了類型，也就可以計數。小篆的線條大都可以數出數目，如：㞢（生），四筆；[illegible]（足），四筆；[illegible]（指），八筆。

由於書寫工具的改進和書寫習慣的養成，到了今文字階段，漢字的形態就主要通過筆畫來表現。先秦就已出現的隸書和魏晉形成的楷書，線條逐步筆畫化，楷書筆畫則進一步規範，大致可以分為點、横、竪、撇、捺、折（鈎、挑）六類。

（二）漢字形態的區別

不同的漢字形態是靠什麽來區别的呢？或者説，當我們認為某個字跟某個字外形不同時，具體指什麽而言呢？到底是哪些因素導致了漢字形態的不同呢？

1. 書寫單位不同，則整字形態不同。

書寫單位是決定漢字形態的最基本要素。無論是甲骨金文的實塊，小篆的線條，還是隸楷的筆畫，只要其類型不同（包括大類型，也包括同是線條或同是筆畫的下位類型），整字的形態就不同。如同一個“止”字，由於書寫單位不同，寫出來的[illegible]、[illegible]、止的整體形態就不同。

2. 書寫單位數量不同，則整字形態不同。

書寫單位相同（包括類型相同），但數量不同，整字形態就會不同。如“一、二、三”，“口、吅、品、㗊”。前組均由“一”組成，後組均由“一”和“凵”構成，其形態的不同主要是由書寫單位的數量不同造成的。

書寫單位不同，數量也不同，整字形態當然不同。如木、本，“木”由“一”、“丨”、“丿”、“㇏”組成，“本”由“一”、“丨”、“丿”、“㇏”、“一”組成。

3. 書寫單位的交接情況不同,則整字形態不同。

有的相離,如(告),上面"牛"中的豎線與下面"口"形的曲线為相離關係;有的相接,如(告),上面"牛"中的豎線與下面"口"形的横線相接,但不交叉,又如(女)字,代表兩手的線條彼此相交而不交叉;有的相交。如(女),代表身軀的線條跟代表兩個手臂的線條相交,代表兩手的線條彼此也相交。

正因為交接方式不同,所以上舉""和""形態不同,""跟""形態也不同。

4. 書寫單位置向不同,則整字形態不同。

置向指位置和方向。包括三種情況:

(1)構件朝向不同:(北) (从)

(2)線條走向不同:(少) (尐)

(3)位置關係不同:(䋎)

5. 書寫單位的筆形和取勢不同,則整字形態不同。

書寫單位的筆形是指書寫單位的粗細、長短、正斜、曲直、方圓、折弧度等,取勢是指組合的疏密、態勢等。書寫單位的筆形和取勢決定整字的風格,可以形成不同的字體。所以字體不同的話,形態也會不同。如:

;上 上;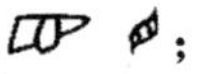;形 形 形

三、漢字形態的演變規律

(一)線條化與筆畫化

這是漢字書寫單位類型的演變。漢字的源頭是圖畫文字,圖畫文字以象形性為突出特點。象形性的圖畫文字主要由線條和實塊構成,從書寫上看,一般分不清書寫的起止點,因而也就無法對其書寫單位進行精確的分析、指稱和數量上的統計。這樣的象形文字是不便於書寫的。因此在書寫單位的類型上出現了兩種變化趨勢:

首先是線條化,即將早期漢字中夾雜的實塊全部變為線條。如:

其次是筆畫化,即將需要描繪的線條變為便於書寫的筆畫。漢字書寫單位全部變為線條以後,雖然能够分析、指稱和統計,但線條粗細一致,起止

不定,圓曲難行,不太適合毛筆書寫,於是線條又逐漸演變為筆畫。戰國時期的簡帛文字已經出現某些筆畫,隸變後筆畫基本定型,楷書的書寫單位進一步規範為六種筆型:橫、竪、撇、點、捺、折(鈎/挑)。如:

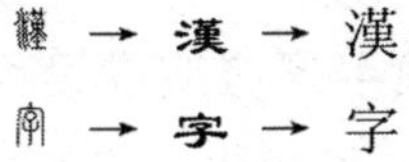

(二) 簡化與繁化

這是書寫單位數量上的變化。所謂簡化,即書寫單位數量的減少,包括省併筆畫、減略或替換構件、保留輪廓等情況。例如:

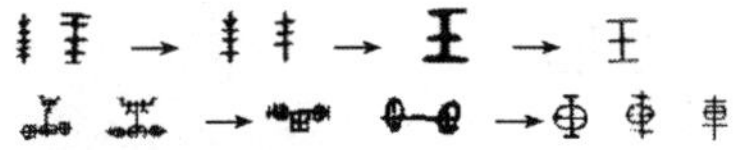

用某種符號來代替原字的某個構件或某些筆畫,也是古已有之的簡化方法,常見符號有"="、"米"、"又"、"×"等。如:戰國楚文字"馬"省作"",敦煌卷子"斷"省作"断",清平山堂話本"縷"省作"縷"等等。現代楷書中"鸡(鷄)"、"汉(漢)"以及"赵(趙)"、"区(區)"等等正是繼承符號代替法而形成的簡化字。

所謂繁化,指書寫單位數量的增多,包括筆畫增繁和構件增繁兩種情況。筆畫的增繁多半是出於書寫裝飾的目的,如"示"、"元"等。但也有起區別作用的,如"玉"等。增加構件應該有某種構形意圖,如""為象形字,增加示音構件"止"繁化而成""、"齒";""為象形字,增加表義構件"虫"繁化而成""、""、"蜀"。

(三) 黏合與分離

這是書寫單位交接上的變化。黏合指原本可以分析為幾個構件的形體交接在一起合成不能再分析的構件;分離則相反,指一個構件演化分離成兩個以上的構件。例如隸變後的"寒()"字中部、"曹()"字上部都是黏合形成的;而"企()"字的"人止"、"龍()"中的"月"(肉)都是由原來的整體象形分離而成的。

黏合與分離的結果,常常導致某些字形的同化和異化。同化指原本不同的一組形體變得相同了;異化相反,指原本相同的某一形體變成了若干不同的形體。這種情況多發生在整字的部件上,部分形體變了,但整個字形的記錄功能並没有變化。例如"春、舂、奉、泰、秦"五字的上部原本是各不相同的幾個構件(),隸變後黏合同化為一個構件;而"赤、蔚、煮、炎”看似形體上没有關係，其實是異化的結果，在古文字中它們都有一個相同的構件“火”（赤 尞 黑 炎）。

（四）換位與改向

這是書寫單位位置和方向的變化。如“涉”字在漢字形態演變過程中，從甲骨文的“涉”到小篆的“涉”，它的書寫單位位置發生了變化。又如“女”字從金文的“女”到楷書的“女”。同為楷書，由“羣”變“群”，由“裡”變“裏”等，也屬於置向的變化。

第三節 漢字結構

一、漢字結構的單位

結構單位不同於書寫單位。書寫單位決定漢字的形態，結構單位決定漢字的功能。漢字的基本結構單位是構件和部件。構件是具有一定功能的構形單位，部件是指没有明確功能的構形單位。從造字的角度講，只有構件，没有部件。但從析字的角度講，既有構件，也有部件，講不出功能來的形體單位就是部件，部件通常是形體演變的結果。為了表述的方便，分析漢字結構時，對不是造字功能的形體單位也賦予某種構字功能，因而部件也可以叫作構件。下文只在需要時分言構件和部件，一般情況下統稱為構件。

漢字是由構件組成的，但我們所認識的構件卻是由單字拆分出來的。拆分的依據是漢字的結構理據和形體之間的關係，拆分出來的構件必須具有某種功能或與整字具有某種關係，能够作出合理的解釋。拆分的結果有的表現為單層結構，有的表現為多層結構。例如《説文解字》：“解，判也。从刀判牛角。”故小篆“解”字可以一次性分析為“刀”、“牛”、“角”三個構件，屬於單層結構：

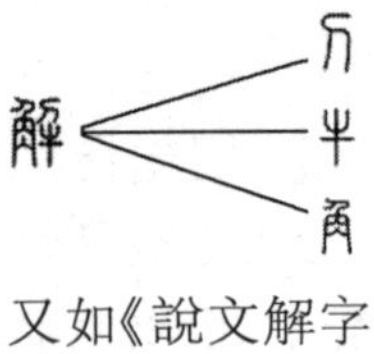

又如《説文解字》：“鞭，驅也。从革便聲。”“便，安也，人有不便，更之。从人更。”“更，改也。从攴丙聲。”“攴，小擊也。从又卜聲。”可見小篆的“鞭”能作四次拆分，共得到八個構件：

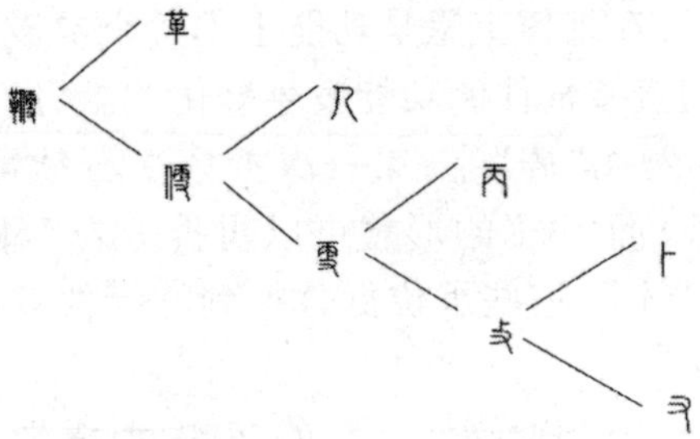

同一個漢字在不同的歷史階段，由於形體不同，拆分出來的構件也會不同。例如現代楷書的"鞭"字，由於其中的"更"不能再拆分，故只能分析成兩層共四個構件：

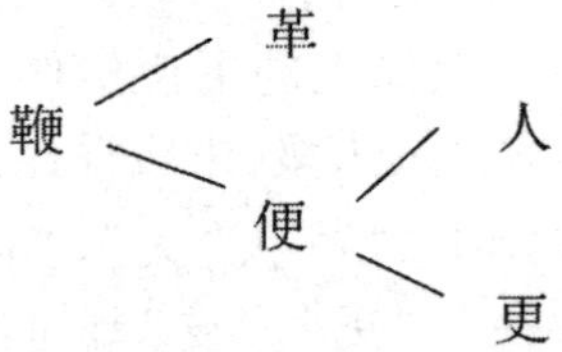

由上面的字例可見，拆分所得的構件都是處在某一層級之上的，這說明漢字的結構單位具有層級性，可以用層級來指稱構件。單層結構的構件都屬於一級構件，多層結構的構件逐層處於不同的級別。例如小篆"鞭"字含有以下四級構件：

一級構件：革、便

二級構件：人、更

三級構件：丙、攴

四級構件：卜、又

處於每個字最後一級的構件可以統稱為末級構件。

二、漢字構件的類別

構件的類別可以從不同角度劃分，例如根據構件與全字的親疏程度、構件是否具有可拆分性以及構件是否獨立成字這三個標準，可以得到如下三組各自對立而彼此交叉的類別。

（一）直接構件與間接構件

直接構件就是一級構件，是對全字進行第一次拆分的結果，是直接組成全字的結構單位，跟全字的關係最為密切。直接構件有的不能再拆分，有的可以作第二次甚至多次拆分。直接構件第二次或多次拆分所得到的構件就稱為全字的間接構件。間接構件無論在結構上還是功能上都與全字没有直接關係,間接構件的變化如果不引起直接構件的功能發生變化的話,通常也不會影響全字的構造原理及功能。例如"礎"字,第一次拆分從石楚聲,得到"石"、"楚"兩個構件,是直接構件;而"楚"的形體可以再拆分為"林"和"疋","林"還可以再拆分為"木"和"木",這些下位拆分得到的構件就都是"礎"的間接構件。

直接構件是個非常重要的概念。我們對構件功能的認識、對構形理據的分析、對組合模式的歸納,實際上都是就直接構件而言的。

(二)基礎構件與複合構件

字形中不能再作下位拆分的最小結構單位叫作基礎構件。如果某個構件還能够進行下位拆分,就意味著它是由兩個或兩個以上的下位構件組合而成的,這樣的構件叫作複合構件。複合構件不會處於末級,末級構件都是基礎構件。例如在上面所舉小篆""字的拆分中,"革"、"人"、"丙"、"卜"、"又"不能再作下位拆分,屬於基礎構件,"便"、"更"、"攴"都可以再拆出别的構件,屬於複合構件。

(三)成字構件與非字構件

成字構件就是能够作為字符單獨使用因而帶有語詞音義屬性的構件。例如"野"字的一級構件"里"和"予"、二級構件"田"和"土"都是成字構件。成字構件必須在構字時跟單獨使用的字有形或音義上的關聯,否則只能算跟某個成字同形的非字構件,不能算成字構件,例如"果"上面的"田"跟田土的"田"無關,所以不是成字構件而是跟成字同形的非字構件。

非字構件不能作為字符單獨使用因而没有詞語的音義屬性。例如"亦"字中的兩個"丶"原本起指示腋窩部位的作用,"玉"字中的一點是為了和"王"相區别的一個標識符號,這些構件只能依附於别的構件才能體現構意,離開所構字的具體環境就會失去功能,可見這種構件本身不能獨立存在,無法與語言中的詞對應,因而是非字構件。

三、漢字構件的功能

構件對整個字形而言都有一定的意圖,發揮一定的作用,我們把構件的具體意圖和作用歸納成類,統稱為構件的功能,包括造字角度表達詞語的功能,也包括析字角度講解形體的功能。

（一）象形功能

構字時構件描繪某一物體的形象，靠物體形象來表示所記詞語的意義，這樣的構件就具有象形功能。例如甲骨文“”、“”、“”字的構件分别象燕、魚、鹿形等。

（二）表義功能

構件以它獨立成字時所記錄的詞義來表示參構字所記錄的詞語（或語素）的意義範疇或意義關聯，該構件即具有表義功能。如“石”本指石头，在由它參構的“礎”、“破”、“砸”等字中，“石”表示這些字所記錄的詞的意義與“石头”有關，“石”所承擔的就是表義功能。

（三）示音功能

構件在構字時能提示參構字的讀音，就具有示音功能。示音構件所提示的讀音不一定準確，有的只是近似而已。例如“松”、“柏”、“桌”、“椅”與樹木或木材相關，所以都從表義的“木”，而各自的另一個構件“公”、“白”、“卓”、“奇”也可以成字單用，其讀音分别與參構字的讀音相同或相近，承擔的是示音功能。

在具有示音功能的構件中，有一部分還可以同時提示詞源意義，也就是具有示源功能。例如：“巠”的意義是“水脈”，具有“細而長”的特點，由“巠”作示音構件而構成的很多字，如“頸”、“莖”、“徑”、“脛”、“經”等，其詞義都具有“細而長”的特點。提示意義來源只是示音功能附帶的，不能單獨存在，所以不單分一類。

（四）標誌功能

構件的標誌功能體現為三種作用：象徵作用，指示作用，區别作用。

象徵性標誌與象形有點近似，但並不像確定的某種物體的形狀，而是代表不確定的某個事物或没有形象的事物，包括從事物中抽象出來的某種特徵。如“甘（）”字中的短横象徵食物、“上（）”字中的長横象徵參照物等。

指示性標誌不能獨立構字，必須附加在另一個構件上，才能起指示作用。例如“（刃）”中的“、”用以指示刀刃之所在。

區别性標誌是用來區别形近字的。如“玉”、“太”中的“、”用以和“王”、“大”相區别。

（五）代號功能

以上四種功能都是造字時用到的，如果没有變化，析字時也一樣。有些構件造字時具有明確的象形、表義、示音或標誌功能，後來由於形體演變失去了原有功能，析字時對無功能的形體不能不管。這些變異的形體本身雖然不再直接體現構意，也就是跟詞語的形音義無關，但實際上它是取代了原來的某個形體，所以我們稱之為"代號"，也可以叫作"記號"。例如"射"字原本由"弓"、"矢"、"又"三個象形構件合成，後來因為字形發生訛變，無法再體現原先的構意，就成了"身"、"寸"兩個代號構成的字。代號絕大多數是因字形變異而喪失理據的，到後來也有一些人為代號，即有意用規定的符號取代原字形的某一部分，以期達到簡化的效果，如"赵"中的"乂"代換的是"肖"，"乂"就是人為規定的代號。

四、漢字構件的構字

構件是用來構字的。有的字由一個構件構成，我們稱之為獨體字；有的字由兩個或多個構件構成，我們稱之為合體字。漢字的構形關係表現為功能關係，功能關係就是造字和析字的理據。漢字構件具有五種功能，這五種功能的組合模式可以計算。以雙功能為例，兩兩組合可以得出下列類型：

		象形	表義	示音	標誌	代號
象形	象形獨體字	形形合體字	形義合體字	形音合體字	形標合體字	形代合體字
表義	表義獨體字	義形合體字	義義合體字	義音合體字	義標合體字	義代合體字
示音	示音獨體字	音形合體字	音義合體字	音音合體字	音標合體字	音代合體字
標誌	標誌獨體字	標形合體字	標義合體字	標音合體字	標標合體字	標代合體字
代號	代號獨體字	代形合體字	代義合體字	代音合體字	代標合體字	代代合體字
	變異獨體字	多功能合體字				

上表顯示，理論上兩兩組合可得三十種結構類型。減去其中異序重複者十種（名稱上可換用），借用形體者二種（示音獨體字、表義獨體字是借用現成形體記錄新詞，可以不作結構分析），實際有十八種。另加特殊的變異獨體字一種，多功能合體字一種，共二十種。這二十種結構類型涵蓋古今，可以用來分析所有漢字。下面著重列舉一些古代的字例（包括古今通用的字）來分別説明其中十五種結構類型。

（一）獨體字

獨體字由一個構件組成。構成獨體字的構件主要是象形構件和標誌構件;用借形變異的方法也可以創製獨體字。從造字的角度看,獨體漢字只有三種,加上形體變異後無法顯示功能的代號獨體字,共四種:

1. 獨體象形字。

"象形"就是直接描摹客觀事物的形體,用這個形體的輪廓和線條作為文字符號來表示該事物本身或與該事物相關的某詞某義,這樣構成的文字就是象形字。象形字可以象整個物體。比如"",描摹了鹿的杈角、头耳、身躯、足尾,象整個鹿的形貌。象形字也可以象事物的某一個部分,用部分來代表全體。比如""和"",僅畫出頭部,突出牛角和羊角。對於没有固定形狀的事物,則選取常見或典型狀態作代表,如"(山)""(水)""(田)"等等。無論是整體象形還是部分象形,抑或是典型狀態,其實都是抽象的符號而非具象的圖畫。對於同一事物,觀察角度不同,描摹出來的形體也可能不同。這些不同的形體有些不别詞别義,如甲骨文的"龜"字有正面、側面、横向、縱向等多種形體,其實都是一個字,記錄同一個詞;有的則形態不同就代表著不同的詞,例如同是人體象形,古文字側面為"(人)",正面為"(大)",屈膝為"(女)",叉腿為"(交)",舉手為"(丮)",曲首為"(夨)",跛腿為"(尣)",甩手為"(夭)",全體為"(夏)"。

2. 獨體標誌字。

所謂標誌,是人為規定用來標明或指示客觀事象的符號。在漢字構形中使用過三種標誌符號:象徵性標誌,指示性標誌,區别性標誌。只有象徵性標誌能够單獨成字,所以獨體標誌字並不多見。

象徵性標誌構件跟象形性構件不同,它不重外形的相似,因而無法指實為某種具體事物,它是根據許多事物的內在特徵,概括出來的抽象符號,這種抽象符號有時需要依賴某些具體事物的想象才能體現其象徵意藴。比如根據很多事物"突出"的特點,畫一個"凸"形作為象徵符號來表示凸顯的"凸"字;相應地,表示凹進意義的字符也可以規定一個"凹"字符號。"凹"、"凸"並不實指某個具體事物,卻象徵著所有具有凹凸特徵的事物屬性。

3. 獨體變異字。

利用已有的字形加以改變從而體現某種特殊含義的字就是變異字。變異字不管原字是否獨體,都是當作一個整體來對待的,所有變異的結果都成為獨體字。原形變異的方式多種多樣,有的改變原字方向而成為新字,如把""(人)字倒過來寫作"(匕)",就表示變化的 huà,仍然是獨體字,後來加上一個站立的人,才有了合體的"(化)"。再如""是正面站立的人形,把它倒過來寫作“(屰)”，就是 nì(後作“逆”)，表示不順、不幸之義。有的改變原字的筆形而造出新字，如“巳”本象胎兒形()，“包”(後作“胞”)字就從“巳”；而缺其左上之筆不封口，就成了“已”，表示完成、停止等義。還可以利用某一字形而特意減少其筆畫，使之成為另一新字。如烏鴉之“烏”就是利用象形的“鳥”字減省表示眼睛的一筆而造成的。其理據是烏鴉通體烏黑，看不清眼睛，所以利用鳥形而去其眼以表其義。

4. 獨體代號字。

這種字不是造字的結果，而是對形體演變後失去功能的字形的一種分析方法，目的是使這些形體在漢字的結構系統中有類可歸。如“目”等原本是象形字，後來變得不再象形；“更”本從“攴”“丙”聲，變成“更”後就没有了原來的功能。凡此，既無功能，形體上又不便再拆分，都看作獨體代號字，意思是這個形體代替了原來的某一個或某幾個功能構件。

（二）合體字

由兩個或兩個以上的構件合體構字是漢字構造的主要方法。合體字的功能構造模式和演變後形成的無功能分析模式主要有以下幾種：

1. 形形合體字。

形形合體字由兩個或兩個以上的象形構件組合而成。也就是把兩個或兩個以上的事物圖形按照客觀事理組合在一起，表示一個相關的新概念，可以簡稱為會形字。

會形字的幾個構件分别象某幾個事物之形，這幾個事物之間往往有很密切的聯繫，組合在一塊就成為更複雜的多體圖形。比如“采”，甲骨文寫作“”或“”，上面是手的形狀，下面象樹，兩形組合，表現採摘這一客觀事象，因而可以表示採摘義。

會形的若干“形”也可以是同一事物的整體和它的某個部分，通過部分跟整體的關係來體現某種特殊的含義，從而記錄相關的詞語。如“見”字甲骨文作，由人形跟目形會合，表示人用眼睛看，而“目”是人體上特意誇大了的一個器官。

會形字通常表示抽象概念，但也有偏指其中某個構件而表示具體事物的。例如甲骨文的“(頁)”字上面象人頭，下面為人體，而字義是偏指人頭；小篆的“”字由瓜藤和瓜體兩個象形構件合成，而字義偏指瓜體。

2. 形義合體字。

在象形造字中，由於相似的物體太多，有時候畫出某物體的形狀，人們不一定能够準確理解，於是加上表義性構件給予提示或限定。這種既有象形構件又有表義構件的字就是形義合體字。比如畫一個“田”形符號，人們可能會想象出很多的事物來，表義不明確。如果在這個“田”形底下加個“木”，人們就知道“田”是樹上的“果”；如果加上“(肉)”，就知道“田”是肉體的一個器官，可以進而推知是胃的象形。可見跟象形構件組合的表義構件只用來提示象形物存現的主體或環境，並不是象形構件連帶的另一個物體，這就跟形形合體字中的偏指現象不相同。

3．形音合體字。

形音合體字就是在象形構件的基礎上加示音構件組合而成的字。如牙齒的“齒”，最初是會形字()，《説文解字》保留著一個古文“”字，就是最初那個會形字的變體。而金文中另有一個在前面那個會形字上增加“止”構件的“”字，也就是小篆中的“”。“止”在這個字形中起標音作用。

4．形標合體字。

即由象形性構件和標誌性構件組合而成的字，通常是在象形構件的基礎上加上一個標誌性符號。例如要給人的“腋窩”的“腋”造一個字，就畫一個“(大)”表示人，然後在人形的腋窩部位加兩個點作標記，表示這個字記錄的是人的這個部位，於是就造出了本義為腋窩的形標合體字“(亦)”。“腋”則是後起的義音合體字。

標誌性構件除了標誌物體部位以表義之外，也可以象徵某種具體事物，跟別的象形性構件一起組合成一種意象，從而表示某種抽象的含義，這種字也屬於形標合體字。例如篆文“”的上面是“日”的象形，下面是“一”，這個“一”不是象形構件，而是標誌構件，象徵地平線，“日”在“一”上表示太陽冒出地平線的時候，即早晨。

區别性構件也是一種標誌，由象形性構件和區别性構件組成的字也屬於形標合體字。例如“玉”字，甲骨文中原為會形字“”，由繩子和玉片構成；後來形體演變，“玉”字跟“王”字混同，為了區别，“玉”字就在原來會形的基礎上增加一筆或兩筆(戰國古文玉作“”)作區别標誌，也就是增加了一個起區别作用的構件。

5．義義合體字。

即由兩個或兩個以上具有一定意義的單字作為構件組合成另一表示新意義的字，也可以叫作會義字。會義字跟會形字有密切聯繫，它們的區别在於：會形字靠形體關係表示新義，構件的方向、位置、形態通常是不能變動的；會義字則是靠字的意義關係表示新義，所以構件的位置主要考慮書寫便利美觀而沒有表義方面的特別講究。會義合體字很多都是從象形字和會形字變化來的,比如“涉”,最初寫作[illegible]、[illegible]、[illegible],兩個“止”(脚)分開放在水的兩邊,這個形象就是一幅畫,是會形字。但到後來,“水”字豎起來了,兩隻脚合在一起成了“步”字,寫作“[illegible]”或“涉”,通過“水”和“步”的意義關係合成一個“涉”的意義,即在水中步行,那麽這個“涉”就是通過字義會合而成的會義字了。有些會意字,特別是後代產生的會義字可以很抽象,跟象形無關,比如“里”、“灶”、“苗”等。

6．義音合體字。

義音合體字就是“六書”理論中所說的形聲字,由示音構件跟表義構件組合而成。表義構件表示該字的意義範疇,示音構件提示該字的讀音。

從漢字發展的過程來看,最初的形聲字大多是在原來某字的基礎上增加義符而形成的。比如“捧”字,初形“[illegible]”是兩隻手捧著一個東西,屬會形字;後來為了强調手的意義,在底部又加上一個手作“[illegible]”,底下的這個“手”就是義符,而上面的原字形就轉化成音符了,看起來就像平面的義音合成;再到後來“[illegible]”變成了“奉”,“手”的意義信息看不出來了,就又在左邊加一個“手”作義符,而右邊的原字形“奉”又轉化為聲符,於是又產生了一個新的義音合體字“捧”。聲符和義符同時組合的形聲字是後來才有的。例如“銅”、“痛”、“瞳”等字。

7．義標合體字。

以表義構件為主體,加上標誌構件合成的字就是義標合體字。在表義構件的基礎上加標誌性構件,通常是為了起區別作用。比如“太”來源於“大”,“太”的意義和“大”的意義相關。那記錄“太”這個詞的字怎麽造呢?人們借用和“太”意思相關的“大”來表示意義,同時再加上一點,這一點就是區別符號,起標誌性作用,表示跟“大”不一樣。

8．音音合體字。

由兩個以上示音構件組合而成的字。示音構件都是成字構件,所以才有音。音、音組合的具體方式有兩種:一是兩個構件音同或音近,都表示全字的讀音。如“静、[illegible]、[illegible](吾)、[illegible]、[illegible](箕)”等。一是一個構件取聲母,一個構件取韻母,拼合起來表全字的音,有點像是反切。如“欽、[illegible](簠)、[illegible]”等。

9．音標合體字。

以示音構件為主體,加上標誌構件合成的字就是音標合體字。通常是取某個讀音近同的字形作音符,然後加一個標誌性符號以示區別,比如甲骨文的“(千)”,借讀音相近的“人”字作示音構件,在“人”字上加一短橫作為區別標誌,這就是數字“千”。“百”也可以看作音標合體字:“白”示音而“一”起區別作用。

10. 標標合體字。

即由兩個或兩個以上的標誌性構件合成的字。標誌性符號大都是抽象的,把它們組合到一起,主要靠相互之間的位置關係來體現所記語詞的理據,往往一個是象徵性標誌,一個是指示性標誌,或者兩個都是象徵性標誌才能組合成字。例如“上”和“下”,在古文字裏寫成“”和“”,由一個短橫和一個長橫組成,由於容易跟“二”相混,有時又把其中一筆寫得彎曲一點,作“”和“”。這兩個筆畫一長一短,長的是象徵性標誌,象徵某個參照物,短的是指示性標誌,指示相對於參照物而言的方位,合起來表示某個參照物的上面或下面。標標合體字包含兩個或多個標誌符號,實際上等於由兩個或多個構件組成,因而它不是獨體字,而是合體字。

11. 形代合體字。

字形演變產生代號構件後,就有了形體上包含代號構件的合體字,這種合體字是從平面分析角度說的,跟漢字構造無關。一個字可以分析出象形構件和代號構件,就叫作形代合體字。其中的象形構件是原有象形構件的傳承或保留,而代號構件則是原有某個構件或局部形體的變異或替換。如由“”演變成的“春”字下部是傳承的象形構件,上部是變異的代號構件。

以上介紹的是漢字的主要結構類型。漢字結構的類型和名稱不是固定的,可以有不同的歸納法和命名法,關鍵是分析漢字結構的原理和方法要科學。上面介紹的原理包括字形構造原理和字形演變原理,分析的方法是構件分析法。我們認為根據這樣的原理,運用這樣的方法,可以科學揭示漢字構形理據和演變規律,從結構上有效分析古今所有漢字。

五、關於“六書”

談到漢字結構,都會提及六書。“六書”之名始見於《周禮》,而“六書”的具體名目最早見於東漢班固的《漢書・藝文志》:

> 古者,八歲入小學,故周官保氏掌養國子,教之六書,謂象形、象事、象意、象聲、轉注、假借,造字之本也。

東漢學者許慎在《說文解字・敘》中不僅提到“六書”的名目,還逐一作了簡單解說:

周禮八歲入小學，保氏教國子，先以六書：一曰指事，指事者，視而可識，察而見意，上下是也。二曰象形，象形者，畫成其物，隨體詰詘，日月是也。三曰形聲，形聲者，以事為名，取譬相成，江河是也。四曰會意，會意者，比類合誼，以見指撝，武信是也。五曰轉注，轉注者，建類一首，同意相受，考老是也。六曰假借，假借者，本無其字，依聲託事，令長是也。

班固明確指出六書是"造字之本"，一般把"造字之本"理解為造字的方法。但唐初顏師古《漢書注》認為："文字之義總歸六書，故曰立字之本焉。"所謂"文字之義""立字之本"則不一定是指創造字形，因為在"創造"的意義上，"造"比"立"明白得多，顏師古没有必要换字解釋。"立"的含義比"造"寬泛，實指學習字掌握字而言；"義"也應該是指文字學的知識要點，而不是具體字形的意義。那麽顏師古的意思可能是：文字的要義（基本規律和主要内容）概括為"六書"，所以"六書"是掌握漢字知識的根本。

從許慎的定義和舉例看，"六書"的性質並不一致，不都是就造字而言。"象形"的定義"畫成其物，隨體詰詘"重點在"畫"，説的是取形於物的方式方法，跟"象形"的命名基本一致，但"畫成其物"的形不一定就是"字"，更準確地説是"構件"。具有"象形"功能的構件既可以成為獨體象形字，也可以跟别的構件組成多種"含形"的合體字。"指事"解釋為"視而可識，察而見意"，其中的"視"、"察"是從分析已有形體的角度説的，而"可識"、"見（現）義"是就該形體的創製要求及其功能而言的，意謂"指事"符號是人為規定的，要求這類符號讓人"看見就能識别"，"體察一下就能顯出意圖"，所以這類符號作為構件的功能屬抽象"指事"（相當於"標誌"）而不是物體的"象形"。"象形"、"指事"説明了漢字形體的兩種來源，所有漢字的形體都來源於"象形"和"指事"；同時也説明了"畫成其物"的形和"視而可識"的符號作為構件的象形和指事功能。"會意"定義為"比類合誼，以見指撝"、"形聲"定義為"以事為名，取譬相成"，這是就利用已有的字形來構造新字的手段和過程而言。"象形"構件、"指事"構件構成的字被賦予一定的音義，所以能作為表義構件"比類合誼"構造新的"會意字"（義義合體字），也可以作為示音構件"取譬相成"而構造新的"形聲字"（義音合體字）。説"假借"是"本無其字，依聲托事"，雖然有人理解為一種"不造字"的造字手段，但畢竟没有構造出新的形體，更應該看作是一種用字記詞的手段。"轉注"是"建類一首，同意相受"，這一模糊的表述爭議最多，至今没有定論。我們認為，"轉注"是類聚字形、用一個部首輾轉注解一系列漢字的方法，它既可用於編撰字書,也可用於幫助兒童集中認讀和系統掌握漢字。

從“六書”是古代小學教授童蒙的內容來看,許慎的解釋多半可信。作為小學的教學內容,應該具有實用性和選擇性,而不必具有學術性和系統性。所以我們認為“六書”是針對學童掌握漢字而選擇講授的幾項典型而又實用的知識內容,包括漢字最初形體的來源和創製、構件的功能及其構字的方式、漢字的分析、漢字的繫聯、漢字的運用等方面,而每個方面都不是系統完整的。就是說,“六書”是小學漢字教學的知識體系,不是學術概念,更不是學術性的類別體系。所以把“六書”全都看成“造字之本”不太準確,把“六書”當作漢字結構的六種類型也不符合事實,因為從來就没有人能够按照“六書”造出所有的漢字或把所有漢字系統地歸入“六書”(六類)。

後人討論“六書”,通常採用許慎的名稱和班固的次序,即“象形、指事、會意、形聲、轉注、假借”。至於“六書”的性質,一般沿用元明清學者提出的“四體二用”說,即“象形”、“指事”、“會意”、“形聲”四書是造字法或結構類型,屬於“體”;“轉注”、“假借”二書是對已有字形的應用,屬於“用”。

如果不作細緻的系統分析,只著眼每類的主要特徵和典型字例,“六書”的前四書還是能够大體上反映多數漢字結構的實際,所以長期以來“六書”被當作有關造字方法或結構類型的分析理論流傳於世,許多字的構造意圖可以用“四書”大致說明。

象形:就是根據所表事物的特徵,將某字大體上畫成某物的樣子。例如(人)像人的側身形象,(果)像樹木果實之形。

指事:即運用較抽象的符號或用象形符號加指示符號的方式來構字示意。一般用來表達較抽象的意義。例如(上),用一長線條表示參照物,短線條指示方位在上,以表達“上”義;(亦,後作腋),在象形符號(即大)的基礎上加上兩個指示腋窩之所在的符號,以表達腋窩之義。

會意:把若干有意義的獨立性符號(也有少量非獨立符號)組合在一起構成新字,以表示新的意義。例如小篆(解),從刀分解牛角,表示解剖之義;楷書“明”,從“日”“月”會意,表示光明之義。還有更複雜的組合,例如(爨),猶如一幅生火蒸飯圖,表達炊事之義。

形聲:用一個字作形符表示意義類別,再取一個讀音相同或相近的字作聲符表示讀音,形、聲相配構成一個新字,表示新的意義。例如“醉”,從西卒聲;“雉”,從隹矢聲;“罟”,從网古聲;“基”,從土其聲;“聞”,從耳門聲;“固”,從囗古聲;“辨”,從刀辡聲;“裹”,從衣果聲。形聲字中還有所謂“會意兼形聲”的情況,即某一符號既是與其他符號會意的義符,同時也兼表該字的讀音。例如"阱",從阜從井會意,同時井亦表示讀音,是聲符,本義為陷阱;"仲",從人從中,中亦聲,本義指地位處中的。

由於"六書"中包含有構件功能和形義關係等理念,所以這種分析方法能揭示字詞的內在聯繫,有助於字形闡釋和詞義理解,其實用價值在學術研究上和基礎教育領域都有體現。但運用"四書"分析漢字,比較適合於構意清晰的古文字形,現代漢字幾經演變,有很多字的形體已經不能體現最初的造字理據和意圖,很難從造字的角度用"四書"作合理分析。即使是古文字,使用"四書"分析其結構理據時,也常常難以歸類,因為"四書"本來没有統一的分類標準。遇到分類交叉和無法歸類的現象,古人常用"兼類"、"變例"來處理,動輒分出幾十個不同層次的類來,五花八門,難以掌握。所以我們對於"六書"在分析漢字結構上的價值應該注重其形義聯繫,達到以形求義的目的就可以了,而不必糾纏於整體的分類和個體的歸類。

無論是"六書"分析法,還是"構件分析法",在根據字形分析理據、探求詞義的時候,都應該注意藉助文獻用例來證明,避免望文生訓,主觀臆斷。

第四節　漢字職能

一、漢字的使用類型

漢字是記錄漢語的視覺符號系統,個體漢字主要用來記錄漢語的語素(包括單音節詞),有時也記錄多音節語素的音節。在造字的時候,單字與語素的對應關係是有理據的,用什麼字記錄什麼語素大體上是固定的,這種固定的理據對應關係反映了漢字的本來用法。但由於種種原因,在實際使用漢字的時候,字形與語素的初始對應關係往往被打破,漢字的記錄職能也因此變得複雜,於是又出現兼用和借用的現象。

"本用"、"兼用"和"借用"是漢字使用的三種基本情況。本節將對這三個概念和一些相關問題加以闡述。為了照顧習慣和行文方便,在没有必要區別的時候,我們把漢字記錄的對象統稱為詞或語詞。

(一)本用

所謂本用,是指用本字來記錄本詞的用法。

本字的構形是以本詞的音義為理據的。立足於某詞,根據該詞的音義而造,專門用來記錄該詞的字形叫作該詞的本字;立足於某字,與該字的構形理據密切相關的語詞就是該字本來應該記錄的本詞。

本詞中與本字構形理據直接相關的意義叫作本義,以本義為起點派生發展或與本義有密切聯繫的其他意義叫作引申義。本字的本用包括記錄本詞中與本字構形密切相關的本義以及與本義密切相關的引申義。例如:

目:甲骨文作、金文作,象眼睛之形。文獻中確曾記錄眼睛之義,如"目不轉睛"。因而"目"的本義是眼睛,具有眼睛義的 mù 這個詞的本字是目,用象眼睛形的"目"這個字來記錄具有眼睛義的 mù 這個詞,就是"目"字的本用。

逐:甲骨文作、金文作。《說文·辵部》:"逐,追也。从辵,从豚省。"是個義義合體字(會意字),通過"止"或"辵"與"豕"結合,表達"逐"的本義"追逐"。《左傳·隱公十一年》:"子都拔棘以逐之。"其中的"逐"就是它的本來用法。

本字不僅記錄本詞的本義,同時也可以用來記錄本詞的引申義。引申義跟字形的聯繫可能比較疏遠,但跟本義相關,也是本詞自身所固有的意義,所以用本字記錄本詞的引申義也是本用。下列文例中加[　]號的字就是用來記錄引申義的:

> 彼[節]者有間,而刀刃者無厚。(《莊子·養生主》)
> 肉食者謀之,又何[間]焉。(《左傳·莊公十年》)

"節"的本義為"竹節",此例記錄引申義"動物的骨節";"間"的本義是"門縫",此例記錄引申義"參與"。這些用法都屬於本用。

(二)兼用

所謂兼用,是指用本字記錄另一個跟本詞有音義聯繫的派生詞的現象。

詞義引申如果伴隨著讀音或字形的變化,往往會派生出新詞。本字記錄的本詞相對於派生詞來說就是源詞。派生詞可以另造新字記錄,也可以仍然用源詞的本字來記錄,這就是本字的兼用。例如由早晨的"朝"引申為潮水的"潮",就另造了分化本字"潮";而又引申為朝拜、朝廷的"朝",讀音也發生了變化,這就意味著派生出了新詞,但並未另造新字,而仍然用源詞的本字"朝"來記錄這個派生詞,那麼字符"朝"除了記本詞朝暮的"朝",還兼記派生詞朝拜的"朝"等。

兼用是解決漢語字詞矛盾的有效手段之一。詞語不斷派生,文字不能毫無節制地創造,最簡單的辦法就是擴展現有字符的職能,使其身兼數職。一般所謂"多音字",除了異讀、又音和借用破讀、同形異音外,多音而又多義者,如果各項音義之間有某種內在的聯繫,大都是源詞與派生詞共用一字的現象。例如“傳”(傳遞之“傳”,傳記之“傳”)、“彈”(彈弓之“彈”,彈力之“彈”)等等。

其實不只是讀音不同才算是兼用,許多派生詞並没有讀音的變化,它們跟源詞共用字符是普遍現象,人們習焉不察,以為還是本用。但嚴格説來,應該算是本字的兼用。例如“以”原為動詞,後虚化為介詞,又虚化為連詞,又虚化為助詞,虚化也是一種派生,它們不再是同一個詞,但讀音没有變化,也都用源詞的本字來記録,一個字符“以”記録了意義相關的幾個語詞,這也是文字的兼用。

(三)借用

所謂借用,是將字形當作語音符號去記録與該字形體無關但音同或音近的語詞。

這樣使用的漢字原非為所記語詞而造,不是所記語詞的本字,而是借用音同或音近的别詞的本字,所以稱之為借字;借字所記的語詞不是自己構形依據的本詞,所以稱之為他詞;借字所記他詞的意義相应地稱之為借義。

漢字的借用是以語詞的音同或音近為條件的。所謂音同,指音節的聲韻調全同。所謂音近,包括雙聲、叠韻、旁紐、鄰紐、旁轉、對轉以及介音和聲調的略有不同等。判斷音同音近的標準應該以借用發生時的音系為根據,由於語音的演變不平衡,後世相沿承用的借字不一定跟所記語詞的讀音始終相同或相近。

從理論上説,凡是音同或音近的字都可以借用。但實際上“借用”是個歷史性概念,要從文獻實例中去考察發現,不能想當然。今天討論漢字的借用現象的目的是為了解讀文獻,而不是要學會使用。

借用現象比較複雜,可以從多個角度分類考察。一般根據借字所記他詞是否擁有自己的本字,將借用分為無本字的借用和有本字的借用兩類。

1. 無本字的借用:假借。

語言中原有某詞,當需要用文字來記録的時候,不是根據它的音義為它創製專用形體,而是根據它的聲音,借用某個音同音近的現成字,這種用字現象就是無本字的借用,也就是許慎《説文解字》中所説“本無其字,依聲托事”的“假借”,被借用的字稱為“假借字”。

假借字經常久借不還,進而成為記録他詞的固定用字。例如:

戚,本詞為具有“斧頭”義的“戚”,借用來記録表“親戚”義的他詞“戚”。《孔子家語·困誓》:“子路悦,援戚而舞,三終而出。”《史記·秦本紀》:“法之不行,自於貴戚。”前例為本用,後例為借用。(本用曾重造本字

"鍼")

而,本詞為具有"頷毛"義的"而",借用來記錄連詞"而"。《周禮·考工記·梓人》:"凡攫閷援噬之類必深其爪,出其目,作其鱗之而。"《戰國策·趙策四》:"入而徐趨,至而自謝。"前例為本用,後例為借用。(本用曾重造本字"耏")

以上借用字不管其本用是否同時存在,也不管其本用是否另造本字,都始終用來記錄某一固定的他詞,實際上是為没有本字的他詞配備了一個專用字符,儘管没有產生新的字形。

許多假借字所記的他詞後來補造了自己的本字,這種本字可以叫後補本字。有了後補本字,原借字就歸還給了本詞或轉記别的詞。例如:

胃,本用是"腸胃"的"胃",借用於記錄"言說"的"謂"。《韓非子·五蠹》:"民食果蓏蚌蛤,腥臊惡臭而傷害腹胃,民多疾病。"《長沙楚帛書·乙篇》:"是胃孛歲","是胃亂紀"。前書用例的"胃"指腸胃,後書用例的"胃"指言說。後來補造了專用來記錄言說詞的本字"謂"。

辟,本用是"刑法"的"辟",借用於記錄"譬喻"的"譬"。漢桓寬《鹽鐵論·周秦》:"故立法制辟,若臨百仞之壑,握火蹈刃,則民畏忌而無敢犯禁矣。"《墨子·小取》:"辟也者,舉他物而以明之也。"前例的"辟"記刑法義,後例的"辟"記譬喻義。後來補造了專用於記錄譬喻義的本字"譬"。

不少詞同時或先後借用過幾個音同或音近的字。例如第二人稱代詞 rǔ,先是借用本義為"女性"的"女",如《詩經·魏風·碩鼠》:"三歲貫女,莫我肯顧。"後來一般不再借用"女"字,而另借"汝水"的"汝"字記錄第二人稱代詞,如《世說新語·排調》:"昔與汝為鄰,今與汝為臣。"

另外,一個字也可以同時或先後借用為幾個詞的記錄符號。例如"之",本義訓往,所記本詞為動詞。但文獻中的"之"可借用於記錄代詞,如《詩經·周南·關雎》:"窈窕淑女,寤寐求之。"又可借用於記錄連詞,如《左傳·成公二年》:"大夫之許,寡人之願也。"還可借用於記錄助詞,如《孟子·梁惠王上》:"天油然作雲,沛然下雨,則苗浡然興之矣。"

綜上所述,從漢字職能的角度說,假借是一種用字現象。

2. 有本字的借用:通假。

語言中的某詞,本來已有專為它所造的本字,但實際記錄該詞時,有時並不寫它的本字,而是借用另一個音同或音近的别字,這就是有本字的借用,為了跟無本字的借用相區别,一般稱有本字的借用為"通假",被借用的字為"通假字"。通假字是針對本字而言的,没有本字就無所謂通假字。

本無其字而假借，是不得已而為之。可既然有本字，為什麽不用本字而要用通假字呢？其主要原因可能有以下幾種：

(1)因習慣或有意存古而用通假字

有些所謂本字是後來補造的，在此之前人們已經用慣了某些假借字，所以當新造出本字後，人們有時候使用後造的本字，有時候可能不自覺地沿用原來的假借字，甚至有意懷舊仿古而使用原來的假借字。由於已經造了本字，這“假借”字實際上也就轉化成了通假字。例如：采—宷、綵、彩、睬。後面四個字先秦時代還没有産生，它們所記録的語詞最初都假借採摘的“采”字記録。但這些本字産生以後，仍然有借用“采”字來記録“宷、綵、彩、睬”等語詞的，那就是習慣或仿古所致的通假了。“宷”字見於《説文》新附和《爾雅》，表示封邑宷地，而東漢《風俗通·六國》“封熊繹於楚，食子男之采”仍借用“采”字。“綵、彩”已見於《玉篇》，而唐劉肅《大唐新語·極諫》：“太宗曰：‘善。’賜采三百匹。”仍用“采”為“綵”，指彩色絲織品。《明史·文苑傳·孫蕡》：“詩文援筆立就，詞采爛然。”此用“采”為“彩”，指文彩，當是彩色義的一個引申義項。“睬”字見於明代的《字彙補》，而清吳敬梓《儒林外史》第二十七回：“王太太不采，坐著不動。”仍用“采”為“睬”，表示理睬。

(2)為了某種特定目的而用通假字

有的可能是為了書寫簡便，選用筆畫少容易寫的音同或音近字。如《詩經·鄘風·柏舟》：“之死矢靡它。”“矢”的本字當用“誓”。《商君書·錯法》：“法無度數，而事日煩，則法立而治亂矣。”“煩”的本字當用“繁”。

有的可能是為了避諱或出於委婉、典雅等書面修辭的需要而特意選用别的音同音近字。如“屎”、“尿”二字，早在甲骨文中就已産生，像人拉屎撒尿的寫意圖形(屎、尿)。這兩個象形字讓人感覺不雅，所以古書中很少直接用本字，而往往借用“矢”字和“溺”字。後來雖另造“屎”“尿”字，不再象形不雅，而通假已經成習。《史記·廉頗藺相如列傳》：“廉將軍雖老，尚善飯，然與臣坐，頃之三遺矢矣。”“矢”即通“屎”。《莊子·人間世》：“夫愛馬者，以筐承矢，以蜃盛溺。”“矢”、“溺”是“屎”、“尿”的通假字。古時候賣舊衣服的故衣鋪都把“故衣”寫作“估衣”，則是因為忌諱，因為人死了可以稱“故”，“故衣”容易讓人聯想起死人的衣服。也有刻意追求典雅而用通假字的，如古代詩文有用“棣”代“弟”的現象，後人的信札中也常把“賢弟”寫作“賢棣”，這除了聲音近同的通假條件外，顯然與《詩經·小雅·常棣》是講兄弟友愛的詩篇有關，通假的同時暗含了典故。為了表達對某人的尊敬，避諱用他的姓名字，需要使用姓名字時就改用別的音同音近字代替，這也是通假用字的一種成因。如清代以“邱”代“丘”，是為了避聖人孔丘的名諱；以“元”代“玄”，是為了避康熙皇帝玄燁的名諱等等。

有的可能是為了區別而故意選用繁難的音同音近字。如有的本字形體易與它字混淆，往往借用區別度大的音同音近字代替。如先秦以來用“方”代“口”，用“員”代“〇”（後另造“圓”）等；秦人曾以“尊”代尺寸之“寸”（見商鞅量銘文及睡虎地秦簡《日書》）；唐代前後的量詞多以“觔”代“斤”、以“碩”代“石”、以“勝”代“升”。這些通假字都比原字筆畫多，區別度大，不易產生混淆和發生誤解。

（3）因不知本字而誤寫別字

高亨《文字形義學》說：“文字既多，人不能全數識別，亦不能全數記憶，當其人撰文之時，某事物雖有本字，其人或竟不知，或知之而偶忘，自不免借用音近之字以當之。況古代經傳，多由先生口授弟子，弟子耳聞之，手書之，依其音，倉卒之間，往往不能求其字之必正，但求其音之無誤而已。鄭康成曰：‘其始書之也，倉卒無其字，或以音類比方假借為之，趣於近之而已。’”① 這相當於今天的寫別字。不過古人所寫的別字往往相沿成習，為大家所接受，不必加以糾正。

寫別字固然是造成通假字的主要原因之一，但究竟哪個通假字是在不知道本字的情況下借用的卻很難斷定。大凡没有分化關係而又說不出什麼特殊理由的通假字都可以歸入此類。例如《左傳・昭公二十五年》：“戮力壹心。”“戮”本義為殺，此指並力、盡力，本字當用“勠”。

音同或音近字之間的通假借用大多是單向的，但也有雙向的。所謂“雙向”，即甲字可以借用來記録乙字的本詞，乙字也可以借用來記録甲字的本詞。例如：《說文・彡部》：“修，飾也。从彡攸聲。”《肉部》：“脩，脯也。从肉攸聲。”可見“修”、“脩”二字的本義本詞不同。但文獻中可以互借，唐封演《封氏聞見記・第宅》：“宰輔及朝士當權者，爭脩第舍。”明馮夢龍《古今小說・趙泊升茶肆遇仁宗》：“我脩封書，著人送你同去投他。”這兩個“脩”都用作動詞，分別為修建、寫作的意思，是“修飾”的引申義，其本字當用“修”。清吳敬梓《儒林外史》第五十五回：“有個人家出了八兩銀子束修，請他到家裏教館去了。”清蒲松齡《慈悲曲》：“書修多添兩吊錢。”其中的“修”都是指送給老師的薪金，是《論語》“束脩”的引申用法，本字當作

---

① 高亨：《文字形義學》，山東人民出版社，1963 年，第 261 頁。

“脩”。

把借用分為“假借”和“通假”兩類,有一定的理論價值。但不少語詞是否有本字,以及本字究竟產生在借字之前還是之後,實際上很難考證清楚。如果要確定每個借字是假借還是通假,往往要費很多精力。因此,在本字明確的情況下,當然可以斷定相應的借用為“通假”,本字不明而難考的情況下,則不必斷定為“假借”,模糊地稱為“借用”就行了。

二、漢字職能的演變

漢字職能的演變大致有四種情況:

(一) 職能擴展

字符最初的功能往往是單一的,即通常情況下,一個字只記錄一個詞(可以有多個義項)。後來,為了表達的需要,一個字變得可以同時或歷時地記錄幾個詞,這種現象就是漢字職能的擴展。如果把“本用”看作字符最初的職能,那“兼用”和“借用”就是字符職能擴展的兩條主要途徑。

1. 兼用擴展。

某個字原定記錄某個詞,而這個詞由於詞義引申並伴隨著讀音的變化,就會分化出新的詞,如果同時分化新字來記錄新詞,那仍然是一字一詞的對應關係,職能並沒有擴展,像“朝”派生出潮水義的“潮”就屬這種情況;但如果不另造新字記錄新詞,而仍然用源詞的字符來兼記派生詞,那實際上就等於擴大了源詞字符的職能,使它既能記錄源詞,又能記錄派生詞,一字而能記錄多詞,這就是引申派生所造成的漢字職能的擴展,也就是我們所說的“兼用”。如長短的“長”派生出生長的“長”,記錄生長詞項就沒有另造新字而是用原字兼職的,因此“長”這個字由原來只能記錄一個詞擴展到能記錄“長(cháng)”和“長(zhǎng)”兩個詞。

2. 借用擴展。

借用甲詞的本字“A”來記錄乙詞,不管乙詞有沒有自己的本字,對於“A”來說,它原來只能記錄甲詞,通過借用,又能記錄乙詞,甚至丙詞、丁詞……它的職能無疑是得到了擴展。例如“采”字,它由原來只能記錄“采摘”義一詞,通過借用的手段,又可以記錄“宷”、“綵”、“彩”、“睬”等詞,從而擴展了自己的職能。

漢字在“本用”的基礎上,通過兼記派生詞或借記他詞的途徑使職能得到充分的擴展,極大地緩和了漢語字詞之間的矛盾,使得數千漢字能够基本滿足不同時代不同地域記錄漢語的需要。如果排除時地的限制,從總體上來考察某個字符所記語詞的多少,我們會發現大部分字符的職能都有所擴展,有些字符曾經記錄過的語詞的數量大得驚人。這當然不會是同時共域的現象,而往往是職能不斷擴展並加以積累的結果。

(二) 職能減縮

由於兼用和借用,個體字符的職能得到充分擴展,完全能够滿足記錄漢語的需要,這是字符表達律的成功。但隨之而來產生了另一方面的問題,即字符職能的不斷擴展造成了字詞對應關係的複雜,從而給文獻閱讀的分辨理解帶來困難。為了克服這一弊端,有必要對漢字職能的擴展加以適當限制。已經擴展了的,如果影響職能分辨,也可以減少其中的一項或幾項職能,這就是漢字職能的簡縮。漢字職能的簡縮是就個體字符而言的,不是指漢字系統,整個漢字系統的職能是無法簡縮的,它必須跟整個語言系統相對應。因此,漢字職能的簡縮不是將漢字的某種職能廢除不要(除非語詞語義本身死亡,這已不是用字問題),而是把原來由某個字符承擔的某項職能分給另一個字符來承擔,這"另一個字符"可以是原有的某個字符,也可以是在原字基礎上的分化字符,還可以是另造的一個新字符。因此,漢字職能的簡縮大致可以歸納為三種情況:異體字分工、母字分化和另造新字。

1. 異體字分工。

異體字雖然字形不同,但它們的本用都是記錄同一個語詞的。異體字的職能也是可以擴展的,或兼用,或借用,同一字符的不同形體都增加了負擔,具體語境中的表義功能變得模糊,這時就有必要加以分工,使原來屬於同一字符的不同形體分化為不同的字符,從而達到單個字符記詞職能減少的目的。例如:

史—事—吏。甲骨文有"史"字,或繁寫作"事",又簡寫作"吏"。"史"、"事"、"吏"原屬同一字符的不同寫法,都可以用來記錄詞語"史",也都可以記錄"史"的派生詞"事(shì)"和"吏(lì)"。"國之大事唯祀與戎",而記載祀與戎這類大事的人就是史,實施這類大事的人就是吏,故"史"、"事"、"吏"三詞同源,最初兼用"史"、"事"或"吏"來記錄。這樣,"史"、"事"和"吏"作為異體字就都兼有三種職能,既可記錄史册的"史(shǐ)",又可記錄事務的"事(shì)",還可記錄官吏的"吏(lì)"。後來為了表詞明確,這組異體字作了分工,習慣用"史"字專記"史(shǐ)","事"字專記"事(shì)","吏"字專記"吏(lì)",因而各自減少了兩項職能。

來—麥。《説文》:"來,周所受瑞麥來麰也。""麥,芒穀。"李孝定《甲骨文字集釋》:"來、麥當是一字,夊本象到(倒)止形,於此但象麥根。以來叚

(假)為行來字,故更製繁體之麥以為來麰之本字。”

上述前例是為有兼用职能的異體字分工減負,後例是為有借用职能的異體字分工減負。異體分工是減少個體字符職能、明確字詞關係的有效措施,但不是主要措施,因為它受到必須有異體字存在這一先決條件的限制。

2. 母字分化。

某一字符由於兼用和借用擴展了記詞職能,為了增强表詞的明確性,可以以原字符為母字,分化出新的字符來分擔原字符的某項或某些職能。

(1)變異分化

即通過改變母字的筆畫或形態來分化出新字符。這種情况跟上述異體字分工的情况有時難以分辨,因為有些筆畫或形態的變異最初可能只是作為同一字符的異寫存在,後來才作有意識分工的。例如:荼—茶。“荼”字從艸余聲,本義指一種苦菜,後來兼用記錄茶葉的“茶”。大約在唐代,人們把“荼”字減去一個横筆,造出新字“茶”,專用於記錄茶葉一詞,這樣一來“荼”就只用作苦菜名了。當然也還有些習慣用法或仿古用法,如錢大昕《十駕齋養新錄》卷一九“於頔茶山詩述”條引瞿鏡濤云:“袁高、於頔兩題名,茶字凡五見,皆作荼。唐人精於六書,不肯輕作俗字如此。”其實,若以六書而言,“茶”字之所以要減去“荼”的一横,可能也是有意識地讓這個字下部從“木”,那麽我們可以把它理解為“從木荼省聲”。“茶”字有個異體左從木右荼聲,聲旁不省,構字思路正是一致的。

類似的變異分化字例還有“母—毋”、“陳—陣”、“巳—已”等等。

(2)增旁分化

即在母字的基礎上增加表義或示音的構件,也就是通常所說的形旁或聲旁,從而造出分化字以承擔母字的某項或某幾項職能,這樣母字的職能自然就減少了。例如:辟—避、僻、嬖、躄、壁、璧、臂、闢、繴、譬、擗、擘、甓。“辟”字甲金文形體從“卩”(後變為“尸”)從“辛”,“○”(璧的象形字)聲,本義指刑法。“大辟”就是最高的刑罰,君王是國家刑法的代表,因而君王也可以叫作“辟”。在古文獻中,“辟”字的用法十分廣泛,除本用外,還兼用或借用來記錄過“避”等十多個語詞,上舉“避”等十多個字符就是在“辟”的基礎上先後增加表義構件而各自分化出來的。類似的例子还有“景”與“影”,“取”與“娶”,“昏”與“婚”,“反”與“返”,“舍”與“捨”,“采”與“彩”、“菜”、“睬”,“牟”與“眸”、“麰”、“侔”、“恈”等等。

增旁分化字也可以專用來記錄母字的本詞,而用母字專門去記錄同音他詞或派生詞。例如“其”的本義是簸箕,同時借用為代詞、副詞等,且使用頻率很高,於是加"竹"旁分化出"箕"專門承擔母字的本義,而母字"其"就只記錄代詞、副詞等他詞了。"莫"字的本義是黃昏,同時借用為代詞、否定詞等,為了減輕負擔,累加"日"旁分化出"暮"字專門記錄母字的本詞,而母字"莫"則只用於記錄代詞、否定詞了。這類例子也有不少,如"然"與"燃"、"它"與"蛇"、"匪"與"篚"、"匡"與"筐"、"韋"與"違"、"北"與"背"、"自"與"鼻"、"止"與"趾"、"州"與"洲"、"責"與"債"、"益"與"溢"、"暴"與"曝"、"禽"與"擒"等等。

以上所舉都是增加形旁分化的字例,這是分化字的主流。增加聲旁的分化字也有,但不多見。例如《禮記・哀公問》:"午其衆以伐有道。""午"字借用為"啎",表示啎逆的意思。"啎"字其實就是在母字"午"的基礎上加注示音構件"吾"而產生的分化字。"午"、"吾"都是表示讀音的;後來"啎"訛變為"牾",一般就當成從"牛""吾"聲的義音合體字(形聲字)了。

(3)換旁分化

即通過改換母字的形旁或聲旁分化出新字符,用新字符分擔母字的某項或某幾項職能,從而達到減少母字職能的目的。一般也是改換形旁,改換聲旁的字例比較少。例如:說—悅、脫。"說"字在先秦除了解說、述說、論說等本用外,還用來記錄喜悅、解脫等詞義。前者如《論語・學而》:"學而時習之,不亦說乎。"後者如《左傳・僖公十五年》:"車說其輹,火焚其旗,不利行師。"後來為了減少"說"字的記詞職能,把它的"言"旁換成"心"旁,分化出"悅"字,用以記錄喜悅義;又把"言"旁換成"肉"旁分化出"脫"字,用以承擔解脫義。

類似的例子還有"潦"與"澇","赴"與"訃","沽"與"酤","適"與"嫡","錫"與"賜","鱔"與"譗","澹"與"贍","振"與"賑","畔"與"叛","障"與"嶂"、"幛"、"瘴"等,每組"與"後面的字都是以前面的母字為基礎,通過改變母字的某個構件而形成的換旁分化字。

3. 另造新字。

即為某字的某個義項(實際上是詞項)另造一個與原字形體毫無聯繫或没有直接聯繫的新字。但這類新字並不多。例如:亦—腋。《說文解字》:"亦,人之臂亦也。从大,象兩亦之形。"高鴻縉《中國字例》:"(亦)即古腋字。從大(大即人),而以八指明其部位,正指其處,故為指事字,名詞。後世叚借為副詞,有重複之意。久而為借意所專,乃另造腋字。"另造的用來專表臂腋義的"腋"字從"肉""夜"聲,跟"亦"没有直接關係,但它確實分擔了"亦"字的本用職能。

其他如“備一箙”等。

（三）職能轉移

有時單個字符的職能變化涉及兩個以上現成的字符,這時若只著眼於單個字符,那仍然是職能的增減,若著眼於兩個以上字符之間的聯繫,那就不是單方面的增減問題了,而往往是有增有減,某項職能從甲字挪到乙字,而乙字的某項職能又可能挪給甲字或丙字。我們把這種多字之間的職能替換現象稱之為職能轉移。主要包括以下兩種方式:

1. 相互轉移式。

即甲字的職能交給乙字,乙字的職能交給甲字,甲乙兩字的用法顛倒了。例如:童—僮。《説文》:“童,男有罪曰奴,奴曰童,女曰妾。从辛,重省聲。”又:“僮,未冠也。从人童聲。”可見“童”的本義是奴僕,“僮”的本義是孩童。但文獻中“童”、“僮”的記詞職能開始有些混亂,兩個字都可以既用本義,又承擔對方的職能,後來逐漸重新分工,“童”、“僮”的本職用法作了徹底交換,所以《干禄字書》“童僮”條説:“上童幼,下僮僕。古則反是,今則不行。”所記用法跟《説文》的訓解正好相反。

2. 連鎖推移式。

即甲字的全部職能或部分職能移給乙字,乙字的全部職能或部分職能又移給丙字,依此推移。丙字或鏈條最後的字可能是原有的,也可以是新產生的,而甲字可能廢棄,也可能挪作他用。例如:

歬→前→翦→剪。“歬”字從止在舟上,《説文》訓為“不行而進”,可見是前進的“前”詞的本字。後來“歬”字逐漸被廢棄,其職能轉移給了借字“前”。“前”字從刀歬聲,本義應指剪除,當它接受了“歬”的職能後,又把自己的本用職能轉移給借字“翦”。“翦”字從羽前聲(《説文》作“歬”聲),本義指初生之羽或箭矢上的羽毛。後來為了區别,另造了從刀前聲的分化字“剪”來表示“前”的本義、分擔“翦”的借義。

伯→霸→魄。“伯”的本義是指兄弟之中年長者,引申為諸侯之長,也就是霸主。為了區别,“伯”的霸主義轉移給借字“霸”。“霸”字從月,《説文》訓其本義為“月始生魄然也”,金文中常有“才生霸”的説法,指一種月相。“霸”字借用為“伯”以後,它的指稱月相的本用職能又轉移給了魂魄的“魄”,《尚書》就有“哉生魄”、“既生魄”之類的記載。就“魄”這個單字符來説,它既接受了“霸”字轉讓的職能,又保留著自己本來的用法,是增加了職能。

（四）職能兼併

職能兼併也是就字與字的關係而言的，即兩個或多個字本來各記本詞，但某個時候其中的一個或多個字被廢，被廢字原有的職能合併到另一個沒有被廢的字身上。例如：

后(後)。在古書中，"后"是君王、皇后義的本字，"後"是遲後、先後義的本字，二者各記一詞。現代簡化字為了減少字量，廢除筆畫多的"後"字，將"後"原來的職能合併給"后"，就"后"來説，等於職能擴展了，因為它兼併了"後"的職能。

斗(鬥)。"斗"的本義是量具，即升斗的斗；"鬥"(鬭)的本義是爭鬥，二者本用記詞不同。現代簡化字廢除筆畫多的"鬥(鬭)"，將其職能合併到"斗"，等於"斗"兼併了"鬥(鬭)"的職能。

總之，漢字職能的變化情況是相當複雜的，從不同角度去考察會有不同的結果。有的字符既有職能擴展，也有職能簡縮，還有職能轉移或兼併，而且往往簡縮了又擴，擴展了又簡，或者轉移來，轉移去，合了分，分了合，反復無常，並不一定都是單向、單線條地發展變化。因此，在考察某個字符的實際職能的時候，既要有整個過程、整個系統的全局觀念，又要有某時某範圍的條件限制，籠統地説某字的職能如何如何，往往難中肯綮。

【導學訓練】

一、學習導引

漢字是記錄漢語的視覺符號系統。中國悠久的歷史文化和豐富的文獻典籍都是通過漢字記錄保存的。古代漢語的學習，首先接觸到的是漢字，要通過漢字把握語言中的詞(或語素)，進而把握漢語及其相關規律，最終實現對古代傳統文化的批判繼承。這就是清代著名學者戴震所提出的："經之至者道也，所以明道者其詞也，所以成詞者字也。由字以通其詞，由詞以通其道，必有漸。"(《與是仲明論學書》)因此，我們説，了解漢字的相關基礎知識，是古漢語學習的基礎。

一般認為漢字具有"形、音、義"三個要素，其中"形"是漢字的本體和固有特徵，而"音"和"義"則來源於漢字所記錄的漢語中的詞(或語素)。嚴格地講，"音""義"跟漢字的"形"並不處於同一平面，而是對應語言時才具有的職能。而溝通字"形"跟語詞"音""義"的是漢字的結構。所以學習漢字，除了"形"和"音""義"外，還應該重視結構。事實上，任何一個漢字都具備一定的外部形態、內部結構和使用職能，我們可以分别稱之為"字形"、"字構"和"字用"，這是漢字所具有的三個不同方面，也是學習和掌握漢字基礎知識，思考漢字相關問題的三個不同視角，缺一不可。基於這樣的認識，本章分別從形體、結構、職能三個方面介紹與漢字相關的知識。

漢字首先是以一定的視覺形體呈現和存在的，在漫長的歷史發展過程中，用來表現形體的單位要素發生了從實塊、線條到筆畫的變化，字體形態也發生了多次演進。熟悉並掌握漢字形體發展演變的歷史規律，不僅有助於對漢字的歷史認同，同時也會給漢字結構的分析以及使用職能的考察帶來更多的幫助。

從結構上看，漢字是成系統的符號體系，通過拆分所得到的各種功能構件以及構件組合的結構模式，表現了漢字的組織單位和結構系統。漢字是根據它所記錄的漢語中的詞（或語素）的音義來構造形體的，構件及其組合模式的選擇反映了某種聯繫語言的意圖。從漢字生成的角度講，這種構造意圖是漢字内部結構形成的依據；從漢字認讀的角度講，這種構造意圖又是漢字使用職能分析的線索。因此，熟悉不同類型構件的功能，掌握構件組合的模式及其發展規律才能更好地理解漢字和使用漢字。

相對於漢語而言，漢字是第二性的。但漢字與漢語中的詞（或語素）並不是齊整的一一對應關係。漢字記錄漢語的職能有本用、兼用和借用三種不同的情況，由此出現一字多詞、多字一詞的用字問題，形成異體字、同形字、同源字、分化字等種種錯綜複雜的字際關係。這些關係都是需要注意的。要通過漢字形體理解它所記錄的詞（或語素），進而理解文意，除了掌握漢字的本用外，準確判斷漢字的借用顯得尤為重要。如果不清楚漢字借用的職能，不能突破借字的形體束縛，就很容易犯“望形生義”的錯誤，從而無法通過聲音的線索找到本字及其所記錄的詞語，文意的準確理解也就無從談起。

總的來講，漢字的形體、結構和職能是掌握漢字並借以學習古代漢語的三個很重要的方面。在具體的學習中要注意以下的方法：

第一，將材料與規律結合起來。

從成體系的甲骨文算起，漢字有將近四千年的歷史。不同時代用不同的工具在不同的載體上留下了數量巨大的漢字材料，這是我們分析漢字形態、結構和職能的發展演變的客觀依據，同時也給我們的學習帶來巨大的負擔。我們不可能窮盡掌握漢字材料，不可能掌握每一個漢字的形態、結構和職能發展，但這並不意味著我們就沒有辦法很好地學習和掌握漢字。事實上，在漢字紛繁多樣的材料和錯綜複雜的演變中，蘊涵著許多規律。漢字的學習，不僅僅要儘可能地熟悉各種類型的文字材料，同時還要善於從材料中發現和總結規律，並利用這些規律“舉一反三”地掌握更多的漢字材料。

第二，將歷時與共時結合起來。

今天大家所熟悉的楷書漢字，並不是天生如此的，而是對甲骨文、金文、篆書、隸書等不同階段漢字的歷史傳承和發展演進的結果。學習漢字，一方面要關注現代楷書漢字的形態特徵、結構系統和使用職能，同時還要以此回溯，了解漢字在不同發展階段的相關情況。對於一個漢字的考察，不僅要在共時的系統中把握它與相關漢字的關係，同時也要從歷史發展的角度著眼，通過漢字形體、結構、職能的歷時梳理，把握漢字發展的脈絡，弄清共時漢字的所以然，這才能更準確地掌握現實的漢字。

第三，將理論與實踐結合起來。

中國的漢字研究有悠久的歷史，很早就成為一門獨立的學科。經過學者們的不斷努力，逐漸形成了相關的漢字學理論。在本章中，我們嘗試以形體、結構和職能三個平面來架構漢字學的知識系統。每一個平面都注重了材料的介紹、現象的分析和理論的總結。在學習的過程中，要熟悉考察漢字的三個視角，掌握相關的規律和理論。同時還要將這些規律和理論與自己的實踐相結合。要自己動手收集一些文字材料，梳理字體發展的歷史，分析内部結構的演變，落實它們在不同時代文獻中的使用職能。這樣才能更好地掌握理論介紹的方法，理解理論總結的規律。

第四，將本體知識與文化知識結合起來。

漢字是文化的一個子項，跟漢字相關的其他文化子項還有很多。學習漢字學，不能只局限在漢字學的圈子，有些漢字問題是由漢字以外的其他因素造成的，因此應該將漢字本體知識與相關的其他文化知識結合起來學習，特别是遇到用漢字學自身的理論無法解釋時，更應該放開眼界，借助廣博的漢語文獻資料，在中華歷史文化的大背景中思考問題。

二、思考題

1. 漢字起源的各種傳説是怎樣形成的？如何看待這些不同的傳説？

2. 圖畫與文字是什麽關係？為什麽不少人相信文字的形體來源於圖畫？

3. 分析現代漢字的結構需要注意哪些問題？你對中小學盛行的“聯想識字”怎麽看？

4. 從漢字使用職能的角度如何認識“古今字”問題？

5. 漢字與世界其他文字體系相比有哪些不同的特徵？

6. 通過分析漢字形體結構來探求漢語詞義時應該注意哪些問題？

7. 漢字與文化是怎樣的一種關係？文化因素對漢字形體、結構、職能的形成與變化有什麽樣的影響？

三、實踐訓練

1. 臨摹本章出現過的甲骨文、金文、篆文及戰國時期的竹簡文字。

2. 按構件組合模式分析下列漢字，並嘗試用“六書”分析，看會有什麽不同。

火山厂夊井川工自口耳鳥烏牛羊馬豕禾木車豆田

甘刃寸未亦太乂从业书渚宝灭有

取暴美解安陟及寇法班盥牢娶逐

桌晴膽譜詢溪期勵削竄望景賓愈惑翡悶聞辯近逗病遍圍

3. 利用《説文》及其他古文字字典收集下列漢字的歷史形體（包括異體字），並結合文獻用例分析它們在結構和功能上的變化。

頌 容 序 敘 篤 竺 輯 逆 許 暗

帥 常 方 歸 重 置 罪 可 所 集

4. 收集某一歷史時期不同材質上的漢字材料,與其他同學收集的不同歷史時期的漢字材料進行對比,嘗試歸納彼此之間的異同。

5. 收集本教材文選部分的通假字材料,並依據產生通假的不同原因進行歸類。

【研討平臺】

一、漢字的性質

問題概述

漢字性質問題是漢字學研究的核心問題,它關係著對漢字的基本認識、漢字改革、漢字的發展前途以及漢字的教學和運用等諸多方面。

有關漢字性質問題的討論應該是從二十世紀二三十年代開始的。由於西方語言學有關文字體系劃分理論的引入,學者們結合漢字的特性,提出了漢字性質問題。此後不斷有學者對這一問題進行深入的研究和討論,特別是二十世紀八九十年代,有關漢字性質問題的討論呈現出百家爭鳴的景象。諸如"表意文字"、"象形文字"、"意音文字"、"表音文字"、"音節文字"、"語素文字"、"表詞文字"、"語素音節文字"、"意符音符文字—意符音符記號文字"、"表詞文字—語素文字"、"圖畫文字—假借文字—形音文字"等等,都是國內外專家學者對漢字性質的不同表述。

已有的研究和各家看法為我們繼續深入研究和探討漢字性質問題提供了良好的借鉴。在此基礎上思考漢字性質問題需要注意以下幾點:

第一,面對漢字性質問題的諸多說法,不能僅僅停留於各家稱名和表述的異同,應該深入理解其實際含義和具體所指,從而區分哪些是同一思想的不同表述,哪些是可以互補共存的不同角度,哪些是不能兩立的矛盾觀點。第二,漢字性質要在與世界其他文字體系相比較的過程中顯現和確定。因此,思考漢字性質,不僅僅要關注漢字本身,還應該熟悉儘可能多的其他文字。通過系統全面的比較來加深對漢字性質的認識。第三,漢字性質的認識應該是多維度的。既要考察漢字形體結構自身的特點,又要考察漢字作為記錄符號所對應的語言單位,所以漢字具有的外部形態、內部結構、記錄職能都應該成為認識漢字性質的視角。第四,漢字性質是文字類型劃分的問題,而不是文字發展階段的問題。文字作為記錄語言的符號系統並不存在高低級之分,能否滿足記錄語言的需要是衡量一種文字系統是否完善的唯一標準。所以討論漢字性質問題應該從文字與語言的總體關係著眼,應該從整體的外部比較入手,避免糾纏漢字內部的局部性和階段性差異。

資料選輯

1. 只有兩種文字的體系:(1)表意體系。一個詞只用一個符號表示,而這個符號卻與詞賴以構成的聲音無關。這個符號和整個詞發生關係,因此也就間接地和它所表達的觀念發生關係。這種體系的典範例子就是漢字。(2)通常所說的"表音"體系。它的目的是要把詞中一連串連續的聲音模寫出來。表音文字有時是音節的,有時是字母的,即以言語中不能再縮減的要素為基礎的。

（〔瑞士〕索緒爾:《普通語言學教程》,高名凱譯,
商務印書館,1980年,第50—51頁）

2. 從表面上看,詞(words)顯然是首先用符號表現在文字裏的語言單位。用一個符號代表口語裏的每個詞,這樣的文字體系就是所謂表意文字(ideographic writing),這是一個很容易引起誤會的名稱。文字的重要特點恰恰就是,字並不是代表實際世界的特徵("觀念"),而是代表寫字人的語言的特徵;所以不如叫作表詞文字或言詞文字(word-writing 或 logographic writing)。

（〔美〕布龍菲爾德:《語言論》,袁家驊等譯,
商務印書館,1980年,第360頁）

3. 在隸變以前,全部漢字都是屬於象形文字的體系,過去所說的"六書"沒有一書不是象形文字。……在隸變以前,漢字是象形兼表意的;在它以後,漢字變成了表意兼標音的了,把整個象形文字的形體轉化了,失掉了象形文字的作用。這是個大轉變,結束了漢以前的象形文字,展開了漢以後二千年來的隸楷形體。

（蔣善國:《漢字的組成和性質》,
文字改革出版社,1960年,第7、31頁）

4. 用文字來寫語言,可以取語言裏頭各等不同尺寸的單位來寫……在世界上通行的能寫全部語言的文字當中,所用的單位最大的文字,不是寫句、寫短語的,是拿文字一個單位,寫一個詞素,例如我們單獨寫一個"毒"的字形來寫"毒"這個詞素。……以上是講用一個文字單位寫一個詞素,中國文字是一個典型的最重要的例子。……他跟世界多數其他文字的不同,不是標義標音的不同,乃是所標的語言單位的尺寸不同。

（趙元任:《語言問題》,
商務印書館,1980年,第141—144頁）

5. 就甲骨文字的整個體系來說,就它的發展階段來說,就它的根本功能和作用來說,它的每一個符號都有固定的讀音,完全是屬於表音文字的體系,已經發展到了表音文字的階段。其根本功能不是通過這些符號形象本身來表達概念的,把它說成表意文字是錯誤的。

（姚孝遂:《古漢字的形體結構及其發展階段》,
《古文字研究》第四輯,中華書局,1980年,第12頁）

6. 在該篇論文(編者按:即上面提到的《古漢字的形體結構及其發展階段》)中,我的主要論點是:一、就漢字的形體結構而言,古漢字是屬於象形文字的範疇。因為其文字形體都是來源於客觀事物的圖像。二、就文字的功能和作用而言,古漢字,包括最早的、成體系的甲骨文字在內,由於其已有了固定的讀音,它已發展到了表音文字的表音節階段。……三、假借字的大量存在以及假借字使用頻率高達百分之七十左右,這一客觀事實

可以進一步充分證明古漢字只能是屬於一種純粹的語音符號，而不是像某些學者所說的那樣，是什麽表意文字。四、過去之所以對漢字的性質産生誤解，主要原因之一就在於把文字形體結構與功能作用混為一談，在概念上造成了混淆。

（姚孝遂：《再論古漢字的性質》，《古文字研究》第十七輯，
中華書局，1989 年，第 309—310 頁）

7. 一種文字的性質就是由這種文字所使用的符號的性質决定的。文字是語言的符號。作為語言的符號的漢字，跟文字本身所使用的符號是不同層次上的東西。……討論漢字性質的時候，如果不把文字作為語言的符號的性質，跟文字本身所使用的字符的性質明確區分開來，就會引起邏輯上的混亂。各種文字的字符，大體上可以歸納成三大類，即意符、音符和記號。跟文字所代表的詞在意義上有聯繫的字符是意符，在語音上有聯繫的是音符，在語音和意義上都没有聯繫的是記號。拼音文字只使用音符，漢字則三類符號都使用。……通過以上的分析，可以得出如下結論：漢字在象形程度較高的早期階段（大體上可以説是西周以前），基本上是使用意符和音符（嚴格説應該稱為借音符）的一種文字體系；後來隨著字形和語音、字義等方面的變化，逐漸演變成為使用意符（主要是義符）、音符和記號的一種文字體系（隸書的形成可以看作這種演變完成的標誌）。如果一定要為這兩個階段的漢字分别安上名稱的話，前者似乎可以稱為意符音符文字，或者像有些文字學者那樣把它簡稱為意音文字；後者似乎可以稱為意符音符記號文字。……語素—音節文字跟意符音符文字或意符音符記號文字，是從不同的角度給漢字起的兩種名稱。這兩種名稱可以並存。意符和記號都是屬於語素這個層次的字符，所以語素—音節文字這個名稱對早期和晚期的漢字都適用。

（裘錫圭：《文字學概要》，
商務印書館，1988 年，第 10—18 頁）

8. 漢語是一種非形態語言。在漢語裏，没有用某個音素表示某一種或某幾種語法範疇的形態標誌這種現象（英語 books，looks，my brother's letter 裏的［s］音素）。因此，漢語在實際使用中只需要表示音節（包括單元音或複元音形成的音節）的符號，不需要只表示音素的符號。漢字是音節文字而不是音素文字，與漢語的非形態性相適應。

（張志公：《漢字與閱讀》，《張志公文集》第五卷，
廣東教育出版社，1991 年，第 104 頁）

9. 觀察文字，可以從三個不同角度著眼：1. 符形角度，2. 語音角度，3. 表達法角度。三個角度觀察到文字的三個側面，稱為文字的“三相”（three phases）。1. 符位相：從符形角度觀察文字，要用視覺來鑒别。文字符號就其外形來看主要分為：（1）圖符；（2）字符；（3）字母……2. 語段相：從語音角度觀察文字，要用聽覺來測量。一連串講出來的語言可以分為許多語音段落，叫作“語段”。長語段分為：（1）篇章，（2）章節，（3）語句；短語段分為：（1）語詞，（2）音節，（3）音素（音位）……3. 表達相：用文字符號表達語言，有不同的表達法。按照符號的“表達功能”，不考慮符號的“起源”，可以把表達法分為：

(1)表形法,(2)表意法,(3)表音法……

文字"三相"分類表

(符位相)	(語段相)	(表達相)	簡稱
圖符	章句或語詞	表形	表形文字
圖符或字符	章句或語詞	表形兼表意	形意文字
字符	語詞	表意	表意文字
字符或字母	語詞或音節	表意兼表音	意音文字
字母	音節或音素	表音	表音文字
音節字母	音節	表音	音節文字
輔音字母	音節或音素	表音	輔音文字
音素字母	音素	表音	音素文字

(周有光《比較文字學初探》,語文出版社,1998 年,第 32—36 頁)

10. 世界上的文字分為兩個大類:表意文字與表音文字。這種分類是從文字形體直接顯示的信息是語義還是語音,也就是從文字構形的依據來確定的。……音與義既然是密不可分的語言的兩大要素,這兩種文字當然同時記錄了語音的音與義,不可能只記錄音或只記錄義。在這一點上,表意文字和表音文字並無區別。為了不把文字記錄語言的職能和它構形的依據混淆,更準確的稱謂應當說,英文是拼音文字,漢字是構意文字。……就漢字記錄漢語的單位而言,漢字屬於音節—語素文字。也就是說,在一般情況下,一個漢字記錄一個音節,而一個音節往往又代表一個語素。……就形體的特點而言,漢字是在一個兩維度的平面上來構形的,所以人們常稱它為"方塊漢字",這個特點也是漢字的表意性帶來的。

(王寧主編:《漢字學概要》,北京師範大學出版社,2001 年,第 1—4 頁)

11. 參閱李運富、張素鳳《漢字性質綜論》,載《北京師範大學學報》2006 年第 1 期;李運富《漢字學新論》第一章"漢字屬性",北京師範大學出版社,2012 年。

二、"六書"問題

問題概述

"六書"的說法早在東周就已經有了。東漢許慎給"六書"做過界定,並在"說文解字"的實踐中用到過"六書"的一些概念。宋元以後,"六書"成為傳統漢字研究的核心內容。傳統的"六書"研究主要集中在以下幾個方面:

第一,"六書"的稱名和次序。班固《漢書・藝文志》、鄭衆《周禮注》以及許慎《說文解字・叙》對"六書"的稱名和次序排列存在差異。對這些差異存在的原因以及三者的是非優劣,學者們展開過深入的探析。

第二,"六書"的具體内涵及各自區别。由於許慎的定義和舉例過於簡單,各書的具體内涵和相互間的界限不易劃清。尤其是"轉注",歷來聚訟紛紜。

第三,利用"六書"(主要是前四書)為漢字結構分類。宋代鄭樵開始以"六書"為綱對漢字進行分類匯聚。後來的學者繼續加以推闡，不僅有“六書”的大類，而且分出許多新的小類。

第四，“六書”內部的層次及其性質。“六書”實際上包含了造字方法、結構類型、用字方法等不同平面的內容。各書的定義表述不一致，命名角度也不同。“象形”、“會意”、“形聲”側重說的是造字的方式和過程；“指事”側重說的是字形的作用；“假借”則是講用字方法，與造字和形體結構無關；“轉注”則至今不知所云。因此，學者們對“六書”性質的認識也存在分歧：有的認為“六書”是造字之本，即六種造字方法，有的認為“六書”是漢字的六種結構類型，有的認為“六書”是六種字體，有的認為“六書”是六種識字方法，有的認為“六書”是六種與漢字相關的教學內容。

傳統的“六書學”儘管有種種不同看法，但總體上還是維護“六書”的格局。現代漢字學研究已經不局限於“六書”的名目和分類，開始反思“六書”存在的問題，對傳統“六書”進行改造：或仿擬“六書”提出新的“二書”、“三書”、“四書”等不同名目，或吸收《說文解字》的“構件—功能”分析法建立“漢字構形學”等等。

“六書”牽涉到漢字各方面的問題，前人研究“六書”形成了“六書學”。“六書學”實際上相當於傳統的漢字學。“六書”的本來用途與後世對“六書”的研究是兩回事。混淆“六書”和“六書學”可能是對“六書”問題爭論不休的重要原因。所以我們現在研究“六書”不要被“六書學”的種種分歧所迷惑，而要把前人對“六書”的研究意圖跟“六書”本身的意圖區別開來。“六書學”是有理論意義的，但不一定符合“六書”最初的教學語境。我們對“六書”本意的研究要考慮“六書”提出的背景和目的，要考察古今運用“六書”進行漢字教學的實際。而研究“六書學”，則要結合不同學者的研究重點和觀察視角，深入理解他們對於“六書”的不同闡釋和研究目的，不僅“知其異”，還要“知其所以異”，這樣才能把“六書學”的來龍去脈搞清楚。

資料選輯

1. [班固、鄭玄、許慎]三家說法的異同是非，清代學者討論得很多，是永遠不能解決的聚訟。如其我們用歷史家的客觀的眼光來看，就另是一樣了。劉歆或班固是首先對六書加以解釋的(即使還另有所本)。照他們的說法，六書是造字之本，也就是造字的六種方法。象形、象意、象聲三種，本已包括了一個字的形、音、義三方面，不過他們把圖畫實物的文字，和少數記號文字分開，所以多出了一種象事。至於轉注和假借，實在只是運用文字來表達無窮的語言，跟產生新文字的方法，他們混合在一起，就和詩有六始，把風雅頌跟比興賦混在一起是一樣的。……從班固、鄭衆指出了六書的名目後，到許慎才建立了義例，這是一個很重要的發展。有了義例，六書說才能成立。而且，從許慎到現在，一千八百多年，人們所研究的六書，至多只能做小部分的修正，大體上没有變動。因為許氏給與六書的界說過於簡單而不能確定，所舉的例，每一條又只有兩個字，所以後來人的解釋，人各一詞。六書之學，簡直可以汗馬牛，充棟宇。……

（唐蘭：《中國文字學》，上海古籍出版社，2005 年，第 55、57 頁）

2. 大凡“六書”之中象形、指事相類，象形實而指事虛；形聲、會意相類，形聲實而會意虛。轉注則形、事之别，然立字之始類於形聲，而訓釋之義與假借為對。假借則一字數用，如行(莖)、行(杏)、行(杭)、行(沆)。轉注則一義數文，借如“老”者，直訓“老”耳，分注則為耆、為耋、為耄、為壽焉。凡六書為三耦也。

(徐鍇：《說文解字繫傳》)

3. 象形、指事，文也；會意、諧聲、轉注，字也；假借，文字俱也。象形、指事一也，象形别出為指事。諧聲、轉注一也，諧聲别出為轉注。二母為會意，一子一母為諧聲。六書也者，象形為本，形不可象則屬諸事，事不可指則屬諸意，意不可會則屬諸聲，聲則無不諧矣。五不足，而後假借生焉。

(鄭樵：《通志・六書略・六書序》)

4. 形也、事也、聲也、意也，合而為文字矣；未盡者，則轉注以足其意，假借以足其聲。……象形、指事者，文也；會意、諧聲者，字也；轉注、假借者，文字之變也。

(周伯琦：《說文字原・叙》)

5. 六書以十為分，象形居其一，象事居其二，象意居其三，象聲居其四。假借，借此四者也；轉注，注此四者也。四象以為經，假借、轉注以為緯。四象之書有限，假借、轉注無窮也。……[班]固意謂六書四者有象可見，故以象名；假借轉注則隱於四象之中，而非别有字也。

(楊慎：《轉注古音略・古音後語》)

6. 象形，文之純，指事，文之加也；會意，字之純，諧聲，字之變也；假借、轉注，則文字之用也。

(吴元滿：《六書總要・六書總論》)

7. 象形、指事一也，象形有加為指事；會意、諧聲一也，會意主聲為諧聲；假借、轉注一也，假借諧聲為轉注。明乎此，則六書之能事畢矣。

(趙古則：《六書本義綱領・六書總論》)

8. 大致造字之始無所凴依，宇宙間事與形兩大端而已：指其事之實曰指事，一二、上下是也；象其形之大體曰象形，日月、水火是也。文字既立，則聲寄於字，而字有可調之聲；意寄於字，而字有可通之意。是又文字之兩大端也。因而博衍之，取乎聲諧，曰諧聲；聲不諧而會合其意，曰會意。四者，書之體止此矣。由是之於用，數字共一用者，如初、哉、首、基之皆為始，卬、吾、台、予之皆為我，其義轉相為注，曰轉注。一字具數用者，依於義以引伸，依於聲而旁寄，假此以施於彼，曰假借。所以用文字者，斯其兩大端也。六者之次弟出於自然，立法歸於易簡。震所以信許叔重論六書必有師承，而“考”“老”二字，以《說文》證《說文》，可不復疑也。

(戴震：《答江慎修先生論小學書》)

9. 觀乎天文，觀乎人文，而文生焉。天文者，自然而成，有形可象者也；人文者，人之所為,有事可指者也,故文統象形、指事二體。字者,孳乳而寖多也,合數字以成一字者皆是,即會意形聲二體也。四者為經,造字之本也。轉注、假借為緯,用字之法也。

(王筠:《說文釋例·六書總說》)

10. 若以製字之先後論之,則依類象形謂之文,象形指事為最古者也。形聲相益謂之字,會意諧聲其後益者也。字孳乳而寖多,轉注假借,又其後之所多者也。此則以次序為偶矣。

(龍學泰:《六書三耦說》)

11. 六書次第,古今論者數十家,紛歧不一。然證之近日環海各國之文字,無不以象形字為最古,是以象形居六書之首,當無疑義。但六書之字既相因而生,則六書之名必非上古所有,古聖製字,絕不能先立六書之名,而後按六書以製字也。

(金鉞:《許學四種·說文約言》)

12.《說文叙》曰:"轉注者,建類一首,同意相受,考老是也。"前後異説,皆瑣細無足錄。休寧戴君以為,考,老也,老,考也,更互相注,得轉注名。段氏承之,以一切故訓皆稱轉注。許瀚以為,同部互訓然後稱轉注。由段氏所說推之,轉注不系於造字,不應在六書;由許瀚所說推之,轉注乃豫為《說文》設。保氏教國子時,豈縣知千載後有五百四十部書邪?且夫故訓既明,足以心知其意;虛張類例,亦為繁碎矣。余以轉注、假借,悉為造字之則。泛稱同訓者,後人亦得名轉注,非六書之轉注也。同聲通用者,後人雖通號假借,非六書之假借也。蓋字者,孳乳而浸多。字之未造,語言先之矣;以文字代語言,各循其聲。方語有殊,名義一也,其音或雙聲相轉,疊韻相迆,則為更製一字,此所謂轉注也。孳乳日繁,即又為之節制,故有意相引申,音相切合者,義雖少變,則不為更製一字,此所謂假借也。何謂"建類一首"?類謂聲類,鄭君《周禮序》曰:就其原文字之聲類。……首者,今所謂語基。……考老同在幽部,其義相互容受,其音小變。按形體,成枝別;審語言,同本株。雖製殊文,其實公族也。非直考老,言壽者亦同。

(章太炎:《國故論衡》,上海古籍出版社,2006年,第26—27頁)

13. 由於受時代的局限,許慎對於"轉注"、"假借"的認識是有錯誤的,特別是他過分强調了《說文》分部建首的作用,是不符合語言發展的實際情況的。……歷來治《說文》者對轉注、假借的解釋,歧說紛紜,均未得其要旨。戴震、段玉裁以互訓為轉注,其說雖有助於同義詞、字的研究,簡捷易曉,但與造字的"六書"無關;朱駿聲以引申為轉注,雖有功於詞義發展的考察,但已遠離許氏本意,更與漢字發展無涉。直至晚近,章炳麟先生從語言學理論上提高了對轉注、假借的認識,指出這是漢字發展的法則,從而闡明了漢語詞彙發展變化的一些規律,打破了建首分部說的框框,把漢人"六書"理論發展了一大步,開闢了漢字研究的新途徑,其功績是不可磨滅的。

(陸宗達:《說文解字通論》,北京出版社,1981年,第56頁)

14. 我們認為象形、假借、形聲並不是三種預設的造字法則,只是文字發展的三個過程。漢字從象形開始,在發展與應用的過程中變作了音符,是為假借字;再向前發展而有象形與假借之增加形符與音符的過程,是為形聲字。形聲是漢字發展的自然的結果,並不是預設的造字方法。

(陳夢家:《殷虛卜辭綜述》,中華書局,1988 年,第 79 頁)

15. 漢代學者提出六書說是有功勞的。但是六書說在建立起權威之後,就逐漸變成束縛文字學發展的桎梏了。在崇經媚古的封建時代裏,研究文字學的人都把六書奉為不可違離的指針。儘管他們對象形、指事等六書的理解往往各不相同,卻沒有一個人敢跳出六書的圈子去進行研究。好像漢字天生注定非分成象形、指事等六類不可。大家寫了很多書和文章,爭論究竟應該怎樣給轉注下定義,究竟應該把哪些字歸入象形,哪些字歸入指事,哪些字歸入會意等等。而這些問題實際上卻大都是爭論不出什麼有意義的結果來的。可以說,很多精力是白白浪費了。另一方面,文字學上很多應該研究的問題,卻往往沒有人去研究。直到今天,這種研究風氣對我們仍然還有影響。這是值得警惕的。

(裘錫圭:《文字學概要》,商務印書館,1988 年,第 103 頁)

16. 實際上古人開始造字並不知道有所謂"六書",更不可能根據六書理論指導造字。"六書"乃是後人根據字形結構總結出的理論,所以說"六書"不是創造漢字之本,而漢字卻是"六書"之本。……"六書"是從漢字的發展中總結出的理論,自它誕生以來,曾對漢字的研究有過很大的幫助。但是,它僅指出某些字的構造方法和使用方法,並沒有從漢字的形成和發展的角度闡述其規律性的變化。

(高明:《中國古文字學通論》,北京大學出版社,1996 年,第 45—46 頁)

17. 從甲骨文到秦篆歷代古文字大量形體的實際面貌,隸變以後漢字形體演變的複雜事實,都對傳統"六書"提出了挑戰,進一步說明了"六書"僅對秦代規範的小篆是適合的,但是它無法覆蓋歷代的漢字構形。為了使漢字構形的類型劃分能够切合古文字的實際,一些文字學家提出了"三書"說,但是,"三書"說對古文字來說過於籠統,對今文字來說又不完全切合,始終未能將"六書"替代下來。"六書"明顯的局限性,增加了進一步總結漢字構形的必要性和迫切性;但是,從新的角度來看"六書",又使我們產生了以下的看法:"六書"本來是以秦代規範的小篆為基礎總結出的漢字結構分析模式,它所以能統帥漢字構形分析近兩千年,主要是它的"結構—功能"分析法適合表意文字形體結構的特點,傳統"六書"不應當拋棄,而應當為漢字構形學的總結提供一種合理的思路。

(王寧:《漢字構形學講座》,上海教育出版社,2002 年,第 16—17 頁)

18. 漢字分類各家學說一覽表

代表人		
傳統六書	許　慎	指事,象形,會意,形聲,轉注,假借
新六書	李　瑛	筆畫直接組合法,增添筆畫法,符號組合法,符號,會意,形聲
	李家祥	象形,會意,形聲,轉注,假借,會意兼形聲
	詹鄞鑫	象形,指示,象事,會意,形聲,變體

（續　表）

代表人		
	孫化龍	象形，指示，會意，形聲，假借，記號
三　書	唐　蘭	象形，會意，形聲
新三書	陳夢家	象形，假借，形聲
	裘錫圭	表意，假借，形聲
	張世祿	寫實法，象徵法，標音法
	趙　誠	形義字/表意，音義字/含假借，形聲字
	劉又辛	表形/象形＋指事＋會意，假借，形聲
	林　澐	以形表義/表義字，借形記音/記音字，兼及音義/形聲字
	卜偉光	形象，形音，形意
七　書	龍宇純	純粹表形，純粹表意，純粹表音，兼表形意，兼表形音，兼表音意，純粹約定
	高　亨	傳統六書外加：複體字/會意兼象形，會意兼形聲，形聲兼象形
	王鳳陽	象物，象事，象意，標誌，形聲，會意，假借
二　書	王　力	表意字，形聲字
八　書	任學良	傳統六書加上： 比喻造字法。字中兩個構字成分之間在詞義上有比喻關係。 綜合造字法。用兩種或更多種方法造一個字。
五　書	王元鹿	指事，象形，會意，形聲，假借
	朱振家	象物，象事，象意，假借，形聲
四　書	戴君仁	形表法，義表法，形義兼表法，取音法
	張玉金	表意法，表音法，音義法，記號法
漢字構形學	王　寧	全功能零合成，標形合成，會形合成，形義合成，會義合成，標義合成，形音合成，義音合成，無音綜合合成，有音綜合合成

（林季苗：《漢字分類及認知之研究與對外教學應用》）

19. 參閱李運富《"六書"性質及價值的重新認識》，載《世界漢語教學》2012年第1期；《〈說文解字〉"含形字"分析》，載《民俗典籍文字研究》第6輯，商務印書館，2009年；《〈說文解字〉"從某字"分析》，載《民俗典籍文字研究》第9輯，商務印書館，2012年；《〈說文解字〉的析字方法與結構類型非"六書"說》，載《中國文字研究》第14輯，大象出版社，2011年。

三、"簡化"與"繁化"

問題概述

在漢字發展的歷史過程中,形體時而加繁,時而簡省。"簡化"與"繁化"是漢字不斷進行形體調整以便更好地相互區别和滿足記録漢語需要的矛盾運動。

為了便於書寫,文字的使用者,尤其是社會下層的群衆開始自發地對漢字的形體進行"簡化",産生了一些與當時"正字"相對應的筆畫較為簡省的"俗字"。清末開始,這種自發的簡省書寫逐漸發展成為自覺的漢字簡化運動。以簡省"俗字"為基礎的簡體字逐漸被社會所接受。新中國成立以後,為了使更多的民衆掌握和使用漢字,政府通過行政手段於 1956 年公佈和實施了《漢字簡化方案》,推行簡化字。

簡化字中有相當部分是取自歷史上的簡體字,滿足簡省筆畫便於書寫的要求,同時也符合漢字構形系統的整體優化。五十多年來,簡化字作為大陸中國人的漢字書寫規範,為漢字的普及提供了巨大的方便,顯示了其記録漢語的良好適應性,並且成為聯合國指定的漢字書寫標準。

不過,簡化字也存在諸如部件類推帶來的歷史上從未使用過的"人造字"、同音替代帶來的簡繁之間的一對多,草書楷化帶來的符形區别度降低等等問題。加上改革開放以來,大陸地區與港澳臺交流的日益頻繁,社會對傳統典籍文化的關注與重視,越來越多的人,包括從事漢字研究的專業學者和更為廣泛的普通民衆,開始重新思考漢字簡化帶來的影響。漢字的繁簡之争成為一個社會公衆話題。

作為漢語言文字的專業學習者,我們尤其應該關注來自社會各界的不同呼聲,並利用我們所學習的漢字知識客觀科學地看待這場争論。首先,應該看到,簡化與繁化是漢字歷史發展過程中同時存在的矛盾運動。漢字繁簡的變化,是文字"簡易律"和"區别律"辯證協調的結果。從漢字發展的歷史來看,漢字系統的簡化和個體字符的簡化是一種大的趨勢。因此,簡化並不是對漢字發展規律的人為破壞,有計劃的科學的人為簡化,是對漢字發展趨勢的積極利用。第二,要避免將文化傳承等問題歸罪於漢字,不能盲目誇大繁體漢字的表意作用。要在科學研究漢字構形系統和發展歷史的前提下,科學地看待漢字的簡化,客觀地評價漢字簡化的積極作用。總體上看,簡化字大多數是符合優化原則的,完全不合理的簡化字數量並不多。第三,漢字是記録漢語的符號系統,"約定俗成"是決定漢字繁簡的重要原則。簡體字的使用已經被十幾億中國人所接受,不能一厢情願地打破大多數人的漢字使用習慣。

資料選輯

1. 文字演化,從理論上説,應該是對著簡易的目標前進的,不過,有些時候,人們又覺得是繁複的好,由繁而簡,由簡而繁,總是跟著風氣跑的。

(唐蘭:《中國文字學》,上海古籍出版社,2005 年,第 103 頁)

2. 從宏觀上説,漢字由於字數的不斷增長不僅使字的絶對量加大,而且使單個字的筆畫或線條構成也在不斷加大。從微觀上説,以個體的字作為觀察單位,字的演變趨勢主要是簡化。除了字形簡到與其他字相混或者容易相混,除了使用頻率高的同音詞、同源詞為爭奪較簡的字形而排斥字形原主的情況下字形發生繁化之外,就大多數字來說趨簡是主導的趨勢。

(王鳳陽:《漢字學》,吉林文史出版社,1989 年,第 599 頁)

3. 簡體字是記號漢字發展史上的一大變革,它的意義遠遠超出由隸書向楷書的轉變。隸書轉變為楷書只是筆勢的變化,它改變了記號漢字的體態,改善了漢字運筆,使書寫更加合理化;簡體字則改進了漢字的結構,在保持字間區別的前提下使漢字的結體更加合理化。在文字結構合理化這個意義上,簡體字可以與由篆書到隸書的大歸併、大改造相媲美。……簡化漢字是順天應人的,它合於表意漢字發展的規律、適應廣大群衆的要求,只要按規律辦事,善始善終,漢字一定會變得更完美的。

(王鳳陽:《漢字學》,吉林文史出版社,1989 年,第 601—602 頁)

4. 當前對簡化漢字提出的問題,大致可分為兩類:第一類,漢字簡化是不是根據少數人的意願給漢字動的一次"手術"? 它是否違背漢字發展的規律? 是否會給古代文獻閱讀帶來障礙因而妨害遺產的繼承甚至摧毀中國的文化? 簡化一定比就這樣繁下去對漢字更有利嗎? 第二類,漢字在簡化時是否要維護它的構形理據、保持它的表意特點? 是否要顧及個體字符對語素的別異功能? 簡化僅是個體字符筆畫的減少,還是也要或更要考慮整個字系的規整和嚴密? 第一類問題,是關於漢字是否要簡化的大計問題,比較宏觀;第二類問題,是關於漢字如何更好地進行簡化的技術實現問題,比較微觀。解決第一類問題,我們需要更深入地探討漢字的簡化是否是必然的趨勢;解決第二類問題,我們需要在漢字簡化的具體實施中,確立一個優化的原則。……回顧漢字的發展歷史,完全可以看出它的簡化趨勢:漢字在字符個體簡化的推動下,達到了構字系統的簡化;構字系統的簡化,又為個體字符的簡化進一步創造了條件。簡化絕不是少數人的意願所致,而是漢字歷史發展趨勢使然,許慎的規範是反映這個客觀趨勢的,今天的簡化也是順應這個發展趨勢的。而且,從漢字簡化的歷史過程中,我們還可以總結出字符簡化的經驗與優化的條件。……

(王寧:《論漢字簡化的必然趨勢及其優化的原則——紀念〈漢字簡化方案〉公佈 35 周年》,《語文建設》1991 年第 2 期)

5. 根據上述原則,對現行簡化漢字進行逐一分析,可以得出以下幾個結論:(一)簡化漢字是對已經和正在進行的自發的簡化所作的人為規整。漢字構形系統的形成,給漢字簡化提出了一個客觀的、可以具體衡量的優化標準,也為實現符合優化原則的簡化,提供了各種可行的條件。(二)用已經認識到的優化原則來衡量已公佈的簡化漢字,符合優化原則的以及在某些方面具有合理性的佔絕大多數,不符合優化條件的不過10%左右。而在繁體字中,不符合優化條件的字的比例要比這高得多。(三)漢字構形系統給優化原則的實現所提供的條件,至今還沒有得到充分的利用。一個字一個字地減少筆畫,從總體系統看,往往會顧此失彼。總結出現代楷書的構形系統,對整個系統加以全面規劃,以實現漢字在優化原則下的簡化,不但是可能的,而且是必需的。……(四)已推行的簡化漢字中,確有少量的字不符合簡化原則。是因為已往的簡化工作存在個别技術失誤而否定簡化,重新回到繁體字去呢,還是在充分總結漢字構形規律、科學描寫漢字構形系統的基礎上對漢字進行優化的規範,在此過程中繼續進行必要的簡化呢?顯而易見,後一種做法更符合漢字發展的趨勢。……

(王寧:《再論漢字簡化的優化原則》,《語文建設》1992 年第 1 期)

6. 漢字是中國古代文化的載體,繼承傳統的中國古代文化思想,離不開對漢字形體的認識。臺灣教育界始終堅持使用繁體漢字,正是基於對中國傳統文化和傳統教育思想的重視。……魏晉時期,漢字發展到楷書階段,一直沿用到現在。1949 年後,兩岸文化交往受阻,同是楷書,臺灣仍使用傳統的繁體字,而大陸卻進行了大規模的漢字改革。……簡化漢字減少了筆畫,精簡了字數,從形體上説,變得好認易寫,作為文字符號使用,應當説簡化字有其積極意義。而臺灣卻没有簡化漢字,這顯然是與傳統文化對臺灣教育的影響分不開的。不少臺灣學者認為,簡化漢字雖有筆畫少等優點,但在相當程度上破壞了漢字的表意性,減少了字形中藴藏著的文化義藴,對讀書解經不利。

(楊立國:《臺灣學者對繁體漢字在現代教育中的作用的認識》,
《教育評論》1993 年第 6 期)

7. 漢字形體的演變是一個簡化與繁化同時存在的過程,隸變以後,簡化趨勢日益明顯,這是出於"實用"的需要,是文字的工具性特點使然。在常用字的範圍內,簡化的趨勢更為明顯,形成了"常用趨簡"的規律。所以,在隸變以後的漢字形體演變過程中,雖然也有因增加聲旁、形旁而使漢字筆畫增多的現象,也時而有人想使漢字"復古",但都改變不了漢字由繁趨簡的發展總趨勢。……

(《減省現行漢字筆畫案》,前國語研究會編《國語月刊·漢字
改革號》,文字改革出版社,1957 年,第 161 頁)

8. 簡體字和簡化字是兩個不同的概念,兩者的區别在於:簡體字是指流行於群衆之中、未經整理和改進的形體較簡易的俗字,它不具有法定性,其寫法可以是一種,也可以有多種。而簡化字是指在簡體字的基礎上,經過專家的整理和改進,並由政府主管部門公佈的法定簡體字,其寫法只能有一種。收入《漢字簡化方案》(後發展成為《簡化字總表》)中的簡體字即為現行簡化字。……研究結果令人信服地證實:現行簡化字絶大多數來源於歷代的"俗字"和"手頭字",即歷代簡體字;有一些來自草書和行書;還有一些竟還是"古本字",比它們的繁體的歷史或"資格"還要老得多呢!

(張書岩、王鐵琨、李青梅、安寧編著:《簡化字溯源》,
語文出版社,1997 年,第 4—6 頁)

9. 所謂漢字"繁體錯位",是指漢字運用中在不該用某個繁體字的位置錯誤地用上了某個繁體字。比如把"中文系"寫成了"中文係"。這實際上是使用了錯别字。這類現象的出現,是由於簡單化地對待漢字的繁簡關係,從而不適當地化"簡"為"繁"。目

前有一種風氣,以用繁體字為高雅,而使用者卻缺乏漢字的起碼知識,根本没有弄清楚字與字之間繁簡對當的準確關係,憑想當然或者借助電腦輕率地加以替换,於是造成了“繁體錯位”的知識性錯誤。

(邢福義:《令人憂慮的漢字“繁體錯位”》,《語文建設》1998 年第 1 期)

10. 簡化字和繁體字都是中華民族的寶貴財富,都應該受到珍愛。科學地、合理地處理簡化字與繁體字的關係,已經成為當代語言生活不可回避、必須給出方案的問題。解决這一問題,首先得有一個客觀平和的態度,站在簡化字的立場上輕視繁體字,或是站在繁體字立場上貶低簡化字,都不是客觀的公允態度。

(李宇明:《加强現代漢字學的學科建設——在現代漢字學學科建設高級專家研討會上的講話》,《渤海大學學報》2007 年第 2 期)

11. 有人説,簡化漢字是“毛體字”,是“極左思潮”的産物,這或許是不了解歷史的誤解,或許是歪曲事實的荒謬説法。由於急於擺脱“一窮二白”的命運,簡化漢字的確有一些不盡人意之處,但它順應時代的要求,而且已經成為普及層面古代文化傳承和現代文化記載的工具,必須保持穩定。目前我們正在對規範漢字進行新的調整,但是是否可以回到 20 世紀以前的文言文時代,取消簡化漢字,恢復繁體字呢? 恐怕不能。……我們絶對不能忘記,在一個文化强盛的大國,90% 以上使用漢字的人處在普及層面。漢字是在這個人文社會中被全民使用著也改變著的符號,這種符號系統是否好用,對於這個領域,“習慣成自然”是最現實的原則。

(王寧:《從漢字改革史看“簡繁之爭”》,《社會科學管理與評論》2009 年第 2 期)

12. 對於反對推行簡體字、主張恢復繁體字的人,似乎繁體楷書是漢字的正宗,是漢字文化的唯一代表。這樣的觀點,是違背歷史和脱離現實的。漢字是歷來為漢民族服務、記録漢語的工具,漢字有其特點,是一種文化現象。……縱觀漢字的歷史,其發展變化的基本精神、基本趨向是去繁就簡。……現在所謂的繁體字即楷體,實際上是一定歷史時期推行的漢字形體,是它的前身甲、金、篆、隸字形不斷簡化的結果。繁體字相對於它的前身,也可以説是簡體字。隨著時代的發展、科學的進步、文化生活的普及、文字交流的頻繁,以楷書為代表的繁體字,其繁、難的弊病日益顯現,人們在使用時為了便利往往從簡,於是形成許多“俗字”。俗字的大量出現,是人們社會生活的實際需要,是漢字文化的發展和延續。現在推行的簡體字,絶大部分是已在民間流行的“俗字”。“約定俗成”是整理和推行簡體字的一條原則。

(鄭遠漢:《漢字改革的方針必須堅持——駁繁體漢字優越論》,《長江學術》2009 年第 4 期)

【拓展指南】

一、文獻介紹

1.《說文解字》

東漢許慎編撰。成書於漢和帝永元十二年(100),全書共十五篇(含叙目一篇)。《說文解字》是許慎針對東漢時期"人用己私,是非無正,巧說邪辭,使天下學者疑"的"諸生竟說字解經誼"的情况而編撰的。在編排上,許慎堅持"分別部居,不相雜厠"的原則,"立一為端,方一類聚,物以群分,同牽條屬,共理相貫,雜而不越,據形繫聯,引而申之,以究萬源,畢終於亥",將9353個字頭歸入540個部首,是我國第一部按部首編排的字典。部首與部首之間、字頭與字頭之間根據形體的聯繫和意義的類别排列順序。《說文解字》字頭以"小篆"為主,每字下先說解"本義",然後解析形體結構,有些還用直音和讀若的方式注音。最後還列出"古文"、"籀文"、"奇字"、"或體"、"俗體"等。《說文解字》系統整理和保留了小篆並收集了許慎所能見到的古文字形體,為研究漢字歷史發展和古文字的考釋提供了寶貴的材料。《說文解字》成書後,代有傳習。唐代李陽冰進行了刊定,有竄改之嫌,故未傳世。南唐徐鉉徐鍇兄弟分別對其進行校訂。徐鉉所校稱"大徐本",徐鍇所校稱"小徐本"(《說文解字繫傳》)。中華書局根據清同治十二年廣東番禺陳昌治所刻大徐本進行缩印出版,是現今流傳最廣、最為普及的版本。《說文解字》的研究在清代最為興盛,段玉裁、朱駿聲、桂馥、王筠被稱為"說文四大家",他們的著作《說文解字注》、《說文通訓定聲》、《說文解字義證》、《說文釋例》等都是學習《說文解字》的重要參考。

2.《玉篇》(《原本玉篇殘卷》、《宋本玉篇》)

南朝梁顧野王編撰。共三十卷。是我國現存最早的楷書字書。《玉篇》模仿《說文解字》的編排體例,共分五百四十二部(與《說文解字》相同的部首529個,不同的13個)。據唐代封演《聞見記》記載,《玉篇》共16917字,與《說文解字》相比,多出7500餘字。在具體的編撰體例上,《玉篇》也多有改進:首先列出字頭的反切以標明讀音;儘可能舉例和引用書證等等。顧野王《玉篇》編撰完成後曾經蕭愷刪削。唐高宗上元年間,孫强對《玉篇》進行修訂,減少注文,增加大字,世稱"上元本"或"孫氏增本"。宋真宗大中祥符六年(1013),陳彭年等奉旨重修《玉篇》,定名《大廣益會玉篇》,世稱"廣益本"或"宋本"。唐末宋初時原本《玉篇》在中國已經失傳。清末黎庶昌、羅振玉先後在日本發現原本《玉篇》的殘卷,分別加以摹寫、刻印。1985年,中華書局將黎本、羅本彙集影印,並將日本東方文化學院影印之卷八心部(僅存五字)列於卷首一併付印,題名為《原本玉篇殘卷》,這是目前最通行的原本《玉篇》。

3.《干祿字書》

唐顏元孫撰。共一卷。該書仿照《切韻》,先按平上去入四聲編次,再按大韻及小韻的次序,將讀音相同的字排列在一起,開創了字書按聲韻編次的先例。《干祿字書》是我國正字學史上第一部專門以規範漢字字形為目的的著作。書中分別俗、通、正三體。每種偏旁只舉一例，“偏旁同者，不復廣出”。即偏旁相同的字，只舉一例說明正俗，餘者不再列出。同時收錄易混字，對形似字進行辨析，簡要說明音義以防混淆。該書共整理漢字804組，凡1656字。不僅記錄了唐初的正俗字，留下寶貴的用字材料。同時對楷書漢字進行了一次全面系統的整理，確立了楷書的樣式，提供正字標準，減輕了漢字使用的混亂情況。開啓了漢字字樣學的研究，體現了顏元孫既重視文字之本，又包容文字之變的靈活正字思想。

4.《龍龕手鑑》

遼僧行均撰，四卷。成書於遼聖宗統和十五年(997)。原書本名《龍龕手鏡》，傳入宋後，因避太祖趙匡胤祖父趙敬之諱，改“鏡”為“鑒”。該書以平上去入四聲為序排列部首，每部之下又按四聲順序列字。全書共設部首二百四十二部，收二萬六千四百三十餘字。每字下詳細列舉正、誤、俗、通、同、古、今及或作諸體，並用反切或直音的方式注音，且有簡單釋義。為幫助僧徒研讀佛典，該書多收錄佛藏中的文字。並輯錄了遼宋時期的大量俗字，補充了《說文》《玉篇》的一些未收字。既客觀反映了唐五代時期的文字使用情況，也為後人研究漢字形體演變提供了寶貴材料。《龍龕手鑒》對敦煌文獻的校讀也有重要的作用。潘重規指出“《龍龕手鑒》炳然一燈，閃耀千古，照明發伏，得不謂為學林之大幸耶”。張涌泉則認為它是“研究敦煌俗字的重要參考書”。現在比較通行的本子有傅增湘雙鑒樓所藏宋刻本(收於《續古逸叢書》、《四部叢刊續編》)，以及中華書局於1985年影印出版的高麗《大藏經》所收《龍龕手鑒》(原缺第二卷，據商務印書館《四部叢刊》影宋本配齊)。

5.《汗簡》

宋郭忠恕撰。共七卷。該書輯錄《古文尚書》、《石經》、《說文》等七十一種材料所保存的傳世古文。書中共收古文2962字，除去重複的約有2400字，這些古文是從原始材料中輯錄的，可與出土古文字材料相印證。《汗簡》是對宋以前傳世古文的一次全面收集和整理，保存了大批已經亡佚的古文，為漢字史的研究提供了寶貴材料。同時為近年來的戰國文字研究提供了重要參考，有助於古文字的考釋。該書較為常見的本子有馮舒抄本及朱彝尊藏舊抄本。清人鄭珍作《汗簡箋正》對《汗簡》詳加梳理，指其謬誤；今人黃錫全《汗簡注釋》以朱彝尊本為底本詳加校勘並予疏證，兩書均值得參考。

6.《歷代鐘鼎彝器款識法帖》

南宋薛尚功撰。共二十卷。成書於宋高宗紹興十四年(1144)。書中共著錄器物銘文511件(496件商周銅器及15件石鼓、秦璽、石磬、玉琥上的銘文)，是宋代金石書中銅器銘文資料最豐富的一部。其中大部分銅器及其銘文今已不傳。該書所錄器物銘文描摹細緻，“及其箋釋名義，並釋文、考證。其考據尤精，集諸家所長而比其同異，頗有訂訛刊誤之功”。(《四庫全書總目提要》)在古器物研究、古文字研究等方面都具有重要的價值。《歷代鐘鼎彝器款識法帖》成書後輾轉流傳，版本頗多。今天流傳的有宋拓石殘本、明清木刻本、明清手抄本等諸多版本。其中以明朱謀垔刻本、清阮元刻本及民國古書流通處本流佈最為廣泛。其中有遼沈書社1985年以古書流通處本為底本影印及中華書局1986年以於氏影印朱刻本為底本影印的《歷代鐘鼎彝器款識法帖》較便使用。

7.《隸釋》

宋洪适撰。共二十七卷。成書於乾道三年(1167)。該書開集錄石刻文字之先例,共收漢碑碑文、碑陰等258種,魏晉石刻17種,附收漢晉銅鐵器銘及磚瓦文20餘種。該書前十九卷載錄隸書碑刻,先將隸書石刻文字改用楷書釋出,異體字保留原狀。然後分別附加與碑刻相關的史事、人物、形制、所在地說明及文字釋讀等。後八卷附錄《水經注》、《集古錄》、《集古錄目》、《金石錄》等書中有關漢代石刻的資料。《四庫全書總目提要》稱"自有碑刻以來,推是書為最精博"。《隸釋》現存有明萬曆王雲鷺刻本、清樓松書屋汪刻本及其他抄本。中華書局1983年據洪氏晦木齋刻本影印出版的《隸釋》與《隸續》合刊本較為通行。

二、資料導引

1.[漢]許慎:《說文解字》(崔樞華、何宗慧校點注音),北京師範大學出版社,2000年。

2.[清]段玉裁:《說文解字注》,上海古籍出版社,1995年。

3.〔蘇聯〕B. A. 伊斯特林:《文字的產生和發展》,北京大學出版社,1987年。

4.《郭店楚墓竹簡》,文物出版社,2002年。

5.《居延漢簡甲乙編》,中華書局,1980年。

6.《全拓中國歷代碑刻選》,上海書畫出版社,1990年。

7.陳夢家:《中國文字學》,中華書局,2006年。

8.陳偉湛:《漢字古今談》(正、續編),語文出版社,1988年。

9.董蓮池:《說文部首形義通釋》,東北師範大學出版社,2000年。

10.高明:《古文字類編》,中華書局,1980年。

11.高明:《中國古文字學通論》,北京大學出版社,1996年。

12.郭沫若主編:《甲骨文合集》,中華書局,1978—1983年。

13.何九盈等:《中國漢字文化大觀》,北京大學出版社,1995年。

14.何琳儀:《戰國古文字典——戰國文字聲系》,中華書局,1998年。

15.胡朴安:《中國文字學史》,中國書店,1983年。

16.黃德寬、陳秉新:《漢語文字學史》(增訂本),安徽教育出版社,2006年。

17.姜亮夫:《古文字學》,浙江人民出版社,1989年。

18.李學勤:《古文字學初階》,中華書局,1985年。

19.李運富:《漢字學新論》,北京師範大學出版社,2012年。

20.梁東漢:《漢字的結構及其流變》,上海教育出版社,1959年。

21.劉翔等:《商周古文字讀本》,語文出版社,1989年。

22.劉又辛、方有國:《漢字發展史綱要》,中國大百科全書出版社,2000年。

23.劉釗等:《新甲骨文編》,福建人民出版社,2009年。

24.劉志基:《漢字與華夏文化》,巴蜀書社,1995年。

25. 陸宗達:《說文解字通論》,北京出版社,1981 年。
26. 羅福頤:《古璽文編》,中華書局,1981 年。
27. 孟世凱:《中國文字發展史》,臺灣文津出版社,1996 年。
28. 啓功:《古代字體論稿》,文物出版社,1964 年。
29. 裘錫圭:《文字學概要》,商務印書館,1988 年。
30. 容庚(張振林、張國權摩補)《金文編》,中華書局,1985 年。
31. 蘇培成:《二十世紀的現代漢字研究》,書海出版社,2001 年。
32. 蘇培成:《現代漢字學綱要(增訂本)》,北京大學出版社,2001 年。
33. 蘇新春:《漢字文化引論》,廣西教育出版社,1996 年。
34. 湯余惠:《戰國文字編》,福建人民出版社,2001 年。
35. 唐蘭:《古文字學導論》,齊魯書社,1981 年。
36. 王鳳陽:《漢字學》,吉林文史出版社,1989 年。
37. 王寧:《漢字構形學講座》,上海教育出版社,2002 年。
38. 王寧等:《〈說文解字〉與中國古代文化》,遼寧人民出版社,2000 年。
39. 王文耀:《簡明金文詞典》,上海辭書出版社,1998 年。
40. 徐中舒:《甲骨文字典》,四川辭書出版社,1988 年。
41. 楊潤陸:《現代漢字學》,長城出版社,2000 年。
42. 楊五銘:《漢字學》,湖南人民出版社,1986 年。
43. 張書岩等:《簡化字溯源》,語文出版社,1997 年。
44. 張湧泉:《漢語俗字叢考》,中華書局,2000 年。
45. 中國社會科學院考古研究所,《殷周金文集成》,中華書局,2007 年。
46. 周有光:《比較文字學初探》,語文出版社,1998 年。
47. 拓本文字檢索:http://coe21. zinbun. kyoto – u. ac. jp/djvuchar? query.
48. 中國文字研究數字化資源庫:http://www. wenzi. cn/shuzi/wenziyuanjiu. asp.

【文　選】

甲骨文選讀(二則)

【解題】

甲骨卜辭是我們今天看到的比較系統而時代最早的文獻材料。這裏選錄了兩片甲骨卜辭,分別為:《殷虛文字丙編》第368片(正面),記載了占卜祈雨之事;《甲骨文合集》第14002片(正面),記載了占卜婦好生育之事。

【原文】

一　《殷虛文字丙編》第368片

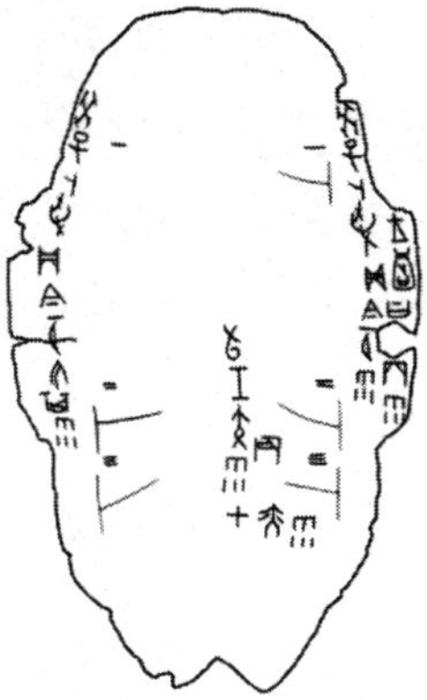

癸巳卜,爭貞[1]:今一月[其]雨[2]? 王固曰:丙雨[3]。一、二、三[4]。

癸巳卜,爭貞:今一月不其雨[5]? 一、二、三。

旬壬寅雨,甲辰亦雨[6]。

【注釋】

[1] 癸巳卜,爭貞:這句為序辭,記錄占卜的時間及卜者的名字。一則完整的卜辭通常包括序辭、命辭、占辭、驗辭四個部分。癸巳:古人用天干(甲乙丙丁戊己庚辛壬癸)和地支(子丑寅卯辰巳午未申酉戌亥)依序組合成"甲子、乙丑、丙寅……"等,用來紀日或紀年,滿六十則循環使用,稱為六十甲子。卜辭中都是用來紀日。爭:武丁時期的貞人(負責占卜活動的人)名。貞:卜問。

[2] 今一月[其]雨:這句為命辭,記錄占卜所問的問題。

[3] 王固曰丙雨:這句為占辭,是根據卜兆作出的判斷。固:同"占"。指察看卜兆後作出判斷。

[4] 一、二、三:占卜的次序,稱為"兆序"。

[5] 今一月不其雨:這句與上條命辭占卜的內容相反,二者構成"對貞"。

[6] 旬壬寅雨,甲辰亦雨:這句為驗辭,記錄占卜是否應驗。旬:十日。從癸巳到壬寅正好十日,即占卜後過了十日果然下雨了。再過兩天到甲辰日,又下了雨。

【原文】

二 《甲骨文合集》第14002片

甲申卜,㱿貞[1]:帚好冥[2],妨[3]? 王固曰:其隹丁冥[4],妨;其隹庚冥[5],引吉[6]。三旬㞢一日甲寅冥[7],不妨,隹女。

甲申卜,㱿貞:帚好冥,不其妨? 三旬㞢一日甲寅冥,允不妨[8],隹女。

【注釋】

[1] 㱿:武丁時期的貞人名。

[2] 帚好:即婦好,商王武丁的妻子。冥:原字形象分娩形,應該是分娩意義的最初本字,"娩"為後來另造的本字。

[3] 妨:用作"嘉"。吉利、美好義。卜辭以生男為嘉。

[4] 其:如果。隹:後作"唯"。語氣助詞,有判斷作用。丁:天干為丁的日子,如甲申後的第三天為"丁亥"日。

[5] 庚:天干為庚的日子,如甲申的第六天就是"庚寅"日。

[6] 引吉:長吉,大吉。一釋為"弘吉",義同。

[7] 㞢:通"有"。甲寅:在甲申後的第三十一天。

[8] 允:果真,確實。

金文選讀(一則)

元年師兑簋

【解題】

傳世的師兑簋共有兩件,一為元年五月所作,一為三年二月所作。此處選錄的是前者。元年師兑簋是西周晚期的青銅器,高225毫米,口徑190毫米,重4.82千克。現藏於上海博物館。該簋蓋、器同銘,各91字(其中重文2),記述了周幽王册封、賞賜師兑的相關史事。

【原文】

隹元年五月[1],初吉甲寅,王才周[2],各康廟[3],即立[4],同中右師兑入門立中廷[5]。王乎內史尹册令師兑[6]:疋師龢父嗣𠂇右走馬、五邑走馬[7]。易女乃且巾、五黃、赤舄[8]。兑拜稽首[9],敢對揚天子不顯魯休[10],用乍皇且䣓公䵼段[11]。師兑其萬年子=孫永寶用[12]。

【注釋】

[1] 元年:指周幽王元年。

[2] 才:通"在"。

[3] 各:至,到。康:周康王,成王之子。

[4] 立:通"位"。

[5] 同中:人名。右:通"佑"。協助,引導。師兑:人名,該簋的製作者。中廷:廷,後作"庭"。中庭指廟堂前階下正中部分。

[6] 乎:通"呼"。內史尹:官職名,協助天子掌管爵祿、廢置等事務。册令:令,通"命"。册命即册封。

[7] 疋:續,接替,承續。師龢父:周宣王和周幽王時期的大臣。嗣:通"司"。擔任。𠂇右走馬、五邑走馬:均為職官名。𠂇:同"左"。

[8] 易:通"賜"。女:用同"汝",第二人稱代詞,作"賜"的賓語。乃:你的,作"且"的定語。且:通"祖"。下文"且"同。巾:通"旂"(楊樹達說)。古代畫有龍飾並在竿頭懸鈴的旗。五黃:五,通"菩"。似艾的青草。黃,通"珩(héng)"。指玉珮。菩珩指青白色的玉佩。赤舄(xì):赤紅色的鞋子。

[9] 稽(qì)首:古代叩頭至地的一種跪拜禮。稽,後世通用"稽"。

[10] 敢:謙詞。冒昧之義。對揚:答謝頌揚。魯休:善美。

[11] 䣓:同"城"。䵼(shāng):同"鬺"。燒煮。段(guǐ):同"簋"。古代祭祀宴享時盛黍稷的器皿。一般為圓腹,寬口,圈足。商代的簋多無蓋,西周的簋常帶蓋。

[12] 子=孫:此處僅"子"下有重文符號"=",但應讀為"子子孫孫"。(參閱黃光武《金文子孫稱謂重文的釋讀及啓發》,載《中山大學學報(社會科學版)》1992年第四期)

郭店楚簡《老子》(二則)

【解題】

節選自文物出版社1998年版《郭店楚墓竹簡》。郭店楚簡於1993年冬出土於湖北省荆門市郭店一號楚墓,該墓為戰國中期偏晚的楚國貴族墓。共出土竹簡804枚,其中《老子》簡71枚。整理者根據竹簡的形制、長短及編聯線距等外部形態,將其分為甲(39枚)、乙(18枚)、丙(14枚)本。總字數相當於今本的三分之一左右。郭店楚墓竹簡《老子》,與1973年湖南長沙馬王堆漢墓出土的帛書《老子》及今本流傳的《老子》在篇幅次序、文字思想方面均有不同。郭店楚墓竹簡《老子》是我們目前所見到的最古本《老子》,具有重要的學術價值。這裏節選第2—5簡和第9—12簡,前者論"其不爭,故天下莫與之爭"之理,後者通過不同人對道的不同反映,論證了矛盾的普遍性和辯證統一規律。

【原文】

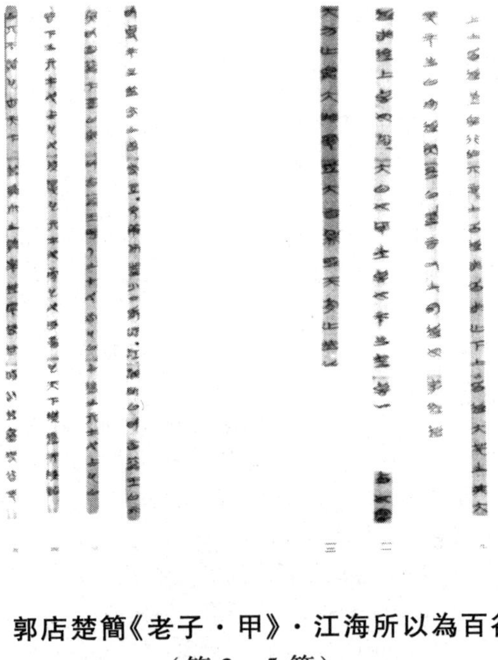

一 郭店楚簡《老子·甲》·江海所以為百谷王

(第2—5簡)

【為貞不足[1],或命之或虐豆[2]。旻索保僕[3],少厶須欲[4]。】江海所以為百浴王[5],以其//能為百浴下,是以能為百浴王。聖人之才民前也[6],以身後之;其才民上也,以//言下之。其才民上也,民弗厚也[7];其才民前也,民弗害也[8]。天下樂進而弗詁[9]。//以其不靜也[10]，古天下莫能與之靜[11]。【辠莫厚虐甚欲[12]，咎莫僉虐谷得[13]。】

今本《老子》第66章：

江海所以能為百谷王，以其善下之，故能為百谷王。是以聖人欲上人，必以言下之；欲先人，必以身後之。是以聖人處上而人不重，處前而人不害，是以天下樂推而不厭。以其不爭，故天下莫與之爭。

【注釋】

[1] 叀：李家浩釋作"弁"，通"辨"。(《古文字研究》第一輯)。

[2] 虐豆：帛書作"所屬"，裘錫圭認為此處當讀為"呼屬"。

[3] 見：後作"視"。索："素"之形譌。僕：通"樸"。

[4] ム：後作"私"。須："寡"字之形誤。原文中【】號內的字句為今本所無，下同。

[5] 海：同"海"。浴：通"谷"。百浴即百川，下文同。

[6] 才：通"在"。下文同。

[7] 厚：感到有重压。

[8] 害：感到受伤害。

[9] 進：今本作"推"。詁：通"厭"。厭棄。

[10] 靜：通"爭"。下同。

[11] 古：通"故"。

[12] 虐：通"乎"。下同。

[13] 僉：通"險"。谷：通"欲"。

【原文】

二　郭店楚簡《老子・乙》・上士聞道
（第9—12簡）

上士昏道[1]，堇能行於其中[2]。中士昏道，若昏若亡[3]。下士昏道，大芺之[4]。弗大//芺，不足以為道矣。是以建言又之[5]：明道女孛[6]，遲道□□[7]，□//道若退[8]。上悳女浴[9]，大白女辱[10]，坒悳女不足[11]，建悳女□[12]，□貞女愉[13]。//大方亡禺[14]，大器曼成[15]，大音祗聖[16]，天象亡垄[17]，道[18]……

今本《老子》第41章：

上士聞道，勤而行之；中士聞道，若存若亡；下士聞道，大笑之。不笑不足以為道。故《建言》有之：明道若昧，進道若退，夷道若纇，上德若谷，大白若辱，廣德若不足，建德若偷，質真若渝，大方無隅，大器晚成，大音希聲，大象無形。道隱無名。夫唯道，善貸且成。

【注釋】

[1] 昏:通"聞"。下同。

[2] 堇:通"勤"。

[3] 亡:無,没有。下同。

[4] 芺:同"笑"。

[5] 建言:立言。又:通"有"。

[6] 女:通"如"。下同。孛:通"費(fèi)"。晦暗不明。

[7] 遲:通"夷"。平坦。此句下所缺二字,今本《老子》作"若纇"。"纇(lèi)"為不平之意。

[8] 此句在上一簡缺一字,今本《老子》作"進"。

[9] 悳:同"德"。

[10] 辱:通"黷(rǔ)"。黑垢。

[11] 㞷:同"往"。此通"廣"。

[12] 建:通"健"。剛健。本句下缺一字,今本《老子》作"偷",即怠惰義。

[13] 本句首缺一字,今本《老子》作"質"。貞:通"真"。愉:今本《老子》作"渝",義為變污濁。

[14] 方:方正。禺:通"隅"。棱角。

[15] 曼:今本作"晚"。裘錫圭認為或當通作"趧(慢)"。

[16] 祗:通"希"。聖:通"聲"。

[17] 天:此處當是"大"的形訛。坓:同"型"。此通"形"。

[18] 此字下部殘泐,據今本《老子》,當是"道"字。

車工(石鼓文)

【解題】

選自人民出版社1954年版《石鼓文研究·車工篇》。石鼓文指刻在十塊鼓形石頭上的文字,是保存至今的最早石刻文字。每塊石頭上有四言詩一首,内容為古代帝王遊獵的情況,因而也稱獵碣。今存於北京故宫博物院銘刻館内。該石鼓為春秋戰國時期秦國器物,所刻字體為秦始皇統一文字之前的大篆,但具體的刻石時代看法分歧:有人認為是秦景公時期,郭沫若則定其時代為"秦襄公八年"。[①]《車攻》篇大肆渲染了秦人車馬田獵之盛,充溢著威武雄渾之氣,表現了秦人剛健、尚武、激揚的精神風貌。

---

① 徐寶貴《石鼓文年代考辨》,載《國學研究》第四卷。

【原文】

避車既工[1]，避馬既同[2]。
避車既好[3]，避馬既駈[4]。
君子鼎邋[5]，鼎邋鼎斿[6]。
麀鹿速＝[7]，君子之求。
牸＝角弓[8]，＝兹目寺[9]。
避敺其特[10]，其來趩＝[11]
趯＝籛＝[12]，即邀即時[13]。
麀鹿趀＝[14]，其來大次[15]。
避敺其樸[16]，其來遺＝[17]，射其豜蜀[18]。

【注釋】

[1] 避：通“吾”。第一人稱代詞，我們的。工：堅固。

[2] 同：齊整。

[3] 好：漂亮。

[4] 駈（fù）：肥大。

[5] 鼎：同“員”，通“云”。助詞，無實義。邋：通“獵”。

[6] 斿：通“遊”。

[7] 麀（yōu）：母鹿。速速：急速奔跑的樣子。“＝”為重文符號。

[8] 牸牸（xīng）：暗红色的。

[9] 兹：此，指示代詞。目：同“已”。寺：通“持”。

[10] 敺：同“驅”。驅趕。特：雄性的牲畜，此處指公鹿。

[11] 趩趩（chì）：奔跑發出的響聲。

[12] 趯趯（xiàn）：奔跑的樣子。籛籛（tái）：同“炱炱”。塵土飛揚的樣子。

[13] 邀：通“篽（yù）”。本義指苑囿，這裏指獵圍。時：通“塒（shí）”。本指在牆角挖洞作成的雞圈，此處亦指獵圍。

[14] 趀趀（cī）：倉皇奔跑的樣子。

[15] 次：通“恣”。狂亂無序。

[16] 樸：雄性的牲畜，此處指公鹿。

[17] 遺（dú）：疾行的樣子。

[18] 豜（jiān）蜀：離群的野豬。“豜”同“豣”。“蜀”通“獨”。

繫辭上

【解題】

節選自中華書局1980年版《十三經注疏·周易正義·繫辭上》。《周易》是我國現存最早的一部哲學專著，含經、傳兩個部分，其中經文含卦名、卦象和卦爻辭，作於周初；傳共十篇，作於春秋戰國間，其編撰宗旨是解釋經文大義，似經文之"羽翼"，故又稱"十翼"，漢以後合入經文並行於世。經、傳作者均非一人，而是由多人經多時加工編纂而成。

《繫辭》是《周易》的通論，以闡述《易》之義理及其作用為主，因繫於經之後，故曰繫辭。本文講述了卦爻的義理和作用。

【原文】

聖人有以見天下之賾[1]，而擬諸其形容，象其物宜，是故謂之象。聖人有以見天下之動，而觀其會通，以行其典禮[2]，繫辭焉以斷其吉凶，是故謂之爻。言天下之至賾而不可惡也，言天下之至動而不可亂也[3]。擬之而後言，議之而後動[4]，擬議以成其變化。"鳴鶴在陰，其子和之。我有好爵，吾與爾靡之[5]。"子曰："君子居其室，出其言善，則千里之外應之，况其邇者乎！居其室，出其言不善，則千里之外違之，况其邇者乎？言出乎身，加乎民。行發乎邇，見乎遠。言行，君子之樞機[6]。樞機之發，榮辱之主也。言行，君子之所以動天地也，可不慎乎？""同人先號咷而後笑。"子曰："君子之道，或出或處，或默或語，二人同心，其利斷金[7]。同心之言，其臭如蘭[8]。"

【注釋】

[1] 賾(zé)：幽深玄妙。

[2] 會通：會合交通。典禮：典章禮儀。

[3] 惡(yà)：通"亞"。義為編次。《釋文》："惡，於稼反。荀作亞。惡，次也。"亂：錯亂乖違。

[4] 議：思考，審議。

[5] 此引《中孚》九二爻辭。靡字，聞一多讀為"麾(揮)"。《禮記·曲禮上》："飲玉爵者弗揮。"《釋文》引何承天曰："振去餘酒曰揮。"

[6] 樞機：關鍵。樞：門軸。機：指弓箭機栝或弩機機關。

[7] 利：銳利。

[8] 臭(xiù)：氣味。

解　蔽

【解題】

節選自《古逸叢書·荀子·解蔽》。作者荀况，字卿，又稱孫卿，戰國末期趙國人,其生活年代大約在公元前298—238年之間,是孟子之後儒家學派最重要的代表人物,先秦時期杰出的哲學家和集大成的思想家。《荀子》是其作品集,共三十二篇,係漢代劉向編定,原稱《孫卿子》或《孫卿書》,今名沿自唐代楊倞注本《荀子》。《荀子》中多為說理詳密的散文,並有《成相》和《賦篇》兩篇韻文,後者之形式為漢賦所繼承。

本文是荀子闡述其認識論思想的重要文獻。"解蔽"意謂解除壅蔽,使內心通明。荀子認為心是人之形和神的主宰,心要做到精於道且專一,才能克服壅蔽而全面認識事物,明察秋毫,辨別是非,精通事理。

【原文】

心者,形之君也[1],而神明之主也[2],出令而無所受令。自禁也,自使也,自奪也,自取也,自行也,自止也。故口可劫而使墨云[3],形可劫而使詘申[4],心不可劫而使易意[5],是之則受,非之則辭。故曰:心容[6],其擇也無禁,必自見[7],其物也雜博,其情之至也不貳[8]。《詩》云:"采采卷耳,不盈頃筐[9]。嗟我懷人,寘彼周行[10]。"頃筐易滿也,卷耳易得也,然而不可,以貳周行[11]。故曰:心枝則無知[12],傾則不精,貳則疑惑。以贊稽之[13],萬物可兼知也。身盡其故則美[14],類不可兩也,故知者擇一而壹焉[15]。

【注釋】

[1] 形:指身體。君:主宰。

[2] 神明:精神,思想。

[3] 劫:强迫。墨:通"默"。沉默,不說話。云:說話。

[4] 詘申:即"屈伸"。彎曲伸展。

[5] 易意:改變心意。

[6] 心容:心好比容器(什麼都能容納)。

[7] 自見:自主地顯現。(頗疑"必自見"三字為衍文。)

[8] 情:通"精"。專一。

[9] 頃筐:一種斜口的筐子。

[10] 周行(háng):大路。

[11] 以:因為。貳:不專心,三心二意。

[12] 枝:分散。

[13] 贊:幫助。稽:考察。

[14] 故:道理。

[15] 一:數詞。壹:專一,不分心。古代的"一"、"壹"有區別。

【原文】

農精於田而不可以為田師[16],賈精於市而不可以為賈師[17],工精於器而不可以為器師[18]。有人也,不能此三技而可使治三官,曰精於道者也,精於物者也。精於物者以物物[19],精於道者兼物物[20]。故君子壹於道而以贊稽物。壹於道則正,以贊稽物則察,以正志行察論,則萬物官矣[21]。

【注釋】

[16] 精:熟悉,精通。田:此處用為動詞,義為種地。田師:古代掌管農事的官員。

[17] 賈:商人。市:此處用為動詞,義為做買賣。市師:古代負責管理市場、平定物價的官員。

[18] 器:此處用為動詞,義為製作器物。器師:古代負責掌管百工的官員。

[19] 以物物:憑藉某個事物來處理某個事物。第二個"物"為動詞,義為治理,支配。

[20] 兼物物:聯繫衆多事物來處理衆多事物。

[21] 官:控制,掌握。這裏是被動用法。

【原文】

昔者舜之治天下也,不以事詔而萬物成[22]。處一危之[23],其榮滿側;養一之微[24],榮矣而未知[25]。故《道經》曰:"人心之危,道心之微。"危微之幾[26],惟明君子而後能知之。故人心譬如槃水,正錯而勿動[27],則湛濁在下而清明在上[28],則足以見鬚眉而察理矣[29]。微風過之,湛濁動乎下,清明亂於上,則不可以得大形之正也[30]。心亦如是矣。故導之以理,養之以清,物莫之傾[31],則足以定是非,決嫌疑矣。小物引之則其正外易[32],其心內傾,則不足以決麤理矣。故好書者衆矣,而倉頡獨傳者,壹也;好稼者衆矣[33],而后稷獨傳者[34],壹也;好樂者衆矣,而夔獨傳者[35],壹也;好義者衆矣[36],而舜獨傳者,壹也。倕作弓[37],浮游作矢[38],而羿精於射;奚仲作車[39],乘杜作乘馬[40],而造父精於御[41]。自古及今,未嘗有兩而能精者也。曾子曰:"是其庭可以搏鼠[42],惡能與我歌矣[43]!"

【注釋】

[22] 事:每件事。名詞作狀語。詔:告諭,訓誡。

[23] 處一:遵守"道"。"一"這裏指作為萬物之本的"道"。危:謹慎。

[24] 之微:到達精妙的境界。之,動詞,至,到。

[25] 未知:不知不覺。

[26] 幾:細微,細小。

[27] 錯:通"措"。放置。

[28] 湛濁:沉澱的濁物。湛,通"沉"。

[29] 理:皮膚上的紋理。

[30] 大形:人的形體。

[31] 物莫之傾:物莫傾之,没有什麽外物能够使它(指心)傾斜。
[32] 引:牽制。外易:在外表上發生變化。
[33] 稼:種植莊稼。
[34] 后稷:周的先祖,名"棄"。虞舜時擔任農官,教民耕稼,故稱"后稷"。
[35] 夔:傳説為舜時的樂官。
[36] 義:道義,仁義。
[37] 倕:傳説中的巧匠。
[38] 浮游:傳説中黄帝時製作弓箭的人。
[39] 奚仲:夏禹時掌管車輛的官員。
[40] 乘杜:相傳為用馬駕車的發明者。
[41] 造父:古代善於駕車的人。
[42] 庭:通"筳"。用於敲打節拍的小竹棍。搏:捕捉。
[43] 惡:如何,怎麽。

五　蠹

【解題】

節選自《四部叢刊·韓非子·五蠹》。《韓非子》是韓非的作品集,共五十五篇。韓非(?—前233),戰國末期韓國人,是先秦法家思想的集大成者,繼承了荀子的學説,並吸收了道家黄老學派的哲學思想,建立了自己完整而精密的思想體系。

本文將儒家、游俠、縱横家、患御者以及工商之民稱作"五蠹",認為他們無益於耕戰,是社會的蛀蟲。文章闡明了世異則事異,應根據社會變化隨時改變政治措施的觀點,反對儒家的復古主義和守舊思想。文中引用寓言和諸多歷史故事來説理,充分體現了《韓非子》的言説特點。

【原文】

上古之世,人民少而禽獸衆,人民不勝禽獸蟲蛇。有聖人作,搆木為巢[1],以避羣害,而民説之,使王天下,號之曰有巢氏。民食果蓏蜯蛤[2],腥臊惡臭而傷害腹胃,民多疾病,有聖人作,鑽燧取火,以化腥臊[3],而民説之[4],使王天下,號之曰燧人氏。中古之世,天下大水,而鯀、禹決瀆[5]。近古之世,桀、紂暴亂,而湯、武征伐。今有搆木鑽燧於夏后氏之世者,必為鯀、禹笑矣。有決瀆於殷、周之世者,必為湯、武笑矣。然則今有美堯、舜、鯀、禹、湯、武之道於當今之世者[6],必為新聖笑矣。是以聖人不期脩古[7],不法常可[8],論世之事,因為之備[9]。

【注釋】

[1] 搆:搭架。

[2] 果蓏(luǒ):木本植物的果實叫果,草本植物的果實叫蓏。

[3] 化:消除。

[4] 說:喜悦。後作"悦"。

[5] 鯀(gǔn):傳説中禹的父親,曾奉堯命負責治水,採用築堤的方法卻未能成功,被舜殺死。禹:鯀的兒子,接續父親從事治水,採取疏導水流的方式治水獲得成功。決:疏通。瀆:河流。決瀆的只有禹而連言鯀,這種行文方式叫"連類而及"。

[6] 美:以……為美。意動用法。

[7] 期:期望,要求。脩:通"修"。學習。

[8] 法:效法。常:不變的。

[9] 因為之備:根據(情況)為萬事制定相應的措施。

【原文】

宋人有耕者,田中有株[10],兔走觸株[11],折頸而死。因釋其耒而守株[12],冀復得兔[13],兔不可復得,而身為宋國笑[14]。今欲以先王之政,治當世之民,皆守株之類也。

【注釋】

[10] 株:樹樁。

[11] 走:跑。

[12] 釋:放下。耒:古代帶柄的一種雙刃翻土農具。

[13] 冀:希望。

[14] 身:自己。

【原文】

古者丈夫不耕[15],草木之實足食也;婦人不織,禽獸之皮足衣也[16]。不事力而養足[17],人民少而財有餘,故民不爭。是以厚賞不行,重罰不用,而民自治。今人有五子不為多,子又有五子,大父未死而有二十五孫[18]。是以人民衆而貨財寡,事力勞而供養薄,故民爭。雖倍賞累罰,而不免於亂[19]。

【注釋】

[15] 丈夫:古代對成年男子的通稱。

[16] 衣:動詞,穿。

[17] 事力:從事生產。養:給養。

[18] 大父:祖父。

[19] 倍:加倍。累:屢次。

【原文】

堯之王天下也,茅茨不翦[20],采椽不斲[21];糲粢之食[22],藜藿之羹[23];冬日麛裘[24],夏日葛衣[25]:雖監門之服養[26],不虧於此矣[27]。禹之王天下也,身執耒臿,以為民先[28],股無完胈[29],脛不生毛,雖臣虜之勞,不苦於此矣。以是言之,夫古之讓天子者,是去監門之養而離臣虜之勞也,故傳天下而不足多也[30]。今之縣令,一日身死,子孫累世絜駕[31],故人重之[32]。是以人之於讓也,輕辭古之天子,難去今之縣令者,薄厚之實異也[33]。夫山居而谷汲者[34],膢臘而相遺以水[35];澤居苦水者[36],買庸而決竇[37]。故饑歲之春[38],幼弟不饟[39];穰歲之秋[40],疏客必食;非疏骨肉,愛過客也,多少之心異也。是以古之易財[41],非仁也,財多也;今之爭奪,非鄙也[42],財寡也。輕辭天子,非高也,勢薄也;重爭士橐[43],非下也,權重也。故聖人議多少、論薄厚為之政。故罰薄不為慈,誅嚴不為戾,稱俗而行也[44]。故事因於世,而備適於事[45]。

【注釋】

[20] 茅茨:用於蓋屋頂的茅草、蘆葦。翦:通"剪"。修剪。

[21] 采:通"棌"。柞木。斲:砍削。

[22] 糲:粗米。粢:稷的別名,小米。

[23] 藜:野菜。藿:豆葉。

[24] 麛(ní):小野鹿。裘:皮衣。

[25] 葛衣:葛布衣。

[26] 監門:守門人。

[27] 虧於此:比這些更差。

[28] 身:親自。臿(chā):鍬。

[29] 胈(bá):白嫩的肉。

[30] 多:稱贊。

[31] 累世:世世代代。絜(xié):圍束,此處指套車。駕:把車套在馬上。絜駕在此處指乘車出行,不用徒步。

[32] 重:認為重要,看重。意動用法。下句"輕"、"難"也是意動用法。

[33] 厚薄:得到的利益的多少。

[34] 山居:居住在山上。谷汲:到山谷中打水。名詞作狀語。

[35] 膢:楚人在二月祭飲食神的節日。臘:古代冬季舉行的對百神的祭祀。遺(wèi):贈送。

[36] 澤居:居住在水泊中。苦水:因水受苦,被水害苦。

[37] 買庸:雇請工人。庸,通"傭"。竇:通"瀆"。水溝。

[38] 饑歲:荒年。

[39] 饟:同“餉”。饋贈食物。

[40] 穰歲:豐年。

[41] 易:輕視。

[42] 鄙:貪鄙。

[43] 士:通“仕”。作官。橐:通“託”。投靠、依附之義。

[44] 稱:適應,適合。

[45] 備:措施。

【原文】

古者,文王處豐、鎬之間[46],地方百里,行仁義而懷西戎[47],遂王天下。徐偃王處漢東[48],地方五百里,行仁義,割地而朝者三十有六國,荆文王恐其害己也[49],舉兵伐徐,遂滅之。故文王行仁義而王天下,偃王行仁義而喪其國,是仁義用於古而不用於今也。故曰:“世異則事異。”當舜之時,有苗不服[50],禹將伐之。舜曰:“不可。上德不厚而行武[51],非道也。”乃脩教三年,執干戚舞[52],有苗乃服。共工之戰[53],鐵銛短者及乎敵[54],鎧甲不堅者傷乎體,是干戚用於古,不用於今也。故曰:“事異則備變。”上古競於道德,中世逐於智謀[55],當今爭於氣力。齊將攻魯,魯使子貢說之[56]。齊人曰:“子言非不辯也,吾所欲者土地也,非斯言所謂也。”遂舉兵伐魯,去門十里以為界[57]。故偃王仁義而徐亡,子貢辯智而魯削。以是言之,夫仁義辯智,非所以持國也。去偃王之仁,息子貢之智,循徐、魯之力[58],使敵萬乘[59],則齊、荆之欲不得行於二國矣。

【注釋】

[46] 豐:今陝西鄠縣東,周文王時的都城。鎬(hào):今陝西長安縣西南,周武王將都城從豐遷到鎬。

[47] 懷西戎:使西戎感懷歸附。

[48] 徐偃王:周穆王時徐國的國君,曾平服東方九夷。漢:漢水。

[49] 荆文王:楚文王。楚文王是東周春秋時人,比徐偃王晚三百年。“文”應當是衍字。

[50] 有苗:指三苗,古代的少數民族。

[51] 上:通“尚”。崇尚。

[52] 干戚:盾牌和斧頭,古代的兵器,跳舞時也可作為舞具。

[53] 共工:傳説中的天神,曾與顓頊爭帝。

[54] 鐵銛(xiān):泛指金屬武器。及乎敵:被敵人傷到。

[55] 逐:競爭。

[56] 子貢:孔子弟子,姓端木,名賜,字子貢。說(shuì):勸說。

[57] 去:距離。

[58] 循:依照。依靠。

[59] 敵:抵禦,對抗。萬乘:具有萬輛兵車的大國,此指齊國、楚國。

察　傳

【解題】

節選自《四部叢刊·呂氏春秋·慎行論》。《呂氏春秋》是秦相呂不韋(? —前235)及其門客集體編著的一部作品集,成書於公元前239年左右。該書雖出自衆人之手,但體例嚴整。全書共二十六卷一百六十篇,分為"十二紀"、"八覽"、"六論"三部分。在思想上,該書融匯了百家學說,因此《漢書·藝文志》將之列入"雜家",但總體上以道家、儒家和陰陽家思想為主。

"察傳"意謂辨察傳聞。本文旨在說明審言的重要意義以及如何審言,認為得言須慎察其是非,驗之以人情物理。引用歷史典故和寓言故事來論證說理是其行文特色。

【原文】

六曰:夫得言不可以不察。數傳而白為黑[1],黑為白。故狗似玃[2],玃似母猴[3],母猴似人,人之與狗則遠矣。此愚者之所以大過也。聞而審,則為福矣[4];聞而不審,不若無聞矣。齊桓公聞管子於鮑叔[5],楚莊聞孫叔敖於沈尹筮[6],審之也,故國霸諸侯也。吳王聞越王句踐於太宰嚭[7],智伯聞趙襄子於張武[8],不審也,故國亡身死也。

【注釋】

[1] 數傳:多次轉述。

[2] 玃(jué):形體較大的猿猴。

[3] 母猴:猴的一種,又叫沐猴、獮猴。

[4] 審:考察、分辨。

[5] 管子:管仲。鮑叔:鮑叔牙。事見《史記·管晏列傳》。

[6] 楚莊:楚莊王。孫叔敖:姓蔿,名敖,字孫叔,春秋時期楚國名臣。沈尹筮:楚國大夫,沈為楚國邑名,尹為官名,筮為人名。

[7] 太宰:官名。嚭(pǐ):伯嚭,春秋時楚國人,曾為吳王夫差太宰。吳王夫差打敗越國後,太宰嚭接受越國賄賂,極力勸說夫差允許越國求和,使得越王勾踐有機會重振旗鼓,最終滅掉吳國。

[8] 智伯:名瑤,晉哀公時的權臣,和趙魏韓並稱為晉國四大家。趙襄子:名無恤,晉卿趙衰的後代。張武:智伯的家臣,曾勸說智伯聯合韓魏,將趙襄子圍在晉陽,後來趙襄子暗地裏聯合韓魏,滅了智伯。

【原文】

凡聞言必熟論[9],其於人必驗之以理。魯哀公問於孔子曰:"樂正夔一足[10],信乎?"孔子曰:"昔者舜欲以樂傳教於天下,乃令重黎舉夔於草莽之中而進之[11],舜以為樂正。夔於是正六律[12],和五聲[13],以通八風[14],而天下大服。重黎又欲益求人[15],舜曰:'夫樂,天地之精也,得失之節也[16]。故唯聖人為能和,樂之本也。夔能和之,以平天下。若夔者,一而足矣。'故曰'夔一足',非'一足'也。"宋之丁氏,家無井而出溉汲[17],常一人居外。及其家穿井[18],告人曰:"吾穿井得一人。"有聞而傳之者曰:"丁氏穿井得一人。"國人道之,聞之於宋君。宋君令人問之於丁氏,丁氏對曰:"得一人之使[19],非得一人於井中也。"求聞之若此,不若無聞也。

【注釋】

[9] 熟論:仔細考慮。

[10] 樂正:樂官之長。夔:人名,相傳曾為舜掌管音樂。

[11] 重黎:人名,相傳為顓頊的後代,堯時掌管時令的官,後為舜臣。草莽:草野,此處指民間。

[12] 六律:古代樂音標準名。相傳黃帝時伶倫截竹為管,用管之長短分別聲音的高低清濁,樂器的音調皆以此為準。樂律有十二,陰陽各六,陽為律,陰為呂。六律即黃鐘、大蔟、姑洗、蕤賓、夷則、無射。

[13] 五聲:指宮商角徵羽五音。

[14] 八風:八方的風,此處代指各地風俗。

[15] 益:多。

[16] 節:關鍵。

[17] 出:外出,到外面。溉汲:打水,取水。

[18] 及:等到。穿:挖掘,開鑿。

[19] 使:使用。因為家裏有井,不用專派一人在外負責打水,等於多了一個人可供使用。

【原文】

子夏之晉[20],過衛,有讀史記者曰[21]:"晉師三豕涉河。"子夏曰:"非也,是己亥也。夫'己'與'三'相近[22],'豕'與'亥'相似[23]。"至於晉而問之,則曰"晉師己亥涉河"也。辭多類非而是,多類是而非。是非之經[24],不可不分。此聖人之所慎也。然則何以慎?緣物之情及人之情以為所聞[25],則得之矣。

【注釋】

[20] 之:前往。

[21] 史記:記載歷史的書。
[22] 古文"己"寫作"己",與"三"形似,磨失豎畫就成為"三"。
[23] "亥"與"豕"的古文同形,都寫作"𠂢"。
[24] 經:界線。
[25] 緣:遵循。為:此處指審察。

移書讓太常博士(並序)

【解題】

選自中華書局1977年版《文選》卷四三(胡克家刻本)。作者劉歆(約前53—23),字子駿,西漢著名經學家、目録學家、文學家,成帝時受詔與父親劉向領校秘書,講六藝傳記;哀帝時,繼承父業,集六藝群書,在劉向《别錄》的基礎上完成《七略》,其主要內容存見《漢書・藝文志》。

《移書讓太常博士》是漢代經學史上的一篇重要文獻。敘述了儒家經典從制定到没落的歷程,披露了孔壁古文《尚書》、逸《禮》的事實,介绍了秘府所藏《左氏春秋》的情况,批評當朝諸儒博士抱殘守缺、否定古文經學的態度,主張將《左氏春秋》、《毛詩》、逸《禮》、《古文尚書》等古文經書皆列於學官。

【原文】

歆親近[1],欲建立《左氏春秋》及《毛詩》、逸《禮》、《古文尚書》,皆列於學官[2]。哀帝令歆與五經博士講論其議[3],諸儒博士或不肯置對[4]。歆因移書太常博士[5],責讓之曰[6]:

【注釋】

[1] 親近:親密接近。此處指劉歆受哀帝的寵愛。
[2] 學官:漢代設置五經博士,是當時政府指定的負責五經傳習的主管。
[3] 五經:五經包括《易》、《書》、《詩》、《禮》、《春秋》。
[4] 置對:對問,論辯。
[5] 移書:致書。太常博士:官職名,主要負責禮樂,並教授五經。
[6] 責讓:責備,指責。

【原文】

昔唐虞既衰,而三代迭興[7],聖帝明王,累起相襲[8],其道甚著。周室既微而禮樂不正,道之難全也如此。是故孔子憂道不行,歷國應聘[9]。自衛反魯[10],然後樂正,《雅》《頌》乃得其所;修《易》序《書》,制作《春秋》,以記帝王之道。及夫子没而微言絕[11],七十子卒而大義乖[12]。重遭戰國[13],棄籩豆之禮[14],理軍旅之陣[15],孔氏之道抑[16],而孫吳之術興[17]。

陵夷至于暴秦[18]，焚經書，殺儒士，設挾書之法[19]，行是古之罪[20]，道術由此遂滅[21]。

【注釋】

[7] 迭：更迭，輪流。

[8] 累：接連，連續。

[9] 歷國：遊歷各國。應聘：接受聘問。

[10] 反：同“返”。返回。

[11] 没：死，去世。微言：精妙的言辭。

[12] 七十子：孔子的弟子。相傳孔子有弟子三千，其中有七十二位較為傑出。乖：違背，背離。

[13] 重：又。

[14] 籩豆：古代祭祀和宴飲常用的兩種禮器。用竹子製作的稱籩，用木頭製作的稱豆。

[15] 理：整治。

[16] 抑：遭排斥。

[17] 孫：孫臏，戰國時期著名軍事家，曾任齊威王軍師，著有《孫子兵法》。吳：吳起，戰國時期著名軍事家，曾著《吳子》。

[18] 陵夷：衰敗。

[19] 設挾書之法：秦始皇三十四年，採納丞相李斯的建議，為禁止儒生以古非今，頒佈民間不得私藏《詩》《書》和百家書籍的法令。

[20] 行是古之罪：如果認為古代是正確的而師法古代，就會被懲罰。行……罪：實行……的罪罰。是：形容詞的意動用法。

[21] 道術：道德學術。

【原文】

漢興，去聖帝明王遐遠，仲尼之道又絕，法度無所因襲。時獨有一叔孫通略定禮儀[22]，天下惟有《易》卜[23]，未有他書。至於孝惠之世[24]，乃除挾書之律，然公卿大臣絳、灌之屬咸介胄武夫[25]，莫以為意。至孝文皇帝[26]，始使掌故鼂錯從伏生受《尚書》[27]。《尚書》初出於屋壁，朽折散絕[28]，今其書見在，時師傳讀而已[29]。《詩》始萌芽。天下衆書往往頗出[30]，皆諸子傳說，猶廣立於學官，為置博士。在朝之儒，唯賈生而已[31]。至孝武皇帝[32]，然後鄒、魯、梁、趙頗有《詩》《禮》《春秋》先師[33]，皆出於建元之閒[34]。當此之時，一人不能獨盡其經，或為《雅》，或為《頌》，相合而成。《泰誓》後得，博士集而讀之[35]。故詔書曰：“禮壞樂崩，書缺簡脱，朕甚閔焉[36]。”時漢興已七八十年，離於全經，固以遠矣。

【注釋】

［22］叔孫通：西漢初期儒家學者，曾協助漢高祖制訂宮廷禮儀。

［23］惟有《易》卜：秦始皇焚書時，保留了秦記、醫藥、卜筮、種樹等方面的書籍。《易》在後世尊為經書，秦朝時看作卜筮書，故得以保存。

［24］孝惠：漢惠帝劉盈，公元前 195—前 188 年在位，即位後第四年（前 191），廢除“挾書律”。

［25］絳、灌：絳侯周勃和潁陰侯灌嬰，都是漢高祖時著名的武將。咸：皆，都（是）。介胄：本指鎧甲和頭盔，此處指披甲戴盔。

［26］孝文：漢文帝劉恒，公元前 180—前 157 年在位。

［27］掌故：漢代負責掌管禮樂制度等故實的官職。晁錯（前 200—前 154）：漢文帝時重要的謀臣。伏生：秦時傳授《尚書》的博士。漢文帝廢除“挾書律”後，派晁錯到伏生家中接受傳述《尚書》。

［28］朽折散絕：編簡的繩線斷絕，竹簡散亂，有的折斷腐爛。

［29］時師：當時的儒者。

［30］往往：常常。頗出：少量出土。

［31］賈生：賈誼（前 200—前 168），漢文帝時為《春秋左氏傳》訓詁，被任命為博士。

［32］孝武：漢武帝劉徹，公元前 141—前 87 年在位。

［33］先師：前輩老師。

［34］建元：漢武帝使用的年號之一，公元前 140—前 135 年。

［35］讚：解釋，闡明。

［36］閔（mǐn）：憂心。

【原文】

及魯恭王壞孔子宅[37]，欲以為宮，而得古文於壞壁之中。《逸禮》有三十九篇，《書》十六篇。天漢之後[38]，孔安國獻之[39]，遭巫蠱倉卒之難[40]，未及施行。及《春秋》左氏丘明所脩，皆古文舊書，多者二十餘通[41]，藏於祕府[42]，伏而未發[43]。孝成皇帝愍學殘文缺[44]，稍離其真，乃陳發祕藏，校理舊文，得此三事[45]，以考學官所傳經，或脫簡，或脫編。博問人閒，則有魯國桓公、趙國貫公、膠東庸生之遺學與此同，抑而未施。此乃有識者之所歎愍[46]，士君子之所嗟痛也。往者綴學之士[47]，不思廢絕之闕[48]，苟因陋就寡，分文析字，煩言碎辭，學者罷老且不能究其一藝[49]。信口說而背傳記[50]，是末師而非往古，至於國家將有大事，若立辟雍、封禪、巡狩之儀[51]，則幽冥而莫知其原[52]。猶欲保殘守缺，挾恐見破之私意[53]，而亡從善服義之公心[54]，或懷疾妬[55]，不考情實，雷同相從，隨聲是非[56]，抑此三學，以《尚書》為不備，謂左氏為不傳《春秋》，豈不哀哉！

【注釋】

[37] 魯恭王壞孔子宅:漢武帝末年,魯恭王劉餘為了擴建宮室拆毀孔府舊宅。

[38] 天漢:是漢武帝的第八個年號,一共使用了四年,即公元前100—前97年。

[39] 孔安國:孔子第十一世孫。魯恭王壞孔府舊宅,於壁中得《尚書》等經書,都是用古文字書寫,當時人都不能識讀,孔安國讀以今文,又奉詔作書傳,謂之《古文尚書》。

[40] 巫蠱(gǔ):一種害人的邪術。漢武帝晚年因宮內發生此事而導致一場政治禍亂。倉卒:突然間。

[41] 通:量詞。用於文章、書信等。

[42] 祕府:古代皇宮中收藏圖書和秘記的地方。

[43] 伏:隱藏。

[44] 孝成:漢成帝劉驁,公元前33—前7年在位。愍(mǐn):哀憐,憂傷。

[45] 三事:指上文所講古文舊書《逸禮》、《書》、《春秋左傳》。

[46] 閔:同"愍"。

[47] 綴學:拾掇前人見聞的學問。

[48] 廢絕之闕:指被散失而殘缺的典籍。

[49] 罷:通"疲"。一藝:一部經書。

[50] 口說:口頭講辭。背:違背,背棄。

[51] 辟雍:古代天子所設立的太學。封禪:古代帝王祭天地的大典。巡狩:天子出行視察地方州郡。

[52] 幽冥:暗昧,無知。

[53] 挾:帶著,懷著。恐見破:擔心被識破。

[54] 亡:無,沒有。

[55] 疾妬:後作"嫉妒"。

[56] 是非:褒貶,評論。

【原文】

今聖上德通神明,繼統揚業[57],亦愍此文教錯亂,學士若茲,雖深照其情[58],猶依違謙讓[59],樂與士君子同之。故下明詔,試《左氏》可立不[60],遣近臣奉旨銜命[61],將以輔弱扶微,與二三君子比意同力[62],冀得廢遺。今則不然,深閉固距[63],而不肯試,猥以不誦絕之[64],欲以杜塞餘道,絕滅微學。夫可與樂成[65],難與慮始[66],此乃衆庶之所為耳[67],非所望於士君子也。且此數家之事,皆先帝所親論,今上所考視,其為古文舊書,皆有徵驗,內外相應,豈苟而已哉!

【注釋】

[57] 繼統:繼承帝統。

[58] 照:明白,清楚。

[59] 依違:遲疑。

[60] 試:檢查,檢驗。不:否。

[61] 銜命:遵奉命令。

[62] 比意:齊心,同心。

[63] 距:通“拒”。抵抗,抵觸。

[64] 猥:苟且,隨意。絕:拒絕,推辭。

[65] 樂成:享受成功的喜悅。

[66] 慮始:謀劃事情的開始。

[67] 衆庶:廣大老百姓,一般人。

【原文】

夫禮失求之於野,古文不猶愈於野乎[68]?往者博士,《書》有歐陽[69],《春秋》公羊[70],《易》則施孟[71],然孝宣皇帝猶復廣立《穀梁春秋》《梁丘易》《大小夏侯尚書》[72],義雖相反[73],猶並置之[74]。何則?與其過而廢之,寧過而立之。傳曰:“文武之道,未墜於地,在人;賢者志其大者,不賢者志其小者[75]。”今此數家之言,所以兼包大小之義,豈可偏絕哉[76]!若必專己守殘,黨同門[77],妬道真,違明詔,失聖意,以陷於文吏之議,甚為二三君子不取也。

【注釋】

[68] 愈:勝過。

[69] 歐陽:歐陽生,西漢經學家,師從伏生學《尚書》。

[70] 公羊:《春秋公羊傳》,舊題戰國時齊人公羊高所作,後經公羊高的玄孫公羊壽與齊人胡毋生修訂成書流傳。

[71] 施孟:施仇與孟喜,西漢經學家,均師從田王孫學《易》。

[72] 穀梁春秋:《春秋穀梁傳》,相傳為子夏傳授給穀梁俶(亦名穀梁赤)的有關《春秋》的說解。與《春秋公羊傳》,《春秋左氏傳》合稱“《春秋》三傳”。梁丘:梁丘賀,西漢經學家,與施仇、孟喜一起師從田王孫學《易》。大小夏侯:西漢時傳授《尚書》的學者夏侯勝與夏侯建。

[73] 義:所闡發的經文大義。相反:對立,不同。

[74] 並置之:都立為學官。

[75] 語出《論語・子張》。衛國的公孫朝問子貢:“孔子的學問是從哪裏學來的?”子貢說:“周文王武王之道,並沒有失傳,散在人間。賢能的人便記取重要的,不賢能的人只抓些末節。”

[76] 絕:廢棄。

[77] 黨同門:以同門同派為同黨。

感　虛

【解題】

節選自《四部叢刊·論衡·感虛第十九》。《論衡》是一部論辯性的散文著作，也是一部具有劃時代意義的哲學著作。全書原有八十五篇，現存八十四篇，缺《招致》篇。作者東漢王充(27—97?)，字仲任，會稽上虞(今浙江上虞)人，出身於細族孤門，仕途坎坷，對東漢前期氾濫的天人感應等思想具有自覺的批判意識。

《感虛》篇主要批判違背自然之義的虛妄之言，本節錄部分運用歷史故事和生活常識論證了書傳中"倉頡作書，天雨粟，鬼夜哭"一說的虛妄性。

【原文】

傳書言："倉頡作書，天雨粟[1]，鬼夜哭。"此言文章興而亂漸見[2]，故其妖變致天雨粟、鬼夜哭也。夫言天雨粟、鬼夜哭，實也。言其應倉頡作書[3]，虛也。

【注釋】

[1] 雨：降雨。"雨粟"指粟米像雨一样降下。

[2] 文章：文字。見(xiàn)：顯現。後作"現"。

[3] 應：感應，與……相應。

【原文】

夫河出圖，洛出書[4]，聖帝明王之瑞應也。圖書文章，與倉頡所作字畫何以異？天地為圖書，倉頡作文字，業與天地同，指與鬼神合[5]，何非何惡，而致雨粟、神哭之怪？使天地鬼神惡人有書，則其出圖書非也；天不惡人有書，作書何非，而致此怪？或時倉頡適作書[6]，天適雨粟，鬼偶夜哭[7]，而雨粟、鬼神哭自有所為[8]。世見應書而至[9]，則謂作書生亂敗之象，應事而動也。

【注釋】

[4] 河出圖，洛出書：《白虎通·封禪》："德至淵泉則河出圖，洛出書。"《漢書·五行志》："虙羲氏繼天而王，受河圖，則而畫之，八卦是也。禹治洪水，賜洛書，法而陳之，洪範是也。"這是傳說的附會，不可信從。

[5] 指：通"旨"。意圖。

[6] 或：或許。時：當時。適：恰好，正巧。

[7] 偶：恰好，正巧。

[8] 所為(wèi)：此處表示原因。

[9] 應：此處指跟隨。

【原文】

"天雨穀",論者謂之從天而下,變而生。如以雲雨論之,雨穀之變,不足怪也。何以驗之?夫雲雨出於丘山,降散則為雨矣。人見其從上而墜,則謂之天雨水也。夏日則雨水,冬日天寒,則雨凝而為雪,皆由雲氣發於丘山,不從天上降集於地,明矣。夫穀之雨,猶復雲布之[10],亦從地起,因與疾風俱飄,參於天[11],集於地。人見其從天落也,則謂之"天雨穀"。

【注釋】

[10] 布:此處可能是"雨"之訛誤。

[11] 參:齊,同。"參於天"意思是跟天一樣高,指穀物隨風飄到天上。

【原文】

建武三十一年中[12],陳留雨穀[13],穀下蔽地[14]。案視穀形[15],若茨而黑[16],有似於稗實也[17]。此或時夷狄之地生出此穀,夷狄不粒食[18],此穀生於草野之中,成熟垂委於地[19],遭疾風暴起[20],吹揚與之俱飛,風衰穀集[21],墮於中國[22]。中國見之,謂之"雨穀"。何以效之[23]?野火燔山澤[24],山澤之中,草木皆燒,其葉為灰,疾風暴起,吹揚之,參天而飛,風衰葉下,集於道路。夫"天雨穀"者,草木葉燒飛而集之類也。而世以為雨穀,作傳書者以變怪。

【注釋】

[12] 建武三十一年:公元 55 年。"建武"為東漢光武帝年號(25—57)。

[13] 陳留:今河南省開封市開封縣陳留鎮。

[14] 蔽:覆蓋。

[15] 案視:查看。

[16] 茨:即蒺藜。這裏指蒺藜子。

[17] 稗(bài):類似禾穀的雜草。

[18] 粒食:以穀物為食。

[19] 垂委:下垂掉落。

[20] 暴起:突然被吹起。

[21] 衰:減弱。集:止,停止。

[22] 中國:指以黃河流域為中心的中原地區。

[23] 效:證明,驗證。

[24] 燔:焚燒。

【原文】

天主施氣,地主產物。有葉實可啄食者,皆地所生,非天所為也。今穀非氣所生,須土以成。雖云怪變,怪變因類[25]。生地之物,更從天集,生天之物，可從地出乎？地之有萬物，猶天之有列星也。星不更生於地，穀何獨生於天乎？

【注釋】

[25] 因類：源於同類事物。

説文解字叙

【解題】

節選自中華書局 1963 年版《説文解字》第十五篇上（陳昌治刻本）。本篇為作者自叙，論述了文字的功用及源流、周秦漢代文字的教學和使用狀況，説明了編撰《説文解字》的態度、意義和體例。選文有删節。

【原文】

古者庖犧氏之王天下也，仰則觀象於天，俯則觀法於地，視鳥獸之文與地之宜，近取諸身，遠取諸物，於是始作《易》八卦，以垂憲象[1]。及神農氏，結繩為治而統其事，庶業其繁[2]，飾僞萌生[3]。黄帝之史倉頡，見鳥獸蹏迒之跡[4]，知分理之可相别異也[5]，初造書契。百工以乂[6]，萬品以察[7]，蓋取諸《夬》[8]。《夬》："揚于王庭。"言文者宣教明化於王者朝廷，君子所以施禄及下、居德則忌也[9]。

【注釋】

[1] 垂：顯示，表示。憲象：法則，規律。

[2] 庶：衆。其：語氣助詞，起協調音節的作用。

[3] 飾僞：弄虚作假。

[4] 蹏：同"蹄"。迒（háng）：（鳥獸蹄足留下的）印跡。

[5] 分理：區分各種事物的紋理。

[6] 乂（yì）：治理。百工：百官。

[7] 品：類。萬品，指萬物。察：明。

[8] 夬（guài）：分别的意思。這裏指《周易》的一個卦名。

[9] 禄：福，恩澤，好處。居德：蓄積德行。則忌：規定忌諱。則，規則，標準。這裏活用作動詞，制定，規定。

【原文】

倉頡之初作書，蓋依類象形，故謂之文。其後形聲相益，即謂之字。文者，物象之本[10]；字者，言孳乳而浸多也[11]。著於竹帛謂之書。書者，如也。以迄五帝三王之世[12]，改易殊體，封于泰山者[13]，七十有二代，靡有同焉。

【注釋】

[10] 文者，物象之本：各本無此六字，段玉裁《說文解字注》依《左傳・宣公十五年正義》補。今從。

[11] 浸：一作"寖"。逐漸，漸漸。

[12] 五帝：《大戴禮・五帝德》、《呂氏春秋・古樂》、《史記》以"黃帝、顓頊、嚳、堯、舜"為五帝。三王：夏禹、商湯、周文（武）。

[13] 封于泰山：意思是在泰山上祭祀天地，並建石碑刻記祭祀情況。

【原文】

周禮八歲入小學[14]，保氏教國子[15]，先以六書：一曰指事，指事者，視而可識，察而可見[16]，上下是也。二曰象形，象形者，畫成其物，隨體詰詘[17]，日月是也。三曰形聲，形聲者，以事為名，取譬相成[18]，江河是也。四曰會意，會意者，比類合誼，以見指撝[19]，武信是也。五曰轉注，轉注者，建類一首，同意相受，考老是也。六曰假借，假借者，本無其字，依聲託事，令長是也。

【注釋】

[14] 八歲入小學：《大戴禮記・保傅》："古者年八歲而出就外舍，學小藝焉，履小節焉。束髮而就大學，學大藝焉，履大節焉。"章太炎《小學略說》："小藝，指文字而言，小節指灑掃、應對、進退而言；大藝即《詩》、《書》、《禮》、《樂》，大節，乃大學之道也。""漢儒以六經為六藝，《保氏》以禮、樂、射、御、書、數為六藝。六經者，大藝也；禮、樂、射、御、書、數者，小藝也。"

[15] 保氏教國子：《周禮・地官》："保氏掌諫王惡，而養國子以道。乃教之六藝，一曰五禮，二曰六樂，三曰五射，四曰五馭，五曰六書，六曰九數。"國子：公卿大夫的子弟。

[16] 察而可見：段玉裁《說文解字注》作"察而見意"。

[17] 詰詘：彎曲。

[18] 以事為名，取譬相成：段玉裁《說文解字注》："以事為名，謂半義也；取譬相成，謂半聲也。江河之字，以水為名，譬其聲如工可，因取工可成其名。"即以表示事類的字為義符，以聲音相近的字為聲符，結合而構字。

[19] 比類合誼，以見（xiàn）指撝（huī）：把相關的意義組合在一起，從而體現出一個新的意義。誼，義。見，當讀為"現"，體現，表現。指撝，指揮，意義指向。

【原文】

及宣王太史籀[20]，箸大篆十五篇[21]。與古文或異[22]。至孔子書六經，左丘明述春秋傳，皆以古文，厥意可得而說[23]。其後諸侯力政[24]，不統於王，惡禮樂之害己，而皆去其典籍。分為七國[25]，田疇異畮[26]，車涂異軌[27]，律令異法，衣冠異制，言語異聲，文字異形。

【注釋】

[20] 太史：官名。籀：人名。唐蘭《中國文字學》認為“太史籀”是《漢書・古今人表》中的“史留”。

[21] 箸：同“著”。大篆：即“籀文”。《漢書・藝文志》：“《史籀》十五篇。”自注曰：“周宣王太史作大篆十五篇”，又曰：“《史籀篇》者，周時史官教學童書也。”

[22] 古文：王國維《史籀篇疏證序》：“至許書所出古文，即孔子壁中書，其體與籀文、篆文頗不相近，六國遺器亦然。壁中古文者，周秦間東土之文字也。”

[23] 厥：其，指前面的古文字。意：字形構造的意圖。

[24] 政：通“征”。“力政”即憑武力相征伐。

[25] 七國：韓、趙、魏、楚、燕、齊、秦。

[26] 田疇：田地。畮：同“畝”。田疇異畮如周制六尺為步，百步為畝，而秦孝公以二百四十步為畝。

[27] 塗：通“途”。段玉裁《說文解字注》：“車之轍廣曰軌，因以軌名塗之廣。七國時，車不依轍廣八尺之定制，或廣或狹焉。塗不以諸侯經塗（南北向）七軌、環塗（環城之道）五軌、野塗（國外謂之野，通至二百里以內。）三軌之制，各以意為之，故曰車塗異軌也。”

【原文】

秦始皇帝初兼天下，丞相李斯乃奏同之，罷其不與秦文合者。斯作《倉頡篇》，中車府令趙高作《爰歷篇》[28]，太史令胡母敬作《博學篇》，皆取史籀大篆，或頗省改[29]，所謂小篆者也。是時秦燒滅經書，滌除舊典[30]，大發隸卒，興役戍，官獄職務繁。初有隸書，以趣約易[31]，而古文由此絶矣。

【注釋】

[28] 中車府令：官職名，掌管乘輿路車。

[29] 或頗省改：有的稍加省改，主要是減少筆畫或調整字形使之匀稱整齊。

[30] 燒滅經書，滌除舊典：秦始皇三十四年（前 213），丞相李斯反對儒生以古非今，以私學誹謗朝政，建議除秦記、醫藥、卜筮、種樹書外，民間所藏《詩》、《書》和諸子百家書一律焚毀。

[31] 趣（qū）：趨向，追求。

【原文】

……

今敘篆文，合以古籀，博采通人[32]，至于小大，信而有證，稽譔其說[33]，將以理羣類[34]，解謬誤，曉學者，達神恉。分別部居[35]，不相雜廁。萬物咸覩，靡不兼載，厥誼不昭，爰明以諭。其偁《易》[36]，孟氏；《書》，孔氏；《詩》，毛氏；《禮》，周官；《春秋》左氏；《論語》、《孝經》皆古文也。其於所不知，蓋闕如也。

【注釋】

[32]《說文解字》共引孔子、楚莊王、韓非、司馬相如、淮南王、董仲舒、京房、劉歆、爰禮、揚雄、尹彤、逯安、王育、張林、莊都、歐陽喬、黃顥、譚長、周成、宮溥、張徹、甯嚴、桑欽、杜林、衛宏、徐巡、班固、傅毅二十八家說。

[33] 稽譔:考查,記錄。"譔"同"撰"。

[34] 羣類:天地、鬼神、山川、草木、鳥獸、昆蟲、雜物、奇怪、王制、禮儀、世間人事等萬事萬物。

[35] 部居:按部存放。《說文解字》把收錄的9353個正篆分別歸入540部。

[36] 偁:稱說義的本字,後寫作"稱"。

練　字

【解題】

選自《四部備要·文心雕龍》卷八。《文心雕龍》共十卷,五十篇,是中國古代文學批評史上時代很早而系統完整、結構嚴密、體大思精的一部著作。作者劉勰(446? —539?),字彥和,東莞莒(今山東省莒縣)人,生活於南北朝時期,自齊入梁。在文學思想上,他反對"浮詭"、"訛濫"的南朝文風,主張文章以經典為本源,亦倡導折衷通變。《文心雕龍》在行文上染有南朝美文之風而以駢文說理。

《練字》篇追溯了文字產生及應用的歷史,主張選字簡煉精當,反對用字繁難深奧。

【原文】

夫文象列而結繩移[1],鳥跡明而書契作,斯乃言語之體貌,而文章之宅宇也。蒼頡造之,鬼哭粟飛[2];黃帝用之,官治民察。先王聲教[3],書必同文;輶軒之使[4],紀言殊俗[5],所以一字體[6],總異音。《周禮》保氏,掌教六書。秦滅舊章,以吏為師。及李斯刪籀而秦篆興,程邈造隸而古文廢。

【注釋】

[1] 文象:文字形體。

[2] 鬼哭粟飛:《淮南子·本經訓》:"昔者蒼頡作書而天雨粟,鬼夜哭。"

[3] 聲教:聲威與教化。

[4] 輶軒:古代臣子乘坐的一種輕便的車子。

[5] 紀言殊俗:應劭《風俗通義·序》:"周秦常以歲八月,遣輶軒之使,採異代方言。"

[6] 一:動詞,統一。

【原文】

漢初草律[7],明著厥法[8]:太史學童,教試六體;又吏民上書,字謬輒劾。是以馬字缺畫,而石建懼死[9],雖云性慎,亦時重文也。至孝武之世,則相如譔篇[10]。及宣成二帝,徵集小學,張敞以正讀傳業[11],揚雄以奇字纂訓[12],並貫練《雅》、《頌》[13],總閱音義。鴻筆之徒,莫不洞曉。且多賦京苑[14],假借形聲[15]。是以前漢小學,率多瑋字[16],非獨制異[17],乃共曉難也。暨乎後漢,小學轉疏,複文隱訓[18],臧否大半[19]。

【注釋】

[7] 草:起草,創製。

[8] 厥:其。

[9] 石建懼死:《漢書》:“建為郎中令,奏事下,建讀之,驚恐曰:‘書“馬”者,與尾而五,今乃四,不足一,獲譴死矣!’”小篆“馬”寫作。

[10] 相如譔篇:司馬相如撰《凡將篇》。

[11] 張敞以正讀傳業:漢宣帝時,召集學者讀李斯《蒼頡篇》,張敞跟從學習。參《漢書・藝文志》注。

[12] 漢平帝時,召集爰禮等百餘人講文字,揚雄據以作《訓纂篇》。參《漢書・藝文志》注。

[13]《雅》:《爾雅》。《頌》:疑“頡”字之誤,指《倉頡篇》。

[14] 京苑:京都和苑囿。漢代辭賦家創作的主題。

[15] 假借形聲:用同音假借字來描繪形象和聲音。

[16] 瑋:奇異的。

[17] 制異:形體構造奇異。

[18] 複文:複雜的文字。隱訓:怪僻的解説。

[19] 臧否:正誤。

【原文】

及魏代綴藻[20],則字有常檢[21],追觀漢作,翻成阻奥。故陳思稱[22]:“揚馬之作[23],趣幽旨深,讀者非師傳不能析其辭,非博學不能綜其理。”豈直才懸[24],抑亦字隱[25]。自晉來用字,率從簡易。時並習易,人誰取難?今一字詭異,則羣句震驚,三人弗識,則將成字妖矣。後世所同曉者,雖難斯易;時所共廢,雖易斯難;趣舍之間[26],不可不察。

【注釋】

[20] 綴藻:連綴辭藻,即寫作文章。

[21] 常:固定的。檢:規格。

[22] 陳思:疑指三國魏陳思王曹植。

[23] 揚馬:揚雄、司馬相如。

［24］懸：懸殊，差距大。

［25］隱：生僻。

［26］趣舍：取捨。

【原文】

夫《爾雅》者，孔徒之所纂[27]，而《詩》《書》之襟帶也[28]；《蒼頡》者，李斯之所輯，而鳥籀之遺體也。《雅》以淵源詁訓，《頡》以苑囿奇文[29]，異體相資[30]，如左右肩股，該舊而知新[31]，亦可以屬文[32]。若夫義訓古今，興廢殊用，字形單複，妍媸異體[33]，心既託聲於言，言亦寄形於字，諷誦則績在宫商，臨文則能歸字形矣[34]。

【注釋】

［27］孔徒之所纂：據學者研究，《爾雅》應該是戰國中期齊魯儒者集體撰編，後經增益完善的訓詁專書。詳見何九盈《中國古代語言學史》。

［28］襟帶：衣的交領和腰帶。比喻是聯繫《詩》、《書》的重要紐帶。

［29］苑囿：古代畜養禽獸供帝王玩樂的園林，此處用表彙集義。

［30］異體相資：體裁不同，相互補助。

［31］該：總括。

［32］屬文：將文字連接成文章，即作文、寫文章。屬（zhǔ），連接。

［33］妍媸：美醜。

［34］能：功能，功用。

【原文】

是以綴字屬篇，必須練擇：一避詭異，二省聯邊[35]，三權重出，四調單複。詭異者，字體瓌怪者也[36]。曹攄詩稱[37]："豈不願斯遊，褊心惡呶呶[38]。"兩字詭異，大疵美篇[39]。况乃過此，其可觀乎！聯邊者，半字同文者也。狀貌山川，古今咸用，施於常文，則齟齬為瑕[40]，如不獲免，可至三接，三接之外，其字林乎！重出者，同字相犯者也。《詩》、《騷》適會[41]，而近世忌同，若兩字俱要，則寧在相犯。故善為文者，富於萬篇，貧於一字，一字非少，相避為難也。單複者，字形肥瘠者也[42]。瘠字累句，則纖疏而行劣[43]；肥字積文，則黯黕而篇闇[44]。善酌字者，參伍單複，磊落如珠矣[45]。凡此四條，雖文不必有，而體例不無。若值而莫悟[46]，則非精解。

【注釋】

［35］省：減少。聯邊：連續多字偏旁相同。

［36］瓌（guī）：奇特。

［37］曹攄（shū）：西晉良史。

［38］褊：偏狹，狹隘。呶呶（xiōngnáo）：爭吵聲。呶，同"詾"。

[39] 疵：本指毛病、缺點。此處指玷污，損害。

[40] 齟齬：本指牙齒參差不齊。此處指文字之間不協調。

[41] 適會：偶然相同。

[42] 肥瘠：此處指字形筆畫的多少。

[43] 纖疏而行劣：字跡稀疏而行款單薄。

[44] 黯黕(àndǎn)：暗淡。因為筆畫衆多書寫出來後顯得灰暗不明。

[45] 磊落：分明，清晰。

[46] 值：碰上。

【原文】

至於經典隱曖[47]，方册紛綸[48]，簡蠹帛裂[49]，三寫易字[50]，或以音訛，或以文變。子思弟子[51]，"於穆不祀"者[52]，音訛之異也。晉之史記，"三豕渡河"[53]，文變之謬也。《尚書大傳》有"别風淮雨"[54]，《帝王世紀》云"列風淫雨"[55]。"别"、"列"、"淮"、"淫"，字似潛移。"淫"、"列"義當而不奇，"淮"、"别"理乖而新異。傅毅制誄[56]，已用"淮雨"。固知愛奇之心，古今一也。史之闕文，聖人所慎，若依義棄奇，則可與正文字矣。

【注釋】

[47] 隱曖：隱晦不明。

[48] 方：木版。册：竹簡編聯的書。紛綸：錯亂。

[49] 蠹：本指蛀蟲。此處指被蟲蛀蝕。

[50] 三寫：多次傳抄。三，虚指，指多次。《抱朴子·遐覽》："書三寫，魚成魯，帝成虎。"易字：更改了原來的用字。

[51] 子思弟子：子思，名伋，孔子之孫。子思弟子指孟仲子。

[52]《詩經·周頌·維天之命》："維天之命，於穆不已。"孔穎達正義引鄭玄《詩譜》："子思論《詩》，於穆不已。仲子曰：於穆不似。""已"、"似"古代音近。

[53] "三豕渡河"：參見《呂氏春秋·察傳》。

[54] "别風淮雨"：見《尚書大傳·周傳》。

[55] 列風：烈風，暴風。淫雨：久下不停的雨。

[56] 傅毅：傅毅，字仲武，東漢文學家。誄(lěi)：一種悼念死者的文體。這裏指傅毅所作《靖王興誄》。

【原文】

贊曰：篆隸相鎔，蒼雅品訓[57]。古今殊跡，妍媸異分。字靡異流[58]，文阻難運[59]。聲畫昭精[60]，墨采騰奮[61]。

【注釋】

[57] 品：多種，衆多。

[58] 靡：順適。異流：黄侃《文心雕龍劄記》校改為"易流"，指容易通行。可從。

［59］阻：艱深。運：運轉。這裏指流傳。

［60］聲畫：此處指文字。

［61］墨采：此處指書法。

答江慎修先生論小學書

【解題】

選自《四部叢刊·戴東原集》卷第三。戴震（1724—1777），字東原，安徽休寧人，清代著名小學家、思想家。江慎修即江永（1681—1762），清代著名小學家，與戴震同鄉，是戴震的師長。本文是戴震回覆江永書信的後半部分，主要討論"六書"中的"轉注"問題。提出轉注即"轉相為注，互相為訓"，象形、指事、會意、形聲四者為"書之體"，轉注、假借二者為"字之用"等重要觀點。江永收到此信後說："衆説紛紜，得此論定，誠無以易。"本文有刪節。

【原文】

《説文》於字體字訓，罅漏不免。其論六書，則不失師承。劉歆、班固云："象形、象事、象意、象聲、轉注、假借。"鄭衆云："象形、會意、轉注、處事、假借、諧聲。"所言各乖異失倫[1]。《説文序》稱一指事、二象形、三形聲、四會意、五轉注、六假借。轉注"考"、"老"字，後人不解。裴務齊《切韻》猥云[2]："考字左迴，老字右轉"。戴仲達、周伯琦之書雖正"老"字屬會意、"考"字屬諧聲[3]，而不能不承用"左迴"、"右轉"為轉注，別舉"側山為𨸏"、"反人為匕"等象形之變轉者當之。徐鉉、徐鍇、鄭樵之書[4]，就"考"字傅會，謂祖考之考，古銘識通用"丂"，於"丂"之本訓轉其義，而加老省注明之。又如犬走貌為"猋"，《爾雅》"扶搖謂之猋"，於"猋"之本訓轉其義，"飇"則偏旁加風注明之。此以諧聲中聲義兩近者當轉注，不特一類分為二類甚難，且校義之遠近必多穿鑿。王介甫《字説》强以意解加之諧聲字[5]，陸佃《埤雅》中時摭之[6]。使按之理義不悖，如程子、朱子論"中心為忠"、"如心為恕"[7]，猶失六書本法，岐惑學者。今區分諧聲一類為轉注，勢必强求其義之近似。況古字多假借，後人始增偏旁，其得盡證之使自為類乎？楊桓又謂[8]："三體已上，展轉附注，是曰轉注。"斯説之謬易見。而莫謬於蕭楚、張有諸人轉聲為轉注之説[9]，雖好古如顧炎武[10]，亦不復深省。《説文》於假借舉"令"、"長"字，乃移而屬轉注。古今音讀莫考：如好惡之"惡"，今讀去聲，古人有讀入聲者。美惡之"惡"，今讀入聲，古人有讀去聲者。宋魏文靖論《觀卦》云[11]："今轉注之説，則彖象為觀示之觀，六爻為觀瞻之觀。竊意未有四聲反切以前，安知不為一音乎？"據此言之，轉聲已不易定，轉注、假借何以辨?

【注釋】

[1] 倫:條理次序。

[2] 裴務齊:唐人,著有《刊謬補缺切韻》。猥:錯誤地。

[3] 戴仲達:戴侗,字仲達,南宋著名文學家、小學家,著有《六書故》、《六書通釋》、《四書家說》等。周伯琦:字伯温,元代學者,擅長書法,著有《六書正訛》、《說文字原》。

[4] 徐鉉(916—991):字鼎臣,世稱"大徐"。曾奉旨校訂《說文解字》。徐鍇(920—974):字楚金,徐鉉之弟,世稱"小徐"。著名小學家,著有《說文解字繫傳》。鄭樵(1104—1162):字漁仲。宋代著名史學家、目錄學家、文字學家,著有《通志·六書略》。

[5] 王介甫:王安石(1021—1086),字介甫。北宋政治家、思想家、文學家。所撰《字說》,多穿鑿附會。王安石政治上失勢後,此書遭禁,後亡佚。

[6] 陸佃(1042—1102):字農師,號陶山,宋代經學家。著有《埤雅》《禮象》等。摭(zhí):摘取。

[7] 程子:程頤(1033—1107),字正叔,世稱伊川先生。北宋著名理學家,思想家。朱子:朱熹(1130—1200),字元晦,號晦庵。中國南宋著名思想家、理學家、訓詁學家。

[8] 楊桓:元代學者,著有《六書統》《六書統溯源》等。

[9] 蕭楚:明代學者。張有:字谦中,北宋書法家,著有《復古編》。

[10] 顧炎武(1613—1682):原名絳,字忠清。明亡後改名炎武,字寧人。世人尊稱為亭林先生。明末清初著名的思想家、史學家、小學家,著有《日知錄》、《音學五書》等。

[11] 魏文靖(1178—1237):字華父,號鶴山,謚文靖,宋代著名文學家。觀卦:《周易》六十四卦之一。

【原文】

今讀先生手教曰[24]:"本義外,展轉引伸為他義,或變音,或不變音,皆為轉注。其無義而但借其音,或相似之音,則為假借。"又曰:"字之本義亦有不可曉者。"震之疑不在本義之不可曉,而在展轉引伸為他義,有遠有近,有似遠義實相因,有近而義不相因,有絕不相涉而旁推曲取又可强言其義,區分假借一類而兩之,殆無異區分諧聲一類而兩之也。六書之諧聲、假借,竝出於聲。諧聲以類附聲,而耍成字;假借依聲託事,不耍制字。或同聲,或轉聲,或聲義相倚而俱近,或聲近而義絕遠。諧聲具是數者,假借亦具是數者。後世求轉注之說不得,併破壞諧聲、假借。此震之所甚惑也。

【注釋】

[24] 手教:對他人來信的尊稱。

【原文】

《說文》“老，从人毛匕，言須髮變白也”。“考，从老省，丂聲”。其解字體，一會意，一諧聲，甚明。而引之於《序》，以實其所論轉注，不宜自相矛盾，是故別有說也。使許氏說不可用，亦必得其說然後駁正之，何二千年閒紛紛立說者衆，而以猥云左迴右轉者之謬悠，目為許氏，可乎哉？震謂“考”“老”二字屬諧聲、會意者，字之體；引之言轉注者，字之用。轉注之云，古人以其語言立為名類，通以今人語言，猶曰互訓云爾。轉相為注，互相為訓，古今語也。《說文》於“考”字訓之曰“老也”，於“老”字訓之曰“考也”。是以《序》中論轉注舉之，《爾雅・釋詁》有多至四十字共一義，其六書轉注之法歟？別俗異言，古雅殊語，轉注而可知。故曰“建類一首，同意相受”。大致造字之始無所凴依，宇宙閒事與形兩大端而已：指其事之實曰指事，一二、上下是也；象其形之大體曰象形，日月、水火是也。文字既立，則聲寄於字，而字有可調之聲；意寄於字，而字有可通之意。是又文字之兩大端也。因而博衍之，取乎聲諧，曰諧聲；聲不諧而會合其意，曰會意。四者，書之體止此矣。由是之於用，數字共一用者，如初、哉、首、基之皆為始，卬、吾、台、予之皆為我，其義轉相為注，曰轉注。一字具數用者，依於義以引伸，依於聲而旁寄，假此以施於彼，曰假借。所以用文字者，斯其兩大端也。六者之次弟出於自然，立法歸於易簡。震所以信許叔重論六書必有師承，而“考”“老”二字，以《說文》證《說文》，可不復疑也。存諸心十餘載，因聞教未達，遂縱言之。

第二章　詞　彙

第一節　概　述

一、古漢語詞彙及其類型

古漢語詞彙簡言之就是古代漢語所有詞語的總匯。其實這是一個非常籠統的說法。漢語經過了幾千年的發展演變,形成了一個龐大而複雜的詞彙系統,其內部是具有階段性的,在不同的歷史階段,漢語的詞彙系統也是不盡相同的。粗略地說,上古漢語詞彙,中古漢語詞彙,近代漢語詞彙都各有自己的特點。從另一個方面來說,古漢語詞彙也有地域的差異,在相同的歷史時期內,不同地區的漢語詞彙往往也有所不同,漢代揚雄的《方言》就展示了這一點。因此,我們在學習古代漢語和閱讀古代文獻時,務必要注意詞彙的歷時性和地域性,避免誤解。

詞彙雖然數量巨大而且複雜,但並不是雜亂無章的,其內部具有很強的體系性。正確地認識詞彙系統的內部體系,對於我們全面掌握和準確理解古代漢語詞彙具有十分重要的意義。

為了方便地把握古漢語詞彙,我們可以根據不同的需要,採用不同的標準對詞彙進行分類。下面介紹幾種主要分類方法。

(一) 詞彙的地位類別

根據詞語在詞彙系統中的地位來劃分,古漢語詞彙可以分為基本詞彙和一般詞彙。

所謂基本詞彙,就是詞彙系統中最為核心也最為穩定的人們日常表達經常使用的那部分詞彙。基本詞彙表達的是與人自身和人們生活密切相關的最為常見的事物和現象。如“天”、“地”、“草”、“木”、“手”、“心”、“大”、“小”、“坐”、“笑”等。基本詞彙具有通行性,為講漢語的各類、各地人群所使用;基本詞彙又具有穩定性,漢語雖然經過了幾千年的發展演變,但其基本詞彙則變化不大,也正是基本詞彙的穩定性,使漢語保持了延續性;基本詞彙還具有能產性,很多詞不僅具有很强的組合為各類短語的能力,而且還可以作為語素,構成新詞,例如"天"可以構成"天下"、"天子"、"天地"、"旻天"、"昊天"、"蒼天"等詞語。基本詞彙數量不大。

一般詞彙是對基本詞彙以外的詞語的統稱。一般詞彙數量龐大、變化較快,會隨著社會的發展和人類認識的深化而不斷新陳代謝。相對於基本詞彙而言,一般詞彙使用頻率較低,穩定性較弱,構詞能力不强,有的使用面也有限。例如"劓"、"黥"、"耩"、"杵"、"司馬"、"寡人"、"饑"等。

(二) 詞彙的語音類別

根據詞語的音節數量來劃分,古漢語詞彙可以分為單音詞和複音詞。

由一個音節構成的詞叫作單音詞。例如"多"、"少"、"斤"、"谷"、"墾"、"藝"等。在書面上,一個單音詞就用一個漢字來記錄。

由兩個或兩個以上音節構成的詞叫作複音詞。例如"鄉黨"、"寡人"、"司徒"、"枯槁"、"湯湯"、"參差"、"比翼鳥"、"珣玗琪"(美玉名)、"太學生"、"鬱鬱葱葱"、"戰戰兢兢"等。在書面上,複音詞有幾個音節就用幾個漢字來記錄。

在上古漢語中單音詞佔優勢,東漢以降以雙音詞為主體的複音詞大量增多,並逐漸形成壓倒性優勢。

(三) 詞彙的結構類別

詞的結構一般是就其內部構成而言的。分析詞的結構,主要分析其構成成分及成分的意義、作用和關係。根據構成詞的材料——語素——的數量劃分,古漢語詞彙可分為單純詞和合成詞。

單純詞就是由一個語素構成的詞。由於單音詞都是由一個語素構成的,所以單音詞都是單純詞。例如"聽"、"聞"、"宫"、"洪"等。但需要注意的是,並不是所有的單純詞都是單音詞,有的單純詞則是複音詞。這些複音詞雖然含有多個音節,但只有一個語素,只不過構成這些詞的語素是多音節的罷了。複音單純詞主要包括聯綿詞、部分疊音詞、擬聲詞以及音譯外來詞等。聯綿詞如"逍遙"、"流連"、"倜儻"、"倉皇"等;疊音詞如"關關"、"習習"、"湯湯"、"區區"等;擬聲詞如"布穀"、"叮噹"、"噗通"等;音譯外來詞如"菩薩"、"伽藍"、"羅漢"等。

合成詞就是由兩個或兩個以上的語素構成的詞。如"陛下"即是由"陛"和"下"兩個語素構成的合成詞。

合成詞的合成方式又是多種多樣的,主要有複合式、附加式、重疊式和簡縮式幾種類型。

1. 複合式　由詞根和詞根組合而成。複合式合成詞也叫複合詞。複合詞的結構方式主要有聯合型、偏正型、補充型、主謂型、支配型。

(1) 聯合型複合詞　即由兩個意義相同相近相關或者相反的語素並列而成的複合詞。兩個語素之間是平等並列的關係。如"朋友"、"士卒"、"殺戮"、"爪牙"、"尋常"、"左右"等。

(2) 偏正型複合詞　即由起修飾限定作用的語素和表示被修飾限定對象的語素組合而成的複合詞。前後語素具有修飾限定和被修飾限定的關係。偏正型複合詞有兩種情況：一種是定中式的，如"先王"、"寡君"、"布衣"、"朱門"、"佩玉"、"四體"、"上大夫"等；一種是狀中式的，如"日益"、"瓜分"、"橫行"、"不肖"等。此外，還有中定式的，一般稱之為大名冠小名，如"鳥烏"、"蟲蝗"、"城濮"等。

(3) 補充型複合詞　即後一語素補充說明前一語素所形成的複合詞。有兩種情況：一種是前一語素表示動作行為，後一語素補充說明動作行為的結果，例如"擾亂"、"戮死"、"顛覆"、"感動"等；一種是前一語素表示一種事物或者現象，後一語素補充說明事物或現象的類屬、單位或者情狀等。例如"璞玉"、"輜車"、"馬匹"、"船隻"等。

(4) 主謂型複合詞　即由具有陳述和被陳述關係的語素構成的複合詞。例如"性急"、"地震"、"日中"等。

(5) 支配型複合詞　即表示動作行為的語素與表示動作行為所涉及的對象或目的的語素構成的複合詞。如"司馬"、"將軍"、"相國"、"執事"、"用事"、"當路"等。

2. 附加式　由詞根（亦稱實語素）和附加成分（亦稱詞綴、虛語素）組合而成。附加式合成詞又叫派生詞。根據附加成分的位置不同，派生詞又可分為前綴式和後綴式兩類。前綴式即由詞頭（前綴）和詞根構成的合成詞。如"老嫗"、"有司"、"阿母"等。後綴式即由詞根和詞尾（後綴）組合而成的合成詞。如"奄然"、"使者"、"率爾"、"皇皇如"等。

3. 重疊式　由具有實在意義的語素重疊而成。如"皎皎"、"冥冥"、"依依"、"行行"、"事事"、"人人"等。重疊式合成詞的意義與其語素單用的意義既相聯繫，又相區別。請注意，重疊式合成詞和單純詞中的疊音詞不同：重疊式合成詞由一個具有實際意義的單音節語素疊合而成，等於是由兩個語素構成的，只不過這兩個語素相同而已；而單純詞中的疊音詞則是由一個雙音節語素構成的，兩個音節都只是表音符號，沒有實在意義，不能拆開理解。要注意區別。

4. 簡縮式 即對已有的表達形式進行精簡縮略,構成新詞。對於簡縮式合成詞,不能只依據其現有形式,簡單地按照一般的合成詞那樣進行結構分析,必須追溯其原形式,進行具體分析。例如,"累卵"是由"危如累卵"簡縮而成,"守株"是由"守株待兔"簡縮而成,"從流"是由"從善如流"簡縮而成,"隨珠"是"隨侯珠"的簡稱,"和璧"是"和氏璧"的簡稱等。

此外,還有一種用數字概括某類事物而構成簡稱的。例如:

二老——父、母
三才——天、地、人
四時——春、夏、秋、冬
五行——水、火、木、金、土
六藝——禮、樂、射、御(馭)、書、數
七竅——兩眼、兩耳、兩鼻孔、口
八音——金、石、絲、竹、匏、土、革、木
九族——高祖、曾祖、祖父、父親、己身、子、孫、曾孫、玄孫

二、古漢語詞彙的特點

古漢語詞彙在其產生、發展和演變過程中,形成了自己的特點,與現代漢語比較而言,最為突出的有四個方面:

其一,單音詞所佔比重高於現代漢語。尤其在先秦漢語中,單音詞佔明顯優勢。有學者曾對《論語》和《孟子》用詞情況做過統計:《論語》共用詞1504 個,其中單音詞 1126 個,佔 74.9%;《孟子》共用詞 2240 個,其中單音詞 1589 個,佔 71%①。從這些數據中我們可以看出單音詞在先秦時期佔有絕對優勢。同時,從使用頻率來講,單音詞的使用頻率也要高於複音詞。東漢之後,雖然複音詞大量產生,但單音詞仍佔有相當的比重。

其二,核心詞基本穩定。儘管詞彙在不斷發展變化,但先秦產生的構成古代漢語詞彙系統核心部分的那些詞語,則一直保持穩定。例如表示人體器官的"口"、"手"、"心";表示動作行為的"來"、"出"、"見";表示稱謂的"母"、"子"、"兄";表示衣食住行的"衣"、"冠"、"食"、"酒"、"室"、"家"、"車"、"舟";表示性質狀態的"安"、"大"、"白";表示自然的"日"、"雲"、

① 程湘清:《先秦雙音詞研究》,《先秦漢語研究》,山東教育出版社,第 110 頁。

“山”、“水”;表示方位的“東”、“上”、“右”;表示數量的“一”、“十”、“千”;表示時間的“年”、“早”、“今”;表示語法意義的“於”、“以”、“而”等等,亙古未變。

其三,複音化是古漢語詞彙發展的主流。自東漢開始,複音詞日趨增多,其中雙音詞所佔比例最大。這一情況一直延續至今。古漢語詞彙複音化的方式主要有如下幾種:第一,創製新詞,例如“渴望”、“僧人”、“利息”等都是中古以後產生的新詞。第二,新創一個複音詞替代原有的單音詞,如以“打水”替代“汲”,以“軍隊”替代“師”;第三,單音詞分化為若干複音詞,如“戰”分化為“戰爭”、“戰鬥”、“戰役”、“戰事”等;第四,單音詞添加詞綴,如“竹”—“竹子”、“虎”—“老虎”等;第四,短語詞彙化,如“游泳”、“洗澡”、“於是”、“非常”等最初都是短語,後來凝固成詞。

其四,一詞多義現象頗為普遍。一個詞一般幾個意義,多則十幾個意義,有的甚至多達幾十個意義。這主要是因為在漢語發展的初期,單音詞居多,詞彙量也有限,為了滿足人們表達的需要,就必須讓一些詞一身多任,在原有意義基礎上引申出新的意義,從而導致一詞多義現象。例如“講”,具有“講和”、“評說”、“商討”、“講究”、“講解”、“演練”等諸多意義。一詞多義增加了掌握古漢語詞彙的難度,需要我們閱讀古文時多加留意。不過,不管一個詞有多少個意義,但在具體語言環境中它只能表達一個意義。一詞多義現象是漢語發展初期的必然產物,後來隨著複音詞的大量產生,一詞多義現象逐漸減少。

其五,有些詞在書面上往往一詞多形,即有不同的寫法。這與古代用字一般不像我們今天這樣强調規範統一有關。例如《詩・王風・中谷有蓷》“嘅其嘆矣”,《國語・楚語下》“今吾子臨政而歎”,其中的“嘆”與“歎”是同一個詞所造的不同的字;又如,《戰國策・齊策》“早救之,孰與晚救之”,《韓非子・外儲說右上》“善持勢者蚤絕其奸萌”,其中的“蚤”是“早”的通假字;還例如,張衡《南都賦》“總萬乘兮徘徊”,《漢書・高后紀》“俳佪往來”,《後漢書・張衡傳》“馬倚輈而俳回”,《後漢書・南匈奴傳》“顧景裴回”,其中的“徘徊”、“俳佪”、“俳回”、“裴回”都是同一個聯綿詞的不同寫法。對於這些一詞多形的現象,一定要注意辨識,不要誤為幾個詞了。

三、古漢語字詞關係

我國古代,没有現代意義上的"詞"這個概念①。我們今天所謂詞,古人一般都是按字來論的,字詞關係十分模糊。對於字詞關係這個十分糾結的問題,如果不能正確認識,不僅會在理論上困惑,而且也會在實踐中迷惑。舉個典型的例子很能説明這一點。"猶豫"怎麽理解?《顔氏家訓·書證》説:"《尸子》曰:'五尺犬為猶。'《説文》云:'隴西謂犬子為猶。'吾以為人將犬行,犬好豫在人前,待人不得,又來迎候,如此往返,至於終日,斯乃豫之所以未定也。故謂猶豫。"這顯然是把"猶"和"豫"兩個字看作兩個詞了。其實是穿鑿附會,其癥結就在於没有正確認識字詞關係而强為之解。"猶豫"雖然是兩個字,但實際上表示的只是一個詞,這兩個字都只是記録這個詞的音節符號而已,並没有詞彙意義。清代學者黄生説得很清楚:"猶豫,容與也。容與者,閒適之貌;猶豫者,遲疑之情。字本無義,以聲取之耳。"②可見,理清字詞關係很重要。

從理論上説,文字是語言的書寫符號,詞在書面上是用字來記録的,字詞性質不同,關係清楚。但事實是,不可能為每一個詞單獨造一個字,字也不是單純地直接表示詞,這就决定了字詞關係的複雜性。考察古漢語字詞關係,主要有如下幾種情况:

<table>
<tr><th colspan="2">類　別</th><th>舉　例</th></tr>
<tr><td colspan="2">一詞一字</td><td>天 山 大 哭 人</td></tr>
<tr><td rowspan="4">一詞多字</td><td>複音詞</td><td>彷徨 社稷 師子 捐館舍</td></tr>
<tr><td>異體字</td><td>暖—煖 饋—餽 雜—襍</td></tr>
<tr><td>古今字</td><td>被—披 竟—境 网—罔—網</td></tr>
<tr><td>通假字</td><td>蚤—早 信—伸 罷—疲</td></tr>
<tr><td rowspan="2">多詞一字</td><td>同形同音詞</td><td>别(動詞、形容詞、副詞)</td></tr>
<tr><td>同形異音詞</td><td>傳 賈 行 參 還</td></tr>
</table>

從上表可以看出,古漢語字詞關係十分複雜:有的一個字表示一個詞,

---

① 在古代,"詞"常用作訓釋虚詞的術語。例如《説文解字·矢部》:"矣,語已詞也。"亦作"辭",例如《詩·周南·漢廣》:"漢有游女,不可求思。"毛亨傳:"思,辭也。"

② 黄生:《字詁義府合按》,中華書局,1984年,第193頁。

有的一個字表示詞的一個構成成分(語素),有的一個字僅僅表示詞的一個音節,而有的一個字則表示幾個詞;反過來說,有的一個詞用一個漢字來表示,有的一個詞用幾個字來表示,而又有的幾個詞共用一個漢字。一定要根據具體情况認真分析。

第二節　詞彙的發展

詞彙是一個動態系統。在語音、詞彙和語法這幾個語言要素中,詞彙作為社會的"晴雨表",發展變化最快。社會的發展,人們認識水平的提高,語言系統內部的調整以及與其他語言的接觸等,都會促使詞彙發展演變。古代漢語詞彙的發展演變主要體現在如下幾個方面:基本詞彙的傳承、新詞的產生、外來詞的吸收以及舊詞的淡出。

一、基本詞彙的傳承

斯大林在《馬克思主義和語言學問題》中說:"語言的詞彙中的主要東西就是基本詞彙,其中包括所有的根詞,成為基本詞彙的核心。基本詞彙是比語言的詞彙窄小得多的,可是它的生命卻長久得多,它在千百年的長時期中生存著並給語言構成新詞的基礎。"[①]漢語詞彙也是如此。古漢語基本詞彙反映了我們先民對自然界、人類自身和社會生活的最基本認識,是人們日常交際必不可少的成分,因而為歷代所繼承和使用。它是漢語生生不息的基礎,是聯繫古今的紐帶,也是文明傳承發展最重要的載體之一。

基本詞彙主要是如下方面的詞組成的:表示自然之物的,如"天"、"雲"、"水"、"草"、"牛"、"鳥";表示人體各部分的,如"手"、"足"、"心"、"頭"等;表示親屬關係的,如"夫"、"妻"、"兄"、"嫂"等;表示生產和生活資料的,如"刀"、"斧"、"衣"、"酒"、"宮"、"舟"、"車"等;表示人或事物的行為和變化的,如"入"、"生"、"笑"、"問"、"鳴"、"轉"、"失"等;表示人或事物的性質或狀態的,如"高"、"大"、"長"、"遠"、"白"等;表示時間方位的,如"年"、"春"、"夜"、"東"、"上"等;表示數量的,如"二"、"百"、"萬"等;表示指示和代稱的,如"此"、"之"、"誰"、"我"等;表示程度、關聯、範圍和語氣的,如"最"、"與"、"於"、"而"、"皆"、"矣"等。基本詞彙大多是實詞。

基本詞彙雖然是大體穩定、代代相傳的,但也不是完全一成不變的。隨

① 斯大林:《馬克思主義與語言學問題》,人民出版社,1953 年,第 21 頁。

著語言的發展,基本詞彙也有一些變化。在語言産生之初,基本詞彙的數量相對較少,隨著社會的發展和語言系統自身的發展,基本詞彙也在累增。比如“紙”、“世界”、“什麽”等詞就是東漢以後才逐步進入基本詞彙行列的。也有少量的詞退出了基本詞彙的範圍,例如表示食器的“豆”,上古時期無疑是基本詞,後來就淡出了。還有些基本詞的表達形式發生了變化,例如“目”後來為“眼睛”所替代,“鞠”後來為“球”所替代,“箸”後來為“筷”所替代。此外,有一部分基本詞所表示的概念內涵和外延發生了變化,比如“布”最初主要指麻布,後來由於棉花種植的推廣,則主要用來指棉布了,現代還可以指化纖産品。又比如“走”,最初是跑的意思,後來表示行走。因此,我們應該認識到,基本詞彙並不是絕對的一成不變,而是在傳承的過程中也會有發展演變。

二、新詞的産生

語言對社會最敏鋭的反映就是産生新詞。社會一有變化,往往就有新詞語應運而生。比如漢代,冶鐵技術有了很大發展,因而以“鉄”為語素創製的新詞“鐵山”、“鐵石”、“鐵冶”、“鐵器”、“鐵精”、“鐵官”、“鐵契”、“鉄籠”、“鐵椎”、“鐵柱”、“鐵杵”、“鐵劍”、“鐵盾”、“鐵券”、“鐵箸”等大量湧現。唐宋時期市井生活豐富多彩,於是出現了很多反映市井生活的詞語,例如“酒樓”、“茶坊”、“酒保”、“酒博士”、“茶博士”、“夜市”、“裱褙鋪”、“勾欄”、“瓦舍”、“瓦子”、“瓦肆”等。

古代漢語新詞的産生方式主要有孳生、新造、短語詞化等。

(一)孳生

在已有的詞(可叫源詞或元詞)的基礎上衍生分化出新詞。這是漢語發展初期新詞産生的重要方式。這種方式産生的新詞在音義上都與源詞有聯繫。

有的分化以後語音不變,例如“眉—楣—湄”:《説文解字·目部》:“眉,目上毛也。”《木部》:“楣,秦名屋櫋聯也。”《水部》:“湄,水草交為湄。”《釋名·釋宫室》:“楣,眉也,近前各兩,若面之有眉也。”《釋名·釋水》:“水草交曰湄。湄,眉也,臨水如眉臨目也。”可見,“楣”和“湄”由“眉”孳生而出。又“息”,本義是氣息,《莊子·逍遥遊》:“野馬也,塵埃也,生物之以息相吹也。”後來分化出新詞“熄”,表示熄滅。他如“受”分化為“受”與“授”,“歷”分化為“歷”與“曆”等。

有的分化出新詞以後在語音上也加以區别,例如“生—姓—性”:《廣雅·釋詁》:"生,出也";"性,質也";《孟子·告子上》:"生之謂性。"《說文》:"姓,人所生也。從女,從生,生亦聲。"可知,"性"和"姓"都是在"生"基礎上孳生出來的新詞。"姓"和"性"在語音上也與"生"相區别。又如"惡":烏各切,表示不善;又,烏路切,表示憎惡。"好":呼晧切,表示美善;又,呼到切,表示喜愛。有的語音分化之後在文字上也加以區别,例如"風—諷"、"賈—價"、"被—披"等。

虚詞大都是由實詞孳生分化而來的。這就是現代所謂語法化現象。例如以下介詞和連詞都來源於實詞:"以"、"從"、"自"、"為"、"在"、"被"、"把"、"給"、"與"、"和"、"使"、"用"、"拿"、"同"等。

（二）新造

根據語言表達的需要,利用現有的構詞成分構造新詞。這是漢代以後新詞產生的主要方式。尤其是當有新生事物出現時,一般都採用這種方式為它造詞。例如上面所説的,漢代創製出很多鐵器,因而就相應地新造了以"鐵"為語素的事物名詞,如"鐵椎"、"鐵券"、"鐵劍"、"鐵盾"、"鐵箸"等新詞。東漢張衡發明"渾天儀"、"地動儀",故有其詞。他如"樓船"、"拍艦"、"火舫"、"水車"、"火車"、"火石"、"火藥"、"火器"、"火銃"、"火箭"、"火鐮"、"指南車"、"圍棋"、"大豆"、"燒餅"、"蟬聯"、"跑海"等都是漢以後產生的新詞。

（三）短語詞化

有些詞經常連用,構成一般性的短語,後來逐步凝固成詞。這就是現代所謂詞彙化。這也是漢語新詞產生的很重要的方式和途徑。這種現象充分體現了漢語詞法和句法的一致性,也反映了詞法和句法的互動性。漢語中幾種主要結構類型的短語都有詞化現象。例如:

消息:"消"和"息"本來都是單音詞,分别有減少、消損和滋生、增長的意思,《易·泰卦》:"君子道長,小人道消。"《孟子·告子上》:"牛山之木嘗美矣……是其日夜之所息,雨露之所潤。"這兩個詞常常連用,構成聯合式短語,例如《易·豐卦》:"日中則昃,月盈則食,天地盈虚,與時消息。"《漢書·賈誼列傳》:"合散消息,安有常則?千變萬化,未始有極。"這兩例中的"消息"顯然是短語。但如下兩例就凝固成詞了,表示情况、信息:《後漢書·陸續傳》:"續母遠至京師,覘候消息。"《三國志·蜀書·劉巴傳》:"魏尚書僕射陳群與丞相諸葛亮書,問巴消息。"他如"社稷"、"國家"、"骨肉"、"干戈"、"聲音"、"影響"、"形容"、"規矩"、"精神"、"綱目"、"顏色"、"商賈”、“面目”、“左右”、“手足”、“衣裳”、“門戶”、“窗戶”、“雄雌”、“丹青”、“筆墨”、“耳目”、“堤防”、“知識”、“刻畫”、“指揮”、“鍛煉”、“錘煉”、“束縛”、“動靜”、“沉浮”、“聰明”、“鄙陋”、“卑鄙”、“輕薄”等。這類詞由聯合短語凝固而成的詞數量龐大。

上流：本為定中式偏正短語，指河流的上游，如《左傳·襄公十四年》：“秦人毒涇上流，師入多死。”《史記·淮陰侯列傳》：“韓信乃夜令人為萬餘囊，滿盛沙，壅水上流。”後凝固成詞，指上層當權者，如《漢書·劉屈氂列傳》：“故丞相賀，倚舊故乘高勢而為邪，興美田以利子弟賓客，不顧元元，無益邊穀，貨賂上流。”顏師古注：“丞相貪冒，受賂於下，故使衆庶貨賄上流執事者也。”亦可表示高位重權，如《晉書·王導列傳》：“時亮雖居外鎮，而執朝廷之權，既據上流，擁强兵，趣向者多歸之。”還可泛指社會地位高，如《警世通言·况太守斷死孩兒》：“當初不肯改嫁，要做上流之人；如今出乖露醜，有何顏見諸親之面？”這類由定中式偏正短語凝固而成的詞也很多。他如“秋毫”、“玉人”、“農人”、“政事”、“兵車”、“故事”、“內人”、“學人”、“敵人”、“敵手”、“黔首”、“黃金”、“長城”、“百姓”、“五穀”、“九州”、“四海”、“天命”、“天子”、“天書”、“天威”、“天意”、“天下”、“中國”、“秋波”、“走狗”、“走卒”等。

瓜分：初為狀中式偏正短語，喻指像切瓜一樣地分割（土地），《戰國策·趙策》：“不然，天下將因秦之怒，乘趙之敝而瓜分之。”後來詞化，指分佔財物，例如明文秉《烈皇小識》卷五：“田登弟既系伊大子家人，五百多金，豈有僕役瓜分之理？”《清史稿·蔣赫德列傳》：“其始官胥朋比，虛取瓜分。事敗，官嫁名於吏以覬燃灰，吏假資于官以成展脫。”類似的如“蠶食”、“虎視”、“狼吞”、“瓦解”、“鞭策”、“鞭撻”、“雲集”、“不肖”、“不堪”、“竊聽”、“渴望”、“面授”、“輕視”、“先生”、“通知”、“相信”、“相好”、“可憐”、“可觀”等。

濫觴：“濫”，動詞，漂浮；“觴”，名詞，酒杯。“濫觴”為動賓短語，《荀子·子道》：“昔者江出於岷山，其始出也，其源可以濫觴。”《韓詩外傳》卷三：“昔者，江於汶，其始出也，不足以濫觴。”後凝固成詞，可作名詞用，表示事物的源頭，如《梁書·鍾嶸列傳》：“《夏歌》曰‘郁陶乎予心’，楚謠云‘名余曰正則’，雖詩體未全，然略是五言之濫觴也。”亦可作動詞用，表示發源，如《宋書·律曆志》：“夫律、度、量、衡，古也淵源于馬遷，濫觴于班固。”由動賓短語轉化為詞的也較多，他如“執政”、“當路”、“從事”、“執事”、“衛生”、“將軍”、“佩玉”、“盡力”、“總角”、“任意”、“任性”、“牽牛”、爭鋒”、“失望"、"宣言"、"過度"、"得罪"、"注意"、"參軍"、"著名"、"講和"、"瞑目"、"結晶"、"提綱"、"董事"、"關心"、"拂塵"、"如意"等。

霜降:本為主謂短語,《春秋繁露》卷一六:"天之道,向秋冬而陰來,向春夏而陰去,是故古之人霜降而迎女。"《史記·李斯列傳》:"故秋霜降者草花落,水搖動者萬物作。"後凝固成詞,作二十四節氣名,如《後漢書·律曆志》:"二十四氣……霜降。"《晉書·律曆志》:"霜降九月中。"這類詞語相對較少。他如"目擊"、"氣餒"、"心疼"、"頭疼"、"性急"、"心悸"、"情願"、"心酸"、"膽怯"、"日食"、"月食"、"地震"、"公主"、"語錄"。

此外,還有補充式、遞進式等結構類型的短語,甚至經常相鄰但並無直接結構關係的詞語凝固成詞的,如"顛覆"、"傾覆"、"擾亂"、"擊破"、"破壞"、"傾倒"、"驚動"、"代理"、"割據"、"學者"、"記者"、"作者"、"所以"、"所謂"、"雖然"、"果然"、"必然"、"其實"、"其中"、"其他"、"於是""因此"、"因為"、"因而"、"不但"、"然而"、"然後"、"然則"、"而今"、"而後"、"關於"、"至於"、"否則"、"以上"、"以為"、"莫非"、"非不"等。

三、外來詞的吸收

所謂外來詞就是從別的語言裏借來的詞。有學者區分為借詞和譯詞兩類,這裏概而言之。

不同民族的交往、不同文化的交流必然帶來不同語言的接觸。隨之,語言間的詞語滲透就不可避免。一種語言適當吸收外來詞,可以豐富詞彙系統,增强語言活力,給交際交流帶來便利。歷史上的有些外來詞雖然已廢棄不用,但要閱讀歷史文獻和研究漢語史、民族史、中外交流史等,也是必須瞭解的。

漢語與其他語言的接觸歷史悠久。三代之時,隨著華夏族的崛起,"蠻夷諸夏雖衣冠不同、言語不合,莫不來至,朝覲於王。"①為此,朝廷專設"象胥"之官,以"諭言語,協辭命"②。鄭玄《周禮注》云:"通夷狄之言者曰象胥,其有才智者也。此類之本名,東方曰寄,南方曰象,西方曰狄鞮,北方曰譯。"這些都是那時的翻譯官。儘管由於史料的局限,我們無法得知那時漢語與其他語言接觸的具體情形,但可以斷定,先秦時漢語從其他語言吸收詞語是毋庸置疑的,只不過現在無從詳考,有的已習焉不察罷了。漢代,四海

① 《大戴禮記·主言》。

② 《周禮·秋官·大行人》。

歸一,國家殷富,隨著兩條"絲綢之路"[①]的開通,我國與周邊兄弟民族和亞歐諸國來往日趨頻繁,漢語與其他語言的接觸也日趨深廣,從而形成了漢語發展史上信而有據的大量吸收其他語言詞語的第一個高潮。這一時期吸收的主要是表示動植物、礦產、衣食用品、樂器等方面的詞語。自六朝至唐代,經濟發達,文化繁榮,他族異邦紛至沓來,與異族的交流,從物質層面深入到了精神文化領域,尤其是佛教的傳入,使漢語與西域諸語言的接觸更為廣泛和深入,從而形成了漢語發展史上大量吸收其他語言詞語的第二個高潮。這個時期吸收較多的是反映宗教、藝術等文化方面的詞語。元明清時期,東西方交往空前頻繁,西學東漸與東學西漸雙風習習,促進了中外文化和語言更為廣泛而深入的接觸,於是形成了漢語發展史上大量吸收其他語言詞語的第三個高潮。這個時期的外來詞主要源自歐美語言和日語,廣泛涉及科技、經濟、政治、思想文化等衆多領域。

漢語外來詞主要來源於以下幾類語言:

1. 西域諸民族語言。

所謂西域,大體指自漢代以來泛指的玉門關、陽關以西地區。其中包括域內兄弟民族古國和經由西部與我國來往的亞歐古國。這一地區的語言與漢語的接觸在西漢張騫通西域之後日趨頻繁,漢語從中吸收了不少詞語。例如"安石榴"、"涂林",即今之石榴,晉張華《博物志》説:"張騫使西域,得安石國榴以歸,故名安石榴。"據推測,安石榴一詞即由安息王朝名 Arshak 對譯而成,後省稱石榴,而涂林則可能是安息國地名 Darin 的轉寫。[②] 又,"枇杷"(即琵琶),《釋名·釋樂》:"枇杷本出於胡中,馬上所鼓也。"他如"師子"、"榻登"來自古波斯語,"虎魄"(即琥珀)源於突厥語 xubix,一説源於叙利亞語 harpax;"苜蓿"、"蒲陶"(亦作蒲桃、葡萄)均來自古大宛語。吸收西域語言詞語時,有的是採取意譯的方式而冠以"胡"標記,以表明是外來的。如"胡笳"、"胡琴"、"胡蒜"、"胡桃"、"胡豆"、"胡瓜"、"胡牀"、"胡餅"、"胡帳"、"胡笛"等等—這一類詞嚴格來説並不是外來詞,而是用漢語固有的造詞材料創制的漢語詞,無非其表達的是外來概念和事物而已。

2. 梵語、巴利語。

梵語和巴利語都是古印度的語言。來自梵語和巴利語的外來詞主要是

---

① 一般認為,一為西域絲綢之路:渭水流域——木鹿——伊朗——地中海沿岸;二為西南絲綢之路:川滇——緬甸——印度——阿富汗——木鹿——伊朗——地中海沿岸。

② 參見周振鶴、游汝傑:《方言與中國文化》,上海人民出版社,1986 年。

東漢以來伴隨佛教而傳入的。最初多為音譯,例如"菩薩"、"浮屠"、"涅槃"、"般若"(智慧)、"泥犁"(地獄)、"俱羅鉢底"(居士)、"優婆夷"(信女)、"伽藍"(佛寺)、"悉檀"(成就)等。後來主要采用意譯的方式,如"地獄"、"慈悲"、"世界"、"因緣"、"輪迴"、"法門"等。通過佛教借來的詞語很多,而且有的早已融入漢語系統,人們幾乎意識不到是外來的了。例如"世界"、"法寶"、"現在"、"塔"、"魔鬼"、"圓滿"、"因果"、"結果"、"羅漢"、"懺悔"、"真諦"、"煩惱、"玻璃"、"瑠璃"等。

3. 蒙滿等兄弟民族語言。

古代漢語早期與西域諸民族語言接觸較多,後來則主要受北方諸民族語言影響。這是因為自魏晉之後,"東胡"崛起,鮮卑、契丹、女真、蒙古以及後來的滿族先後建立了北魏、遼、金、元、清諸王朝,統治北方乃至入主中原近千年,隨之,漢語與這些民族的語言的接觸廣泛而深遠。如今我們還可以從漢語中考知一些蒙古語和滿語借詞。

來自蒙古語的如:"兀剌赤",音譯詞,指馬夫,元施惠《幽閨記》十奉使臨番:"兀剌赤,兀剌赤,門外等多時。"又如"撒和",亦作"撒花"、"掃花"、"撒貨",音譯詞,有禮物義,又有打點、打發、應酬之義。[①] 元王實甫《西廂記》第一本第一折:"安排下飯,撒和了馬,等哥哥回家。"他如"站"(亦作"站赤")、"歹"、"胡同"(亦作衚衕)、"哈巴"(狗名,亦作哈叭)、"海子"(即花園,亦略稱海,後也指水泊)、喇叭等。

來自滿語的如:"哈喇",音譯詞,指刺鼻的氣味。《兒女英雄傳》第三十八回:"安老爺但覺得一股子異香異氣……一時也辨不出是香是臊,是甜甘是哈喇,那氣味一直撲到臉上來。"又,"多羅貝勒",簡稱"貝勒",音譯詞,清代宗室爵號之一,次於"親王"、"郡王",《清史稿·太宗本紀》:"辛巳,成親王嶽托、肅親王豪格以罪降多羅貝勒。"他如"薩其瑪"(一種糕點)、"磨蹭"、"阿瑪"、"福晉"(清宗室封號,封給親王、郡王、世子之正室)等。

此外,漢語還從南方一些兄弟民族的語言中吸收了一些詞語。估計沒有來自西域和北方的多。例如表示集市意義的"墟",或來自壯侗語,宋樂史《太平寰宇記》:"容州夷多民少……不習文字,呼市為墟。"宋吳處厚《青箱雜記》:"嶺南呼市為墟。"又,"干蘭",或許也來自壯侗語,指房屋、家,《魏書·獠傳》:"(獠人)依樹積木,以居其上,名曰'干蘭'。"亦作"干闌"、

---

① 參見方齡貴:《漢語辭書中的幾個蒙古語借詞》,《辭書研究》1986年第3期。

“干欄”、“高欄”、“葛欄”。①

4. 歐美語言。

漢語與歐洲語言的接觸雖發端較早，但起初影響寥寥。但自元代跨洲帝國建立之後，接觸頻密，尤其是隨著對西方著作的大量翻譯，從歐美語言中吸納的詞語與日俱增，廣涉自然和社會的各個領域。主要來自英語，也有少量來自歐洲其他語言。例如音譯的“斐西加”(醫學)、“洛日伽”(邏輯學)、“額各諾靡加”(經濟學)、“磅”、“鴉片”、“架非”(咖啡)、“哔叽”(法語beige，一種斜紋毛織品)等，意譯的如“火輪舟”(輪船，亦作“火輪船”、“火船”)、“火輪車”(火車)、“鐵轍”(鐵軌)、“轍路”(鐵路)、“幾何”、“測量”、“公司”、“銀館”、“天演”(進化)、“接吻”等。

5. 日語。

由於日語使用漢字，並且早期借用漢語詞較多，後來漢語又採用了不少日語的漢字詞，兩語關係密切且複雜，因而怎樣看待所採用的日語詞，見仁見智。總的來看，漢語採用的日語詞主要有兩大類：一類是日語翻譯的西方語言詞語(簡稱翻譯詞)，另一類是日語固有的詞語。

漢語採用的日語翻譯詞可分為兩種情況：一種是利用漢語原有的詞來對譯西方詞語。例如“經濟”，在古漢語中本來是經世濟民、治理國家的意思，《晉書・苻堅載記》：“(苻堅)性至孝，博學多才藝，有經濟大志，要結英豪，以圖緯世之宜。”《晉書・石苞列傳》：“夫貞廉之士，未必能經濟世務。”日語藉以翻譯英語的economics，後來又被漢語採納，於是“經濟”一詞又有了全新的內容。他如“封建”、“文化”、“文明”、“教育”、“革命”、“政治”、“共和”、“精神”等。這類譯詞的原詞和被譯詞之間在意義上一般沒有直接聯繫，只是利用漢語原詞的形式來表達被譯詞的概念而已。一定要注意區別其固有義和外來義的差異。另一種是利用漢語單音詞作語素組成新的詞語形式來對譯西方詞語。例如在古漢語中，“哲”的本義是聰慧，《說文解字・口部》：“哲，知也。”《詩・大雅・烝民》：“既明且哲，以保其身。”“學”的本義是學習，引申指思想學說、學派，《晉書・夏侯湛列傳》：“頗窺《六經》之文，覽百家之學。”將兩者組合成“哲學”一詞來對譯英語的philosophy，該詞又被漢語採納。他如“化學”、“抽象”、“主觀”、“客觀”等。

漢語採用日語固有的詞語不多。所採用的也主要是用漢字記錄的詞，例如“場合”、“方針”、“宗教”、“引渡”、“手續”等。由於這些詞語在書面上

---

① 參見周振鶴、游汝傑：《方言與中國文化》，上海人民出版社，1986年，第210頁。

是用漢字來記錄的,並且借用時也沒有借用原詞的讀音,而是改讀漢字本音,所以往往察覺不出它們是外來的。

漢語吸收外來詞具有如下特點:

第一,方式靈活。吸收方式上不拘一格,表現出靈活多樣的特點。有的音譯,如“梵啞鈴”(violin,小提琴);有的意譯,如“械器”(engine);有的音意兼譯,即在音譯的同時再加上一個意譯語素或在選擇音譯字時儘量採用也能兼表意的字,前者如“來福槍”(rifle,步槍),後者如“引得”(index,索引);有的音意半譯,即將原詞一半音譯一半意譯,如“劍橋”(Cambridge);有的音譯簡縮,如“劫”,為“劫波”(kalpa)的簡縮;有的意譯另加標記,如“胡琴”,等等。

第二,漢化意識。即著意按漢語模式譯詞,儘可能使之像漢語詞。例如“機關槍”,即按漢語偏正式構詞方式來對譯 machine gun。又如 Arhat,最初音譯為“阿羅漢”,後省作“羅漢”,向漢語詞的通常模式—雙音節—靠攏。還如來自古波斯語的“獅子”,最初寫作“師子”,後來給“師”字加上“犬”旁;“氆氌”為藏語的音譯詞,以“毛”為意符,這都賦予它們書寫符號以表意特點。

第三,意譯為主。就歷史上吸收的詞語來看,意譯的遠遠多於音譯的。即使有些詞語本來是音譯,後來也被換成意譯,例如“水門汀”(cement)最初是音譯,後來又意譯為“洋灰”、“水泥”。還有的儘管音譯,也另加表意語素,例如“加農炮”(cannon)。

第四,廣收並蓄。廣採有所接觸的各種語言中的有用之詞。就漢語中已固定下來的外來詞看,它們來自梵語、巴利語、阿拉伯語、波斯語、匈奴語、突厥語、蒙古語、滿語、藏語、壯語、傣語、英語、法語、俄語、德語、日語等外國語和我國兄弟民族語言。這種來源的廣泛性,構成了漢語外來詞語的豐富性。

由上述可知,漢語外來詞歷史悠久,情況複雜,閱讀和理解應留意。

四、舊詞的淡出

詞彙的發展是一個永不停息的新陳代謝過程。與新詞的產生相伴隨的是舊詞的淡出。我們之所以稱淡出而不叫消亡,是因為詞的代謝一般不會瞬間發生,某一個詞退出活著的詞彙系統,大都會經歷逐步退出的過程,這是其一;其二,有些詞只是在一定的歷史時期退出,後來又復活了,並非絕對的死去,例如“老公”,與今“丈夫”義同,至遲在元明時期已是常用詞,例如

《清平山堂話本·簡帖和尚公案傳奇》:"小娘子道:'我上無片瓦,下無卓錐,老公又不要我,又無親戚投奔,不死更待何時!'"《全元南戲·荆釵記》:"時遇新冬,喜氣重重,拜節之後,願小姐招一個老公。"後來則基本不用了,至本世紀這個詞又活躍於口頭書面了;其三,很多所謂死去的詞,也還因述及歷史、歷史研究等原因,常被使用,其實並未真正死去,通常所說的"歷史詞"就屬於這種情況。

致使舊詞淡出的因素是多方面的。第一,舊事物的消亡。例如"祡",古代祭祀名,《説文解字·示部》:"祡,燒祡(柴)焚燎以祭天神。"後來這種祭祀活動消失了,該詞也就淡出了。"犬人",《周禮·秋官·司寇》:"犬人掌犬牲……凡相犬牽犬者屬焉。掌其政治。"後來不再設置此職官了,該詞也淡出了。"僰",古代西南地區的一個部族名,隨著該部族的消失而消失。不過,並非所有的舊事物的消失都一定會帶來舊詞的淡出,例如"龍"作為動物消亡了,但表示該動物的詞因為有了新的意義和龍被作為研究對象而得以傳承。第二,事物名稱的改變。如第一人稱代詞"卬"被"我"代替而淡出,"洟"和"泗"被"鼻涕"代替而淡出,"漘"被"水邊"代替而淡出等。第三,詞義的進一步抽象。隨著人類思維的發展,抽象水準的提高,人們便運用更具概括力的詞來指稱事物,於是原來意義過度分析的詞就隨之淡出了。例如"驪(馬深黑色①)、駽(青驪馬)、騩(馬淺黑色)、駱(馬白色黑鬣尾)、騢(馬赤白雜毛)、騮(赤馬黑毛尾)、騅(馬蒼黑雜毛)、駰(馬陰白雜毛黑)、驄(馬青白雜毛)、驈(驪馬白胯)、駓(黄馬白毛)、騧(黄馬黑喙)、驖(馬赤黑色)、馰(馬白額)、驔(驪馬黄脣)"等,都是表示不同毛色的馬,後來只用"馬"這個詞來概括,上述詞作為馬的名稱就逐步淡出了。又如"沐、浴、澡、洗、頮(沬)、盥"等詞後來以"洗"來概括,它們作為獨立的詞也就淡出了。

需要説明的是,舊詞淡出的速度要比新詞産生的速度慢得多,數量也少得多,所以詞彙系統才得以不斷豐富和完善。這是詞彙發展的一條基本規律。

第三節 詞義的演變

詞彙的核心是詞義。詞義是語言賴以傳達信息、實現思維和交際功能的基礎。詞義並不是一成不變的,它在語言内外因素的影響下,會發展演

① 引自《説文解字·馬部》,以下各詞同。

變,並且形成古今詞義的差異。詞義是學習古代漢語的重點,也是難點,我們要充分把握其發展演變規律,這樣才能更好地閱讀和理解古代文獻。

一、對詞義的基本認識

(一)詞義的性質與特點

詞義是詞的內容,是對客觀事物和現象的概括反映。例如“禽”和“獸”的詞義是什麽?《爾雅·釋鳥》的定義是:“二足而羽謂之禽,四足而毛謂之獸。”這個界定概括反映了禽和獸的典型特徵(足、羽、毛),構成了“禽”“獸”二詞的意義。詞義屬於語言範疇,因此詞義對於客觀事物和現象的概括反映以能滿足語言表達的需要為限度,並不一定要求對表達對象的本質進行概括。如“禽”“獸”的意義只是概括了外在特徵,而没有反映它們的本質屬性,簡單而明瞭。相反,如果我們對它們進行生物學界定,一般人就會不知所云了。

詞義具有以下主要特點:

1. 概括性。

前面説過,詞義是對客觀事物和現象的概括反映。因而概括性是詞義的本質屬性。任何詞義都是對其表達對象的“概括”。例如《説文解字·聿部》:“聿,所以書也。”段玉裁注:“聿者,所用書之物也。”慧琳《音義》卷五九引玄應《音義》“律藏”注:“聿,筆也。”“聿”當為“筆”的初文,所具有的“用來書寫的工具”意義是對筆的特徵的概括,可以概指各種不同的具體的筆(毛筆、鉛筆、鋼筆……)。因此,詞義反映客觀事物,並不是與世界上所有客觀事物個體一一相對應的,而是對客觀事物的概括與抽象。可以説每個詞所指稱的通常是一個“類集”—即同類事物的集合,而不是某個特定的個體。從另一個層面説,一詞多義也是詞義概括性的表現。

專有名詞雖是指個體事物,但也同樣具有概括性。它是對所指對象不同方面的概括。如“江”,它概指長江的全部特徵。

不過需要注意的是,詞義的概括性主要是就它的靜態狀況(或叫儲存狀態)而言的,當其進入使用環境時,更多地表現為具體性。可以説,詞義是概括性和具體性的有機統一。例如“機”,《説文解字·木部》:“主發謂之機。”段玉裁注:“機之用,主於發,故凡主發者皆謂之機。㮚栝之辭。”《慧琳音義》卷三:“凡物有關制動者皆曰機。”可見“機”的本義是設有機關的裝置和器械。意義具有很强的概括性。但在以下具體語境中,其意義又是比較具體的。例如《尚書·太甲上》:“若虞機張。往省括于度,則釋。”“機”指弩機;《戰國策・宋衛策》:“公輸般為楚設機,將以攻宋。”“機”指雲梯之類的器械;《史記・酈生陸賈列傳》:“農夫釋耒,工女下機。”“機”指織布機。

2. 系統性。

詞義儘管紛繁複雜,但具有很强的系統性。粗略地説,其系統性主要表現在兩個方面:一是單個詞內部意義的有機性,二是詞與詞之間意義的關聯性。

先説單個詞內部意義的有機性。詞義的衍生都是在其最原始的意義(本義)基礎上不斷繁衍而成的,這就猶如生物的代代繁衍一樣,因而就一個詞而言,除了其假借義之外,無論它有多少個意義,意義之間都具有內在聯繫。一個詞的意義就構成一個具有高度有機性的意義系列,其實就是一個小的詞義系統。例如“絶”,《説文解字・糸部》:“斷絲也。”其最初的意義是指絲繩之類的斷絶。如《吕氏春秋・本味》:“鍾子期死,伯牙破琴絶弦,終身不復鼓琴。”《淮南子・天文訓》:“天柱折,地維絶。”由本義出發,引申指各種事物的斷絶、中斷、停止、完結等。如《左傳・成公二年》:“郤克傷於矢,流血及屨,未絶鼓音”, 指聲音停止;《儀禮・既夕禮》:“御者四人,皆坐持體,屬纊以俟絶氣”,指呼吸中斷,生命停止;《禮記・內則》:“三日三夜毋絶火,而後調之以醯醢”,指火的熄滅;《戰國策・趙策》:“今我順而齊不西,韓、魏必絶齊,絶齊則皆事我”,指關係的斷絶;《史記・廉頗藺相如列傳》:“三十日不還,則請立太子為王,以絶秦望”,指希望的破滅;《水經注・巫山巫峽》:“至於夏水襄陵,沿溯阻絶”,指交通中斷。進而引申出横渡或穿越山川、沙漠之義,如李白《蜀道難》:“西當太白有鳥道,可以横絶峨眉巔。”《荀子・勸學》:“假舟楫者,非能水也,而絶江河。”《史記・衛青霍去病列傳》:“絶大幕。”再進而引申指事物達到了極點、絶處,如《三國志・華佗傳》:“佗之絶技,凡此類。”還引申為“極”之義,段玉裁《説文解字注》:“絶則窮,故引申為極,如言絶美、絶妙是也。”如明魏學洢《核舟記》:“佛印絶類彌勒。”可見,“絶”的意義孳生有道,井然有序。

再説詞與詞之間意義的關聯性。索緒爾説:“語言既是一個系統,它的各項要素都有連帶關係,而且其中每項要素的價值都只是因為有其他各項要素同時存在的結果。”[①]這是對詞義聯繫的更為深刻的認識,十分中肯。還以“絶”為例:“絶”的意義是漢語整個語義系統的有機組成部分,與其他詞的意義也具有密切的聯繫。其聯繫體現在很多方面:“絶”與“斷”、

① 索緒爾:《普通語言學教程》,高名凱譯,商務印書館,1982年,第160頁。

“段”、“剸”、“剬”、“截”為同源詞,具有音義聯繫[①];“絶”與“斷”、“折”、“截”、“斬”、“決”、“摧”、“裂”等構成一個語義場,其中多數詞又是同義詞;“絶”還與“極”、“很”、“頗”等構成同義關係;“絶”又與“續”、“繼”、“紹”、“存”等構成反義關係。這些都是詞義聯繫的表現。

3. 時代性。

詞義會隨著社會的發展和語言的演變而發展變化,因而詞的意義具有時代性。就一個詞而言,它可能在使用中產生一些變化,與其過去的意義形成一定的差異。當我們分析理解詞義時,一定要有歷史的觀念,不能忽視其時代性而以今律古。否則,就不能正確認識和掌握。宋歐陽修《歸田録》的一段記載頗具啓發性:

> 今世俗言語之訛,而舉世君子小人皆同其繆者,惟“打”字爾。(打,丁雅反)其義本謂“考擊”,故人相毆、以物相擊,皆謂之打,而工造金銀器亦謂之打,可矣,蓋有槌(一作搗)擊之義也。至於造舟車者曰“打船”“打車”,網魚曰“打魚”,汲水曰“打水”,役夫餉飯曰“打飯”,兵士給衣糧曰“打衣糧”,從者執傘曰“打傘”,以糊黏紙曰“打黏”,以丈尺量地曰“打量”,舉手試眼之昏明曰“打試”,至於名碩儒學,語皆如此,觸事皆謂之打,而遍檢字書,了無此字。

在今天,歐陽修的疑問是婦孺皆知的東西,誰也不會認為那些説法不可理喻。歐陽修之蔽,就在於他不懂得詞義的歷時性。

4. 民族性。

語言是民族的產物,每種語言都深深地根植於特定的民族文化土壤之中,詞義的生成與發展也一定是與特定民族對世界的認知和該民族的思維模式、民族心理及生活習俗等緊密相連的,因此具有鮮明的民族特徵。例如《禮記·曲禮下》:“天子死曰崩,諸侯曰薨,大夫曰卒,士曰不禄,庶人曰死。”“崩”、“薨”、“卒”、“不禄”幾個詞所具有的死的意義顯然是民族文化的產物。又如“紅”,本是顏色名,古代指淺紅色。後來因為受國人喜好紅色的心理影響,便引申指用於喜慶的紅布,如《紅樓夢》第九十四回:“還有兩匹紅送給寶二爺包裹這花,當作賀禮。”又表示喜慶、吉利,如《七俠五義》第八十四回:“白事已完,又辦紅事,即與朱老先生定了吉日,方與朱絳貞完姻。”還表示得勢、受寵、成功之義,如《老殘遊記》第二十回:“這陶三爺是歷

---

① 王力:《同源字典》,商務印書館,1982 年,第 567 頁。

城縣裏的都頭,在本縣紅的了不得。"《二十年目睹之怪現狀》第二十一回:"每每報紙上還没有登出來的,他早先知道了,因此人家又疑他是官場中的紅人。"因此,分析理解詞義,一定要聯繫民族文化。

5. 模糊性。

從道理上説,作為表情達意工具的要素,詞義應該具有明確性。其實不然,因為客觀事物並非都能明確化,同時,語言表達有時也不能明確化,這就決定了詞義往往具有模糊性。例如"大"、"小"、"古"、"今"、"老"、"弱"等,意義都是相對的、模糊的,並没有具體明確的規定。就連"春、夏、秋、冬","晝、夜"等也没有精確的時間界限。

6. 層次性。

詞義是很複雜的綜合體。人們在運用語言時,不僅要利用詞來指稱和描述客觀對象,而且需要藉以表達對客觀對象的主觀認識、評價和態度,同時還需要用詞來組句謀篇,這就賦予了詞複雜的内容和功能,從而也造就了詞義的複雜性和層次性。觀察詞義的層次性有不同的視角:從詞義存在形式看,有語言義和語用義(亦稱言語義);從詞義來源看,有本義、引申義和假借義;從詞義的内部層次看,有概念義、色彩義和語法義,等等。下文將詳論,此處不贅。

(二) 詞義的類型

從不同的角度考察詞義,可以劃分出不同的詞義類型。

1. 從存在形式看詞義類型。

(1)語言義

指詞在語言系統中所具有的脱離具體語境而存在的意義。它是人們對客觀事物認知的抽象,對詞的言語義的概括。亦稱儲存義、靜態義。詞的語言義一般以詞典形式呈現。例如"衲"列於詞典的"縫補"、"僧衣"、"和尚"幾個意義都是其語言義。

(2)語用義

指詞在具體使用中所呈現出來的意義。它是語言義的具體化,也是語言義生成的基礎。亦稱言語義。語用義對語境具有很大的依賴性,一個詞的語言義在語境作用下,可以呈現出多個不同的語用義,這些不同的語用義都是語言義的具體化,可看作語言義的不同變體。語用義的理解都必須藉助於具體語境。古代訓詁的"隨文釋義"解釋的就是語用義。以動詞"為"為例:

《孟子·梁惠王上》:"文王以民力為臺為沼。"焦循正義:"為,治也。”

《儀禮·燕禮》:“閽人為大燭於門外。”鄭玄注:“為,作也。”

《國語·越語下》:“令大夫種為之。”韋昭注:“為,治國也。”

《禮記·曲禮上》:“則主人請入為席。”鄭玄注:“為,猶敷也。”

《論語·述而》:“不圖為樂之至於斯也。”皇侃疏:“為,猶作奏也。”

《論語·衛靈公》:“子貢問為仁。”劉寶楠正義:“為,猶行也。”

《戰國策·東周策》:“東周欲為稻。”鮑彪注:“為,謂種之。”

……

關於動詞“為”的訓釋千差萬别,不勝枚舉。這些隨文釋義都解釋的是“為”的語用義。需要注意的是,我們不能誤以為動詞“為”有那麽多義項,其實都只是其有限的語言義的變體而已。《中華大字典》的編者没有認識到這一點,把語用義誤為語言義了,給動詞“為”羅列了三十七個義項:母猴也;行也;成也;學也;用也;作也;敷也;治也;屬也;解說也……

實際上“為”是一個泛義動詞,意義比較抽象,其語言義主要有如下幾項:

①耕種,勞作

②做,幹(具體事情)

③從事,致力於(某方面)

④掌管,治理

⑤擔任,充當

⑥變成,成為

⑦作為,當作

⑧算作,是

⑨以為,認為

2. 從詞義來源看詞義類型。

一個詞的意義無論有多少,觀其來源大體有三:一是原生的,二是由原生義孳生出來的,三是因文字假借而寄生的。這就是通常所說的本義、引申義和假借義。

(1)本義

嚴格來說,詞的本義應是詞的最原始的意義。但由於在漢字產生之前詞的最初意義究竟是什麽,已無從考知,所以通常所謂本義實際上是指詞的字形結構所體現並有古文獻印證的最早的意義。之所以要强調有古文獻印證,是因為我們分析字形具有一定的主觀性,没有古文獻的印證難於確定其正確性。

例如“豆”,金文作,像豆之形,其本義是高足食器,《說文解字·豆部》:“豆,古食肉器也。”有大量文獻印證,如《禮記·鄉飲酒義》:“鄉飲酒之禮……六十者三豆,七十者四豆,八十者五豆,九十者六豆,所以明養老也。”又“秉”,《說文解字·又部》:“禾束也。從又持禾。”甲骨文作,與許說相合,其本義當為禾把,即成捆的莊稼。《詩·小雅·大田》:“彼有遺秉,此有滯穗。”

因為漢字的形體歷經數千年演變,古今差異頗大,藉助字形分析詞的本義必須依據古文字,而不能依據現代漢字。一般採用的是甲骨文、金文等。

需要說明的是,古漢語詞的本義與現代漢語詞的本義不盡相同。現代漢語所說的本義,一般是指詞在現代漢語中最基本最主要的意義。有的詞古本義和今本義相同,如“小”、“山”等。有的則不同,例如“行”,其古本義是道路,如《詩·豳風·七月》:“女执懿筐。遵彼微行。”而今本義則是行走。其實,“行”的行走義是從道路義引申出來的。可見,不少詞的今本義實際上是古漢語中的引申義。為把古本義和今本義相區别,一般把今本義叫基本義。

(2)引申義

指由本義直接或間接衍生出來的意義。由本義直接衍生出來的意義叫近引申,由引申義衍生出來的意義叫遠引申。所有的引申義都與本義具有一定的聯繫。

例如“刋”,本義是砍,削,如《尚書·禹貢》:“禹敷土,隨山刋木,奠高山大川。”引申出開闢之義,如《後漢書·馬援傳》:“遂緣海而進,隨山刋道千餘里。”在本義基礎上還引申出雕刻之義,如《晉書·禮志》:“然則元功懿德,不刋梁山之石,無以顯帝王之功,示兆庶不朽之觀也。”在雕刻意義基礎上又引申出删改、修訂之義,如《晉書·王攸傳》:“攸以禮自拘,鮮有過事。就人借書,必手刋其謬,然後反之。”在雕刻意義基礎上還引申出刋印、出版之義,如《宋史·禮志》:“又命崇文院刋《釋奠儀注》及《祭器圖》頒之諸路。”在刋印、出版意義基礎上又引申出刋物之義。“刋”引申出的意義系列可以圖示如下:

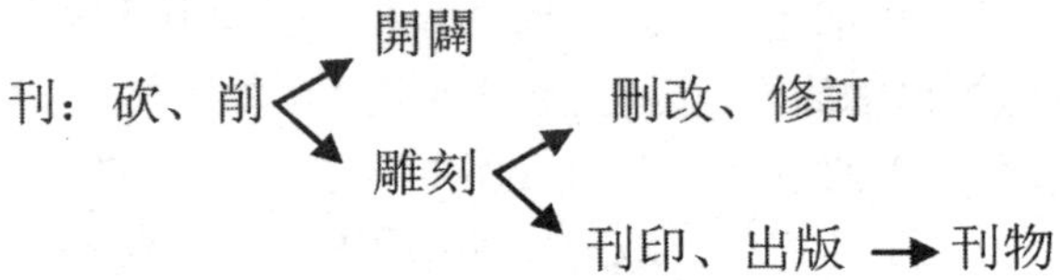

從上圖可以看出，“砍、削”是“刊”的本義，其他都是引申義。在引申義中，“開闢”和“雕刻”都是直接從本義引申出來的，是近引申；其他各義都是從引申義派生出來的，是遠引申。

詞義引申中，有的是藉助比喻手段來引申的。例如“鷹犬”，本指用來狩獵的鷹和犬，如《後漢書・和熹鄧皇后傳》：“悉斥賣上林鷹犬。”又用來喻指供驅使的人，如《後漢書・陽球傳》：“臣無清高之行，橫蒙鷹犬之任。”有人把這類引申義另列一類，叫“比喻義”。其實這只是不同的引申方式而已，藉助修辭手段引申的還有借代引申，如“蛾眉”、“粉黛”指美女；委婉引申，如“更衣”指上廁所，等等。

(3)假借義

指詞因為文字假借而獲得的寄生意義。詞的假借義與本義和引申義没有必然的聯繫，其實是不同的詞使用了同一個字來記錄而已。嚴格來說，假借義是另一個詞的意義。

例如“來”，甲骨文作，《說文解字・來部》：“來，周所受瑞麥，來麰。一來二縫，象芒朿之形。”本義是麥子。如《詩・周頌・思文》：“貽我來牟。”因為“來”字又假借為來往之來的書寫符號，所以“來”又有了到來之義。“來”所具有的到來之義是其假借義。

3. 從詞義內部層次看詞義類型。

詞義不是單一體。這不僅表現在一詞多義上，而且表現在單個意義（義位）內部構成的複雜性上。詞的單個意義內部也具有層次性。從層次視角看，詞義具有概念義、色彩義和語法義三個類型。

(1)概念義

指詞所表示的概念內容，是詞義的核心部分。它是對事物和現象的概括、描述或指稱。亦稱理性意義。

例如“貘”，《爾雅・釋獸》：“白豹。”白豹是對“貘”從類屬（豹）和毛色（白）兩個方面進行的概括，是其概念義。郭璞注：“似熊，小頭，庳腳，黑白斑。能舔食銅鐵及竹骨。骨節强直，中實少髓，皮辟濕。”即熊貓。又如“探”、“掇”、“抱”、“擳”，《說文解字・手部》對它們的解釋分别是：“遠取之也”、“拾取也”、“引取也”、“撮取也”，概括了這些動作的區别性特徵。

包括表示假想事物的詞，其概念義也是對“客觀對象”的概括。因為在一些人的觀念裏，那些東西也是存在的。例如“鬼”，《說文解字・鬼部》：“人所歸為鬼。從人，象鬼頭。”郭璞《爾雅注》引《尸子》：“古者謂死人為歸人。”

虛詞也有概念義，因為虛詞表示的是語言現象。語言現象本身就是客觀存在,虛詞對它所表示的語言現象的概括也是其概念義。例如連詞“與”,表示並列關係,就是對漢語中客觀存在的句法成分並列組合的一種形式的概括。這種觀念就把我們對於實詞和虛詞詞義的認識統一起來了。

(2)色彩義

指詞附著於概念意義上的人的主觀感受和評價,附加意義的一種。這個層面的意義與概念義不同,它主要是人的主觀情感,而概念義則是對事物的客觀概括,一般不包含人的情感因素。詞的色彩義主要有三類:

其一,形象色彩:詞所引起的人們對某種形象的聯想。即詞所表現出的形象感。例如“紅顏”所蘊含的女性容顏紅潤色澤感,“螓首”、“蛾眉”所呈現的美女闊額細眉形象感,“惊鴻”展現的女子體態輕盈飄逸感,“玉輪”所洋溢的月亮晶瑩圓潤的光潔感,都是這些詞的色彩義,在表達中也同樣發揮作用。

其二,感情色彩:詞所呈現的情感傾向。包括褒貶、好惡、悲歡等情感色彩。例如“爪牙”,古漢語中具有褒義色彩,有讚美意味,多指勇士、武臣,也泛指輔佐君王的人,如《詩·小雅·祈父》:“祈父,予王之爪牙。”又“諂”,指巴結奉承,含貶義,如《論語·學而》:“貧而無諂,富而無驕。”再如“秋風”、“落葉”所蘊含的悲涼色彩。

其三,語體色彩:即詞的風格表現。即詞的雅俗、莊諧、正式非正式、書面口語等色彩。例如“蝸”,《莊子·則陽》:“有所謂蝸者,君知之乎?”唐陸德明《經典釋文》注:“蝸音瓜。李云:‘有兩角,俗謂之蝸牛。’《三蒼》云:‘小牛螺也。俗名黃犢。’”可見,“蝸”具有書面化風格,猶今之學名;“蝸牛”、“小牛螺”、“黃犢”為俗語詞。

(3)語法義

指詞所具有的語法作用,也就是所謂語法功能。語法義是概念義和色彩義的綜合體現,一定的概念義和色彩義決定語法義。例如“弒”,《釋名·釋喪制》:“下殺上曰弒。”指臣殺君、子殺父之類的行為,這個意義決定了它具有動詞性,能充當謂語等句子成分;同時,其隱含的非正義色彩則規定了它在句法組織中的語義限制,亦即對與其組配的施事成分和受事成分有特定的選擇性。

二、詞義的引申發展

詞義引申是詞義發展的主要方式。一個詞經過引申,往往產生幾個、十幾個、有的甚至幾十個意義,構成一個有機的義群。因而古漢語一詞多義現象非常突出。詞的紛繁複雜的意義看起來雜亂無章,其實其內部是有著或多或少聯繫的,不同的意義都具有共同的"遺傳基因";怎樣引申,也有規律可循。只要理順其內在聯繫,抓住引申的關鍵,就能够"提綱挈領""綱舉目張",使紛繁的詞義井然在握,從而以簡馭繁地系統掌握和準確領會詞的意義,正確地閱讀和利用古文獻。

(一)詞義引申的理據

詞義引申都是以一定的認知為基礎,按照一定的事理邏輯進行的。歸納起來,引申理據主要有三種情況:相因性、相關性和相似性。

1. 相因性。

以一個意義為基礎,依據因承關係,引申出新的意義。引申義和源義之間一般具有順承、因果、條件等關係。這是非常直接、密切的一種引申。

例如"厭",本義為吃飽,如《老子》第五十三章"朝甚除,田甚蕪,倉甚虛,服文彩,帶利劍,厭飲食,財貨有餘,是謂盜誇。"吃飽就滿足了,於是從吃飽義引申出滿足之義,如《左傳·隱公元年》:"姜氏何厭之有?不如早為之所,無使滋蔓。"因為吃飽了就厭惡再吃,所以又引申出厭惡之義,如《論語·憲問》:"夫子時然後言,人不厭其言;樂然後笑,人不厭其笑;義然後取,人不厭其取。"又如"管",有"鑰匙"一義,如《左傳·僖公三十二年》:"鄭人使我掌其北門之管,若潛師以來,國可得也。"隨之引申出掌管之義,如《後漢書·仲長統傳》:"昔者霍禹、竇憲、鄧騭、梁冀之徒,籍外戚之權,管國家之柄。"

2. 相關性。

以一個意義為基礎,從該意義的某一因素出發,關聯出新的意義。引申義和源義之間具有或多或少的聯繫。由於客觀事物的多面性和人們思維的發散性,為這類引申提供了無限可能性,因而這類引申非常靈活,只要依據源義的任何一點兒因素都可發生。引申義和源義之間的關係複雜多樣,有時十分隱微。

例如"昏",《說文解字》:"日冥也。從日,氐省。氐者,下也。一曰民聲。"本義為黃昏,如《左傳·宣公十二年》:"及昏,楚師軍於邲。"段玉裁《說文解字注》:"士娶妻之禮,以昏為期,因以名焉。"由於古時結婚在黃昏時分進行,所以"昏"引申出結婚之義,如《禮記·坊記》:"昏禮,婿親迎,見於舅姑。"又如"齒",本義是門牙,也泛指牙齒,如《左傳·僖公五年》:"諺所謂輔車相依,唇亡齒寒者,其虞虢之謂也。"由於牙齒的長落與年齡有關,因而"齒"引申指年齡,如董解元《西廂記諸宮調》:"生因問鶯齒,夫人曰:'十七歲矣。'"又如"孩",本義是指小孩笑,如《老子》二十章:"我魄未兆,若嬰兒未孩。”後來指小孩,如晉潘嶽《寡婦賦》:“愁煩寃其誰告兮,提孤孩於坐側。”

古漢語中常見的借代引申,都是以事物某一特徵為依據的,亦屬此類。例如“布衣”,本指用布製作的衣服,如《禮記・玉藻》:“童子之節也,緇布衣,錦緣,錦紳並紐,錦束髮,皆朱錦也。”因平民穿布衣,故藉以代指平民百姓,如《戰國策・楚策》:“子內擅楚之貴,外結秦之交,畜張子以為用,子之子孫必為楚太子矣,此非布衣之利也。”又如“二毛”本指斑白的毛髮,這是老年人的特徵,故引申指老年人,如《左傳・僖公二十二年》:“君子不重傷,不禽二毛。”

3. 相似性。

利用事物之間在屬性、形狀、情態、性能、方式等等方面的相似點,從一個意義引申出另一個意義來。也就是藉助比喻手段引申新義。例如“顛”,本義是頭頂,如《詩・秦風・車鄰》:“有車鄰鄰。有馬白顛。”“顛”處於身體的最高部位,故藉以喻指高立之物的頂端,如《史記・孝武帝本紀》:“東上泰山,山之草木葉未生,乃令人上石立之泰山顛。”這裏指山頂。又如“斗”,本義是盛酒的器皿,如《詩・大雅・行葦》:“酌以大斗,以祈黃耇。”因為大熊星座的七顆明星排成的形狀頗似“斗”狀,故以“斗”命名,即今天所謂北斗星,例如《詩・小雅・大東》:“維北有斗,不可以挹酒漿。”又如“綱”,本義是維繫網目的總繩,如《尚書・盤庚》:“若網在綱,有條而不紊。”由於“綱”在網中具有關鍵的作用,所以用來喻指事物的關鍵、要害和中心,如《論衡・程材》:“今世之將,材高知深,通達衆凡,舉綱持領,事無不定。”例中的“領”亦屬此類。

(二)詞義引申模式

指詞義引申所形成的方式類型。大體有三種:連鎖式引申、輻射式引申和綜合式引申。

1. 連鎖式引申。

即詞以本義或某一引申義為起點,遞相衍生,從而形成環環相扣的單線義列。猶如生物的代代相傳。亦稱遞進式引申。圖示如下:

甲義→乙義→丙義→丁義……

這類引申模式所形成的引申義,一般只與其相連的前後意義有較明顯的聯繫,與其他意義關係隱微。後出的引申義與本義没有直接聯繫。例如:朝:本義是“早晨”,《說文解字・倝部》:“朝,旦也。”《詩・小雅・北山》:“偕偕士子，朝夕從事。”引申出朝見之義，《白虎通・朝聘》：“朝者，見也。因用朝時見，故為之朝。”《戰國策・齊策》：“燕趙韓魏聞之，皆朝于齊。”在朝見意義基礎上引申出朝廷之義，《戰國策・齊策》：“於是入朝見威王。”在朝廷意義基礎上引申出朝代，杜牧《赤壁》：“折戟沈沙鐵未銷，自將磨洗認前朝。”可圖示如下：

早晨→朝見→朝廷→朝代

2．輻射式。

以本義或某一引申義為中心，呈放射狀地直接引申出若干意義。所有的引申義之間都是並列關係，都與源義具有密切的聯繫。亦稱並列式引申。圖示如下：

甲
↑
丁←　本義　→乙
↓
丙

舉例如下：

節：本義為竹節。《說文解字・竹部》：“節，竹約也。”《史記・龜策列傳》：“竹，外有節理，中直空虛。”通過類比，可引申出如下意義：

①用於草木—指植物莖杆各段的交接處：木節、草節。如《逸周書・小開》：“秋初藝，木節落。”

②用於人或動物—指骨頭的連接處：骨節、關節。如《韓非子・解老》：“人之身三百六十節，四肢，九竅。”

③用於音樂—指聲音的抑揚頓挫所形成的韻律：節奏、節拍。如《楚辭・九歌・東皇太一》：“揚枹兮拊鼓，疏緩節兮安歌。”

④用於時令—指時令變換相交之時：季節、節氣、節日。如《列子・湯問》：“寒暑易節，始一反焉。”《史記・太史公自序》：“夫陰陽四時、八位、十二度、二十四節，各有教令。”王維《九月九日憶山東兄弟》：“獨在異鄉為異客，每逢佳節倍思親。”

⑤用於人的生活—指人的行為的是非界限：禮節、節操、氣節，如《論語・微子》：“長幼之節，不可廢也。”《左傳・成公十五年》：“聖達節，次守節，下失節。”還指把行為限制在一定的限度之內：節制、節約，如《禮記・月令》：“節耆欲，定心氣。”《論語・學而》：“節用而愛人。”

⑥用於社會政治—指法度、準則，如《禮記・曲禮上》："禮不踰節。"《漢書・哀帝紀》："制節謹度以防奢淫，為政所先，百王不易之道也。"

可將"節"的意義引申模式圖示如下：

木節、草節
法度、準則↖ ↑ ↗骨節、關節
節奏、節拍← 竹節 →季節、節氣、節日
節制、節約↙ ↓ ↘節操、氣節
禮 節

輻射式引申，方式靈活，對同一個詞義可從不同的角度去聯想，因而可以衍生出各種不同的引申義。這些引申義之間一般没有明顯聯繫，有時甚至相反，應予注意。例如"置"，其常用義是"安放"，《史記・項羽本紀》："項王則受璧，置之坐上。"在此意義基礎上，一方面引申出"設置、立"的意思，如《左傳・僖公十五年》："於是秦始征晉河東，置官司焉。"《左傳・文公六年》"置善則固"，在《史記・晉世家》中則寫作"立善則固"，在這個意義上，置＝設＝立；另一方面又引申出"捨棄、放開"的意思，如《史記・項羽本紀》："沛公置車騎，脱身獨騎。"《國語・周語》："今以小忿棄之，是以小怨置大德也，無乃不可乎？"在這個意義上，置＝棄＝廢。顯然兩個意義相反。

3. 綜合性引申。

實際上，詞義引申很少是單純的輻射式引申或者連鎖式引申，一般都是兩種引申方式相交錯。兩種詞義引申方式共同存在於一個詞的意義引申系統中，就是綜合性引申。

例如"書"，《説文解字・聿部》："箸也。從聿，者聲。"《釋名・釋書契》："書，庶也，紀庶物也。亦言著也，著之簡紙永不滅也。"可見，"書"的本義是書寫，如《墨子・貴義》："古之聖王，欲傳其道於後世，是故書之竹帛，鏤之金石，傳遺後世子孫，欲後世子孫法之也。"在"書寫"意義基礎上又引申出如下意義：

書籍。《周易・繫辭下》："易之為書也，原始要終，以為質也。"

書信。《左傳・昭公六年》："叔向使詒子産書。"

文書。《漢書・刑法志》："晝斷獄，夜理書。"

文字。《説文解字・叙》："自爾秦書有八體：一曰大篆，二曰小篆……"

接著又以"文字"意義為中心引申出如下意義：

字體。《説文解字・叙》："三曰篆書，即小篆，秦始皇帝使下杜人程邈所作也。"

書法。《北史·張景仁列傳》:"張景仁,濟北人。幼孤,家貧,以學書為業,遂工草隸。"

可見,這是一個綜合型引申。"書"的意義引申模式可圖示如下:

```
            文書
             ↑       ↗字體
書籍←書寫→文字
             ↓       ↘書法
            書信
```

(三)詞義引申的規律

人們對客觀世界的感知和認識,總是先從具體的個別的東西開始的,然後隨著認識的深化,逐步提升到一般和抽象。人類認知的這個特點也就決定了詞義引申的一般規律是由具體到抽象,由個別到一般,由整體到部分,由部分到整體,由實詞到虛詞。

1. 由具體到抽象。

即詞從指稱具體事物發展到指稱抽象事物。例如"道",本義是道路,《詩·邶風·雄雉》:"道之云遠,曷云能來。"引申指途徑、方法,《商君書·更法》:"治世不一道,便國不必法古。"規律、道理,《荀子·天論》:"循道而不貳,則天不能禍。"主張、思想、學說,《孟子·滕文公上》:"從許子之道,則市賈不貳。"道義、道德、準則,《孟子·公孫丑下》:"得道者多助,失道者寡助。"可以看出,"道"的"道路"一義指的是具體的事物,其他意義都是指抽象事物。又如"向",本義指朝北的窗戶,表示的是具體事物,《詩·豳風·七月》:"塞向墐戶。"引申為朝向、對著,《史記·項羽本紀》:"沛公北向坐,張良西向侍。"《說苑》卷五:"今有滿堂飲酒者,有一人獨索然向隅而泣,則一堂之人皆不樂矣。"又引申為趨向、奔向,杜甫《聞官軍收河南河北》:"即從巴峽穿巫峽,便下襄陽向洛陽。"還引申為方向,唐李山甫《寒食》:"柳帶東風一向斜,春陰澹澹蔽人家。"引申義都表示較抽象的事物。

2. 由個別到一般。

即詞從指稱個別事物發展到指稱同類事物。例如"匠",本義指木工,《莊子·馬蹄》:"陶匠善治埴木。"《莊子·徐無鬼》:"匠石運斤成風。"引申指各種工匠,《論衡·量知》:"能斫削柱梁,謂之木匠;能穿鑿穴埳,謂之土匠;能雕琢文書,謂之史匠。"又如"習",《說文解字·羽部》:"習,數飛也。"本義指鳥兒反復練習飛翔,《禮記·月令》:"鷹乃學習。"引申指各種反復練習的行為,如《論語・學而》:“學而時習之,不亦說乎?”《陳書・袁子烈列傳》:“遇梁末喪亂,因習武藝,以驍勇聞。”《皇明異典述》:“翊聖夫人劉氏男季通,天順八年送翰林院習字。”

3. 由整體到部分。

即詞從指稱事物的整體,引申指整體中的部分。比如“子”,本來概指男孩女孩,《儀禮・喪服》:“故子生三月,則父名之,死則哭之。”鄭玄注:“凡言子者,可以兼男女。”引申單指男孩或女孩,《左傳・哀公九年》:“微子啓,帝乙之元子也。”《戰國策・趙策》:“鬼侯有子而好。”前者指兒子,後者指女兒。又如“臭”,本義概指各種氣味,《詩・大雅・文王》:“上天之載,無聲無臭。”引申單指難聞的氣味,桓寬《鹽鐵論》:“故不知味者,以芬香為臭。”

4. 由部分到整體。

即詞從指稱事物整體中的某一部分發展到指稱事物整體。比如“宇”,本義指屋檐,《詩・豳風・七月》:“七月在野,八月在宇,九月在戶,十月蟋蟀入我牀下。”陸德明釋文:“屋四垂為宇。”引申指房屋,住所,《楚辭・招魂》:“高堂邃宇,檻層軒些。”王逸注:“宇,屋也。”

5. 由實詞到虛詞。

即詞從實詞義引申出虛詞義。實詞虛化的過程,就是今天所謂語法化過程。漢語的許多虛詞都是從實詞演化而來的。例如“被”,本為名詞,本義指被子,《說文解字・衣部》:“被,寢衣,長一身有半。從衣皮聲。”《玉篇》:“被,衾也。”如《楚辭・招魂》:“翡翠珠被,爛齊光些。”引申為動詞,表示覆蓋,如《楚辭・招魂》:“皋蘭被徑兮,斯路漸。”表示施予、施加,如《荀子・臣道》:“功參天地,澤被生民。”表示蒙受、遭受,如《韓非子・五蠹》:“兄弟被侵而隨仇。”又引申為助動詞,表被動,如《後漢書・臧洪傳》:“請師見拒,辭行被拘。”再進一步引申為介詞,引進動作行為的主動者,表示被動,《三國志・高貴鄉公傳》:“吾被皇太后徵,不知所為。”他如虛詞“把”、“以”、“用”、“與”、“和”等都是由實詞虛化而來的。

三、古今詞義的差異

在各種因素影響下,詞在歷史發展過程中往往會發生一些意義變化,因而詞在不同歷史時期的意義難免有一定的差異。如果我們籠統地拿古代漢語的詞和現代漢語相應的詞相比較就會發現,意義有差異的詞是很多的。有的詞意義完全不同,例如“字”,古漢語常用的是生育之類的意義,如《易・屯》:“女子貞不字,十年乃字。”《論衡・氣壽》:“婦人疏字者子活。”

又例如“羞”,古漢語指進獻食物等,如《左傳・昭公二十七年》:“羞者獻體改服於門外。”杜預注:“羞,進食也。”這兩個詞古今意義差異很大。有些詞的意義則差別細微,例如“購”,在古代是懸賞徵求、重金收買的意思,如《戰國策・燕策》:“夫今樊將軍,秦王購之金千斤,邑萬家。”這與現代漢語“購”所具有的買的意義是有一定差異的。這類古今詞義差異細微的詞是我們學習古代漢語時最容易誤解的,必須注意辨識。

古今詞義的差異,主要表現在範圍、色彩、程度等方面。

(一)詞義範圍不同

所謂詞義範圍,指詞義所表示的概念外延範圍,或者説詞所指的對象範圍。詞義範圍的變化主要有如下三種情況:

1. 詞義範圍擴大。即今義大於古義,古義包含在今義之中,成為今義外延的一部分。例如“皮”,最初指帶毛的獸皮,如《左傳・僖公十四年》:“皮之不存,毛將焉傅?”後來泛指動物和植物的表層組織,乃至其他物體的表面,如牛皮、樹皮、地皮等。又如“響”,本指回聲,《玉篇》:“響,應聲也。”《左傳・昭公十二年》:“析父謂子革:‘吾子,楚之望也。今與王言如響,國其如之何?’”《説苑・君道》:“故天之應人,如影之隨形,響之效聲者也。”後來則泛指各種聲響。“皮”、“響”詞義範圍擴大了。

2. 詞義範圍縮小。即今義小於古義,今義包含在古義之中,是古義外延的一個組成部分。例如“瓦”,本指陶器,《説文解字・瓦部》:“瓦,土器已燒之總名。”《荀子・性惡》:“夫陶人埏埴而生瓦,然則瓦埴豈陶人之性也哉?”後來則僅指屋瓦。又如“禽”,在古代指各種飛禽走獸,《三國志・魏書・華佗傳》:“吾有一術,名五禽之戲,一曰虎、二曰鹿、三曰熊、四曰猨、五曰鳥。”在現代漢語中則專指鳥類。“瓦”、“禽”詞義範圍縮小了。

3. 詞義範圍轉移。即詞所指對象由此範圍轉到彼範圍。不過,新義和舊義之間還具有一定的聯繫。詞義轉移之後,舊義一般就逐漸不再使用了。比如“葷”,在古代指葱蒜之類的有特殊氣味的蔬菜。《儀禮・士相見禮》:“夜侍坐,問夜,膳葷,請退可也。”鄭玄注:“葷,辛物,葱、薤之屬,食之以止卧。”後來則轉指雞、鴨、魚之類的肉食,意義範圍不同。又如“行李”,最初指使者,《左傳・僖公三十年》:“若舍鄭以為東道主,行李之往來,共其乏困,君亦無所害。”後來則轉指出行的人所帶的物品,意義範圍轉移。

(二)感情色彩不同

詞的感情色彩有褒義、貶義和中性之分。詞義色彩變化有四種情況:

1. 由褒義變為貶義。例如“爪牙”,最初喻指勇士、武臣、輔佐君王的人,具有褒的色彩,《詩·小雅·祈父》:“祈父! 予王之爪牙。”鄭玄箋:“此勇力之士。”現代漢語則用作貶義詞,指壞人的幫兇,黨羽。

2. 由貶義變為褒義。“鍛煉”在古代指編織罪名,陷害他人,具有貶義色彩,《後漢書·韋彪傳》:“鍛鍊之吏,持心近薄。”唐李賢等注:“鍛煉,猶言成熟也。言深文之吏,入人之罪,猶工冶與鑄陶,鍛煉使之成熟也。”在現代漢語中則指人通過積極的方式進行實踐和磨練,以使在思想、能力等方面得以提高,變為褒義詞。

3. 由中性變為褒義。例如“祥”,最初指事物的徵兆,為中性詞,《左傳·僖公十六年》:“是何祥也? 吉凶焉在?”現代漢語則表示吉祥,變為褒義詞。

4. 由中性變為貶義。例如“卑鄙”,在古代指地位低下、見識淺陋,中性詞,《三國志·蜀書·諸葛亮傳》:“先帝不以臣卑鄙,猥自枉屈,三顧臣於草廬之中。”在現代漢語中則用為貶義詞,表示人的品質惡劣。

(三) 意義程度不同

1. 詞義由輕變重。例如“恨”,最初是遺憾、後悔之義,《荀子·成相》:“不知戒,後必有恨。”後引申為怨恨、仇視。詞義程度加重。

2. 詞義由重變輕。例如“怨”,最初指怨恨、仇恨,《易·繫辭下》:“益以興利,困以寡怨。”後則引申為埋怨、責怪,意義程度減輕。

在理解古今詞義的差異時有兩點需要說明:其一,我們這裏所說的古今詞義的差異,大體上“古”指古代漢語,“今”指現代漢語,是就古代漢語和現代漢語的籠統比較而言的,“古”“今”為定指。但嚴格來說,古和今是相對概念,並沒有絕對的時限。正如段玉裁《說文解字注》所說:“古今無定時,周為古則漢為今,漢為古則晉宋為今。”因此,對於“古”“今”的具體所指,要根據具體語境分辨,不能簡單理解。其二,古代漢語上下數千年,其內部也有差異性,一般情況下也不能一概而論,否則就會誤解。例如“給”,過去絕大多數教材、專著和辭書都認為,在古代漢語中它沒有“給予”的意義,不是授與動詞,只表示“供給”。這是不正確的。其實“給”表示授與意義萌芽於先秦,成長於漢魏六朝,成熟於隋唐;現代漢語授予動詞“給”的各種用法,除了極個別的用法之外,早在隋唐時期都有了。因此,對古漢語中“給”的理解一定要作具體分析。又例如我們說“行李”一詞古今詞義有差異,但並不表明這種差異是現代漢語時期才出現的,其實,至遲在宋代,“行李”就由指使者轉指出行的人所帶的物品了。

四、分析詞義的方法

詞義紛繁複雜，尤其是古漢語一詞多義現象突出，往往一個詞本義、引申義和假借義集於一身，且義項很多。我們閲讀古文獻，最重要的就是要理解詞語的意義。要準確理解詞義，就需要掌握恰當的詞義分析方法。這樣才能舉一反三，觸類旁通。詞義分析的方法主要有如下幾個方面：

1. 據形索義。

即根據字形結構分析詞義。早期漢字大體屬於表意文字，字形結構往往與其表達的詞義具有一定的聯繫。雖然漢字經歷了甲骨文、金文、篆書、隸書、楷書等發展階段，形體已經發生了很大變化，表意性日趨減弱，但一些字的基本輪廓和構造原理尚依稀可見，因此我們可以藉助對字形的分析來分析該字所表達的詞義。

根據字形結構分析詞義，一般還是藉助六書理論，主要適用於象形字、指事字、會意字和形聲字。例如，象形字“日”，甲骨文寫作，象太陽之形，“山”寫作，象綿延起伏之山；指事字“本”，金文寫作，下部的一點為指示符號，表示木下為本，即樹根，“刃”寫作，上面小豎為指示符號，指示刀的刃部；會意字“比”，甲骨文寫作，像兩人並立之形，表示平列、並排之義；會意字“莫”甲骨文寫作，像日落草叢，表示傍晚之意；形聲字“理”，從玉里聲，表示其本義與玉有關（打磨玉石），“誅”，從言朱聲，表示其本義與言語有關（譴責、責問）。

需要説明的是，據形索義，一定要依據字的古形，因為漢字形體幾經演變，有的形體變化較大，致使其形義之間的關係不甚明顯，因而一般不能根據其後來的形體妄加分析。再者，漢字的形義聯繫主要表現在本義上，引申義不甚明顯，因此在根據字形分析其引申義時，一定要謹慎推導，不可簡單臆斷。此外，形義聯繫畢竟十分複雜，分析一定要在理有據，切忌望文生訓，穿鑿附會，最好佐以其他依據。

2. 因聲求義。

即根據詞的讀音分析詞義。詞是聲音和意義的結合體，聲音和意義互為表裏。用什麽樣的聲音表示什麽樣的意義，一般都是約定俗成的。要分析詞義，既離不開字形，也離不開字音。王念孫《經義述聞》：“訓詁之要在聲音，不在文字”。阮元《揅經室一集・釋矢》：“古人造字，字出乎音義，而義皆本乎音也。”需要注意的是，這裏的“聲”並不是指詞語的現代音，而指的是古音。因聲求義的方法主要應用於假借義的分析、通假字的識別和同源詞的繫聯。

許慎《說文解字・叙》:"假借者,本無其字,依聲托事。"這種本無其字的假借,就是在造某詞之初,並没有為之專門造字,而是根據該詞的讀音,尋找一個意義未必相干的字來記錄該詞。對於這類詞,在分析其意義時,就不能拘泥字形,而只能因聲求義了。例如"來"的本義是小麥,這可據形得義;但它還表示來往之義,這個意義就與字形無關了,只是因為表示此義之詞與表示小麥的"來"同音,而借"來"字作為書寫符號罷了。對此就只能因聲求義了。

古文獻中有不少通假字,對於通假字的意義,必須突破文字局限,以語音為線索,探求本字,按本字的意義來解釋。例如《詩・豳風・七月》:"七月食瓜,八月斷壺。"這裏的"壺"字就其本來的意義解釋不可通,循其音可知,它是"瓠"的通假字,按"瓠"的意義解釋就文從字順了。正如清代學者王引之所言:"改本字讀之,則怡然理順;依借字讀之,則以文害辭。"①

同源詞是由同一個語源分化出來的,在讀音和意義上都是相互聯繫的,具有音近義通的特點,因此可以憑藉讀音去探究詞的意義。例如,《論語・季氏》:"吾恐季孫之憂不在顓臾,而在蕭牆之內也。"鄭玄注:"蕭之為言肅也。"即用聲訓的方式探究"蕭"的語源義。又如,《論語・為政》:"為政以德,譬若北辰,居其所而衆星拱之。"朱熹注:"政之為言正也.所以正人之不正也;德之為言得也,得於心而不失也。"以"正"釋"政"、以"得"釋"德",亦然。

要注意的是,"因聲求義"必須建立在可靠依據和嚴謹分析基礎之上,不可濫用。否則,很容易導致穿鑿附會。

3. 借境釋義。

即根據詞語出現的語言環境分析詞義。一個詞儘管可能有多個意義,但在具體語言環境中只能有一個意義。語境對於詞義不僅具有選擇性,而且具有規定性。因此,藉助語境分析詞義也是一種很重要的方法。例如,《北齊書・王儼傳》:"帝每稱曰:'此黠兒也,當有所成。'""黠",《說文解字》:"堅黑也。"引申為"狡猾",為其常用義;又引申為"聰明"。孤立來看,此例按其常用義解為"狡猾"似乎可通,但觀其上文有"稱",下文有"當有所成",是賞識口吻,顯然當為"聰明"之義。又如《孟子・萬章上》:"象往入

---

① 王引之:《經義述聞》卷廿二。

舜宫,舜在牀琴。""琴"為樂器,名詞,但按此義解釋,則此例不通。觀察語境可以看出,"琴"被介賓短語修飾,顯然非常規用法。在古漢語中,介賓短語只能用來修飾動詞或形容詞,根據語境分析,這裏"琴"活用為動詞,表示彈琴之義。

4. 循義究義。

即根據詞的已知意義推究出其他意義。我們知道,一個詞,無論其有多少個意義,除假借義之外,都是從本義或引申義派生出來的,本義與引申義之間,引申義與引申義之間都具有一定的聯繫,因此,往往也可以藉助已知的意義推導出其他的意義來。例如,《國語・周語》:"防民之口,甚於防川。川壅而潰,傷人必多,民亦如之。"其中的"防"若按現代漢語的常用義"防止"來理解,顯然不通。據其本義"堤壩"可以推知,當是"堵塞"的意思。

由上述可知,詞義分析的方法是多種多樣的。在具體實踐中,可根據具體情況選擇合適的分析方法,有時可以多管齊下,不必拘泥一端,切忌望文生訓,主觀臆斷。

第四節　特殊詞彙

一、聯綿詞

聯綿詞又稱聯綿字,"聯綿"亦寫作"連綿"。是指由兩個相近的音節構成的單純詞。

聯綿詞具有如下特點:

1. 聯綿詞的兩個音節一般具有雙聲或疊韻的關係。例如:

《阿房宫賦》:"瓦縫參差,多於周身之帛縷。"
《莊子・養生主》:"為之四顧,為之躊躇滿志。"

例中"參差"、"躊躇"為雙聲聯綿詞。

《漢書・高后紀》:"殿門弗內,徘徊往來。"
張籍《節婦吟》:"感君纏綿意,繫在紅羅襦。"

例中"徘徊"、"纏綿"為疊韻聯綿詞。

《詩・周南・關雎》:"悠哉悠哉,輾轉反側。"

班固《東都賦》:"莫不優游而自得,玉潤而金聲。"

例中"輾轉"、"優遊"為雙聲疊韻聯綿詞。

需要説明的是,由於語音的演變,有些聯綿詞在今天看來已經不是雙聲或疊韻的,不要誤解,必須依據古音來判定。當然,確實也有少數聯綿詞本來就既非雙聲,也非疊韻。例如:

《莊子·逍遙遊》:"摶扶搖而上者九萬里。"

《史記·滑稽列傳》:"杯盤狼藉。"

"扶搖"、"狼藉"既非雙聲,也非疊韻。

2. 聯綿詞的兩個音節渾然一體,連綴表義,不可拆開理解。如上所舉的詞例,若强行拆解,就不知所云了。古代有人不瞭解聯綿詞的這一特點,勉强拆解,穿鑿傅會,讓人無法理解。例如"猶豫"本是一個聯綿詞,意思是遲疑不決。可顏之推《家訓·書證篇》則説:"案《尸子》曰:'五尺犬為猶。'《説文》云:'隴西謂犬子為猶。'吾以為人將犬行,犬好豫在人前。待人不得,又來迎候。如此往還,至於終日。斯乃豫之所以為未定也,故稱猶豫。或以《爾雅》曰:'猶如麂,善登木。'猶,獸名也。既聞人聲,乃豫緣木,如此上下,故稱猶豫。"此後顏師古注《漢書·高后傳》、孔穎達疏《禮記·曲禮》、李善解《洛神賦》都沿此謬説。王念孫在《讀書雜志》中明確指出:"'猶豫',雙聲字,猶《楚辭》之言夷猶耳;非謂獸畏人而豫上樹,亦非謂犬子豫在人前。師古之説,皆襲《顏氏家訓》而誤。"對此,我們要特别注留意,不要重犯古人的錯誤。

3. 聯綿詞的兩個漢字都只是記錄語音的符號,字形與詞義之間一般都沒有直接的聯繫。也正是這個原因,不少聯綿詞的書寫形式並不固定,有多種寫法。例如"猶豫"亦作"優與/猶預/遊移/容與"等,"匍匐"亦作"蒲服/蒲伏/扶服/俯伏/匍伏"等,"望洋"亦作"望羊/望陽/眆羊"等。因此,對於聯錦詞不能據形索義,只能因聲求義。

二、偏義複詞

由兩個意義相近、相關或相對、相反的語素組合而成的,只取其中一個語素意義的複合詞叫偏義複詞。

偏義複詞的主要特點是:雖由兩個語素複合而成,但只取其中一個語素的意義,另一個語素只在語義上起反向限定的作用,同時在語音上湊成一個偶音節。

由意義相近或相關的語素組成的偏義複詞,例如:

《墨子·非攻上》:“今有一人,入人園圃,竊其桃李。”

《禮記·玉藻》:“大夫不得造車馬。”

例中“園圃”為偏義複詞:“園”指果園,“圃”指菜園,兩個語素意義相近,這裏偏取“園”義。“車馬”兩個語素意義相關,這裏偏取“車”義。

由意義相反、相對的語素組成的偏義複詞,例如:

《戰國策·魏策》:“此三子皆布衣之士也,懷怒未發,休祲降於天。”

諸葛亮《出師表》:“宮中府中,俱為一體,陟罰臧否,不宜異同。”

例中“休祲”為偏義複詞:“休”指祥瑞,“祲”指不祥之氣,這裏偏取“祲”義。“異同”則偏取“異”。

偏義現象早在三國時期就已經被學者所關注。《左傳·昭公十三年》:“鄭,伯男也。”王肅注云:“鄭,伯爵,而連‘男’言之,足句詞也。”意思是,句中的“男”只是足句之辭,没有實際意義。唐代孔穎達提出“連言”之說:《禮記·雜記》:“為妻,父母在,不杖不稽顙。”孔穎達疏:“按《喪服》云:‘大夫為適婦,為喪主。’父為已婦之主,故父在不敢為婦杖,若父没母在,不為適婦之主。所以母在不杖者,以父母尊同,因父而連言母。”意謂句中“父母在”只有“父在”的意思,“母”只是被連帶言及,没有實際意義。清代學者顧炎武在《日知錄》卷二七中指出:“古人之辭寬緩不迫,如‘得失’,失也;‘利害’,害也;‘緩急’,急也……皆此類。”在現代漢語中也還有偏義複詞的遺存,如“窗戶”、“動靜”、“國家”等。

對於偏義複詞,我們需要注意以下兩點:

第一,從結構上看,偏義複詞的兩個語素的結合並不十分緊密,詞形具有一定的靈活性,判定時不必拘泥。例如“緩急”一詞,亦可寫作“急緩”:

《史記·文帝本紀》:“生子不生男,有緩急,非有益也。”

《三國志·魏書·任蘇杜鄭倉傳》:“人情顧家,諸將掾吏,可分遣休息,急緩召之不難。”

第二,偏義複詞是語境作用的産物,因而語境不僅使對立語素複合詞意義發生偏取,而且還决定其偏取的方向。例如:

《韓非子·初見秦》:“秦之號令賞罰,地形利害,天下莫若也。以此與天下,天下不足兼而有也。”

《列子·楊朱》:“人者,爪牙不足以供守衛,肌膚不足以自捍禦,趨走不足以逃利害。”

前一例中的“利害”偏指“利”,後一例中的“利害”偏指“害”。

正是由於偏義特性只有在特定的語境中才得以顯現,因而離開了特定的語境,同一形式可能就是一個普通的複音詞或短語。例如:

江淹《知己賦》:“論十代兮興毀,訪五都兮異同。”

例中的“異同”就是指相同之處和不同之處,而不是偏指一義,顯然與《出師表》中的“不宜異同”之“異同”不同。

可見,語境對於偏義複詞具有決定性作用,辨析偏義複詞,必須依據語境,不可主觀臆斷。

三、謙敬詞

我國是文明古國、禮儀之邦。自古以來,在社會交際活動中,人們說話行文常常使用謙敬詞,以表示說話人的謙遜和對聽話人的尊敬。

謙敬詞包括謙詞和敬詞。這兩類詞互為表裏,密切相關。因為自謙就意味著敬人,而敬人也就意味著自謙。一般來說,凡是用來表示自謙的禮貌性詞語就是謙詞,用來表示對對方尊敬的詞語就是敬詞。

謙敬詞可以劃分為兩個不同的類型:修飾性謙敬詞和稱代性謙敬詞。下面分別說明:

(一)修飾性謙敬詞

修飾性謙敬詞主要用來修飾動詞或者名詞,以表示卑己尊人的客套,一般不具有實在意義。如果所修飾的是與己方相關的動作行為或人、事物,那就是修飾性謙詞;所修飾的是與對方相關的動作行為或人、事物,那就是修飾性敬詞。

1. 修飾性謙詞。

用來修飾動詞的謙詞主要有“敢”、“竊”、“忝”、“猥”、“恭”、“敬”、“謹”、“伏”等;修飾名詞的謙詞主要有“賤”、“敝”、“拙”、“寒”、“愚”等。例如:

《儀禮·士虞禮》:“敢用絜牲剛鬣。”

《漢書·賈誼傳》:“陛下又不自憂,竊為陛下惜之。”

《後漢書·楊賜傳》:“臣受恩偏特,忝任師傅,不敢自同凡臣,括囊避咎。”

《戰國策・趙策》:“老臣賤息舒祺,最少,不肖。”

《左傳・僖公二年》:“侵敝邑之南鄙。”

2. 修飾性敬詞。

用來修飾動詞的敬詞主要有“惠”、“辱”、“幸”、“垂”、“枉”、“蒙”等;修飾名詞的敬詞主要有“玉”、“貴”、“雅”、“令”、“賢”等。例如:

《左傳・僖公四年》:“君惠徼福於敝邑之社稷,辱收寡君,寡君之願也。”

《史記・項羽本紀》:“今事有急,故幸來告良。”

枚乘《七發》:“伏聞太子玉體不安,亦少間乎?”

《古詩為焦仲卿妻作》:“往昔初陽歲,謝家來貴門。”

王安石《答俞秀老書》:“令弟見訪,闕於從容。及閑邀之,已過江矣。”

(二) 稱代性謙敬詞

古人在說話、行文時,為了表示謙敬,常常使用一些非人稱代詞來稱人代己。我們把那些具有稱代作用的詞語叫作稱代性謙敬詞。其中,用來稱代自己的叫作稱代性謙詞,用來稱代對方的叫作稱代性敬詞。

1. 稱代性謙詞。

常用的有“臣”、“仆”、“奴”、“妾”、“下走”、“牛馬走”、“不才”、“不肖”、“不敏”、“鄙人”、“愚”、“寡人”等。例如:

《史記・高祖本紀》:“臣少好相人。”

司馬迁《報任安書》:“仆非敢如是也。”

《漢書・蕭望之傳》:“若管晏而休,則下走將歸延陵之皐。”

崔顥《长干行》:“君家何处住?妾住在横塘。”

《遼史・耶律阿息保傳》:“不肖適異國,必無生還,願公善輔國家。”

2. 稱代性敬詞。

常用的有“君”、“公”、“子”、“吾子”、“執事”、“左右”、“閣下”、“足下”、“殿下”、“先生”、“陛下”等。例如:

《戰國策・齊策》:“今君有一窟,未得高枕而臥也。”

《韓非子・難勢》:“以子之矛陷子之楯,何如?”

《左傳·成公三年》:"雖遇執事,其弗敢違。"

《戰國策·燕策》:"臣不佞,不能奉承先王之教,以順左右之心。"

《與山巨源絕交書》:"足下昔稱吾於穎川,吾常謂之知言。"

謙敬詞是中國古代文化的產物。《禮記·典禮》:"夫禮,自卑而尊人也。"我國傳統文化對"禮"的重視,造就了古漢語中豐富的謙敬詞。對於謙敬詞,必須聯繫特定的文化背景和語言環境,仔細辨識,準確分析。只有這樣,才能深刻領會謙敬詞所蘊含的謙敬意味和文化內涵。

四、兼詞與合音詞

(一) 兼詞

所謂兼詞,指在同一語言環境中同時兼有兩個詞的意義和作用的單音詞。其作用相當於兩個單音詞的組合,理解時也應按兩個詞來理解。常見的兼詞主要有"諸"、"焉"、"盍"、"叵"等。

1. 諸。"諸"作為兼詞主要有兩種用法:

(1)"諸"相當於"之於"。"之"是代詞,"於"是介詞。"諸"用於句子中。例如:

《論語·衛靈公》:"子張問行。子曰:'言忠信,行篤敬,雖蠻貊之邦,行矣……'子張書諸紳。"

《禮記·檀弓上》:"兄弟,吾哭諸廟。"

《列子·湯問》:"投諸渤海之尾,隱土之北。"

(2)"諸"相當於"之乎"。"之"是 代詞,"乎"是語氣助詞。用於句末。例如:

《論語·子罕》:"有美玉於斯,韞匵而藏諸?求善賈而沽諸?"

《左傳·僖公二十三年》:"晉公子有三焉,天其或者將建諸?"

《孟子·梁惠王下》:"文王之囿方七十里,有諸?"

2. 焉。兼詞"焉"相當於"於此(彼/之)"。"於"是介詞,"此(彼/之)"是代詞。一般用於句末。例如:

《論語·微子》:"長沮、桀溺耦而耕,孔子過之,使子路問津焉。"

《左傳·隱公元年》:"制,巖邑也;虢叔死焉,佗邑唯命。"

《孟子·梁惠王下》:"晉國,天下莫强焉。"

《國語·晉語》:"今宋人弒其君,罪莫大焉。"

3. 盍。兼詞"盍"相當於"何不"。"何"為代詞,"不"為副詞。例如:

《論語·公冶長》:"盍各言爾志?"

《左傳·桓公十一年》:"盍請濟師于王?"

《左傳·成公六年》:"或謂欒武子曰:'聖人與衆同欲,是以濟事。子盍從衆?'"

《國語·晉語》:"不睦內而圖外,必內爭,盍姑謀睦乎?"

(二)合音詞

所謂合音詞,是指兩個音節合二為一、並在形式上用一個漢字來記錄的詞。這有兩種情況:

1. 由兩個單音詞合成的合音詞。例如以上所舉的兼詞"諸"就是"之於"和"之乎"的合音,"盍"是"何不"的合音,"叵"是"不可"的合音。這類合音詞仍保留兩個詞的意義和作用,都應按所兼的兩個詞來理解。

2. 由一個詞的兩個音節合成的合音詞。這類合音詞只是音合形變而已,不管合還是不合,仍是同一個詞,意義和作用均不變。例如"飆",《說文解字·風部》:"飆,扶搖風也。"《爾雅·釋天》:"扶搖謂之猋。"可見,"飆"是"扶搖"的合音。又如"孔"是"窟窿"的合音,"瓠"是"葫蘆"的合音,"茨"是"蒺藜"的合音,"混"是"囫圇"的合音等。

由上述可知,"兼詞"和"合音詞"是完全不同的兩個概念。兼詞著眼於一個單音詞兼具兩個單音詞的意義和作用,並不考慮其語音如何;事實上,有的兼詞在語音上是由兩個單音詞合成的,如"諸",有的則不是,如"焉"。而合音詞則著眼於兩個字在讀音上的合併,而不考慮其是不是兩個詞;事實上,有的合音詞是由兩個詞合成的,如"叵",有的則只是一個詞的兩個音節的合併,如"飆"。可見,兼詞與合音詞是兩個觀察點不同、所指對象有交叉的概念,不能混同。

第五節　詞與詞的關係

詞彙是個系統。同系統中的詞之間具有各種各樣的關係,比如意義關係、形式關係、語源關係等,錯綜複雜。正確認識和理清詞與詞之間的關係,對於深刻瞭解和全面把握詞彙系統至關重要。本節主要介紹同義關係、同源關係和類義關係。

一、同義詞

意義相同或相近的詞叫同義詞。根據意義相同的程度,同義詞可以分為等義詞和近義詞。

等義詞又叫作絕對同義詞,是指意義完全相同的一組詞。例如"舟"與"船"、"巨嫂"與"丘嫂"。這類同義詞極少。

近義詞又稱相對同義詞,是指意義相近的一組詞。近義詞之間在意義上具有一定的差别。例如"疾"和"病"在古代漢語中雖然都是指身體不適,但在所指程度和範圍上是有差别的:"疾"指一般的病,"病"指重病;"疾"和"病"還各自具有其他的意義,也是互不相同的。

對於同義詞,關鍵是要分析其差異之處,以便準確把握。同義詞之間的差異性主要表現在以下幾個方面:

1. 意義有差異。主要表現在範圍、性狀、程度、方式等方面的不同。例如:

"領"、"頸"、"項":都指脖子,但所指範圍不同。"領"指整個脖子,如《左傳·成公十三年》:"我君景公引領西望。""頸"指脖子的前部,如《史記·廉頗藺相如列傳》:"卒相與歡,為刎頸交。""項"指脖子的後部,如《史記·魏其武安侯列傳》:"案灌夫項,令謝。"

"豆"、"籩":都指食器,但在質料上有區别。"豆"是木製的,"籩"是竹製的。《爾雅·釋器》:"木豆謂之豆,竹豆謂之籩。"

"哭"、"泣":都是哭的意思,但情態有别。段玉裁《說文解字注》"泣"字條:"哭下曰'哀聲也',其出涕不待言。其無聲出涕者為泣。此哭泣之别也。"

2. 用法有區别。有的適用對象不同,有的語法功能不同,等。例如:

"沐"、"浴":都是洗的意思,但適用對象不同。"沐"用於洗頭,"浴"用於洗澡。《荀子·不苟》:"新浴者振其衣,新沐者彈其冠。"

"畏"、"懼":都是動詞,害怕的意思,但語法功能不同。"畏"多作他動詞,一般帶賓語,若不帶賓語,就含有被動意味;"懼"多作自動詞,一般不帶賓語,若帶賓語,往往就是使動用法。《老子》:"民不畏死,奈何以死懼之?"

3. 色彩不同。即詞所呈現的好惡、謙敬等感情傾向及語體風格不同。例如:

"征"、"伐"、"侵":都是動詞,指軍事進攻,但褒貶色彩不同。《尚書·胤征》孔穎達正義:"奉責讓之辭,伐不恭之罪,名之曰征。征者,正也。"《左傳·莊公二十九年》:"凡師有鐘鼓曰伐,無曰侵。"可見,"征"是"有道"伐"無道",具有褒義色彩;"伐"是有鐘鼓的公開宣戰,是中性詞;"侵"是不宣而戰的侵犯,具有貶義色彩。

"建"、"樹":都是動詞,都是建立、設置之義,但"建"多用於與朝廷、政治有關的事物,有莊重色彩;"樹"則多用於一般事物,無特殊色彩。《荀子·大略》:"故古者列地建國,非以貴諸侯而已。"《左傳·成公二年》:"四王之王也,樹德而濟同欲焉。"

"君"、"公"、"汝"、"爾":都表示第二人稱,但謙敬色彩不同。宋人洪邁《容齋隨筆》卷一:"凡人相與呼號者,貴之則曰公,賢之則曰君,自其下則爾汝之。雖王公之貴,天下貌畏而心不服,則進而君公,退而爾汝者多矣。"

同義詞的差異主要有上述三種類型,但並不意味著所有的同義詞之間的差異都只是表現在其中的某一個方面,實際上有些同義詞的差異是多方面的,要具體分析,不能拘泥。

對於古代漢語中的同義詞,我們還應該注意以下幾點:

第一,同義詞只是著眼於詞義的相同或相近,並不關注語音,這和同源詞要求音和義都要有某種相關性不同。這也是同義詞和同源詞的重要區別之一。

第二,同義詞之間一般可以"互訓"。例如《說文解字·走部》:"走,趨也。""趨,走也。"

第三,同義關係並不是固定不變的。隨著詞義的發展,有些詞本來不是同義的,後來可能發展為同義詞;有些本來是同義詞,後來可能變得不同義了。一定要有歷史的觀念,注意具體分析,不能簡單判定。

第四,完全等義的同義詞是極少的,大多數同義詞同中有異。我們除了要知道同義詞之間的相同點之外,更重要的還要知道同義詞之間的不同點,辨識其差別,這對於我們準確地理解文義具有十分重要的作用。

二、同源詞

在詞彙系統中,有些詞是由同一語源孳生出來的,它們構成一個個具有親緣關係的詞羣,這就是同源詞。習慣上亦稱"同源字"。

同源詞具有如下特點:其一,讀音相同或相近;其二,意義相近或相關。如下一組詞即為同源詞:

半:《說文解字·半部》:"物中分也。"

班:《說文解字·玨部》:"分瑞玉也。"

判:《說文解字·刀部》:"分也。"
辨:《說文解字·刀部》:"判也。"
片:《說文解字·片部》:"判木也。"

同源詞的判定,主要依據詞之間的音義聯繫。因為同源詞是從同一語源衍生出來的,因而在音義上必定有聯繫—往往表現為音義相近或相關。例如"頂"和"顛"。此外,也可以藉助字形來推求。因為在創製同源詞的書寫符號時,有的選擇了相同的聲符,或以源詞的書寫符號為聲符,因而在客觀上就形成了一些同源詞之間在形體上的聯繫。例如"僑"、"橋"、"嶠"、"蹻"、"轎"、"驕"等都以"喬"為聲符,且都含有"高"義,因而可以推知是同源詞。需要說明的是,這只能作為輔助手段,最關鍵的是要從語音分析入手,探求詞與詞之間的音義聯繫,而不能拘泥字形。

同源詞的存在,是詞彙系統性的重要表現。研究同源詞,對於深入認識詞彙系統狀況,探求詞義發展演變規律,全面而系統地掌握古漢語詞彙等,都具有十分重要的理論意義和實踐價值。

三、類義詞

類義詞是指表示同一類事物的詞。也叫同類詞。例如表示天干的"甲"、"乙"、"丙"、"丁"等,表示書寫工具的"筆"、"墨"、"紙"、"硯"等。一組類義詞往往構成一個詞場和語義場。

類義詞具有如下特點:

1. 類義詞表示的事物一定是某一大類下的小類。例如"桃"、"梨"、"棗"、"杏"是類義詞,它們都屬於"果實"類。

2. 類義詞處於同一邏輯層次,相互之間沒有包含關係。例如"走"、"行"、"跳"、"踢"等。

3. 類義詞具有相同的指稱義素。例如"紅"、"綠"、"黃"、"黑"等都含有[顏色]義素。

需要注意的是,類義詞只是在意義上同類,並不一定相同,例如"牛"和"羊"是類義詞,但並不是同義詞;但同義詞一定是類義詞,例如"薪"和"柴"是同義詞(《禮記·月令》鄭玄注:"大者可析謂之薪,小者合束謂之柴"),也是類義詞。反義詞儘管意義相反,但往往同類,因而也是類義詞,例如"晝"和"夜"即為表示時間的類義詞。

古代學者早就對類義詞頗為關注,我國第一部詞典《爾雅》可謂最早的一部類義詞典,它對所收詞語依類相從,初步構建了古代漢語類義詞系統。

類義詞在語言表達尤其是文學創作中發揮著重要作用,常用來構成對偶等修辭手法。例如杜甫《絕句》"兩個黃鸝鳴翠柳,一行白鷺上青天",其中"一"對"兩","行"對"個","白鷺"對"黃鸝","青"對"翠",工整巧妙,耐人尋味。

第六節 詞彙與文化

詞彙不僅是文化的載體,也是文化的產物。詞彙與文化具有密不可分的關係,如果要深入認識和準確掌握詞彙,必須瞭解詞彙與文化的關係。古漢語詞彙是中國古代文化的產物,它的產生與發展,無不是中國古代文化作用的結果。

一、詞義生成的文化原理

詞義的生成都是以特定的文化為基礎的,都是按照一定的民族認知、文化觀念、文化事象凝練而成的。例如"腫",以表示聚集意義的"鍾"為衍生依據,是因為古人認為腫塊的形成是寒熱氣積聚所致,故名"腫"。劉熙《釋名·釋疾病》:"腫,鍾也,寒熱氣所鍾聚也。"又《漢書·周昌傳》:"高祖曰:'吾極知其左遷,然吾私憂趙,念非公無可者。'"其中的"左遷"表示降職的意思。之所以有此意義,是因為"是時尊右而卑左,故謂貶秩位為左遷。"(顏師古注)類似的還有"左官"一詞,顏師古《漢書·諸侯王表》注:"左官,猶言左道也。皆僻左不正,應說是也。漢時依上古法,朝廷之列以右為尊,故謂降秩為左遷,仕諸侯為左官也。"又《春秋·莊公元年》:"王姬歸於齊。"其中的"歸"是嫁的意思,這是因為在古人的觀念裏,女子娘家不是其家,婆家方為家,故出嫁如歸。《詩·周南·桃夭》有言:"之子于歸,宜其室家。""嫁"的意義的形成亦當如此。

二、詞語構造的文化理據

詞語的構造也體現出古代文化精神。例如我國古代是一個宗法社會,體現宗法思想的等級觀念也成為詞語構造的一條重要原則。就構詞成分的序列而言,尊前卑後、長前幼後、男前女後、褒前貶後、正前負後等井然有序,例如"君臣"、"后妃"、"將士"、"師徒"、"祖孫"、"父子"、"兄弟"、"老幼"、"父母"、"舅姑"、"夫妻"、"善惡"、"美醜"、"雅俗"、"愛憎"、"安危"、"褒貶"、"成敗"、"高低"、"大小"、"長短"、"上下"、"尺寸"、"天地"、"手足"

等，一般都不會顛倒使用。又例如，自中古以來，複音詞大量產生，其中雙音節和四音節的佔絕對優勢，而四音節之中也多為兩兩相對格局。不僅新創詞語多選擇雙音節，而且已有的單音詞，有的加綴偶化，如"阿父"、"老鼠"、"老哥"、"桌子"、"師子"、"石頭"、"魚兒"等；有的分化複合，如"兵"，分別複合為"兵械"、"兵刃"、"兵戈"、"兵器"、"兵戎"、"兵火"、"兵事"、"兵革"、"兵役"、"兵丁"、"士兵"、"甲兵"、"戈兵"、"戎兵"等；有的近義耦合，如"道路"、"倉廩"、"府庫"、"疾病"、"君王"、"皇帝"、"官吏"、"衣裳"、"眼睛"、"竹帛"、"簡牘"、"金石"、"牙齒"、"文字"、"言語"、"游泳"、"沐浴"、"畏懼"、"哭泣"、"恥辱"、"完備"、"殘缺"、"戰鬥"等；有的以雙替單，如"眼睛"替代"目"、"太陽"替代"日"等。這些都是古人在"陰陽對立"、"合二而一"、"對立統一"世界觀影響下形成的尚偶觀念的體現。又例如，我們的古人認為"心之官則思"(《孟子·告子上》)。把心看做是思維器官，因而以"心"為語素構成大量的詞語，來表達與思想、感情、意志、情緒等精神活動相關的意義，如"心計"、"心術"、"心機"、"心曲"、"心懷"、"心地"、"心腸"、"心靈"、"心事"、"心思"、"心神"、"心跡"、"心氣"、"心目"、"心胸"、"心病"、"心虛"、"心緒"、"心情"、"心境"、"心眼"、"心得"、"心裁"、"心照"、"心路"、"心扉"、"心聲"、"心儀"、"心酸"、"心焦"、"心寒"、"一心"、"貳心"、"專心"、"人心"、"委心"、"傾心"、"外心"、"異心"、"違心"、"私心"、"背心"、"離心"、"悖心"、"天心"、"忍心"、"仁心"、"丹心"、"介心"、"方心"、"玉心"、"冰心"、"本心"、"平心"、"仙心"、"白心"、"至心"、"信心"、"守心"、"孫心"、"初心"、"直心"、"幽心"、"鐵心"、"恒心"、"炯心"、"素心"、"惠心"、"蕙心"、"愚心"、"慧心"、"德心"、"澄心"、"大心"、"小心"、"粗心"、"遐心"、"寸心"、"中心"、"衷心"、"雲心"、"世心"、"機心"、"戎心"、"成心"、"戒心"、"邪心"、"塵心"、"豕心"、"狼心"、"狂心"、"幸心"、"惡心"、"流心"、"野心"、"獸心"、"散心"、"偏心"、"冬心"、"放心"、"芳心"、"春心"、"悛心"、"勞心"、"疚心"、"悼心"、"忮心"、"寒心"、"腐心"、"垂心"、"經心"、"掛心"、"厝心"、"留心"、"懸心"、"盡心"、"游心"、"注心"、"悉心"、"苦心"、"潛心"、"冥心"、"操心"、"費心"等等，不勝枚舉。這些詞語都古已有之。

三、詞義內容的文化承載

詞義內容是文化的直接表現，很多詞直接承載著豐富的文化內涵，可藉以瞭解我國古代文化風貌。例如"仁"這個詞，就為我們呈現了儒家的核心思想。以下表述有助於我們對這個詞的意義的理解：

《說文解字·人部》:"仁,親也。从人从二。"徐鉉注:"仁者兼愛,故从二。"

段玉裁注:"…獨則無耦,耦則親,故其字从人二。"

《論語·顔淵》:"樊遲問仁,子曰:'愛人。'"。

《孟子·盡心下》:"仁也者,人也。"

《莊子·天地》:"愛人利物之謂仁。"

《荀子·議兵》:"仁者,愛人。"

《周禮·大司徒》:"仁,愛人以及物。"

《禮記·中庸》:"仁者,人也。"

《說苑·修文》:"積愛為仁。"

《釋名·釋形體》:"人,仁也。"

朱熹《孟子集注》:"仁者,人之所以為人之理也。"

《禮記·儒行》:"温良者,仁之本也;敬慎者,仁之地也;寬裕者,仁之作也;孫接者,仁之能也;禮節者,仁之貌也;言談者,仁之文也;歌樂者,仁之和也;分散者,仁之施也。"

正是基於"仁"的基本涵義,又以"仁"為核心構成一個不小的詞群:"仁愛"、"仁恕"、"仁慈"、"仁厚"、"仁善"、"仁義"、"仁德"、"仁政"、"仁人"、"仁心"、"仁術"、"仁風"、"仁言"、"仁澤""仁恤"、"仁洽"、"仁誨"、"寬仁"、"温仁"、"篤仁"、"柔仁"等。這些較清晰地體現了儒家的道德倫理觀念。

又如"龍",所具有的神聖、高貴、帝王之類的意義,是先民圖騰崇拜的體現。"龍王"、"龍宫"、"龍顔"、"龍種"、"龍庭"、"龍孫"、"龍體"、"龍袍"、"龍椅"、"龍座"、"龍輦"、"龍旗"、"龍印"、"龍帳"、"龍牀"、"龍鳳呈祥"、"龍飛鳳舞"、"龍騰虎躍"、"龍吟鳳鳴"、"群龍無首"、"飛龍在天"等都具有濃郁的民族文化色彩。

"合巹",表示成婚,來源於古代的結婚儀式。《禮記·昏義》:"婦至,壻揖婦以入,共牢而食,合巹而酳,所以合體同尊卑以親之也。"孔穎達疏:"共牢而食者,在夫之寢,壻東面,婦西面,共一牲牢而同食,不異牲。合巹而酳者,酳,演也,謂食畢飲酒演安其氣。巹,謂半瓢,以一瓢分為兩瓢謂之巹,壻之與婦各執一片以酳,故云合巹而酳。"

四、詞彙演變的文化動因

詞彙的演變與文化的發展息息相關,文化的不斷發展推動著詞彙不斷地吐故納新。

首先是文化的興廢更替,促使詞彙系統處於不斷的新陳代謝之中。有的詞語隨著文化現象的消失而淡出,有的詞語隨著新的文化現象的出現而產生,因而不同時代也就形成了不同的詞彙特色。例如商周時期,祭祀占卜文化發達,因而在漢語詞彙中表示祭祀占卜的詞語很多,例如"祭"、"祀"、"祝"、"占"、"卜"、"爻"、"貞"、"亯"(享)、"雩"、"禘"、"福"、"示"、"社"、"帝"、"鬼"、"巫"、"災"、"禍"、"祟"、"又"(佑)、"登"、"歲"、"祠"、"祊"、"犧牲"、"太牢"等等。在宋代,工商業發達,市井生活豐富,於是相關詞語大量湧現。例如"經紀"、"生意"、"定價"、"錢引"、"本錢"、"作坊"、"牙行"、"果子行"、"魚行"、"藥鋪"、"金銀鋪"、"花市"、"馬市"、"燈市"、"夜市"、"茶坊"、"酒店"、"瓦子"、"瓦市"、"瓦肆"、"瓦舍"、"勾欄"、"雜劇"等等。其中有些詞雖在宋以前已經出現,但不如宋代使用頻率高。

文化因素也會促使具體詞語的更替。例如《詩·小雅·小弁》:"雉之朝雊,尚求其雌。""雉"後來改稱"野雞"。《史記·封禪書》:"其神或歲不至,或歲數來,來也常以夜,光輝若流星,從東南來,集於祠城,則若雄雞,其聲殷云,野雞夜雊。"如淳注:"野雞,雉也。呂后名雉,故曰野雞。"《漢書·郊祀志》顏師古注亦云:"野雞,亦雉也,避呂后諱,故曰野雞。"古代因避諱而改詞易字的情況很多,不勝枚舉。甚至還有因避諱而改人姓名的,如"荀卿"被改為"孫卿"(其書也改稱《孫卿子》)、"蒯徹"被改為"蒯通"等,切不可誤為不同的人。這也是讀古書要特別留意的。民俗也會促使詞語更替。例如今天所謂筷子,本來古代叫"箸",《後漢書·董卓列傳》:"會者戰栗,亡失匕箸,而卓飲食自若。"後因語言禁忌而改名。明陸容《菽園雜記》:"吳俗,行舟諱言'住'。'箸'與'住'同音,故謂'箸'為'筷兒'。"

文化因素也促使詞義發展演變。例如"昏",本義是黃昏。《說文解字》:"日冥也。从日,氐省。氐者,下也。一曰民聲。"《禮記·曲禮上》:"凡為人子之禮,冬溫而夏凊,昏定而晨省,在丑夷不爭。""昏"又引申出婚禮之義,《儀禮·士昏禮》:"昏禮,下達納采,用鴈。"對於這種變化,段玉裁《說文解字注》解釋說:"士娶妻之禮,以昏為期,因以名焉。"又"舅"與"姑",《爾雅·釋親》:"母之晜弟為舅","父之姊妹為姑";又曰:"婦稱夫之父曰舅,稱夫之母曰姑。"這是因為古代頗多近親結婚,女子之公婆很可能就是自己的舅舅姑姑,故舅姑亦可指公婆。《禮記·坊記》:"昏禮,婿親迎,見於舅姑。"古代一直沿用。又"鐘",本為樂器,《詩·周南·關雎》:"窈窕淑女,鐘鼓樂之。"後因也用來報時,所以又引申指報時器。《舊唐書·天文志》:"又立二木人于地平之上,前置鐘鼓以候辰刻,每一刻自然擊鼓,每辰則自然撞鐘。皆于櫃中各施輪軸,鉤鍵交錯,關鎖相持。"這或許是最早的時鐘了。

【導學訓練】

一、學習導引

詞彙是集語音、語義和語法於一體的特殊成分。它關聯語音,承載語義,制約語法,影響語用,是語言的最為關鍵的要素。要深刻地認識語言、準確地把握語言、得體地運用語言,必須抓住詞彙這個關鍵。對於學習漢語尤其是古代漢語而言,這一點更顯重要。德國語言學家威廉·洪堡特早在十九世紀初就指出:"漢語的詞語分量更重,迫使人們到詞語本身之中去尋索它們的關係。""理解漢語始終必須從詞的意義開始。"①因此必須高度重視詞彙的學習。

詞彙雖然是由一個個詞構成的,但詞彙是有系統性的,因而要善於把握規律,抓住詞與詞之間、詞的若干意義之間的聯繫,系統掌握詞彙,以收舉一反三、觸類旁通之效。譬如,從詞的本義出發,根據詞義引申的規律和線索,順藤摸瓜,把詞的一個個意義串聯起來,整理出一個有機的序列,這樣既便於記憶,又有利於加深理解。又譬如,可以借鑒語義場等理論,根據詞與詞之間在意義、語音、功能、書寫形式等方面的聯繫,來構建不同的詞語類聚(或叫詞群),從而把零散的詞語體系化,以便系統把握。

詞既是詞彙單位,也是語法單位,這就是所謂詞的兩重性。詞彙語義對語法和語用具有重要的制約作用,甚至可以說,詞彙語義對語言要素的性質、功能及組配模式、表達形式等都具有決定性作用,漢語尤其如此。因此,我們應該把詞彙的學習與語法的學習和語用的學習結合起來,通過把握詞的意義來把握詞的用法,掌握語法規律,實現一舉多得。

詞彙和詞義是發展變化的,這是需要牢記的。尤其是學習古代漢語,務必要樹立歷史的觀念。不僅要注意古今詞語的差異,避免犯以今釋古的錯誤,而且還要留心詞語在古漢語內部不同時期的發展變化,避免對古漢語簡單地一概而論,產生誤解。例如,關於"給"的意義,過去很多頗有影響的著作都普遍認為:"在古代漢語中'給'字不表示'給予',只表示'供給'。'給予'的意義用'與'、'予'表示。"(《古漢語常用字字典》,商務印書館新舊版均同)其實,這種說法是不正確的。如果信守這種說法,古漢語中很

① 洪堡特:《洪堡特語言哲學文集》,姚小平編譯,湖南教育出版社,2001年。

多“給”都不好解釋。例如,《史記·高祖功臣侯者年表六》:“始高祖微時,有急,給高祖一馬。”《漢書·蓋寬饒傳》:“奉錢月數千,半給吏民為耳目言事者。”這類“給”不解為“給予”又作何解?實際上在古漢語中,“給”的意義是先後有所變化的。據考察,授與動詞“給”萌芽於先秦,成長於漢魏六朝,成熟於隋唐。它發展到唐代,除極個別用法之外,與現代漢語授與動詞“給”幾乎没有什麼差異。[①] 顯然,我們只能説,在先秦漢語中(稍寬泛一點兒,頂多只能説上古漢語中)“給”字一般不表示“給予”,只表示“供給(jǐ)”,而不能籠統地説,在古漢語中“給”不表示“給予”。由此可見,我們不能對歷經數千年的古漢語一概而論,要歷史地看問題,要充分把握詞彙的演變規律,尤其是具體詞語的歷時變化。

古代漢語和現代漢語是一脈相承的,它們有同有異,我們應該主要關注其異。本章學習的重點是詞彙和詞義的古今差異,尤其要把握那些古今大同小異、差別微殊的詞語,還有古代常用、現代少見的特殊詞彙。因為那些詞語往往構成我們閱讀理解的障礙,往往容易為我們所忽視而誤解。

本章的難點是同源詞問題和詞義的分析方法問題。對於前者,可以通過自學王力《同源字典》(商務印書館,1982 年)等論著來加深認識;對於後者,可以閱讀有關義素分析、語義場理論和訓詁方法的文獻,並自己動手分析一些詞語,從而摸索方法,學會操作。後一方面,以下文獻很值得參閱:蔣紹愚《古漢語詞彙綱要》(商務印書館,2005 年),張聯榮《古漢語詞義論》(北京大學出版社,2000 年),洪成玉《古漢語詞義分析》(天津人民出版社,1985 年),賈彥德《漢語語義學》(北京大學出版社,1999 年)等。

二、思考題

1. 促使詞彙發展演變的原因有哪些?

2. 詞從本義出發,不斷引申出新的意義,形成一詞多義。那麼,一詞多義是否可以裂變出新詞呢?請思考並論證。

3. 詞義引申有哪些規律?除了本章提到的之外,還有其他規律嗎?

4. 古今詞義的差異具體表現在哪些方面?請在本章所舉例子之外舉例論證。

5. 怎樣正確認識偏義複詞?現代漢語中有偏義複詞嗎?

三、實踐訓練

1. 以本章文選為範圍,挑選若干個詞,找出它們的全部用例,然後對各詞的意義進行分析歸類,並根據詞義引申的規律,畫出各詞的意義關係圖。

2. 在本章文選中挑選出若干個古今意義有差異的詞,具體分析它們的差別何在。

3. 運用義素分析法具體辨析幾組古代漢語同義詞。

---

① 參閱趙世舉:《授與動詞“給”産生與發展簡論》,《語言研究》2003 年第 4 期。

【研討平臺】

一、如何認識詞的音義關係

問題概述

音和義是怎樣組合成詞的？這是一個自古至今爭論不休的問題。我國先秦諸子的名實之辯,古希臘學者的本質論約定論之爭,直到索緒爾以來的任意性與象似性的討論,許多思想家、邏輯學家、語言學家都對這個問題有直接間接、或多或少的論述。儘管各自出發點有别,視角不同,說法各異,但大致說來,古今中外主要有兩種對立的觀點:一種認為詞的音義具有本質的聯繫,人們是根據事物的本質,通過擬聲方式,來為事物命名,賦予一定的意義以一定的聲音;另一種認為,人們對事物的命名是任意的,是通過"約定俗成"的方式實現的,音義之間没有必然的聯繫。此外,還有一種折中的觀點,認為原初造詞,音義的結合是任意的,音義之間没有必然的聯繫,但後來在既有詞語基礎之上以不同方式派生出來的詞,其音義之間則具有必然的聯繫。

音義關係問題不僅是一個理論問題,也是一個具有重要實踐價值的問題。正確認識音義關係,對於我們科學揭示詞義的生成及發展,系統梳理詞義與詞義、詞與詞之間的有機聯繫,以簡馭繁地把握詞義系統和詞彙系統,深化對語言本質的認識等都具有重要意義。以下我們將選輯一些涉及音義關係的材料供參閲,閲讀之後,想想你會持什麼看法呢？

資料選輯

1. 名無固宜,約之以命,約定俗成謂之宜,異於約則謂之不宜。名無固實,約之以命實,約定俗成,謂之實名。名有固善,徑易而不拂,謂之善名。

(《荀子·正名》,中華書局諸子集成本)

2. 夫言非自然一定之物,五方殊俗,同事異號,趣舉一名者,以為標識耳……故異域之言,不得强通。

(嵇康《聲無哀樂論》,《魯迅三十年集·嵇康集》,魯迅全集出版社,1947年)

3. 子思曰:"事自名也,聲自呼也。"(《中論·貴驗篇》引)此聲音之理,最微妙者也。程子云:"凡物之名字,自與音義氣理相通。天未名時本亦無名,只是蒼蒼然也;何以便有此名？蓋出自然之理,音聲發於其氣,遂有其名其字。"(《二程遺書》卷一)此説亦微妙。孔沖遠云:"言者,意之聲;書者,言之記。"(《尚書序》疏)此二語尤能達其妙旨。蓋天下事物之象,人目見之,則心有意;意欲達之,則口有聲。意者,象乎事物而構之者也;聲者,象乎意而宣之者也。聲不能傳於異地,留於異時,於是乎書之文字。文字者,所以為意與聲之跡也。未有文字,以聲為事物之名;為既有文字,以文字為事物之名,故文字謂之名也。

(陳澧:《東塾讀書記·小學》,商務印書館,1935年)

4. 蓋古人造字,既象物形定字形,复象物音定字音,故字形與物形同,字音復與物音同。如風火相薄,火焰上升,其音同呼,古人即火音而錫以名,故火字之音為呼果切,以象火聲。舟行水中,急湍相激,其音澌澌,古人即水音而錫以名,即水字之音為式軌切,以象水聲。(南方之人讀水字與死字音同,尤與澌字之聲相近。又案泗水之泗字音與澌相近,亦因水聲澌澌得名。)又如日訓為實,古人見日中實也,即呼日為實,日實音近,故訛實為日,而日音為呼質切矣。月訓為缺,古人見月形之半缺也,即呼月為缺,月缺音近,故訛為月,而月音為魚厥切矣……惟以字音象物音,故音同之字,形義亦大抵相同,此聲音文字之本原也。略舉數端以發其凡。

(劉師培:《劉申叔先生遺書·小學發微補》,寧武南氏鉛印本,1934 年)

5. 關於詞的性質是"本質的",還是"約定的"爭論,把古希臘的思想家們分成了兩個敵對的陣營。

……

這次事物與其名稱之間的關係的辯論,反映在柏拉圖(公元前 428—前 348 年)著名的《對話錄》(Кратил)中。在這本《對話錄》中列舉了關於名稱本質的對立雙方的傳統觀點,《對話錄》本身就把語言學說嚮前發展了一步。

除了蘇格拉底作為仲裁者外,參加談話的兩個人是赫爾摩根和克拉底洛。克拉底洛斷言:"任何存在的東西都有一個正確的天賦的名稱,所謂名稱並不是有些人在進行言語活動的某一片段時,約定怎樣稱謂就怎樣稱謂;名稱無論對於希臘人,還是對野蠻人都是天賦的,對所有人都一樣。"(《古希臘羅馬的語言和文體理論》,莫斯科—列寧格勒,1936 年,第 36 頁)

相反,赫爾摩根聲稱:"我不能相信名稱的正確性不在於約定俗成,而在於其他方面。因為我認為,如果有誰為某物確定了一個名稱,那個名稱也就是正確的名稱;因為任何名字對任何人都不是天賦的,它乃是指法律和習慣的基礎上的產物,人們養成了這種習慣,並且照此進行。"(同上第 37 頁)

柏拉圖在這裏以蘇格拉底的名義出現,他採取中間路線,不同意詞好像總是反映事物的本質,儘管他引用了一些在詞源上與事物性質的特徵有聯繫的詞。他也不同意事物和其名稱之間的聯繫好像是偶然的這種意見,因為這樣人類就不可能交往。他認為詞的聲音同它所表示的概念之間最初就存在著某種內在聯繫(聲音的象徵意義,擬聲構詞法原則)。人們用這些原始詞構成了大量的詞,以致現在已經看不出它們的聲音與意義之間的內在聯繫了。詞與事物的聯繫是由社會傳統確定的。

(H. A. 康德拉紹夫:《語言學說史》,楊余森譯,武漢大學出版社,1985 年)

6. 能指和所指的聯繫是任意的,或者,因為我們所說的符號是指能指和所指相聯結所產生的整體,我們可以更簡單地說:語言符號是任意的。例如"姊妹"的觀念在法語裏同用來做它的能指的 s-ö-r(sœur)這串聲音没有任何內在的關係;它也可以用任何別的聲音來表示。語言間的差別和不同語言的存在就是證明:"牛"這個所指的能指在國界的一邊是 b-ö-f(bœuf),另一邊卻是 o-k-s(Ochs)。

(索緒爾:《普通語言學教程》,高名凱譯,商務印書館,1980 年)

7. 人依靠知性統治自然,而知性也正是語言之母。從物體發出的聲音中,人提取出區分特徵,從而構成了一種生動的語言。於是樹就叫"沙沙",風就叫"嗖嗖",泉水就叫"淙淙",這樣,人們就有了一部小小的詞彙,等待著發音器官給它們打上印記……

但是,並非所有的事物都會發聲,那些並不發聲的事物,人從哪裏來的本領把它們變成語聲,心靈怎麽才能命名它們,使其獲得符號? 顏色、形狀與它們的命名有什麽樣的關係呢? 這類名稱的產生與咩咩的叫聲成為羊兒名稱的方式有什麽不同? 超人起源說的捍衛者們對此有現成的回答:這是任意的! 為什麽綠色叫"綠"而不叫"藍"? 這有誰能解釋,有誰能在上帝的理智中找到原因? 毫無疑問,上帝喜歡這樣,僅此而已! 這一來,線索就被剪斷了! 所有關於語言發明藝術的哲學家探索於是都成了隨意杜撰的空中樓閣。……一種根據膚淺空洞的任意性創造出來的語言是與它的整個善於類推的本性相背的。

(赫爾德(Herder,J. G):《論語言的起源》,姚小平譯,商務印書館,1999 年)

8. 那麽音與義在語言裏究竟發生了什麽樣的關係呢? 它們的關係有哪些特徵呢? 從語言的實際考察,可以發現音義關係有以下一些特點:

(1)音義關係的偶然性

除了某些象聲字另外看待(因為這是第二信號系統裏雜入第一信號系統的成分),某一語義要求用什麽語音形式來負載,一開始就具有偶然性。同一個聲音可以表達多種完全無關的意義,而相同或相反的意義完全可以用不同的聲音來表達。這是常識問題,用不著多說了。

(2)音義關係的約定性

音義之間不存在必然聯繫,但存在著與現實的聯繫,這種聯繫是由使用語言的社會成員共同約定的。一經約定之後,音義之間的偶然聯繫便得到了社會承認,同時也就獲得了某種規定性,任何一個社會成員想隨意變更這種現實的聯繫就不可能了。這樣以來,音義便互相制約又互相依存……

(3)音義關係的回授性

由於社會的"約定",本無必然聯繫的音義關係便對自身所處的語言系統產生反作用,使語言發展接受其已有的意義關係的影響制約,即早起的音義關係對後起的音義關係產生"回授"作用。先產生的詞的音義關係在由它派生發展(孳乳演變)而來的新詞上表現出的回授性使由意義上的相承及於語音上的相承。於是"約定"之前音義無關,"俗成"之後音義往往聯繫。特別是從先後產生的同源詞音義關聯上可以找到許多證明……

(4)音義關係的延展性

同一事物的名稱,甲乙兩地說法不同,這往往是由於地域方言即語言的地方變體所致。同一事物的不同地方變體,在音義結合關係上常有明顯的脈絡可尋。《爾雅·釋詁》:"契,絕也。"郭注:"今江東呼刻斷物為契斷。"這"刻"與"契"古代便是雙聲("刻"、"契"古"溪"母字)。我們今天認識音義關係的延展性,主要是從語音的對應關係著眼的;音義關係的延展性反映於音義系統的對應性。這主要是地域延展性。

(5)音義關係的類聚性

我們由義到音進行觀察,不難發現從"攸"聲的字(詞)多含有共同義素"長"或與"長"多少有點類似的意思。比如:

悠—憂之長,引申為意之長,再引申為時之長。

修—毛之長,引申為一般的長。

筱—竹之長。

脩—脯之長(條狀可束)

……認識這一類聚性,有利於語源的探求。

(6)音義關係的多元性

音義關係的多元性是指某一音素或音位所允許聯繫的意義不是單一的,而某一意義單位也允許由不同的語音形式負載。因為音素有限而義位無限,只好"兼職",使一個語音單位所對應的意義單位不可能是唯一的了。比如"斑"、"班"有共同的語音結構而無意義關聯("班白"通"斑白"是另一回事)。"哉"("才"的借用)、"元"有共同義素"始也"(《爾雅·釋詁》),而無語音聯繫。語言有其自身嚴整的內部規律,也具有豐富的表現形式,音義關係的多元性也正反映了這一實況。

(許威漢:《訓詁學教程》,北京大學出版社,2013年,第51—53頁)

二、關於漢語詞彙複音化的動因和歷程問題

問題概述

詞彙複音化是漢語發展演變中的一個十分突出的現象。在上古漢語尤其是先秦漢語中,單音詞佔主導地位。自漢代開始,複音詞不斷增多,漸成優勢。及至現代漢語中,複音詞成為絕大多數。那麽是什麽因素促使漢語詞彙不斷複音化呢?有學者從語言內部找原因,有的從語言外部找原因;在語言內部,有學者從詞彙內部找原因,有的從其他語言要素找原因。這是一個非常有趣而且值得深入研究的問題,弄清這一問題,不僅有助於了解漢語詞彙演變的歷史,更深刻地認識漢語發展的規律,而且有利於加深對現代漢語詞彙的來源、生成以及現代漢語詞的結構與意義的認識,幫助我們學好現代漢語。

關於漢語詞彙複音化的歷程問題,目前的研究還不够充分。過去流行的說法是"古漢語中單音詞佔優勢",其實是不準確的。事實上,在古代漢語的中後期,複音詞已漸成優勢,並不是到了現代漢語才成優勢的。那麽在古代漢語的每個階段,複音詞的發展狀況如何呢?這有待於進行大量的語料統計和深入分析,才能準確回答這一問題。

資料選輯

1. 單足以喻則單,單不足以喻則兼;單與兼無所相避則共;雖共不為害矣。

(《荀子·正名》,中華書局諸子集成本)

2. 漢語構詞法的發展是循著單音詞到複音詞的道路前進的。歷代複音詞都有增加。鴉片戰爭之後,複音詞大量增加。現在漢語複音化的趨勢並未停止。漢語複音化

有兩個主要的因素:第一是語音的簡化;第二是外語的吸收。……上古漢語的語音是很複雜的:聲母、韻腹、韻尾,都比現代普通話豐富得多;和中古音相比較,也顯得複雜些……現在我們還不十分了解唐末和宋代的實際語音情況,但是有種種跡象使我們相信從第八世紀起,實際語音要比《切韻》系統簡化了一倍(唐詩宋詞的用韻,都没有《切韻》音系那樣複雜—原注)。到了《中原音韻》時代(十四世紀)又比第八世紀的實際語音簡化一倍以上。單音詞的情況如果不改變,同音詞大量增加,勢必大大妨礙語言作為交際工具的作用。漢語的詞逐步複音化,成為語音簡化的平衡錘。這樣的了解,並不等於承認語言的發展是由於人為的結果,相反地,語言的本質(交際工具)決定了語言的發展規律,漢語的詞的複音化正是語音簡化的邏輯結果。今天閩粵各方言的語音比較複雜,複音詞也就少得多,可以作為明確的例證。

另一個因素是外語的吸收。如果是音譯,原來是複音詞,譯出來自然也是複音詞。上古外來語如"琵琶"、"葡萄"、"苜蓿"、"薏苡"、"荔支",中古外來語如"菩薩"、"羅漢"等(原文不一定是雙音,譯後往往縮成雙音,或逐漸簡化為雙音。如"菩薩"本該是"菩提薩埵"(Bodisatva),"羅漢"本該是"阿羅漢"(alokham—原注),近代外來語如"鴉片"等,現代外來語如"沙發"、"邏輯"等,都是屬於這一類的。甚至原來是單音節詞,譯出後也可以變為雙音節詞,例如"伏特"(volt)。如果是意譯,就更非複音不可。漢語新詞的產生,其重要手段之一,本來就是靠仂語的凝固化。至於吸收外語,在絕大多數情況下,就是靠著主從仂語來對譯單詞。既然是仂語,至少有兩個音節。例如"火車"(train)、"電話"(telephone)、"發動機"(engine)、"火車頭"(locomotive),至少有兩個音節。這樣就説明了為什麼鴉片戰爭以後,漢語複音詞大量增加。事實上,隨著資本主義的侵入,不能不創造新詞來反映新事物,而所謂創造新詞其實就是翻譯外國的名詞和術語。

(王力:《漢語史稿》中册,中華書局,1980年)

3. 先秦是漢語詞彙複音化開始的階段,也是複音化進展十分迅速的階段。這跟社會發展對語言的影響以及漢語本身內在的發展規律有著密切的關係。語言是隨著社會的發展而不斷發展的,春秋戰國時期社會的極大變革和發展必然要求漢語加快自己的發展步伐,以適應社會發展的需要,特别是要求漢語用大量的新詞新語來反映這種社會變革和發展的現實。殷商和西周時期,漢語的詞彙中很少複音詞,這可以從甲骨文、西周金文和《尚書》的詞彙情況得到證實。單音節新詞的產生,其造詞方式只可能有兩種:一是詞義造詞,一是音變造詞。所謂詞義造詞,即通過詞義的引申,造成多義詞,再由多義詞分化出新的同音詞。例如,"道",本義是道路,引申為抽象意義的途徑,這還是一詞多義;再引申為道德或思想、學説,或者引申為引道(後來寫作"導")。這就構成跟表示本義的"道"語音形式相同的新的單音詞了。所謂音變造詞,即通過改變某個單音詞的聲、韻、調來構成新詞,例如,"朝",本義是早晨,改變"朝"的聲母構成表示朝廷、朝代的新的單音詞"朝"。又如"長",本義是"長短"的"長",改變其聲母和聲調,構成表示生長、年長的新的單音詞"長"。"雁"和"鵝"也是屬於這類情況的同源詞,它是通過改變韻母和聲調而分化成兩個單音詞的。這兩種造詞方式造詞顯然有很大的局限性,不能滿足當時社會發展對漢語所提出的產生大量新詞的要求。詞義造詞必然帶來同音詞的增加,這是顯而易見的;音變造詞也不可避免地帶來同音詞的增多,因為語言中的音節數目是不可能無限制地增加的,根據古音學家的研究,先秦的語音系統就已經十分繁複了,再增加新的聲母、韻母或聲調以構成新的音節這顯然不是語音本身所要求和所能容許的,所以音變造詞的最後結果也只能導致同音詞的大量增加。然而,同音詞過多必然影響語音的交際功能……為避免由於同音詞過多而可能引起的交際上的混亂就迫切要求詞的複音化。正是在這種客觀要求下,春秋戰國時期開始並加快了詞的複音化的進程……很明顯,詞的複音化正是解決當時需要大量增加新詞這種社會要求和舊的詞彙體系局限性的矛盾的唯一出路。

(馬真:《先秦複音詞初探》(續),《北京大學學報》[哲社版]1981 年第 1 期)

4. 促使漢語構詞複音化的內在根據是什麼呢? 我們認為,是單音節孤立語這個上古漢語的本質特點。單音節孤立語的本質特點是:(1)語言中絕大部分的詞在語音結構上只是一個音節,而且缺乏形態變化;(2)組詞造句的語法手段主要是靠語序和虛詞。一種語言的音素總是有限的,如果把有限的音素組成單音節,音節的總數也是有限的。特別是按漢語的音節構成方式(聲母 + 韻母)來組成單音節,音節的總數就更有限。按上古漢語的 32 個聲母、29 個韻母來組合,其可能構成的音節總數是:

$$C_{32}^{1} \times C_{29}^{1} = 928 \text{ 個音節}$$

加上四聲:

$$928 \times 4 = 3,612 \text{ 個音節}$$

由於並非每一個聲母都能跟每一個韻母組成音節,因此,實際的音節總數最多也只能是 3,000 個左右。3,000 左右的音節要容納成千上萬個詞義,容量顯然太小了。其結果就必然出現大量的一詞多義現象和大量的同音詞現象。上古漢語就存在這樣的現象。一詞多義是各種語言所共有的現象,是語言的經濟原則的體現。但是,一詞多義超過一定的限度,就會給語言的交際帶來麻煩,就有可能出現不應有的歧義現象或詞義不確定的現象。大量的同音詞的存在,就會造成語言運用的混亂。道理顯然,不必多說。

為了解決一詞多義和同音詞過多的矛盾,我們的祖先曾經在漢字上大做文章,想利用漢字的表意文字的特點,通過大量造字從字形上來分化一詞多義,來區別同音詞……這個辦法確實在書面語裏解決了一部分問題,但不能解決口頭語言的問題。另外,大量造新字,必然增加學習上的負擔。如何解決這個矛盾呢? 比較切實可行的辦法是利用已有單音語素組成複音詞,用複音詞來分化一詞多義和同音詞,用複音詞來表示新事物、新概念。構詞一旦走上了複音化,就為新詞的創造開辟了廣闊的道路。若以 3,000 個音節來計算,單就兩兩組合構詞,則可能構成的複音詞就有:

$$P_{3000}^{2} = 3,000 \times 2999 = 8,997,000 \text{ 個}$$

即使是單向組合,也有:

$$\frac{8997000}{2}=4,498,500\text{ 個}$$

這是一個巨大的容量,漢語構詞的發展正是走的這條路子。這也是一切單音節孤立語詞彙發展的必由之路。

(盛九疇:《漢語由單音詞漸變為複音詞的發展規律》,
《學術論壇》1983 年第 5 期)

5. 目前已被辨識的甲骨文字,基本上一字一詞相對應,單音詞是甲骨詞彙的主體。殷商時代也有了少量雙音詞,主要是以下幾類:①干支。由天干、地支相配而成。由甲子至癸亥共 60 個。②官職名。如臣正、匕臣……③人名、地名等專名。

(王紹新:《甲骨刻辭時代的詞彙》,載程湘清主編
《先秦漢語研究》,山東教育出版社,1992 年)

6. 漢語詞彙從以單音節詞為主,過渡到以雙音節詞為主,是漢語發展史上的一大變化。這一變化的完成自然不是一朝一夕之功,而是經歷了一個漫長的歷史過程。如果說漢語至少有一萬年以上的歷史,那末事實表明,在距今兩千多年的先秦兩周時代,這一變化就已經開始了。兩周八百多年的歷史,是我國社會發生重大變化的時期……伴隨漢族社會的發展,漢語不斷完善和改進自已的物質結構。表現在詞彙上,一個最顯著的事實就是在這個時期內出現了相當數量的雙音詞和雙音詞組,就是說,開始邁出了漢語詞彙雙音節化的第一步……

漢語走上雙音化道路的原因是什麼?總的說是語言內部矛盾—交際任務同交際手段之間的矛盾推動的結果。具體可從以下兩方面來分析:(1)從"消極"方面說,是為了更準確、周密地表達思想,進行交際。所謂"消極",是有點不得已而為之的意思。這是因為,早期漢語詞的結構是單音節的,單音節詞的產生除了靠詞義的演化、轉移,可能主要依靠單音節內部的曲折變化,即採取改變一個音節內部聲、韻、調某要素的方法孳生新詞,這種主要訴諸語音特點的構詞方法,我們叫它語音造詞。在當時生產力極為低下的情況下,由於人們的生活領域和認識領域還比較狹隘,詞彙還不很豐富,因此,主要用這種語音造詞的方法產生新詞,是基本能够滿足交際需要的。然而,隨著社會的發展,漢族社會由青銅器時代進到鐵器時代,由奴隸制發展到封建制,被人們所認識的客觀事物日益紛繁,在此過程中人們的思維能力也通過實踐不斷提高,這就要求用新的詞語把人們認識的成果、抽象思維的成果反映出來,以便更好地承擔交際任務。這樣,單音節這種詞的物質結構(交際手段)就不再能有效地承擔任務了。因為如果仍然採取單音節的形式,就不可避免地要導致兩種結果:或是大量地增加新的音節,使音系進一步複雜化(事實上音節不能無限制的增加),或者增加大量同音詞。很顯然,這兩種結果都是不利於交際的。於是,單音節的形式開始突破了,從而轉向利用語法特點—詞序和虛詞—把單音節有規律地搭配起來而構成雙音詞和雙音詞組(也包括一小部分三音節詞和四字成語)。……正由於漢語詞彙突破單音節,走向雙音化,因而對語法和語音都有重大影響。比如,表現在語音上就是語音系統的簡化。因為,當語音造詞逐漸被語法造

詞所取代、音節內部的形態功能逐漸被詞序和虛詞所取代的時候,為了適應語音造詞而存在的複雜音系就成為多餘的了。有一種流行的說法,漢語走向雙音化的主要原因是語音系統的簡化。我們認為,這是因果倒置了……。(2)從"積極"方面說,是為了更形象、生動地反映客觀,進行交際。一種語言的結構特點,通常和使用該語言民族的習俗愛好、心理素質有密切關係。比如,漢族人民自古以來形成這樣一種審美觀點,就是講究對稱,這幾乎表現在美術、音樂、雕刻、建築等各個方面……這一心理素質和審美觀點反映到語言上,就是講究成雙成對的語言片段和節奏,單音節要變成雙音節,三音節要變成四音節。

(程湘清:《先秦雙音詞研究》,載程湘清主編
《先秦漢語研究》,山東教育出版社,1992 年)

【拓展指南】

一、文獻介紹

1.《方言》

西漢揚雄撰,全稱是《輶軒使者絕代語釋別國方言》。全書原有十五卷,今本只有十三卷,約一萬一千九百字。該書專釋方言口語(甚至包括一些少數民族語言詞語)。是我國第一部方言專著,開系統研究方言、研究活的口語之先河。所收詞語廣涉百科,列為六百六十九條,不僅釋義,而且指出方言所屬地,簡要明瞭。該書雖未以"雅"命名,但其內容和形式都在一定程度上仿效《爾雅》,可視之為雅書的支派。是我們研究古代漢語詞彙尤其是古代方言的不可多得之書。常見的有中華書局據《戴氏遺書》排印的《四部備要》本《方言疏證》(戴震疏)和科學出版社 1956 年出版的周祖謨《方言校箋》(附有吳曉鈴《通檢》)。新近出版的華學誠《揚雄方言校釋匯證》(中華書局 2006)亦頗可參閱。(詳參訓詁章)

2.《釋名》

東漢劉熙撰。又名《逸雅》。凡二十七篇,收詞一千五百餘條。全書幾乎全用聲訓方法訓釋詞義,探求事物命名由來。堪稱中國上古聲訓集大成者,開系統研究語源之先河。雖有穿鑿附會之處,但"其書參校方俗,考合古今,晰名物之殊,辨典禮之異,洵為《爾雅》、《說文》以後不可少之書"。(清畢沅《釋名疏證・序》)雖例仿《爾雅》,但不囿之。尤其是在訓釋方法上有重大突破。於今頗具參考價值,是研究古代漢語詞彙、詞義,尤其是語源的珍貴資料。較好的本子有商務印書館據《經訓堂叢書》本影印的《叢書集成》本《釋名疏證》(清畢沅撰)和上海古籍出版社據光緒二十二年刻本影印的《釋名疏證補》(清王先謙撰)。(詳參訓詁章)

3.《廣雅疏證》

清王念孫撰。成書於清乾隆六十年(1795)。《廣雅》是魏張揖為增補《爾雅》而編撰的一部非常重要的辭書,《廣雅疏證》則是一部對該書進行系統整理、考辨、闡發的著

作。其篇章次序一仍《廣雅》，逐條疏證。作者旁徵博引，深究詳考，參互比證，尤其注重“就古音以求古義，引申觸類，不限形體”（《廣雅疏證自序》），創獲尤多，成就斐然。實際上，是王念孫借《廣雅》一書闡述自己的學術思想，實踐自己的治學方法，展示其音韻、文字、訓詁之學識的集大成之作，也是代表我國古代語言學最高成就的著作之一。為研究古漢語詞彙、訓詁必讀之書。通行版本有嘉慶元年（1796）王氏家刻本、道光九年（1829）學海堂《皇清經解》本、1984 年江蘇古籍出版社影印家刻本（後附詞目索引）等。另有張其昀《廣雅疏證導讀》（社會科學文獻出版社 2009）和盛林《廣雅疏證中的語義學研究》等亦可參閱。

4.《説文解字注》

清段玉裁撰。簡稱《説文注》。共三十卷三十一篇。書後附有段氏古音學著作《六書音均表》五篇。開始編寫於乾隆庚子年（1780），於嘉慶戊辰年（1808）完稿，嘉慶二十年開始刊行。《説文解字注》是清代註釋和研究《説文》影響最大的著作之一。王念孫在為該書撰寫的序言中稱“蓋千七百年以來，無此作矣”。《説文解字注》具有重要的學術價值。首先是對大徐本《説文解字》進行了校勘，全面闡明了許書的體例。其次，本書按照文字的形、音、義三者並重的原則，在註釋中“能三者互推求”，不僅能説明文字的本義，還能闡明引申義，區分本義和假借義，辨析同義詞，並能闡明文字的發展變化和古今詞義的演變。但是本書也有一些不足之處，如證據不足而妄改《説文》，拘泥於小篆字形，説解有穿鑿之處，引申義分析有不恰當之處。這些都是需要我們在閲讀本書時注意的。

二、資料導引

1. 符淮青：《漢語詞彙學史》，安徽教育出版社，1996 年。
2. 高守綱：《古代漢語詞義通論》，語文出版社，1994 年
3. 洪成玉：《古漢語詞義分析》，天津人民出版社，1985 年。
4. 蔣紹愚：《古漢語詞彙綱要》，商務印書館，2005 年。
5. 潘允中：《漢語詞彙史概要》，上海古籍出版社，1989 年。
6. 史存直：《漢語詞彙史綱要》，華東師範大學出版社，1989 年。
7. 蘇寶榮、宋永培：《古漢語詞義簡論》，河北教育出版社，1987 年。
8. 王力：《漢語詞彙史》，商務印書館，1993 年。
9. 徐朝華：《上古漢語詞彙史》，商務印書館，2003 年。
10. 徐時儀：《古白話詞彙研究論稿》，上海教育出版社，2000 年。
11. 許威漢：《二十世紀的漢語詞彙學》，書海出版社，2000 年。
12. 許威漢：《漢語詞彙學導論》，北京大學出版社，2008 年。
13. 張聯榮：《古漢語詞義論》，北京大學出版社，2000 年。
14. 張永言：《詞彙學簡論》，華中工學院出版社，1982 年。
15. 趙克勤：《古代漢語詞彙學》，商務印書館，1994 年。
16. 周光慶：《古漢語詞彙學簡論》，華中師範大學出版社，1989 年。

17. 億容在線詞典(Erong):http://www.erong.com。

18. 漢典在線詞典:http://www.zdic.net。

19. 漢語寶典在線字詞典:http://www.taizhou.name/DIC。

20. 成語在線:http://www.0351jjw.com/chengyu/Html/ChengYu_3282.html。

21. 中國工具書網絡出版總庫:http://gongjushu.cnki.net/refbook。

22. 漢語詞彙學網:http://218.193.49.104:8080/(S(wzeqbc5 5zppgrg45 ltelfl 4 5))/Default.aspx。

23. 國學網:http://www.guoxue.com。

【文 選】

子 路

【解題】

節選自中華書局1980版《十三經注疏·論語注疏·子路》。《論語》是儒家學派的經典著作之一,由孔子弟子及其再傳弟子編纂而成。它以語錄體和對話體為主,記錄孔子及其弟子言行,集中反映了孔子的政治主張、倫理思想、道德觀念及教育原則等。孔子(公元前551—前479)名丘,字仲尼,春秋後期魯國人,出身於没落貴族,學問淵博,仕途不順,曾做過魯國的大司寇。後聚徒講學,相傳有三千弟子,七十二賢人。又周遊列國十四年,不得仕進。晚年整理典籍,成效卓著。是儒家學派的創始人,也是我國歷史上最重要的思想家和教育家之一。宋代朱熹將《論語》與《大學》《中庸》《孟子》合編為"四書"。《論語》通行的注本主要有:《論語注疏》(何晏集解、邢昺疏,收入《十三經注疏》);《論語集注》(朱熹);《論語正義》(清劉寶楠);《論語集釋》(民國程樹德)。今人楊伯峻《論語譯注》通俗易懂,頗便初學。

本篇選錄的片段多為談論為政之道。

【原文】

子路問政。子曰:"先之,勞之[1]。"請益[2]。曰:"無倦。"

【注釋】

[1] 先:先導,前導,指為民表率。勞:指為民勤勞。

[2] 益:增加。

【原文】

樊遲請學稼[3]。子曰:"吾不如老農。"請學為圃[4]。曰:"吾不如老圃。"樊遲出。子曰:"小人哉,樊須也! 上好禮,則民莫敢不敬;上好義,則民莫敢不服;上好信,則民莫敢不用情[5]。夫如是,則四方之民襁負其子而至矣[6],焉用稼?"

【注釋】

[3] 樊遲(前515—?):名須,字子遲,孔子弟子。稼:種莊稼。

[4] 為圃:指種蔬菜。

[5] 情:誠實,真實。

[6] 襁負:用襁褓背著。

【原文】

子曰:"其身正,不令而行[7];其身不正,雖令不從。"

【注釋】

[7] 行:指教化得以推行。

【原文】

子夏為莒父宰[8],問政。子曰:"無欲速[9],無見小利。欲速,則不達[10];見小利,則大事不成。"

【注釋】

[8] 莒父(jǔfǔ):魯國邑名。宰:長官。

[9] 欲:希求。速:快。

[10] 達:達到目的。

【原文】

葉公語孔子曰:"吾黨有直躬者[11],其父攘羊[12],而子證之[13]。"孔子曰:"吾黨之直者異於是。父為子隱,子為父隱,直在其中矣。"

【注釋】

[11] 黨:鄉黨。吾黨:我的同鄉。直躬:姓直名躬。或釋為"直爽行事"。

[12] 攘:盜竊,竊取。

[13] 證:指證,告發,檢舉。

【原文】

子曰:"不得中行而與之[14],必也狂狷乎[15]! 狂者進取,狷者有所不為也。"

【注釋】

[14] 行:道。中行:這裏指言行合乎中庸之道的人。

[15] 狂:志極高而行不掩飾者。狷:智慧不及而守成有餘者。

【原文】

子曰:"君子和而不同[16],小人同而不和。"

【注釋】

[16] 和:以道義相共勉。同:以利害相結合。

陽　貨

【解題】

節選自中華書局1980年版《十三經註疏·論語注疏·陽貨》。前後兩節分別記述了孔子與陽貨、子路的對話,反映出孔子從政的意願。

【原文】

陽貨欲見孔子,孔子不見,歸孔子豚[1]。孔子時其亡也[2],而往拜之,遇諸塗[3]。謂孔子曰:"來!予與爾言。"曰[4]:"懷其寶而迷其邦[5],可謂仁乎?"曰:"不可。""好從事而亟失時,可謂知乎[6]?"曰:"不可。""日月逝矣,歲不我與[7]。"孔子曰:"諾。吾將仕矣。"

【注釋】

[1] 陽貨:季氏家臣,名虎。歸:通"饋"。

[2] 時:通"伺"。窺探。

[3] 塗:通"途"。道路。

[4] 此"曰"及下文兩個"曰不可"都是陽貨自問自答(依毛奇齡說,見《論語稽求篇》)。

[5] 迷:亂。

[6] 亟(qì):屢次。時:時機。知:"智"的古字。有智慧,聰明。

[7] 與:等待。

【原文】

佛肸召[8],子欲往。子路曰:"昔者由也聞諸夫子曰:'親於其身為不善者,君子不入也[9]。'佛肸以中牟畔[10],子之往也,如之何?"子曰:"然。有是言也。不曰堅乎,磨而不磷[11];不曰白乎,涅而不緇[12]。吾豈匏瓜也哉?焉能繫而不食?"

【注釋】

[8] 佛肸(bì xī):晉大夫趙氏之中牟縣宰。

[9] 入:指入其黨。

[10] 畔:通"叛"。

[11] 曰:有。堅:堅物。磷(lìn):薄,減損。

[12] 涅:染黑,染污。緇:黑色。

晉靈公不君

【解題】

選自中華書局1980年版《十三經注疏·春秋左傳正義·宣公二年》。《春秋左傳》亦名《左氏春秋》。作者相傳為春秋末魯人左丘明。《左傳》與《公羊傳》、《穀梁傳》合稱《春秋》三傳(後列入十三經)。它是我國現存第一部叙事詳細的編年體史書,也是優秀的歷史散文集。該書善於以簡練、生動的語言,記叙複雜的事件,對人物性格的刻畫、外交辭令的表達等都有獨到之處。現存《左傳》注本最早的為晉杜預《春秋經傳集解》。通行本除杜注外，還有唐孔穎達《春秋左傳正義》，清惠棟《左傳補注》、洪亮吉《春秋左傳詁》，近人劉文淇《春秋左氏傳舊注疏證》，今人楊伯峻《春秋左傳注》。

本文通過具體事例，反映了晉靈公的殘暴，表現出趙盾敢於直諫的大無畏精神。

【原文】

晉靈公不君[1]。厚斂以彫牆[2]。從臺上彈人[3]，而觀其辟丸也[4]。宰夫胹熊蹯不孰[5]，殺之，寘諸畚[6]，使婦人載以過朝[7]。趙盾、士季見其手[8]，問其故而患之。將諫，士季曰："諫而不入[9]，則莫之繼也[10]。會請先，不入，則子繼之。"三進及溜[11]，而後視之。曰："吾知所過矣，將改之。"稽首而對曰[12]："人誰無過？過而能改，善莫大焉。詩曰：'靡不有初，鮮克有終[13]。'夫如是，則能補過者鮮矣。君能有終，則社稷之固也，豈惟羣臣賴之[14]。又曰：'衮職有闕，惟仲山甫補之[15]。'能補過也。君能補過，衮不廢矣。"

【注釋】

[1] 晉靈公：名夷皋，晉襄公之子，文公之孫，是歷史上有名的暴君。不君：不行君道。"君"活用為動詞。

[2] 厚斂：加重賦稅。彫：繪飾，塗飾。

[3] 彈人：用彈弓射人。

[4] 辟：退避，躲避。後作"避"。丸：彈子。

[5] 宰夫：廚師。胹(ér)：烹煮。熊蹯(fán)：熊掌。孰：熟的古字。

[6] 畚：用草繩或竹篾編織的盛物器具。

[7] 過朝：經過朝廷。

[8] 趙盾：晉正卿，謚號宣。士季：名會，晉大夫。

[9] 不入：不納，不被接受。

[10] 莫之繼也："之"，指趙盾，代詞做賓語前置。

[11] 三進：往前走了三次。溜：通"霤"(liù)。屋簷下滴水處。

[12] 稽首：古代禮節，動作近似磕頭。

[13] 靡不有初，鮮克有終：出自《詩經·大雅·蕩》。大意為：向善都會有一個開始，但是能堅持到底的很少。靡：没有。鮮：少。克：能。

[14] 賴：依賴。

[15] 衮職有闕，惟仲山甫補之：出自《詩經·大雅·烝民》。大意為：周宣王没有盡職的地方，只有仲山甫來彌補。衮：天子的禮服，這裏代指天子。仲山甫：周宣王的大臣。

【原文】

猶不改[16]。宣子驟諫[17]。公患之，使鉏麑賊之[18]。晨往，寢門闢矣[19]。盛服將朝,尚早,坐而假寐[20]。麑退,歎而言曰:"不忘恭敬,民之主也。賊民之主,不忠;棄君之命,不信。有一於此,不如死也。"觸槐而死。

【注釋】

[16] 猶:仍然,還是。

[17] 驟:多次。

[18] 鉏麑(chú ní):晉力士。賊:殺。

[19] 寢門:臥室的門。闢(pì):開。

[20] 假寐:和衣打盹。

【原文】

秋九月,晉侯飲趙盾酒[21],伏甲將攻之[22]。其右提彌明知之[23],趨登曰:"臣侍君宴,過三爵[24],非禮也。"遂扶以下。公嗾夫獒焉[25]。明搏而殺之。盾曰:"棄人用犬,雖猛何為!"鬬且出[26]。提彌明死之。

【注釋】

[21] 飲(yìn):使……喝。

[22] 伏甲:埋伏武士。

[23] 右:車右,車上位處御者右邊的武士。提彌明:人名。

[24] 三爵:三杯酒。

[25] 嗾(sǒu):唤狗的聲音,這裏為使唤之義。夫(fú):指示代詞,那。獒(áo):高大凶猛的狗。

[26] 且:連詞,一邊……一邊。

【原文】

初,宣子田於首山[27],舍于翳桑[28]。見靈輒餓[29],問其病,曰:"不食三日矣。"食之[30],捨其半[31]。問之,曰:"宦三年矣[32],未知母之存否。今近焉[33],請以遺之[34]。"使盡之[35],而為之簞食與肉[36],寘諸橐以與之。既而與為公介[37],倒戟以禦公徒,而免之。問何故,對曰:"翳桑之餓人也。"問其名居[38],不告而退。遂自亡也[39]。

【注釋】

[27] 田:打獵。首山:首陽山,在今山西省永濟縣南。

[28] 舍:住一宿。翳(yì)桑:古地名。

[29] 靈輒:人名。

[30] 食(sì):給……食物。

[31] 捨其半:指靈輒留下一半的食物没吃。

[32] 宦:做君王的僕隸。

[33] 今近焉:現在快到家了。

[34] 遺(wèi):給。

[35] 使盡之:讓[他]吃完。

[36] 簞(dān)食:裝在簞笥裏的飯食。簞,盛食物的竹器。

[37] 既而:不久。介:甲,指甲士。

[38] 名居:名字和住處。

[39] 亡:逃走。

【原文】

乙丑[40],趙穿攻靈公於桃園[41]。宣子未出山而復[42]。大史書曰[43]:“趙盾弒其君[44]。”以示於朝。宣子曰:“不然。”對曰:“子為正卿,亡不越竟[45],反不討賊[46],非子而誰?”宣子曰:“嗚呼!‘我之懷矣,自詒伊慼[47]’,其我之謂矣!”

【注釋】

[40] 乙丑:指宣公二年九月二十六日。

[41] 趙穿:晉國大夫。桃園:靈公的園囿。

[42] 山:晉國國界處的山。此處代指國境。復:返回。

[43] 大(tài)史:後作“太史”。掌管記載國家大事的官,這裏指晉太史董狐。

[44] 弒(shì):古代卑下殺死尊長叫弒。多指臣子殺死君主,子女殺死父母。

[45] 竟:境的古字。

[46] 反:返的古字。

[47] 我之懷矣,自詒伊慼:杜預認為是兩句逸詩。大意為由於我眷戀祖國,反而自己找來了憂患。懷:眷戀。詒:通“貽”,給。伊:指示代詞,那個。慼(qī):憂患。

【原文】

孔子曰:“董狐,古之良史也,書法不隱[48]。趙宣子,古之良大夫也,為法受惡[49]。惜也,越竟乃免[50]。”

【注釋】

[48] 書法:記事的原則。隱:隱諱。

[49] 受惡:遭受惡名。

[50] 越竟乃免:越過國境,就可以避免這一罪名了。

鞌之戰

【解題】

選自中華書局1980年版《十三經注疏·春秋左傳正義·成公二年》。事在成公二年,標題是後加的。鞌之戰是齊國趁晉國南敗於楚、霸權中衰之機,起兵與晉爭霸中原的一場戰爭,以晉、魯、衛聯軍勝利而告終。

【原文】

師從齊師于莘[1]。六月壬申,師至于靡笄之下[2]。齊侯使請戰,曰:“子以君師辱於敝邑,不腆敝賦[3],詰朝請見[4]。”對曰:“晉與魯、衛,兄弟也,來告曰:‘大國朝夕釋憾於敝邑之地[5]。’寡君不忍,使羣臣請於大國,無令輿師淹於君地[6]。能進不能退,君無所辱命。”齊侯曰:“大夫之許,寡人之願也;若其不許,亦將見也。”齊高固入晉師,桀石以投人[7],禽之而乘其車[8],繫桑本焉[9],以徇齊壘,曰:“欲勇者賈余餘勇[10]!”

【注釋】

[1] 從:追逐。莘:地名。大致在今山東莘縣北。

[2] 六月壬申:魯成公二年,六月十六日。靡笄:山名,在今濟南槐蔭。

[3] 不腆(tiǎn):謙詞。這裏指不强大。敝賦:謙稱。敝國的軍隊。

[4] 詰朝:明天早上。

[5] 大國:指齊。朝夕:每每,總是。釋憾:解恨,借事報復。

[6] 無令輿師淹於君地:不要讓我軍滯留在貴國的土地上。指速戰速決。

[7] 桀:通“揭”,舉。

[8] 禽:擒的古字。

[9] 繫桑本焉:把桑樹根繫在車上。本:根。焉:兼詞。

[10] 賈余餘勇:買我多餘的勇氣。賈:買。

【原文】

癸酉,師陳于鞌[11]。邴夏御齊侯,逢丑父為右[12]。晉解張御郤克,鄭丘緩為右[13]。齊侯曰:“余姑翦滅此而朝食[14]。”不介馬而馳之[15]。郤克傷於矢,流血及屨,未絕鼓音[16],曰:“余病矣[17]!”張侯曰:“自始合[18],而矢貫余手及肘,余折以御[19],左輪朱殷。豈敢言病?吾子忍之[20]!”緩曰:“自始合,苟有險,余必下推車,子豈識之?然子病矣!”張侯曰:“師之耳目,在吾旗鼓,進退從之。此車一人殿之,可以集事[21]。若之何其以病敗君之大事也[22]?擐甲執兵,固即死也[23],病未及死,吾子勉之[24]!”左并轡[25],右援枹而鼓[26]。馬逸不能止[27],師從之。齊師敗績[28]。逐之,三周華不注[29]。

【注釋】

[11] 陳:指列陣。後作“陣”。鞌:齊地,在今濟南歷城。

[12] 邴夏、逢丑父:均為齊大夫。御:為……駕車。右:車右,又稱驂乘。古制,一車三人,御者居中,尊者在左,稱車左,主射,車右居右,執矛或戟。如是君王或主帥車,則王或帥居中,御者在左。

[13] 解(xiè)張:下文又稱張侯。解與鄭丘緩均為晉臣。

[14] 此:指晉軍。朝食:吃早飯。

[15] 介:甲。此處用為動詞,披甲。

[16] 未絕鼓音:車戰中,主帥自掌旗鼓指揮三軍,鼓聲即進軍號令。

[17] 病:指受傷。

[18] 合:交戰。

[19] 以:連詞。表承接,相當於"而"。折以御:折斷後繼續駕車。

[20] 吾子:尊稱,相當於您。

[21] 殿:殿後,鎮守。集事:成事。

[22] 若之何:怎麽。其:語氣助詞。以:因。敗:壞。君:指國君。

[23] 擐甲執兵,固即死也:穿上鎧甲,拿起武器,本來就抱定了必死的决心。擐(huàn):穿。即:動詞,走向。

[24] 勉:努力。

[25] 左并轡:御者本雙手執轡,這時解張將轡併在左手。轡(pèi):轠繩。

[26] 援:執,持。枹(fú):鼓槌。鼓:動詞,擊鼓。

[27] 逸:狂奔。

[28] 敗績:大敗。

[29] 周:動詞,圍繞追逐。華不(fū)注:山名,在今濟南東北。

【原文】

韓厥夢子輿謂己曰[30]:"且辟左右[31]!"故中御而從齊侯[32]。邴夏曰:"射其御者,君子也[33]。"公曰:"謂之君子而射之,非禮也[34]。"射其左,越于車下[35]。射其右,斃于車中[36]。綦毋張喪車[37],從韓厥,曰:"請寓乘[38]!"從左右,皆肘之[39],使立於後。韓厥俛定其右[40]。逢丑父與公易位。將及華泉[41],驂絓於木而止[42]。丑父寢於轏中[43],蛇出於其下,以肱擊之[44],傷而匿之[45],故不能推車而及[46]。韓厥執縶馬前[47],再拜稽首,奉觴加璧以進[48],曰:"寡君使羣臣為魯、衛請,曰:'無令輿師陷入君地[49]。'下臣不幸,屬當戎行,無所逃隱[50]。且懼奔辟而忝兩君[51]。臣辱戎士[52],敢告不敏[53],攝官承乏[54]。"丑父使公下,如華泉取飲[55]。鄭周父御佐車,宛茷為右[56],載齊侯以免[57]。韓厥獻丑父,郤獻子將戮之。呼曰:"自今無有代其君任患者,有一於此,將為戮乎[58]?"郤子曰:"人不難以死免其君[59],我戮之,不祥[60]。赦之,以勸事君者[61]。"乃免之[62]。

【注釋】

[30] 韓厥:晉大夫,此役中任司馬。子輿:韓厥的父親。

[31] 辟:避的古字。

[32] 中御:居中駕車。按,韓厥本為車左,此時與御者易位。從:追逐,追擊。

[33] 君子:此指有官位者或貴族。下文"謂之君子"的"君子"則泛指有才德者。

[34] 非:否定副詞。

[35] 越:墜。

[36] 斃:僕倒。

[37] 綦毋張:晉大夫,姓綦毋,名張。

[38] 寓:寄。寓乘猶今言搭便車。

[39] 肘:名詞活用為動詞,用肘撞。

[40] 俛:同“俯”。屈身。定:放穩當。右:指受傷倒在車中的車右(驂乘)。

[41] 華泉:泉名,位於華不注山下,注入濟水。

[42] 驂:駕車時位於外邊的兩匹馬,與居中的兩匹服馬相對而言。

[43] 轏(zhàn):棧車,用竹木編成車箱的輕便車。

[44] 肱(gōng):手臂。

[45] 匿之:隱瞞被蛇咬的傷情。

[46] 及:追趕上。這裏是被追趕上的意思。

[47] 韓厥執縶(zhí)馬前:韓厥拿著套馬索來到頃公的馬前。縶:套馬索。

[48] 再拜稽首:先拜兩拜,然後行稽首之禮。奉(pěng):後作“捧”。觴(shāng):盛酒器。加:指把玉放在觴上。以:連詞。表順承,相當於“而”。

[49] 輿師:指軍隊。

[50] 屬:恰巧。當:遇上。戎行:行伍,軍隊,指軍旅之事。

[51] 懼:擔心。奔辟:逃跑,躲避。忝:辱。兩君:指晉、齊兩國之君。

[52] 臣:自稱。辱:自謙語,相當於今天的“忝為”。戎士:戰士。

[53] 敢:表敬副詞,冒昧地。敏:聰慧。

[54] 攝:代理。承乏:任官的謙詞。承繼空缺的職位。

[55] 如:到。飲:水。

[56] 鄭周父、宛茷(fèi):均為齊臣。佐車:副車。

[57] 免:使……免,逃脫。

[58] 為:助動詞,被。

[59] 難:以……為難。

[60] 不祥:不吉利。

[61] 勸:勉勵。

[62] 免:釋放。

許　行

【解題】

節選自中華書局1980年版《十三經注疏·孟子注疏·滕文公章句上》。標題是後加的。孟子(前372—前289),名軻,鄒邑(今山東鄒縣)人,受業於孔子孫子子思,是儒家思孟學派的主要代表人物。曾出遊列國,以仁政說遊說齊宣王、梁惠王等，但未受重用。晚年退居講學。他發展了儒家思想，提出了“仁政”學說和“性善論”。其言論由弟子編纂為《孟子》一書，共七篇，以對話文體為主，是儒家經典著作之一，也是先秦散文的代表作品之一。《孟子》主要注本有十三經注疏本《孟子注疏》（東漢趙岐注，宋孫奭疏），宋朱熹《孟子集注》，清焦循《孟子正義》等。今人楊伯峻有《孟子譯注》（中華書局本），頗便初學。

本篇記錄了孟子和許行門徒陳相之間的一場辯論。

【原文】

有為神農之言者許行[1]，自楚之滕[2]，踵門而告文公曰[3]：“遠方之人，聞君行仁政，願受一廛而為氓[4]。”文公與之處[5]。其徒數十人，皆衣褐[6]捆屨織席以為食[7]。陳良之徒陳相，與其弟辛，負耒耜而自宋之滕[8]，曰：“聞君行聖人之政，是亦聖人也，願為聖人氓。”陳相見許行而大悅，盡棄其學而學焉。

【注釋】

［1］神農之言：指先秦諸子中的農家學說，假託神農之言，認為“君臣並耕”，天下就會不治而治。

［2］滕（téng）：國名。在今山東滕縣西南。

［3］踵門：登門，上門。

［4］廛（chán）：古代平民一家在城邑中所佔的房地，後泛指民居、市宅。氓（méng）：同“民”。指百姓。

［5］與：給與。處：處所，住所。

［6］衣（yì）：穿。褐（hè）：粗布衣。

［7］捆：通“綑”，編織。屨（jù）：鞋。

［8］耒耜（lěisì）：古代兩種以手持腳踏的翻土農具。

【原文】

陳相見孟子，道許行之言曰：“滕君，則誠賢君也；雖然，未聞道也[9]。賢者與民並耕而食[10]，饔飧而治[11]。今也滕有倉廩府庫[12]，則是厲民而以自養也[13]，惡得賢[14]！”

【注釋】

［9］道：指古聖賢治國之道。

［10］並：協同，一起。

［11］饔（yōng）：早餐。飧（sūn）：晚飯。“饔飧”在這裏用如動詞，指自己做飯。

［12］倉廩（lǐn）：糧食倉庫。府庫：藏財帛處。

［13］厲：病，使……困苦，損害。自養：供養自己。

[14] 惡(wū):疑問代詞,哪裏,怎麼。

【原文】

孟子曰:"許子必種粟而後食乎?"曰:"然"。"許子必織布然後衣乎?"曰:"否。許子衣褐。""許子冠乎[15]?"曰:"冠。"曰:"奚冠[16]?"曰:"冠素[17]。"曰:"自織之與?"曰:"否。以粟易之。"曰:"許子奚為不自織[18]?"曰:"害於耕。"曰:"許子以釜甑爨[19],以鐵耕乎[20]?"曰:"然。""自為之與?"曰:"否。以粟易之。"

【注釋】

[15] 冠:動詞,戴帽子。

[16] 奚:疑問代詞,何,什麼。

[17] 素:生絲織成的絹帛,不染色。

[18] 奚為:奚,疑問代詞做介詞"為"的賓語前置。

[19] 釜(fǔ):鍋。甑(zèng):蒸食物的炊具。爨(cuàn):炊,燒火做飯。

[20] 鐵:指鐵制的農具。

【原文】

"以粟易械器者,不為厲陶冶[21];陶冶亦以其械器易粟者,豈為厲農夫哉? 且許子何不為陶冶,舍皆取諸其宮中而用之[22]? 何為紛紛然與百工交易[23]? 何許子之不憚煩[24]?"

曰:"百工之事,固不可耕且為也[25]。""然則治天下,獨可耕且為與[26]?有大人之事,有小人之事[27]。且一人之身而百工之所為備,如必自為而後用之,是率天下而路也[28]。故曰:或勞心[29],或勞力。勞心者治人,勞力者治於人;治於人者食人[30],治人者食於人:天下之通義也[31]。

【注釋】

[21] 械器:同"器械",器具。陶:燒制陶器。冶:冶製鐵器。陶、冶在這裏指製造陶器和鐵器的匠人。

[22] 舍皆取諸句:何不一切東西都從自己家裏拿來用呢。舍:依章太炎《新方言》意為"何"、"啥"。宮:室,這裏指自己家裏。

[23] 紛紛然:忙碌的樣子。百工:從事各種工藝生産的人。

[24] 憚(dàn):畏懼。不憚煩:不怕麻煩。

[25] 且:連詞。連接兩個動詞,表示兩件事同時進行。

[26] 獨:副詞。表詰問,可譯為"難道"、"單單"或"偏"。

[27] 大人:指統治者。小人:指被統治者。

[28] 路:通"露"。疲敝(依王念孫說,見《讀書雜志》)。

[29] 或:無定代詞。有人。

[30] 食(sì):供養。

[31] 通義：普遍的道理與法則。

【原文】

"當堯之時，天下猶未平[32]。洪水横流[33]，氾濫於天下。草木暢茂[34]，禽獸繁殖，五穀不登[35]，禽獸偪人[36]。獸蹄鳥跡之道，交於中國[37]。堯獨憂之[38]，舉舜而敷治焉[39]。舜使益掌火[40]，益烈山澤而焚之[41]，禽獸逃匿。禹疏九河[42]，瀹濟漯[43]，而注諸海[44]；决汝漢，排淮泗，而注之江[45]；然後中國可得而食也。當是時也，禹八年於外，三過其門而不入，雖欲耕，得乎[46]？

【注釋】

[32] 平：平定，指治理好。

[33] 洪：大。横流：不順水道亂流。

[34] 暢茂：旺盛繁茂。

[35] 登：成熟。

[36] 偪：同"逼"。威脅。

[37] 交：縱横交錯。中國：指中原一帶。

[38] 獨：特别。

[39] 敷：施，施政。治：治理。

[40] 益：舜之臣。掌火：任主火之官。

[41] 烈：放大火燒。

[42] 疏：疏導，開通。九河：相傳是禹在黄河下游為了疏浚黄河而開鑿的九條支流。

[43] 瀹(yuè)：疏導。濟(jǐ)、漯(tà)：皆水名，故道均在今山東省。

[44] 注：使……流入。諸：兼詞，相當於"之於"。

[45] 决：打開缺口，導引水流。汝：汝水，在今河南，東流入淮河。漢：漢水。排：排除，指排除水道淤塞。淮：淮河。泗：泗水。江：長江。

[46] 得：能。

【原文】

"后稷教民稼穡，樹藝五穀[47]，五穀熟而民人育[48]。人之有道也[49]，飽食、煖衣、逸居而無教[50]，則近於禽獸。聖人有憂之[51]，使契為司徒[52]，教以人倫[53]：父子有親，君臣有義，夫婦有别，長幼有叙，朋友有信[54]。放勳曰：'勞之來之[55]，匡之直之[56]，輔之翼之[57]，使自得之[58]，又從而振德之[59]。聖人之憂民如此，而暇耕乎[60]？

【注釋】

[47] 后稷：周的始祖。樹：種植。藝：種植。

[48] 育：生養，生存，繁殖。

[49] 有道：為道（依王念孫之說，見《經傳釋詞》引）。
[50] 逸居：安居。無教：没有受到教化。
[51] 有：動詞詞頭，無義。
[52] 契（xiè）：商的始祖。司徒：官名，掌管土地和教化等。
[53] 人倫：古代社會所規定的人與人之間的關係。
[54] 别：分别。叙：通"序"。順序，等次。
[55] 放勳：堯的號。勞（lào）：慰勞。來（lài）：使……來（歸順）。
[56] 匡：正，糾正。
[57] 翼：保護。
[58] 自得：指自得其善性。
[59] 振：救濟。德：用如動詞，指對人民施恩惠。
[60] 暇：閒暇。

【原文】

……

"從許子之道，則市賈不貳，國中無僞[61]；雖使五尺之童適市[62]，莫之或欺[63]。布帛長短同，則賈相若[64]；麻縷絲絮輕重同[65]，則賈相若；五穀多寡同，則賈相若；屨大小同，則賈相若。"

曰："夫物之不齊，物之情也[66]。或相倍蓰，或相什百，或相千萬[67]。子比而同之[68]，是亂天下也。巨屨小屨同賈，人豈為之哉？從許子之道，相率而為僞者也，惡能治國家！"

【注釋】

[61] 賈（jià）：價格。後作"價"。貳：兩樣。國：都城。
[62] 五尺：合今三尺多。適：到……去。
[63] 或：句中語氣助詞。之：代詞做賓語前置。
[64] 相若：相似，相同。
[65] 縷（lǚ）：線。
[66] 情：指自然之理。
[67] 或：有的。蓰（xǐ）：五倍。什百、千萬，都説的是倍數。
[68] 比：平列。同：等同起來。

逍遥遊

【解題】

節選自《古逸叢書·南華眞經注疏·莊子内篇》。作者莊子（約公元前369—前286），名周，宋國蒙（今河南商丘）人，曾作過漆園吏。約與孟子同時或稍後。道家學派的代表人物，老子哲學思想的繼承者和發展者，後世並稱為“老莊”。他主張安時處順,逍遥自得。其思想包含著樸素辯證法因素,認為事物總在變化,一切都是相對的。政治上主張無為而治。《莊子》共三十三篇。文筆豐富多彩,汪洋恣肆,對後世文學語言影響很大。《莊子》的主要注本有:《南華眞經注疏》(晉郭象注,唐成玄英疏)、清郭慶藩《莊子集釋》、王先謙《莊子集解》。

《逍遥遊》為《莊子》內篇第一篇,以寓言形式表達了作者“至人無己”的思想和對絕對自由理想的追求。

【原文】

北冥有魚,其名為鯤[1]。鯤之大,不知其幾千里也;化而為鳥,其名為鵬[2]。鵬之背,不知其幾千里也;怒而飛[3],其翼若垂天之雲。是鳥也[4],海運則將徙於南冥[5]。南冥者,天池也[6]。《齊諧》者,志怪者也[7]。《諧》之言曰:“鵬之徙於南冥也,水擊三千里[8],摶扶摇而上者九萬里[9],去以六月息者也[10]。”野馬也[11],塵埃也,生物之以息相吹也[12]。天之蒼蒼,其正色邪[13]?其遠而无所至極邪[14]?其視下也,亦若是則已矣。且夫水之積也不厚,則其負大舟也無力。覆杯水於坳堂之上[15],則芥為之舟[16],置杯焉則膠[17],水淺而舟大也。風之積也不厚,則其負大翼也无力。故九萬里則風斯在下矣[18],而後乃今培風[19];背負青天而莫之夭閼者[20],而後乃今將圖南。蜩與鷽鳩笑之曰[21]:“我決起而飛[22],槍榆枋[23],時則不至,而控於地而已矣[24],奚以之九萬里而南為[25]?”適莽蒼者[26],三飡而反[27],腹猶果然[28];適百里者,宿舂糧[29];適千里者,三月聚糧。之二蟲,又何知[30]!小知不及大知,小年不及大年。奚以知其然也?朝菌不知晦朔[31],蟪蛄不知春秋[32],此小年也。楚之南有冥靈者[33],以五百歲為春,五百歲為秋;上古有大椿者,以八千歲為春,八千歲為秋。而彭祖乃今以久特聞[34],衆人匹之[35],不亦悲乎?

【注釋】

[1] 冥:通“溟”。北冥:北方的大海。下文“南冥”同此。鯤(kūn):上古傳說中的大魚。

[2] 鵬:大鳥名。

[3] 怒:奮起,振翅。

[4] 是:代詞,此。

[5] 海運:海動,即海水翻騰。徙:遷移。

[6] 天池:天然的大池。

[7] 齊諧:書名,出於齊國。一說是人名。志:記載。

[8] 擊:拍打。水擊指鵬鳥以雙翼拍打水面。

［9］摶（tuán）：盤旋而上。扶搖：又名飆（扶搖合音），旋風，由地面急劇盤旋而上的暴風。

［10］去：離，指離開北海。六月息：海上六月間常起大風，因稱六月息。息：風。一曰"息，止也"。

［11］野馬：春日野外林澤中的霧氣，蒸騰浮動，狀如奔馬，故名"野馬"。

［12］生物：概指各種有生命的東西。息：氣息。吹：吹拂。

［13］蒼蒼：深藍色。正色：本色。

［14］極：盡。

［15］覆：傾倒。坳（ào）：坑凹處。"坳堂"指廳堂地面上的坑凹處。

［16］芥：小草。

［17］膠：指舟船擱淺。

［18］斯：則，就，於是。

［19］而後乃今：然後才。培：通"憑"。憑藉。

［20］夭閼（è）：聯綿詞。遏阻，阻攔。又作"夭遏"。"莫之夭閼"即"莫夭閼之"。

［21］蜩（tiáo）：蟬。鷽鳩：一種小灰雀，泛指小鳥。"鷽"，有的本子作"學"。

［22］決（xuè）：迅疾的樣子。

［23］槍（qiāng）：觸，碰。他本又作"搶"。榆枋（fāng）：兩種樹名。此句末他本有"而止"二字。

［24］控：投下，落下來。

［25］奚以：何以，為什麼。之：往，到。為：句末疑問語氣助詞。

［26］適：往，去，到。莽蒼：指迷茫看不真切的郊野。

［27］飡：同"餐"。三飡：一日的意思。意思是只需一日之糧。反：返回。

［28］果然：飽的樣子。

［29］宿：出發前一夜。

［30］之：代詞，這。二蟲：指蜩與鷽鳩。

［31］朝菌：一種生長期很短的菌類植物，朝生暮死。

［32］蟪蛄：即寒蟬，春生夏死或夏生秋死。

［33］冥靈：傳說中的大龜。一說樹名。

［34］彭祖：古代傳說中年壽最長的人。乃今：而今。特：獨。

［35］匹：通"譬"。這裏是相比的意思。

【原文】

湯之問棘也是已[36]："窮髮之北，有冥海者[37]，天池也。有魚焉，其廣數千里，未有知其脩者[38]，其名為鯤。有鳥焉，其名為鵬，背若太山，翼若垂天之雲，摶扶摇羊角而上者九萬里[39]，絕雲氣[40]，負青天，然後圖南，且適南冥也。斥鴳笑之曰[41]：'彼且奚適也？我騰躍而上，不過數仞而下[42]，翱翔蓬蒿之間，此亦飛之至也。而彼且奚適也？'"此小大之辯也[43]。

【注釋】

［36］湯:商湯。棘:湯時賢大夫。已:矣。

［37］窮髮:不長草木的地方。

［38］脩:通“修”。長。

［39］羊角:旋風名,迴旋向上如羊角狀。

［40］絕:穿過。

［41］斥鴳(yàn):鳥名,即鴳雀,一種小雀。

［42］仞:古代長度單位,周制八尺為仞。

［43］辯:通“辨”。區别。

【原文】

故夫知效一官[44],行比一鄉[45],德合一君,而徵一國者[46],其自視也,亦若此矣。而宋榮子猶然笑之[47]。且舉世譽之而不加勸[48],舉世非之而不加沮[49],定乎內外之分[50],辯乎榮辱之境[51],斯已矣。彼其於世,未數數然也[52]。雖然,猶有未樹也。夫列子御風而行[53],泠然善也[54],旬有五日而後反[55]。彼於致福者[56],未數數然也。此雖免乎行,猶有所待者也[57]。若夫乘天地之正[58],而御六氣之辯[59],以遊无窮者,彼且惡乎待哉[60]? 故曰:至人无己,神人无功,聖人无名。

【注釋】

［44］效:勝任。官:職位。

［45］行:品行。比:比並。

［46］而:通“能”。能力。徵:取信。

［47］宋榮子:即宋鈃,戰國宋人,思想家。猶然:嗤笑貌。

［48］舉:全。勸:努力。

［49］非:責難,批評。沮(jǔ):沮喪,洩氣。

［50］內外:指自身和身外之物。

［51］境:界限。

［52］數數(shuò)然:汲汲然,拚命追求的樣子。

［53］列子:列禦寇,鄭國人,戰國思想家。御:駕馭。

［54］泠(líng)然:輕快的樣子。善:適意。

［55］旬:十天。反:返。

［56］致:尋求。

［57］待:憑藉,依靠。

［58］乘:遵循,憑藉。天地:指整個自然、萬物。正:本,指自然的本性。

［59］御:因循、順從。六氣:指陰、陽、風、雨、晦、明。辯:通“變”。變化、變異。

［60］惡(wū):何,什麼。

士昏禮

【解題】

節選自中華書局1980年版《十三經注疏·儀禮注疏·士昏禮》。《儀禮》是記載古代禮儀制度的著作。該書秦代以前篇目不詳,到漢代僅存十七篇,稱作《禮經》,為"五經"之一。晉代始稱《儀禮》。唐賈公彥撰《儀禮疏》十七卷,南宋時與鄭玄注合刊為《儀禮注疏》。清代研究者有十餘家,以胡培翬《儀禮正義》最為世人所稱道。

《士昏禮》記述士娶妻的禮節儀式。士昏禮有六項內容,也叫六禮,即納采、問名、納吉、納徵、請期、親迎。本文選取的是其中的"納采"、"問名"二節。

【原文】

下達[1],納采[2],用鴈[3]。主人筵于戶西[4]。西上,右几[5]。使者玄端至[6]。擯者出請事[7],入告。主人如賓服,迎于門外,再拜。賓不答拜。揖入。至于廟門,揖入。三揖,至于階,三讓。主人以賓升,西面。賓升西階,當阿[8],東面致命[9]。主人阼階上[10],北面再拜。授于楹閒[11],南面。賓降,出。主人降,授老鴈[12]。擯者出請。賓執鴈,請問名[13]。主人許。賓入授,如初禮。擯者出請,賓告事畢,入告。出請醴賓[14]。賓禮辭,許。主人徹几,改筵[15],東上。側尊甒醴于房中[16]。主人迎賓于廟門外,揖讓如初,升。主人北面再拜。賓西階上,北面答拜。主人拂几授校[17],拜送。賓以几辟[18],北面設于坐左,之西階,上,答拜。贊者酌醴[19],加角柶,面葉,出于房[20]。主人受醴,面枋[21],筵前西北面,賓拜受醴,復位。主人阼階上,拜送。贊者薦脯醢[22]。賓即筵坐。左執觶,祭脯醢,以柶祭醴三。西堦上,北面,坐啐醴[23]。建柶,興[24]。坐奠觶[25],遂拜。主人答拜。賓即筵,奠于薦左。降筵,北面坐,取脯。主人辭。賓降,授人脯[26],出。主人送于門外,再拜。

【注釋】

[1] 下達:男家欲與女家聯姻,遣媒下通其言於女家。

[2] 納采:經男家向女家提親,女家同意後,男家備禮至女家求婚之儀。

[3] 鴈:同"雁"。雁為信物,有序有節,故用為求婚禮物。六禮中,除納徵用幣外,其餘用雁。

[4] 主人:指女父。筵:鋪席。

[5] 西上:席端向西。右几:置憑几於右。

[6] 使者:男家所遣媒人。玄端:黑色禮服。

[7] 擯者:佐助女家主人行禮者。請事:詢問今來何事。

[8] 當阿:至中脊下。阿:屋棟,正樑。古五架之屋,中脊為棟,又稱阿。

[9] 致命:致辭。

[10] 阼階:東階。

[11] 楹閒:東西兩楹之間。堂前部東西各一柱,稱作楹。

[12] 老:家臣之長者。

[13] 問名:詢問女子之名,以歸卜其吉凶。

[14] 醴賓:即禮賓,向賓行醴禮。

[15] 徹几:撤几。改筵:上納采禮時設几筵,乃為神而設,故以西為上。而此處為禮賓而設筵,需改西上為東上,故稱改筵。

[16] 尊:尊奉,放置。甒(wǔ):盛酒之器。

[17] 拂几授校:指主人執几,右手拂拭之,然後授與賓。校:通"骹"(qiāo),這裏指几足。

[18] 辟:避讓謙退。

[19] 贊者:隨侍協助的人。

[20] 柶:今作"匙"。葉:柶大端。

[21] 枋(bǐng):通"柄"。

[22] 薦:進獻。脯(fǔ):乾肉。醢(hǎi):肉醬。

[23] 啐(cuì):嘗,飲。

[24] 建:豎起。興:起身。

[25] 奠:放置,停放。

[26] 人:使者的隨從。

大 學

【解題】

節選自中華書局1980年版《十三經注疏·禮記正義·大學》。《禮記》是戰國至秦漢年間儒家學者解釋《儀禮》的論著選集,其中多數篇章可能是七十子後學的作品,也有漢代學者所記,還兼收有先秦的其他典籍。西漢時期,戴德選編其中八十五篇,稱為《大戴禮記》,今存三十九篇;戴聖選編其中四十九篇,稱為《小戴禮記》,此本經鄭玄作注,孔穎達疏,成為今本《禮記》。《禮記》較為通行的本子有二:清孫希旦《禮記集解》,朱彬《禮記訓纂》。

本篇主要論述了個人修養與社會治亂的關係,並提出了實現天下大治的八個關鍵環節:格物、致知、誠意、正心、修身、齊家、治國、平天下。

【原文】

大學之道,在明明德,在親民,在止於至善[1]。知止而後有定,定而後能靜,靜而後能安,安而後能慮,慮而後能得。物有本末,事有終始,知所先後,則近道矣。古之欲明明德於天下者,先治其國;欲治其國者,先齊其家[2];欲齊其家者,先脩其身[3];欲脩其身者,先正其心;欲正其心者,先誠其意;欲誠其意者,先致其知[4];致知在格物[5]。物格而後知至,知至而後意誠,意誠而後心正,心正而後身脩,身脩而後家齊,家齊而後國治,國治而後天下平。自天子以至於庶人,壹是皆以脩身為本[6]。其本亂而末治者否矣,其所厚者薄,而其所薄者厚,未之有也!此謂知本,此謂知之至也。

【注釋】

[1] 明:使彰明、弘揚。明德:光明正大的品德。親民:據後面傳文,"親"當讀為"新",即革新、棄舊圖新、去惡從善。

[2] 齊其家:管理好自己的領地或家族家庭。家,古代指大夫的封地,也指家族、家庭。

[3] 脩:同"修"。下同。

[4] 致其知:使自己獲得智慧。知,智。

[5] 格物:認識、探究萬事萬物之理。

[6] 壹是:同樣,一律。

【原文】

所謂誠其意者,毋自欺也。如惡惡臭[7],如好好色[8],此之謂自謙[9],故君子必慎其獨也[10]!小人閒居為不善[11],無所不至,見君子而後厭然揜其不善[12],而著其善[13]。人之視己,如見其肺肝然,則何益矣?此謂誠於中,形於外[14]。故君子必慎其獨也。曾子曰:"十目所視,十手所指,其嚴乎[15]!"富潤屋,德潤身,心寬體胖[16],故君子必誠其意。

【注釋】

[7] 惡(wù)惡(è)臭(xiù):厭惡腐臭的氣味。

[8] 好(hào)好(hǎo)色:喜愛女子的美色。

[9] 謙(qiè):同"慊"。滿足。自慊意謂自足,不是為了做給別人看。

[10] 慎其獨:在獨自一人時也謹慎不苟。

[11] 閒居:即獨處。

[12] 厭然:掩飾、躲躲閃閃的樣子。厭,通"黶"。揜:同"掩"。遮掩,掩蓋。

[13] 著:顯示。

[14] 中:指內心。形:顯露。

[15] 嚴:嚴厲,可畏。

［16］心寬體胖(pán)：心胸寬廣，身體安泰舒適。胖，舒坦，安然。

孔子世家

【解題】

節選自《四部叢刊·史記·孔子世家》。司馬遷(前145—約前90)的《史記》是我國第一部紀傳體通史，共一百三十篇，記黃帝迄漢武帝太初年間上下三千年間史事。史料豐富且基本可靠，文字生動，筆力洗煉，魯迅稱之"史家之絕唱，無韻之《離騷》"。《史記》目前通行的本子有商務印書館百衲本《二十四史·史記》和中華書局1959年重新標點校勘排印的《史記》(與三家注合刻)。

本篇記述了孔子部分生平事蹟。

【原文】

孔子為兒嬉戲，常陳俎豆，設禮容[1]。孔子母死，乃殯五父之衢[2]，蓋其慎也。陬人輓父之母誨孔子父墓，然後往合葬於防焉[3]。

【注釋】

［1］俎：古代祭祀或設宴時盛放牲體的禮器。豆，古代盛食物的器具，也常做禮器。禮容：行禮儀的場景、樣子。

［2］殯：停柩，屍體裝斂入棺而未下葬。五父之衢：地名，在今曲阜東南面。

［3］誨：告知。往：同"往"。

【原文】

孔子貧且賤。及長，嘗為季氏史，料量平[4]；嘗為司職吏而畜蕃息[5]。由是為司空。已而去魯，斥乎齊[6]，逐乎宋、衛，困於陳、蔡之間，於是反魯。孔子長九尺有六寸，人皆謂之"長人"而異之。魯復善待，由是反魯。

【注釋】

［4］史：下級佐史。季氏史：一本作"委吏"，管理倉庫的小官吏。料量：稱量。平：平正，準確。

［5］司職吏：管理牧場的小官吏。蕃息：滋生，繁衍。

［6］斥：排斥，驅逐。乎，介詞，於。

【原文】

其後定公以孔子為中都宰，一年，四方皆則之[7]。由中都宰為司空，由司空為大司寇。

……

孔子遂適衛，主於子路妻兄顏濁鄒家[8]。衛靈公問孔子："居魯得祿幾何？"對曰："奉粟六萬。"衛人亦致粟六萬。居頃之，或譖孔子於衛靈公。靈公使公孫余假一出一入[9]。孔子恐獲罪焉,居十月,去衛。

【注釋】

[7] 則:仿效,效法。

[8] 適:往。主:寓居。

[9] 公孫余假:衛國佞臣。

【原文】

將適陳,過匡,顏刻為僕,以其策指之曰[10]:"昔吾入此,由彼缺也[11]。"匡人聞之,以為魯之陽虎[12]。陽虎嘗暴匡人[13],匡人於是遂止孔子。孔子狀類陽虎,拘焉五日。顏淵後,子曰:"吾以汝為死矣。"顏淵曰:"子在,回何敢死!"匡人拘孔子益急,弟子懼。孔子曰:"文王既没[14],文不在兹乎?天之將喪斯文也,後死者不得與于斯文也[15]。天之未喪斯文也,匡人其如予何!"孔子使從者為甯武子臣於衛,然後得去。

【注釋】

[10] 匡:衛國邑名,在今河南長垣。顏刻:人名,孔子弟子。僕:御者,駕車的人。策:驅趕馬的鞭棒。

[11] 缺:昔所被攻缺破之處。《正義》引《琴操》云:"孔子到匡郭外,顏淵舉策指匡穿垣曰:'往與陽貨正從此入。'"

[12] 陽虎:季氏家臣,又名陽貨。

[13] 暴:强暴,施暴。

[14] 没(mò):同"殁"。死。

[15] 後死者:孔子自稱,相對文王而言。

【原文】

去,即過蒲[16]。月餘,反乎衛,主蘧伯玉家[17]。靈公夫人有南子者[18],使人謂孔子曰:"四方之君子不辱欲與寡君為兄弟者[19],必見寡小君。寡小君願見[20]。"孔子辭謝,不得已而見之。夫人在絺帷中[21]。孔子入門,北面稽首[22]。夫人自帷中再拜,環珮玉聲璆然[23]。孔子曰:"吾鄉為弗見,見之禮答焉[24]。"子路不說。孔子矢之曰[25]:"予所不者[26],天厭之!天厭之[27]!"居衛月餘,靈公與夫人同車,宦者雍渠參乘[28],出,使孔子為次乘[29],招摇市過之[30]。孔子曰:"吾未見好德如好色者也。"於是醜之[31],去衛,過曹。是歲,魯定公卒。

【注釋】

[16] 蒲:衛國邑名,在今河南長垣(yuán)。

[17] 蘧(qú)伯玉:名瑗,字伯玉,衛國賢大夫。"蘧"字,或作"璩"。

[18] 南子:亦稱"釐夫人",宋女。

［19］不辱：謙詞。不以為辱。

［20］寡小君：諸侯妻子謙稱。

［21］絺（chī）：細葛布。帷：帷帳，帳幔。

［22］北面：面朝北。稽首：一種叩頭至地的跪拜禮，是古代九拜中最恭敬的。

［23］再拜：連行兩次拜禮。環佩：佩玉。璆（qiú）：佩玉相互碰撞發出的聲音。

［24］鄉（xiàng）：同"嚮"。先前。

［25］矢：通"誓"。起誓，發誓。

［26］所：如果，倘若。不（fǒu）：通"否"。不然，不是這樣。

［27］厭：厭惡，厭棄。

［28］雍渠：衛靈公的寵倖侍臣。参乘：亦作"驂乘"，即陪乘，立於車右，負責護衛。

［29］次乘：第二輛車。

［30］招搖：張揚炫耀。

［31］醜：惡，厭惡。

【原文】

孔子去曹適宋，與弟子習禮大樹下[32]。宋司馬桓魋欲殺孔子[33]，拔其樹。孔子去。弟子曰："可以速矣。"孔子曰："天生德於予，桓魋其如予何！"

【注釋】

［32］習：練習，訓練。

［33］桓魋（tuí）：宋司馬，向氏，亦稱"向魋"。公元前481年，於曹地叛，後奔衛，又奔齊，任齊次卿。

【原文】

孔子適鄭，與弟子相失，孔子獨立郭東門[34]。鄭人或謂子貢曰[35]："東門有人，其顙似堯[36]，其項類皋陶，其肩類子産，然自要以下不及禹三寸[37]，纍纍若喪家之狗[38]。"子貢以實告孔子。孔子欣然笑曰："形狀，末也[39]。而似喪家之狗，然哉！然哉！"

【注釋】

［34］郭：外城。

［35］子貢：孔子弟子，姓端木，名賜，字子貢。

［36］顙：額，額頭。

［37］要："腰"的本字。

［38］纍纍：通"羸羸"。瘦瘠疲憊的樣子。喪家之狗：居喪人家的狗。

［39］末：末梢，枝節，次要。

與陳伯之書

【解題】

選自中華書局 1977 年版《文選》第四十三卷(胡克家刻本)。作者丘遲(464—508),字希範,吳興烏程(今浙江省湖州市)人。以文才為梁武帝所器重,官至永嘉太守、司空從事中郎。傳世有《丘司空集》。

本文為駢文名篇,作於梁天監四年(505),時梁中軍將軍、臨川王蕭宏領軍北伐,北魏派南朝降將陳伯之率軍拒梁師,丘遲為臨川王幕下記室,奉命作書招陳。遲書出腹心之語,示尊重之意,辭采婉麗,情理精當,陳伯之讀後遂率衆來降,後世因有"希範片紙,强將投戈"之譽。

【原文】

遲頓首陳將軍足下[1]:無恙[2],幸甚,幸甚!將軍勇冠三軍,才為世出[3],棄鷰雀之小志,慕鴻鵠以高翔。昔因機變化,遭遇明主[4],立功立事,開國稱孤[5]。朱輪華轂[6],擁旄萬里[7],何其壯也!如何一旦為奔亡之虜,聞鳴鏑而股戰[8],對穹廬以屈膝[9],又何劣邪!

【注釋】

[1] 陳將軍:即陳伯之,睢陵(今江蘇省睢寧縣)人,梁江州刺史,天監元年(502)起兵反梁,兵敗後降北魏。四年,梁武帝命蕭宏領兵北伐,陳屯兵壽陽拒之。頓首:叩拜。足下:對對方的尊稱。

[2] 無恙:問候語。恙,病,憂。

[3] 才為世出:才能傑出於當世。

[4] "昔因"二句:指陳伯之棄齊歸梁,受梁武帝賞愛器重。

[5] "立功"二句,指陳伯之在梁力戰有功,進號征南將軍,封豐城縣公。孤,王侯自稱。此指受封爵事。

[6] 轂(gǔ):原指車輪中心的圓木,此處指代車輿。

[7] 旄(máo):用犛牛尾裝飾的旗子,此指旄節。擁旄,古代高級武將持節統制一方之謂。

[8] 奔亡之虜:指陳敗逃北魏事。鳴鏑(dí):響箭。股戰:大腿顫抖。

[9] 穹廬:氈帳,此指代北魏政權。

【原文】

尋君去就之際[10],非有他故,直以不能內審諸己[11],外受流言,沈迷猖蹶[12],以至於此。聖朝赦罪責功[13],棄瑕録用[14],推赤心於天下,安反側於萬物[15]。將軍之所知,不假僕一二談也[16]。朱鮪涉血於友于[17],張繡剚刃於愛子[18],漢主不以為疑,魏君待之若舊。况將軍無昔人之罪,而勳重於當世!夫迷塗知反,往哲是與[19],不遠而復,先典攸高[20]。主上屈法申恩,吞舟是漏[21];將軍松柏不翦[22],親戚安居,高臺未傾[23],愛妾尚在;悠悠爾心,亦何可言!

【注釋】

[10] 尋:揣測。去就:指棄梁降北魏事。

[11] 直:只。以,因。內審:內心反復考慮。諸:兼詞,“之於”合音。

[12] 沈迷:迷惑。猖蹶:任意橫行。

[13] 赦罪責功:赦免罪過而求其建立功業。

[14] 瑕:玉石瑕疵,此指過失。棄瑕,即不計較過失。

[15] “推赤”二句:謂梁朝以赤心待人,既往不咎。反側:指疑懼不安的人。此用光武帝典:光武誅王郎,“得吏人與郎交關謗毀者數千章”,不省而燒之,曰:“令反側子自安。”

[16] 不假:不借助,不需要。

[17] 指光武帝劉秀不計前嫌招降綠林軍將領朱鮪(wěi)事(朱曾讒害劉秀兄長)。涉血:同“喋血”。謂殺人之多,流血滿地,腳履血而行。友于:即兄弟。藏詞手法,源自《尚書·君陳》:“惟孝,友于兄弟,克施有政。”

[18] 指張繡曾對曹操降而復反,射傷曹操,殺操長子昂、侄安民。再次投降後,曹操仍封其為列侯。剚(zì)刃:用刀刺入人體。

[19] 往哲:以往的賢哲。與:贊同。

[20] 不遠而復:指迷途不遠而返回。先典:古代典籍。高:嘉許。

[21] “主上”二句:指梁武帝時法網寬疏。吞舟,指能吞舟的大魚。

[22] 松柏:古人常在墳墓邊植以松柏,這裏指陳伯之祖先的墳墓。不翦:謂未曾受到毀壞。

[23] “高臺”句:指陳伯之在梁的房舍住宅未被焚毀。高臺:居宅。

【原文】

今功臣名將,鴈行有序[24],佩紫懷黃[25],讚帷幄之謀[26],乘軺建節[27],奉疆埸之任[28],並刑馬作誓[29],傳之子孫[30]。將軍獨靦顏借命[31],驅馳氈裘之長[32],寧不哀哉!夫以慕容超之强,身送東市[33];姚泓之盛,面縛西都[34]。故知霜露所均[35],不育異類;姬漢舊邦[36],無取雜種。北虜僭盜中原[37],多歷年所[38],惡積禍盈,理至燋爛[39]。况偽孽昏狡[40],自相夷戮[41],部落攜離[42],酋豪猜貳[43]。方當繫頸蠻邸,懸首藁街[44],而將軍魚游於沸鼎之中,鷰巢於飛幕之上[45],不亦惑乎[46]?

【注釋】

[24] 鴈行:大雁飛行的行列,比喻尊卑排列次序。

[25] 紫:紫綬,繫官印的絲帶。黃:黃金印。

[26] 讚:佐助。帷幄:軍中的帳幕。

[27] 軺(yáo):用兩匹馬拉的輕車,此指使節乘坐之車。建節:將皇帝賜予的符節插立車上。

[28] 疆埸(yì):邊境。

[29] 刑馬:殺馬。古代會盟,殺白馬飲血,立誓為信。

[30] 傳之子孫:指爵位可傳之子孫。

[31] 靦(tiǎn)顏:厚著臉。借命:苟活。

[32] 氈裘:以毛織製之衣,這裏代指北魏。長:頭目,指魏帝。

[33] 慕容超:南燕君主,鮮卑人。晉末劉裕北伐,將他擒至南京斬首。東市:漢代長安處決犯人的地方,後泛指刑場。

[34] 姚泓:後秦君主,羌人。劉裕北伐破西都長安,姚泓出降。面縛:面朝前,雙手反縛於後。

[35] 霜露所均:霜露所及之處,即天地之間。

[36] 姬漢:即漢族。姬,周天子的姓。舊邦:指中原周漢的故土。

[37] 北虜:指北魏。

[38] 年所:年代。

[39] 燋爛:潰敗滅亡。燋,通"焦"。

[40] 偽孽:指北魏統治集團。昬狡:昏聵狡詐。昬,同"昏"。

[41] 夷戮:殘殺。

[42] 攜離:四分五裂。攜,離。

[43] 酋豪:部落酋長。猜貳:猜忌別人有二心。

[44] 蠻邸:外族首領所居館舍。藁(gǎo)街:漢代長安街名。少數民族居此,蠻邸亦設於此。

[45] 飛幕:飛動搖盪的帳幕。

[46] 惑:糊塗。

【原文】

暮春三月,江南草長,雜花生樹,羣鶯亂飛。見故國之旗鼓,感平生於疇日[47],撫絃登陴[48],豈不愴悢[49]! 所以廉公之思趙將[50],吴子之泣西河[51],人之情也,將軍獨無情哉? 想早勵良規[52],自求多福。

【注釋】

[47] 疇日:過去的日子。

[48] 陴(pí):城上女牆。

[49] 愴悢:悲傷。

[50] "廉公"句:廉頗想復為趙將。

[51] "吴子"句:吴起被魏武侯從西河(今陝西韓城)太守任上召回,料西河必為秦奪取,車至岸門,望西河而哭泣。

[52] 勵:勉勵,這裏是作出的意思。良規:妥善的安排。

【原文】

當今皇帝盛明,天下安樂。白環西獻[53],楛矢東來[54];夜郎滇池[55],解辮請職[56];朝鮮昌海[57],蹶角受化[58]。唯北狄野心,掘强沙塞之閒,欲延歲月之命耳[59]! 中軍臨川殿下[60],明德茂親[61],揔兹戎重[62],弔民洛汭[63],伐罪秦中[64],若遂不改[65],方思僕言。聊布往懷[66],君其詳之。丘遲頓首。

【注釋】

[53] 白環:白玉之環。

[54] 楛(hù)矢:用楛木做的箭。

[55] 夜郎:今貴州桐梓縣一帶。滇池:今雲南昆明市附近。

[56] 解辮請職:解開盤結的髮辮,請求封職。即表示願意歸順。

[57] 昌海:西域國名,在今羅布泊一帶。

[58] 蹶角:以額角叩地。受化:接受教化。

[59] 掘强:即倔强。

[60] 中軍臨川殿下:指蕭宏。殿下,對王侯的尊稱。

[61] 茂親:至親。指蕭宏為武帝之弟。

[62] 揔:通"總"。戎重:軍事重任。

[63] 弔民:慰問老百姓。汭(ruì):水流隈曲處。洛汭,洛水匯入黃河的洛陽、鞏縣一帶。

[64] 秦中:指北魏。

[65] 遂:因循。

[66] 聊布:姑且陳述。往懷:往日的友情。

書只貴熟讀

【解題】

選自臺灣商務印書館《景印文淵閣四庫全書·朱子語類·讀書法上》。標題是後加的。《朱子語類》一百四十卷。門人黃士毅初編,黎靖德總成。朱熹(1130—1200)一生從事講學,諸弟子對其講話和答疑各有所記,辭世之後,諸弟子對記錄加以整理彙輯,並先後刊刻於世。全書幾乎涵蓋了程朱理學思想體係的全部內容,資料原始,是研究程朱理學思想最重要的參考資料之一。元覆宋刻本,書名題《朱子語錄》,另有清《西京清麓叢書》本及《劉氏傳經堂叢書》本(附《正偽》、《記疑》各一卷)等,中華書局《理學叢書》已收此書。

本文所選朱熹關於讀書法的幾則語錄,是其一生心得,雖隻言片語,對今天的讀書人仍頗有啓示。

【原文】

讀書乃學者第二事。方子[1]。

【注釋】

[1] 方子:李方子,字公晦,朱熹最傑出的弟子之一,邵武人。

【原文】

學問,無賢愚,無小大,無貴賤,自是人合理會底事[2]。且如聖賢不生,無許多書册,無許多發明,不成不去理會?也只當理會。今有聖賢言語,有許多文字,卻不去做。師友只是發明得。人若不自向前,師友如何著得力!謙[3]。

【注釋】

[2] 合:應該。底:的。

[3] 謙:廖謙,字益仲,朱熹弟子,衡陽人。

【原文】

天下書盡多在。只恁地讀[4],幾時得了。須大段用著工夫,無一件是合少得底。而今只是那一般合看過底文字也未看,何況其他?僩[5]。

【注釋】

[4] 恁地:如此,這樣。

[5] 僩:沈僩,字杜仲,朱熹弟子,永嘉人。

【原文】

讀書,須是徧布周滿。某嘗以為寧詳毋略,寧下毋高,寧拙毋巧,寧近毋遠。方子。

【原文】

太凡看文字:少看熟讀,一也;不要鑽研立說,但要反覆體驗,二也;埋頭理會,不要求效,三也。三者,學者當守此。人傑[6]。

【注釋】

[6] 人傑:萬人傑,字正淳,朱熹弟子,興國人。

【原文】

書宜少看,要極熟。小兒讀書記得,大人多記不得者,只為小兒心專。一日授一百字,則只是一百字;二百字,則只是二百字。大人一日或看百板[7],不恁精專[8]。人多看一分之十,今宜看十分之一。寬著期限,緊著課程。淳[9]。

【注釋】

［7］板:量詞。用為書畫的計數單位。一板,猶言一幅,一頁。

［8］恁:怎麼。

［9］淳:陳淳,字安卿,朱熹弟子,臨漳人。

【原文】

"讀書不可貪多,常使自家力量有餘。"正淳云:"欲將諸書循環看。"曰:"不可如此,須看得一書徹了[10],方再看一書。若雜然並進[11],卻反為所困。如射弓,有五斗力,且用四斗弓,便可拽滿,己力欺得它過。今舉者不忖自己力量去觀書,恐自家照管他不過。"𥁕。[12]

【注釋】

［10］徹:盡,完。

［11］雜然:混雜的樣子。

［12］𥁕:黃𥁕,字子耕,朱熹弟子,豫章人。

【原文】

書只貴讀,讀多自然曉。今只思量得,寫在紙上底,也不濟事,終非我有,只貴乎讀。這個不知如何,自然心與氣合,舒暢發越[13],自是記得牢。縱饒熟看過,心裏思量過,也不如讀。讀來讀去,少間曉不得底,自然曉得;已曉得者,越有滋味。若是讀不熟,都没這般滋味。而今未說讀得注,且只熟讀正經,行住坐臥,心常在此,自然曉得。嘗思之,讀便是學。夫子說"學而不思則罔,思而不學則殆",學便是讀。讀了又思,思了又讀,自然有意。若讀而不思,又不知其意味;思而不讀,縱使曉得,終是臲卼不安[14]。一似倩得人來守屋相似[15],不是自家人,終不屬自家使喚。若讀得熟,而又思得精,自然心與理一,永遠不忘。某舊苦記文字不得,後來只是讀。今之記得者,皆讀之功也。老蘇只取《孟子》、《論語》、韓子與諸聖人之書[16],安坐而讀之者七八年,後來做出許多文字如此好。他資質固不可及,然亦須著如此讀。只是他讀時,便只要模寫它言語,做文章。若移此心與這樣資質去講究義理,那裏及得來?是知書只貴熟讀,别無方法。僩。

【注釋】

［13］發越:激揚,激昂。

［14］臲卼(wùniè):動搖不安的樣子。

［15］倩(qìng):請。

［16］老蘇:蘇洵。韓子:韓愈。

四時用藥例

【解題】

選自《本草綱目》第一卷上(1885年合肥張紹棠味古齋刊本)。作者李時珍(1518—1593),字東璧,湖北蘄州(今湖北蘄春縣)人。出身中醫世家,重視本草,窮二十七年之力,參考歷代醫藥書籍,結合自身經驗,尋草採藥,考辨異同,著成巨著《本草綱目》。全書約190餘萬字,分為52卷,共收載藥物1892種,其中新增藥品374種,每種藥物下詳載其别名、形狀、出處、加工採集方法、藥性、用途等,並附載有關藥方。全書附藥方11000餘個,插圖1100餘幅,為我國藥物學集大成之作,被公認為"東方醫學的巨典"。

本篇講述了春夏秋冬四季使用藥物的一般原則。

【原文】

李時珍曰:《經》云[1]:必先歲氣,毋伐天和[2]。又曰:升降浮沈則順之,寒熱温涼則逆之[3]。故春月宜加辛温之藥,薄荷、荆芥之類[4],以順春升之氣;夏月宜加辛熱之藥,香薷、生薑之類[5],以順夏浮之氣;長夏宜加甘苦辛温之藥,人參、白朮、蒼朮、黄蘗之類[6],以順化成之氣[7];秋月宜加酸温之藥,芍藥、烏梅之類,以順秋降之氣;冬月宜加苦寒之藥,黄芩、知母之類[8],以順冬沈之氣:所謂順時氣而養天和也[9]。《經》又云:春省酸、增甘以養脾氣,夏省苦、增辛以養肺氣,長夏省甘、增鹹以養腎氣,秋省辛、增酸以養肝氣,冬省鹹、增苦以養心氣。此則既不伐天和,而又防其太過,所以體天地之大德也[10]。昧者[11],捨本從標[12],春用辛涼以伐木,夏用鹹寒以抑火,秋用苦温以泄金,冬用辛熱以涸水,謂之時藥,殊背《素問》逆順之理[13]。以夏月伏陰[14],冬月伏陽,推之可知矣。雖然,歲有四時,病有四時[15],或春得秋病,夏得冬病,神而明之,機而行之,變通權宜,又不可泥一也[16]。王好古曰[17]:四時總以芍藥為脾劑,蒼朮為胃劑,柴胡為時劑[18],十一臟皆取決于少陽[19],為發生之始故也。凡用純寒、純熱之藥,及寒熱相雜,並宜用甘草以調和之,惟中滿者禁用甘爾[20]。

【注釋】

[1]《經》:指《黄帝内經·素問》。

[2] 必先歲氣,毋伐天和:歲氣:四時節氣。伐:違背。天和:人的調養與四時運行的一致性。

[3] 升降浮沈:指春氣升、秋氣降、夏氣浮、冬氣沉。寒熱温涼:指冬寒、夏熱、春温、秋涼。

[4] 荆芥:性微温而辛,多用為發汗、解熱藥。

[5] 香薷(rú):性温而辛,多用於發汗解表,化濕和中,利水消腫。

[6] 白术(zhú):苦、甘而性温,消痞除脹、健脾益氣之藥。蒼术(zhú):藥性與白术近似,主治食滯,而兼除濕腫。黃柏:性苦、寒,多用於濕熱瀉痢。

[7] 化成之氣:指自然燥盛之氣。

[8] 黃芩(qín):性苦、寒,用於清熱燥濕,瀉火解毒,止血。知母:苦、甘而性寒,用於清熱瀉火,生津潤燥。

[9] 順時氣:順應春夏秋冬四時陰陽的升降沉浮之氣。

[10] 體:取法,效法。天地之大德:指天地化育萬物的功能。

[11] 昧者:愚昧、糊塗之人。

[12] 標:末梢,事物的枝節或表面。

[13] 殊:甚,極。《素問》:《黃帝內經·素問》之省。

[14] 伏:隱藏。

[15] 歲有四時:指一年之中春、夏、秋、冬的變化。

[16] 神而明之:出神入化。機而行之:見機行事。泥(nì):拘泥。

[17] 王好古:金元之間名醫。

[18] 時劑:應機之劑。

[19] 少陽:中醫學經脈名。分手少陽經(三焦經)和足少陽經(膽經)。

[20] 中滿:胸腹脹滿。

《廣雅疏證》自序

【解題】

選自中華書局1983年版《廣雅疏證》(嘉慶元年王氏家刻本)。本篇自序主要介紹了《廣雅疏證》的寫作背景、訓詁原則、編纂體例等。

【原文】

昔者周公制禮樂,爰箸《爾雅》[1]。其後七十子之徒[2]、漢初綴學之士[3],遞有補益[4]。作者之聖,述者之明,卓乎六藝羣書之鈐鍵矣[5]。至於舊書雅記,詁訓未能悉備[6]。網羅放失,將有待於來者。

【注釋】

[1] 爰:於是。箸:同"著"。

[2] 七十子之徒:指孔子的學生。傳說孔子有學生三千人,最傑出的有七十來人。

[3] 綴學:編輯前人舊文以為自己的學問。

[4] 遞:相繼。

[5] 卓:高超,超絕。六藝:指六經。鈐(qián)鍵:本指鎖鑰,引申為事物的核心、關鍵。

[6] 雅記:指歷代載籍正史。詁訓:猶今言訓釋,説解。

【原文】

魏太和中，博士張君稚讓[7]，繼兩漢諸儒後，参攷往籍，徧記所聞[8]，分別部居[9]，依乎《爾雅》[10]。凡所不載，悉箸於篇。其自《易》、《書》、《詩》、三禮、三傳經師之訓[11]，《論語》、《孟子》、《鴻烈》、《法言》之注[12]，楚辭、漢賦之解，讖緯之記[13]，《倉頡》、《訓纂》、《滂喜》、《方言》、《說文》之說[14]，靡不兼載[15]。蓋周、秦、兩漢古義之存者，可據以證其得失；其散逸不傳者，可藉以闚其端緒。則其書之為功於詁訓也大矣。

【注釋】

[7] 張君稚讓：《廣雅》作者張揖，字稚讓，清河（今河北臨清縣）人，魏明帝太和年間（227—232）任博士。

[8] 徧：同“遍”。

[9] 分別部居：分類排列。

[10] 依：仿照。

[11] 經師：漢代講授經書的學官。

[12]《鴻烈》：即《淮南子》。又名《淮南鴻烈》。

[13] 讖緯：讖書和緯書的合稱。

[14]《倉頡》、《訓纂》、《滂喜》：均為字書，分別為秦李斯、西漢揚雄、東漢賈魴所作。

[15] 靡：無。兼：俱。

【原文】

念孫不揆檮昧[16]，為之疏證[17]，殫精極慮，十年於兹。竊以詁訓之旨本於聲音，故有聲同字異、聲近義同，雖或類聚羣分[18]，實亦同條共貫[19]。譬如振裘必提其領，舉網必挈其綱[20]。故曰：“本立而道生”，“知天下之至賾而不可亂也”[21]。此之不寤，則有字別為音，音別為義，或望文虛造而違古義[22]，或墨守成訓而尟會通[23]。易簡之理既失，而大道多岐矣[24]。

【注釋】

[16] 揆（kuí）：度量，揣度。檮（táo）昧：愚昧。

[17] 疏證：闡釋考證。

[18] 類聚羣分：同類的事物聚合在一起。《周易・繫辭上》：“方以類聚，物以群分。”

[19] 同條共貫：長在一根枝條上，穿在同一錢串上。比喻事理相通，脈絡連貫。條，枝條；貫，錢串。

[20] 振：抖動，拂拭。挈（qiè）：提起。綱：維繫網目的總繩。

[21] 賾（zé）：幽深奧妙。所引二語，分別見《論語・學而》和《周易・繫辭上》。

[22] 虛：同“虛”。憑空，毫無根據。

[23] 成:舊有的,既定的。尟(xiǎn):同“鮮”。義為少。會通:融會貫通。

[24] 岐:通“歧”,歧路。

【原文】

今則就古音以求古義,引伸觸類[25],不限形體,苟可以發明前訓[26],斯淩雜之譏[27],亦所不辭。其或張君誤采,博攷以證其失。先儒誤說,參酌而寤其非[28]。以燕石之瑜補荆璞之瑕[29],適不知量者之用心云爾[30]。

【注釋】

[25] 引申觸類:語本《周易·繫辭上》:“引而伸之,觸類而長之,天下之能事畢矣。”指掌握一類事物的知識或規律,就能據此而推知同類事物的知識或規律。

[26] 發明:闡述,闡發。

[27] 斯:則,那麽。淩雜:雜亂無條理。

[28] 參酌:參考,選取。寤:明白,理解,瞭解。

[29] 燕石:燕山所産一種類似玉的石頭,比喻不足珍貴之物。荆璞:春秋時,楚人卞和得璞玉於荆山,剖琢而為寶玉。瑜:玉的光彩。

[30] 適:正。不知量:不知自己的分量。

【原文】

張君進表《廣雅》,分為上、中、下,是以《隋書·經籍志》作三卷,而又云:“梁有四卷。”不知所析何篇。隋曹憲音釋,《隋志》作四卷,《唐志》作十卷。今所傳十卷之本,音與正文相次。然《館閣書目》云[31]:“今逸,但存音三卷。”是音與《廣雅》別行之證,較然甚明,特後人合之耳[32]。又憲避煬帝諱,始稱《博雅》。今則仍名《廣雅》,而退音釋於後,從其朔也[33]。憲所傳本即有舛誤[34],故音內多據誤字作音。《集韻》、《類篇》、《太平御覽》諸書所引,其誤亦或與今本同。蓋是書之譌脱久矣。今據耳目所及,旁攷諸書,以校此本。凡字之譌者五百八十,脱者四百九十,衍者三十九[35],先後錯亂者百二十三,正文誤入音內者十九,音內字誤入正文者五十七,輒復隨條補正,詳舉所由。(《廣雅》諸刻本,以明畢效欽本為最善,凡諸本皆誤,而畢本未誤者,不在補正之列)最後一卷,子引之嘗習其義[36],亦即存其說。竊放范氏《穀梁傳集解》子弟列名之例[37],博訪通人,載稽前典[38]。義或易曉,略而不論;於所不知,蓋闕如也。後有好學深思之士,匡所不及,企而望之[39]。

嘉慶元年正月高郵王念孫叙。

【注釋】

[31]《館閣書目》:宋高宗南渡後,根據搜訪的圖書,先於1118年由陳騤、張攀等編成《中興館閣書目》七十卷,《續中興館閣書目》三十卷。今均佚。

[32] 别:分别。較然:明顯的樣子。特:只。

[33] 朔:初,開始。

[34] 舛(chuǎn)誤:差錯,謬誤。

[35] 譌:錯誤。脱:"脱文"的簡稱,或作"奪"。衍:"衍文"簡稱。

[36] 引之:王念孫之子王引之。習:熟悉,通曉。

[37] 放:通"仿"。仿效。范氏:指范甯,晉順陽人,字武子,著《春秋穀梁傳集解》。

[38] 訪:諮詢。載:句首語氣助詞。稽:考查。

[39] 滚:同"深"。匡:匡正,糾正。企:踮起脚。企而望之,表示期待之意。

第三章　語　法

第一節　概　述

語法即語言的結構規律，包括詞法和句法。相對於詞彙、語音而言，漢語語法具有較强的穩定性，數千年來變化不大。其穩定性的主要表現是：第一，語序較為固定，它是漢語語法穩定性的突出表現之一。主語在謂語前，修飾語在被修飾語前，動詞在賓語前，自古至今都是漢語的基本語序。第二，虚詞也有相當大的穩定性。如“之”、“於”、“雖”、“所”等今天還在使用。第三，漢語方言經過數千年的分化，語音和詞彙上的區别相當大，但是各地方言的語法大多是基本一致的。各地方言語法的統一性體現著漢民族共同語的存在，同時也就證明了漢語語法的極大的穩定性。[①] 當然，變化也是有的。如漢語方言語法的統一性中也還存在内部差異，量詞的發展，名詞、代詞形尾的産生，補語的發展，處置式的産生，等等。本節只就古今差異不大的方面作簡單介紹，有明顯差異的語法現象後面專節介紹。

一、詞類

語法上所説的詞類，是主要根據詞的語法特點（包括詞在形態、組合能力和造句功能三方面表現出來的特點）劃分出來的詞的類别。

按照漢語語法學系統，根據能否獨立充當句子成分，首先可把詞分為實詞和虚詞兩大類。實詞的意義比較實在，能單獨充當句子成分。虚詞一般則不然。

我們採用較通行的做法，把古漢語實詞分為七類，虚詞分為四類，以下分别介紹。

（一）名詞

可細分為五類：專有名詞，表示特定事物的名稱，如：伊尹、周、咸陽等；

---

① 王力：《漢語語法史》，《王力文集》第十一卷，山東教育出版社，1990 年。

普通名詞,表示某一類人或物的總名,如:人、馬、黍;抽象名詞,表示抽象概念的名稱,如:仁、義、禮;時間名詞,表示時間的名稱,如:日、月、夕;方位名詞,表示方位的名稱,如:南、北、前、後。名詞主要充當主語、謂語、定語、賓語。

(二) 動詞

主要表示動作行為、變化、關係等。如:

桀紂亡。(《莊子・外物》)
余收爾骨焉。(《左傳・僖公三十二年》)

有些動詞主要表示分類、存在、出現、使令等關係。如"曰、謂、為、如、猶、有、無、使"等。這類動詞可以用謂詞性短語、主謂短語、"之"字短語作主語。

知之為知之。(《論語・為政》)
天子適諸侯曰巡狩。(《孟子・梁惠王下》)
人之視己如見其肺肝然。(《禮記・大學》)

動詞中還有較特别的一類,我們稱之為助動詞,有的叫能願動詞。助動詞主要表示可能性、可行性和願望、態度等。其中,"能、可"可單獨回答問題,"願、欲"須與"之"結合。如《戰國策・齊策》:"後孟嘗君出記,問門下諸客:'誰習計會,能為文收責于薛者乎?'馮諼署曰:'能。'……'先生不羞,乃有意欲為收責于薛乎?'馮諼曰:'願之。'"

動詞的主要功能是作謂語。

(三) 形容詞

表示人或事物的性質或狀態。如:高、大、善、惡。主要作謂語、定語、狀語、補語等。古漢語形容詞大多是單音節的。雙音節形容詞多為聯綿詞和疊音詞。例如"倉猝"、"慷慨"、"蕭蕭"、"灼灼"。

(四) 數詞

1. 基數。

表示基本數目。如:一、十、百、千。春秋時期以前,"十"被認為是整數,"十"以下是零數。因此"十"後面要插入一個"有"字。如"十有二州"、"五十有九年"。如果有百數,"百"和"十"之間也要加"有"字。如:"期三百有六旬有六日。"(《書・堯典》)春秋戰國時期仍有人沿用這種"有"字,但出現了"十九年"、"七十二君"等説法。可見當時一般口語已經不用這種

“有”字了。

2．序數。

(1)用基數表示。如“一鼓作氣，再而衰，三而竭。”(《左傳·莊公十年》)

記年月也不加“第”字，如“趙惠文王十六年，廉頗為趙將。”(《史記·廉頗藺相如列傳》)這種記年月的方法見於甲骨文，《春秋》等亦然，如隱公元年、二年、正月、七月等等。

(2)基數前加“第”。如：

云有第三郎，窈窕世無雙。(《古詩為焦仲卿妻作》)

“第”最初是動詞，漢代已經用作序數詞頭。

此外，還有用“伯(孟)”、“仲”、“叔”、“季”或干支“甲、乙、丙、丁”、“子、丑、寅、卯”等表示順序，但它們並不是數詞。如“孟姜”、“仲子”、“叔齊”、“季友”。

3．倍數。

倍數一般用基數表示，也有的用特定的名稱表示。例如“夫物之不齊，物之情也。或相倍蓰，或相什百，或相千萬。”(《孟子·滕文公上》)其中“倍”表示一倍，“蓰”表示五倍，“什”、“百”、“千”、“萬”分別表示十倍、百倍、千倍、萬倍。

4．分數。

(1)母數、子數之間有“分＋名＋之”。如“二十一度四分度之一。”(《後漢書·律曆上》)這是文言中記述分數最完備的格式。

(2)母數、子數之間用“名＋之”，如“大都不過三國之一。”(《左傳·隱公元年》)

(3)還可以省略“名”，母數、子數之間用“分”和“之”。如“關中之地，於天下三分之一。”(《史記·貨殖列傳》)

(4)母數、子數之間單用“分”或“之”。如：“子一分。丑三分二，寅九分八。”《史記·律書》“於舜之功二十之一矣。”(《左傳·文公十八年》)

(5)母數、子數相連。這種用法，母數必須為整數，在文言文中特別多，容易引起誤解，須特別注意。如：“會天寒，士卒墮指者十二三。”(《史記·高祖本紀》)“第令勿斬，而戍死者固十六七。”(《史記·陳涉世家》)

5．約數。

用整數表示大約數目。如“詩三百，一言以蔽之，曰：思無邪。”(《論語・為政》);用相連的兩個數字表示約數。如"童子六七人。"(《論語・先進》);數詞前加"可、且、垂、將"等表示,如"年且九十。"(《列子・湯問》);數詞後加"所、許、餘"等表示;名詞前加"群、諸、數"等,如"數日"。

6. 虛數。

"三"、"九"往往表示虛數。清代汪中《述學・釋三九》說:"古人之措辭,凡一二之所不能盡者,則約之以三以見其多;三之所不能盡者,則約之以九以見其極多,此言語之虛數也。"例如:"雖九死其猶未悔。"(《離騷》)

還有用"十二"、"三十六"、"七十二"、"百"、"千"、"萬"等表示虛數。如:"軍書十二卷。"(《木蘭詩》)"是故百戰百勝,非善之善者也。"(《孫子・謀攻》)

7. 問數。

用"幾、幾何、多少"等表示。如:

> 人間能得幾回聞?(杜甫《贈花卿》)
> 君所治夷滅者幾何人矣?(《史記・酷吏列傳》)
> 卿於水厄多少?(《洛陽伽藍記・正覺寺》)

(五) 量詞

量詞也叫單位詞。很多量詞都是由普通名詞演變而成的,並且其語法意義一般也是由它們的本來意義引申的。如"顆"本義指小頭,後來用作單位詞,就用於小而圓的東西的計量。

量詞主要有兩種:一種是度量量詞,如尺、寸、斗、斤、兩等;一種是天然單位,如個、雙、匹、顆、次、回等。第一種是一般語言都具備的,第二種是東方語言所特有的。

就量詞與其他詞配合的情況來說,也有兩種,一是指稱事物單位的,如"個、枚",與名詞配合,即物量詞;一種是指稱行為單位的,如"次、回",與動詞配合,即動量詞。

1. 物量詞。

上古漢語天然單位的表示方法是在數詞後面再加同樣的一個名詞。如"羌百羌","玉十玉,田十田"。天然單位的物量詞,先秦時期已經產生,如"馬三匹","車二百乘","帷幕九張","矢五十個"等,但還較少。漢代以後逐漸增加。隨著時代的發展,物量詞的數目、範圍都在變化。有的應用範圍擴大,如"箇"本是竹的單位,到唐代,水果、鳥、人都可以稱"箇"了,也寫作"個";有的應用範圍縮小,如枚,本可以用於鳥、魚和一切器物,後來逐漸縮小,到現代漢語口語裏很少了;範圍轉移的如量詞"盞",本來用於計量酒,如李清照《聲聲慢》"三杯兩盞淡酒,怎敵他晚來風急",後來用於計量燈。

在先秦時代度量衡制度建立以後,出現了許多度量衡單位詞。例如"尺、寸","豆、區","石、斤"等。

物量的表達方式是有發展變化的,先秦時期物量表達方式通常為:數詞 + 名詞,如《論語·為政》:"一言以蔽之",《墨子·公輸》:"請獻十金";或名詞 + 數詞,如《尚書·召誥》"牛一,羊一",《左傳·哀公十五年》"車五百";或名詞 + 數詞 + 量詞,如"冉子與之粟五秉"等;或數詞 + 量詞 + 名詞,如《論語·雍也》"一簞食,一瓢飲",《孟子·告子上》:"猶以一杯水救一車薪之火也。"這後一種形式在先秦時期只限於容量單位,到了漢代,容量單位和天然單位都可以放在名詞前,如《史記·淮南衡山列傳》:"一尺布,尚可縫;一斗粟,尚可舂。"又如《史記·貨殖列傳》:"安邑千樹棗。"又,《說苑》:"越使諸發以一枝梅遺梁王。"這種情況到了中古以後更為普遍。因為單位詞移到名詞前,它和名詞的關係就密切起來,逐漸成為一種語法範疇,名詞和數詞的結合不能不以單位詞為中介。這種物量標記法,如果表示一個時,往往可以省略數詞。如《公羊傳·僖公三十三年》:"匹馬隻輪無反者。"①

2. 動量詞。

動量詞產生之前,動量的表示方式為"數詞 + 動詞"。如:

> 三過其門而不入。(《孟子·滕文公上》)
>
> 一戰而舉鄢郢,再戰而燒夷陵,三戰而辱王之先人。(《史記·平原君列傳》)

漢語的動量詞產生較晚,漢代以後才逐漸出現。專用的動量詞大多由動詞虛化而來。如:

> 復以白酒一過洗腸中。(《齊民要術》卷八)
>
> 叩頭五百下。(《三國志·吳書·韋曜傳》)

還可以借用名詞來表動量,如:

> 文襄使季舒毆帝三拳。(《魏書·孝靜帝紀》)
>
> 公教人啖一口也,復何疑!(《世說新語·捷悟》)

---

① 王力:《漢語史稿·語法的發展·單位詞的發展》(重排本),中華書局,2004 年。

借用動詞作動量詞用罕見,如:

煮三四沸。(《齊民要術》卷七)

動量詞産生以後,動量的表示方式主要有兩種:一種是"數詞+動量詞+動詞"。如:

九度附書向洛陽。(杜甫《天邊行》)
人間能得幾回聞。(杜甫《贈花卿》)

一種是"動詞+數詞+動量詞"。如:

吾於書讀不過三遍,終身不忘。(《張中丞傳後叙》)

(六)代詞

1. 人稱代詞。

與現代漢語相比,古漢語中人稱代詞使用較少,有兩個原因:一是古漢語主語省略較多,而且第三人稱代詞一般不用作主語;二是謙稱和尊稱替代了代詞。謙稱如"寡人、不穀、臣、小人",尊稱如"大王、子、先生、足下"。此外,自稱其名也是一種謙稱,稱人之字也是一種尊稱。如孔子自稱"丘",司馬遷稱任安為"少卿"。

人稱代詞分為四類:自稱代詞,如"吾、我、余、予、卬、台";對稱代詞,如"女(汝)、爾、乃、若、而";他稱代詞,如"彼、其、伊、渠、厥";己稱代詞,如"自、己、身"。

上古漢語有的人稱代詞專用於單數,如"朕、予(余)、台",但"我、吾、爾、汝"則單複數同形,需要辨别。也可以在代詞後加上"儕、曹、屬、輩"等表示複數,但它們不同於近代漢語産生的固定的複數形尾"們"(最初寫作"懣、瞞、門"等,元曲作"每")。

2. 指示代詞。

可分為六類:近指代詞,如"此、是、斯、兹、時、之";遠指代詞,如"彼、夫、其、厥";虚指代詞,如"或、某";無指代詞,如"莫、無、毋、靡";逐指代詞,如"每、各";特殊指示代詞,如"者、所";旁指代詞,如"他、它、佗",相當於"别人、其他的"。

3. 疑問代詞。

從所代的内容看,有問人的代詞,如"誰、孰","誰"的另一形式是"疇",用法相同;問事情的代詞,如"何、曷、胡、奚";問處所的代詞,如"惡(烏)、安、焉"。

從語音聯繫看,王力先生把先秦疑問代詞分為三系:一是指人的 ʑ 系,如"誰、孰"。"誰"作主語、賓語,"孰"作主語,常用於選擇。二是指物的 ɣ 系。如"何、曷、胡、奚"。"何"也可以指人,一般做賓語或定語。指物時,可作賓語、定語、狀語。"曷、胡、奚"的應用範圍比"何"窄,不能指人,通常只用作狀語,很少用作賓語或定語。"何、奚"又可兼指處所,如"有是三者,何鄉而不濟?"(《左傳·昭公四年》)三是指處所的 Ø 系。如"惡(烏)、安、焉"。也有些例子中"安"等不是指處所,實際上等於現代漢語"哪裏"的活用,如"燕雀安知鴻鵠之志哉!"(《史記·陳涉世家》)

疑問代詞 ʑ 系、ɣ 系、Ø 系之間的分別在先秦是相當清楚的,到漢代以後界限變得不是那麼清楚了。上古漢語的 ʑ 系到今天還有一個"誰"字;上古的 ɣ 系後來說成"什麼"(唐代産生,也寫作"是勿"、"什没、甚没")。上古指稱處所的 Ø 系真正對處所提出疑問,就用"何處";如果是反詰,就用"那"字來代替。"那"在漢末就産生了,如"處分適兄意,那得自任專?"(《孔雀東南飛》)"那"的語法意義是來自上古的"安"和"焉","安"和"焉"收音於-n,可能轉化為 na(那)[①]。

(七)副詞

副詞可分為八種,即程度副詞、範圍副詞、時間副詞、頻仍副詞、語氣副詞、否定副詞、關聯副詞、謙敬副詞。

1. 程度副詞。表示動作行為或性狀的程度。常用的有"少、略、愈、彌、滋、甚、孔、殊、頗、最、至、極、絕、良、重、太"。如:

> 願大王少留意,臣請奏其效。(《戰國策·秦策》)
> 此數者愈善,而離楚愈遠耳。(《戰國策·魏策四》)

2. 範圍副詞。表示動作行為或性狀的範圍。常用的有"皆、悉、盡、遍、並、咸、畢、舉、俱、齊、總、凡、徒、直、但、第、僅、唯、獨"。如:

> 故言富者,皆稱陶朱公。(《史記·貨殖列傳》)
> 項羽悉引兵渡河,遂破章邯。(《史記·張耳列傳》)

要注意副詞的語義指向問題。如"故言富者,皆稱陶朱公。"(《史記·貨殖列傳》)副詞"皆"在意義上指向主語"言富者";"項羽悉引兵渡河,遂

① 王力:《漢語史稿·語法的發展·指示代詞、疑問代詞等的發展》(重排本),中華書局,2004 年。

破章邯。"(《史記·張耳列傳》)副詞"悉"指向賓語"兵"。

3. 時間副詞。表示動作行為發生的時間。常用的有"已、業、曾、將、旋、尋、便、終、迄、訖、才、始、甫、常、恒、方、正、適、會、鼎、嘗、既、且、行、垂、暴、卒、亟、遽、本、竟"。如:

若僕大質已虧缺矣。(司馬遷《報任少卿書》)
天子業出兵誅宛。(《漢書·李廣利傳》)

4. 頻仍副詞。表示動作行為的頻率、重複、連續行為等。常用的有"仍、連、又、累、頻、數、亟、屢、複、更"。如:

北狄破滅,名王仍降。(《後漢書·和帝紀》)
羽因留,連戰不能下。(《漢書·項籍傳》)

5. 語氣副詞。表示某種語氣。常用的有"或、庶、詎、豈、必、誠、實、竟、獨、則、猶、其"。如:

天或啓之,必將為君。(《左傳·宣公三年》)
我君景公引領西望,曰:庶撫我乎!(《左傳·成公十三年》)

6. 否定副詞。表示否定意義的副詞。常用的有"弗、勿、不、未、毋、莫、否、非、罔"。如:

罔罪爾衆。(《尚書·盤庚下》)
亟請於武公。公弗許。(《左傳·隱公元年》)

就先秦史料看,"弗"或"勿"後的動詞不帶賓語。"不、毋"後的動詞常帶賓語。"弗"和"不"表示一般性否定,"勿"和"毋"表示禁止性否定。對人或事物進行否定,還常用"非"。例如:"非吾徒也,小子鳴鼓而攻之可也。"(《論語·先進》)

7. 關聯副詞。多表示承接。常用的有"乃、即、輒、遂"。如:

因入京師觀太學,遂通五經。(《後漢書·張衡傳》)

8. 敬謙副詞。常用的有"幸、辱、猥、惠、敬、竊、謹、忝"。如:

必欲烹而翁,幸分我一杯羹。(《史記·項羽本紀》)
君與滕君辱在寡人。(《左傳·隱公十一年》)

9. 情態副詞。表動作行為的情狀。如"良、故、特、反、顧、漸、忽、適、幾、果、猶、亦、姑"等。如:

桓公特使人問之。(《韓非子·喻老》)
帝果殺吾子。(《史記·梁孝王世家》)

(八) 介詞

介紹實體詞(名詞、代詞)或詞組輔助謂語表示更完整意義的詞。常用的介詞有"於、以、由、在、為、用、乎、自、與"等。介詞多由動詞演變而來。所以有些介詞還帶有動詞的語法特點。比如動詞前邊可以有"所",介詞前面也可以有"所",可以說"所以、所為、所與";動詞的賓語是疑問代詞必須放在動詞前,介詞的賓語是疑問代詞也可以放在介詞前面,可以說"何以、何為、孰與"。介詞不能單獨充當句子成分,只能與名詞性詞語組合成介賓短語充當句子成分。

介詞可以引介時間、處所、原因、方式、工具、對象等。介賓短語主要充當補語和狀語。例如:

子於是日哭,則不歌。(《論語·述而》)
子路宿於石門。(《論語·憲問》)
用此,其將兵數困辱。(《史記·李廣列傳》)
以戈逐子犯。(《左傳·僖公二十三年》)
苛政猛於虎。(《禮記·檀弓》)

(九) 連詞

在句子中起連接作用的詞。連詞只有連結作用,没有修飾作用。連詞可分為如下類别:

1. 並列連詞。連接並列等立的詞、短語或句子。常用的有"與、及、暨、而、以"。如:

狐偃其舅也,而惠以有謀。(《國語·晉語四》)

2. 承接連詞。連接動作行為先後相繼或事理前後相因的詞或句子。常用的有"以、即、於是"等。如:

回也聞一以知十。(《論語·公冶長》)
於是乘其車,揭其劍,過其友曰:孟嘗君客我!(《戰國策·齊策》)

3. 遞進連詞。連接有遞進關係的詞或句子。常用的有"而、且、況、非徒、非但、非特、何況、況於、矧"。如:

夫以子之不遇時,苟慕義強仁者皆愛惜焉,矧燕趙之士出乎其性者哉!

（韓愈《送董邵南序》）

4. 選擇連詞。連接有選擇取捨關係的句子。常用的如"將、抑、若、如、且、與……寧、與其……寧（不如、孰若）、寧……無"。如：

時有軍役若水旱。（《漢書・食貨志》）

與人刃我，寧自刃。（《史記・魯仲連列傳》）

"若、如"用於叙述性選擇，"將、抑、且"用於疑問性選擇。

5. 轉折連詞。連接有轉折關係的詞語或句子。常用的有"然、而、但、然而"。如：

然不自意能先入關破秦。（《史記・項羽本紀》）

6. 讓步連詞。連接有讓步關係的句子。常用的有"雖、縱、即、就"。如：

法孝直若在，則能制主上令不東行；就復東行，必不傾危矣。（《三國志・蜀書・法正傳》）

7. 因果連詞。連接有因果關係的句子。常用的有"以、為、因、由、故、是故、是以、以故"。如：

彼竭我盈，故克之。（《左傳・莊公十年》）

8. 假設連詞。連接有假設關係的句子。常用的有"若、苟、使、令、而、即、則、設使、向使、若使、藉使、自非"。如：

子產而死，誰其嗣之？（《左傳・襄公三十年》）

這類連詞多是複合連詞。

9. 條件連詞。連接有條件關係的句子。常用的有"非、除、無"。如：

凡物無成與毀，復通於一。（《莊子・齊物論》）

（十）助詞

1. 結構助詞。在句子成分之間表示結構關係。常見的有"之"、"以"、"而"、"是"等。有的置於定中之間，如："余暨以南屬越，錢唐以北屬吴。"（《論衡・書虚》）"操蛇之神聞之，懼其不已也。"（《列子・湯問》）有的置於狀謂之間，如："啓呱呱而泣。"（《書・皋陶謨》）有的置於謂補之間，如："何興之暴也！"（《史記・項羽本紀》）有的幫助賓語前置，如："燕婉之求，得此戚施。"（《詩・邶風・新台》）"豈不穀是為？先君之好是繼。"（《左傳・僖公四年》）

2. 音節助詞。在句中起湊足音節的作用。常見的有“伊、曰、言、其、之、思、云”等。有的用於句首,有的用於句中和句末。如:

不可畏也,伊可懷也。(《詩・豳风・東山》)
北風其涼。(《詩・邶風・北風》)
公將鼓之。(《左傳・莊公七年》)
太史公曰:余登箕山,其上蓋有許由塚云。(《史記・伯夷列傳》)

3. 語氣助詞。在句中表示某種語氣。具體分為六類:

(1) 表陳述語氣。常用的有“也、矣、焉、耳、爾、已、者、然”。如:

吾視郭解狀貌不及中人,言語不足采者。(《史記・游俠列傳》)
無若宋人然。(《孟子・公孫丑上》)

(2) 表疑問語氣。常用的有“哉、也、與(歟)、者、為、乎、耶、邪”。如:

君而不可,尚誰可者?(《漢書・張湯傳》)
何故深思高舉,自令放為?(《楚辭・漁父》)

(3) 表感歎語氣。常用的有“也、哉、夫、乎、矣”。如:

惡,是何言也!(《孟子・公孫丑上》)

(4) 表起頓語氣,亦稱發語詞。常用的有“夫、惟、蓋”。如:

蓋天下萬物之萌生,靡不有死。(《史記・文帝本紀》)

(5) 表測度、商量語氣。常用的有“夫、乎、與”。如:

舜其大孝也與!(《禮記・中庸》)

(6) 表祈使、禁止語氣。常用的有“也、矣”。如:

毋從俱死也!(《史記・項羽本紀》)

(十一) 歎詞

表示感歎聲或應答聲。歎詞不與其他詞類發生組合關係,而是獨立於句子外。包括感歎詞、應答詞。常用的感歎詞有“惡、吁、唉、噫、嗚呼、噫嘻、嗟乎”。常用的應答詞有“唯、諾、嘻、吁、嗟、嗟來”。

二、短語

詞和詞可以按照一定的規則組合成各種不同的短語。短語在功能上如同詞,可以充當各種不同的句子成分。按組成方式分類,有幾類短語在結構上與構詞法相似,如聯合、述賓、主謂、偏正。偏正短語中還包括述補結構。另有兼語、連動、介賓、同位等短語。

(一) 主謂短語

都城過百雉,國之害也。(《左傳·隱公元年》)

此例"都城過百雉"作主語。

此屬畏陛下不能盡封。(《史記·留侯世家》)

此例"陛下不能盡封"作"畏"的賓語。

(二) 述賓短語

賊民之主,不忠。(《左傳·宣公二年》)

此例述賓詞組"賊民之主"作主語。

(三) 偏正短語

紫貴甚。(《韓非子·外儲說左上》)

此例"貴甚"前正後偏,作謂語。

北山愚公者年且九十。(《列子·湯問》)

此例"北山愚公"前偏後正,作主語。

(四) 聯合短語

懷與安,實敗名。(《左傳·僖公二十三年》)

此例"懷與安"作主語。

子温而厲。(《論語·述而》)

此例"温而厲"作謂語。

(五) 同位短語

吾儕小人所謂取諸其懷而與之也。(《左傳·宣公十一年》)

此例"吾儕小人"作主語。

(六) 兼語短語

予助苗長矣。(《孟子·公孫丑上》)

此例"助苗長"作謂語。

（七）連動短語

（季心）嘗殺人，亡之吳。（《史記·季布欒布列傳》）

此例“亡之吳”作謂語。

（八）介賓短語

為之請制。（《左傳·隱公元年》）

此例“為之”作狀語。

紂走，反入登于鹿台之上。（《史記·周本紀》）

此例“于鹿台之上”作補語。

三、句子類型

句子是語言表達的基本單位。可以根據不同的標準對句子分類。主要有如下分法。

根據句子結構的繁簡，可分為單句和複句。例如：

先生老悖乎？（《戰國策·楚策》）
襄王聞之，顏色變作，身體戰慄。（《戰國策·楚策》）

第一例為單句，第二例為複句。

根據句子的語氣，可分為陳述句、疑問句、祈使句、感歎句。例如：

季文子三思而後行。（《論語·公冶長》）
師與商也孰賢？（《論語·先進》）
子其勉之！（《左傳·閔公二年》）
野哉，由也！（《論語·子路》）

根據謂語的功能，可分為判斷句、敘述句、描寫句。例如：

趙盾，古之良大夫也。（《左傳·宣公二年》）
邴夏御齊侯。（《左傳·成公二年》）
顏色憔悴，形容枯槁。（《史記·屈原列傳》）

此外，還可以根據謂語的組織形式分為名詞謂語句、動詞謂語句、形容詞謂語句、主謂謂語句等。

四、句子成分

任何一個句子都是由不同的句子成分構成的。

古代漢語句子成分主要有主語、謂語、賓語、定語、狀語、補語六種。其中,主語和謂語是主要成分。

(一) 主語

主語是句子的陳述對象。它主要由名詞、代詞或短語充當。例如:

晉文公卒。(《左傳・僖公三十二年》)
晉侯秦伯圍鄭。(《左傳・僖公三十年》)

(二) 謂語

謂語是句子陳述的內容。它主要由動詞、形容詞、名詞或短語充當。例如:

越王勾踐棲於會稽之上。(《國語・越語》)
楚師輕窕。(《左傳・襄公二十六年》)
彼吾君者,天子也。(《戰國策・趙策》)
扁鵲望桓侯而還走。(《韓非子・喻老》)

(三) 賓語

賓語是謂語動詞涉及的內容或對象。它主要由名詞、代詞或短語充當。例如:

桓公殺公子糾。(《論語・憲問》)
子無敢食我也。(《戰國策・楚策》)
人謂子產不仁,吾不信也。(《左傳・襄公三十一年》)

(四) 定語

定語是修飾或限定名詞性詞語的成分。它主要由形容、名詞、代詞、數量詞或短語充當。主要表示人或事物的所屬、性狀、數量等。例如:

富歲,子弟多賴;凶歲,子弟多暴。(《孟子・告子上》)
鳥獸之肉,不登於俎。(《左傳・隱公五年》)
命夸娥氏二子負二山。(《列子・湯問》)

(五) 狀語

狀語是修飾或限定謂語的成分。它主要由副詞、形容詞、名詞、數詞、介賓短語等充當。主要表示時間、處所、原因、方式、情態、數量等。例如:

君將不堪。(《左傳·隱公元年》)
王卒大敗。(《左傳·桓公五年》)
旦日不可不蚤自來謝項王。(《史記·項羽本紀》)
八年之中,九合諸侯。(《左傳·襄公三十年》)
齊侯欲以文姜妻鄭太子忽。(《左傳·桓公六年》)

(六)補語

補語是補充說明謂語的成分。主要由副詞、形容詞、數量詞或介賓短語等充當。主要表示程度、處所、時間等。例如:

君美甚。(《戰國策·齊策》)
何興之暴也!(《史記·項羽本紀》)
不食三日矣。(《左傳·宣公二年》)
鄭武公娶于申。(《左傳·隱公元年》)

第二節　實詞活用

所謂實詞活用,就是某實詞在一定條件下,臨時改變其本來的性質和用法,而臨時當作另一類詞來使用。實詞活用是古漢語的常見現象。

實詞活用與詞的兼類不同。從理論上來說,二者性質不同,界限很清楚。活用是詞在一定條件下的臨時用法,兼類是詞本有的功能。如"朝"兼有名詞和動詞的性質。《戰國策·齊策》"於是入朝見威王",《孟子·公孫丑下》"孟子將朝王。"又"信"兼形容詞和動詞的性質,如《老子》"信言不美,美言不信",《論語·公冶長》"聽其言而信其行"。但是,在實踐中,我們依據什麼判斷這種用法是"經常"還是"臨時",如何把握"經常"和"臨時"的界限?以往人們往往根據語感和印象處理,有不少結論有違事實。如把"雨"的動詞用法說成名詞活用為動詞,這顯然是依據現代漢語作出的判斷。近幾十多年來,不少學者引入"使用頻率"這一數量標準來區分兼類和活用。據向光忠先生統計,"雨"在甲骨刻辭中作動詞用者三百餘條,佔總數的60%,作名詞用者一百多條,佔總數30%多。這說明"雨"作動詞用並非活用,它是個名詞、動詞兼類詞。又"出入相友"(《孟子·滕文公上》)。不少人把"友"看作名詞活用作動詞。郭錫良先生調查了"友"在先秦九部典籍中的用例,發現作動詞68例,佔總數44%,作名詞86例,佔總數56%,兩種用法差距不大,證明"友"在先秦是名詞、動詞兼類。不過,統計使用頻率的方法也有個如何科學把握的問題。如在多少部書的範圍內統計才算有效?佔總數比例多大才算兼類或活用?[①] 需要進一步確定。所以,不能太拘泥於百分比,規定硬性比例;使用頻率不能作為唯一標準,在重視使用頻率的同時,還應考慮詞義系統、詞的歷史發展狀況等因素[②]。

一、名詞活用

(一) 名詞用作一般動詞

在以下情況下名詞活用為動詞:名詞後帶名詞或代詞賓語;在非判斷句中副詞修飾名詞;助動詞修飾名詞;名詞帶介賓詞組補語;特殊指示代詞"所"置於名詞前。如:

宦官懼其毀己,皆共目之。(《後漢書·張衡傳》)

今京不度,非制也,君將不堪。(《左傳·隱公元年》)

假舟楫者,非能水也,而絕江河。(《荀子·勸學》)

鄖人軍于蒲騷,將與隨、絞、州、蓼伐楚師。(《左傳·桓公十一年》)

置人所罾魚腹中。(《史記·陳涉世家》)

上述各例中,第一例活用的名詞"目"後帶代詞賓語"之",活用為動詞,意為"看"。第二例中活用的名詞"度"受副詞"不"修飾,活用為動詞,意為"符合法度"。第三例中活用的名詞"水"受助動詞"能"修飾,活用為動詞,意為"游泳"。第四例中活用的名詞"軍"帶介賓詞組"于蒲騷"作補語,意為"駐紮"。第五例中活用的名詞"罾"與特殊指示代詞"所"組合,意為"捕獲"。

(二) 名詞的使動用法

所謂使動用法,就是表示主語使賓語怎麼樣的用法。它是古代漢語的一種特殊表達形式,實際上是以動賓式的結構表達了兼語式的內容。比較"使姜氏驚"與"驚姜氏","晉侯飲趙盾酒"與"晉侯使趙盾飲酒",就可以看出使動用法的優點是比兼語式精練。使動用法的特點造成了一些特殊現

---

① 有學者如海柳文《關於古漢語詞類活用的商榷》提出的具體標準是,兼屬二類的詞其中一類用法的出現頻率不得低於總使用次數的35%,兼屬三類的不得低於30%,兼屬四類的不得低於20%。可又有學者如史震己《詞類活用研究中的幾個問題》質疑說,如果某詞名詞用法為20.1%,另一詞的名詞用法為19.9%,該怎麼處理?

② 兼類和活用具有歷史性,有些詞最初經歷過活用階段,由於活用的經常化,於是固定為常見的用法,形成兼類。也就是說,一個詞在甲時代表現為活用,在乙時代演變為兼類。

象,如動詞的使動用法使得“勝之”與“敗之”意義相同,因為這裏“勝”是一般及物動詞,“敗”是使動用法。

所謂名詞的使動用法,即表示主語使賓語所代表的人或事物成為活用名詞所代表的人或事物。例如:

寡人欲相甘茂,可乎?(《史記·樗里子甘茂列傳》)

夫子所謂生死而肉骨也。(《左傳·襄公二十三年》)

上面第一例活用的名詞“相”意為“任命(甘茂)做相國”。第二例活用的名詞“肉”意為“使(骨頭)長肉”。此外,“生”是動詞的使動用法,是“使(死者)復活”的意思。

(三)名詞的意動用法

所謂意動用法,就是表示主語認為賓語怎麼樣的用法。如《左傳·襄公三十年》“不如吾聞而藥之”,“孔子登東山而小魯,登泰山而小天下”。前一例中活用的名詞“藥”是主觀上認定為藥,不是真的變成了藥;後一例中活用的形容詞“小”是孔子主觀上認為魯國或天下變小了,而不是魯國或天下真的變小。

所謂名詞的意動用法,即主語在主觀上把賓語所代表的人或事物看作是活用名詞所代表的人或事物。如:

毋金玉爾音,而有遐心。(《詩·小雅·白駒》)

“金玉爾音”就是“把爾音當作金玉”的意思。

(四)名詞的為動用法

所謂為動用法,就是表示主語為賓語施行某一動作行為。名詞的為動用法即含有為誰成為活用名詞所表事物的意思。如:

東郭偃臣崔武子。(《左傳·襄公二十五年》)

上例中活用的名詞“臣”意為做(崔武子)的臣子。

(五)名詞作狀語

名詞作狀語是古漢語的常見現象,與前面所講的活用不同。只是因為現代漢語相對較少,所以放到本節加以介紹。用作狀語的名詞有普通名詞、方位名詞和時間名詞,在句中可以表示比喻,或表示態度,表示工具、方式,表示憑藉、處所,表示趨向,表示時間。如:

天下雲集響應,贏糧而景從。(賈誼《過秦論》)

君為我呼入,吾得兄事之。(《史記·項羽本紀》)
有好事者船載以入。(柳宗元《黔之驢》)
今先生儼然不遠千里而庭教之。(《戰國策·秦策》)
北飲大澤,未至,道渴而死。(《山海經·北山經》)
朝濟而夕設版焉。(《左傳·僖公三十年》)

上述各例中,第一例作狀語的名詞"雲、響"意為像雲一樣,像回聲一樣。第二例中作狀語的名詞"兄"意為用對待兄長的方式。第三例作狀語的名詞"船"意為用船,表示工具。第四例作狀語的名詞"庭"意為在朝廷上,表處所。第五例作狀語的方位名詞"北"意為往北方,表方位。第六例作狀語的名詞"朝、夕"意為在早上、在晚上,表時間。

二、動詞活用

(一) 動詞用作名詞

也有人認為動詞用作名詞是其基本功能。為便於理解,也可以視作活用。在如下條件下動詞活用作名詞:動詞在代詞"其"後作中心詞;動詞在結構助詞"之"後作中心詞;動詞兼代中心詞做主語;動詞兼代中心詞作賓語。如:

其繼有在者乎?(《戰國策·趙策》)
殫其地之出,竭其廬之入。(柳宗元《捕蛇者說》)
政通人和,百廢俱興。(范仲淹《岳陽樓記》)
如華泉取飲。(《左傳·成公二年》)

上述各例中,第一例活用的動詞"繼"意為"繼承人",第二例活用的動詞"出、入"意為產品、收成,第三例活用的動詞"廢"意為廢止的事務,第四例活用的動詞"飲"意為喝的水。

(二) 動詞的使動用法

動詞對其所帶賓語含有"使令"意思。後來逐漸被"使……、令……"的兼語式代替。如《孟子·梁惠王上》:"朝秦楚"意為"使秦楚朝"。其他例子如:

求也退,故進之。(《論語·先進》)

例中活用的動詞"進"意為使(之)前進。

要注意的是,古漢語中不及物動詞的使動用法常見,及物動詞的使動用法少見。及物動詞的使動用法與其普通用法在形式上没有差異,容易混淆,需要聯繫文意分析。如《孟子·公孫丑上》:“武丁朝諸侯”,“武丁”為上,“諸侯”為下屬,仍解釋為及物動詞不合情理,應為使動用法。

（三）動詞的為動用法

表示主語為賓語發出動詞所表示的動作行為。如:

夫人將啓之。(《左傳·隱公元年》)

例中活用的動詞“啓”意為“為(大叔段)打開城門”。

（四）動詞用作狀語

這也是古漢語動詞的用法之一,只是不常見而已,現代漢語中更少見。表示動作行為的方式或狀態。動詞作狀語有如下特點:

1. 用作狀語的動詞一般只限於不及物動詞。如:

廣……殺其二人,生得一人,果匈奴射雕者也。(《史記·李將軍列傳》)

爭割地而賂秦。(賈誼《過秦論》)

跳往助之。(《列子·湯問》)

2. 動詞作狀語後,用連詞“而”、“以”和謂語連接的情况較多。如:

夜縋而出。(《左傳·僖公三十年》)

3. 動賓詞組作狀語的情况較多。有時表示行為方式,有時表示時間。有時加連詞“而”或“以”字,有時不加。如:

觸槐而死。(《左傳·宣公二年》)

有牽牛而過堂下者。(《孟子·梁惠王上》)

先帝知臣謹慎,故臨崩寄臣以大事也。(諸葛亮《出師表》)

動詞作狀語在形式上與連動句相同,要注意區别。動詞作狀語,是修飾謂語的,構成偏正關係,如《論語·述而》“默而識之”。連動式則表示一先一後的動作行為,無偏正主次之分,如《戰國策·趙策》“入而徐趨”。

三、形容詞活用

（一）形容詞用作名詞

形容詞一般是修飾中心詞的。如果它充當中心詞或兼代中心詞,就活用為名詞。這種活用常出現在如下語言環境中:形容詞在代詞“其”之後充當中心詞;形容詞在結構助詞“之”後充當中心詞;形容詞在數詞後兼代中心詞;形容詞兼代中心詞作主語;形容詞兼代中心詞作賓語。如:

其香始升。(《詩經・大雅・生民》)
東有殽函之固。(《戰國策・秦策》)
四美具。(王勃《滕王閣序》)
老弱轉乎溝壑。(《孟子・梁惠王下》)
見賢思齊焉。(《論語・里仁》)

上述各例中,第一例活用的形容詞“香”意為“香氣”。第二例活用的形容詞“固”意為“堅固的關口”,第三例活用的形容詞“美”意為美好的事物,第四例活用的形容詞“老弱”意為年老之人和年幼之人,第五例活用的形容詞“賢”意為賢人。

(二)形容詞用作動詞

形容詞不能帶賓語,如果帶了賓語就活用為動詞。常出現在如下語言環境中:形容詞帶賓語;形容詞受助動詞修飾;形容詞置於特殊代詞“所”之後;形容詞作謂語表示變化。如:

使上官大夫短屈原於頃襄王。(《史記・屈原列傳》)
問其深,則其好遊者不能窮也。(王安石《游褒禪山記》)
吏之所卑,法之所尊也。(晁錯《論貴粟疏》)
苟富貴,無相忘。(《史記・陳涉世家》)

上述例中,第一例活用的形容詞“短”意為“揭短、誹謗”,第二例活用的形容詞“窮”意為“走到盡頭”,第三例活用的形容詞“卑”意為“輕視”。第四例活用的形容詞“富貴”意為“變富貴了”。

(三)形容詞的使動用法

表示主語使賓語具有該活用的形容詞所表示的性狀。這種形式後來被兼語式和動補結構所代替。如《史記・魏其武安侯列傳》“能富貴將軍者”後來一般表述為“能使將軍富貴者”。《左傳・襄公三十一年》“高其閈閎,厚其牆垣”後來一般表述為“加高其門,加厚其牆”。其他例子如:

既來之,則安之。(《論語・季氏》)
所謂誠其意者,毋自欺也。(《禮記・大學》)

上述例子中,第一例活用的形容詞“安”意為“使(之)安定”,第二例活用的形容詞“誠”意為“使(其心意)誠實”。

(四)形容詞的意動用法

表示主語認為賓語具有該活用的形容詞所表示的性狀。這種形式後來被兼語式代替。如《戰國策·齊策》“吾妻之美我者”後來一般表述為“我妻子認為我美”。又《漢書·趙充國傳》“上老之”後來一般表述為“皇上認為趙充國年老”。他如:

今先生儼然不遠千里而庭教之。(《戰國策·秦策》)

上例活用的形容詞“遠”意為“以(千里)為遠”。

(五)形容詞的為動用法

表示主語對賓語呈現該活用的形容詞所表示的性狀。如:

大夫之驕我者,吾不復見。(《荀子·大略》)

上例活用的形容詞“驕”意為“對(我)傲慢”。

四、代詞活用

(一)第一人稱代詞用作第三人稱代詞

莊周終身不仕,以快吾志。(《史記·老莊申韓列傳》)

上例活用的代詞“吾”意為“他的”。

(二)第三人稱代詞用作第一人稱代詞或第二人稱代詞

臣誠見其必然者也。(《戰國策·楚策》)

上例活用的代詞“其”意為“您”。

五、數詞活用

一般地,數詞在代詞“之”和“其”前,常用作動詞。如:

人一能之,己百之;人十能之,己千之。(《禮記·中庸》)
孰能一之?對曰:不嗜殺人者能一之。(《孟子·梁惠王上》)

上述例句中,第一例活用的數詞“百、千”意為“做一百次、做一千次”,第二例活用的數詞“一”意為統一。

第三節 固定結構

固定結構指的是某些詞語經常一起配合使用,表示特定的意義而形成的較固定的句法結構。

一、如何(何如),若何(何若),奈何

由動詞“如、若、奈”與疑問代詞“何”組成。可以作謂語,詢問辦法,意為“怎麼樣”、“怎麼辦”。也可以作狀語,詢問原因,意為“怎麼”、“為什麼”。如:

與不穀同好,如何?(《左傳・僖公四年》)
赤,爾何如?(《論語・先進》)
使歸就戮于秦,以逞寡君之志,若何?(《左傳・僖公三十三年》)
美之與惡,相去何若?(《老子》二十章)
事將奈何矣?(《戰國策・趙策》)
民不畏死,奈何以死懼之?(《老子》七十四章)

二、如……何,若……何,奈……何

是“如何、若何、奈何”中間插入其他成分構成的。可以用於詢問方式、方法,意為“對……怎麼辦”,充當謂語、狀語或單獨成句;也可以用於詢問原因,一般具有較强的反詰意味,意為“怎麼能”、“為什麼”。如:

吾欲攻虢,則虞救之;攻虞,則虢救之,如之何?(《公羊傳・僖公二年》)
有父兄在,如之何其聞斯行之?(《論語・先進》)
如太行、王屋何?(《列子・湯問》)
君將若之何?(《左傳・隱公元年》)

“如之何”可以受否定副詞“無、未”修飾,不表示疑問,意為“對……没有辦法”。如:

曲沃益强,晉無如之何。(《史記・晉世家》)

三、有以，無以

由動詞“有、無”和連詞“以”組成。“有、無”後都省略了賓語。如：

故用兵之法，無恃其不來，恃吾有以待也。（《孫子·九變》）
長鋏歸來乎，無以為家！（《戰國策·齊策》）

四、有所，無所

特殊代詞“所”與後面的動詞組成名詞性短語，作“有、無”的賓語。如：

使老有所終，壯有所用，幼有所長，矜寡孤獨廢疾者皆有所養。（《禮記·禮運》）
揆其奸心，無所不為。（《三國志·吳書·張溫傳》）

五、何有

即“有何”。“何”為賓語。有時“何”為定語，所修飾的賓語省略了，即可看作“何……之有”的省略。如：

何有於二毛？（《左傳·僖公二十二年》）

此例意為“於老人何恩之有”。

六、以為

主要有兩種用法。如：

禮義以為紀。（《禮記·禮運》）

此例介詞“以”的賓語“禮義”前置，動詞“為”作謂語。

以為將軍，將兵扞燕、晉之師。（《史記·司馬穰苴列傳》）

此例“以為”即“以……為”，“以”後面省略了賓語。“以為將軍”意為“以（他）為將軍”。

七、孰與，孰若

表示反問、比較、選擇。如：

百姓足，君孰與不足？（《論語·顏淵》）

此例“孰與”表示反問。

某業所就，孰與仲多？（《史記·高祖本紀》）

此例“孰與”表示比較，意為“跟……比起來，哪一個……”。

与其坐而待亡，孰若伐之？（《三國志·蜀志·諸葛亮傳》）

惟坐待亡，孰與伐之？（諸葛亮《後出師表》）

上述第一例“孰若”與“與其”配合，第二例“孰與”與“惟”配合，都是表示選擇，意為“哪裏比得上”。“孰與”等表選擇問時的最大特點是發問人的意圖一定是傾向於後者，即選擇後項。

後來，“何如”等繼承了“孰與”表選擇問的作用，但既可選擇前項，也可選擇後項，傾向不確定，取決於上下文，與“孰與”的用法比有所擴展。如：

盜殺財主，何如骨肉相殘？（《世說新語·政事》）

卿若殺身成名，貽之竹素，何如甘彼芻菽，以辱君父乎？（《魏書·盧玄傳》）

上面前一例主觀傾向是選取後項即“骨肉相殘”，捨棄前項“盜殺財主”。後一例是選取前項“殺身成名，貽之竹素”①。

八、者字結構

特殊指示代詞“者”與動詞、形容詞、數詞或短語組成名詞性結構。意為“……的人或事物”。如：

登高而招，臂非加長也，而見者遠。（《荀子·勸學》）

此其近者禍其身，遠者及其子孫。（《戰國策·趙策》）

此三者皆務欲得其前利，而不顧其後之有患也。（劉向《說苑》）

凡我父兄昆弟及國子姓，有能助寡人謀而退吳者，吾與之共知越國之政。（《國語·越語上》）

九、所字結構

特殊指示代詞“所”與動詞、短語、介詞等組成名詞性結構。意為“……的人或事物”。如：

① 柳士鎮：《魏晉南北朝歷史語法·疑問代詞》，南京大學出版社，1992年。

夜則以兵圍所寓舍。(文天祥《指南錄後序》)
秦以其力攻其所不能取。(《史記·平原君虞卿列傳》)
聿者,所以書也。(《說文解字》)
是吾劍之所從墜。(《呂氏春秋·察今》)
所為見將軍者,欲以助趙也。(《戰國策·趙策》)

第四節 特殊語序

古漢語語序與現代漢語語序在總體上是基本一致的,但也有一些差異,主要表現為賓語前置、數量詞位置和定語後置。

一、賓語前置

賓語前置是與現代漢語對比而言的,其實是古漢語的固有語序。另有一種情況,古人有時為了强調突出賓語,把一般不前置的賓語也提前到動詞之前,這是臨時性的,具有修辭作用,不屬於我們所說的賓語前置,一般稱之為"賓語提前",請注意區别。例如:

臣死且不避。(《史記·項羽本紀》)
赫赫師尹,民具爾瞻。(《詩經·小雅·節南山》)

(一) 動詞賓語前置

1. 疑問代詞作賓語前置。如:

君何患焉?(《左傳·隱公元年》)
梁客辛垣衍安在?(《戰國策·趙策》)
吾誰欺?(《論語·子罕》)

疑問代詞賓語前置在先秦時期較為嚴格,例外不多,漢代以後則不那麽嚴格了,後置的用例逐漸增多。

2. 否定句中代詞賓語前置。如:

臣未之聞也。(《孟子·梁惠王上》)
保民而王,莫之能禦也。(《孟子·梁惠王上》)
日月逝矣,歲不我與。(《論語·陽貨》)
我無爾詐,爾無我虞。(《左傳·宣公十五年》)

這種賓語前置，不像疑問代詞作賓語前置那麼嚴格，先秦時期就有一些例外，漢代以後例外更多了。

3. 指示代詞"是"作賓語前置。如：

寡人是問。(《左傳·僖公四年》)
視民不恌，君子是則是效。(《詩經·小雅·鹿鳴》)

4. 借助結構助詞"是、焉、實、之、於、斯"等幫助，將賓語前置。如：

先君之好是繼。(《左傳·僖公四年》)
無乃爾是過與？(《論語·季氏》)
晉鄭焉依。(《左傳·隱公六年》)
宋衛實難。(《左傳·隱公六年》)
寡君其罪之恐，敢與知魯國之難？(《左傳·昭公三十一年》)
四國于蕃。(《詩經·大雅·崧高》)
弓矢斯張。(《詩經·大雅·公劉》)

這類賓語前置，有時在句首使用語氣助詞"唯(惟)"，構成"唯(惟)……之(是)……"式。這種格式往往具有强調動作行為單一性和排他性的作用。如：

唯余馬首是瞻。(《左傳·襄公十四年》)
除君之惡，唯力是視。(《左傳·僖公二十四年》)
惟奕秋之為聽。(《孟子·告子上》)

(二) 介詞賓語前置

介詞賓語前置，除了動詞賓語前置第二種情況没有之外，其他幾種情況都有。例如：

君奚為不見孟軻也？(《孟子·梁惠王下》)
大伯不從，是以不嗣。(《左傳·僖公五年》)
非夫人之為慟而誰為？(《論語·先進》)

二、數量詞位置

數量詞的位置與現代漢語有一定差異。

(一) 物量詞的位置

古漢語早期表達物量的主要形式是"名詞＋數詞"，與現代漢語語序相反。後來漸漸變為以"數+名"形式為主。例如：

陳文子有馬十乘。(《論語·先進》)

鄭商人弦高將市於周,遇之。以乘韋先,牛十二犒師。(《左傳·僖公三十三年》

吏二縛一人詣王。(《晏子春秋·內篇雜下》)

今之為仁者,猶以一杯水救一車薪之火也。(《孟子·告子上》)

(二) 動量詞的位置

古漢語表示動量一般都是數詞直接放在動詞前,並且不用量詞,這也與現代漢語不同。如:

又與之遇,七遇皆北。(《左傳·文公十六年》)

禹八年於外,三過其門而不入。(《孟子·滕文公上》)

凡六出奇計。(《史記·陳丞相世家》)

三顧臣于草廬之中。(《三國志·蜀書·諸葛亮傳》)

三、定語後置

定語放在中心詞之前,這是古今漢語的通則。但在古漢語中,有時定語是放在中心詞之後的。定語後置有兩種情況:一是遺跡性定語後置,二是語用性定語後置。①

(一) 遺跡性定語後置

有些定語後置是遠古漢語語序模式的遺留,以上所說的表物量的數詞後置就屬於這種情況。此外,早期文獻中也還有不少用例。如:

葛之覃兮,施于中谷。(《詩·周南·葛覃》)

后稷教民稼穡。(《孟子·滕文公上》)

(二) 語用性定語後置

即出於表達的需要而將定語後置,以示强調突出。這屬於臨時性用法。例如:

五穀,種之美者也。(《孟子·告子上》)

---

① 參見趙世舉:《〈孟子〉定中結構三平面研究》,中國青年出版社,2000年,第167頁。

鳥獸之害人者消。(《孟子·滕文公下》)

例中"美"是"種"的定語,為了强調突出"美"而置於中心語之前。"害人"為"鳥獸"的定語。

第五節 特殊句式

我們可按照不同標準,將句子分為各種不同類别。其中,按照主語和謂語關係,分為主動句、被動句;按照謂語性質,分為叙述句、描寫句和判斷句;按照表達語氣,分為陳述句、疑問句、祈使句和感歎句;按照句子成分狀況,分為完整句、省略句和無主句。

下面主要介紹古今差異較大的五種句式。

一、判斷句

主要分為以下五類:

1. 借助助詞"者""也"的判斷句,即"主語+(者)+謂語+(也)"。如:

南冥者,天池也。(《莊子·逍遥遊》)
天下者,高祖天下。(《史記·魏其武安侯列傳》)
貢之不入,寡君之罪也。(《左傳·僖公四年》)

2. 借助副詞"乃、即、則、非"等表示判斷的判斷句。如:

是乃仁術也。(《孟子·梁惠王上》)
梁父即楚將項燕。(《史記·項羽本紀》)
子非魚。(《莊子·秋水》)

3. 借助助詞"惟(維)"等表示判斷的判斷句。如:

予惟小子。(《尚書·大誥》)
髧彼兩髦,實維我儀。(《詩經·鄘風·柏舟》)

4. 用一般動詞"為"表示判斷的判斷句。如:

楚為荆蠻。(《國語·晉語八》)

5. 用判斷動詞"是"表示判斷的判斷句。

"是"字判斷句萌芽於先秦,東漢以後逐漸增多。萌芽期的用例如:"其

是吾弟與?"(《史記·刺客列傳》)"鈞是人也。"(《孟子·告子上》)

關於判斷詞"是"的來源,有下列觀點:一是認為由複指前文的指示代詞"是"演變而來。這一觀點由王力先生提出,得到多數學者認可。認為先秦時期主語後面往往用代詞"是"複指,然後加上判斷語。主語可以是一個名詞或短語,如"富與貴,是人之所欲也。"(《論語·里仁》)也可以是一個或幾個句子形式,如"千里而見王,是予所欲也。"(《孟子·公孫丑下》)無論是哪種情況,"是"字經常處於主語和謂語之間,這樣就逐漸演變成繫詞的性質。二是認為由形容詞"是"發展而來,如洪成玉先生。三是由表示確認意義的副詞"是"演變而來。洪心衡先生認為繫詞"是"與複指代詞"是"没關係[①]。

中古以後,"是"字判斷句廣泛運用,"是"作指示代詞的用例比以前少見了。以下句式應視為"是"字判斷句的省略形式[②]。

1. 主語 + 是 + (也)

市人皆變形與慈同,莫知誰是。(《後漢書·左慈傳》)

一夕中作池,比曉便成,今太子西池是也。(《世說新語·豪爽》)

2. 是 + 賓語 + (也)

是我女袍,那得在市?(《搜神記》卷一六)

必是鬼物,可殺之。(《幽明錄》)

3. 是 + (也)

遣視之,果是。(《世說新語·方正》注引《孔氏志怪》)

有一車馬,似知瓊,驅馳前至,果是也。(《搜神記》卷一)

二、被動句

古漢語被動句的作用基本上是用來表示不幸、不願或不快的事。有兩種類型,一種是用主動句形式表示被動句的內容,也稱意念被動句。如"事兩君者不容"(《荀子·勸學》),"容"是被容的意思。另一種是有標記的被動句,可叫被動式,有如下小類:

① 洪成玉:《判斷詞"是"的來源》,《河北師範學院學報》1980 年第 1 期;洪心衡:《〈孟子〉裏的"是"字句研究》,《中國語文》1964 年第 4 期。

② 柳士鎮:《魏晉南北朝歷史語法·判斷句》,南京大學出版社,1992 年。

1. 於字式。這種格式中的"於"為介詞,引進動作行為的主動者,置於動詞之後,構成被動式。如:

禦人以口給,屢憎於人。(《論語·公冶長》)
勞心者治人,勞力者治於人。(《孟子·滕文公上》)

2. 見字式。"見"為助詞,表示被動。如:

隨之見伐,不量力也。(《左傳·僖公二十年》)
嫗子何為見殺?(《史記·高祖本紀》)

要注意的是,在動詞前的"見",有的不是表示被動而是代指動作的對象,注意辨識。如:

生孩六月,慈父見背。(李密《陳情表》)
君既若見錄,不久望君來。(《古詩為焦仲卿妻作》)

上述二例"見"代替的一般是自稱。

3. "為"字式。這種格式的"為"有兩種情況:一是助動詞,直接放在動詞前表被動;二是介詞,引進動作行為的主動者,放在動詞前表被動。如:

失禮違命,宜其為禽也。(《左傳·宣公二年》)
吾恐其為天下笑。(《莊子·徐無鬼》)

4. "被"字式。這種格式"被"最初為助動詞表被動,不能引進動作行為的主動者。中古以後"被"又發展出介詞用法,也可以引進動作行為的主動者了。如:

今兄弟被侵,必攻者,廉也。(《韓非子·五蠹》)
萬乘之國,被困于趙。(《戰國策·齊策》)
吾被皇太后徵,未知所為。(《三國志·魏書·三少帝紀》)

"被"字式的動詞後,起初不帶賓語,這是由於受事者已經處於主語地位的緣故。但是魏晉以後有了新的發展,"被"字前的主語變為間接受事者,而直接受事者出現在賓語的位置上[①]。如:

青亦被矢貫咽,音聲嘶喝。(《後漢書·張酺傳》)

此例賓語"咽"是主語"青"所領有的。

---

① 柳士鎮:《魏晉南北朝歷史語法·被動式》,南京大學出版社,1992年。

昔有李子敖,身長三寸二分,帶甲頭牟,在於野田之中,被鳴鶴吞之。(《敦煌變文集·搜神記·行孝第一》)

此例賓語“之”複指主語“李子敖”。

5. 合用形式。即幾種被動格式並用。

(1) 見……於……。如:

吾長見笑於大方之家。(《莊子·秋水》)

(2) 為……所……。如:

方術不用,為人所疑。(《荀子·堯問》)

該式來源於先秦“為”字式,漢代發展迅速。中古以後由“為……所……”被動式發展而來的變式很多,如“為……所見……”、“為……之所”等①。例如:

習俗既異,言語不通,數為小吏黠人所見侵奪。(班彪《復護羌校尉書》)

世間之人,亦復如是,為生老病死之所侵惱。(《百喻經·治禿喻》)

三、雙賓語句

所謂雙賓語句就是同一個動詞同時帶有兩個賓語的句子。古漢語雙賓語句比現代漢語更常見。從動詞的意義類型上看,主要是表示“授予”、“教示”、“問告”等意義的動詞帶雙賓語。

兩個賓語中,一個賓語指物,表示動作行為的內容或涉及的事物,一般叫直接賓語;一個賓語指人,表示動作行為涉及的對象,一般叫間接賓語。古漢語雙賓語句的典型格式是“主語+謂語+間接賓語+直接賓語”。如:

靜女其孌,<u>貽我彤管</u>。(《詩經·邶風·靜女》)
后稷<u>教民稼穡</u>。(《孟子·滕文公上》)
不如早<u>為之所</u>,無使滋蔓。(《左傳·隱公元年》)
公<u>語之故</u>,且告之悔。(《左傳·隱公元年》)

不過直接賓語也偶有在前的,這種情況直接賓語多為代詞“之”。例

---

① 柳士鎮:《魏晉南北朝歷史語法·被動式》,南京大學出版社,1992年。

如："公輸盤曰：'不可。吾既已言之王矣。'"(《墨子·公輸》)

四、疑問句

疑問句可以分為六類：

1. 是非問句。指詢問然否的疑問句。這類疑問句一般用"然"、"否"等詞語回答。如：

是魯孔丘之徒與？(《論語·微子》)
許子冠乎？(《孟子·滕文公上》)

2. 特指問句。指特意提出某個重點問題來發問的疑問句。句中有疑問代詞表示發問的重點。如：

此誰也？(《戰國策·齊策》)
孰能一之？(《孟子·梁惠王上》)

3. 選擇問句。同時提出兩個以上的問題，要求對方從中選擇一個問題作答。如：

敬叔父乎？敬弟乎？(《孟子·告子上》)

4. 正反問句。由謂語的肯定形式和否定形式並列而成的疑問句。如：

視吾舌尚在否？(《史記·張儀列傳》)
晚來天欲雪，能飲一杯無？(白居易《問劉十九》)

要注意的是，選擇問句和正反問句都與是非問句關係密切。選擇問句形式上疊用了兩個是非問句。正反問句形式上則融合了兩個是非問句，其中用"否、不、無"等表示否定方面。還有人認為正反問句是拿出正、反兩方面讓人選擇其一，所以也歸入選擇問句。

5. 反問句。指的是無疑而問的疑問句。反問句或借用是非問句形式，或借用特指問句形式。如：

姜氏何厭之有？(《左傳·隱公元年》)
陶冶亦以械器易粟者，豈為厲農夫哉？(《孟子·滕文公上》)

6. 設問句。一般與修辭有關，主要為了强調某個內容。如：

何者？不以私害公。(《史記·淮南衡山列傳》)
太守謂誰？廬陵歐陽修也。(歐陽修《醉翁亭記》)

五、省略句

古漢語中省略句較多。但必須歷史地看待古漢語的省略,不能用現代漢語的標準來談古漢語的省略,不能濫談省略。凡是古漢語常規句式,都不能看成省略。省略是在一定的語言環境下(如對話、承前、蒙後)省略句子的某些成分,省去的成分可以補出。

像下面這樣的句子,不能看作省略句:“夫千乘之王、萬家之侯、百室之君,尚猶患貧,而況匹夫編戶之民乎!”(《史記·貨殖列傳》)“而況”後不能說成省略謂語,因為用了遞進連詞“況”的分句都是這樣,這是常規句式。又如:“宋,小國也。”(《孟子·滕文公下》)這是判斷句的常規句式,不能說是省略了判斷詞“是”。

運用省略句雖然可使語言更為精練,但給閱讀也帶來了一定的困難。瞭解省略的規律,有助於古文閱讀。

(一)省略的方式

省略的方式主要有五種:

1. 承前省略。上文已出現的詞語,下文為避重複而承前省略。

> 蹇叔之子與師,[蹇叔]哭而送之。(《左傳·僖公三十二年》)

2. 探下省略。下文將要出現的詞語,上文為避重複而探下省略。

> [爾]必死是間,余收爾骨焉。(《左傳·僖公三十二年》)

3. 對話省略。對話中,主語往往省略。

> [左師]曰:[太后]日食飲得無衰乎?[太后]曰:[我]恃粥耳。(《戰國策·趙策》)
>
> 樊噲曰:今日之事何如?良曰:[今日之事]甚急!(《史記·項羽本紀》)

4. 自敘省略。作者自敘其事,人稱代詞“吾、我”往往省略。

> 投我以木桃,[我]報之以瓊瑤。(《詩·衛風·木瓜》)

5. 共喻省略。當要表達的內容不言而喻時可以省略。被省略的成分在上下文中也不出現,只能按文意推斷和補充。

> 初,鄭武公娶於申,[其妻後謚]曰武姜。(《左傳·隱公元年》)
>
> 犧牲玉帛,弗敢加也,必以信[祭之]。……小大之獄,雖不能

察,必以情[斷之]。(《左傳・莊公十年》)

(二) 省略的成分

省略的情況較為複雜,主語、謂語、賓語、定語、中心語及兼語都可以省略。

1. 主語的省略。主語的省略很常見。需要注意的是一些較特别的省略。如有的隔句而省略,有的對話時自問自答而省略。

七月[蟋蟀]在野,八月[蟋蟀]在宇,九月[蟋蟀]在戶,十月蟋蟀入我牀下。(《詩・豳風・七月》)

陽貨欲見孔子,孔子不見。……[陽貨]謂孔子曰:"來!予與爾言。"[陽貨]曰:"懷其寶而迷其邦,可謂仁乎?"[陽貨]曰:"不可!好從事而亟失時,可謂知乎?"[陽貨]曰:"不可!日月逝矣,歲不我與。"孔子曰:"諾!吾將仕矣。"(《論語・陽貨》)

2. 謂語的省略。謂語是句子的核心成分。若謂語殘缺,句意就欠完整。但在一定的語言環境下,謂語也可省略。如:

躬自厚[責],而薄責於人。(《論語・衛靈公》)
上窮碧落下[窮]黄泉。(白居易《長恨歌》)

3. 賓語的省略。包括動詞的賓語省略和介詞的賓語省略。

左右以君賤之也,食[之]以草具。(《戰國策・齊策》)
魯道有蕩,齊子由[魯道]歸。(《詩・齊風・南山》)

4. 定語的省略。被省的定語一般是表領屬的代詞或名詞。如:

今[楚國]幣重而言甘,誘我也,不如無往。(《左傳・昭公十一年》)
此其近者禍及[其]身,遠者及其子孫。(《戰國策・趙策》)

5. 中心語的省略。只出現定語而省略中心語。

伐無道[君],誅暴秦。(《史記・陳涉世家》)
擇可立[之人]立之。(《漢書・高帝紀》)

6. 兼語的省略。所省兼語一般都見於上文,故可用代詞"之"或"其"補出。

以相如功大,拜[相如]為上卿。(《史記・廉頗藺相如列傳》)
火燒令[之]堅。(沈括《夢溪筆談・活板》)

第六節　實詞虚化

實詞虚化指的是一些具有實在意義的實詞演化為無實在意義的、主要表達語法意義和語法功能的虚詞的一種過程或現象。實詞虚化是語法、語義演變的一種方式,是語言演變的重要現象之一。漢語中的虚詞大多是由實詞發展演變而來的。上世紀末引入漢語學界的西方語言學"語法化"理論與中國傳統語言學的"實詞虚化"說頗有相近之處,但前者範圍更廣泛。不同語言的語法化過程具有相同或相似的語法化模式或語法化路徑,如名詞→量詞,遭受動詞→被動標記,使役結構式→被動結構式等。但漢語語法化演變也表現出一些類型特徵,如伴隨介詞→並列連詞等①。

實詞虚化最常見的是動詞虚化。如"和、同、與、跟"等虚詞由動詞虚化而成連詞或介詞。試比較下列例子:

> 以肉汁和飯飼之。(《南史·孝義列傳》)
> 遠雪和霜積,高花占日開。(盧綸《將赴閿鄉灞上留別錢起員外》)
> 遊人來至此,願剃髮和鬚。(羅隱《四頂山》)
> 和姬昌都教處死,永除後患也。(《武王伐紂平話》卷中)

"和"本來是動詞,表示拌和義,如例一。在第二個例子中仍是動詞,但是意義開始不那麼實在了,表示"連帶、連同"義,這是動詞發展為連詞的關鍵。後二例分別虚化為連詞和介詞了②。

又,動詞"吃(喫)"本義為食,唐五代引申出"招致"、"遭受"義,後面可以帶名詞或動詞。如:

> 解事速說情由,不說眼看喫杖。(《廬山遠公話》)
> 火急離我門前,少時終須喫摑。(《敦煌變文集·燕子賦》)

當"吃(喫)"用於"吃+名+動"形式,引出謂語動詞的施事者,便虚化為介詞,表示被動③。如:

> 故喫人議論。(《朱子語類》卷八七)

---

① 吳福祥:《語法化演變的共相與殊相》,沈家煊、吳福祥、馬貝加主編《語法化與語法研究(二)》,商務印書館,2005 年。

② 劉堅、江藍生、白維國、曹廣順:《近代漢語虚詞研究·介詞連詞》,語文出版社,1992 年。

③ 同上書。

再看介詞"把"的虛化過程。"把"是動詞,本義是握持,中晚唐時期虛化為介詞。試比較下列例子:

因左手把秦王之袖,而右手持匕首揕抗之。(《戰國策·燕策》)
即敕把燭看事。(《南史·梁武帝紀》)
醉把茱萸子細看。(杜甫《九日藍田崔氏莊》)
莫把杭州刺史欺。(白居易《戲醉客》)
欲把青天摸。(皮日休《初夏遊楞伽精舍》)

第三例中"把"和"看"的賓語一致,於是句子的重音逐漸轉移到"看"上,"把"字漸漸虛化。後二例中"把"的賓語按照常理是無法把持的事物,顯然該句是處置式了①。

【導學訓練】

一、學習導引

楊樹達說:"治國學者必明訓詁,通文法。近則益覺此二事相須之重要焉。蓋明訓詁而不通文法,其訓詁之學必不精;通文法而不明訓詁,則其文法之學亦必不至也。"(《高等國文法·序例》)在古漢語學習中,語法知識的掌握很重要。不懂語法,往往會影響對文意的正確理解。為了系統全面地掌握古漢語理論知識,為了有效地提高閱讀古書的能力,我們必須學好古漢語語法知識。

在語言三要素中,詞彙最活躍,變化最快;語音次之;語法則有較大的穩固性,變化緩慢。但是,漢語走過了幾千年的歷程,從遠古到今天,語法體系也還是發生了較大的變化。不言而喻,學習古漢語語法知識,關鍵是要掌握古今語法的差異。

語法包括詞法和句法兩方面。對古漢語來說,詞法方面的重點是詞類活用問題,句法方面的重點是賓語前置問題。詞類活用和賓語前置都是古今語法差異的典型體現。下面就如何掌握詞類活用和賓語前置提一些參考意見。

詞類活用是我們今天閱讀古籍的一大障礙,這裏要注意兩點:

第一,要理清頭緒,掌握詞類活用有哪幾種主要情況,尤其要弄清各種活用出現的語言環境,形成系統化、條理化的認識。詞類活用的主要情況可圖示如下:

① 王力:《漢語史稿·處置式的産生及其發展》,中華書局,2004年。

- 名詞的活用
  - 名詞用作一般動詞
  - 名詞的使動用法
  - 名詞的意動用法
  - (名詞用作狀語)
- 動詞的活用
  - 不及物動詞的使動用法
  - 及物動詞的使動用法
- 形容詞的活用
  - 形容詞用作一般動詞
  - 形容詞的使動用法
  - 形容詞的意動用法

第二,要注意使動用法和意動用法的區别。這個問題是詞類活用問題的一個難點。使動用法的語義特點是**使**賓語**怎麽樣**,表達的是**客觀實際**的變化,或者客觀上可能的變化;意動用法的語義特點是**認為**賓語**怎麽樣**或把賓語**看作什麽**,表現的是一種**主觀看法和感受**,這種看法與客觀實際並不一定相符。兩者的區分主要依靠上下文,分析語義關係。例如:

① 甘其食,美其服,安其居,樂其俗。(《老子》八十章)

② 達士,潔其居,美其服,飽其食,而摩厲之於義。(《國語·越語》)

這兩例,結構形式完全相同,甚至都有"美其服",但兩例中加點的詞用法不同。例①的主語是老百姓,四個"其"指的也是老百姓,意思是說:"老百姓認為他們自己的食物甘甜,認為他們自己的服飾漂亮……",表達的是老百姓的主觀看法和感受,因此"甘"、"美"、"安"、"樂"都是意動用法。例②動作的發出者是越王勾踐,後三個"其"指的是"達士",句意是說越王對"達士"在生活方面給予優待,"使他們的居住環境雅潔,使他們的服飾漂亮……",表達的是實際狀況,因此"潔"、"美"、"飽"都是使動用法。

賓語前置一般歸納為四大類型,下面分别說明掌握各類賓語前置應注意的問題:

(1)疑問代詞作賓語前置。關於這類賓語前置,也要把握兩點:甲、這類賓語前置實際包含兩小類,一類是疑問代詞作動詞的賓語前置,一類是疑問代詞作介詞的賓語前置。乙、這類賓語前置規律性較强,上古漢語中例外極少。

(2)否定句中代詞賓語前置。關於這類賓語前置,也要把握兩點:甲、這類賓語前置必須同時具備兩個條件,一是賓語必須由代詞充當,一是全句必須是否定句,兩個條件缺一不可。例如《論語·學而》"不患人之不己知,患不知人也",前一分句中的"己"是代詞,又處在否定句中,兩個條件都具備,故前置;後一分句的"人"雖亦處於否定句中,但本身是名詞,僅具備一個條件,故不前置。乙、這類賓語前置並不十分嚴格,例外不少。

(3)用結構助詞幫助賓語前置。這類賓語前置是賓語前置問題中的難點。先看例句:

①豈不穀是為?先君之好是繼。(《左傳·僖公四年》)

② 所謂"輔車相依,唇亡齒寒"者,其虞虢之謂也。(《左傳·僖公五年》)

③君子曰:"志所謂'多行無禮必自及也',其是之謂乎?"(《左傳·襄公四年》)

④子是之學,亦為不善變矣。(《孟子·滕文公上》)

對於這類賓語前置,要注意如下幾點:甲.在動詞與前置的賓語之間,插有一個結構助詞"是"或"之"等,其作用是幫助賓語前置。這種"是"或"之"有人稱為代詞,認為它們的作用是複指前置的賓語,這是不同的看法。乙.前置的賓語前常帶有表揣測的語氣副詞"其",如上述例②③。不要把這種"其"誤解為作主語的代詞。

(4)代詞在肯定句中作賓語單獨前置於動詞。充當賓語的代詞一般限於"是"。例如:"子孫是保。"(《陳逆簠》)"是剝是菹,獻之皇祖。"(《詩經·小雅·信南山》)注意這一類賓語前置與結構助詞"是"幫助賓語前置的區別。如《孫子兵法·地形》"故進不求名,退不避罪,唯人是保",其中的"唯人是保"與《陳逆簠》的"子孫是保"結構形式極相近,但分屬不同的賓語前置類型。這裏的關鍵是要根據上下文,弄清"是"的性質。如果"是"前的名詞是"是"後動詞的主語,如"子孫是保",那麼"是"是代詞,充當前置的賓語;如果"是"後的動詞另有主語,"是"前的名詞是該動詞的賓語,如"唯人是保",那麼這個"是"就是結構助詞,幫助賓語前置。

二、思考題

1. 如何區分詞類活用和詞的兼類?
2. 賓語前置和倒裝有何區別?
3. 如何認識古漢語中的省略問題?
4. "以"的動詞、介詞、連詞用法如何區分?
5. 先秦時代"是"、"為"、"非"是判斷動詞嗎? 為什麼?

三、實踐訓練

1. 閱讀教材之外的古文,收集使動用法、意動用法、賓語前置各十例,並逐例分析說明。

2. 列舉現代漢語成語中普通名詞作狀語的例子。

3. 收集用例,比較古今介賓短語句法位置的異同。

【研討平臺】

一、判斷動詞"是"的產生時間和來源問題

問題概述

先秦判斷句的典型結構是"某者,某也",不用判斷動詞(或稱繫詞);"是"在先秦主要用為指示代詞,極少用作判斷詞。後來,"是"主要用為判斷詞,在現代漢語中,判斷詞

“是”使用頻率極高，判斷句基本上都要用“是”。“是”什麼時候産生了判斷詞的用法？這種用法的來源是什麼？這兩個問題長期以來是語法學界討論的熱點，迄今未有定論。

關於判斷詞“是”的産生時間，主要有下列幾種觀點：(1)西漢前期；(2)西漢末年或東漢初年；(3)戰國後期。

關於判斷詞“是”的來源，主要有下列觀點：(1)判斷詞“是”由複指前文的指示代詞“是”演變而來；(2)判斷詞“是”由形容詞“是”發展而來；(3)判斷詞“是”由表示確認意義的副詞“是”演變而來。

資料選輯

1. “是”字最初被用為繫詞，該是在六朝時代。……如果就已經發現的例子看來，該說是起於晉末以後（約當西曆第五世紀），因為陶潛、劉義慶、沈約、顧歡、慧皎、范縝諸人都曾經用“是”字為繫詞（例證散見下文）。但是，在没有查遍六朝的書籍以前，我們還不敢斷定陶潛以前没有人把“是”字當繫詞用。因此，為比較妥當起見，我們仍舊願意暫說是六朝。

（王力：《中國文法中的繫詞》，原載《清華學報》12 卷 1 期，1937 年；收入《王力語言學論文集》，商務印書館，2000 年）

2. 漢語真正繫詞的産生，大約在公元第一世紀前後，即西漢末年或東漢初年。在王充《論衡》裏已經有不少“是”字是當繫詞用的。

（王力：《漢語語法史》，商務印書館，1989 年，第 194 頁）

3. “是”字是由指示代詞發展為繫詞的。發展的過程是這樣：在先秦時代，主語後面往往用代詞“是”字複指，然後加上判斷語。主語可以是一個或幾個名詞，如“富與貴，是人之所欲也”；也可以是一個或幾個句子形式，或謂語形式，如“千里而見王，是予所欲也。”（《孟子·公孫丑下》）

無論是這種或那種情況，“是”字經常處在主語和謂語的中間，這樣就逐漸産生出繫詞的性質來。

（王力：《漢語史稿》，中華書局，1980 年，第 353 頁）

4. “是”之成為繫詞，是由代詞變來的，這話極正確。……考之實際，“是”這個繫詞在西漢前期就産生了，不始於東晉。……

《穀梁·僖元》：何用見其是齊侯也？（“其”代《春秋》經文的齊師。）《史記·豫讓傳》：此必是豫讓也。（用代詞“此”作主語，又用“必”修飾“是”。）

上面的“是”是繫詞。

（洪誠：《論南北朝以前漢語中的繫詞》，《語言研究》1957 年第 2 期）

5. 上面所舉的帛書是根據星辰、彗星、雲氣等天象判斷吉凶的一種占書。在一些彗星的圖像下分别注著“是是帚彗”、“是是竹彗”、“是是蒿彗”、“是是苫彗”等句子。這些句子裏的第二個“是”字顯然是繫詞。這幅占書是漢初人所抄錄的。從内容看，原書大概為戰國後期的楚人所著。由此可見，繫詞“是”大概在戰國後期就産生了。

（裘錫圭:《談談古文字資料對古漢語研究的重要性》，
《中國語文》1979年第6期）

6. 我們認為“是”在戰國後期已形成繫詞，而作為它用作繫詞的萌芽期，大約自周末春秋初期就已開始了。

（楊伯峻、何樂士合著:《古漢語語法及其發展》，
語文出版社，1992年，第713頁）

7. 一些早期的有判斷詞“是”的例句啓發我們，“是”字從形容詞發展而來，可能更符合語言事實。形容詞“是”同判斷詞“是”，不論在詞彙意義方面，還是在語法功能方面，都十分接近……

判斷詞“是”和形容詞“是”由於在詞彙意義和語法功能方面都十分接近，從形容詞“是”逐漸產生出判斷詞性質的“是”，是順理成章，十分自然的事。

（洪成玉:《判斷詞“是”的來源》，《河北師範
學院學報》1980年第1期）

8. 表示與“實”相近的這個確認意義的“是”（洪心衡定為副詞—編者注），人們為了肯定自己的論述，已經開始使用了。

因此到後來就產生了一般所謂繫詞“是”的用法。

（洪心衡:《〈孟子〉裏的“是”字研究》，《中國語文》1964年第4期）

9. 而“是”字是一個指示性較弱的承指（或中指）代詞，它有一個同形的形容詞“是”，形容詞“是”虛化就變成表確認、肯定語氣的副詞，表複指的代詞“是”受同形的表確認意義的副詞“是”的影響，自然容易演變成表判斷的繫詞“是”。這就是說，從句法結構來說，繫詞“是”是由表複指的指示代詞演變來的，這是這一語法演變事實的基本方面；而從詞彙意義上來說，它是受了形容詞“是”的影響，這是促使它由指示代詞轉變成繫詞的又一因素。

（郭錫良:《關於繫詞“是”產生時代和來源論爭的幾點認識》，
《王力先生紀念論文集》，商務印書館，1990年）

二、如何認識和處理古漢語中特殊的動賓關係

問題概述

古代漢語中有一些動賓結構語義關係比較特殊，這裏所謂特殊不僅是從古今漢語對比而言，即使在古代漢語中也讓人感覺到與一般動賓結構很不相同。如“先生之恩，生死而肉骨也”（馬中錫《中山狼傳》）中的“生死”和“肉骨”，“孔子登泰山而小魯”（《孟子・盡心上》）中的“小魯”。1922年陳承澤《國文法草創》第一次提出了“致動用”和“意動用”這兩個概念，為古漢語中這兩類特殊動賓關係確立了名目，後來這兩個概念就以“使動用法”、“意動用法”的定名流行開來。

對此，一些學者也提出了不同意見。綜合起來，在古漢語特殊動賓關係問題上有三

種不同觀點：一是認為古漢語特殊動賓關係應限定於“使動”、“意動”兩種；一是認為古漢語特殊動賓關係不限於“使動”、“意動”，還有“為動”、“對動”、“因動”等等；一是認為“使動”、“意動”之說不能成立。下面選輯部分學者的論述，供同學們思考。

資料選輯

1. 他動字以外之字（屬於體、相、用者），變為他動，而特含有“致然”或“以為然”之意者，含“致然”之意時，謂之致動用，含“以為然”之意時，謂之意動用。

（陳承澤：《國文法草創》，商務印書館，1982年，第73頁）

2.（外動詞）于普通用法外，有“致動用”和“意動用”之二法，不可不知……

凡外動詞對於其賓語有“使然”或“致然”之意者，謂之外動詞之致動用法。此種用法之外動詞，或由名詞轉來，或由形容詞轉來，或由內動詞轉來，或本是外動詞，由普通用法轉而為致動用法。……

凡外動詞，對於其賓語有“認為”“以為”之意者，為外動詞之意動用法。此種用法之外動字，或由名詞轉來，或由形容詞轉來。

（楊樹達：《高等國文法》，商務印書館，1984年，第102頁、第106頁）

3. 在漢語語法學上有所謂“致動”和“意動”。用作“致動”和“意動”的詞本來都不是動詞（或本來不是外動），但是，在一定條件下它們有動詞（外動）的職能……

（甲）“致動”就意義上說，它是使賓語所代表的事物具有某一性質、行為，或成為另一事物……

（乙）“意動”就意義上說，並不能使賓語所代表的事物變為某種性質，只是主觀上認為它具有這種性質。

（王力：《漢語史稿》中册，中華書局，1980年，第375—377頁）

4. 古代漢語詞類活用現象中最值得注意的是所謂使動用法和意動用法，此外，名詞用如動詞和用作狀語的現象也很常見……

所謂使動用法，是指謂語動詞具有“使賓語怎麼樣”的意思……

所謂意動用法，是指謂語動詞具有“認為（或以為）賓語怎麼樣”的意思。這種意動用法只限於形容詞或名詞的活用，動詞本身没有意動用法。

使動用法是使賓語怎麼樣。意動用法則是認為（或以為）賓語怎麼樣，是主觀的看法，客觀不一定必然如此。下面兩個例子正可以看出使動和意動的不同作用：

君子之學也以美其身。（《荀子·勸學》）

吾妻之美我者，私我也；妾之美我者，畏我也；客之美我者，欲有求於我也。（《戰國策·鄒忌諷齊王納諫》）

上例的“美其身”是使動用法，即“使其身美”，是“使自己得到提高”的意思。下例的三個“美我”都是意動用法，是“以我為美（認為我美）”，而不是“使我美”。

（郭錫良等：《古代漢語》上册，北京出版社，1981年，第269—273頁）

5. 古代漢語有些動詞還有一種特別的用法叫為動用法……

“為動”的“為”字有兩個意思：一是“為人民服務”的“為”，當“給（替）”講；一是“為革命種田”的“為”，當“為了”講。這樣，為動用法就可以細分為兩種：

第一種為動用法，表示給（替）賓語施行某一行動。在這種用法上，賓語大都指人。例如：

文嬴請三帥。（《左傳・僖公三十三年》）

第二種為動用法，表示賓語是施行某一行動的目的和原因。賓語大都指事物。例如：

陳勝吳廣乃謀曰：“今亡亦死，舉大計亦死，等死，死國可乎？”（《史記・陳涉世家》）

（馬漢麟：《古漢語語法提要》，陝西人民出版社，1980 年，第 24—25 頁）

6. 除了使動、意動外，還有其他幾種特殊動賓關係。

……

（二）對動用法。主語對賓語施行某種動作行為，叫作對動用法。簡單地說，就是主語對（向、朝）賓語動。例如：

（13）遂寘姜氏於城潁，而誓之曰：“不及黃泉，無相見也！”（《左傳・鄭伯克段于鄢》）

……

“誓之”：對她發誓……

（三）因動用法。賓語是主語動作行為或心理活動的原因，叫作因動用法。簡單地說，就是主語因為賓語而動。例如：

（16）秦不哀吾喪而伐吾同姓，秦則無禮。（《左傳・殽之戰》）

……

“不哀吾喪”：不因為我國的喪事而悲哀。

（荆貴生主編：《古代漢語》上册，
武漢大學出版社，2005 年，第 307—309 頁）

7. （4）莊公寤生，驚姜氏。（《左傳・隱公元年》）

“驚姜氏”解做“使姜氏驚”，不如直譯為“驚著了姜氏”或“嚇壞了姜氏”。現在還有驚馬、驚車這兩個詞組，並不以“驚”為使動。

可見解釋這類句子，除“使動用法”這一種解釋，還可以用直譯法，而且比較起來，後者常常比前一種解釋更加符合語句的原意。

……

從上面一些句子的分析可以看出，這些被稱為使動用法、意動用法的活用詞，都可以用與之相當的詞語來直譯；而且兩者比較起來，直譯法往往更符合原文的意思。這樣就很有必要對使動、意動這個說法從理論上加以探討，看其是否有充分的理論根據。

……

從上面的分析看，可見用“使動”、“意動”這一套名目稱呼一部分活用詞，在理論上是站不住的。而且此例一開，可以建立一長串類似的名目；會憑空增加人們學習古漢語的不必要的負擔。

……

第三，對於上述那些活用為及物動詞的實詞，是否有建立使動用法、意動用法、為動用法這些名目的必要，很值得商討。

第四，有少數活用詞，如“登泰山而小魯”的“小”字，在現代漢語中找不到相對應的及物動詞，因而解釋為“以魯為小”，這是完全可以的。但是不一定要給它起個“意動用法”的名目。

（劉又辛：《使動、意動說商榷》，《西南師範學院學報》1983 年第 2 期）

【拓展指南】

一、文獻介紹

1.《助字辨略》

清劉淇撰。古代研究虛詞的專書中收字最多的一部著作。共收虛詞 476 個，按四聲編排。採收的範圍頗為廣泛，除了先秦至元代經書、傳注、諸子、史籍中的虛詞外，還收集了唐宋詩詞文中的虛詞，間及方言俗語，為我們瞭解自先秦以迄宋元多種體裁文獻中的虛詞提供了方便。書中對虛詞詳細劃分類別，共分為三十類。在虛詞研究史上，第一次如此細緻地分類，標誌著認識的進步和研究的深入。他在《自序》中說自己所用的訓釋方法有六：“曰正訓，曰反訓，曰通訓，曰借訓，曰互訓，曰轉訓。”作者幾乎調動了所有訓釋方式來解釋虛詞，且既解釋虛詞的常見用法，又解釋虛詞的非常見用法。不過，釋義方面頗有誤釋之處，精審不及《經傳釋詞》。該書初刻於清康熙五十年（1711），今有中華書局章錫琛校注本。這個校注本附有《助字辨略索引》，提供了筆畫檢字，便於查檢。

2.《經傳釋詞》

清王引之撰。書名中的“詞”指今天所說的虛詞。共十卷。收錄範圍是“九經、三傳及周、秦、西漢之書”，東漢以後文獻中的虛詞不在收羅之列。共收虛詞 160 個，作者運用比較互證和因聲求義的方法，致力補充、糾正前人對虛詞的訓釋，側重分析虛詞的特殊用法，對常用用法“則略而不論”。於各字下條列該字的用法，每一用法先以簡潔之語釋之，然後廣引群書例證，有時對所引例證還加以解釋。引證博贍，分析細緻，論斷多允當。該書初刻於嘉慶二十四年（1819），今有多種版本行世。岳麓書社 1985 年出版的本子在天頭上刊佈了黃侃和楊樹達的批語三百七十餘條,這些批語或指明原書之誤,或"通以聲音",揭示"一詞數義所由生",有助於讀者對原書的使用。

3.《馬氏文通》

馬建忠著。中國第一部系統的語法學專著。全書含正名、實字、虛字、句讀四部分。"正名"部分給書中使用的語法術語下定義,"實字"、"虛字"兩部分主要論述詞法,"句讀"部分主要論述句法。該書的語法體系由以下四個方面的內容構成:

(1)詞類系統。書中首先區分實字和虛字。實字即今所謂實詞,虛字即今所謂虛詞。實字分為五類:名字、代字、靜字、動字、狀字。虛字分為四類:介字、連字、助字、歎字。

(2)句子成分系統。《馬氏文通》建立了一套名為"詞"的術語,共有"起詞"、"語詞"、"止詞"、"表詞"、"司詞"、"轉詞"、"加詞"七個,它們大體相當於今人所說的句子成分。

(3)"次"的學說。《馬氏文通》在"詞"之外,還建立了一套"次"的術語。"次"指的是名、代諸字在句讀中的位置先後和彼此間的關係。共立有六個次:主次、賓次、偏次、正次、前次、同次。

(4)句讀論。《馬氏文通》卷一〇專論"句"和"讀"。"讀"不具備獨立性,實含兩類,一類是與主句相對的分句,一類是作為句子成分的詞組。"句"是一個完整的意義單位。作者將"句"分為"與讀相聯者"和"舍讀獨立者"兩類。對"舍讀獨立之句"亦即複句作者又別為四小類。

該書在漢語語法學史上具有劃時代的意義,它為漢語創建了一個完整的語法學體系,建立了漢語語法研究的基本理論框架,昭示著漢語語法學走上了獨立發展的道路。

該書出版於1898年。楊樹達《馬氏文通刊誤》(商務印書館,1931年)、章錫琛《馬氏文通校注》(中華書局,1954年)、孫玄常《馬氏文通劄記》(安徽教育出版社,1984年)、呂叔湘、王海棻《馬氏文通讀本》(上海教育出版社,1986年)等對研讀該書很有幫助。

4.《高等國文法》

楊樹達著。共十章,除"總論"外,其餘九章都是講詞類的。第一章"總論"談"言語之起源"、"言語之變遷"、"言語之類別及國語"、"國語之源起及其發展"、"文法學之歷史觀"、"文法學之發生",第二章至第十章分別論述名詞、代名詞、動詞、形容詞、副詞、介詞、連詞、助詞、歎詞九個詞類。每類之下層層劃分下位類別,分析極為細密。分到最小的類,即列出屬於這一小類的一個個具體的詞,每詞下列舉例證。全書以詞的類別為綱,以具體的詞為主體,材料豐富,訓釋精當,條目清晰,"實為學者讀古書之梯徑"(孫楷第《高等國文法序》)。書的不足之處主要是只講詞類,不談語法特徵,不談關係,缺講句法的部分,名為"國文法",實際體系不完整,在這方面反不如《馬氏文通》。初版於1930年,1934年列入"大學叢書"時作過修訂。

5.《古漢語語法及其發展》

楊伯峻、何樂士合撰。分上、中、下三編。上編為"概述",共四章,對古漢語的特點、詞法、句法作了簡要的論述。中編為“詞類”,共十一章,先肯定漢語的詞有定類,簡述了詞的兼類和活用的區別,然後依次討論名詞、代詞、動詞、形容詞、數量詞、助動詞、副詞、介詞、連詞、助詞。下編為“句法”,共十四章,依次討論動詞謂語句、動補結構、被動句、名詞謂語句、判斷句、形容詞謂語句、主謂謂語、其他謂語、主語、詞序、省略、句子的作用與語氣(兼談語氣助詞、感歎詞、呼應詞)、複句、語段。該書把立足點放在先秦兩漢時期,而兼及漢語的歷史發展。在研究和舉例上,以先秦兩漢為主,而對某些問題則或向上追及甲骨、金文,或向下推至唐宋以及明清,介紹歷時的演變狀況。因此,該書不僅能幫助讀者從靜態的角度瞭解古漢語語法體系,而且能幫助讀者瞭解一些重要語法現象的歷時演變軌跡,對古漢語語法學習來說是一本頗有價值的參考書。語文出版社 1992 年版。

二、資料導引

1. 楚永安:《文言複式虛詞》,中國人民大學出版社,1986 年。
2. 何樂士等:《古代漢語虛詞通釋》,北京出版社,1985 年。
3. 洪成玉:《古漢語複音虛詞和固定結構》,浙江人民出版社,1983 年。
4. 蔣紹愚、曹廣順:《近代漢語語法史研究綜述》,商務印書館,2005 年。
5. 劉景農:《漢語文言語法》,中華書局,1994 年。
6. 劉學林等:《古漢語語法》,陝西人民出版社,1987 年。
7. 呂叔湘:《文言虛字》,上海教育出版社,1959 年。
8. 馬忠:《古代漢語語法》,山東教育出版社,1983 年。
9. 史存直:《漢語語法史綱要》,華東師範大學出版社,1986 年。
10. 孫錫信:《漢語歷史語法要略》,復旦大學出版社,1992 年。
11. 王力:《漢語語法史》,商務印書館,1989 年。
12. 楊伯峻:《古漢語虛詞》,中華書局,1981 年。

【文　選】

展禽論祭爰居非政之宜

【解題】

選自《四部叢刊·國語·魯語上》。標題為編者所擬。《國語》是一部國別議論集，有周語、魯語、齊語、晉語、鄭語、楚語、吳語、越語共二十一卷，主要集各國貴族間朝聘、宴饗、諷辯、應對之辭及歷史傳記編纂而成。非一時一人之作，作者未詳。

此篇記述展禽批評執政卿臧文仲祭祀海鳥爰居的做法，認為祭祀是國家大事，只有為百姓建功立業的人才配成為祭祀的對象。他認識到了"民"是國家生存、社會發展的主體，表達了重視民衆、關心民生的思想。

【原文】

海鳥曰"爰居"[1]，止於魯東門之外二日，臧文仲使國人祭之。展禽曰[2]："越哉，臧孫之為政也[3]！夫祀，國之大節也[4]；而節，政之所成也。故慎制祀以為國典[5]。今無故而加典[6]，非政之宜也。

【注釋】

[1] 爰居：一種海鳥，又稱雜縣。

[2] 展禽：魯國大夫，名獲，又叫展季，封於柳下，故稱柳下季，死後謚為"惠"，故又稱柳下惠。

[3] 此為主謂倒裝句。為了强調謂語"越"而置於主語"臧孫之為政"之前。越：迂闊。臧孫：複姓，即臧文仲。

[4] 節：制度。

[5] 典：法規制度。

[6] 加：增加。

【原文】

"夫聖王之制祀也，法施於民則祀之，以死勤事則祀之，以勞定國則祀之[7]，能禦大災則祀之，能扞大患則祀之[8]。非是族也[9]，不在祀典。昔烈山氏之有天下也[10]，其子曰柱，能殖百穀百蔬；夏之興也，周棄繼之，故祀以為稷[11]。共工氏之伯九有也[12]，其子曰后土，能平九土，故祀以為社[13]。黄帝能成命百物[14]，以明民共財，顓頊能脩之[15]。帝嚳能序三辰以固民[16]，堯能單均刑法以儀民[17]，舜勤民事而野死[18]，鯀鄣洪水而殛死[19]，禹能以德脩鯀之功，契為司徒而民輯[20]，冥勤其官而水死[21]，湯以寬治民而除其邪，稷勤百穀而山死[22]，文王以文昭[23]，武王去民之穢[24]。故有虞氏禘黄帝而祖顓頊[25]，郊堯而宗舜[26]；夏后氏禘黄帝而祖顓頊[27]，郊鯀而宗禹;商人禘舜而祖契,郊冥而宗湯;周人禘嚳而郊稷,祖文王而宗武王;幕,能帥顓頊者也,有虞氏報焉[28];杼,能帥禹者也,夏后氏報焉[29];上甲微,能帥契者也,商人報焉[30];高圉、大王[31],能帥稷者也,周人報焉。凡禘、郊、宗、祖、報,此五者,國之典祀也。

【注釋】

[7] 以死勤事:勤於國事,以身殉國。以勞定國:勞苦功高,安定國家。

[8] 扞:抵禦。

[9] 族:類。

[10] 烈山氏:炎帝,亦稱神農氏。

[11] 棄:周人始祖,善種植穀物,死後被祀為穀神。

[12] 共工氏:傳說中的古帝王名,人面蛇身赤髮。伯:通"霸"。有:通"域"。九有:九州,九域。

[13] 后土:傳說中黃帝的土官,名句龍,後世祀為土地神。平:治理。

[14] 黃帝:相傳為少典之子,號軒轅氏,被尊為華夏族祖先。命:命名。

[15] 顓頊:黃帝之孫,號高陽氏。脩:通"修"。繼承。

[16] 帝嚳:傳說中黃帝的曾孫,號高辛氏。序三辰:觀察日月星辰制定曆法,教民稼穡。三辰,日、月、星。固民:即使民安。固,使動用法。

[17] 堯:傳說中帝嚳之庶子,名放勛,號陶唐氏。單:通"殫"。盡力。均:公平。使動用法,使之公平。儀:準則。

[18] 舜:名重華,號有虞氏。野死:即死於野。"野"作狀語。舜征討有苗氏,死於蒼梧之野。

[19] 鯀:大禹之父。鄣:通"障"。堵塞。殛:誅殺。

[20] 契:傳說中商族之始祖。輯:和睦。

[21] 冥:傳說中契之六世孫,夏之水官。水死:死於水。"水"做狀語。

[22] 山死:死於山。"山"作狀語。傳說稷勤播百穀,死於黑水之山。

[23] 文:文德。昭:昭明,昭著。

[24] 穢:指商紂。

[25] 有虞氏:古部落名,舜為首領。禘:古代帝王祭祀祖先的大祭,在始祖廟祭祀始祖所自出之帝。祖:祭名,對始祖的祭祀。

[26] 郊:祭名。在郊外祭天並以有功的祖先配祭。宗:祭名。祭祀始祖之後有功德的祖宗,一般指開國君主。

[27] 夏后氏:古部落名,禹為首領。

[28] 幕:舜之先祖。帥:遵循。報:祭名,報答恩德之祭。

[29] 杼:禹之後人,復興夏朝有功。

[30] 上甲微:傳說中契之八世孫,商湯的祖先。

[31] 高圉(yǔ):后稷十世孫,周之先祖。大王:即古公亶父,周文王之祖父,高圉之

曾孫。

【原文】

"加之以社稷山川之神,皆有功烈於民者也[32];及前哲令德之人,所以為明質也[33];及天之三辰,民所以瞻仰也;及地之五行,所以生殖也[34];及九州名山川澤,所以出財用也。非是,不在祀典。"

【注釋】

[32] 功烈:功績。

[33] 質:誠信。

[34] 殖:生長。

【原文】

"今海鳥至,己不知而祀之,以為國典[35],難以為仁且知矣。夫仁者講功[36],而知者處物[37]。無功而祀之,非仁也;不知而不問,非知也。今茲海其有災乎?夫廣川之鳥獸,恒知而避其災也[38]。"

【注釋】

[35] 以為:即以之為,介詞"以"的賓語省略。

[36] 講功:講論功過。講:講論。

[37] 知:智的古字。處物:明察事理。處:審度,辨察。

[38] 恒:常。

【原文】

是歲也,海多大風,冬煗[39]。文仲聞柳下季之言,曰:"信吾過也[40],季子之言不可不法也。"使書以為三筴[41]。

【注釋】

[39] 煗:同"暖"。暖和。

[40] 信:誠然,確實。

[41] 筴:同"策",簡書。以為三筴:把它做成三份簡策。

齊桓晉文之事

【解題】

選自中華書局1980年版《十三經注疏·孟子注疏·梁惠王章句上》。本文提出治國的根本措施是實行仁政,並描繪了實行仁政的美好前景。

【原文】

齊宣王問曰[1]:"齊桓、晉文之事[2],可得聞乎?"孟子對曰:"仲尼之徒,無道桓、文之事者,是以後世無傳焉[3]。臣未之聞也[4]。無以,則王乎[5]?"曰:"德何如,則可以王矣?"曰:"保民而王,莫之能禦也[6]。"曰:"若寡人者,可以保民乎哉?”曰:“可。”曰:“何由知吾可也[7]?”曰:“臣聞之胡齕曰[8]:王坐於堂上,有牽牛而過堂下者,王見之,曰:‘牛何之[9]?’對曰:‘將以釁鐘[10]。’王曰:‘舍之!吾不忍其觳觫[11],若無罪而就死地[12]。’對曰:‘然則廢釁鐘與?’曰:‘何可廢也?以羊易之[13]。’不識有諸[14]?”曰:“有之。”曰:“是心足以王矣。百姓皆以王為愛也[15],臣固知王之不忍也。”

【注釋】

[1] 齊宣王:戰國時齊國的國君。姓田名辟疆,公元前319—301年在位。

[2] 齊桓:齊桓公。春秋時齊國的國君,姓姜名小白。晉文:晉文公。春秋時晉國的國君,姓姬名重耳。齊桓公和晉文公都是春秋時代著名的霸主。

[3] 傳:傳述。

[4] 未之聞:即“未聞之”。否定句中代詞賓語前置。

[5] 以:通“已”,停止。王(wàng):動詞,用王道統一天下。王道的核心是仁政。這兩句意思是說,如果您一定要我談一談,那就談談王天下的道理吧。

[6] 莫之能禦:即“莫能禦之”。否定句中代詞賓語前置。莫,否定性無定代詞,没有誰。禦,阻擋。之,指王天下。

[7] 何由:即“由何”。

[8] 之:指下文所述之事。胡齕(hé):齊宣王的近臣。

[9] 之:動詞,往。

[10] 釁:古代的一種祭禮,殺牲以其血塗抹器物。

[11] 觳觫(húsù):恐懼發抖的樣子。

[12] 若:如此。就:走向。

[13] 易:替換。

[14] 識:知道。諸:兼詞,“之乎”的合音。

[15] 愛:吝惜,捨不得。

【原文】

王曰:“然[16]。誠有百姓者[17]!齊國雖褊小[18],吾何愛一牛?即不忍其觳觫[19],若無罪而就死地,故以羊易之也。”曰:“王無異於百姓之以王為愛也[20]。以小易大,彼惡知之[21]?王若隱其無罪而就死地[22],則牛羊何擇焉[23]?”王笑曰:“是誠何心哉[24]?我非愛其財而易之以羊也。宜乎百姓之謂我愛也。”曰:“無傷也[25]。是乃仁術也[26],見牛未見羊也。君子之於禽獸也,見其生,不忍見其死;聞其聲,不忍食其肉。是以君子遠庖廚也[27]。”

【注釋】

[16] 然:是這樣。

[17] 誠:的確。者:語氣助詞。這句話意思是,真有這樣的百姓!這是對百姓的看法表示强烈不滿的說法。

[18] 褊(biǎn):狹窄。
[19] 即:副詞,就。
[20] 異:動詞,感到奇怪。
[21] 惡(wū):哪裏。
[22] 隱:憐憫。
[23] 擇:區别。
[24] 是:代詞,這。
[25] 無傷:没有妨害,等於説"没有關係"。
[26] 仁術:仁愛的表現。
[27] 遠庖廚:使廚房遠。遠,使動用法。

【原文】

王説[28],曰:"《詩》云:'他人有心,予忖度之[29]。'夫子之謂也[30]。夫我乃行之,反而求之,不得吾心[31]。夫子言之,於我心有戚戚焉[32]。此心之所以合於王者[33],何也?"曰:"有復於王者曰[34]:'吾力足以舉百鈞[35],而不足以舉一羽[36];明足以察秋毫之末[37],而不見輿薪[38]。'則王許之乎[39]?"曰:"否。""今恩足以及禽獸,而功不至於百姓者[40],獨何與[41]? 然則一羽之不舉,為不用力焉;輿薪之不見,為不用明焉;百姓之不見保[42],為不用恩焉。故王之不王,不為也,非不能也。"曰:"不為者與不能者之形[43],何以異?"曰:"挾太山以超北海[44],語人曰:'我不能。'是誠不能也。為長者折枝[45],語人曰:'我不能。'是不為也,非不能也。故王之不王,非挾太山以超北海之類也;王之不王,是折枝之類也。老吾老[46],以及人之老;幼吾幼[47],以及人之幼:天下可運於掌[48]。《詩》云:'刑于寡妻,至于兄弟,以御于家邦。'[49]言舉斯心加諸彼而已[50]。故推恩足以保四海[51],不推恩無以保妻子[52]。古之人所以大過人者[53],無他焉[54],善推其所為而已矣。今恩足以及禽獸,而功不至於百姓者,獨何與? 權[55],然後知輕重;度,然後知長短。物皆然,心為甚。王請度之[56]。抑王興甲兵[57],危士臣[58],構怨於諸侯[59],然後快於心與?"

【注釋】

[28] 説(yuè):高興,喜悦。後作"悦"。
[29]《詩》:所引詩句出自《詩經·小雅·巧言》。忖度(cǔn duó):揣測,衡量。
[30] 夫子:對孟子的尊稱,做賓語前置。之,結構助詞,標示前置賓語。
[31] 反:"返"的古字。
[32] 戚戚:心動的樣子。這裏有豁然開朗的意思。
[33] 王(wàng):動詞,指成就王業。

［34］復:告,報告。

［35］鈞;三十斤為一鈞。

［36］羽:羽毛。

［37］明:視力。察:看清楚。秋毫:秋天禽獸身上新生的細毛。

［38］輿薪:一車柴。

［39］許:認同,相信。

［40］功:功德。

［41］獨:副詞,偏偏。

［42］見:被。

［43］形:具體表現。

［44］挾(xié):用胳膊夾著。太山:即泰山。超:跳過。北海:指渤海。

［45］折枝:按摩肢體以解除疲乏。枝,通“肢”。關於“折枝”另有二說:或言折草木之枝(言其容易),或言彎曲腰肢以行禮。

［46］第一個“老”字活用作動詞,尊敬,第二個“老”字用作名詞,指老者。

［47］第一個“幼”字活用作動詞,愛護;第二個“幼”字用作名詞,指幼者。

［48］運,轉動。

［49］所引詩句出自《詩經・大雅・思齊》。刑,為他人示範,作榜樣,後作“型”。寡妻,寡德之妻,君主對自己妻子的謙稱。以,介詞,後省“之”(指“聖心美德”)。御,治理。家邦,國家。

［50］舉:拿。諸:兼詞,“之於”的合音。

［51］推恩:推廣恩惠。

［52］妻子:妻子和兒女。

［53］過人:超過别人。

［54］他:别的。

［55］權:秤錘。此作動詞,稱(東西)。

［56］請:表敬副詞。

［57］抑:表選擇的連詞,還是。興甲兵:使甲兵興起,亦即發動戰爭。興,使動用法。

［58］危:使動用法,使……陷入危險。士臣:士卒和臣子。

［59］構怨:結仇。

【原文】

王曰:“否。吾何快於是?將以求吾所大欲也[60]。”曰:“王之所大欲,可得聞與?”王笑而不言。曰:“為肥甘不足於口與[61]?輕煖不足於體與[62]?抑為采色不足視於目與[63]?聲音不足聽於耳與[64]?便嬖不足使令於前與[65]?王之諸臣,皆足以供之,而王豈為是哉?”曰:“否。吾不為是也。”曰:“然則王之所大欲可知已[66]:欲辟土地[67],朝秦楚[68],莅中國而撫四夷也[69]。以若所為[70],求若所欲,猶緣木而求魚也[71]。"

王曰:"若是其甚與[72]?"曰:"殆有甚焉。緣木求魚,雖不得魚,無後災;以若所為,求若所欲,盡心力而為之,後必有災。"曰:"可得聞與?"曰:"鄒人與楚人戰[73],則王以為孰勝?"曰:"楚人勝。"曰:"然則小固不可以敵大[74],寡固不可以敵衆,弱固不可以敵强。海內之地,方千里者九[75],齊集有其一[76]。以一服八,何以異於鄒敵楚哉?蓋亦反其本矣[77]!今王發政施仁[78],使天下仕者皆欲立於王之朝[79],耕者皆欲耕於王之野,商賈皆欲藏於王之市[80],行旅皆欲出於王之塗[81],天下之欲疾其君者[82],皆欲赴愬於王[83]。其若是[84],孰能禦之?"

【注釋】

[60] 所大欲:最想得到的東西。

[61] 為(wèi):因為。肥甘:指肥美甘甜的食物。

[62] 輕煖:指既輕且暖的衣服。

[63] 采:彩色。後作"彩"。

[64] 聲音:指音樂。

[65] 便嬖(pián bì):君主身旁受寵信的人。使令:此謂供使喚。

[66] 已:語氣助詞。用法同"矣"。

[67] 辟土地:指擴大領土。辟:開闢,擴大。後作"闢"。

[68] 朝:使動用法,使……朝見。

[69] 莅(lì):統治。中國:指中原地區。

[70] 若:如此,這樣。

[71] 緣:攀援。木:樹。

[72] 此句是"其甚若是與"的倒裝。是,指緣木而求魚。甚,厲害。

[73] 鄒:國名,都城在今山東鄒縣東南,國土狹小。

[74] 敵:抵敵。

[75] 此句意思是:千里見方的地方有九個。這只是大概的説法,並非確指。

[76] 集:聚集,加在一起。此句是説把齊國的領土截長補短,加在一起,總計其面積。

[77] 蓋(hé):通"盍"。兼詞,何不。亦:句中語氣助詞,用以加强反問的語氣。反:返的古字。本:根本,這裏指王道仁政。

[78] 發政:發佈政令。施仁:推行仁道。

[79] 仕者:做官的人。

[80] 藏:囤積,代指做生意。市:集市。

[81] 行旅:指出外旅行的人。

[82] 疾:痛恨。

[83] 赴:奔赴,跑來。愬:同"訴"。訴說。

[84] 其:語氣副詞,表示假設。

【原文】

王曰:"吾惛[85],不能進於是矣[86]。願夫子輔吾志,明以教我[87]。我雖不敏[88],請嘗試之。"曰:"無恒產而有恒心者[89],惟士為能。若民,則無恒產因無恒心。苟無恒心,放辟邪侈[90],無不為已[91]。及陷於罪,然後從而刑之[92],是罔民也[93]。焉有仁人在位罔民而可為也?是故明君制民之產[94],必使仰足以事父母[95],俯足以畜妻子[96],樂歲終身飽[97],凶年免於死亡[98]。然後驅而之善[99],故民之從之也輕[100]。今也制民之產,仰不足以事父母,俯不足以畜妻子,樂歲終身苦,凶年不免於死亡。此惟救死而恐不贍[101],奚暇治禮義哉?王欲行之,則盍反其本矣[102]?五畝之宅,樹之以桑[103],五十者可以衣帛矣。雞豚狗彘之畜[104],無失其時[105],七十者可以食肉矣。百畝之田,勿奪其時,八口之家可以無飢矣。謹庠序之教[106],申之以孝悌之義[107],頒白者不負戴於道路矣[108]。老者衣帛食肉,黎民不飢不寒,然而不王者,未之有也。"

【注釋】

[85] 惛(hūn):糊塗。

[86] 進於是:達到這一步。

[87] 以:連詞。連接狀語和中心語。

[88] 敏:聰明。

[89] 恒產:指賴以維持生活的固定產業,如田宅、樹木、牲畜等。恒:常。恒心:指長久保持而不變的善心。

[90] 放:放縱。辟:邪僻。後作"僻"。邪:不正。侈:過度,逾越規矩。

[91] 已:語氣助詞。用法同"矣"。

[92] 從:緊跟著。刑:用作動詞,以刑罰懲處。

[93] 罔:張網捕捉,此指坑害。後作"網"。

[94] 制:規定。產:產業。

[95] 仰:對上。事:侍奉。

[96] 俯:對下。畜:養。

[97] 樂歲:豐年。終身:指終年,全年。

[98] 凶年:荒年。

[99] 驅;驅使。之:往,向。

[100] 輕:易,容易。

[101] 惟:只。不贍(shàn),不足以做到。贍,足。

[102] 盍:兼詞,何不。

［103］樹：種植。

［104］豚（tún）：小豬。彘（zhì）：豬。

［105］時：指繁殖的時機。

［106］謹：重視。庠（xiáng）序：泛指學校。周代稱地方上的學校為"庠"，商代稱其為"序"。

［107］申：反復說明。孝：順從父母。悌：敬重兄長。

［108］頒白者：頭髮花白的老人。頒，通"斑"。負：用背背（東西）。戴：用頭頂（東西）。

隕石于宋五

【解題】

選自中華書局1980年版《十三經注疏·春秋穀梁傳注疏·僖公十六年》。標題取自篇中文句。《穀梁傳》是闡發《春秋》的一部書，與《左傳》、《公羊傳》合稱"《春秋》三傳"。舊說作者是戰國魯人穀梁赤。

本文闡釋了"隕石于宋五"和"六鶂退飛，過宋都"組句的原理，體現了古人對語序問題的關注。

【原文】

（春秋經）十有六年[1]，春，王正月[2]，戊申[3]，朔[4]，隕石于宋五[5]。

（穀梁傳）先"隕"而後"石"，何也？隕而後石也[6]。于宋四竟之內[7]，曰"宋"。後數[8]，散辭也[9]。耳治也[10]。

【注釋】

［1］有：義同"又"，用於整數和零數之間。

［2］王：指周王。《春秋》一書以魯國的紀元編年，以周王的曆法紀月。

［3］戊申：古代以干支紀日。此即魯僖公十六年正月一日。

［4］朔：每月初一。

［5］隕：落，此指從天空落下。五：五塊。

［6］此句意謂隕落之後才知道是石。

［7］竟：國境。後作"境"。

［8］後數：指把數字"五"放在"石"字後。後，活用為動詞。

［9］散辭：與下文"聚辭"相對而言。

［10］耳治：意謂隕石是憑聽覺感知的。范甯注："隕石，記聞也。聞其磌然，視之則石，察之則五。"

【原文】

（春秋經）是月，六鷁退飛[11]，過宋都。

（穀梁傳）"是月"也，決不日而月也[12]。"六鶂退飛，過宋都"，先數[13],聚辭也。目治也。子曰[14]:“石無知之物,鶂微有知之物[15]。石無知,故日之;鶂微有知之物,故月之。”君子之於物,無所苟而已。石鶂且猶盡其辭[16],而況於人乎?故五石六鷁之辭不設,則王道不亢矣[17]。民所聚曰“都”。

【注釋】

[11] 鷁(yì):鳥名,一種像鷺鷥的水鳥。亦作“鶂”。退:倒退。

[12]《春秋》記載六鶂退飛事,特標“是月”,是怕不如此標明,則讀者會誤以為此事與隕石一事發生在同一天。決,限定,指明。

[13] 先數:指數詞“六”放在“鶂”字前。先,活用為動詞。

[14] 子:指孔子。

[15] 微:略微。

[16] 盡其辭:以言辭盡顯它們各自的特點。

[17] 亢:高揚。

田單列傳

【解題】

選自《四部叢刊·史記》卷八二。本篇記述了田單巧用計謀,出奇制勝,大破燕軍於即墨,並乘勢收復齊國國土的過程,讚揚了田單的非凡智慧和卓越功勳。

【原文】

田單者,齊諸田疏屬也[1]。湣王時[2],單為臨菑市掾[3],不見知[4]。及燕使樂毅伐破齊,齊湣王出奔,已而保莒城[5]。燕師長驅平齊,而田單走安平[6],令其宗人盡斷其車軸末而傅鐵籠[7]。已而燕軍攻安平,城壞,齊人走,爭塗[8],以轊折車敗[9],為燕所虜。唯田單宗人以鐵籠故得脫,東保即墨[10]。燕既盡降齊城,唯獨莒、即墨不下。燕軍聞齊王在莒,并兵攻之。淖齒既殺湣王於莒[11],因堅守,距燕軍[12],數年不下。燕引兵東圍即墨,即墨大夫出與戰[13],敗死。城中相與推田單,曰:“安平之戰,田單宗人以鐵籠得全,習兵。”立以為將軍,以即墨距燕。

【注釋】

[1] 諸田:指齊王族田姓各分支。齊國田姓貴族甚多。疏屬:旁支親屬。

[2] 湣王:宣王之子,名地,公元前300—前284年在位。

[3] 臨菑:齊國都城,在今山東省淄博市臨淄城北。市掾:管理市場的官吏。掾:官吏的統稱。

[4] 見知:被賞識,被重用。見:助動詞,表被動,相當於“被”。

［5］保：依，據守。莒城：齊國南部重要都邑，即今山東莒縣城區。

［6］安平：齊邑，在今山東省淄博市之臨淄東北。

［7］盡斷其車軸末而傅鐵籠：將其車全部截去車軸兩端多出的部分，並給軸頭包上鐵箍。傅：包裹。鐵籠：鐵箍。

［8］爭塗：搶道。

［9］轊（wèi）：車軸頭。敗：壞。

［10］即墨：齊國東部重要都邑，在今山東省青島市中東部。

［11］淖齒既殺湣王於莒：齊湣王逃奔於衛、鄒、魯，驕而不遜，不被接納，於是逃到莒城。楚國派淖齒率軍救齊，淖齒輔佐齊湣王，後殺死他而與燕軍共分齊地及財物。參見《田敬仲完世家》。

［12］距：通"拒"。抵禦。

［13］即墨大夫：即即墨的行政長官。

【原文】

頃之，燕昭王卒[14]，惠王立[15]，與樂毅有隙[16]。田單聞之，乃縱反閒於燕[17]，宣言曰："齊王已死，城之不拔者二耳[18]。樂毅畏誅而不敢歸，以伐齊為名，實欲連兵南面而王齊[19]。齊人未附，故且緩攻即墨以待其事。齊人所懼，唯恐他將之來，即墨殘矣[20]。"燕王以為然，使騎劫代樂毅。

【注釋】

［14］燕昭王：名職，戰國時期燕國最有作為的國君，公元前311—前278年在位。

［15］惠王：昭王之子，前278—前272年在位。

［16］有隙：有隔閡，有矛盾。

［17］縱：放。反閒：用假情報迷惑敵人，以引起敵人內部的互相猜疑和鬥爭。

［18］拔：攻取。

［19］連兵：意謂與齊國即墨、莒城的守軍聯合。南面而王齊：在齊國自己獨立稱王。南面：帝王位面向南，故以指稱王稱帝。王（wàng）：用作動詞，統治。

［20］殘：破。

【原文】

樂毅因歸趙，燕人士卒忿。而田單乃令城中人食必祭其先祖於庭，飛鳥悉翔舞城中下食。燕人怪之。田單因宣言曰："神來下教我。"乃令城中人曰："當有神人為我師。"有一卒曰："臣可以為師乎？"因反走[21]。田單乃起，引還，東鄉坐[22]，師事之。卒曰："臣欺君，誠無能也[23]。"田單曰："子勿言也！"因師之。每出約束[24]，必稱神師。乃宣言曰："吾唯懼燕軍之劓所得齊卒[25]，置之前行，與我戰，即墨敗矣。"燕人聞之，如其言。城中人見齊諸降者盡劓，皆怒，堅守，惟恐見得[26]。單又縱反閒曰："吾懼燕人掘吾城外塚墓,僇先人[27],可為寒心。”燕人盡掘壟墓[28],燒死人。即墨人從城上望見,皆涕泣,俱欲出戰,怒自十倍。

【注釋】

[21] 因:於是。反:返的古字。

[22] 鄉:通“嚮”。

[23] 誠:實在。

[24] 約束:章程、條令之類。

[25] 劓(yì):割鼻,古代的一種刑罰。

[26] 見得:被俘。見,助動詞,表被動。

[27] 僇:侮辱,羞辱。

[28] 壟墓:即墳墓。

【原文】

田單知士卒之可用,乃身操版插[29],與士卒分功[30],妻妾編於行伍之間[31],盡散飲食饗士[32]。令甲卒皆伏,使老弱女子乘城[33],遣使約降於燕,燕軍皆呼萬歲。田單又收民金,得千溢[34],令即墨富豪遺燕將[35],曰:“即墨即降[36],願無虜掠吾族家妻妾,令安堵[37]。”燕將大喜,許之。燕軍由此益懈。

【注釋】

[29] 版:建築工具,築牆時,用來夾土以供搗實的木板。插:通“鍤”。猶如今之鐵鍬。“身操版插”是說親自築城。

[30] 功:通“工”。工程,勞務。

[31] 行伍:古代軍隊五人為伍,二十五人為行。此代指軍隊。

[32] 饗:犒賞。

[33] 乘城:登城。

[34] 溢:通“鎰”。古代重量單位,二十兩為一鎰。

[35] 遺(wèi):送給。

[36] 即:倘若。

[37] 安堵:相安,安居。

【原文】

田單乃收城中得千餘牛,為絳繒衣[38],畫以五彩龍文[39],束兵刃於其角,而灌脂束葦於尾,燒其端。鑿城數十穴,夜縱牛,壯士五千人隨其後。牛尾熱,怒而奔燕軍,燕軍夜大驚。牛尾炬火[40],光明炫耀,燕軍視之,皆龍文,所觸盡死傷。五千人因銜枚擊之[41],而城中鼓譟從之[42],老弱皆擊銅器為聲,聲動天地。燕軍大駭,敗走。齊人遂夷殺其將騎劫[43]。燕軍擾亂奔走,齊人追亡逐北[44],所過城邑,皆畔燕而歸田單[45],兵日益多,乘勝,燕日敗亡,卒至河上[46],而齊七十餘城皆復為齊。乃迎襄王於莒,入臨菑而聽政。襄王封田單,號曰安平君。

【注釋】

[38] 絳繒衣:紅色帛絹製成的被服。

[39] 文:花紋。

[40] 炬火:火把。

[41] 枚:狀如筷子,行軍時銜於口中以禁喧嘩。

[42] 皷:同“鼓”。皷譟:衆聲吶喊。

[43] 夷殺:猶言斬殺。夷,平,這裏有殺的意思。

[44] 追亡逐北:追趕逃跑的敵人。亡:逃跑。北:敗北。

[45] 畔:通“叛”。

[46] 卒:最終,最後。

【原文】

太史公曰:兵以正合,以奇勝。善之者,出奇無窮。奇正還相生,如環之無端[47]。夫始如處女,適人開戶;後如脫兔,適不及距[48],其田單之謂邪!

【注釋】

[47]“兵以正合”數句:語出《孫子兵法·勢篇》:“凡戰者,以正合,以奇勝。故善出奇者,無窮如天地,不竭如江河。……奇正相生,如循環之無端,孰能窮之?”這是講究用正兵擋敵,用奇兵取勝,而奇正相互轉化,如循環一般,無始無終。還相生:周回往復,相輔相成。

[48]“始如處女”數句:語出《孫子兵法·九地篇》:“是故始如處女,敵人開戶,後如脫兔,敵不及拒。”意謂行動之前靜如處女,不動聲色;行動起來則如脫籠之兔,敏捷迅速,使敵人來不及抵抗。適:通“敵”。距:通“拒”。抵擋。

【原文】

初,淖齒之殺湣王也,莒人求湣王子法章[49],得之太史嬓之家,為人灌園。嬓女憐而善遇之[50],後法章私以情告女,女遂與通。及莒人共立法章為齊王,以莒距燕,而太史氏女遂為后,所謂“君王后”也。

【注釋】

[49] 求:尋找。

[50] 善遇:好好對待。

【原文】

燕之初入齊,聞畫邑人王蠋賢[51],令軍中曰:“環畫邑三十里無入。”以王蠋之故。已而使人謂蠋曰:“齊人多高子之義,吾以子為將,封子萬家。”

蠋固謝[52]。燕人曰:"子不聽,吾引三軍而屠畫邑。"王蠋曰:"忠臣不事二君,貞女不更二夫[53]。齊王不聽吾諫,故退而耕於野。國既破亡,吾不能存;今又劫之以兵為君將[54],是助桀為暴也。與其生而無義,固不如烹!"遂經其頸於樹枝[55],自奮絕脰而死[56]。齊亡大夫聞之曰:"王蠋,布衣也,義不北面於燕[57],況在位食禄者乎[58]!"乃相聚如莒[59],求諸子[60],立為襄王。

【注釋】

[51] 畫邑:齊縣,在今山東省淄博市臨淄西。

[52] 固:執意,堅決。謝:推辭。

[53] 更:改變,這裏有改嫁的意思。

[54] 劫:威逼。

[55] 經:自縊。

[56] 奮:跳蕩,聳動。脰(dòu):脖子。

[57] 北面:指臣服於人。

[58] 食禄者:指拿官府俸禄的人。

[59] 如:去,到。

[60] 求諸子:尋找齊湣王之子法章。諸,當作"其"。

死　偽

【解題】

節選自《四部叢刊·論衡·死偽》。"死偽"意即死人為鬼害人之說是虛假的。本篇對史書記載和民間流傳的一些所謂人死變鬼的說法,逐一批駁,揭露其虛假性,堅持"死人不為鬼,無知,不能害人"的觀點。文章運用大量事實進行類比推論,還運用生理常識加以論證,對鬼神迷信的批判較有說服力,但又承認有妖氣構成的鬼。

【原文】

傳曰:"周宣王殺其臣杜伯而不辜[1],宣王將田於囿[2],杜伯起於道左,執彤弓而射宣王[3],宣王伏韔而死[4]。趙簡公殺其臣莊子義而不辜[5],簡公將入於桓門[6],莊子義起於道左,執彤杖而捶之[7],斃於車下。"二者,死人為鬼之驗;鬼之有知,能害人之效也。無之[8],奈何?曰:人生萬物之中,物死不能為鬼,人死何故獨能為鬼?如以人貴能為鬼,則死者皆當為鬼。杜伯、莊子義何獨為鬼也?如以被非辜者能為鬼[9],世間臣子被非辜者多矣,比干、子胥之輩不為鬼。夫杜伯、莊子義無道,忿恨報殺其君。罪莫大於弑君,則夫死為鬼之尊者當復誅之,非杜伯、莊子義所敢為也。凡人相傷,憎其生,惡見其身,故殺而亡之[10]。見殺之家詣吏訟其仇[11],仇人亦惡見之。生死異路,人鬼殊處。如杜伯、莊子義怨宣王、簡公,不宜殺也。當復為鬼,與己合會。人君之威固嚴人臣[12],營衛卒使固多衆[13],兩臣殺二君,二君之死,亦當報之,非有知之深計,憎惡之所為也。如兩臣神[14],宜知二君死當報己;如不知也,則亦不神。不神胡能害人[15]? 世多似是而非,虛偽類真[16],故杜伯、莊子義之語,往往而存。

【注釋】

[1] 不辜:無罪。

[2] 田:打獵。囿:古代帝王畜養禽獸的園林。

[3] 彤弓:紅色弓。

[4] 韔(chàng):盛弓的袋子。

[5] 趙:當為"燕"。

[6] 桓門:即和門,軍營的門,用旌旗作標誌。

[7] 杖:兵器的泛稱。捶:打。

[8] 之:指死人為鬼、有知、能害人。

[9] 被非辜:遭受無罪刑罰。

[10] 亡:滅。

[11] 見:助動詞,表被動。詣:到。

[12] 嚴:畏懼。此用作使動。

[13] 營衛:衛士。

[14] 神:具有神異之力。

[15] 胡:疑問代詞,表反詰,怎麼。

[16] 類:似。

【原文】

晉惠公改葬太子申生[17]。秋,其僕狐突適下國[18],遇太子。太子趨登僕車而告之曰[19]:"夷吾無禮,余得請於帝矣[20],將以晉畀秦[21],秦將祀余。"狐突對曰:"臣聞之,神不歆非類[22],民不祀非族,君祀無乃殄乎[23]!且民何罪,失刑乏祀[24],君其圖之[25]!"太子曰:"諾,吾將復請。七日,新城西偏將有巫者[26],而見我焉。"許之,遂不見。及期,狐突之新城西偏巫者之舍,復與申生相見。申生告之曰:"帝許罰有罪矣,斃之於韓[27]。"其後四年,惠公與秦穆公戰於韓地,為穆公所獲,竟如其言。非神而何? 曰:此亦杜伯、莊子義之類。何以明之? 夫改葬,私怨也;上帝,公神也。以私怨爭於公神,何肯聽之? 帝許以晉畀秦,狐突以為不可,申生從狐突之言,是則上帝許申生非也。神為上帝,不若狐突,必非上帝明矣。且臣不敢求私於君者,君尊臣卑,不敢以非干也[28]。申生比於上帝,豈徒臣之與君哉！恨惠公之改葬,干上帝之尊命,非所得為也。驪姬譖殺其身[29],惠公改葬其尸。改葬之惡,微於殺人;惠公之罪,輕於驪姬。請罰惠公,不請殺驪姬,是則申生憎改葬,不怨見殺也。秦始皇用李斯之議,燔燒詩書[30],後又坑儒[31]。博士之怨,不下申生;坑儒之惡,痛於改葬。然則秦之死儒,不請於帝,見形為鬼[32],諸生會告以始皇無道[33],李斯無狀[34]。

【注釋】

[17] 改葬太子申生:《左傳·僖公十年》記載,申生被其父晉獻公的愛妃讒害而被迫自殺,死後埋葬得不符合禮制,晉惠公即位後改葬申生。

[18] 狐突:字伯行,晉大夫,申生生前的駕車人。下國:指晉國的別都曲沃新城,在今山西聞喜東北。曲沃是晉宗廟所在地,在國都南面,故稱下國。

[19] 趨:快步走。

[20] 帝:天帝。

[21] 畀(bì):給予。

[22] 歆(xīn):享用。非類:不相同的族類。

[23] 殄:絕。

[24] 這句大意是:僅僅因為晉惠公的錯誤而使晉國滅亡。失刑,刑罰不當。乏祀,没有主祭之人。

[25] 其:語氣副詞,表祈使語氣。圖:考慮。

[26] 新城:即曲沃,申生居此。

[27] 斃:失敗。韓:晉國的韓原,在今陝西韓城縣西南。

[28] 非:錯誤的事情,指私怨。干:冒犯,衝犯。

[29] 驪姬譖殺其身:事見《左傳·僖公四年》。譖:誣陷,中傷。

[30] 燔:焚燒。詩書:此泛指儒家經書。

[31] 坑儒:秦始皇三十五年(前212),盧生、侯生等方士、儒生攻擊秦始皇,始皇派御史查究,將四百六十名方士儒生坑殺於咸陽。

[32] 見:顯現。現的古字。

[33] 諸生會告:"諸生"與"會告"宜互倒,即"會告諸生",承上文秦之死儒而言。

[34] 無狀:無善狀。

【原文】

周武王有疾不豫[35],周公請命[36],設三壇同一墠[37],植璧秉圭[38],乃告于太王、王季、文王。史乃策祝[39],辭曰:"予仁若考,多才多藝,能事鬼神。乃元孫某不若旦多才多藝,不能事鬼神。"[40]鬼神者,謂三王也。即死人無知[41],不能為鬼神。周公,聖人也,聖人之言審,則得幽冥之實[42];得幽冥之實,則三王為鬼神,明矣。曰:實人能神乎[43]?不能神也?如神,宜知三王之心,不宜徒審其為鬼也[44]。周公請命,史策告祝,祝畢辭已,不知三王所以與不[45],乃卜三龜[46],三龜皆吉,然後乃喜。能知三王有知為鬼,不能知三王許己與不,須卜三龜,乃知其實。定其為鬼,須有所問,然後知之。死人有知無知,與其許人不許人,一實也。能知三王之必許己,則其謂三王為鬼,可信也;如不能知,謂三王為鬼,猶世俗之人也;與世俗同知,則死人之實未可定也。且周公之請命,用何得之?以至誠得之乎?以辭正得之也?如以至誠,則其請之說[47],精誠致鬼,不顧辭之是非也。董仲舒請雨之法,設土龍以感氣。夫土龍非實,不能致雨,仲舒用之致精誠,不顧物之偽真也。然則周公之請命,猶仲舒之請雨也;三王之非鬼,猶聚土之非龍也。

【注釋】

[35] 豫:安。

[36] 請命:請求天命。

[37] 壇:祭祀用的土壇。三壇:太王、王季、文王各為一壇。墠(shàn):為舉行祭祀而平整的場地。

[38] 植:置,擺設。秉:持。

[39] 策:有禱辭的竹簡。祝:祈禱。

[40] 引文見《尚書·金縢》。予:周公姬旦自謂。仁:柔順。若:而。考:通"巧"。聰明。事:侍奉。元孫:長孫,即武王姬發。

[41] 即:若。

[42] 幽冥:迷信說法指陰間,即人死後進入的世界。

[43] 依文義,"人"前脫"聖"字。

[44] 審:知。

[45] "所以"當作"許己",與後文一致。"所"、"許"聲相近,"己"、"以"形聲並近,故誤。

[46] 三龜:指在三王(太王、王季、文王)的祭壇之前各置一龜進行占卜。

[47] "請"下宜有"命"字。

【原文】

晉荀偃伐齊,不卒事而還[48]。癉疽生瘍於頭[49],及著雍之地[50],病目出[51],卒而視[52],不可唅[53]。范宣子浣而撫之曰[54]:"事吳敢不如事主[55]。"猶視。宣子睹其不瞑,以為恨其子吳也[56]。人情所恨,莫不恨子,故言吳以撫之。猶視者,不得所恨也。欒懷子曰:"其為未卒事於齊故也乎?"乃復撫之曰:"主苟死,所不嗣事於齊者[57],有如河[58]。"乃瞑受唅。伐齊不卒,荀偃所恨也,懷子得之,故目瞑受唅,宣子失之,目張口噤[59]。曰:荀偃之病卒,苦目出,目出則口噤,口噤則不可唅。新死氣盛,本病苦目出,宣子撫之早,故目不瞑,口不闓[60]。少久氣衰,懷子撫之,故目瞑口受唅。此自荀偃之病,非死精神見恨於口目也。凡人之死,皆有所恨。志士則恨義事未立,學士則恨問多不及,農夫則恨耕未畜穀[61],商人則恨貨財未殖[62],仕者則恨官位未極[63],勇者則恨材未優[64]。天下各有所欲乎,然而各有所恨。必有目不瞑者為有所恨[65],夫天下之人,死皆不瞑也。且死者精魂消索[66],不復聞人之言。不能聞人之言,是謂死也。離形更自為鬼,立於人傍,雖人之言[67],已與形絕,安能復入身中瞑目闓口乎?能入身中以屍示恨,則能不免與形相守[68]。案世人論死,謂其精神有若,能更以精魂立形見面,使尸若生人者,誤矣。

【注釋】

[48] 不卒事:不終事。

[49] 癉疽(dànjū):癉,因勞致病。疽,根部大而深的毒瘡。瘍:潰爛。

[50] 著雍:晉國地名,在今河北舊河間府境,是晉到齊、宋的必經之地。

[51] 目出:眼球凸出。

[52] 卒:死。視:眼睛睜著不閉上。

[53] 唅:古之貴族死後口含珠玉。"不可唅",意即口緊閉,珠玉塞不進去。

[54] 范宣子:士匄。

[55] 吳:荀偃之子荀吳。

[56] 恨:惦記。

[57] 嗣:繼。

[58] 有如河:古人賭咒發誓時的慣用語,意思是有如黃河一類長存的東西作證。

[59] 噤:閉口。

[60] 闓(kāi):開。

[61] 畜:通"蓄"。儲積。

[62] 殖:增添。

[63] 極:最高,至極。

[64] 優:最高水準。

[65] 有:當為"以"。

[66] 索:盡。

[67] "雖"後脫"聞"字。

[68] 免:當為"死"。

【原文】

楚成王廢太子商臣,欲立王子職[69]。商臣聞之,以宮甲圍王[70]。王請食熊蹯而死[71],弗聽。王縊而死。謚之曰"靈"[72],不瞑;曰"成"[73],乃瞑。夫為"靈"不瞑;為"成"乃瞑,成王有知之效也。謚之曰"靈",心恨,故目不瞑;更謚曰“成”,心喜乃瞑。精神聞人之議,見人變易其謚,故喜目瞑。本不病目,人不撫慰,目自翕張[74],非神而何？曰:此復苟偃類也。雖不病目,亦不空張。成王於時縊死,氣尚盛,新絕,目尚開,因謚曰“靈”。少久氣衰,目適欲瞑,連更曰“成”。目之視瞑,與謚之為“靈”[75],偶應也。時人見其應“成”乃瞑,則謂成王之魂有所知,則宜終不瞑也。何則？太子殺己,大惡也;加謚為“靈”,小過也。不為大惡懷忿,反為小過有恨,非有神之效,見示告人之驗也。夫惡謚非“靈”則“厲”也,紀於竹帛為“靈”、“厲”者多矣[76],其尸未斂之時[77],未皆不瞑也。豈世之死君不惡[78],而獨成王憎之哉？何其為“靈”者衆,不瞑者寡也？

【注釋】

[69] 楚成王事見《左傳·文公元年》。商臣:楚穆王,公元前625—前614年在位。職:商臣庶弟。

[70] 宮甲:宮中衛隊。

[71] 熊蹯:熊掌。蹯(fán):獸足。

[72] 靈:謚法中,亂而不損曰靈。

[73] 成:謚法中,安民立政曰成。

[74] 翕:合。

[75] 依文意,“靈”下脱一“成”字。

[76] 竹帛:古代書寫用的竹簡和絲織品,此指史書。

[77] 斂:同“殮”。把死人裝進棺材。

[78] 惡(wù):怨恨。

褚　公

【解題】

選自中華書局1954年版《諸子集成·世說新語·雅量第六》。《世說新語》,南朝宋劉義慶著,是一部記錄名士言行軼事的筆記小說。分德行、言語等三十六門,收錄了漢至劉宋元嘉年間上至帝王卿相、下至士庶僧侶數百人的言行軼事一千一百三十餘條。

本文寫褚裒在上任途中被錢塘亭吏移到牛屋,後又受到吳興縣令盛情款待,他始終毫無異色,雍容大度,真正達到了寵辱不驚的境界。

【原文】

褚公於章安令遷太尉記室參軍[1],名字已顯而位微[2],人未多識。公東出,乘估客船[3],送故吏數人,投錢唐亭住[4]。爾時[5],吳興沈充為縣令[6],當送客過浙江,客出[7],亭吏驅公移牛屋下[8]。潮水至,沈令起彷徨[9],問:“牛屋下是何物人[10]?”吏云:“昨有一傖父來寄亭中[11],有尊貴客,權移之[12]。”令有酒色,因遙問[13]:“傖父欲食粦不[14]? 姓何等[15]? 可共語。”褚因舉手答曰:“河南褚季野。”遠近久承公名[16],令於是大遽[17],不敢移公,便於牛屋下修刺詣公[18],更宰殺為饌[19],具於公前,鞭撻亭吏[20],欲以謝慙[21]。公與之酌宴,言色無異,狀如不覺[22]。令送公至界[23]。

【注釋】

[1] 褚公:即褚裒,字季野,河南陽翟人。晉康獻皇后父。持重少言,有盛名於時。章安:縣名,晉屬臨海郡,在今浙江省。遷:升遷。太尉:三公之一。記室參軍:太尉府屬官,掌管表章文書一類。

[2] 名字:名聲。微:卑微。

[3] 估客:販貨的行商。

[4] 送故:送別原任長官。魏晉有屬吏遠送去職長官的風氣。亭:驛亭,供旅客停留食宿的公舍。錢唐亭:在錢唐縣的驛亭。“唐”亦作“塘”。

[5] 爾時:此時。

[6] 吳興:郡名。治所在烏程(今浙江湖州)。

[7] 客出:客至。出:來到。

[8] 亭吏:掌管驛亭的小吏。牛屋:牛棚。

[9] 彷徨:此指散步。

[10] 何物:什麽。

[11] 傖父:六朝時南方人和北方人互有蔑稱,傖父猶言北方佬,有輕賤之意。褚季野是河南人,所以被罵為“傖父”。寄:寄宿,借宿。

[12] 權:權且,姑且。移:搬動。

[13] 遙問:遠遠地打問。

[14] 粦:同“餅”。

[15] 何等:什麽。

[16] 承:聞,聽説。

[17] 大遽:十分驚慌。

[18] 修刺:指寫名帖,作通報姓名之用。刺:名刺,名帖。

[19] 更:重新。饌:飯食,酒食。

[20] 具:陳列。

[21] 謝慙:賠禮,表示愧意。慙:同“慚”。

[22] 狀如不覺:樣子如同没有察覺。

[23] 界:縣界。

貧人燒粗褐衣喻

【解題】

選自1914年金陵刻經處《百喻經》第二十九則。《百喻經》或稱《百句譬喻經》,古天竺高僧伽斯那著,南朝蕭齊天空三藏法師求那毗地譯。原題似乎為《癡華鬘》,"華鬘"意即花環,將一些小故事彙集到一起,如同將一朵朵美麗的花串成花環。共九十九則,每篇都是先講故事,然後藉以闡述一個佛學義理。內容大多針砭一些"癡人"及其所做的"蠢事"。

本文以貧人聽信他人之言,燒毀自己的粗褐衣,結果並未得到"上妙衣服"這一故事,來告誡人們不要輕信他人的花言巧語,以免上當受騙,毀壞自己的修行。

【原文】

昔有一人,貧窮困乏。與他客作[1],得粗褐衣[2],而被著之[3]。

有人見之而語之言[4]:"汝種姓端正[5],貴人之子[6],云何著此粗弊衣褐[7]? 我今教汝,當使汝得上妙衣服[8]。當隨我語,終不欺汝[9]。"

貧人歡喜,敬從其言。

【注釋】

[1] 作:勞作,勞動。

[2] 褐衣:粗布做的衣服。這裏指粗劣的衣服。

[3] 被:即披。

[4] 語(yù):告訴。

[5] 種姓:印度社會的一種階級劃分制度,將人劃分為婆羅門(僧侶和學者)、剎帝利(武士和貴族)、吠舍(手工業者和商人)、首陀羅(農民和僕役)四個種姓階級,以婆羅門為清貴。

[6] 貴人:即公卿大夫或顯貴之人。

[7] 弊:破舊。

[8] 上妙:上等的,好的。

[9] 終:終究。

【原文】

其人即便在前然火[10],語貧人言:"今可脫此粗褐衣著於火中,於此燒處當使汝得上妙欽服[11]。"貧人即便脫著火中[12]。

既燒之後,於此火處求覓欽服,都無所得。

世間之人亦復如是。從過去身修諸善法,得此人身,應當保護,進德修業。乃為外道邪惡妖女之所欺誑[13]:"汝今當信我語,修諸苦行,投巖赴火[14],捨是身已[15],當生梵天[16],長受快樂[17]。"便用其語,即捨身命。身死之後,墮於地獄,備受諸苦。既失人身,空無所獲,如彼貧人,亦復如是。

【注釋】

[10] 然:點火。後作"燃"。

[11] 欽服:即欽婆羅衣,衣服名。慧琳《音義》二十五:"欽婆羅衣,毛絲雜織,是外道所服也。"

[12] 著:附著。此指置於火上。

[13] 乃:卻。欺誑:欺騙,迷惑。

[14] 投巖:指投淵外道。六苦行外道之一。寒中投身於深淵而作苦行,以此為生天之因。赴火:指赴火外道。六苦行外道之一。常以五熱炙身,赴火而死,以此苦行為得果之因。

[15] 已:完畢。

[16] 梵天:佛教將梵天列為色界的初禪天。此天離欲界之淫欲,寂靜清淨,故云梵天。此中有梵衆天、梵輔天、大梵天三天。印度思想將萬有的根源"梵"予以神格化,為婆羅門教即印度教的創造神,與濕婆、毗濕奴並稱為婆羅教即印度教的三大神。

[17] 長受:長久地享受。一作"壽"。

章　句

【解題】

節選自《四部備要·文心雕龍》卷七。前段論述了"章"、"句"的得名之由,揭示了篇、章、句、字四者之間的密切聯繫;後段強調了虛詞的作用,並根據在句中的位置,將虛詞區分為三種:"發端之首唱","劄句之舊體","送末之常科"。

【原文】

夫設情有宅[1],置言有位;宅情曰章[2],位言曰句。故章者,明也[3];句者,局也[4]。局言者聯字以分疆[5],明情者總義以包體[6],區畛相異[7],而衢路交通矣[8]。夫人之立言,因字而生句,積句而成章,積章而成篇。篇之彪炳[9],章無疵也;章之明靡[10],句無玷也[11];句之清英[12],字不妄也。振本而末從[13],知一而萬畢矣[14]。

【注釋】

[1] 設:安置。宅:處所。

[2] 宅:動詞。放置。章:段落。

[3] 明:彰明。

[4] 局:動詞。局限。

[5] 局言者:限束言辭的東西,即"句"。分疆:謂聯綴字詞成句後,與別的句有界限,不是一個單位。疆,界限。

［6］明情者：彰明思想感情的東西，即“章”。總義以包體：總合貫穿意義，統攝包容各句。體，指各句之形體。總：同“總”。

［7］區畛（zhěn）相異：指各句之間有界限。區，區域。畛，範圍。

［8］衢路交通：喻指一章中各句藉思想感情的脈絡而貫通。衢，四通八達的道路。交通，彼此相通。

［9］彪炳：文采煥發。

［10］明靡：明麗。

［11］玷（diàn）：玉上的斑點。喻指毛病。

［12］清英：清朗秀拔。

［13］振：搖動。

［14］畢：全。

【原文】

……

又詩人以“兮”字入於句限[15]，《楚辭》用之，字出句外[16]。尋“兮”字成句[17]，乃語助餘聲，舜詠《南風》[18]，用之久矣；而魏武弗好，豈不以無益文義耶？至於“夫”、“惟”、“蓋”、“故”者，發端之首唱[19]；“之”、“而”、“於”、“以”者，乃劄句之舊體[20]；“乎”、“哉”、“矣”、“也”，亦送末之常科[21]。據事似閑[22]，在用實切。巧者迴運[23]，彌縫文體[24]，將令數句之外[25]，得一字之助矣。外字難謬[26]，况章句歟？

……

【注釋】

［15］詩人：特指《詩經》的作者。句限：指句內。大概在劉勰看來，《詩經》以四言為主，所用“兮”字大多在句中湊足四字，形式上不是可有可無的。

［16］字出句外：“兮”字遊離於句之外。大概在劉勰看來，《楚辭》中的“兮”在形式上並非句式必要。

［17］尋：探究。成：構成。

［18］《南風》：古歌名。相傳舜彈五弦琴唱此歌。

［19］發端：句首，開頭。

［20］劄（zhā）句：嵌入句中。劄，以針刺。舊體：向來的體式。

［21］送末：結束句子。常科：常用的形式。

［22］據：就，按照。事：事類，意義。

［23］迴運：嫻熟運用。迴：同“回”。

［24］彌縫文體：意謂虛詞能使篇章語句聯綴嚴密。

［25］數句：指由實詞構成的幾句。

［26］外字：實詞外的虛詞。難謬：謂不應錯用。

五祖傳衣法于六祖

【解題】

選自中華書局1983年版《壇經校釋》。標題為編者所擬。《壇經》是禪宗六祖惠能講述佛法的語錄,由其弟子法海集記。惠能雖稱六祖,但實際上是中國禪宗的創始人,因此《壇經》一書在禪宗思想發展史上具有很高的地位。該書在流傳過程中經過多次增訂,計有法海本、惠昕本、契嵩本、宗寶本等多種版本。法海本又稱敦煌本,時代最早,比較可靠。郭鵬《壇經校釋》就是以法海本為底本的。

這裏所選的部分敘述了五祖弘忍傳衣法給六祖惠能的過程。

【原文】

五祖忽於一日喚門人盡來[1],門人集訖,五祖曰:"吾向汝說,世人生死事大,汝等門人,終日供養,祇求福田[2],不求出離生死苦海[3]。汝等自性若迷[4],福門何可救汝[5]?汝總且歸房自看[6],有智惠者[7],自取本性般若之知[8],各作一偈呈吾[9]。吾看汝偈,若悟大意者,付汝衣法[10],稟為六代[11]。火急急!"

【注釋】

[1] 五祖(602—675):中國禪宗第五代祖師。潯陽(今江西九江)人,一說蘄州黃梅(今湖北黃梅)人。俗姓周,七歲依四祖道信出家,法名弘忍,長期在黃梅雙峰山東山寺傳法。

[2] 福田:佛教認為信奉佛法、積善修道可以獲得福報,如同種田可得收穫,故言。

[3] 出離:脫離。

[4] 自性:本性。

[5] 福門:郭鵬《校釋》指出:"'門',疑為'田'字之誤。"

[6] 總:都。且:暫且。看:體悟。

[7] 惠:通"慧"。

[8] 般若(bō rě):梵語音譯詞,"智慧"之意。知:智慧,後作"智"。

[9] 偈(jì):梵語"偈陀"的簡稱,意譯為"頌",佛經中的唱詞。

[10] 衣法:袈裟和佛法。佛家傳衣法給某人,即以某人為繼承人。

[11] 六代:第六代祖師。

【原文】

門人得處分[12],卻來各至自房,遞相謂言:"我等不須澄心用意作偈,將呈和尚[13]。神秀上座是教授師[14],秀上座得法後,自可依止[15],偈不用作。"諸人息心,盡不敢呈偈。時大師堂前有三間房廊,於此廊下供養,欲畫《楞伽》變相[16],並畫五祖大師傳授衣法[17],流行後代,為記。畫人盧珍看壁了[18],明日下手。

【注釋】

[12] 處分:吩咐。

[13] 將:動詞,持。

[14] 神秀:弘忍弟子,俗姓李,汴州尉氏(今屬河南)人。後來成為禪宗北宗創始人。上座:參禪僧中的首座稱為"上座",多用作對禪僧的尊稱。教授師:佛家授具足戒儀式中,要有三師,教授師是三師之一,負責向受戒者傳授儀表、神態、言行等規範。

[15] 依止:依靠其人,隨之居止。

[16]《楞伽》:《楞伽經》,漢譯佛經,南朝宋求那跋陀羅譯。變相:以圖畫形式描繪佛經故事、宣揚佛教義理稱"變相",簡稱"變"。

[17] 五祖大師:指從初祖達摩至五祖弘忍五個大師。

[18] 了:動詞,完畢。

【原文】

上座神秀思惟:諸人不呈心偈,緣我為教授師。我若不呈心偈,五祖如何見得我心中見解深淺?我將心偈上五祖呈意,求法即善,覓祖不善,卻同凡心奪其聖位[19]。若不呈心偈,終不得法。良久思惟,甚難甚難。夜至三更,不令人見,遂向南廊下中間壁上題作呈心偈,欲求於法。若五祖見偈,言此偈語,若訪覓我,我宿業障重,不合得法,聖意難測[20],我心自息。秀上座三更於南廊下中間壁上秉燭題作偈,人盡不知。偈曰:

身是菩提樹[21],心如明鏡台。
時時勤拂拭,莫使有塵埃。

【注釋】

[19] 這幾句大意是:將偈呈給五祖,如果是為了求法,那是好的;如果是為了求得祖師的位置,那就是不好的了,就等於以凡愚之心圖謀奪取聖位。

[20] 這幾句,日本學者鈴木貞太郎、公田連太郎校訂本的校注說:"若五祖見偈言云云,有脫文。興聖寺本曰:'神秀思惟:五祖明日見偈歡喜,出見和尚,即言秀作;若言不堪,自是我迷,宿業障重,不合得法,聖意難測。'"

[21] 菩提樹:古印度樹名,原名畢缽羅樹,因傳在此樹下釋迦牟尼獲得菩提(覺悟),故稱"菩提樹"。

【原文】

神秀上座,題此偈畢,歸臥房,並無人見。五祖平旦,遂喚盧供奉來南廊下畫《楞伽》變相[22]。五祖忽見此偈,請記[23],乃謂供奉曰:"弘忍與供奉錢三十千,深勞遠來,不畫變相了。《金剛經》云:'凡所有相,皆是虛妄。'不如留此偈,令迷人誦。依此修行,不墮三惡道[24];依法修行人,有大利益。"

大師遂喚門人盡來，焚香偈前，令衆人見，皆生敬心。“汝等盡誦此偈者，方得見性；依此修行，即不墮落。”門人盡誦，皆生敬心，喚言“善哉！”

五祖遂喚秀上座於堂内，問：“是汝作偈否？若是汝作，應得我法。”秀上座言：“罪過！實是秀作。不敢求祖[25]，願和尚慈悲，看弟子有小智惠、識大意否？”五祖曰：“汝作此偈，見即未到[26]，衹到門前，尚未得入。凡夫依此偈修行，即不墮落；作此見解，若覓無上菩提[27]，即未可得。須入得門，見自本性。汝且去，一兩日來思惟，更作一偈來呈吾，若入得門，見自本性，當付汝衣法。”秀上座去數日，作不得。

【注釋】

[22] 供奉：對有技藝者的尊稱。

[23] 請記：郭鵬《校釋》："疑為'讀訖'之誤。"

[24] 三惡道：佛教認為作惡業的衆生會墮入地獄、餓鬼、畜生這三種悲慘的境地。

[25] 祖：指祖師的位置。

[26] 見：見解。

[27] 菩提：梵語音譯詞，指斷絶世俗煩惱、覺悟佛教真諦、獲得解脱的智慧。

【原文】

有一童，於碓房邊過，唱誦此偈，惠能一聞[28]，知未見性[29]，即識大意。能問童子：“適來誦者，是何言偈？”童子答能曰：“儞不知大師言，生死事大，欲傳於法，令門人等各作一偈來呈看，悟大意，即付衣法，稟為六代祖。有一上座名神秀，忽於南廊下書《無相偈》一首，五祖令諸門人盡誦。悟此偈者，即見自性；依此修行，即得出離。”惠能答曰：“我在此踏碓八箇餘月，未至堂前，望上人引惠能至南廊下[30]，見此偈禮拜，亦願誦取[31]，結來生緣，願生佛地。”童子引能，至南廊下，能即禮拜此偈。為不識字，請一人讀，惠能聞已，即識大意。惠能亦作一偈，又請得一解書人[32]，於西間壁上題着[33]，呈自本心。不識本心，學法無益；識心見性，即悟大意。惠能偈曰：

菩提本無樹，明鏡亦非臺。
佛性常清浄，何處有塵埃！

又偈曰：

心是菩提樹，身為明鏡臺。
明鏡本清浄，何處染塵埃！

院内徒衆，見能作此偈，盡怪。惠能卻入碓坊[34]。五祖忽見惠能偈，即善知識大意[35]。恐衆人知，五祖乃謂衆人曰：“此亦未得了[36]。”

【注釋】

[28] 惠能:亦作“慧能”。俗姓盧,龍朔元年(661)往黄梅謁見五祖弘忍,被安排在碓房舂米。後得弘忍傳衣法,成為禪宗六祖,南宗創始人。

[29] 性:本性。

[30] 上人:對僧人的尊稱。

[31] 誦取:誦讀。“取”是動詞後綴。

[32] 解書人:會寫字的人。

[33] 着:同“著”。附著。

[34] 卻:退。

[35] 知識:知道。

[36] 了:了悟。

【原文】

五祖夜至三更,唤惠能堂内,説《金剛經》[37]。惠能一聞,言下便悟。其夜受法,人盡不知,便傳頓法及衣[38]:“汝為六代祖。衣將為信稟[39],代代相傳;法以心傳心,當令自悟。”五祖言:“惠能!自古傳法,氣如懸絲!若住此間,有人害汝,汝即須速去!”

能得衣法,三更發去。五祖自送能於九江驛[40],登時便悟[41]。祖處分:“汝去,努力將法向南[42],三年勿弘此法,難去[43],在後弘化,善誘迷人。若得心開,汝悟無别。”辭違已了[44],便發向南。

【注釋】

[37]《金剛經》:漢譯佛經,有多種譯本,較通行的是姚秦鳩摩羅什所譯。

[38] 頓法:主張頓悟的佛法。頓悟即頓時領悟,是中國禪宗南宗提倡的禪悟方式。

[39] 將:持。信稟:信物。

[40] 九江:今江西省九江市,在黄梅縣南。

[41] 登時便悟:郭鵬《校釋》:“此句費解。或‘悟’應作‘寤’,覺也。意謂很快就天亮了。”楊曾文校寫《敦煌新本六祖壇經》此句作“登時便别”。

[42] 將:攜。

[43] 難去:謂災難過去。

[44] 辭違:辭别。

井 鹽

【解題】

選自商務印書館1959年版《天工開物》。作者宋應星(1587—?),字長庚,明末江西省南昌府奉新縣人,萬曆四十三年中舉,崇禎七年任江西分宜縣教諭,後任福建汀州府推官、南直隸亳州(今安徽阜陽)知州等職。《天工開物》是卓越的工藝技術專著。明刊本分上、中、下三卷，共十八章。書中記述了糧食生産和加工、紡織和染色、製鹽、製糖、陶瓷製造、金屬冶煉和加工、採礦、榨油、造紙、釀造、顔料、車船、兵器和珠玉的生産過程、工具設備和生産工藝等，並配有一百二十多幅插圖。

本文記述了四川井鹽的生産流程，並述及以天然氣代替柴薪煮鹽的情况。

【原文】

凡滇蜀兩省，遠離海濱，舟車艱通，形勢高上，其鹹脈即韞藏地中[1]。

凡蜀中石山去河不遠者，多可造井取鹽。鹽井周圓不過數寸[2]，其上口一小盂覆之有餘[3]。深必十丈以外，乃得鹵信[4]，故造井功費甚難。

【注釋】

[1] 鹹脈：鹽礦藏。韞（yùn）：藴藏。

[2] 周圓：即圓周。

[3] 盂：圓口器皿，用於盛飲食或其他液體。

[4] 鹵信：鹽層。

【原文】

其器冶鐵錐如碓嘴形[5]，其尖使極剛利[6]，向石山舂鑿成孔。其身破竹纏繩，夾懸此錐。每舂深入數尺，則又以竹接其身，使引而長。初入丈許[7]，或以足踏碓梢[8]，如舂米形。太深則用手捧持頓下[9]。所舂石成粉碎，隨以長竹接引，懸鐵盞挖之而上[10]。大抵深者半載，淺者月餘，乃得一井成就。蓋井中空闊，則鹵氣遊散，不克結鹽故也[11]。

井及泉後，擇美竹長丈者，鑿净其中節，留底不去。其喉下安消息[12]，吸水入筒。用長絙繫竹沉下[13]，其中水滿，井上懸桔槔、轆轤諸具[14]；制盤駕牛[15]，牛拽盤轉，轆轤絞絙汲水而上，入于釜中煎煉[16]（只用中釜，不用牢盆）[17]。頃刻結鹽，色成至白。

【注釋】

[5] 碓：舂米設備。在地上樹支架安一木杠（支架在杠中部），杠的一端裝碓頭，下掘地置石臼，足踏杠的另一端使碓頭起落以舂。據《天工開物・粹精》，當時的碓嘴以鐵製成圓錐形，用黏合劑黏合於碓頭。

[6] 尖：指錐尖。

[7] 許：表示約計的數量。

[8] 碓梢：作為碓身的木杠供足踏的一端。

[9] 頓：指撞擊。

[10] 盞：淺而小的杯子。挖，同“挖”。

[11] 克:能。

[12] 喉下:指竹筒的下部。消息:指閥門。竹筒沉入井下時,閥門受鹵水壓力而張開,鹵水入筒;竹筒提升時,筒中鹵水壓迫閥門關閉。

[13] 緪(gēng):粗繩。

[14] 桔槔:一種原始的提水裝置。用一橫木支著在木柱上,一端用繩掛盛水工具,另一端繫重物,使兩端上下運動以取井水。轆轤:汲取井水的起重裝置。井上豎立支架,上裝可用手柄搖轉的軸,軸上繞繩,繩端系桶,通過搖轉手柄使桶上下以汲水。

[15] 盤:轉盤。

[16] 釜:鍋。

[17] 括號中八個小字是宋應星自注。中:中等的。牢盆:煮鹽專用的大鍋。

【原文】

西川有火井[18],事奇甚。其井居然冷水[19],絕無火氣。但以長竹剖開去節,合縫漆布,一頭插入井底,其上曲接[20],以口緊對釜臍[21];注鹵水釜中,只見火意烘烘,水即滾沸[22]。啓竹而視之[23],絕無半點焦炎意。未見火形而用火神[24],此世間大奇事也!

凡川滇鹽井,逃課掩蓋至易[25],不可窮詰[26]。

【注釋】

[18] 西川:四川西部地區。火井:天然氣井。

[19] 居然:竟然。

[20] 曲接:指用彎曲的竹筒連接。

[21] 釜臍:指鍋底的中心處。

[22] 即:就。

[23] 啓:拆開。

[24] 用火神:利用了火的威力。

[25] 逃課掩蓋:指為逃稅而將井口掩蓋起來。課,稅。

[26] 詰:查究。

古書疑義舉例(二則)

【解題】

選自中華書局1956年版《古書疑義舉例五種·古書疑義舉例卷一》。《古書疑義舉例》,清俞樾撰,共七卷。作者博覽古代典籍,分類總結概括,立八十八目,論說古書中造句特點、詮釋方法、語言習慣、各種致誤原因等,每說必詳為例證,為研讀古籍必讀之書,深為學界所重。

本篇所選為第五目"錯綜成文例"和第六目"參互見義例"。

一、錯綜成文例

【原文】

古人之文,有錯綜其辭以見文法之變者。如《論語》“迅雷風烈”、《楚辭》“吉日兮辰良”、《夏小正》“剝棗栗零”皆是也[1]。

《詩·采綠篇》:“之子于狩,言韔其弓;之子于釣,言綸之繩。”[2]《箋》云:“綸,釣繳也[3]。君子往狩與[4]?我當從之為之韔弓;其往釣與?我當從之為之繩繳。”按:《箋》以“韔弓”、“繩繳”對舉,則知下句“繩”字與上句“韔”字對;下句“綸”字與上句“弓”字對;蓋錯綜以成文也。《正義》曰:“謂釣竿之上須繩,則已與之作繩[5]。”是以“繩”字對上句“弓”字,失之矣。

又,《思齊篇》:“古之人無斁,譽髦斯士。”[6]按:“古之人”與“髦斯士”文正相配。古之人,言古人也;髦斯士,言髦士也。此承上而言,惟成人有德[7],故古之人無斁;惟小子有造[8],故譽髦斯士。古之人者,《尚書·無逸篇》枚《傳》所謂古老之人也。無斁,謂不見厭惡也。譽與豫通。《爾雅》曰:“豫,樂也,安也。”言其俊士無不安樂也。豫與無斁互文見義。無厭惡則安樂可知,安樂則無厭惡可知。上句先言古人而後言無斁,下句先言譽而後言髦斯士,亦錯綜以成文也。毛、鄭均未得其解。

《周禮·大宗伯職》:“王后不與,則攝而薦豆籩徹。”[9]按:薦豆籩徹者,薦豆徹籩也。於豆言“薦”,於籩言“徹”,互辭耳。不曰“薦豆徹籩”,而曰“薦豆籩徹”,亦故為錯綜以成文也。賈《疏》曰:“凡祭祀皆先薦後徹,故退徹文在下。”此不得其解而為之辭。

《太玄·止·次八》曰:“弓善反,弓惡反,善馬狠,惡馬狠。”[10]按:弓善弓惡,即善弓惡弓,與善馬惡馬同義。乃云弓善弓惡者,故與下文錯綜其詞也。范望《注》曰:“善反,《詩》云‘四矢反兮’[11],言反其故處也[12]。惡反者,不善發則翩然反也。”誤以善惡連反字讀,失之。《測》曰[13]:“反弓馬狠,終不可以也。”不曰“弓反馬狠”,而曰“反弓馬狠”,文法與此同。

《淮南子·主術篇》:“夫疾風而波興,木茂而鳥集。”上言疾風,下言木茂,亦錯綜其詞。《意林》引此,作“風疾而波興”,由不知古人文法之變而以意改之。

《春秋》僖十有六年書:“隕石于宋五,六鷁退飛,過宋都。”[14]石五之與六鷁,亦錯綜以成文。《公羊》有記聞記見之說[15],《穀梁》有散辭聚辭之義[16],此乃作傳之體例如此,未必得《經》意也[17]。

《夏小正》:“梅杏杝桃則華,緹縞。”[18]上句先言梅杏杝桃而後言華,下句先言緹而後言縞,蓋古人之辭,往往有此。《傳》曰:“先言緹而後言縞,何也?緹先見者也。”亦未免曲為之說也。

【注釋】

[1] 迅:急疾。烈:猛烈,激烈。剝:通“撲”。擊打。

[2] 之:是,此。言:動詞詞頭。韔(chàng):弓箭套。此用作動詞,把弓箭放在弓套裏。綸:釣絲。

[3] 繳(zhuó):生絲線。

[4] 與:句末語氣助詞,表示疑問或者感歎。後作“歟”。

[5] 與:為,替。

[6] 斁(yì):厭惡。譽:通“豫”。安樂,歡樂。髦:俊乂,有才能。

[7]《詩經・大雅・思齊》“古之人無斁”前兩句為“肆成人有德,小子有造”。成人:二十歲以上為成人。

[8] 小子:童子。造:作為。

[9] 與(yù):參與。攝:代理。薦:獻,進獻祭品。豆:古代一種盛食物的器皿,形似高腳盤。籩:古代祭祀和宴會時盛放食品的一種竹器。徹:撤去。

[10] 狠:不聽從。

[11] 四矢反兮:出自《詩經・齊風・猗嗟》。

[12] 反其故處:猶言後射之箭皆中之前所射中的同一處。反:復。

[13]《測》:《太玄・止・次八》一條,後半內容為“測曰:反弓馬狠,終不可以也。”

[14] 隕石于宋五:意謂五塊石頭隕落於宋國境內。隕,墜落。鷁:一種水鳥。退飛:倒退著飛行。

[15] 記聞記見之說:《公羊傳》云:“曷為先言隕而後言石?隕石,記聞,聞其磌然,視之則石,察之則五。……曷為先言六,而後言鷁?六鷁退飛,記見也,視之則六,察之則鷁,徐而察之,則退飛。”

[16] 散辭聚辭之義:《穀梁傳》云:“先隕而後石,何也?隕而後石也?……後數,散辭也,耳治也。……六鷁退飛過宋都,先數,聚辭也,目治也。”散辭,表物之詞“石”與表其數量之詞“五”分置兩處。聚辭,表物之詞“鷁”與表其數量之詞“六”合於一處。

[17]《經》:指《春秋》。

[18] 杝:山桃。緹:橘紅色。縞:白色。

二、參互見義例

【原文】

古人之文,有參互以見義者。《禮記・文王世子篇》:“諸父守貴宮貴室,諸子諸孫守下宮下室。”[19] 又云:“諸父諸兄守貴室,子弟守下室,而讓道達矣。”[20] 鄭《注》曰:“上言父子孫,此言兄弟,互相備也。”又《雜記》上篇:“有三年之練冠,則以大功之麻易之。”[21]鄭《注》曰:“言練冠易麻,互言之也。”《疏》曰:“麻,謂絰帶[22],大功言絰帶,明三年練亦有絰帶;三年練云冠,明大功亦有冠。是大功冠與絰帶,易三年冠及絰帶,故云互言之。”又《祭統篇》:“王后蠶於北郊,以共純服;夫人蠶於北郊,以共冕服。”[23]鄭《注》曰:“純服,亦冕服也,互言之爾。純以見繒色[24],冕以著祭服。”凡此皆參互以見義者也。

鄭《注》有云“通異語者”。《文王世子篇》:“庶子以公族之無事者守於公宫,正室守太廟。”[25]《注》云:“或言宫,或言廟,通異語。”又有云“文相變者”。《喪大記篇》:“浴水用盆,沃水用枓[26],沐用瓦盤。”《注》曰:“浴沃用枓,沐於盤中,文相變也。”亦皆互文以見義之例。

《周易·雜卦傳》:“乾剛坤柔,比樂師憂。”[27]皆兩兩相對,他卦雖未必然,而語意必相稱。獨“晉,晝也;明夷,誅也”[28],其義不倫[29]。愚謂此亦參互以見義也。知“晉”之為“晝”,則“明夷”之為“晦”可知矣。“明入地中”,非晦而何?知明夷之為“誅”,則晉之為“賞”可知矣。“康侯用錫馬蕃庶”,非賞而何?自來言《易》者,未見及此也。

【注釋】

[19] 宫:即廟。貴宫:群宫之廟,即四親廟。下宫:即群宫之下者,如魯仲子廟之類,即别廟。室:宫中之室。

[20] 讓道:卑賤者禮讓尊貴者的道理。達:體現。

[21] 練:白色的熟絹。大功:指稍經鍛治的熟麻布,比生麻布細密。

[22] 絰帶:舊時用麻布做的喪帶,系在腰上或頭上。

[23] 共:供給。這個意義後來寫作“供”。純服:古代帝王用的黑色祭服。純,通“緇”。祭服在天子言緇服,在諸侯言冕服。緇服亦冕服,以色言之。

[24] 繒:絲織品的總稱。

[25] 無事者:此指公族中没有擔任公職的人。正室:嫡子。此指公族中凡做卿、大夫、士者的嫡子。

[26] 沃:澆。枓(zhǔ):勺子。

[27] 乾剛:“乾”卦六爻由純陽組成,故曰乾剛。坤柔:“坤”卦六爻由純陰組成,故曰坤柔。比樂師憂:比師皆《周易》卦名。“比”有親輔之義,故樂。“師”主軍旅,動從行險,故憂。

[28] 晉:《周易》卦名。晉卦《彖傳》曰:“晉,上離下坤。彖曰,晉,進也。明出地上,順而麗乎大明,柔進而上行。是以康侯用錫馬蕃庶,晝日三接也。”晉即是明之進,萬物受明而進之時。上離為火為日為光明,下坤為地為黑暗,光明在上,黑暗在下,日高懸於大地之上,這就是晉之進。明夷:《周易》卦名。明夷卦《彖傳》曰:“明入地中,明夷。內文明而外柔順,以蒙大難,文王以之。”

[29] 倫:條理,順序。

《馬氏文通》序

【解題】

選自商務印書館1983年版《馬氏文通》。這篇作者自序主要內容有三:一是簡要介紹了傳統小學的發展歷史;二是指出語言有"一成不變"之"律",即語法"貫乎其中",語法的研究很重要,但在中國一直未受到重視;三是介紹了本書的寫作概況和內容。

【原文】

昔古聖開物成務[1],廢結繩而造書契[2],於是文字興焉。夫依類象形之謂文,形聲相益之謂字。閱世遞變而相沿[3],訛謬至不可殫極[4]。上古渺矣[5],漢承秦火[6],鄭許輩起[7],務究元本,而小學迺權輿焉[8]。自漢而降,小學旁分,各有專門。歐陽永叔曰[9]:"《爾雅》出於漢世,正名物講説資之,於是有訓詁之學;許慎作《説文》,於是有偏旁之學;篆隸古文,為體各異,於是有字書之學;五聲異律[10],清濁相生,而孫炎始作字音[11],於是有音韻之學。"吳敬甫分三家[12]:一曰體制[13],二曰訓詁,三曰音韻。胡元瑞則謂"小學一端,門徑十數,有博於文者、義者、音者、蹟者、考者、評者。"[14]統類而要删之,不外訓詁、音韻、字書三者之學而已。

【注釋】

[1] 開物成務:《周易·系辭上》中的文句。開物,開發萬物。成,成就。務,事。

[2] 書契:指文字。"契"就是刻,上古文字多用刀刻,故名。

[3] 閱:經歷。

[4] 殫極:窮盡。

[5] 渺:遙遠。

[6] 秦火:指秦朝的焚書坑儒。

[7] 鄭:鄭衆,東漢經學家,曾任大司農,故有"鄭司農"之稱。許:許慎,《説文解字》的作者。

[8] 小學:中國古代研究語言文字的學科,後分為文字、音韻、訓詁三個部門。權輿:開始。

[9] 歐陽永叔:即北宋文學家歐陽修,"永叔"是他的字。

[10] 五聲:指宫、商、角、徵、羽。

[11] 孫炎:漢末魏初人,字叔然,有些學者認為是他發明了反切注音法。始作字音:即發明反切注音法。

[12] 吳敬甫:吳元滿,字敬甫,明歙縣人。著有《六書正義》,《六書總要》等書。

［13］體制：小學中有關字形結構的分支學科。

［14］胡元瑞：胡應麟，字元瑞，號石羊生，又號少室山人，明朝浙江蘭溪人。有《少室山房類稿》、《詩藪》、《少室山房筆叢》等。

【原文】

三者之學，至我朝始稱大備。凡詁釋之難，點畫之細，音韻之微，靡不詳稽旁證[15]，求其至當。然其得失異同，匿庸與嗜奇者[16]，又往往互相主奴[17]，聚訟紛紜，莫衷一是。則以字形字聲，閱世而不能不變，今欲於屢變之後以返求夫未變之先，難矣。蓋所以證其未變之形與聲者，第據此已變者耳[18]。藉令沿源討流[19]，悉其元本[20]，所是正者[21]，一字之疑、一音之訛、一畫之誤已耳。殊不知古先造字，點畫音韻，千變萬化，其賦以形而命以聲者，原無不變之理；而所以形其形而聲其聲[22]，以神其形聲之用者[23]，要有一成之律貫乎其中，歷千古而無或少變[24]。蓋形與聲之最易變者，就每字言之；而形聲變而猶有不變者，就集字成句言之也。《易》曰："艮其輔，言有序。"[25]《詩》曰："出言有章。"[26]曰"有序"，曰"有章"，即此有形有聲之字，施之於用各得其宜而著為文者也。《傳》曰："物相雜故曰文。"[27]《釋名》謂"會集衆采以成錦繡，會集衆字以成詞誼，如文繡然也。"[28]今字形字聲之最易變者，則載籍極博[29]，轉使學者無所適從矣；而會集衆字以成文，其道終不變者[30]，則古無傳焉。

【注釋】

［15］稽：查考。

［16］匿庸：安於平凡。

［17］互相主奴：指互爭高下。

［18］第：副詞，只。

［19］藉令：連詞，即使。

［20］悉：洞悉，洞察。

［21］是正：訂正。

［22］形其形：表現出那一種形。聲其聲：發出那一種聲。

［23］神：謂達到神奇的效果。

［24］無或：没有一點。

［25］艮其輔，言有序：這兩句是《周易》艮卦六五爻辭，大意是，防止自己的嘴巴亂說話，說話要講究條理。艮（gèn）：止。

［26］出言有章：語出《詩經・小雅・都人士》。章，文采。

［27］《傳》：指《周易・系辭》，語出《系辭下》。雜，錯綜。

［28］《釋名》：書名。作者漢末劉熙。該書運用聲訓方法探討事物命名之由。這裏引自該書《釋言語》篇，"會"字前原有"文者"二字，承上句句末"文"字而省略。誼，

意義。

[29] 載籍:書籍。

[30] 道:指語言的結構規則,亦即語法。

【原文】

士生今日而不讀書為文章則已,士生今日而讀書為文章,將發古人之所未發而又與學者以易知易能[31],其道奚從哉[32]?《學記》謂"比年入學,中年考校,一年視離經辨志"。[33]其《疏》云:"離經,謂離析經理,使章句斷絕也。"[34]《通雅》引作"離經辨句"[35],謂"麗于六經使時習之[36],先辨其句讀也。"徐邈音豆[37]。皇甫茂正云[38]:"讀書未知句度,下視服杜"[39]。度,即讀,所謂句心也。然則古人小學[40],必先講解經理、斷絕句讀也明矣。夫知所以斷絕句讀,必先知所以集字成句成讀之義。劉氏《文心雕龍》云[41]:"夫人之立言,因字而生句,積句而成章,積章而成篇。篇之彪炳[42],章無疵也;章之明靡[43],句無玷也[44];句之清英[45],字不妄也。振本而末從[46],知一而萬畢矣[47]。"顧振本知一之故[48],劉氏亦未有發明。

【注釋】

[31] 發:發明。與:給與。

[32] 道:方法,途徑。

[33]《學記》:《禮記》中的篇名。比年入學:謂每年有子弟入學。中年:隔年。中,間隔。考校:考察檢查。一年:入學的第一年。視:考察。離經:謂給經文斷句。辨志:謂辨別掌握經文的意旨。

[34]《疏》:指孔穎達《禮記正義》。

[35]《通雅》:書名。明末學者方以智著。

[36] 麗:附著,這裏指專心。

[37] 徐邈(346—389):東晉學者,著有《毛詩音》。音豆:將"句讀"之"讀"的讀音標作"豆"。

[38] 皇甫茂正:即皇甫持正,名湜,唐代元和時人。

[39] 下視:瞧不起。服杜:皇甫湜《皇甫持正文集》卷四答李生第二書云:"書字未識偏旁,高談稷契;讀書未知句度,下視服鄭。"這裏將"服鄭"誤作"服杜"。服,服虔。鄭,鄭玄。

[40] 小學:此處指學校。

[41] 劉氏:指南朝文學理論家劉勰,他的《文心雕龍》是一部體大思精的文學理論巨著。

[42] 彪炳:文采煥發。

[43] 明靡:明麗。

[44] 玷(diàn):玉上的斑點,喻指毛病。

[45] 清英:清朗秀拔。

[46] 振:搖動。

[47] 畢:全,此謂全知道。

[48] 顧:只是。

【原文】

慨夫蒙子入塾[49],首授以四子書[50],聽其終日伊吾[51],及少長也[52],則為之師者,就書衍説[53]。至於逐字之部分類别,與夫字與字相配成句之義,且同一字也,有弁於句首者[54],有殿於句尾者[55],以及句讀先後參差之所以然,塾師固昧然也。而一二經師自命與攻乎古文詞者[56],語之及此,罔不曰此在神而明之耳[57],未可以言傳也。噫嚱!此豈非循其當然而不求其所以然之蔽也哉[58]!後生學者,將何考藝而問道焉!

【注釋】

[49] 蒙子:蒙童,兒童。

[50] 四子書:即四書,《論語》、《孟子》、《大學》、《中庸》的合稱。

[51] 伊吾:讀書的聲音。

[52] 少:稍微。

[53] 衍:闡釋推衍。

[54] 弁:周朝的一種帽子,此作動詞,居於首。

[55] 殿:位於最後。

[56] 經師自命:自命為經師。與:連詞。和。攻:研究。古文詞:古代散文的專稱。

[57] 神而明之:此指意會。

[58] 循其當然:意謂依照其表面的形式理解把握。蔽:弊端。

【原文】

上稽經史,旁及諸子百家,下至志書小説,凡措字遣辭,苟可以述吾心中之意以示今而傳後者,博引相參[59],要皆有一成不變之例[60]。愚故罔揣固陋[61],取四書、“三傳”、《史》、《漢》、韓文為歷代文詞升降之宗[62],兼及諸子、《語》、《策》[63],為之字櫛句比[64],繁稱博引,比例而同之,觸類而長之[65],窮古今之簡篇,字裏行間,涣然冰釋,皆有以得其會通[66],輯為一書,名曰“文通”。部分為四:首正名。天下事之可學者各自不同,而其承用之名,亦各有主義而不能相混[67]。佛家之“根”“塵”“法”“相”[68],法律家之“以”“准”“皆”“各”“及其”“即若”,與夫軍中之令,司官之式[69],皆各自為條例。以及屈平之“靈脩”[70],莊周之“因是”[71],鬼谷之“捭闔”[72],蘇張之“縱横”[73],所立之解均不可移置他書。若非預為詮解,標其立義之所在而為之界説,閲者必洸洋而不知其所謂[74],故以正名冠焉[75]。次論實字。

凡字有義理可解者,皆曰“實字”;即其字所有之義而類之,或主之,或賓之,或先焉,或後焉,皆隨其義以定其句中之位,而措之乃各得其當[76]。次論虛字。凡字無義理可解而惟用以助辭氣之不足者曰“虛字”。劉彥和云[77]:“至於夫、惟、蓋、故者,發端之首唱[78];之、而、於、以者,乃劄句之舊體[79];乎、哉、矣、也,亦送末之常科[80]。”虛字所助,蓋不外此三端,而以類別之者因是已[81]。字類既判[82],而聯字分疆庶有定準[83],故以論句讀終焉[84]。

【注釋】

[59] 相參:互相參照。

[60] 例:此指規律。

[61] 愚:自我謙稱。罔:不。揣:估量。

[62] 三傳:指習稱的“《春秋》三傳”,即《左傳》、《公羊傳》、《穀梁傳》。《史》:《史記》。《漢》:《漢書》。韓文:韓愈的文章。

[63]《語》:《國語》。《策》:《戰國策》。

[64] 字櫛句比:把同類的字歸到一起,把具有相同字詞或相同相近結構的例句收集排比在一起。櫛(zhì),梳篦的總稱,此作動詞用。

[65] 這兩句大意是:排比用例尋繹概括其共同特點,遇到同類的情況則推衍擴大,得出規律。長(zhǎng),擴大。

[66] 會通:貫通的條理。

[67] 主義:主要的意義。

[68] 根:指感覺器官,眼、耳、鼻,舌、身、意為六根。塵:指感覺對象,色、聲、香、味、觸、法為六塵,又稱六境。法:泛指宇宙的一切,包括具體的與抽象的、物質的與精神的、形而下的與形而上的。相:事物的相狀表現於外而想象於心的東西。

[69] 司官之式:各官署官員應行的規章法則。

[70] 屈平:即屈原。靈脩:屈原稱國君為“靈脩”。“脩”:通“修”。

[71] “因是”:《莊子·齊物論》:“因是因非,因非因是。”“因是因非”,謂有依此以為是者,即有依此以為非者。

[72] 鬼谷:鬼谷子,相傳為戰國時楚人,隱居於鬼谷,撰有《鬼谷子》一書。捭闔:《鬼谷子》篇名,該篇論如何游說諸侯。捭,開口說話。闔,閉口不言。遊說時或捭或闔,隨機應變,以達到說服的目的。

[73] 蘇張:蘇秦、張儀。縱橫:合縱、連橫。戰國時,蘇秦主張東方六國聯合起來抗秦,因山東六國處南北縱線上,故稱合縱;張儀主張秦國與東方六國分別結成聯盟,以便各個擊破,因秦與東方六國處東西橫線上,故稱連橫。

[74] 洸(guāng)洋:猶汪洋。水無邊無際的樣子,此喻指讀者茫然不知。

[75] 冠:動詞,謂設置為第一部分。

[76] 措:安放。

[77] 劉彦和:劉勰,字彦和。下文所引出自《文心雕龍·章句》。

[78] 發端:引發句子開頭,用於句首。

[79] 劄(zhā)句:嵌入句中。劄,以針刺。舊體:舊有的體式。

[80] 送末:結束句子。常科:常用的形式。

[81] 這句話大意是:把它們按類區别,就按照這三類去分。因是,依此。

[82] 判:區分。

[83] 聯字分疆:聯結字詞,劃分句讀的界限。

[84] 這句話大意是:所以把論句讀放在最後。

【原文】

雖然,學問之事,可授受者規矩方圓[85],其不可授受者心營意造。然即其可授受者以深求夫不可授受者,而劉氏所論之文心,蘇轍氏所論之文氣[86],要不難一蹴貫通也[87]。余特怪伊古以來[88],皆以文學有不可授受者在,併其可授受者而不一講焉,爰積十餘年之勤求探討以成此編。蓋將探夫自有文字以來至今未宣之秘奥,啓其緘縢[89],導後人以先路。掛一漏萬,知所不免。所望後起有同志者,悉心領悟,隨時補正,以臻美備,則愚十餘年力索之功庶不泯也已。

光緒二十四年三月十九日丹徒馬建忠序。

【注釋】

[85] 授受:傳授和接受。

[86] 文氣:蘇轍《上樞密韓太尉書》云:"文者,氣之所形。"

[87] 一蹴:喻指很容易做到。蹴(cù),踏。

[88] 伊:語氣助詞。

[89] 啓:打開。緘縢:纏束櫃匣的繩索。

第四章　音　韻

第一節　概　述

學習音韻，首先應該瞭解一個基本常識：語音是發展變化的，變化是有規律的，變化規律是可以認識的。

語音的變化就像流水一樣，只要時間在延伸，語音就會變化。這個原理我國古人早就有過朦朧的認識。東漢劉熙《釋名》說："車，古者曰車，聲如居，言行所以居人也。今日車聲近舍。車，舍也，行者所處，若居舍也。"可見，劉熙已經知道古人和今人語音不同的道理。對這個問題認識最深刻的，是明代的陳第，他在《毛詩古音考·序》裏說："蓋時有古今，地有南北，字有更革，音有轉移，亦勢所必至。"

語音的變化可以通過古代詩歌押韻和漢字諧聲等事實得到印證。首先，古代的詩歌一般都是押韻的，但是，有的我們今天讀起來卻不押韻了，這就是因語音變化導致的。例如《詩經·周南·關雎》：

關　雎

關關雎鳩，在河之洲。窈窕淑女，君子好逑。
參差荇菜，左右流之。窈窕淑女，寤寐求之。
求之不得，寤寐思服。悠哉悠哉，輾轉反側。
參差荇菜，左右采之。窈窕淑女，琴瑟友之。
參差荇菜，左右芼之。窈窕淑女，鐘鼓樂之。

用今天的眼光來看，這首詩的前部分是押韻的，比如，第一章的"鳩、洲、逑"，第二章的前半"流、求"；但是後邊就不是那麼押韻了，比如，第二章的後半"得、服、側"，第三章的"采、友"，"芼、樂"。學者們經過研究發現，《關雎》的後半部分其實在古代也是押韻的，只是由於語音發生了變化，所以今天讀起來不押韻了。

語音變化還表現在漢字的諧聲上。形聲字用音同或音近的字做聲符來標示新造字的讀音。但是,今天我們看到的很多形聲字的聲符已經不能起到標音的作用了。如,“苔”從“台”得聲,今天兩字讀音相同,這是聲符起作用的例子;但是,“怡”也是從“台”得聲,卻跟聲符讀音相去甚遠。實際上,“台”和“怡”在造字的時候應該是音近的。

語音的變化是有規律可循的。語音變化的規律性,體現在其變化的條件上。例如,古代四聲中的平聲,在今天分化成了陰平和陽平兩類,這種變化的條件是聲母的清濁:古清聲母字,變成了陰平;古濁聲母字,變成了陽平。

語音變化會在歷代文獻中和後代語音上留下痕跡,這些都能幫助我們認識古代語音的面貌和它的發展變化過程、變化規律。文字也能幫助人們認識語音變化,漢字的形聲造字法是建立在諧聲偏旁和諧聲字音同、音近的基礎上的,也可以用來研究古音。漢字的使用,有同音假借等現象,也可以幫助人們認識古音。

一、音韻學

音韻學產生於中國古代的語音實踐之中。早在東漢末年,經學家應劭等已經使用了反切注音法,用兩個漢字相拼合,給一個漢字注音。反切注音法是在對音節的切分基礎之上進行的。有了語音切分,對語音進行研究才有可能。所以這種方法產生以後,人們就開始利用它把漢字的音進行排列,進而對語音進行研究了。

六朝時期,齊梁年間的周顒、沈約等人發現了漢語中有聲調的存在,取名平、上、去、入。這就是“四聲”。由此,漢語的聲母、韻母、聲調,都可以利用漢字進行分解了,研究漢語語音就成了一門學問,這就是音韻學。

早期的音韻學成果主要是韻書。目前所知最早的韻書是三國時魏國人李登所作的《聲類》,分宮、商、角、徵、羽五部分。稍晚晉朝呂靜仿照《聲類》作《韻集》,也分五部分。但是,由於二書早已失傳,它們的內容今天已經無從知曉了。六朝時期還有其他很多韻書。今天我們能够看到的最早的韻書是隋朝陸法言編著的《切韻》。此書按平、上、去、入四聲分卷,平聲字多,分為上下兩卷,故共有五卷。每卷下再分不同的韻,《切韻》共有 193 個韻。《切韻》原書全帙現在已經見不到了,今天能够看到的基本保持《切韻》面貌的、最完整的修訂本是唐人王仁煦的《刊謬補缺切韻》。宋朝初年,陳彭年等奉旨根據《切韻》編纂《大宋重修廣韻》(簡稱《廣韻》)。與《切韻》相比,《廣韻》把原有的一些韻分開,使韻數增加;同時又增加了一些小韻、注釋,以及一些新字,但基本上保留了《切韻》的面貌。後來清朝人陳澧曾根據

《廣韻》考證《切韻》的原貌。

唐朝末年，人們受到拼音文字梵文的啓示，開始制定漢語的"字母"——所謂字母，就是聲母的代表字。傳説最早發明"字母"的是僧人：唐朝末年的和尚著有《歸三十字母例》，提出三十字母；宋朝和尚又增加了非、敷、奉、微、牀、娘六個字母，為三十六字母。三十六字母是宋朝人對當時某種語音的聲母系統的總結，卻成了此後研究漢語語音的重要工具。長期以來，人們用三十六字母稱説漢語音節的聲母就成了通用的術語。至今，研究漢語音韻學、漢語方言學的學者還在使用它。現在人們經常使用的《廣韻》聲母系統，是隋唐時期的系統，與三十六字母不相同，但是人們還是習慣上採用三十六字母的名稱，只是稍加調整。

字母出現以後，音韻學進入了一個嶄新的時期，又出現了等韻學——就是利用新制定的三十六字母，與聲調系統、韻母系統一起，編製音節圖表。這些圖表，就是聲韻配合表，一般叫作"等韻圖"。研究這些等韻圖的學問就是等韻學。

元朝人周德清，自創體例，編著了著名的《中原音韻》；明清學者又各據自己的心得和當時的語音，編輯各種韻圖、韻書，使音韻學達到一個新的高度。

宋朝及以後，人們開始重視韻書產生之前的漢語語音產生及使用發展情況，由此催生了一門新的學問，叫作古音學。

二、反切

反切是我國古代用來注音的一種方法。具體做法是，用兩個漢字為一個漢字注音。其中，前一個漢字標示被注字的聲母，稱為反切上字；後一個漢字標示被注字的韻母和聲調，稱為反切下字。兩字相切得出被注字的字音。例如，《廣韻》："冬，都宗切。"其中，"冬"是被注字；"都"是反切上字，標示被注字的聲母；"宗"是反切下字，標示被注字的韻母和聲調。圖解如下：

冬，		都	宗
tūŋ	←	t(ū)	+(ts)ūŋ

與拼音相比，反切有三個特點：第一，兩個漢字為一個漢字注音時，用來注音的漢字並不是整個音節都能够用上。反切上字只有聲母有用，其韻母和聲調是多餘的；反切下字只有韻母和聲調有用，其聲母是多餘的。對於上面這個反切來説，"都[tū]"只有聲母"[t]"有用，其韻母和聲調"[ū]"是多

餘的;"宗[tsūŋ]"只有其韻母和聲調"[ūŋ]"有用,其聲母"[ts]"是多餘的。第二,用來注音的漢字並不是固定不變的,而是可以靈活改換的。比如,《廣韻》有"冬,都宗切",也有"都,當孤切"。顯然,"當"、"都"都可以用作反切上字。而使用現代漢語拼音的話,只用一個"d",國際音標用一個[t]就行了。第三,拼音可以把音節分解成音素,因此一個音節可以有一個、兩個、三個或四個音素作為其組成部分,但是用反切方法注音,不管一個音節的長度有多長,都把它分成兩個部分:上字(聲母)、下字(韻母和聲調)①。

古代很多韻書和字書,還有經典注釋,都是用反切注音的,因此,反切的用處很廣。但是,反切並不是古代唯一的注音方法。古代的常用注音方法還有比況、讀若、直音等。

比況,就是用打比方的方法給漢字注音。也叫譬況。如《公羊傳·莊公二十八年》:"《春秋》伐者為客。"何休注:"伐人者為客,讀伐長言之,齊人語也。"下文:"伐者為主。"何休注:"見伐者為主,讀伐短言之,齊人語也。"例中所謂"長言"、"短言"就是比況。但這種方法往往語焉不詳,一般只能給人們提供很模糊的語音信息,今人據此難以得知其準確的讀音。

讀若法又叫讀如,是東漢經學家們常用的方法。它有兩種形式:一是甲讀若乙。如,《說文解字·口部》:"嗑,……讀若甲。"這是用"甲"字為"嗑"字注音。二是甲讀若某種語言環境中的甲。如,《詩經·伐檀》:"彼君子兮,不素飧兮。"鄭玄箋:"飧讀如魚飧之飧。"這是說,此處的"飧"與"魚飧"中的"飧"讀音一樣。

直音,就是直接用一個漢字為另一個漢字注音。例如晉朝郭璞《爾雅注》:"誕,音但。""訏,音籲。"由於直音法簡單明瞭,所以後世仍有人堅持使用。唐朝的唐玄度《九經字樣》主要使用直音,宋、明學者之中,直音法也被廣泛採用。明末梅膺祚《字彙》除了使用反切外,每個字都有直音。這種方式也直接為《康熙字典》所繼承。

三、字母

字母就是聲母的代表字。音韻學中常用的"三十六字母",大致反映了唐宋間漢語語音的聲母系統。現列表如下:

---

① 參見謝紀鋒:《音韻學概要》,廣西師範大學出版社,1992年,第29頁。

三十六字母

發音部位（今名）	發音部位（古名）		全清	次清	全濁	次濁
雙唇音	唇音	重唇音	幫 p	滂 pʰ	並 b	明 m
唇齒音		輕唇音	非 pf	敷 pfʰ	奉 bv	微 ɱ
舌尖中音	舌音	舌頭音	端 t	透 tʰ	定 d	泥 n
舌面前音		舌上音	知 ȶ	徹 ȶʰ	澄 ȡ	娘 ȵ
舌尖前音	齒音	齒頭音	精 ts	清 tsʰ	從 dz	
			心 s		邪 z	
舌面前音		正齒音	照 tɕ	穿 tɕʰ	牀 dʑ	
			審 ɕ		禪 ʑ	
舌根音	牙音		見 k	溪 kʰ	群 g	疑 ŋ
零聲母	喉音		影 ø			
舌根音			曉 x		匣 ɣ	
舌面中音（半元音）						喻 j
舌尖中音	半舌音					來 l
舌尖前音	半齒音					日 ȵʑ

跟三十六字母相關的術語有五音、七音、清濁等，現在簡略介紹如下：

五音、七音，這是按照發音部位給三十六字母做的分類①。三十六字母的每一個横行是同一個發音部位，如果按照最粗疏的發音部位來看，就可以分為唇、舌、齒、牙、喉五類，這就是五音。他們分别包括：

唇音：幫滂並明
　　　非敷奉微
舌音：端透定泥　來

① 嚴格地說，五音並不是純按發音部位的分類，可以界定為以發音部位為主，雜有發音方法的分類。

知徹澄娘
齒音：照穿牀審禪　日
精清從心邪
牙音：見溪群疑
喉音：影曉匣喻

這其中，“來”母不完全屬於舌音，因此叫作半舌音；“日”母也不是完全的齒音，因此叫半齒音。上面的五類（五音）之中，如果把這兩個“半”音分出來，就變成了七類，這就是傳統所謂“七音”。

清濁，按現代語音學的概念，就是輔音發音時聲帶是否振動。聲帶振動的，叫作濁音；聲帶不振動的，叫作清音。而古代的學者不僅分出了清濁兩類，還把清濁又各分為兩類，這樣就變成了四類：全清、次清、全濁、次濁。所謂次清，是送氣的清塞音、塞擦音；不送气的清音就是全清；所謂次濁，就是鼻音、邊音、半元音；發音時聲帶振動的塞音、擦音、塞擦音是全濁音。清濁在中古及以前的漢語中起區别詞形的作用，對漢語的聲調分化有重要影響。

四、韻和四聲

音韻學上所說的韻，跟現代語音學上說的韻母不同，它有幾種情況。

一是指韻書裏面的一個單位。比如，我們說的《切韻》分為 193 韻，《廣韻》有 206 韻，這些所謂“韻”都是韻書中的單位。例如，兩書的第一韻都是東韻，其中都包含[iuŋ]、[uŋ]兩個韻母。這兩書的第二韻都是冬韻，其中都只包含一個韻母[uoŋ]。一般而言，同一個韻內不管有幾個韻母，它們都應該具有相同的主要元音和韻尾。主要元音和韻尾合起来也叫韻基。

韻的第二個意義指押韻的韻，也就是在韻文中讀起來順口的語音關係。一般說來，要能够互相押韻，就要求押韻的音節都具有同樣的韻基。但是實際上並非都如此。比如，現代北京音系十三轍的押韻，[i]、[y]可以互相押韻。而歷史上不在同一個韻而又能互相押韻的情況很多，有鄰韻相押的，有韻尾不同卻相押韻的，但是這些都不是主流押韻現象，因此，我們還是可以大致認為，能够押韻的音節，其韻基應該相同，或者在某種條件下可以鄰近相押。

要說明的是，隨著語音的演變，同時代、不同地域的韻書會有差别，人們對語音現象、韻書的性質等的認識也有差别，甚至差别很大，因此，不同的韻書中，“韻”的含義會有不同。例如，《切韻》是先分四聲，再分韻，因此，它的一個韻就只有一個聲調。而《中原音韻》卻是先分韻，每個韻中又有四聲，所以,它的一個韻就有四個聲調。

古代的聲調自從被發現,就是四聲。但是,古代的四聲與今天的四聲含義不同。自從沈約給四聲命名為平、上、去、入後,經歷了歷代的變化,發展為現代漢語的陰平、陽平、上聲、去聲。古今四聲名稱大同小異,但現代的四聲已不是古四聲。古四聲跟今普通話四聲的關係如下:

<table>
<tr><td>古四聲</td><td colspan="2">平聲</td><td colspan="2">上聲</td><td>去聲</td><td>入聲</td></tr>
<tr><td>今四聲</td><td>陰平</td><td>陽平</td><td>上聲</td><td colspan="2">去聲</td><td>陰陽上去</td></tr>
</table>

現存最早的韻書《切韻》是以四聲分卷的,由於平聲字多,所以分為上平聲、下平聲兩卷,其餘三聲各一卷。其中,《切韻》的"上平聲"、"下平聲"只是按照各韻排列的前後分開的,並不是今天的陰平、陽平。

四聲中,入聲這個概念對於南方人來說並不陌生,因為我國長江以南大部分地區的方言還有入聲。生活在這裏的人們可以通過自己的方言來體會入聲。北方人就不同了,因為北方大部分地區方言没有入聲,因此,很多北方人很難理解入聲。

入聲首先是一類韻。入聲韻具有塞音韻尾,中古的入聲韻具有[-p]、[-t]、[-k]韻尾。這些韻尾都是只閉塞、不破裂的音,因此,跟英語的塞音尾不同。同時,由於塞音韻尾的作用,使得整個音節發音過程短暫,一般比其他音節短一半。其次,入聲還是一種聲調。由於音節短,韻尾閉塞,所以,在語音的高低上表現為獨立的類,這就是入聲調。中古的入聲,同時具備入聲韻和入聲調。後來的變化,使得入聲的表現很繁複。

作為入聲韻的對立面,有陰聲韻和陽聲韻。所謂陰聲韻,就是没有韻尾,或者只有元音韻尾的韻。漢語通語陰聲韻從古到今都只有[-i]、[-u]韻尾和零韻尾①。所謂陽聲韻,就是有鼻音韻尾的韻。中古漢語的陽聲韻尾有三個:[-n]、[-m]、[-ŋ]。

五、等與攝

宋元時期,音韻學迎來了它的一個重要分支——等韻學。等韻學在宋元時期叫作"切韻學",明清以下稱等韻學。它用圖表的形式展示語音系統的聲、韻、調的配合關係,是古代學者用來研究古代語音的獨特方式。所謂

① 按,上古音的陰聲韻,也有學者認為有濁塞音韻尾。

等韻圖實際上就是音節表。學習現代漢語時會學到現代漢語的聲韻調配合表,就是音節表,那就是今天的等韻圖。

但是,中古的語音系統跟今天不同,不能用今天的開口呼、合口呼、齊齒呼、撮口呼來分析韻母,而是用一二三四等,再配合開口呼、合口呼來分析韻母。這其中,開口呼、合口呼的區别在於有没有合口呼的介音[-u-],或主元音是否是[u];而一二三四等的區别,今天我們已經看不到了,只能通過方言來推測。

歷來學者對四等有不同的看法。高本漢和王力都主張四等既有介音的不同,也有主要元音的不同。比如,高本漢認為,一等的主要母音是[ɑ],二等是[a],三等是[ɛ],四等是[e];一等、二等没有介音,三等有[-j-]介音,四等有[-i-]介音。有的學者不同意這種構擬,他們認為,既然分成四等,那分等的標準一樣只有一個:要麽只有主要元音的不同,介音不必體現不同;要麽全部用介音體現四等的不同,主要元音可以相同。下面根據高本漢的構擬例示如下:

等第	一等	二等	三等	四等
開口	ɑ	a	jɛ	ie
合口	uɑ	ua	juɛ	iue
開口	ɑn	an	jɛn	ien
合口	uɑn	uan	juɛn	iuen

關於四等,清人研究得較為系統和深入。清人江永説:"音韻有四等,一等洪大,二等次大,三、四皆細,而四尤細。"①

四等配合開、合的韻母格局只是在宋元時代的韻圖中使用,如《韻鏡》、《七音略》。它們是為了展示《廣韻》的語音系統的,而《廣韻》代表的是隋唐時期的語音。明清時代的等韻圖,除了專門研究中古音或者特意仿古的以外,還都保留開、合,但一般都不用四等了。這也是語音變化使然。而人們常説的等,都是依據《韻鏡》、《七音略》的排列而定的,而這兩書又是對《廣韻》的圖解。

宋元後期的韻圖,把一些韻尾相同、主要元音相同或接近的韻放在一

① 江永:《音學辨微》,清乾隆二十四年刻本。

起，取名"攝"①。攝就是統攝的意思，它提示同攝的韻在語音上是相近的。《四聲等子》、《切韻指南》兩個韻圖都把《廣韻》的206韻分為十六攝。它們是：通、江、止、遇、蟹、臻、山、效、果、假、宕、梗、曾、流、深、咸。這十六攝所包含的韻（舉平以賅上去入）如下：

通攝：東冬鍾
江攝：江
止攝：支脂之微
遇攝：魚虞模
蟹攝：齊佳皆灰咍祭泰夬廢
臻攝：真諄臻文欣魂痕
山攝：元寒桓刪山先仙
效攝：蕭宵肴豪
果攝：歌戈
假攝：麻
宕攝：陽唐
梗攝：庚耕清青
曾攝：蒸登
流攝：尤侯幽
深攝：侵
咸攝：覃談鹽添咸銜嚴凡

攝又有內外，一般認為具備獨立二等韻的攝叫外轉，其餘的叫內轉。內外各八攝。外轉有江、山、臻、假、蟹、效、梗、咸，內轉有通、止、遇、果、宕、曾、流、深。

六、音韻地位

由於我國古代分析語音主要以漢字為工具，所以，古代要確定一個漢字的讀音，就要把它放在整個中古的語音系統之中。怎樣才能把一個漢字放在中古語音系統之中呢？古人使用"音韻地位"這個手段。由於等韻圖就是解析語音系統的，所以，直觀地看，"音韻地位"就是一個音在韻圖中的地位。

---

① 《韻鏡》、《七音略》已經把各韻按韻尾和主要元音排放在一起，是有攝之實，無攝之名。

所謂音韻地位,就是把一個漢字在《廣韻》中所屬的聲調、聲母、韻、等、開合等標誌出來。比如,"東"字,參考《韻鏡》,它的音韻地位是:平聲、端母、東韻、一等、合口。

瞭解音韻地位有什麼用呢?一是確定讀音。如果你知道了一個字的音韻地位,你就可以推出這個字在中古時期的讀音。二是可以根據音韻地位把握一個字的發展方向。由於語音的變化是有規律的,因此通過對音韻地位的研究,可以把握一個字語音發展的內在規律性。

怎麼才能掌握一個字的音韻地位呢?音韻地位各要素還有什麼需要解決的問題呢?

首先,一個漢字在不同的語音系統中的音韻地位是不同的。我們所說的"音韻地位"一般指《廣韻》音系的音韻地位。所以,其中的聲母、韻母等,都要以《廣韻》音系為依據。

那麼,《廣韻》的聲母系統跟通常韻圖中所使用的三十六字母有什麼不同呢?根據現代學者的研究,一般認為,《切韻》音系也有三十六字母,但是跟通常所說的三十六字母不同。兩者相比,《廣韻》的唇音沒有分開,因此,沒有非、敷、奉、微四個聲母,但是照、穿、牀、審四母卻一分為二,變成了莊、初、崇、生和章、昌、船、書兩組。減四,又加四,三十六字母總數不變。另外,喻母跟三十六字母的內涵不同:其中,喻母三等分出來,歸匣母。

其次,韻母系統一般採用比較容易看到的《廣韻》的韻母系統。我們知道,《廣韻》雖然有206韻,比《切韻》的193韻多出了很多,但是,這只不過是一些韻的分合上的變化,其語音格局沒有大的不同。

《廣韻》(或者《切韻》)音系是今天能夠瞭解的較早較可靠的古代音系。其聲、韻分類之細密,至今無有出其右者,之後的漢語通語、方言的發展演變,都可以與它的音類做比較,找到演變的條件。

除了聲、韻之外,聲調也可以從《廣韻》中查找到。音韻地位的其他要素:開合、等第,都可以結合《韻鏡》或《七音略》查找到。現在,我們有一些古音手册之類的工具書和軟件,可以輕鬆地查找一些常用字的音韻地位。

第二節　漢語語音的演變

漢語語音史的分期問題,現在還有爭論。傳統上最簡明的是分三期:上古、中古、近代。三期分別有代表音系,它們是:《詩經》和《說文》諧聲系統代表的上古音系,《切韻》(《廣韻》)代表的中古音系,《中原音韻》代表的近代音系。

一、上古音

上古音一般指先秦、兩漢時期的語音。除了《詩經》以外，漢字諧聲，楚辭等有韻之詩、文都是用來研究上古音的資料。現在研究上古音有幾種途徑：一是利用《詩經》韻腳，繫聯韻部。這項工作還可以參考楚辭和先秦諸子有韻之文。二是利用《廣韻》上推古音。雖然《詩經》距離隋唐已經有上千年的歷史，但是這千年左右的中國歷史是連續的，語言也是連續的，因此，《切韻》音系與上古音有嚴整的對應關係。三是漢字資料。包括漢字的諧聲關係，各時期、各地區的用字情況等。其中諧聲關係反映語音關係是人們早就認識到的事實："音韻之正，本諸字之諧聲，有不可易者。"（宋徐蕆《韻補序》）

上古音研究經歷了由宋朝至今的上千年歷史，但目前還没有一個定於一尊的系統，大多習慣于使用王力先生提出的系統。現介紹如下：

上古的聲母系統，王力在他的《漢語史稿》中定為六類三十二聲母，晚年的《漢語語音史》定為七類三十三聲母。現按其晚年著作列表如下：

發音部位	清音		濁音	鼻音	邊音	擦音	
	不送氣	送氣				清	濁
唇音	幫 p	滂 pʰ	並 b	明 m			
舌尖前音	精 ts	清 tsʰ	從 dz			心 s	邪 z
舌尖中音	端 t	透 tʰ	定 d	泥 n	來 l		
舌叶音	莊 tʃ	初 tʃʰ	崇 dʒ			山 ʃ	俟 ʒ
舌面前音	照 ȶ	穿 ȶʰ	神 ȡ	日 ȵ	喻四 ʎ	審 ɕ	禪 ʑ
舌根音	見 k	溪 kʰ	群 g	疑 ŋ		曉 x	匣、喻三 ɣ
喉音	影 ø						

這個表跟《廣韻》聲母系統比較，有同有異。這體現了漢語語音從上古到中古的發展變化。如果從中古上推上古，其規律有：

輕唇歸重唇。上古的唇音只有一類，中古的時候分出兩類：重唇音，就是雙唇音幫、滂、並、明四母；輕唇音，就是唇齒音非、敷、奉、微四母。按照一般的語言發展規律，應該是上古没有輕唇音，而不是没有重唇音。輕唇音直到中古中期才發展出來。輕唇音分化的條件是合口三等。按照高本漢的構擬，他們具有[-ju-]介音。正是這個介音使雙唇音發生了變化。例如,捧[p^h-]、棒[p-]等字都從“奉”得聲,但“奉”字是合口三等字,有[-ju-]介音。正是這個介音使前邊的輔音[b]發生了變化,成了[v-],後來又變成了今天的[f-]。

舌上歸舌頭。舌上音就是知、徹、澄三母,在上古時期,他們跟舌頭音端、透、定三母在一起,没有分化出來。中古分化的條件是二、三等。二等没有介音,只是主要元音舌位比較高一些;三等有[-j-]或[-ju-]介音。

以上兩條規律都是由清朝學者錢大昕發現的。其説見《十駕齋養新錄》。

喻母三、四等還没有合併。其中,中古喻母三等,在上古屬於匣母;中古喻母四等,在上古屬於定母。這個看法是近代學者曾運乾在《喻母古讀考》一文中提出來的,影響很大。但是,喻三歸匣母的説法可以接受,喻四歸定,由於與澄母衝突,多數學者並不採納。曾運乾著有《音韻學講義》,內附該文的節錄。

錢大昕提出舌上歸舌頭,那麽同是舌上音的娘母應該也可以歸到舌頭音泥母。章太炎據此又進一步提出娘、日歸泥。娘母歸泥母容易接受,但娘、日都歸泥的觀點一般不認同。

上古音的韻母系統研究比聲母要成熟一些,但是各家分歧也比較大。王力先生根據《詩經》和諧聲系統,定上古春秋時期的韻母系統為 29 部;又根據《楚辭》押韻,定戰國時期的韻母系統為 30 部。兩者只有一部之差,即戰國多一個冬部,其他的都一樣。

陰聲		入聲		陽聲	
無韻尾	之部 ə	韻尾-k	職部 ək	韻尾-ŋ	蒸部 əŋ
	支部 e		錫部 ek		耕部 eŋ
	魚部 a		鐸部 ak		陽部 aŋ
	侯部 ɔ		屋部 ɔk		東部 ɔŋ
	宵部 o		沃部 ok		
	幽部 u		覺部 uk		冬部 uŋ
韻尾-i	微部 əi	韻尾-t	物部 ət	韻尾-n	文部 ən
	脂部 ei		質部 et		真部 en
	歌部 ai		月部 at		元部 an

（續 表）

陰聲		入聲		陽聲	
		韻尾 -p	緝部 əp	韻尾 -m	侵部 əm
			盍部 ap		談部 am

上古聲調系統的研究也有很久的歷史，但到今天依然新說迭出。一般認為，聲調雖然直到六朝齊梁年間才由沈約、周顒等發現，但上古已經有了聲調，只是上古聲調與中古不同。清朝學者認為，上古《詩經》押韻中，四聲還是基本上不亂的。段玉裁認為，上古没有去聲，去聲是到六朝時才產生的。黄侃、王力都信服其說。王力進一步提出了自己的主張：上古的聲調也是四類，它跟中古聲調的關係如下：

中古	平	上	去		入
上古	平	上	平、上	長入	短入

二、中古音

中古音的代表是《廣韻》。其聲、韻、調系統上文已經介紹了一些，現在再概括如下。

《廣韻》聲母系統表

發音部位	清音		濁音	鼻音	邊音	擦音	
	不送氣	送氣				清	濁
脣音	幫 p	滂 p^h	並 b	明 m			
舌頭	端 t	透 t^h	定 d	泥 n	來 l		
舌上	知 ȶ	徹 ȶ^h	澄 ȡ	娘 ȵ			
齒頭	精 ts	清 ts^h	從 dz			心 s	邪 z
正齒	莊 tʃ	初 tʃ^h	崇 dʒ			山 ʃ	
	照 tɕ	穿 tɕ^h	神 dʑ	日 ȵʑ		審 ɕ	禪 ʑ
牙音	見 k	溪 k^h	群 g	疑 ŋ			
喉音	影 ø	曉 x	匣、喻三 ɣ		喻四 j		

中古的韻母系統以《廣韻》為代表。《廣韻》的 206 韻的韻母系統,有人認為不是當時真實的口語,這個問題還没有定論。

《廣韻》雖然有 206 韻之多,但《廣韻》的韻是分四聲的,不同的聲調就是不同的韻。如果把聲母、韻母相同,而只有聲調不同的韻做一歸併,則只有 61 類。《廣韻》具有入聲韻尾的入聲 34 韻,是跟帶鼻音韻尾的陽聲韻配合的。由於近代有了攝的概念,61 類韻又可以歸納為 16 攝。這樣,龐大的 206 韻,就可以通過 16 這個小數字來逐步認識了。

唐詩、宋詞的押韻並不嚴格遵用《廣韻》(《切韻》)系統,而允許一些鄰近的韻通押。下面是清朝人戴震考證的《廣韻》同用、獨用四聲表:

《廣韻》同用、獨用四聲表

平聲	上聲	去聲	入聲
一東韻獨用	一董韻獨用	一送韻獨用	一屋韻獨用
二冬韻鍾同用	湩鴤字附見腫韻	二宋韻用同用	二沃韻燭同用
三鍾韻	二腫韻獨用	三用韻	三燭韻
四江韻獨用	三講韻獨用	四絳韻獨用	四覺韻獨用
五支韻脂之同用	四紙韻旨止同用	五寘韻至志同用	
六脂韻	五旨韻	六至韻	
七之韻	六止韻	七志韻	
八微韻獨用	七尾韻獨用	八未韻獨用	
九魚韻獨用	八語韻獨用	九御韻獨用	
十虞韻模同用	九麌韻姥同用	十遇韻暮同用	
十一模韻	十姥韻	十一暮韻	
十二齊韻獨用	十一薺韻獨用	十二霽韻祭同用	
		十三祭韻	
		十四泰韻獨用	
十三佳韻皆同用	十二蟹韻駭同用	十五卦韻怪夬同用	
十四皆韻	十三駭韻	十六怪韻	

（續 表）

平聲	上聲	去聲	入聲
		十七夬韻	
十五灰韻咍同用	十四賄韻海同用	十八隊韻代同用	
十六咍韻	十五海韻	十九代韻	
		二十廢韻獨用	
十七真韻諄臻同用	十六軫韻準同用	二十一震韻稕同用	五質韻術櫛同用
十八諄韻	十七準韻	二十二稕韻	六術韻
十九臻韻	齔字附見隱韻	齔字附見焮韻	七櫛韻
二十文韻獨用	十八吻韻獨用	二十三問韻獨用	八物韻獨用
二十一欣韻獨用	十九隱韻獨用	二十四焮韻獨用	九迄韻獨用
二十二元韻魂痕同用	二十阮韻混很同用	二十五願韻慁恨同用	十月韻沒同用
二十三魂韻	二十一混韻	二十六慁韻	十一沒韻
二十四痕韻	二十二很韻	二十七恨韻	麧字附見沒韻
二十五寒韻桓同用	二十三旱韻緩同用	二十八翰韻換同用	十二曷韻末同用
二十六桓韻	二十四緩韻	二十九換韻	十三末韻
二十七刪韻山同用	二十五潸韻産同用	三十諫韻襉同用	十四黠韻鎋同用
二十八山韻	二十六産韻	三十一襉韻	十五鎋韻
一先韻仙同用	二十七銑韻獮同用	三十二霰韻線同用	十六屑韻薛同用
二仙韻	二十八獮韻	三十三線韻	十七薛韻
三蕭韻宵同用	二十九篠韻小同用	三十四嘯韻笑同用	
四宵韻	三十小韻	三十五笑韻	
五肴韻獨用	三十一巧韻獨用	三十六效韻獨用	
六豪韻獨用	三十二晧韻獨用	三十七號韻獨用	
七歌韻戈同用	三十三哿韻果同用	三十八箇韻過同用	
八戈韻	三十四果韻	三十九過韻	
九麻韻獨用	三十五馬韻獨用	四十禡韻獨用	
十陽韻唐同用	三十六養韻蕩同用	四十一漾韻宕同用	十八藥韻鐸同用

（續 表）

平聲	上聲	去聲	入聲
十一唐韻	三十七蕩韻	四十二宕韻	十九鐸韻
十二庚韻耕清同用	三十八梗韻耿靜同用	四十三映韻諍勁同用	二十陌韻麥昔同用
十三耕韻	三十九耿韻	四十四諍韻	二十一麥韻
十四清韻	四十靜韻	四十五勁韻	二十二昔韻
十五青韻獨用	四十一迥韻獨用	四十六徑韻獨用	二十三錫韻獨用
十六蒸韻登同用	四十二拯韻等同用	四十七證韻嶝同用	二十四職韻德同用
十七登韻	四十三等韻	四十八嶝韻	二十五德韻
十八尤韻侯幽同用	四十四有韻厚黝同用	四十九宥韻候幼同用	
十九侯韻	四十五厚韻	五十候韻	
二十幽韻	四十六黝韻	五十一幼韻	
二十一侵韻獨用	四十七寑韻獨用	五十二沁韻獨用	二十六緝韻獨用
二十二覃韻談同用	四十八感韻敢同用	五十三勘韻闞同用	二十七合韻盍同用
二十三談韻	四十九敢韻	五十四闞韻	二十八盍韻
二十四鹽韻添同用	五十琰韻忝同用	五十五豔韻㮇同用	二十九葉韻帖同用
二十五添韻	五十一忝韻	五十六㮇韻	三十帖韻
二十六咸韻銜同用	五十三豏韻檻同用	五十八陷韻鑑同用	三十一洽韻狎同用
二十七銜韻	五十四檻韻	五十九鑑韻	三十二狎韻
二十八嚴韻凡同用	五十四儼韻范同用	五十九釅韻梵同用	三十三業韻乏同用
二十九凡韻	五十五范韻	六十梵韻	三十四乏韻

《切韻》在唐代有很多修訂的版本，其中《唐韻》、《刊謬補缺切韻》現在還可以看到。宋代又進一步增修為《廣韻》、《集韻》。到了《集韻》已經發生了很大變化，但是習慣上還是把這些韻書稱為《切韻》系統的韻書。上述同用、獨用的規範，在唐朝科舉考試中已經遵用，稱為官韻。由於唐朝近體詩的影響，後代寫作格律詩的文人，還是遵用《廣韻》系統韻書的用韻要求。為了適應這種需要，宋朝禮部編輯了一些簡單的讀本，這就是後來的《禮部韻略》。後來民間也開始編輯這種韻書，供舉子考試使用。南宋時期，有兩種影響最大的“韻略”，一是南宋理宗淳佑十二年（1252），劉淵編輯的《壬子

新刊禮部韻略》,它根據《廣韻》同用情況進行合併,成 107 韻。二是在此之前王文郁編輯的《平水韻略》,將蒸韻上聲拯韻併入青韻上聲迥韻,這樣比劉淵少了一韻,為 106 韻。由於兩位編者都署名平水某某,故稱這兩種韻書都為平水韻。

由於平水韻的影響,它的韻目常常被人們用來作為標誌順序的符號,例如《佩文韻府》、《經籍籑詁》、《助字辨略》等,都用平水韻韻目來分卷。

三、近代音

前人認為近代音的發端在元朝,但目前有很多學者認為近代音從五代時期就開始了。它的下限,大家的認識也有出入,但大致都認為在清朝。近代音的代表音系《中原音韻》。

《中原音韻》的作者是元朝周德清。德清,字挺齋,江西高安人。他總結元曲四大家關、鄭、白、馬的戲曲押韻韻字,編輯成《中原音韻》。周德清雖然是江西人,但由於他主要是客觀收集和編輯,所以,他的著作應該可以看作是反映元曲曲韻的代表韻書。

《中原音韻》全書不用反切注音,也沒有注釋。它從整體上分為十九個韻,每韻中按聲調分列陰平、陽平、上聲、去聲,各聲調下面列出收集到的字。同音的字放在一起,不同音的字用圓圈隔開。這是一個不同於之前所有韻書的新韻書。

據現代學者研究,《中原音韻》音系具有下列特點:

聲母方面,中古的全濁聲母全部清化,歸入相應的清聲母內。其中,全濁的塞音、塞擦音變成清塞音、清塞擦音時,凡是平聲的,都變成送氣的聲母;凡是仄聲的,都變成不送氣的聲母。人們把這個規律總結成一句話:平送仄不送(平透仄戛)。聲母方面的第二個特點是,知組聲母跟照組合併了。其中,知組二等與莊組合併,變成了捲舌聲母[tʂ]、[tʂʰ]、[ʂ];知組三等與章組合併,各家對這一組聲母的音值看法不一,有的認為是[tʃ]、[tʃʰ]、[ʃ],有的認為是[tɕ]、[tɕʰ]、[ɕ],也有的認為當與知二組同為[tʂ]、[tʂʰ]、[ʂ],其差異實為所接韻母不同。

韻母方面,《中原音韻》相對於《廣韻》來說,韻類減少很多。往往是《廣韻》的幾個韻,在《中原音韻》中被歸併成一個韻。例如,第一部是東鍾韻,它來自《廣韻》的東、冬、鍾三個韻;皆來韻則來自《廣韻》的咍、佳、皆、泰、夬、陌、麥、職、德、櫛、術等韻。

入聲韻原先有 34 個,《中原音韻》全部分散,歸在陰聲韻之中。這種現象被稱為“入派三聲”。當時入聲的實際情況,學界一直爭論不休:到底有没有入聲?有的話,是什麽韻尾?它們和陰聲韻的關係是什麽樣的?這些問題都没有解决。

跟中古音比較,《中原音韻》的又一特點是“等”的消失。從現有的研究看,幾乎所有的學者都不再用“等”去給《中原音韻》分韻類,而改用開、合、洪、細。

聲調方面,《中原音韻》第一次把平聲分為陰平、陽平,這在音韻學史上叫作“平分陰陽”。上聲和去聲雖然還存在,但内容也有一些變化——中古的上聲字中的全濁聲母字,這時候已經脱離上聲,歸併到去聲中去了,稱為“濁上變去”。入聲調也已經被分派到平、上、去三聲裏面去了,即上文所説的“入派三聲”。

第三節　古書的讀音問題

由於語音變化,古代漢語的語音與今天的語音有很大的不同。那麽,既然我們構擬了古代漢語的語音,是不是讀古書的時候就要按照古音來讀呢?回答是否定的。一則,由於漢字不是表音文字,它可以超越時空,所以,用今天的漢字音來讀古書,没有什麽不妥;二則,今天我們的古音構擬還只是構擬,不是古代真實的語音本身。三則,由於對一些事實的認識、判斷不同,各家對古音的構擬差距很大,無法找到一個通用的古音系統。儘管如此,還是有不少學者給一些古代文獻注出了古音。比如,幾十年前羅常培就在講課時給一些唐詩注了唐音,現在這些注音的唐詩收錄在他的《漢語音韻學導論》一書中。

除了注音之外,在古書閲讀中還會遇到一些字音問題,也需要有理論的解釋和實際的解决辦法。

一、韻脚字的讀音

既然我們今天讀古書不必用古音來讀,那麽古詩文的韻脚也就不必按照古音來念了。但是,這樣一來某些古詩就不押韻了,今人閲讀和欣賞這些古詩時,就無法體會古人創作時朗朗上口的韻律美。例如:

山行

杜牧

遠上寒山石徑斜，
白雲生處有人家。
停車坐愛楓林晚，
霜葉紅於二月花。

這首詩中，“斜”與“家”、“花”押韻，但今天卻不押韻了。所以，很多人在讀這首詩時把“斜”字改讀[ɕia]，以為這樣就是讀古音了，就恢復了古詩原貌了。但是，如果查一下現代學者給這三個字的擬音就會明白並非這麽簡單：

	斜	家	花
王力	zia	ka	xwa
高本漢	zia	ka	xwa

王、高兩家都給“斜”、“家”的聲母構擬為[z-]、[k-]，只有“花”字的讀音跟今音差别不大。那麽，要用古音讀，是不是也要把聲母變讀呢？這裏面還没有考慮聲調問題，如果把聲調問題考慮進來，那就更複雜了，因為對於古漢語聲調還有很多問題没有弄清楚。再者，韻脚字改讀，其他字不改讀；同一個字做韻脚改讀，不做韻脚不改讀，這既不符合古代讀音實際，也不符合現代讀音實際，也是不嚴謹的。因此，為了簡便，我們主張，對於古詩文的韻脚，也可以像讀一般古文獻一樣，不必改讀古音。

二、通假字的讀音

所謂通假字，是指用某個讀音相同或相近的字來代替另外一個字的用字現象。從今天的讀音看，有兩種情况：一種是今天讀來兩字依然同音的，比如：“蚤”通“早”，兩字古音相同，今音也相同。這種通假字不存在讀音的問題。第二種是，今天讀音不同的通假字，它們應該讀什麽音？

通假字的讀音有一個原則：讀所代替的本字的音。即甲字代替乙字，就應該讀乙字的音。例如：“必信大義於天下。”其中的“信”通“伸”，那麽，這裏“信”就要讀 shēn[ʂen^{55}]。又如：

《詩經·魏風·碩鼠》：“逝將去女。”（“女”通“汝”，讀 rǔ。）

《詩經·豳風·七月》：“八月剝棗。”（“剝”通“攴”，讀 pū。）

《左傳·隱公元年》:"不如早為之所,無使滋蔓。"("無"通"勿",讀 wù。)

《孟子·萬章上》:"若己推而內之溝中。"("內"通"納",讀 nà。)

但是這個要求並不是那麼死,有的字如果人們有習慣讀法,就可以按習慣讀。例如:《孟子·梁惠王上》:"直不百步爾,是亦走也。""直"通"特",但是,一般習慣上不讀"特",仍讀"直"。這就只好尊重習慣了。

三、古今字的讀音

古今字的古音應是相同或相近的,但今天有的同音,有的則不同音了。同音的字,沒有讀音的問題。不同音的字,一般應該讀今字的音。例如,"辟"為"避"的古字時,就要讀今字"避"的音。這樣的字還有:

《論語·學而》:"有朋自遠方來,不亦說乎?"(說:悅,讀 yuè。)

《史記·陳涉世家》:"將軍被堅執銳。"(被:披,讀 pī。)

蘇軾《遊褒禪山記》:"至莫夜月明,獨與邁乘小舟,至絕壁下。"(莫:暮,讀 mù。)

四、四聲別義與破讀

古代有通過改變字的讀音,以區別不同意義的方法。這種方法主要是改變聲調,所以又叫作四聲別義。例如,《孟子·梁惠王上》:"德何如,則可以王矣?""王"一般讀平聲 wáng,這裏的"王"用為動詞,是"成就王業"的意思,因此改讀去聲 wàng。由於這些音都是通過改變讀音得來的,所以就叫作"破讀"或"讀破"。這樣的字還有:

《荀子·天論》:"天不為人之惡寒而輟冬也。""惡"本形容詞,讀入聲,這裏是"厭惡"的意思,破讀為去聲。

諸葛亮《出師表》:"此臣之所以報先帝而忠陛下之職分也。""分"本動詞,讀平聲;此為名詞,破讀為去聲。

《左傳·宣公二年》:"晉侯飲趙盾酒。""飲",動詞,本讀上聲;此為使動用法,破讀為去聲。

《史記·項羽本紀》:"沛公旦日從百餘騎來見項王。""從",動詞,本為平聲;此為使動用法,破讀為去聲。由於"從"的聲母是全濁音,所以,今讀平聲,聲母為送氣,去聲聲母為不送氣。

破讀的音,有的流傳沿用到今天,有的沒有沿用下來。沿用至今的例如:

好：形容詞 hǎo　　動詞 hào

度：名詞 dù　　動詞 duó

難：形容詞 nán　　名詞 nàn

我們對古書的破讀音應該具體問題具體分析。首先，對於那些沿用至今的破讀，今天當然要連本讀帶破讀都繼續使用。其次，對於那些今天已經不使用的破讀，則不必特意去區分，按照現代漢語的讀音讀就可以了。但是，對於古代漢語學習者，則要瞭解破讀。

五、特殊字的讀音

有些漢字在古代典籍中被注上了特殊的音，這些音可能來自之前的一個時代，也可能來自某個方言，甚至可能來自其他語言。這些字主要是一些人名、地名、國名。例如：

國名：

身毒 Yuāndú　　龜茲 Qiūcí

吐蕃 Tǔbō　　月氏 Ròuzhī

地名：

石埭 Shídài　　華不注 Huàfūzhù

番禺 Pānyú　　東莞 Dōngguǎn

官名：

單于 chányú　　洗馬 xiǎnmǎ

可汗 kèhán　　僕射 púyè

人名：

冒頓 Mòdú　　酈食其 Lì Yìjī　　禽滑厘 Qín Gǔxī

萬俟卨 Mòqí Xiè　　伍員：Wǔ Yún　　金日磾 Jīn Mìdī

曹大家 Cáo Dàgū

第四節　詩　律

格律詩產生於六朝時期，到唐代達到高峰。在隋唐時期的人們看來，它們跟之前的古體詩不同，因此叫這種詩歌體裁為近體詩、今體詩。

所謂古體詩，是指漢魏六朝時期的五言詩、七言詩、樂府詩等。這些詩都不講究平仄，字數和句數也比較自由。到了齊梁年間，四聲的發現，使漢語的音律和諧因素得以應用於詩歌，形成了講求聲律的格律詩“永明體”。

發展到唐代,格律詩不僅講求平仄,對每首詩的句數,每句的字數,句子之間的押韻和對仗等,都有要求。

一、字數和句數

古體詩是不限制字數、句數的,但格律詩卻嚴格要求字數和句數。

一首格律詩可以是四句,叫絕句;可以是八句,叫律詩;如果再長一些,叫排律。如果不符合這些句數的要求,就不是格律詩,而是古體詩。

除了句數固定之外,每句的字數也要固定,只能是七言和五言,而且從頭到尾都是這樣。如果不是五言詩、七言詩,或者雖然是五言詩、七言詩,但其中有個别句子不是五言、七言,則不屬於格律詩。

二、押韻

格律詩在押韻方面的要求有:

一是隔句入韻,不能像古體詩那樣句句入韻。也就是一首詩的偶數句押韻,奇數句不能押韻。但第一句除外,因為第一句可以押韻,也可以不押韻。

二是一韻到底,不能中間換韻,也不能押鄰近的韻。首句入韻的,首句可以用鄰韻。

三是一般押平聲韻。

還要説明的是,格律詩押韻一般都按照《廣韻》系統韻書押韻,不能超出其同用、獨用系統。比如《切韻》、《廣韻》、《集韻》,或者平水韻系統的韻書,都可以作為押韻的依據。

三、對仗

對仗也是格律詩的要求。律詩可以全部對仗,也可以部分對仗。不管哪種對仗,都要求在一聯之内的兩句之間要對仗,兩聯之間則不要求對仗。

一首律詩分為四聯:第一、二句為首聯,第三、四句為頷聯,第五、六句為頸聯,第七、八句為尾聯。對仗的要求只是對頷聯和頸聯而言的,這兩聯必須對仗,特殊情況也要有一聯對仗。而首聯、尾聯則可以對仗,也可以不對仗。

絕句可以看作是律詩的一半,它的對仗要求比較寬,可以全對仗,則相當於是律詩的中間兩聯;也可以全不對仗,就相當於是首尾兩聯。同樣道理,也可以僅僅首聯對仗,或者僅僅尾聯對仗。

四、平仄

人們把古四聲中的平聲仍叫作平聲,把上聲、去聲、入聲合在一起,叫作仄聲。仄就是不平的意思。古人利用平聲字與仄聲字的交替使用,來調節詩歌的音律。

平仄的要求是格律詩最重要的特徵。平仄的要求看起來複雜,只要掌握了要領,其實也很簡單。其基本要求就是:一句之中,平仄相間;一聯之內,平仄相對(相反);兩聯之間,平仄相黏(按相黏不是簡單的相同,是指上聯對句第二字與下聯出句第二字相同,而相鄰的兩聯的平仄結構是不能相同的)。這些,從其基本句式上就可以看出來。

五言詩的基本句式是:

(甲)仄仄—平平—仄　　(乙)平平—仄仄—平

(丙)平平—平—仄仄　　(丁)仄仄—仄—平平

相應的,七言詩的基本句式只是在五言詩各句式的前面加上兩個字:

(甲)平平—仄仄—平平—仄　　(乙)仄仄—平平—仄仄—平

(丙)仄仄—平平—平—仄仄　　(丁)平平—仄仄—仄—平平

格律詩都是用以上句式,按照上述基本要求構成的。例如,王維《山居秋暝》:

山居秋暝

王維

空山新雨後,天氣晚來秋。
明月松間照,清泉石上流。
竹喧歸浣女,蓮動下漁舟。
隨意春芳歇,王孫自可留。

這首詩的平仄格式是:

(丙)平平—平—仄仄　　(丁)仄仄—仄—平平

(甲)仄仄—平平—仄　　(乙)平平—仄仄—平

(丙)平平—平—仄仄　　(丁)仄仄—仄—平平

(甲)仄仄—平平—仄　　(乙)平平—仄仄—平

首二句之間,就是首聯之內,(丙)句和(丁)句,平仄正好完全相反(相對)。以下各聯之內也是這樣。這就是"對"。兩聯之間挨著的兩句,比如首聯的下句(丁)和頷聯的上句(甲)之間,第二、四字平仄相同,這就是

“黏”。

從以上平仄格式可以看到,《山居秋暝》這首詩並不是每個字都符合平仄要求的。比如第二句“天氣晚來秋”對應的是“(丁)仄仄—仄—平平”,但其中的“天”卻是平聲,而不是仄聲。那麼,這首詩還算不算格律詩呢?實際上格律詩並不要求每個字都合平仄,而是有寬有嚴。大致來說,就是“一、三、五不論,二、四、六分明”。這是對七言詩而言的。第七個字,就是最後一個字有押韻方面的要求,當然是韻腳字要平聲,不入韻的要仄聲。其餘的六個字,第一、三、五字,其平仄可以自由;而第二、四、六字一定要平仄分明。對於五言詩來說,就是把前兩個字去掉,因此,也可以說是“一、三不論,二、四分明”。

但是,這個口訣只是粗略的說法,有時一、三、五字也不得不論。

第一個不得不論的例外是為了避免“三平調”。即五言詩“(丁)仄仄—仄—平平”中的第三個字,或者七言詩“(丁)平平—仄仄—仄—平平”句式中第五個字,其平仄不能不論,必須是仄聲。這個字如果變成了平聲,就致使該句末尾有三個平聲字相連的情況,這就不符合律詩抑揚頓挫的要求了,叫作“三平調”,是古體詩特有的句式,卻是律詩中的大忌。

第二個不得不論的例外是為了避免“犯孤平”。即五言詩“(乙)平平—仄仄—平”句式中的首字,或者七言詩“(乙)仄仄—平平—仄仄—平”句式中的第三字,其平仄不能不論,必須是平聲。因為,如果這個字變了仄聲,就使得整個句子裏,除了韻腳字之外只有一個平聲字,其餘全部是仄聲,這就是“犯孤平”,也是格律詩的大忌。

不過,需要說明的是,儘管“三平調”和“犯孤平”都不符合格律要求(叫作“拗”),但如果萬一出現了“拗”句,也可以採取補救辦法,叫作“救”。例如,如果乙種句出現了“孤平”,就把平聲字後邊的那個仄聲字變成平聲,這樣使兩個平聲又相連起來,音韻又和諧了。如蘇軾《新城道中》:“溪柳自搖沙水清。”“自”字拗,“沙”字救。拗句被救以後,仍然是好的律句。

同時,有時二、四、六也不必分明。

第一個可以改變平仄的是七言詩的“(甲)平平—仄仄—平平—仄”句式中的第六字,或者五言詩“(甲)仄仄—平平—仄”句式的第四字,可以由平聲改為仄聲,但這也是“拗”。“救”的辦法是改變七言詩對句的第五字(或五言詩對句的第三字)的平仄。例如,杜牧《江南春》:“南朝四百八十寺,多少樓臺煙雨中。”“十”是入聲字,仄聲;對句用“煙”來救。白居易:“野火燒不盡,春風吹又生。”“吹”救“不”。此外,甲種句的第五字拗,也可以用對句的第五字救。

第二個可以改變平仄的是七言詩(丙)“仄仄—平平—平—仄仄”句式中的第五字,或者五言詩(丙)“平平—平—仄仄”的第三字,應該用平聲,如果用了仄聲,就是“拗”;但可以把第六字由仄聲改為平聲,就是“救”。如王勃名句:“無為在歧路。”“在”字拗,“歧”字救。

第五節　詞　律

詞又叫長短句,這是比照格律詩、古體詩一般都是句子長短一貫來講的。從詞的產生來說,它實際上是配合音樂演唱的歌詞。因此,詞的句子的長短就要依照音樂的旋律、節奏,而不是單單語言的詞語節奏。因此,詞的創作一般不叫“作詞”,而叫“填詞”。

一、詞牌與詞譜

詞所依據的音樂叫詞調,各種詞調的名稱叫詞牌。詞在發生發展過程中,逐漸可以脫離音樂而獨立存在。後人為了寫作的需要,根據前人詞作的押韻、平仄、句式,制定了詞譜。比較通行的詞譜有清人萬樹編輯的《詞律》和王奕清等奉詔編輯的《欽定詞譜》。下面舉一個例子(摘自《詞律》中張孝祥的《六州歌頭》):

又一體一百四十三字

長淮望可平斷句關可仄塞莽然平韻征塵可仄暗句霜風勁句悄邊聲叶黯銷凝叶追可仄想當可仄年事句殆可平天數句非人可仄力句洙可仄泗可平上句絃歌可仄地句亦羶腥叶隔可平水氈可仄鄉句落日牛羊下句區可仄脫縱橫叶看名可仄王宵可仄獵句騎可平火一川明叶笳可仄鼓悲鳴叶遣人驚叶念腰間箭句匣可平中劍句空埃可仄蠹句竟何成叶時可仄易可平失句心徒可仄壯句歲將零叶渺神可仄京叶幹可仄羽方懷遠句靜可平烽可仄燧句且休兵叶冠可仄蓋使句紛可仄馳可仄鶩句若為情叶聞道中可仄原遺可仄老句常可仄南望豆翠可平葆霓旌叶使行可仄人到可平此句忠可仄憤氣填膺叶有可平淚如傾叶

同一詞牌可以有不同的體,不同的體之間可有字數上的差別,也可能有押韻和平仄上的不同。現存詞牌有八百多,但有兩千多個體。《詞譜》一書收入詞調八百二十六個,但有二千三百零六體。

從篇幅上看,詞又有小令、中調、長調之分。有人認為,小令的字數一般少於 59 字,長調要多於 99 字,處於兩者之間的就是中調。

按照分段(闋)的不同,又可以把分一、二、三、四段的詞分别叫作單調、雙調、三疊、四疊。其中,以雙調最為常見,它的兩段分别叫作上闋、下闋;單調一般就是小令,三疊、四疊都很少,四疊只有鶯啼序一調。

二、詞的用韻

詞的用韻與格律詩不同,格律詩要求一韻到底,詞則可以一韻到底,也可以换韻;格律詩要求押平聲韻,詞則可以押仄聲韻,同部之中可以平仄互押。但是,這並不説明詞的用韻比格律詩寬泛,相反,詞韻都要依據詞譜的要求來押,不可憑空臆造。

詞的押韻没有官定的韻書,宋元時的詞韻也是後人歸納的,今天都已經亡佚。今天還能够看到的詞韻書多是清人編輯的,其中最通行的是戈載的《詞林正韻》。該書分詞韻為十九部,其中舒聲十四部,入聲五部。大致是根據平水韻合併而成的。

三、詞的對仗

詞的對仗比較自由,只有在字數相同的相鄰兩句之間對仗。比如"三十功名塵與土,八千里路雲和月"(岳飛《滿江紅》)。詞中要求對仗的句子不多。要求對仗的地方,有時也可以不用。上例《滿江紅》中的對仗句子,在柳永使用時就不用對仗:"幾許漁人横短艇,盡將燈火歸村落。"

一般對仗要求嚴格的地方往往是在詞上下闋的開頭部分。有些詞牌在一定位置上也常常要求對仗,比如浣溪沙、西江月、滿江紅等。

四、詞的平仄

詞的句子的字數,從一字到十一字不等,各種字數不同的句子的平仄要求也不一樣。詞的句子都脱胎於格律詩,尤其是五言、七言的句子,一般都是律句。其餘的句子則可以看做是截取律詩句子的部分,或者是律詩句子的組合。

一字句——只有十六字令的第一句是一字句。

一字豆——豆,即"讀",就是停頓。但是,豆的停頓很短暫,不需要加標點符號斷句,只是節奏上要跟後邊的部分隔開。例如:"望長城内外"中的"望",要跟後邊四個字分開看平仄。

二字句——一般是平仄、平平格式,而且一般是疊句,如:"歸去,歸去","山下,山下","知否,知否","销魂","年年"。

三字句——是律詩句子的後三字,共有四種格式:平平仄、平仄仄、仄平平、仄仄平。例如,"空悲切"的格式是平平仄,"春潮急"的格式是平平仄,"照無眠"的格式是仄平平。

四字句——用律詩句子的前四個字,其格式有:(仄)仄平平、(平)平平(仄)仄。加圈的地方是可平可仄的。例如"怒髮衝冠"是仄仄平平,"亂石穿空,驚濤拍岸"格式是仄仄平平、平平仄仄。

六字句——是在四字句基礎上,前面加上兩個平仄不同的字即可。也就是:(平)平(仄)仄平平、(平)仄(仄)平(平)仄。"我欲乘風歸去,惟恐瓊樓玉宇"的格式都是○仄仄○平平○仄仄,"江山如此多嬌"的格式是○平平○仄仄平平。

八字句——一般是三字加五字。即前面三個字用三字格式,後面五個字用五言詩的格式。例如:"莫等閑,白了少年頭"的格式是仄仄平,仄仄仄平平。

九字句——一般是上三、下六,或上六、下三,或上四、下五。其中至少下六字,或下五字應該是律句。比如:"浪淘盡千古風流人物"的格式是平平仄(平)仄(仄)平(平)仄。

十一字句——往往是上四下七,或上六下五。下五字往往是律句。如:"不應有恨,何事長向別時圓"、"不知天上宮闕,今夕是何年"。

詞律還有兩個特別的問題:一個是特種律句,一個是拗句。

所謂特種律句,就是指仄腳四字句的第三字、仄腳六字句的第五字,必須是平聲字。

(仄)平(平)仄——(平)平平仄　　——第三字必平

(平)仄(仄)平(平)仄——(平)仄仄平平仄　　——第五字必平

依照詞譜,該用特種律句的地方,一般要用特種句。例如,《憶秦娥》前後闋末句和倒數第二句、《如夢令》的六字句等。

拗句——即六字句的(平)仄(仄)平(平)仄,第三字如果變成仄聲字,則犯孤平,需要第五字變成平聲來救。這種拗句在律詩中只是可用可不用,但在詞律中,有的詞譜要求某句一定用拗句。比如《念奴嬌》前後闋末句"一時多少豪傑"、"一樽還酹江月"。《水調歌頭》前闋第三句上六字("不知天上宮闕")、後闋第四句上六字("一橋飛架南北")。

第六節　曲　律

一、字數

曲的句式跟詞相同,都是長短句。跟詞一樣,有些長句也是由短句拼合成的。曲的句式一般也是符合律詩要求的,但也有的要符合詞譜的特殊要求。

曲律還有一個特點,就是有襯字。襯字可以在句子前邊,也可以在句子後邊。襯字夾在句中,容易擾亂正常句式,讀者不容易判斷。

二、押韻

曲的押韻要求不是那麼嚴格,一般可以不同聲調的字通押。北曲的入聲也可以分派到其他三聲中,與之押韻。曲的押韻從元以後都有韻書,以《中原音韻》最為著名。但到了明朝,南曲大行,世有"北叶《中原》,南遵《洪武》"之說。意即《中原音韻》是北曲遵循的押韻標準,《洪武正韻》是南曲遵循的押韻標準。但也有人認為所謂南北,都指南曲,只是南方人遵用《洪武正韻》,北方人遵用《中原音韻》。但實際上《洪武正韻》使用得不多。明朝有《瓊林雅韻》、《中州音韻》等,都是曲韻韻書。

三、曲譜

曲與詞一樣,也有特定的譜子。包括字數、句數、襯字等,都在曲譜中有規定。明人朱權有《太和正音譜》、清人王奕清有《康熙曲譜》。現代人也有編輯曲譜的。

【導學訓練】

一、學習導引

1. 音韻學研究法

舊籍韻書之屬判為"古韻"、"今韻"、"等韻"三科。而較其短長,或是古非今,罔識通變;或專己守殘,拘墟自封;或妄立"門法",徒滋迷離;均不足語於科學也。儻欲因彼成材,創為專業,則研究方術,可得而言:

一曰審音　辨章聲韻,審音為先。前人操術弗精,工具不備,或蔽於成見,或囿於方音,每致考古功多,審音功淺!自近代語音學興,而後分析音素,可用音標以濟漢字之窮;解決積疑,可資實驗以補聽官之缺;舉凡聲韻現象,皆可據生理物理講明。從玆致力,庶幾實事求是,信而有徵矣。

二曰明變 “時有古今,地有南北,音有更革,音有轉移,亦勢所必至。”(陳第《毛詩古音考序》)治韻學者,務須本乎時序,參校方言,各還本真,弗加軒輊,而後流變昭然,是非不掩。且考鏡源流,貴明因果,自音韻學史上觀察,守温之造三十字母,朱宗文之作《蒙古字韻》,金尼閣之撰《西儒耳目資》,李光地、王蘭生之纂《音韻闡微》,均可代表革新動機,為演進關鍵所繫。固不能以其取則殊方,而蔑視事實,橫加排牴也。

三曰旁徵 民間俗語,每存古音,異族方言,可證舊讀。苟欲旁徵博校,窺見音韻精微,則外宜博學殊域言文,内須多明方音系統。若夫遠西學者研治此土音韻之專書,尤當擷彼精華,供我參證。庶幾集思廣益,音理日明矣。

四曰祛妄 曩之治韻學者,憑臆立説,每多違失:論平仄則以鐘鼓木石為喻,論清濁則以天地陰陽為言,是曰玄虛;辨聲則以喉牙互淆,析韻則以縱橫為别,是曰含混;以五行五臟牽合五音,依《河圖》《洛書》配列字母,是曰附會;依據《廣韻》反切以推測史前語言,囿於自身見聞而訾議歐西音學,是曰武斷:凡此訛失,並宜祛除。儻能本前三術,祛玆四妄,則音韻學庶可廁諸科學之林矣。

(羅常培:《漢語音韻學導論》,中華書局,1956年,第23—25頁)

2. 學習音韻學應該熟記的基本知識。

漢語音韻學有很悠久的歷史,形成了很多獨特的工具和術語,其中研究聲、韻、調的時候,人們習慣使用三十六字母和《廣韻》206韻等,這都需要牢記。

對於三十六字母可以先把握其發音部位:唇音、舌音、齒音、牙音、喉音,瞭解它們跟現代語音學術語的對應關係。然後,按照這些發音部位成組地背誦。如:幫滂並明、非敷奉微,以此類推。

《廣韻》的韻目比較多,看起來好像很難,其實不然。《廣韻》雖然有206韻,但那是由於《廣韻》是按照四聲分卷的,因此,不同的聲調,也就是不同的韻。比如,在現代漢語中“先、閑、顯、現”的韻母是一樣的,而按照《廣韻》的分卷方式,它們則分别屬於不同聲調裏的四個韻。這樣,《廣韻》的韻目就多了。瞭解了這種情况,如果我們把相同韻母而聲調不同的韻配合起來,就没有那麽多了。幸好這個工作已經早就有人幫我們做過了——清朝學者戴震考訂編成了《廣韻同用獨用四聲表》。按照這個表,人們可以把《廣韻》的206韻按照四聲排列,分為舒聲韻61個韻和入聲韻34個韻。一般來説,人們喜歡用平聲韻目來代表這61個韻類,入聲韻則單獨背誦,這就容易掌握了。如果還要更簡單一些,那就把這些韻再歸到16個攝裏面,那樣只要背誦16個字就可以了。然後再背誦每個攝中有什麽韻。

在背誦韻目的時候,一般連同韻的序號也背誦下來。比如:“一東、二冬、三鍾、四江、五支、六脂、七之……”從這幾個韻已經可以看出來為什麽要背韻目序號了——因為《廣韻》的韻目字有的在今天已經同音了,如“東”和“冬”,“支”、“脂”和“之”,如果不連同序號也背下來,就容易混淆。

3. 如何識讀古書上的反切?

我們知道,反切的原理是上字主聲、下字主韻和調,利用兩個字的聲韻來拼合出另外一個字的讀音來。例如,《廣韻·怪韻》:"怪,古壞切。"我們根據反切上字"古"的聲母[k-]、下字"壞"的韻母[uai]和"壞"的聲調——去聲,就可以拼出被切字"怪"的讀音為[kuài]。但是,有時候就没那麼容易,反切上字和下字拼出來就不是那麼回事,如,還是《廣韻·怪韻》:"誡,古拜切。"用反切上字"古"的聲母[k-]與反切下字"拜"的韻母和聲調[ài]拼出來的是[kài],應該是"蓋"而不是"誡[tɕiè]"。這是怎麼回事呢?類似這樣容易讀錯的反切還有不少,例如:

山韻:山,所間切	慳,苦閑切
蕭韻:蕭,蘇雕切	驍,古堯切
宵韻:飆,甫遙切	瓢,符宵切

這些反切在使用之初應該是可讀的,今天之所以不能讀,或者讀出來後跟被切字不合,都是由於語音演變造成的。

以上反切中,"苦閑切"、"古堯切"分别是溪母、見母,由於見組在近代發生了分化,部分仍然讀[k-]、[k^h-]、[x-],另一部分讀[tɕ-]、[$tɕ^h$-]、[ɕ-]。上面這兩個反切的上字都應該按後一組讀,其中"驍,古堯切"還發生了例外音變。"蕭,蘇雕切"的聲母是心母,屬於精組。這一組近代也發生了跟見組類似的變化,一部分仍然保持[ts-]、[ts^h-]、[s-],另一部分跟見組的部分合併,讀[tɕ-]、[$tɕ^h$-]、[ɕ-]。所以,中古時期,"蕭"跟"蘇"聲母是一樣的。"飆,甫遙切;瓢,符宵切"兩個反切則是中古以前幫組聲母與非組聲母没有分開時的遺留,因為這種情况在等韻時期已經發現不和諧了,當時的人們便把這後一類叫作"類隔"。相應地,其他幾種情况則是中古時期還没有變化的,因此,跟今天我們還覺得和諧的"怪,古壞切"一樣,被中古的學者叫作"音和"。

二、思考題

1. 語音是怎麼變化的?變化的原因是什麼?
2. 中國古代的注音方法有哪些?各有什麼特點?
3. 請説説"韻"這個概念。
4. 請説説漢語聲調的古今發展變化。
5. 簡述中古音的特點。
6. 談談你對古地名、人名特殊讀音的看法。
7. 談談你對詩詞格律的看法,試著寫一首格律詩。

三、實踐訓練

1. 請根據反切原理,用漢語拼音注出下面反切的今讀音:

章刃切	先代切	都代切
方廢切	子算切	烏貫切

于救切　　　古定切　　　眉病切

2. 下面是《廣韻》東韻的全部反切,請使用繫聯法查看韻中所有反切下字能分為幾類:

東,德紅切;同,徒紅切;中,陟弓切;蟲,直弓切;終,職戎切;忡,敕中切;崇,鋤弓切;嵩,息弓切;戎,如融切;弓,居戎切;融,以戎切;雄,羽弓切;瞢,莫中切;穹,去宮切;窮,渠弓切;馮,房戎切;風,方戎切;豐,敷空切;充,昌終切;隆,力中切;空,苦紅切;公,古紅切;蒙,莫紅切;籠,盧紅切;洪,戶公切;翁,烏紅切;叢,徂紅切;怱,倉紅切;通,他紅切;葼,子紅切;蓬,薄紅切;烘,呼東切;岘,五江切;檧,蘇公切。

3. 請借助古音手册等工具書,查出下列各詩的韻腳屬於上古音的什麼部:

《關雎》《汝墳》《碩鼠》《伐檀》

4. 請借助古音手册等工具書,查出下列各詩的韻腳屬於《廣韻》的什麼韻:

高適《燕歌行》　杜甫《歲晏行》　李白《渡荆門送别》

蘇軾《荔支歎》　王安石《孤桐》　李商隱《安定城樓》

5. 請給出下列幾首詩的平仄格式:

王勃《送杜少陵之任蜀川》　　温庭筠《商山早行》　　杜甫《閣夜》

柳宗元《登柳州城樓寄漳汀封連四州》

劉禹錫《酬樂天揚州初逢席上見贈》

6. 熟記三十六字母,記憶每個字母的發音部位和發音方法。

【研討平臺】

如何認識《切韻》的性質

問題概述

《切韻》成書於隋朝,但由於它的編輯班子有八人共同參與,編輯過程中,又參考了六朝至隋的多部其他韻書,因此,《切韻》的音系跟這些參與人、參考資料之間的關係到底怎樣?這個音系是否以某個地點的語音為基礎?如果是,那麼這個地方是哪裏;如果不是,那麼這個音系又是怎樣的?

討論這個問題的資料有《切韻序》,作者和參與編輯者的籍貫,參與者的有關論述,《切韻》文本等幾個方面。這些資料是被大家廣泛佔有的,但歷來的學者們的觀點卻有幾種,這是由於人們對這些資料的認識不同,或者對方言、韻書編輯過程、綜合音系等問題的看法不同造成的。

目前這個問題還没有一個確定的答案。

資料選輯

1.《切韻》研究概述

《切韻》成書在音韻學史上有著劃時代的意義。它結束了韻書的草創時期,開始了韻書典範時代。它是前代韻書的繼承、發展和總結,是後代韻書演變的基礎。

《切韻》的重要性在於它的編寫目的不只是單純為了寫詩作文,而同時也是為了審音。正因為如此,它一經出現,就受到人們的廣泛重視。《切韻》問世以後,很快淘汰了它以前的一切韻書。也正因為人們重視它,所以不斷地對它進行增補,增加字數,增加注釋,結果反而失去了它的本來面目。

《切韻》原書早已亡佚,它的唐代各種增訂本也没有完整地保存下來。據學者考證,《切韻》原書五卷,193 韻,平聲 54 韻,上聲 51 韻,去聲 56 韻,入聲 32 韻,收字 11000 多。(見周祖謨《唐五代韻書集存》第 856 頁、第 874 頁)

《切韻》反映了何時何地的語音系統? 這一問題歷代學者有著不同看法。最早是唐末李涪,他在《刊誤》一書中直斥《切韻》為吳音:"然吳音乖舛,不亦甚乎! 上聲為去,去聲為上。又有字同一聲,分為兩韻……何須東冬中終,妄别聲律。詩頌以聲韻流靡,貴其易熟人口,能遵古韻,足以詠歌。……予今别白上去,各歸本音;詳校輕重,以符古義。"宋人孫光憲《北夢瑣言》、元熊忠《古今韻會舉要》卷首、周德清《中原音韻》中的《正語作詞起例》、明人宋濂《洪武正韻・序》都是這個看法。其實,《切韻》不能説是完全代表吳音,蘇顎《蘇氏演義》曾加駁正:"陸法言著《切韻》,時俗不曉其韻之清濁,皆以法言為吳音也。且《唐韻》序云:隋開皇初僅同劉臻等八人詣法言論音韻,曰:'吳楚則時傷輕淺,燕趙則時多傷重濁,秦隴則去聲為入,梁益則平聲似去。'此蓋研究正音,削去紕繆也,豈獨取方言鄉音而已哉! 洎孫緬等論音韻者二十餘家,皆以法言為首出。薛道衡,隋朝之碩儒,與法言同時,嘗與論音韻,則豈吳越之音而能服四方之名人乎? 蓋陸氏者,本江南之大姓,時人皆以法言為士龍、士衡之族,此大誤也。法言本代北人,世為部落大人,號步陸孤氏,後魏孝文帝改為陸氏。及遷都洛陽,乃下令曰:'從我入洛陽,皆以河南洛陽為望也。'"據此可知,陸氏的先世本為拓拔後人,後始入籍中華,説他的《切韻》是吳音,毫無根據。

高本漢認為《切韻》代表了公元 500—600 年間的長安音,他的依據是:長安是隋朝的都城,是當時政治、經濟、文化中心,編制韻書當然要以都城語音為標準音。高氏見解遭到不少學者的反對。高氏結論與顔之推的論斷不合,《顔氏家訓・音辭》:"冠冕君子,南方為優,閭里小人,北方為愈。""搉而量之,唯金陵與洛下耳。"顔之推是對《切韻》審音起重要作用的人,他認為南方的讀書人、北方的下層百姓語言接近於準確,進一步指出當時語音最"標準"的地方是金陵與洛下。長安音没有加入"標準音"的行列。今人羅常培考證,《切韻》魚虞分韻,是當時太湖流域的吳音(見羅常培《切韻魚虞之音值及所據方音考》),如果羅氏考證無誤,《切韻》音系是長安音的説法不攻自破。

陳寅恪以為《切韻》音系是洛陽音(見陳寅恪《從史實論切韻》,《嶺南學報》9 卷 2 期),王顯、邵榮芬認為《切韻》音系是以洛陽音為基礎,吸收了一些金陵音的特點(邵榮芬《〈切韻〉音系的性質和它在漢語語音史上的地位》,《中國語文》1961 年 4 月號)。這種觀點的主要依據也是上文引過的《顔氏家訓・音辭》中的話。反對意見認為洛陽音不能起標準音的作用。

黃淬伯、何九盈認為《切韻》音系不是一時一地的活的語音,而是古今南北的綜合。他們的主要根據有兩方面,其一,陸法言《切韻·序》中說:"因論南北是非,古今通塞。""取諸家音韻。古今字書,以前所記者,定之為《切韻》五卷。"其二,没有任何一個地域的方音可以分辨出206韻(何九盈《切韻音系的性質及其他》,《中國語文》1961年9月號;黃淬伯《關於〈切韻〉音系的基礎問題》,《中國語文》1962年2月號)。反對者認為陸法言不具備現代方言學知識,無法調查各種方言的聲韻系統,更不可能把聲韻不同的各種方言寫進一部韻書之中(王顯《〈切韻〉的命名和〈切韻〉的性質》,《中國語文》1961年4月號)。

周祖謨認為《切韻》音系綜合了古今南北的讀書音,是六世紀文學語言的語音系統(周祖謨《〈切韻〉的性質和它的音系基礎》,見《問學集》)。反對者認為,讀書音與白話音的區別只表現在一部分字上,單憑讀書音不能構成一個獨立的音系,讀書音不可能脱離活的方音而獨立存在(邵榮芬《切韻研究》第一章,中國社會科學出版社)。

儘管對《切韻》音系認識很不相同,但都一致認為它是中古時期語音的真實記錄,具有以下三方面重要意義:①如實地反映了一個內部一致的語音系統,使我們對中古語音能有比較全面系統的認識;②以《切韻》為橋樑,可以上推古音,如没有《切韻》所反映的中古音系,今天研究上古音將是非常困難的;③以《切韻》為基礎,可以更好地研究現代各地方音的歷史演變歷程。

(謝紀鋒:《音韻學概要》,廣西師範大學出版社,1992年,第51—54頁)

2.《切韻》是綜合音系

現在,我們再分析一下《切韻》音系性質。上世紀六十年代初,音韻學界曾討論過這個問題。一種意見認為《切韻》是一個"活音系",代表當時的洛陽話;另一派意見認為《切韻》是一個綜合音系,大致以當時的"雅音"(即讀書音)為基礎。我當時寫了一篇文章贊成後一種意見(何九盈:《切韻音系的性質及其他》)。時隔四十年,我仍然没有找到足够的理由和充分的證據使我感到應當放棄自己的觀點。

在這個問題上,我覺得重要的是要尊重《切韻》作者陸法言的意見,要尊重對《切韻》一書"多所決定"的顏之推的意見。

陸法言說:"因論南北是非,古今通塞,欲更捃選精切,除削舒緩。"(《切韻·序》)

顏之推說:"共以帝王都邑,參校方俗,考核古今,為之折衷。搉而量之,獨金陵與洛下耳。"(《顏氏家訓·音辭篇》)

我真不明白,顏、陸的話已經表述得如此明確,為什麼有人還是一個勁兒認為《切韻》音系是一個什麼單一的活方語。

我們知道漢語中任何一種方音,不論是古方音還是今方音,不論是北方音還是南方音,都是一定歷史條件下的產物,對於使用這種方言的人來說,本不存在什麼"是"和"非"的問題。迄今為止,我們也不能宣佈哪一種方音是正確的,哪一種方音是錯誤的;也不能說哪一種方音中既有正確的成分,也有錯誤的成分。可是,陸法言等人編韻書時,竟然要"論南北是非,古今通塞",這就證明了他們壓根兒就没有要搞出一個單一音系的指導思想,單一音系的思想與顏、陸的指導思想水火不相容,我們又何必拿單一音系的思想來强加於古人呢!很顯然,他們的韻書是要駕乎各個方言之上的。他們首先選擇的標準音是"帝王都邑",南北朝時作為帝都的,南有金陵,北有洛陽(鄴城也作過帝都,鄴城話與洛陽音是一致的),西有長安。顏之推最重視的是金陵與洛陽;其次,還要"參校方俗",如果是一個單一音系,還要參校方俗作什麼呢?漢語的"方""俗"可多了,是何"方"何"俗"?再其次,還要"考核古今",如果是單一音系,"核今"就够了,又何必去"考古"呢?顏之推主張把帝都之音、方俗之音、古今之音結合起來進行考察,然後來一個"折衷"(請特别留意"折衷"二字)。用這樣的方法搞出來的音系,不是"綜合",不是"雜凑",又是什麼呢!

在這裏,我想解釋一下"雜凑"這個詞語的本意何在。首先用"雜凑"這個詞語來説明《切韻》音系性質的人我不知道是誰,但清朝人江永已經説它是"雜合五方之音","其源自先儒經傳子史音切兼諸書來"(《古韻標準·例言》)。江有誥在《等韻叢説》中也批評説:"陸韻分部至繁,然同類者或蕩析離居,異類者或馬牛莫别。愚想當時定韻者八人……南北既殊,遂各守其鄉音,不能畫一。又當時定於燭下,而諸人旋散去,法言參考衆説,而不敢輒合,故各自為部。觀其自叙所云:'交遊阻絶,質問無從,生死路殊,空懷可作之歎……',蓋歎其不能複得諸人校定,以歸於一也。可見當時編韻之人實未愜心。自唐時頒為官韻,遂無能議其得失,然核以古音,實為錯亂乖離。"(《音學十書》第319頁)江有誥的批評標準可能不恰當,但不能"歸於一","錯亂乖離",不比"雜凑"還嚴重嗎?我在使用"雜凑"這個詞語的時候是有確切含義的。"雜"是指古今雜糅,"凑"是南北拼凑。雜凑是針對"因論南北是非,古今通塞"而言的。我們説《切韻》音系在性質上具有"雜凑"的特點,而不是説《切韻》這本書是雜亂無章的,也不是説《切韻》没有嚴密的語音體系,一部韻書有嚴密的語音體系和這個體系的性質是"雜凑"的,本是兩個問題,怎麼能混為一談呢?就是説,一本韻書,作為書本子上的體系可以是嚴密的,若拿這個體系與某一特定的活方音對比則又是"雜凑"的,在中國韻書史上這樣的例子難道還少嗎?如明代的《洪武正韻》,就具有古今南北雜凑的特點,可是我們不能説《洪武正韻》這部書没有嚴密的語音體系。我們考察中國古代某些韻書,若不懂得書本體系與活語系之間既有聯繫又相脱節這一重要特點,就難免不失之臆斷。

(何九盈:《中國古代語言學史》,北京大學出版社,2006年,第138—139頁)

【拓展指南】

一、文獻介紹

1.《切韻》

隋陸法言著,成書於隋仁壽元年(601)。原書已佚,但二十世紀初以來發現了唐五代的寫本和刻本的殘本、殘頁。該書先根據聲調分成五卷,其中,平聲分上下兩卷,上、去、入各一卷。各卷下各若干韻，其中，平聲 54 韻、上聲 51 韻，去聲 56 韻，入聲 32 韻。各韻內有若干同音字組，每個字後都有簡單釋義；各同音字組的第一個字的釋義後有反切注音；反切之後注明這個同音字組中所含的字數。破音字另外注出“又音某”。這個同音字組叫作小韻。

《切韻》流行以後，出現了很多增訂本。其中，唐王仁煦《刊謬補缺切韻》和宋陳彭年等編的《大宋重修廣韻》是現存完整的增訂本。增訂本對原本的改變主要是注釋字數的增加，韻目稍有改變，但主體的語音系統並没有改變。

2.《韻鏡》

由南宋張鱗之刊刻，並說此書原名《指微韻鏡》，之前一度因避宋太祖趙匡胤祖父趙敬諱改名《韻鑒》。該書把《廣韻》206 韻，以及各小韻，都放在本書設計的韻圖中，全書共有 43 圖，每圖叫一“轉”。各轉(圖)標出“開”、“合”，就是今天說的開口呼、合口呼，没有[-u-]介音。每圖的組成是這樣的：頂上一行橫排三十六字母，但並不直接寫出字母名稱，而是只有唇音、舌音、牙音、齒音、喉音、舌音齒，這裏邊的唇音下幫組、非組並列在一行，照組、知組列在一起，照組、精組列在一起。

《韻鏡》在宋朝時流傳到日本，清末黎昌庶從日本得到，刻入其《古逸叢書》，這才重新流行。

3.《中原音韻》

元周德清著，是中國最早的一部曲韻韻書。該書共分十九韻，然後在韻下分陰平、陽平、上聲、去聲，没有單獨的入聲類。入聲字被分散放在陽平、上聲、去聲的陰聲韻之後。各聲調之內，又有若干同音字組，各同音字組中没有注釋和反切注音。該書共收字頭 5866 個，分別屬於 1586 個小韻。根據現代學者的考證，《中原音韻》大約有聲母 20 到 25 個，入聲即便没有消失，也應該跟陰聲韻很接近。

《中原音韻》跟之前的韻書比較起來，發生了幾個重要變化：一是入聲分派到三聲之中，二是中古的全濁聲母已經全部變成了清聲母，三是平聲根據中古聲母的情况分成陰平和陽平，四是中古的全濁上聲字編入去聲之中，五是中古全濁聲母字變成清聲母時，塞音、塞擦音聲母凡平聲都送氣，仄聲都不送氣。

該書有一部分叫《正語作詞起例》，是對作曲和語音的說明文字，對研究《中原音韻》的語音系統和當時的語言狀况，具有重要作用。

4.《音學五書》

明清之際學者顧炎武著，是古音研究專著。全書分五個部分：音論、詩本音、易音、唐韻正、古音表。

音論部分澄清了一些對古音的錯誤認識，比如，批評古人長期使用的改讀以達到和諧的叶音方法，認為古詩無叶音。古人雖然有四聲的分別，但是詩歌押韻不必拘泥聲調相同，這是該書的綱領部分。

《詩本音》考察《詩經》押韻情况，對哪些韻腳字之間常常押韻、韻腳字的出現次數等都做了統計，這是該書最重要的部分。《易音》與上部分一樣，是選取作者找到的

《易》中的韻句。《唐韻正》是利用他考訂出來的古音來觀照《廣韻》(作者認為的《唐韻》),以糾正他認為的《唐韻》的錯誤。《古音表》是顧炎武對古音研究的總結,作者離析《唐韻》分古音為十部,用《廣韻》的韻目字表示各部分所含的內容。

5.《切韻考》

清陳澧著,是研究《切韻》語音系統的著作。該書雖然研究《切韻》,但由於《切韻》早已亡佚,他是通過《廣韻》來考訂《切韻》的,由是命名之。

該書的特異之處在於作者發明了一種研究古代韻書的有效方法:反切繫聯法。所謂繫聯法,就是利用反切中反切上字與被切字聲母相同、反切下字與被切字韻母相同的原理,把互相注過音的字聯繫起來,進而得到聲母的類别和韻母的類别。作者利用這種方法,考訂出《切韻》有 40 聲類和 311 韻類。

陳澧創造的反切繫聯法可以運用於别的韻書的研究,也可以運用於比較單一的字書的反切音系的研究。直到現在,這種方式還是很有生命力的。

6.《六書音均表》

清段玉裁著,是研究古韻的專著。該書把段氏自己對古韻的研究,用表的形式表現出來。全書共有五張表:今韻古分十七部表、古十七部諧聲表、古十七部合用分類表、詩經韻分十七部表、群經韻分十七部表。該書集中反映了清朝乾嘉學派代表人物段玉裁繼承顧炎武、江永等的研究成果,在其老師戴震的指導下進行的卓越探索。該書對古韻分部的主要貢獻是支、脂、之三分,發前人所未發。其次,他在研究方法上貫徹了凡同諧聲必同部的指導思想,在研究詩經押韻事實基礎上,製作諧聲表,把諧聲、詩韻結合起來。

7.《中國音韻學研究》

瑞典高本漢著,是研究漢語中古音的著作。這是作者的博士論文,1918 年完成,很快被中國廣泛介紹,但完整的漢語翻譯本是民國時期的中央研究院歷史語言研究所趙元任、李方桂、羅常培翻譯,並於二十世紀四十年代出版的《中國音韻學研究》。該書利用中古時代的韻書、韻圖,考訂古代漢語的聲韻系統,然後利用漢語方言和域外譯音來構擬古代音值,是利用西方的歷史比較語言學方法研究漢語的最成功的著作。

高本漢還有研究上古音的論著《詩經研究》、《中日漢字分析字典》、《中上古漢語音韻綱要》等,還有對漢語的其他方面的研究著作。

8.《漢語語音史》

王力著。該書試圖對漢語語音的發展歷史作出比較全面的描寫,解釋一些發展規律。書中把漢語語音的發展分為九個歷史階段,每個階段選取代表音系,連接起來。九個音系是:先秦、兩漢、六朝、隋唐、宋代、元代、明代、清代、現代。作者在選取各時期代表音系時,注重活的語言系統,比如,他没有選擇《切韻》作為中古音的代表,就是因為他認為《切韻》音系是綜合音系,不能作為隋唐語音的代表。

該書給每個時期的音系構擬了聲母、韻母、聲調系統,又作了音值構擬。

該書是王力先生晚年的學術著作,很多地方具有總結意義。

9.《古韻通曉》

陳復華、何九盈著，是研究漢語上古音的著作。該書總結了古音學家的研究成果，從中發現問題，提出自己的看法。全書有古韻分部的歷史、諧聲異同比較、古韻三十部對字總表、歸字總論、上古韻母的構擬幾個部分，書後附有《古韻三十部歸字筆畫檢字表》，方便讀者使用。

該書的第四章《歸字總論》在考察各家歸字分歧的基礎上，總結了導致歸字分歧的原因。其中，諧聲方面的原因有：第一是聲首標準不同，第二是同聲首有人歸為不同的部，第三是同字異聲。此外還有詩韻方面的原因、聲調方面的原因、等呼方面的原因、異文異讀方面的原因。在總結的基礎上，作者逐個討論了諧聲的歸屬問題。要瞭解各家的上古音體系的異同，此書是重要的參考。

二、資料導引

1. 曹述敬主編：《音韻學詞典》，湖南出版社，1991 年。
2. 曾運乾：《音韻學講義》，中華書局，1996 年。
3. 耿振生：《明清等韻學通論》，語文出版社，1992 年。
4. 郭錫良：《漢字古音手册》（增訂本），北京大學出版社，2010 年。
5. 何九盈：《漢語音韻學述要》，中華書局，2009 年。
6. 何九盈：《中國古代語言學史》，北京大學出版社，2006 年。
7. 何九盈：《中國古現代語言學史》，商務印書館，2008 年。
8. 李榮：《切韻音系》，科學出版社，1956 年。
9. 李新魁：《〈中原音韻〉音系研究》，中州書畫社，1983 年。
10. 劉曉南：《漢語音韻研究教程》，北京大學出版社，2006 年。
11. 陸志韋：《古音說略》，見《陸志韋語言學論文集》，中華書局。
12. 甯繼福：《中原音韻表稿》，吉林文史出版社，1985 年。
13. 邵榮芬：《切韻研究》，中華書局，2008 年。
14. 唐作藩：《音韻學教程》，北京大學出版社，2013 年。
15. 王力：《漢語史稿》，中華書局，1980 年。
16. 王力：《漢語語音史》，中國社會科學出版社，1985 年。
17. 王力：《詩詞格律》，中華書局，1977 年。
18. 王力：《詩經韻讀・楚辭韻讀》，中國人民大學出版社，2004 年。
19. 謝紀鋒：《音韻學概要》，廣西師範大學出版社，1992 年。
20. 薛鳳生：《中原音韻音位系統》，北京語言學院出版社，1990 年。
21. 楊劍橋：《漢語現代音韻學》，復旦大學出版社，1996 年。
22. 楊耐思：《中原音韻音系》，中國社會科學出版社，1981 年。
23. 俞敏：《中國大百科全書・語言文字卷・漢語音韻學》，中國大百科全書出版社，1988 年。

【文 選】

汝 墳

【解題】

本詩選自中華書局1980年版《十三經注疏·毛詩正義·周南》。《詩經》是我國最早的一部詩歌總集,收入自西周初年至春秋中葉大約五百年間的詩歌305篇。作者大多不可考,彙編者也無定論。先秦稱《詩》,或稱《詩三百》。西漢時尊為儒家經典,始稱《詩經》。《毛詩正義》是唐代學者孔穎達取西漢毛亨為《詩經》做的"傳"和東漢鄭玄做的"箋",又加以注疏而成的訓詁著作。

《汝墳》表達了女子對自己遠役的丈夫的思念之情。

【原文】

遵彼汝墳[1],伐其條枚[2];未見君子,惄如調飢[3]。
遵彼汝墳,伐其條肄[4];既見君子,不我遐棄[5]。
魴魚赬尾[6],王室如燬[7];雖則如燬,父母孔邇[8]。

【注釋】

[1] 汝:水名。墳:堤壩。
[2] 伐:折。毛亨《傳》:"枝曰條,榦曰枚。"
[3] 惄(nì):憂思。調:通"朝"。早晨。
[4] 肄:重生的枝條。
[5] 賓語前置句。不遠離我。
[6] 赬:赤色。傳説魚勞累則尾巴成赤色。喻指丈夫在外行役勞累。
[7] 燬(huǐ):即火。比喻王政酷烈。
[8] 孔:很。邇:近。

伯 兮

【解題】

本詩選自中華書局1980年版《十三經注疏·毛詩正義·衛風》。本詩寫女子思念出征的丈夫。

【原文】

伯兮朅兮[1],邦之桀兮。伯也執殳[2],為王前驅。
自伯之東,首如飛蓬[3]。豈無膏沐[4]? 誰適為容[5]!
其雨其雨,杲杲出日[6]。願言思伯[7],甘心首疾。

焉得諼草[8]？言樹之背[9]。願言思伯,使我心痗[10]。

【注釋】

[1] 朅(qiè):勇武的樣子。

[2] 殳(shū):長柄兵器,以竹、木製成,似矛。

[3] 飛蓬:亂草。

[4] 膏:油脂。沐:洗頭;一說指洗頭用的米汁。

[5] 適:猶“是”。語氣助詞。此句意謂為誰修飾容貌。

[6] 杲杲:明亮。

[7] 願:每。

[8] 諼(xuān)草:即萱草,傳説可以使人忘憂的草,俗名忘憂草。

[9] 背:北堂。

[10] 痗(mèi):病。

叔于田

【解題】

本詩選自中華書局1980年版《十三經注疏·毛詩正義·鄭風》。這是讚美獵人的詩。此詩運用烘托手法,極力形容叔的舉止超凡。

【原文】

叔于田[1],巷無居人。
豈無居人？不如叔也,洵美且仁[2]。
叔于狩,巷無飲酒。
豈無飲酒？不如叔也,洵美且好。
叔適野[3],巷無服馬[4]。
豈無服馬？不如叔也,洵美且武。

【注釋】

[1] 田:打獵。

[2] 洵:實在,的確。

[3] 郊外曰牧,牧外曰野。

[4] 服:騎,乘。

南有嘉魚

【解題】

本詩選自中華書局1980年版《十三經注疏·毛詩正義·小雅》。“雅”是《詩經》中的雅正之詩,大部分作於西周末期。本篇寫宴飲嘉賓。

【原文】

南有嘉魚，烝然罩罩[1]。君子有酒，嘉賓式燕以樂[2]。
南有嘉魚，烝然汕汕[3]。君子有酒，嘉賓式燕以衎[4]。
南有樛木[5]，甘瓠纍之[6]。君子有酒，嘉賓式燕綏之。
翩翩者鵻[7]，烝然來思。[8]君子有酒，嘉賓式燕又思。

【注釋】

[1] 烝然：衆多貌。罩罩：悠閒貌。
[2] 式：助詞。無義。燕：通“宴”，快樂。
[3] 汕汕：逍遥貌。
[4] 衎（kàn）：樂。
[5] 樛木：彎曲的樹。
[6] 甘瓠：葫蘆。纍：纏繞。
[7] 鵻（zhuī）：一種鳥。
[8] 思：助詞。

湘 君

【解題】

本文選自《四部叢刊·楚辭·九歌》。《楚辭》，是漢代劉向整理編纂的戰國時代屈原及宋玉等人的詩歌集。作品從形式到内容都具有濃郁的楚地（今兩湖一帶）特色，充滿浪漫主義色彩。《九歌》是屈原根據當時楚地民歌改編的組詩，共11篇。本篇和下篇《湘夫人》都是湘水之神的戀歌。湘君，湘水之神，傳説舜死後化為湘君。

【原文】

君不行兮夷猶[1]，蹇誰留兮中洲[2]？
美要眇兮宜修[3]，沛吾乘兮桂舟[4]。
令沅湘兮無波，使江水兮安流。
望夫君兮未來，吹參差兮誰思[5]？
駕飛龍兮北征，邅吾道兮洞庭[6]。
薜荔柏兮蕙綢，蓀橈兮蘭旌[7]。
望涔陽兮極浦[8]，横大江兮揚靈。
揚靈兮未極，女嬋媛兮為余太息[9]！
横流涕兮潺湲，隱思君兮陫側。
桂櫂兮蘭枻[10]，斲冰兮積雪。
采薜荔兮水中，搴芙蓉兮木末。

心不同兮媒勞,恩不甚兮輕絕。
石瀨兮淺淺[11],飛龍兮翩翩。
交不忠兮怨長,期不信兮告余以不閒。
鼂騁騖兮江皋,夕弭節兮北渚[12]。
鳥次兮屋上,水周兮堂下。
捐余玦兮江中,遺余佩兮澧浦[13]。
采芳洲兮杜若[14],將以遺兮下女。
旹不可兮再得,聊逍遥兮容與[15]。

【注釋】

[1] 夷猶:即"猶豫"。
[2] 蹇:發語詞。
[3] 要眇(miào):美好貌。宜修:修飾得很合適。
[4] 沛:快速的樣子。
[5] 參差:排簫,由於樣子參差不齊而得名。
[6] 邅:轉,繞道。
[7] 薜荔:藤本植物,味香。柏:通"迫"。挨近,附著。蓀:一種香草;橈:短槳。
[8] 涔陽:地名。浦:水邊。
[9] 嬋媛:牽腸掛肚。
[10] 櫂:長槳。枻(yì):短槳。
[11] 淺(jiān):淺淺,水疾流貌。
[12] 鼂:同"朝"。早上。弭節:停車。弭:止。節:馬鞭。
[13] 玦:玉佩。
[14] 杜若:一種香草。
[15] 容與:自在的樣子。

湘夫人

【解題】

本文選自《四部叢刊·楚辭·九歌》。傳説湘夫人是堯的兩個女兒,嫁與舜帝。舜死後,雙雙投江,後為湘夫人。本篇寫湘夫人之美與她跟湘君美好的約會。

【原文】

帝子降兮北渚[1],目眇眇兮愁予。
嫋嫋兮秋風,洞庭波兮木葉下。
登白薠兮騁望[2],與佳期兮夕張[3]。

鳥何萃兮蘋中[4]？罾何為兮木上[5]？
沅有茝兮醴有蘭[6]，思公子兮未敢言。
荒忽兮遠望，觀流水兮潺湲。
麋何食兮庭中？蛟何為兮水裔？
朝馳余馬兮江皐，夕濟兮西澨[7]。
聞佳人兮召予，將騰駕兮偕逝。
築室兮水中，葺之兮荷蓋。
蓀壁兮紫壇，𦶜芳椒兮成堂[8]。
桂棟兮蘭橑[9]，辛夷楣兮葯房[10]。
罔薜荔兮為帷，擗蕙櫋兮既張[11]。
白玉兮為鎮，疏石蘭兮為芳[12]。
芷葺兮荷屋，繚之兮杜衡[13]。
合百草兮實庭，建芳馨兮廡門[14]。
九嶷繽兮並迎[15]，靈之來兮如雲。
捐余袂兮江中[16]，遺余褋兮醴浦[17]。
搴汀洲兮杜若，將以遺兮遠者。
時不可兮驟得，聊逍遥兮容與。

【注釋】

［1］帝子：指湘夫人，傳説是堯帝的女兒。

［2］白薠（fán）：一種秋生的水草。

［3］張：佈置。

［4］萃：匯集；蘋：水草。

［5］罾：魚網。

［6］沅、醴：都是江名，在湖南境內。醴，通“澧”。茝：白芷，一種香草。

［7］澨：水邊。

［8］𦶜（bō）：播，散播。

［9］橑（lǎo）：房椽。

［10］辛夷：一種香木。楣：門上橫梁。葯：白芷。

［11］罔：“網”的古字，這裏活用為動詞，編織。擗：開。蕙，蕙草。櫋（mián）：屋裏的屏風。

［12］疏：分散陳列。石蘭：一種蘭草。

［13］杜衡：一種香草。

［14］廡門：正屋旁邊的屋門。

［15］九嶷：九嶷山上的諸神。繽：繽紛，猶言紛紛。

[16] 袂:衣袖。

[17] 褋(dié):單衣。

橘 頌

【解題】

本文選自《四部叢刊·楚辭·九章》。本篇詠物以抒情。通過寫橘,表達自己獨立高潔的人格追求。

【原文】

后皇嘉樹,橘徠服兮[1]。
受命不遷,生南國兮。
深固難徙,更壹志兮[2]。
綠葉素榮[3],紛其可喜兮。
曾枝剡棘[4],圓果摶兮。
青黄雜糅,文章爛兮。
精色內白,類可任兮[5]。
紛緼宜脩,姱而不醜兮[6]。
嗟爾幼志,有以異兮。
獨立不遷,豈不可喜兮。
深固難徙,廓其無求兮[7]。
蘇世獨立[8],横而不流兮。
閉心自慎,不終失過兮。
秉德無私,參天地兮。
願歲并謝,與長友兮。
淑離不淫[9],梗其有理兮[10]。
年歲雖少,可師長兮。
行比伯夷,置以為像兮。

【注釋】

[1] 服:習慣。

[2] 壹志:志向專一。

[3] 素榮:白色花。

[4] 曾枝:繁枝。剡棘:尖利的刺。

[5] 任:用。

[6] 姱:美好。

[7] 廓:開闊。

[8] 蘇世:清醒地看待世事。蘇:醒悟。

[9] 淑離:賢淑而美麗。

[10] 梗:正直。

擬行路難(十四)

【解題】

作者鮑照(約415—470),字明遠,南朝宋文學家,被認為是南北朝時期文人中成就最高的,與顏延之、謝靈運合稱"元嘉三大家"。《擬行路難》共有十八首,這裏選取的是第十四首,寫軍人征程之難。

【原文】

君不見少壯從軍去,白首流離不得還。
故鄉窅窅日夜隔[1],音塵斷絕阻河關。
朔風蕭條白雲飛,胡笳哀急邊氣寒。
聽此愁人兮奈何,登山遠望得留顏。
將死胡馬跡,寧見妻子難。
男兒生世轗軻欲何道[2],綿憂摧抑起長歎[3]。

【注釋】

[1] 窅窅(yǎo yǎo):遙遠貌。

[2] 轗(kǎn)軻:坎坷。

[3] 摧抑:悲痛壓抑。

歸園田居(其一)

【解題】

作者陶淵明(約365—427),字元亮(一說名潛,字淵明),號五柳先生,私謚靖節,東晉潯陽柴桑(今江西九江)人,著名文學家,其詩文多反映田園生活。《歸園田居》共五首,寫作者歸隱以後的生活和內心世界。所選為第一首,寫作者厭倦世俗官場的齷齪,終於回到自己的世界。

【原文】

少無適俗韻,性本愛丘山。
誤落塵網中,一去三十年[1]。
羈鳥戀舊林,池魚思故淵。
開荒南野際,守拙歸園田[2]。
方宅十餘畝[3],草屋八九間。

榆柳蔭後檐，桃李羅堂前[4]。
曖曖遠人村[5]，依依墟里煙。
狗吠深巷中，雞鳴桑樹巔。
户庭無塵雜，虚室有餘閒[6]。
久在樊籠裏，復得返自然。

【注釋】

[1] 塵網：比喻仕途官場。三十年，可能是十三年之誤。陶淵明從出任江州祭酒到歸隱田園的次年，正是十三年。

[2] 守拙：保守自己不善迎合官場的本性。

[3] 方宅：田宅。

[4] 羅：排列。

[5] 曖曖：昏暗不明。

[6] 虚室：空寂的居室。《莊子·人間世》："瞻彼闋者，虚室生白。"

蜀道難

【解題】

作者李白（701—762），字太白，號青蓮居士，祖籍隴西成紀（今甘肅天水一帶），唐代偉大的浪漫主義詩人，後人譽為"詩仙"，與杜甫齊名，並稱"大李杜"。本詩以綺麗的筆調和想象豐富的誇張，叙寫了蜀地的險峻，抒發了無限的感慨。

【原文】

噫吁戲，危乎高哉！
蜀道之難，難於上青天！
蠶叢及魚鳧[1]，開國何茫然。
爾來四萬八千歲，不與秦塞通人煙。
西當太白有鳥道[2]，可以横絶峨眉巔。
地崩山摧壯士死[3]，然後天梯石棧相鉤連。
上有六龍回日之高標[4]，下有衝波逆折之回川。
黄鶴之飛尚不得過，猿猱欲度愁攀援。
青泥何盤盤[5]，百步九折縈巖巒。
捫參歷井仰脅息[6]，以手撫膺坐長歎。
問君西遊何時還，畏途巉巖不可攀。
但見悲鳥號古木，雄飛雌從繞林間。

又聞子規啼夜月,愁空山。
蜀道之難,難於上青天!
使人聽此凋朱顏。
連峰去天不盈尺,枯松倒掛倚絕壁。
飛湍瀑流爭喧豗,砯崖轉石萬壑雷[7]。
其險也如此,嗟爾遠道之人胡為乎來哉!
劍閣崢嶸而崔嵬[8],一夫當關,萬夫莫開。
所守或匪親[9],化為狼與豺。
朝避猛虎,夕避長蛇,磨牙吮血,殺人如麻。
錦城雖云樂,不如早還家。
蜀道之難,難於上青天!側身西望長咨嗟。

【注釋】

[1] 蠶叢、魚鳧:傳説中的兩位古蜀国的國君。

[2] 太白:山名,在咸陽西。

[3] 故事來自《華陽國志·蜀志》:蜀國國王貪戀美色,秦王就投其所好,送他五個美女,蜀王派五名力士前往迎接。他們走到梓潼這個地方的時候,遇到一條大蛇鑽進石穴裏,五力士用力拉蛇尾巴,結果大山被拉崩塌,力士和美女都被壓在大山下,崩裂的山變成五嶺。

[4] 六龍回日:古代神話傳説。羲和每天駕六龍拉的車載著太陽東升西落,但到了蜀地卻不得不回轉車子。

[5] 青泥:山名,在陝西略陽縣。

[6] 捫參歷井仰脅息:參、井都是星宿名,其分野分别在秦地和蜀地。

[7] 砯(pīng):衝擊之聲。

[8] 劍閣:劍門關,在大劍山與小劍山之間,今四川省劍閣縣北。

[9] 匪:通“非”。

上李邕

【解題】

作者李白,用簡單明快的語言,表達了自己的志向,表現出卓然不群的個性。

【原文】

大鵬一日同風起,摶摇直上九萬里。
假令風歇時下來,猶能簸卻滄溟水。
世人見我恒殊調,聞余大言皆冷笑。

宣父猶能畏後生[1],丈夫未可輕年少。

【注釋】

[1] 宣父:指孔子。

羌村(其二)

【解題】

作者杜甫(712—770),字子美,自號少陵野老,世稱“杜工部”、“杜老”、“杜陵”、“杜少陵”等,今河南鞏義人,唐代偉大的現實主義詩人,人稱“詩聖”,其詩被稱為“詩史”,與李白合稱“大李杜”。安史之亂時,杜甫避難居住在羌村,寫下《羌村三首》,這是其中第二首。詩人撫今追昔,表達了憂慮國事的複雜心情。

【原文】

晚歲迫偷生,還家少歡趣。
嬌兒不離膝,畏我復卻去。
憶昔好追涼,故繞池邊樹[1]。
蕭蕭北風勁,撫事煎百慮[2]。
賴知禾黍收,已覺糟牀注[3]。
如今足斟酌[4],且用慰遲暮。

【注釋】

[1] 故:常常。

[2] 煎百慮:為各種憂慮所煎熬。

[3] 糟牀:製造酒的榨牀。注:流淌。

[4] 斟酌:指飲酒。

悲陳陶

【解題】

作者杜甫,有感於安史之亂時的陳陶之戰而作。宰相房琯率四五萬官軍在陳陶同叛軍激戰,由於指揮失當,差不多全軍覆没。

【原文】

孟冬十郡良家子[1],血作陳陶澤中水[2]。
野曠天清無戰聲,四萬義軍同日死。
群胡歸來血洗箭,仍唱夷歌飲都市。
都人回面向北啼,日夜更望官軍至。

【注釋】

[1] 孟冬:冬季的第一個月。

[2] 陳陶:地名。

紅線毯

【解題】

作者白居易(772—846),字樂天,晚年號香山居士,河南新鄭人,唐代偉大的現實主義詩人,其詩以平易通俗著稱,代表作有《長恨歌》、《琵琶行》等。本篇是白居易所作的《新樂府》。新樂府是相對於樂府古題而言的,它始創於杜甫。特點是篇無定句,句無定字,首句標其目,卒章顯其志,語言直切。本篇通過叙寫宣州進貢紅線毯之事,揭露了統治者對百姓的剝削。

【原文】

紅線毯,擇繭繰絲清水煮[1],揀絲練線紅藍染。
染為紅線紅于藍,織作披香殿上毯[2]。
披香殿廣十丈餘,紅線織成可殿鋪。
綵絲茸茸香拂拂,線軟花虛不勝物;
美人蹋上歌舞來,羅襪繡鞋隨步没。
太原毯澀毳縷硬,蜀都褥薄錦花冷;
不如此毯温且柔,年年十月來宣州。
宣州太守加樣織[3],自謂為臣能竭力;
百夫同擔進宫中,線厚絲多卷不得。
宣州太守知不知?一丈毯,千兩絲,
地不知寒人要暖,少奪人衣作地衣!

【注釋】

[1] 繰絲:即繅絲。把蠶繭浸入沸水中抽絲。

[2] 披香殿:本為漢代宫殿名,後泛指宫廷裹歌舞的宫殿。

[3] 此句原注:"貞元中,宣州進開樣加絲毯。"開樣:翻新花樣。加樣同義。

隋　宫

【解題】

作者李商隱(813—858),字義山,號玉谿生、樊南生,懷州河内(今河南泌陽縣)人。晚唐著名詩人。與杜牧齊名,人稱"小李杜";又與温庭筠齊名,人稱“温李”。常以歌詠歷史題材來諷諭現實。本篇寫對隋朝滅亡的遐想。

【原文】

紫泉宫殿鎖煙霞[1],欲取蕪城作帝家[2]。
玉璽不緣歸日角[3],錦帆應是到天涯。
於今腐草無螢火[4],終古垂楊有暮鴉。
地下若逢陳後主,豈宜重問後庭花[5]?

【注釋】

[1] 紫泉:又叫紫淵,是長安城内的水名。這裏代指長安。

[2] 蕪城:揚州。

[3] 日角:指李淵,據説他長相“日角龍庭”。

[4] 傳説腐草可以生螢火蟲。當年楊廣在位時,夜間出來遊玩,曾讓百姓深夜收集螢火蟲供他觀賞。

[5] 陳後主:即陳叔寶,荒淫而誤國,為隋所俘。楊廣當皇帝後,曾夢到陳後主,並讓陳後主的寵妃張麗華為之舞《玉樹後庭花》。

錦瑟

【解題】

作者李商隱,抒發了懷才不遇、年華虚度、壯志未酬的感慨。

【原文】

錦瑟無端五十弦[1],一弦一柱思華年。
莊生曉夢迷蝴蝶,望帝春心託杜鵑[2]。
滄海月明珠有淚[3],藍田日暖玉生煙。
此情可待成追憶,只是當時已惘然。

【注釋】

[1] 錦瑟:裝飾有如錦花紋的瑟。

[2] 此句借用莊生化蝶和望帝化杜鵑鳥的故事。

[3] 傳説海裏蚌蛤中的珍珠圓不圓,跟月亮的盈虧有關。

更漏子

【解題】

作者温庭筠(約813—870),本名岐,字飛卿,唐末太原祁(今山西祁縣東南)人。精通音律,工詩詞,與李商隱齊名,人稱“温李”;又與韋莊齊名,並稱“温韋”。其詩詞穠豔綺麗,内容多寫閨情,為“花間派”重要詞人。本篇便是抒寫女子春夜相思愁苦的哀怨之詞。

【原文】

柳絲長,春雨細,花外漏聲迢遞[1]。驚塞雁,起城烏,畫屏金鷓鴣[2]。

香霧薄[3],透簾幕,惆悵謝家池閣[4]。紅燭背[5],繡簾垂,夢長君不知。

【注釋】

[1] 迢遞:遠的樣子。

[2] 畫屏上是金色的鷓鴣。

[3] 香霧:薰香的煙霧。

[4] 謝家池閣:指閨房。唐李德裕為姬謝秋娘建造華屋。秋娘死後,李德裕為之撰《謝秋娘》曲。

[5] 紅燭背:即背對紅燭。

卜算子(黃州定慧院寓居作)

【解題】

作者蘇軾(1037—1101),字子瞻,又字和仲,號東坡居士。北宋眉州眉山(今四川眉山)人,著名文學家、書畫家、政治家。精於詩文書畫,成就卓著。其詩與黃庭堅、陸游齊名,並稱"蘇黃"、"蘇陸";其詞與辛棄疾比肩,合稱"蘇辛";其文與歐陽修媲美,人稱"歐蘇",為"唐宋八大家"之一;書法"自出新意",與蔡襄、黃庭堅、米芾並稱宋代四大家;繪畫重視神似,奠定了後世"文人畫"的基礎。被譽為"坡仙"、"詩神"、"詞聖"等。

本詞寫寒夜所見,透露出作者當時平靜、淡定、孤獨的心情。

【原文】

缺月掛疏桐,漏斷人初靜[1]。時見幽人獨往來,縹緲孤鴻影。

驚起卻回頭,有恨無人省[2]。揀盡寒枝不肯棲,寂寞沙洲冷。

【注釋】

[1] 漏:古代的計時工具。

[2] 省(xǐng):瞭解,明白。

踏莎行

【解題】

作者秦觀(1049—1100)字太虛,又字少游,別號邗溝居士,世稱淮海先生。北宋揚州高郵(今江蘇高郵市)人,與張耒、晁補之、黃庭堅並稱"蘇門四學士"。著名婉約派詞人,其詞輕婉秀麗,情韻兼勝。

本詞表達了作者被貶郴州時孤獨、思鄉的感受。

【原文】

霧失樓臺，月迷津渡，桃源望斷無尋處[1]。可堪孤館閉春寒，杜鵑聲裏斜陽暮。　　驛寄梅花[2]，魚傳尺素[3]，砌成此恨無重數。郴江幸自繞郴山，為誰流下瀟湘去。

【注釋】

［1］桃源：即陶淵明《桃花源記》所寫之桃花源，藉以表達作者歸隱的念頭。

［2］驛寄梅花：借用南朝陸凱和范曄的故事。兩人友好，陸凱從江南寄梅花給長安的范曄，並寫詩："折梅逢驛使，寄與隴頭人。江南無所有，聊贈一枝春。"

［3］魚傳尺素：漢樂府《飲馬長城窟行》："客從遠方來，遺我雙鯉魚。呼兒烹鯉魚，中有尺素書。"

長亭送别

【解題】

選自中華書局1963年版《西廂記》。《西廂記》全名《崔鶯鶯待月西廂記》，全劇共五本二十一折，作者王實甫，生卒年不詳，本名王德信，元大都（今北京市）人。元雜劇著名作家，著有雜劇十四種。

所選為《西廂記》第四本第三折，寫相國夫人設計干涉女兒的婚姻，張生被迫與新婚妻子離别。把張生和崔鶯鶯兩人的依戀、悲傷、怨憤、憂慮、體貼、期待等表現得淋漓盡致。

【原文】

［**夫人、長老上云**］[1]今日送張生赴京，十里長亭，安排下筵席。我和長老先行，不見張生、小姐來到。

［**旦、末、紅同上**］[2]［**旦云**］今日送張生上朝取應[3]，早是離人傷感，況值那暮秋天氣，好煩惱人也呵！悲歡聚散一杯酒，南北東西萬里程。

【正宫】【端正好】[3]碧雲天，黄花地，西風緊，北雁南飛。曉來誰染霜林醉？總是離人淚。

【注釋】

［1］夫人：指崔鶯鶯之母。長老：指普救寺的住持和尚。

［2］旦：劇中女角，分正旦、外旦、老旦、小旦，這裏指崔鶯鶯的扮演者。末：男性角色，分正末、副末、沖末、外末，這裏指張生的扮演者。紅：指紅娘。

［3］取應：應試，趕考。

［4］正宫：宫調名；端正好：曲牌名。元雜劇規定，每折戲只限用一個宫調。下面的滚綉球、脱佈衫、叨叨令、小梁州，均屬同一宫調的曲牌。

【原文】

【滚繡球】恨相見得遲,怨歸去得疾。柳絲長玉驄難繫[5],恨不倩疏林挂住斜暉。馬兒迍迍的行,車兒快快的隨,卻告了相思迴避,破題兒又早别離[6]。聽得道一聲去也,鬆了金釧[7];遥望見十里長亭,减了玉肌:此恨誰知?

[紅云]姐姐今日怎麽不打扮?[旦云]你那知我的心裏呵?

【叨叨令】見安排著車兒、馬兒,不由人熬熬煎煎的氣;有甚麽心情將花兒、靨兒,打扮得嬌嬌滴滴的媚;準備著被兒、枕兒,只索昏昏沈沈的睡。從今後衫兒、袖兒,都搵做重重疊疊的淚。兀的不悶殺人也麽哥!兀的不悶殺人也麽哥!今已後書兒、信兒,索與我凄凄惶惶的寄[8]。

【注釋】

[5] 玉驄:青白色的馬。

[6] 破題兒:開頭。

[7] 金釧:鐲子。

[8] 索:須要。

【原文】

[做到見夫人科][夫人云]張生和長老坐,小姐這壁坐,紅娘將酒來。張生,你向前來,是自家親眷,不要迴避。俺今日將鶯鶯與你,到京師休辱没了俺孩兒,掙揣一個狀元回來者。

[末云]小生托夫人餘蔭,憑著胸中之才,覷官如拾芥耳。

[潔云][9]夫人主張不差,張生不是落後的人。[把酒了,坐][旦長吁科]

【脱布衫】下西風黄葉紛飛,染寒煙衰草萋迷。酒席上斜簽著坐地,蹙愁眉死臨侵地[10]。

【小梁州】我見他閣淚汪汪不敢垂[11],恐怕人知;猛然見了把頭低,長吁氣,推整素羅衣[12]。

【幺篇】雖然久後成佳配,奈時間怎不悲啼。意似癡,心如醉,昨宵今日,清减了小腰圍。

[夫人云]小姐把盞者![紅遞酒,旦把盞長吁科云]請吃酒!

【注釋】

[9] 潔:元雜劇中指稱僧人。

[10] 死臨侵地:没精神的樣子。

[11] 閣淚:把淚忍在眼裏。

[12] 推:推説,裝作。

【原文】

[上小樓]合歡未已,離愁相繼。想著俺前暮私情,昨夜成親,今日別離。我諗知這幾日相思滋味[13],卻原來此別離情更增十倍。

【幺篇】年少呵輕遠別,情薄呵易棄擲。全不想腿兒相挨,臉兒相偎,手兒相攜。你與俺崔相國做女婿,妻榮夫貴,但得一個並頭蓮,煞强如狀元及第[14]。

[夫人云]紅娘把盞者![紅把酒科][旦唱]

【注釋】

[13] 諗(shěn):詳盡。

[14] 煞强如:遠遠勝過。

【原文】

【滿庭芳】供食太急,須臾對面,頃刻別離。若不是酒席間子母每當迴避[15],有心待與他舉案齊眉[16]。雖然是廝守得一時半刻,也合著俺夫妻每共桌而食[17]。眼底空留意,尋思起就裏,險化做望夫石[18]。

[紅云]姐姐不曾喫早飯,飲一口兒湯水。[旦云]紅娘,甚麽湯水嚥得下!

【快活三】將來的酒共食,嘗著似土和泥。假若便是土和泥,也有些土氣息,泥滋味。

【朝天子】煖溶溶玉醅,白泠泠似水,多半是相思淚。眼面前茶飯怕不待要喫,恨塞滿愁腸胃。"蝸角虛名[19],蠅頭微利",拆鴛鴦在兩下裏。一個這壁,一個那壁,一遞一聲長吁氣。

【注釋】

[15] 子母:母子,指崔夫人、崔鶯鶯母女。每:們。

[16] 舉案齊眉:典出自《後漢書·梁鴻傳》。梁鴻、孟光夫婦相親相敬,妻子孟光每次給梁鴻送飯,都把木槃舉得和眉毛一樣高,表示相敬如賓。

[17] 合著:該當。

[18] 望夫石:據《列異傳》等記載,武昌北山上有望夫石。傳説有女子攜幼子送夫出征,到此山,立望其夫,化為石頭。

[19] 蝸角虛名:很小的虛名。典出《莊子·則陽》:"有國於蝸之左角者,曰蠻氏;國於蝸之右角者,曰觸氏。爭地而戰,伏尸百萬。"

【原文】

[夫人云]輛起車兒[20],俺先回去,小姐隨後和紅娘來。[下][末辭潔科][潔云]此一行別無話兒,貧僧準備買登科錄看[21],做親的茶飯少不得貧僧的。先生在意,鞍馬上保重者!從今經懺無心禮[22],專聽春雷第一聲。

［下］［旦唱］

【四邊靜】霎時間杯盤狼藉，車兒投東，馬兒向西，兩意徘徊，落日山横翠。知他今宵宿在那裏？在夢也難尋覓。

［旦云］張生，此一行得官不得官，疾便回來。［末云］小生這一去白奪一個狀元，正是"青霄有路終須到，金榜無名誓不歸"。［旦云］君行别無所贈，口占一絶，為君送行："棄擲今何在，當時且自親。還將舊來意，憐取眼前人。[23]"［末云］小姐之意差矣，張珙更敢憐誰？謹賡一絶[24]，以剖寸心。"人生長遠别，孰與最關親？不遇知音者，誰憐長歎人[25]？"

【注釋】

［20］輛起：駕起。

［21］登科録：科舉考試的録取名册。

［22］經懺無心禮：無心禮經懺。經懺：泛指佛經。禮：指誦習。

［23］該詩在元稹《會真記》中是崔鶯鶯遭棄後所作。還：反。眼前人：指新歡。

［24］賡：續，酬和。

［25］知音者：指崔鶯鶯；長歎人：張生自指。

【原文】

［旦唱］

【耍孩兒】淋漓襟袖啼紅淚[26]，比司馬青衫更濕[27]。伯勞東去燕西飛，未登程先問歸期。雖然眼底人千里，且盡生前酒一杯。未飲心先醉，眼中流血，心内成灰。

【五煞】到京師服水土，趁程途節飲食，順時自保揣身體。荒村雨露宜眠早，野店風霜要起遲！鞍馬秋風裏，最難調護，最要扶持。

【四煞】這憂愁訴與誰？相思只自知，老天不管人憔悴。淚添九曲黄河溢，恨壓三峰華岳低[28]。到晚來悶把西樓倚，見了些夕陽古道，衰柳長堤。

【三煞】笑吟吟一處來，哭啼啼獨自歸。歸家若到羅幃裏，昨宵箇繡衾香暖留春住，今夜箇翠被生寒有夢知。留戀你别無意，見據鞍上馬，閣不住淚眼愁眉。

【注釋】

［26］紅淚：典出王嘉《拾遺記》：三國魏文帝時，薛靈芸被選入宫，與父母别，淚入玉壺，壺即成紅色。後人遂稱女子之淚為紅淚。

［27］司馬青衫：典出白居易《琵琶行》。

［28］華山有蓮花峰、毛女峰、松檜峰。

【原文】

［末云］有甚言語囑咐小生咱？［旦唱］

【二煞】你休憂"文齊福不齊[29]",我則怕你"停妻再娶妻"。休要"一春魚雁無消息[30]"。我這裏青鸞有信頻須寄[31],你卻休"金榜無名誓不歸"。此一節君須記,若見了那異鄉花草,再休似此處棲遲。

［末云］再誰似小姐？小生又生此念？［旦唱］

【一煞】青山隔送行,疏林不做美,淡煙暮靄相遮蔽。夕陽古道無人語,禾黍秋風聽馬嘶。我為甚麽懶上車兒內,來時甚急,去後何遲?

［紅云］夫人去好一會,姐姐,咱家去！［旦唱］

【收尾】四圍山色中,一鞭殘照裏。遍人間煩惱填胸臆,量這些大小車兒如何載得起?

［旦、紅下］［末云］僕童趕早行一程兒,早尋個宿處。淚隨流水急,愁逐野雲飛。［下］

【注釋】

[29] 文齊福不齊:文才達到了,福氣卻没有那麽多,指考不中。

[30] 魚雁:指書信。

[31] 青鸞:傳説給西王母傳信的鳥。

《切韻》序

【解題】

本文選自中國書店1982年版《宋本廣韻》(據張氏澤存堂本影印)。這是陸法言為他的《切韻》作的序言,敘述當時漢語語音狀況和韻書的得失以及編輯新韻書的目的等。是今人認識《切韻》性質、瞭解中古音的重要材料。《切韻》雖經過歷朝修訂,但本序都得以保留。

【原文】

昔開皇初,有儀同劉臻等八人[1],同詣法言門宿。夜永酒闌,論及音韻。以今聲調,既自有别。諸家取捨,亦復不同。吴楚則時傷輕淺,燕趙則多傷重濁,秦隴則去聲為入,梁益則平聲似去。又支(章移切)、脂(旨夷切)、魚(語居切)、虞(遇俱切),共為一韻;先(蘇前切)、仙(相然切)、尤(于求切)、侯(胡溝切),俱論是切。欲廣文路,自可清濁皆通;若賞知音,即須輕重有異。吕靜《韻集》[2],夏侯該《韻略》[3],陽休之《韻略》[4],周思言《音韻》[5],李季節《音譜》[6],杜臺卿《韻略》等[7],各有乖互。江東取韻,與河北復殊。因論南北是非,古今通塞。欲更捃選精切,除削疏緩,蕭、顏多所決定[8]。魏著作謂法言曰[9]:"向來論難,疑處悉盡,何不隨口記之？我輩數人,定則定矣。"法言即燭下握筆,略記綱紀,博問英辯,殆得精華。於是更涉餘學，兼從薄宦，十數年間，不遑修集。今返初服[10]，私訓諸弟子。凡有文藻，即須明聲韻。屏居山野，交游阻絕，疑惑之所，質問無從。亡者則生死路殊，空懷可作之歎；存者則貴賤禮隔，以報絕交之旨。遂取諸家音韻，古今字書，以前所記者定之，為《切韻》五卷。剖析豪氂[11]，分別黍累。何煩泣玉[12]，未得縣金[13]。藏之名山[14]，昔怪馬遷之言大；持以蓋醬[15]，今歎揚雄之口吃[16]。非是小子專輒，乃述羣賢遺意；寧敢施行人世，直欲不出戶庭。于時歲次辛酉，大隋仁壽元年。

【注釋】

［1］開皇：隋文帝年號。劉臻：字宣摯。先後做過周露門學士、隋儀同三司。所言八人另有：外史顏之推、著作郎魏彥淵、武陽太守盧思道、散騎常侍李若、國子博士蕭該。

［2］呂靜：西晉人，曾仿李登《聲類》作《韻集》。

［3］夏侯該：生平事跡未詳。

［4］陽休之：北平無終（今天津薊縣）人，字子列。歷仕於北魏、北周，隋開皇二年罷歸，卒於洛陽。著有《韻略》一卷、《辨嫌音》二卷，均亡佚。

［5］周思言：生平事跡未詳。

［6］李季節：名概，字季節。北齊趙郡人，著有《續音韻決疑》十四卷、《音譜》四卷。

［7］杜臺卿：字少山，博陵曲陽人，歷仕北齊、北周、隋三朝。著有《韻略》、《玉燭寶典》等，均亡佚。

［8］蕭、顏：指蕭該和顏之推。蕭該，蘭陵（今山東棗莊市東南）人，曾奉詔與何妥正定經史，未果。精於詩、書、禮、春秋，著有《漢書音義》十二卷、《范漢音》三卷、《文選音》等，今均亡佚。

［9］魏著作：指魏澹，字彥淵，鉅鹿下曲陽（今河北石家莊地區晉縣）人。

［10］返初服：即退職。

［11］豪氂：即毫釐。

［12］這裏指卞和為自己所發現的璞玉的價值不被認識而哭泣的事。

［13］指呂不韋為《呂氏春秋》懸賞能指出錯誤者之事。

［14］藏之名山：語出司馬遷《太史公自序》。

［15］持以蓋醬：漢劉歆語。劉歆的朋友揚雄，潛心於著述《太玄》、《法言》諸書，以至“家素貧”，“時人皆忽之”。劉歆勸說揚雄：“空自苦！今學者有祿利，然尚不能明《易》，又如‘玄’何？吾恐後人用覆醬瓿也。”

［16］揚雄（前53—18），字子雲，漢代著名學者。

音　辭

【解題】

選自《四部備要·顏氏家訓·音辭篇第十八》。作者顏之推（約531—

595)，字介，北齊琅邪臨沂(今山東臨沂市)人。精通文字音韻之學。《顔氏家訓》内容廣泛，可謂以儒家思想教訓子孫的教科書。

本篇主要討論了語言的時空差異問題，頗有見地。

【原文】

夫九州之人，言語不同。生民以來，固常然矣。自《春秋》標齊言之傳[1]，《離騷》目楚辭之經[2]，此蓋其較明之初也。後有揚雄著《方言》，其言大備。然皆考名物之同異，不顯聲讀之是非也。逮鄭玄注六經，高誘解《吕覽》、《淮南》，許慎造《説文》，劉熙製《釋名》，始有譬況、假借以證音字耳。而古語與今殊别，其間輕重清濁猶未可曉，加以内言、外言、急言、徐言、讀若之類，益使人疑。孫叔言創《爾雅音義》[3]，是漢末人獨知反語。至於魏世，此事大行。高貴鄉公不解反語[4]，以為怪異。自兹厥後，音韻鋒出[5]，各有土風，遞相非笑，指馬之喻，未知孰是。共以帝王都邑，參校方俗，考覈古今，為之折衷，搉而量之，獨金陵與洛下耳[6]。

【注釋】

[1]《春秋》有《左傳》、《公羊傳》、《穀梁傳》，其中隱公五年《公羊傳》："公曷為遠而觀魚？登來之也。"何休注："登來讀言得來。得來之者，齊人語也。"

[2]《楚辭》有屈原、宋玉等人作品，而以屈原之作最為經典，蓋《離騷》用楚語也。

[3] 孫叔言：即孫炎，字叔然。據説他最早使用反切注音方法。

[4] 高貴鄉公：曹髦，曹丕之孫，在位七年，著有《左傳音》。

[5] 鋒出：王利器校注引《漢書·東方朔傳》"變作鏠出，莫能窮者"，鏠出即鋒出。徐陵《皇太子臨辟雍頌》："音辭鋒起，問難泉湧"，諸語均指其出之快與多。

[6] 即今之南京與洛陽。當時分别是南朝、北朝的都城，為語音之有影響者。

【原文】

南方水土和柔，其音清舉而切詣，失在浮淺，其辭多鄙俗；北方山川深厚，其音沈濁而鈋鈍，得其質直，其辭多古語。然冠冕君子，南方為優；閭里小人，北方為愈。易服而與之談，南方士庶，數言可辨；隔垣而聽其語，北方朝野，終日難分。而南染吴越，北雜夷虜，皆有深弊，不可具論。

其謬失輕微者，則南人以錢為涎，以石為射，以賤為羨，以是為舐[7]；北人以庶為戍，以如為儒，以紫為姊，以洽為狎[8]。如此之例，兩失甚多。至鄴已來[9]，唯見崔子約、崔瞻叔姪，李祖仁、李蔚兄弟[10]，頗事言詞，少為切正。李季節著《音韻決疑》，時有錯失；陽休之造《切韻》，殊為踈野[11]。吾家兒女，雖在孩稚，便漸督正之；一言訛替，以為己罪矣。云為品物，未考書記者，不敢輒名，汝曹所知也。

【注釋】

［7］錢：《廣韻》昨仙反，從母；涎：《廣韻》叙連反，邪母。石：《廣韻》常隻反，禪母；射：食亦反，船母。賤：《廣韻》才線反；羨：似面反。是：《廣韻》承紙反，禪母；舐：食氏反，船母。這裏是説南方人不能區分從母與邪母、船母與禪母。

［8］按照《廣韻》，庶、戍同為審母字，但庶在遇韻、戍在御韻；如、儒同為日母字，但如在魚韻，儒在虞韻；紫、姊同為精母字，而紫在紙韻，姊在旨韻；洽、狎同為匣母字，而洽在洽韻，狎在狎韻。這裏是説，以上各韻南方可分，而北方混淆了。

［9］顏之推先人隨東晉南渡，之推本仕南朝，後攜妻子俱歸北齊。至鄴城的時間應在齊天保八年。

［10］崔子約：北齊司空祭酒。其侄崔瞻，字彥通，《北齊書》説他"聰明强學"。李祖仁，名岳，字祖仁，官中散大夫。李蔚是他的弟弟，《北史》説他"少清秀，有襟期倫理，涉觀史傳，專屬文辭，甚有時譽"。其弟李若，就是參與討論《切韻》體例的八人之一。

［11］踈：同"疏"。

【原文】

古今言語，時俗不同；著述之人，楚、夏各異。《蒼頡訓詁》[12]，反稗為逋賣，反娃為於乖；《戰國策》音刎為免[13]，《穆天子傳》音諫為閒[14]；《説文》音戛為棘，讀皿為猛[15]；《字林》音看為口甘反，音伸為辛[16]；《韻集》以成、仍、宏、登合成兩韻，為、奇、益、石分作四章；李登《聲類》以系音羿，劉昌宗《周官音》讀乘若承[17]；此例甚廣，必須考校。前世反語，又多不切，徐仙民《毛詩音》反驟為在遘，《左傳音》切椽為徒緣，不可依信，亦為衆矣。今之學士，語亦不正；古獨何人，必應隨其譌僻乎？《通俗文》曰："入室求曰搜。"反為兄侯；然則兄當音所榮反[18]。今北俗通行此音，亦古語之不可用者。璵璠，魯之寶玉，當音餘煩，江南皆音藩屏之藩。岐山當音為奇，江南皆呼為神祇之祇[19]。江陵陷没，此音被於關中，不知二者何所承案。以吾淺學，未之前聞也。

【注釋】

［12］《蒼頡訓詁》：漢杜林撰。

［13］《戰國策》音：應該出於高誘的《戰國策注》之中。

［14］《穆天子傳》三："道里悠遠，山川閒之。"郭注："閒音諫。"

［15］戛在《廣韻》黠韻，棘在職韻。《説文》戛訓戟，戟又訓："有枝兵也，讀若棘。"《説文》的讀若有注音和解義兩方面性質。

［16］"看"在《廣韻》寒韻，[-n]韻尾；"口甘切"則應在談韻，[-m]韻尾。

［17］此及下《毛詩音》《左傳音》，都在陸德明《經典釋文》中有收錄。

［18］"搜、所"都是山母字，"兄"字作"搜"字的反切上字，與之不合。

［19］煩，奉母；藩，非母，兩字聲母清濁不同。岐、祇、奇均在《廣韻》支韻，均為三

等,聲母均為群母,但《韻鏡》岐、祇同音在四等,奇在三等,兩字屬於重紐。

【原文】

北人之音,多以舉、莒為矩[20];唯李季節云:"齊桓公與管仲於臺上謀伐莒,東郭牙望見桓公口開而不閉,故知所言者莒也。然則莒、矩必不同呼。"此為知音矣。

【注釋】

[20]《廣韻》舉、莒同小韻,居許切,在語韻;矩,俱雨切,在麌韻。這兩個韻都是上聲,《韻鏡》標語韻為開口呼,麌韻為合口呼。

【原文】

夫物體自有精麤,精麤謂之好惡;人心有所去取,去取謂之好惡(宋本原注)上呼號、下烏故反。此音見於葛洪、徐邈[21]。而河北學士讀《尚書》云好(宋本原注)呼號反生惡(宋本原注)於各反殺。是為一論物體,一就人情,殊不通矣。

甫者,男子之美稱,古書多假借為父字[22];北人遂無一人呼為甫者,亦所未喻。唯管仲、范增之號,須依字讀耳(宋本原注)管仲號仲父范增號亞父。

【注釋】

[21] 葛洪著有《要用字苑》一卷,徐邈著有《毛詩音》、《左傳音》。

[22] 王國維《觀堂集林》卷三《女字說》:"經典男子之字,多作某父,彝器則皆作父,無作甫者。"

【原文】

案:諸字書,焉字鳥名,或云語辭,皆音於愆反。自葛洪《要用字苑》分焉字音訓:若訓何訓安,當音於愆反[23],"於焉逍遙","於焉嘉客","焉用佞","焉得仁"之類是也;若送句及助詞,當音矣愆反,"故稱龍焉","故稱血焉","有民人焉","有社稷焉","託始焉爾","晉、鄭焉依"之類是也。江南至今行此分别,昭然易曉;而河北混同一音,雖依古讀,不可行於今也。

邪者,未定之詞。《左傳》曰"不知天之棄魯邪? 抑魯君有罪於鬼神邪",《莊子》云"天邪地邪",《漢書》云"是邪非邪"之類是也。而北人即呼為"也"[24],亦為誤矣。難者曰:"《繫辭》云:'乾坤,易之門戶邪?'此又為未定乎?"答曰:"何為不爾! 上先標問,下乃列德以折之耳。"

【注釋】

[23] 焉:有於愆切、矣愆切兩音,分别是影母、喻母。周祖謨認為,讀於愆切為副詞,讀矣愆切為語氣助詞。《經典釋文》分用嚴格。

[24]《廣韻》邪在麻韻,平聲;也在馬韻,上聲。

【原文】

江南學士讀《左傳》，口相傳述，自為凡例，軍自敗曰敗，打破人軍曰敗(宋本原注)補敗反。諸記傳未見補敗反，徐仙民讀《左傳》，唯一處有此音，又不言自敗、敗人之别[25]，此為穿鑿耳。

【注釋】

[25]《唐韻》夬韻："自敗曰敗，薄邁反；破他曰敗，北邁反。"("薄邁反"是並母；"北邁反"是幫母，兩音為清濁之别)周祖謨認為："自敗、敗人之音有不同，實起於漢、魏以後之經師，漢魏以前，當無此分别。"

【原文】

古人云："膏粱難整[26]。"以其為驕奢自足，不能剋勵也。吾見王侯外戚，語多不正，亦由內染賤保傅，外無良師友故耳。梁世有一侯，嘗對元帝飲謔，自陳"癡鈍"，乃成"颸段"，元帝答之云："颸異涼風，段非干木[27]。"謂"郢州"為"永州"，元帝啓報簡文，簡文云："庚辰吳入，遂成司隸[28]。"如此之類，舉口皆然。元帝手教諸子侍讀，以此為誡。

【注釋】

[26] 膏粱：富貴之美稱，凡三世有三公者曰膏粱，有令、僕者為華腴。

[27]《說文》："颸，涼風也。"段干木：戰國時期魏人。

[28] 庚辰吳入："郢"的歇後語。《春秋》定公五年，吳楚戰於柏舉，楚師敗績，庚辰，吳入楚都郢。司隸："永"的歇後語。後漢鮑宣、鮑永父子均為司隸，鮑永有名，六朝文辭多用其事。

【原文】

河北切攻字為古琮，與工、公、功三字不同，殊為僻也[29]。比世有人名暹[30]，自稱為纖；名琨，自稱為袞；名洸，自稱為汪；名䓊(宋本原元注)音藥，自稱為獡。非唯音韻舛錯，亦使其兒孫避諱紛紜矣。

【注釋】

[29] 今《廣韻》攻有古紅切一音，訓"擊也"，與工、公、功同音；另有古冬切一音，訓"伐"。顏氏言河北古琮切的音是後者。

[30]比：一作北。

《中原音韻》自序

【解題】

選自鐵劍銅琴藏本《中原音韻》。作者周德清(1277—1365)，字挺齋，江西高安人。通聲音之學，工樂章之詞。所著《中原音韻》是近代音韻學史上的重要著作。序文講述了編纂《中原音韻》的背景和動機，闡述了一些音韻法則，批評了當時泥古非今、用韻混亂的現象。

【原文】

青原蕭存存[1]，博學，工於文詞，每病今之樂府有遵音調作者，有增襯字作者；有《陽春白雪集·德勝令》[2]："花影壓重簷，沉烟裊繡簾，人去青鸞杳，春嬌酒病懨，眉尖，常瑣傷春怨。忺忺，忺的來不待忺"。"綉"唱為"羞"，與"怨"字同押者；有同集《殿前歡》"白雪窩"二段[3]，俱八句，"白"字不能歌者；有板行逢雙不對[4]，襯字尤多[5]，文律俱謬，而指時賢作者；有韻脚用平上去，不一一，云"也唱得"者；有句中用入聲，不能歌者；有歌其字，音非其字者，令人無所守。

【注釋】

[1] 青原蕭存存：周德清友人，江西吉安人，生平不詳。

[2]《陽春白雪集·德勝令》：《陽春白雪集》為周德清同時人楊朝英所編。《德勝令》為楊朝英作品。

[3]《殿前歡》"白雪窩"：也是楊朝英作品。

[4] 逢雙不對：根據《中原音韻·正語作詞起例》，"逢雙必對，自然之理，人皆知之。"

[5] 襯字尤多：《正語作詞起例》認為不可用襯字。

【原文】

泰定甲子，存存托友張漢英以其說問作詞之法於予[6]。予曰："言語一科，欲作樂府，必正言語；欲正言語，必宗中原之音。"樂府之盛、之備、之難，莫如今時。其盛則自搢紳及閭閻歌咏者衆[7]。其備則自關、鄭、白、馬一新製作[8]，韻共守自然之音，字能通天下之語，字暢語俊、韻促音調，觀其所述，曰忠、曰孝，有補於世。其難則有六字三韻，"忽聽、一聲、猛驚"是也[9]。

【注釋】

[6] 張漢英：江西人，無考。

[7] 搢紳：原指官員的裝束，後指達官貴人。閭閻，原指里巷的門戶，借指平民。

[8] 關、鄭、白、馬：指元朝四大曲作家關漢卿、鄭光祖、白樸、馬致遠。

[9] 此六字出自王實甫《西廂記》第一本第三折。

【原文】

諸公已矣，後學莫及！何也？蓋其不悟聲分平、仄，字別陰、陽。夫聲分平仄者，謂無入聲，以入聲派入平上去三聲也。作平者最為緊切，施之句中，不可不謹。派入三聲者，廣其韻耳，有才者本韻自足矣[10]。字別陰、陽者，陰、陽字平聲有之，上、去俱無[11]。上、去各止一聲，平聲獨有二聲：有上平聲，有下平聲。

【注釋】

[10] 有才華的作家可以在本韻找足押韻字,無須去入聲中尋找。

[11] 聲調分陰、陽,只有平聲是這樣,上聲、去聲不分陰、陽。

【原文】

上平聲非指"一東"至"二十八山"而言,下平聲非指"一先"至"二十七咸"而言。前輩為《廣韻》平聲多,分為上、下卷,非分其音也[12]。殊不知平聲字字俱有上平、下平之分,但有有音無字之别[13],非"一東"至"山"皆上平,"一先"至"咸"皆下平聲也。如"東""紅"二字之類,"東"字下平聲,屬陰,"紅"字上平聲,屬陽。陰者即下平聲,陽者即上平聲。試以"東"字調平仄,又以"紅"字調平仄,便可知平聲陰、陽字音,又可知上、去二聲各止一聲,無陰、陽之别矣。

【注釋】

[12] 周氏是說,他分出來的平聲的陰調、陽調,跟《廣韻》分平聲為上平、下平兩部分的劃分原則不同:周氏是依據聲調劃分的,《廣韻》不過是由於平聲字數太多而分為兩部分,並無聲調差異。

[13] 平聲字不屬於陰平,就屬於陽平,因此是"字字俱有上平、下平之分";但是陰平、陽平可能不一一對應,因此說"有有音無字之别"。

【原文】

且上、去二聲施於句中,施於韻脚,無用陰陽,惟慢詞中僅可曳其聲爾,此自然之理也。妙處在此,初學者何由知之?乃作詞之膏肓,用字之骨髓,皆不傳之妙,獨予知之,屢嘗揣其聲病於桃花扇影而得之也[14]。吁!考其詞音者,人人能之;究其詞之平仄、陰陽者,則無有也。彼之能遵音調,而有協音俊語可與前輩頡頏,所謂"成文章曰樂府"也。不遵而增襯字,名樂府者,自名之也。《德勝令》"綉"字、"怨"字,《殿前歡》八句,"白"字者,若以"綉"字是"珠"字誤刊,則"烟"字唱作去聲,為"沉、宴、裊、珠、簾"皆非也。"呵呵""忺忺"者,何等語句?未聞有如此平仄、如此開合韻脚《德勝令》,亦未聞有八句《殿前歡》。此自已字之開合、平仄,句之對偶、短長,俱不知,而又妄編他人之語,奚足以知其妍媸歟[15]?

【注釋】

[14] 桃花扇影:歌舞時常用扇,名桃花扇。桃花扇影泛指歌舞。

[15] 妍媸:美醜。

【原文】

嗚呼,言語可不究乎?以板行謬語,而指時賢作者,皆自為之詞,將正其己之是,影其己之非,務取媚於市井之徒,不求知於高明之士,能不受其惑者幾人哉！使真時賢所作，亦不足為法。取之者之罪，非公器也。韻脚用三聲，何者為是？不思前輩某字、某韻必用某聲，卻云"也唱得"，乃文過之詞，非作者之言也。平而仄，仄而平，上、去而去、上，去、上而上、去者，諺云"鈕折嗓子"是也，其如歌姬之喉咽何？入聲於句中不能歌者，不知入聲作平聲也；歌其字，音非其字者，合用陰而陽、陽而陰也。此皆用盡自己心，徒快一時意，不能傳久，深可哂哉！深可憐哉！惜無有以訓之者。予甚欲為訂砭之文以正其語，便其作，而使成樂府，恐起爭端，矧為人之學乎[16]？因重張之請[17]，遂分平聲陰、陽及撮其三聲同音，兼以入聲派入三聲，如鞞字[18]，次本聲後，葺成一帙，分為十九，名之曰《中原音韻》，並《起例》以遺之[19]，可與識者道。是秋九日，高安挺齋周德清自序。

【注釋】

[16] 矧：況且。

[17] 張：指張漢英。

[18] 鞞：本指刀鞘上的裝飾。但《廣韻》、《集韻》等韻書中均未見"鞞"有入聲讀音。此字或作"碑"，未解何義。

[19]《起例》：指《中原音韻》後的《正語作詞起例》。

第五章　修　辭

第一節　概　述

修辭是指恰當地調用各種語言因素,以求得最佳表達效果的方式方法、規律規則。它是建立在語音、詞彙、語法基礎之上的語用現象。它不僅要求正確地運用語言,而且講究藝術性,追求正確性和藝術性的統一。

閱讀古代文獻時,我們會發現,一些詩文之所以流傳千古,經久不衰,除了思想內容方面的因素以外,在表達形式方面講究修辭也是一個重要原因。劉勰《文心雕龍·情采》說:"言以文遠。"講的正是這個道理。學習古漢語修辭,不僅是為了掌握古人調用漢語諸因素的方法和手段,以深入理解和欣賞古代作品,而且也有利於我們繼承古人準確而藝術地運用漢語的優良傳統,從而更好地掌握和使用現代漢語。

一、古漢語修辭的基本類型

古漢語修辭可以分為語音修辭、語義修辭、語法修辭、特殊修辭四大類型。

語音修辭就是運用語音手段,使語言表達音律和美,抑揚有致,聲情並茂。在具體方式方法上,有的是模擬人或物的聲音,如《戰國策·趙策》"叱嗟!而母,婢也!""叱嗟"模擬發怒呵斥的聲音;《莊子·養生主》:"手之所觸,肩之所倚,足之所履,膝之所踦,砉然響然,奏刀騞然。""砉然"、"騞然"模擬人之手、肩、足、膝和刀觸碰牛骨肉的聲音;杜甫《兵車行》:"車轔轔,馬蕭蕭,行人弓箭各在腰。""轔轔"、"蕭蕭"模擬車馬的聲音。有的是突顯韻律,如《荀子·勸學》:"積土成山,風雨興焉;積水成淵,蛟龍生焉;積善成德,而神明自得,聖心備焉。"這裏"山、淵"押韻,真、元部通押;"興、生"押韻,蒸、耕部通押;"得、德、備"押韻,同為職部。有的是調配節奏,如《黃帝內經·素問》:"昔在黃帝,生而神靈,弱而能言,幼而徇齊,長而敦敏,成而登天。乃問于天師曰：'余聞上古之人，春秋皆度百歲而動作不衰；今時之人，年半百而動作皆衰者，時世異耶？人將失之耶？'岐伯對曰：'上古之人，其知道者，法於陰陽，和於術數，食飲有節，起居有常，不妄作勞，故能形與神俱，而盡終其天年，度百歲乃去。今時之人不然也，以酒為漿，以妄為常，醉以入房，以欲竭其精，以耗散其真，不知持滿，不時御神，務快其心，逆于生樂，起居無節，故半百而衰也。"例中四音節短句頗多，朗讀時以兩音節為一個停頓，語氣連貫順暢，語義緊湊；其他句子雖然長短不同，但語音停頓也有一定規律。首先，兩音節一頓者為主；其次，虛詞音頓受兩音節規律制約，當兩個音節已足，虛詞便自為一頓，如不足兩個音節，則虛詞與他詞連結構成一個雙音節停頓，頗具音樂美。

語義修辭就是遣詞造句時，憑藉上下文語境，巧妙地表達或强調某些意義，從而使得表意豐滿活潑。有的是同義變文以避複，如《詩經·商頌·玄鳥》："天命玄鳥，降而生商，宅殷土芒芒。"這裏"商"與"殷"指同一朝代，同義變文。《孟子·萬章上》："舜流共工於幽州，放驩兜於崇山，殺三苗于三危，殛鯀於羽山，四罪而天下咸服，誅不仁也。"例中"流"與"放"同義變文，"殺"與"殛"同義變文。再如李斯《諫逐客書》："然則所重者在於色樂珠玉，而所輕者在乎人民也。"例中"於"與"乎"同義變文。有的是著意寫形以傳神，如《莊子·馬蹄篇》："夫赫胥氏之時，居民不知所為，行不知所之，含哺而熙，鼓腹而遊。""鼓腹"寫人飽食之狀。鼓之為物，體圓外凸，食飽之腹與之形似，故言，簡要而形象地呈現出上古之民飽食坦腹，悠遊無慮的生活狀態。又如陸游《訴衷情》："胡未滅，鬢先秋，淚空流。"作為季節，"秋"給人的印象是蕭條衰朽，且伴有白霜。作者利用此詞的此義，旨在狀寫自己功業尚未成就，而歲月無多的酸楚悲涼心緒。"一事無成霜鬢侵"的老人形象躍然紙上。再如馬致遠《天淨沙·秋思》："枯藤老樹昏鴉，小橋流水人家，古道西風瘦馬。夕陽西下，斷腸人在天涯。"前三句排列九個偏正短語，勾畫出一幅蒼涼的夕陽圖。作者選用的"枯、老、昏、古、西、瘦"六個詞，其義融變出淒婉凋敝之意象，令人感傷。有的是語義遷移，即行文過程中，臨時改變語義組合常規，營造"平字見奇，常字見險，陳字見新，樸字見色"（清人沈德潛《說詩晬語》）的效果。例如李白《題苑溪館》："白沙留月色，綠竹助秋聲。"按常規，人們看到的是月色照射沙漠泛出白光，月光流動而沙子靜止，但這裏卻讓白沙"留"住月色！白沙活了，白沙多情！同樣，秋聲並不能獲得綠竹幫助，但一用"助"這個詞，立刻讓人感到"綠竹"不僅有色而且有情，頓生秋令來臨之感。"留"與"助"的意義遷轉，用得新奇。又如宋祁

《玉樓春》:"綠楊煙外曉寒輕,紅杏枝頭春意鬧。"意義為"喧鬧、爭吵"的"鬧"字,與"春意"搭配,異常新妙！把萬物復蘇、百花怒放的景象寫得出神入化。

語法修辭涉及語句的繁簡、語序的順變、句式的選擇等方面。例如句子內部的變序:《左傳·昭公十九年》:"諺所謂'室於怒,市於色'者,楚之謂矣。"《左傳》引用當時的諺語,意思是在家裏惱怒了,卻去街市上給別人臉色看。"室"和"市"為介詞"於"的賓語,都前置。按常規說法,當為"於室怒,於市色"。顯然,《左傳》的用意在於突出"室"與"市",即突出發怒與作色的場所。同樣一句話,在《戰國策·韓策二》中引為"怒於室者色於市",用意在於突出動詞"怒"與"色"。語序不同,突出的重點就不同。又如句式的選擇:《戰國策·燕策一》:"帝者與師處,王者與友處,霸者與臣處,亡國與役處。詘指而事者,北面而受學,則百己者至;先趨而後息,先問而後嘿,則什己者至;人趨己趨,則若己者至;馮几據杖,眄視指使,則廝役之人至;若恣睢奮擊,呴藉叱咄,則徒隸之人至矣。"此例由兩組整句構成(以句號為界)。第一組為四個平行的句子,分述不同類型的人的不同做法,其中第四分句"亡國"後當有"者",為與前三句字數一致而省略。第二組總體來看是排比句,句間順序用層遞手法安排,在整句推進的同時,又間以散句。整句的結構和長短相同或相近,和諧整齊,凝練流暢;散句的句子結構和長度顯出變化,語氣舒緩,靈活跳脫。整體上整散結合,錯落有致。

特殊修辭是指那些具有特定結構、特定功能或特定方式的修辭模式。一般稱為辭格。將在第三節專門介紹。

二、古漢語修辭的特點

(一)源於口語修飾,注重書面雕琢

早期修辭主要導源於人們的口語尤其是對外交辭令的加工與修飾。《左傳·襄公二十五年》載,子產率兵攻破陳國,穿著戎服向霸主晉國奉獻戰利品,遭到晉國三次質問,子產穩健措辭,一一對答,化被動為主動。孔子對子產的辭令效果高度評價,讚歎說:"晉為霸,鄭入陳,非文辭不為功,慎辭哉!"這裏的"文辭"即有文采之辭,亦即經過修飾加工的言辭。又據《左傳·襄公三十一年》載,子產輔佐鄭簡公出使晉國,遭受不禮貌待遇。子產一番精彩陳辭,使得晉國自認"不德",最終晉國以更高規格接待了子產一行。對此,晉國叔向感慨道:"辭之不可以已也如是夫！子產有辭,諸侯賴之,若之何其釋辭也?"意思是說,辭令功用不可小視,外交場合對言辭的加

工與修飾不能放棄。《戰國策》中記錄的外交辭令更是精彩紛呈。這些辭令都是口語表達。即如劉勰在《文心雕龍·書記》中所說:"辭者,舌端之文,通己於人。"

當然,這裏說早期修辭從口語中的辭令而起,是就一般情況而言,並非說書面語就没有修辭。事實上,《春秋》就比較重視修辭,所謂"春秋筆法"就是書面語修辭的體現。

戰國以來,個人著書立說風氣漸興,於是書面修辭被重視。《孟子》、《荀子》、《莊子》、《韓非子》、《墨子》等著作,都以雄辯的事理及高超的言語表達技巧為世人所推崇。以屈原為代表的楚國人創作的詩歌——楚辭,更是極力發揮修辭的作用。所有這些,都為後來文學語言的修辭奠定了基礎。

漢代開始,書面語修辭倍受重視。唐代劉知幾《史通·言語》指出:"逮漢魏以降,周隋而往,世皆尚文。"最明顯的是漢賦。漢賦作家十分注意錘煉語言,非常講究遣詞造句。其用語華麗典雅,修辭技巧繁豐。後代常用的修辭方式,如:誇張、比喻、擬人、排比、對偶、襯托、對比、層遞、借代、用典等,當時都已經純熟。《文心雕龍·時序》說,建安末年"魏武以相王之尊,雅愛詩章;文帝以副君之重,妙善辭賦;陳思以公子之豪,下筆琳琅;並體貌英逸,故俊才雲蒸"。這是說,曹操父子深愛詩賦,提倡文學寫作,一時各路文豪湧現。又據《南史·王曇首傳》載,"宋孝武好文章,天下悉以文采相尚",可見當時書面語言藝術受到普遍重視,自帝王至普通文人都以講究文采修辭為時尚。在人們的觀念中,語言藝術其實就是書面語修辭藝術;運用語言就是駕馭字句,連成篇章,如《文心雕龍·章句》所言:"夫人之立言,因字而生句,積句而為章,積章而成篇。篇之彪炳,章無疵也;章之明靡,句無玷也;句之清英,字不妄也。振本而末從,知一而萬畢矣。"這種風氣經隋唐文人發揚光大,漸成一種傳統。

(二) 語音修辭運用廣泛

與現代漢語相比,古漢語中語音修辭倍受人們青睞,因而其地位更加突出。

古人認為語音和音樂相一致,《漢書·藝文志》說:"故哀樂之心感,而歌詠之聲發。誦其言謂之詩,詠其言謂之歌。"同一種情緒,同一個內容,朗誦出來就是詩,吟唱出來就是歌。語音和音樂都是人的內心與情緒的放映。《禮記·樂記》說:"凡音者,生人心者也。情動於中,故形於聲,聲成文謂之音。"喜怒哀樂都於聲音當中得到顯現。《漢書·藝文志》說:"是故其哀心感者,其聲噍以殺;其樂心感者,其聲嘽以緩;其喜心感者,其聲發以散;其怒心感者,其聲粗以厲;其敬心感者,其聲直以廉;其愛心感者,其聲和以柔。六者,非性也,感於物而後動。”

同樣,作者的情緒也應該在行文中得到顯現。為此,古代學者主張,凡是文章,都要講究語音修辭。隋代陸法言《切韻·序》明確指出:“凡有文藻,即須明聲韻。”

在古人看來,不獨詩、詞、曲這類韻文倚重語音修辭,即使非韻文也須重視語音的傳意作用。清人阮元《揅經堂集·文韻說》指出:“八代不押韻之文,其中奇偶相生,頓挫抑揚,詠歎聲情,皆有合乎音韻宮羽者,《詩》《騷》之後,莫不皆然。”清代桐城派代表人物劉大櫆《論文偶記》曾對語音修辭進行總結,認為文章字音的高低、音節的多寡,都與文氣密切相關,文章的節奏與文意的緩急緊緊相扣。他說:“音節高,則聲氣必高;音節下,則聲氣必下,故音節為神氣之跡。一句之中或多一字,或少一字;一字之中,或用平聲,或用仄聲,同一平字仄字,或用陰平、陽平、上聲、去聲、入聲,則音節迥異,故字句為音節之矩。積字成句,積句成章,積章成篇,合而讀之,音節見矣;歌而詠之,神氣出矣。”又說:“文章最要節奏,譬之管弦繁奏中,必有希聲窈渺處。神氣者,文之最精處也;音節者,文之稍粗處也。”

古人寫文章,十分重視巧用語音手段。《朱子語類》卷三一說:“韓退之、蘇明允作文,只是學古人聲響,盡一生死力為之,必成而後止。”鄭樵《六經奧論》卷三說:“古人學詩,最要理會詩之聲。”姚鼐《與陳碩士書》說:“大抵學古文者必要放聲疾讀,又緩讀,只久之自悟。若但能默看,即終身作外行也。”這也就是說,要寫好文章,須放聲誦讀,不斷調適。因為只有在誦讀過程中,才能感受到聲音是否響亮,節奏是否流暢,氣韻是否和美。

古代典籍表明,古人行文的確講究語音修辭。除了我們前面介紹的幾種以外,古漢語還講究句子音節多寡的交錯。例如《荀子·非相》說:“凡言不合先王,不順禮義,謂之姦言;雖辯,君子不聽。法先王,順禮義,黨學者,然而不好言,不樂言,則必非誠士也。故君子之于言也,志好之,行安之,樂言之,故君子必辯。凡人莫不好言其所善,而君子為甚。故贈人以言,重于金石珠玉;觀人以言,美于黼黻文章;聽人以言,樂於鐘鼓琴瑟。”例中或為三音節句連用,或為四音節加六音節排偶句連用,整齊中顯錯落。再如《論衡·超奇》:“有根株於下,有榮葉於上;有實核於內,有皮殼於外。文墨辭說,士之榮葉、皮殼也。實誠在胸臆,文墨著竹帛,外內表裏,自相副稱。”例中或為五音節句,或為四音節句,鋪排中顯流暢,變換中見頓挫。古人也很講究詞語音調的抑揚相間。例如嵇康《與山巨源絕交書》:“吾新失母兄之歡,意常淒切。女年十三,男年八歲,未及成人,況復多病。顧此悢悢,如何可言！今但願守陋巷,教養子孫,時與親舊敘離闊,陳說平生,濁酒一杯,彈琴一曲,志願畢矣。”例中大部分句子的音調抑揚相間,前六句的末尾字“歡、切、三、歲、人、病”一平一仄交替出現,下面六句的末尾字“悢、言、巷、孫、闊、生”一仄一平錯落而下,緊接著兩句末尾字“杯、曲”又轉為一平一仄。照此抑揚交替規律,段末最後一字當為平聲,但因作者為了表達一種激切決絕的情緒,全文各段最後兩字均為仄聲,因此這裏也安排了兩個仄聲字“畢矣”,使全文由抑調結束。古漢語散文中這種抑揚相間的語音修辭原本普遍,但因它不像駢文、詩詞那樣明顯,常被人忽略。

既然作文追求語音修辭,那麼閱讀欣賞詩文也應深入體會其語音配置,這有助於深刻理解作者的用意和韻味。劉大櫆《論文偶記》說:“學者求神氣而得之音節,求音節而得之字句,思過半矣。”姚鼐《論文輯要》說:“詩文要從聲音證入,不知聲音,總為門外漢。”這些都道出了玩味作者語音修辭技巧之重要性。

(三)修辭表達多委婉蘊藉

受我國傳統觀念的影響,古代修辭講究委婉蘊藉,提倡温文爾雅、沉鬱深邃的風格。劉勰《文心雕龍》將此概括為“隱”。《文心雕龍·隱秀》說:“隱也者,文外之重旨者也”。“秘響旁通,伏采潛發”,“使玩之者無窮,味之者不厭”,追求“深文隱蔚,餘味曲包”之效。唐代劉知幾《史通·敘事》中說得更加具體:“言近而旨遠,辭淺而義深,雖發語已殫,而含義未盡。使夫讀者,望表而知裏,捫毛而辨骨,睹一事於句中,反三隅於字外。”南宋姜夔《白石道人詩說》從詩詞創作角度指出:“語貴含蓄”,要做到“句中有餘味,篇中有餘意”。清代學者依然提倡為文應“含蓄”,如劉大櫆《論文偶記》說:“文貴遠,遠必含蓄。”沈祥龍《論詞隨筆》說:“詞須含蓄”,要“意不淺露,語不窮盡”。

具體分析我國古代修辭方式可以看到,很多都有委婉蘊藉的特點。以陳望道《修辭學發凡》所列舉的三十八種修辭方式為例:其中,引用、婉轉、避諱、割裂、析字、諷喻、鑲嵌、回文、折繞等方式自不待言,即使是借代、雙關、比擬等等古今中外語言都存在的辭格,在古漢語中也有自己的特點。例如借代,除了常規方式之外,還有以人名代事物、地名代人代事物、以事物功用代事物、以事物特徵性狀代事物、以數量代事物、以部分代整體、以結果代原因、以特殊代一般、以具體代抽象等較特殊的表達方式,富於變化,饒有韻味。

古漢語修辭委婉蘊藉的特點豐富了我們的表達,但也在一定程度上增加了理解的難度,需要我們準確把握,深刻領會,充分品賞。

第二節　古代修辭思想

在我國,修辭思想產生很早,歷代都有所豐富與發展。先秦時期是修辭思想的萌芽期,《周易》、《詩經》、《春秋左傳》、《墨子》、《論語》、《孟子》等文獻,都有關於修辭的言論。兩漢時代是修辭思想的成長期,董仲舒的《春秋繁露》、王充的《論衡》等著作,多處論及語義遷移與誇張等修辭問題。魏晉南北朝是修辭思想的成熟期,曹丕的《典論·論文》、陸機的《文賦》、劉勰的《文心雕龍》等,大量內容專門討論修辭,涉及修辭原則、修辭手法、修辭鑒賞、篇章修辭、文體風格與作品風格等方面。隋唐五代是修辭思想的發展期,皎然的《詩式》、司空圖的《詩品》、劉知幾的《史通》、日僧遍照金剛的《文鏡秘府論》等,都有關於特殊修辭(辭格)等方面的論述。宋、金、元、明、清時期是修辭思想的延續期,李耆卿的《文章精義》、陳騤的《文則》、洪邁的《容齋隨筆》、王若虛的《滹南遺老集》、李騰的《文字法三十五則》、顧炎武的《日知錄》、姚鼐的《述庵文鈔序》、劉大櫆的《論文偶記》、章學誠的《文史通義》等大多表現出較成熟的修辭思想。

下面我們只介紹幾種較有代表性的修辭思想。

一、"修辭立其誠"

《周易·乾卦·文言》指出:"君子進德修業。忠信,所以進德也;修辭立其誠,所以居業也。"意思是說,修飾言語,提高語言修養,真誠地表達自己的思想,使人相信你的誠實,這是一個人建功立業的基礎。可見古人是把修辭與誠信聯繫在一起的。清代方東樹《昭昧詹言》認為,"誠身、修辭,非有二道"。的確,審視古人關於立言的其他言論,我們也可以得到與"修辭立其誠"相一致的認識:一是要求修辭與道德修養相輔而行。如孔子認為"有德者必有言"(《論語·憲問》),"君子……恥有其辭而無其德"(《禮記·表記》);荀子强調"不順禮義,謂之奸言"(《荀子·非相》);《左傳·昭公二十六年》記載:"閔馬父聞子朝之辭,曰:'文辭以行禮也。子朝干景之命,遠晉之大,以專其志,無禮甚矣,文辭何為?'"二是要求修辭表達信實的內容。如《周易》主張"言有物",老子提倡"言有宗",孔子申明"情欲信,辭欲巧"。宋末元初的王應麟《困學紀聞》指出:"修辭立其誠,修其內則為誠,修其外則為巧言。”不論從哪個方面來看,修辭的主體都是人,因此古人又從另一角度强調立言與做人的關係:“人之所以為人者,言也。人而不能言,何以為人?”(《穀梁傳・僖公二十二年》)“言談者,仁之文也。”(《禮記・儒行》)

二、“言之無文,行而不遠”

早在春秋時期,人們就從語言實踐中認識到,言語不講究文采,就不能廣為流傳。《左傳・襄公二十五年》載,鄭國攻破陳國後,晉國問罪,子產一番外交辭令説服了晉國。孔子針對這一外交事件評論説:“《志》有之:‘言以足志,文以足言。’不言,誰知其志? 言之無文,行而不遠。”在這裏,孔子道明了修辭的重要性。

古人衡量一個君子,要觀察其言語表達的修辭水平。《論語・雍也》:“子曰:‘質勝文則野,文勝質則史。文質彬彬,然後君子。’”這裏的“文”與“質”歷來有多種理解。若從語言表達角度來看,則“文”指文采,“質”是質樸。就是説有修養的人講話,質樸與文采並重,文質相互依賴,相得益彰,即如康有為《論語注》所説:“蓋學者,或近於質,或近於文,性各有偏,皆當損有餘,補不足,令文質各半。”

即使是政治性文件,為了廣泛宣傳,取得理想的教化效果,也很重視修辭。《論語・憲問》説:“為命,裨諶草創之,世叔討論之,行人子羽修飾之,東里子産潤色之。”宋代朱熹集注:“修飾,謂增損之”,“潤色,謂加以文采也”。清代劉寶楠正義:“‘修飾’者,……謂增美其辭,使有文采可觀也。”《論語》在這裏説的是春秋時期鄭國的政令産生過程。從前人注釋可以看出,當時的政治文件也重視加工潤色。

三、“文采所以飾言,而辯麗本於情性”

雖然古人講究語言表達的效果,追求“文質彬彬”的境界,但是他們清醒地認識到,語言表達的終極目標是傳遞信息,交流思想;在所表達的內容與形式兩者當中,內容是根本,形式是為表達內容而選擇的手段,也就是説,真實可信的內容是第一位的,而相應的文采是第二位的。陸機《文賦》説:“理扶質以立幹,文垂條而結繁。”陸機認為,應該以思想內容作為文章的本質和主幹,以辭采作為文章的枝條。劉勰《文心雕龍・情采》説:“鉛黛所以飾容,而盼倩生於淑姿;文采所以飾言,而辯麗本於情性。故情者,文之經;辭者,理之緯。經正而後緯成,理定而後辭暢,此立文之本源也。”將其主次關係講得非常明白。范曄《獄中與諸甥侄書》説:“常謂情志所托,故當以意為主,以文傳意。以意為主,則其旨必見;以文傳意,則其詞不流。”説的都是同樣的意思。

如果不顧思想内容,而刻意追求修辭技巧,就是本末倒置。唐代杜牧《答莊充書》説:“凡為文以意為主,以氣為輔,以辭彩章句為之兵衛……苟意不先立,止以文彩辭句繞前捧後,是言愈多而理愈亂……是以,意全勝者辭愈朴而文愈高,意不勝者辭愈華而文愈鄙。是意能遣詞,辭不能成意,大抵為文之旨如此。”劉勰《文心雕龍·情采》主張表達當“為情而造文”,反對“為文而造情”,也是這一思想的反映。

第三節 修辭方式(一)

這裏所説的修辭方式即一般所説的辭格,也是叫作特殊修辭。古漢語修辭方式很多,這裏只就古代漢語中與現代漢語有一定差異的修辭方式加以介紹。

一、借代

不直接説出某人或事物,而借用與之有密切關係的某一方面來替代。主要有九類:

1. 借人或事物的特徵、屬性來代替人或事物。例如:

(1)君子不重傷,不禽二毛。(《左傳·僖公二十二年》)

“二毛(頭髮花白)”是老人特徵,用以指代老人。

(2)(郭)解布衣為任俠,以睚眥殺人。(《史記·游俠列傳》)

“布衣”為平民所服,用以指代平民。

(3)永元中,崔慧景舉兵圍都,衣冠悉投名刺。(《南史·江淹傳》)

“衣冠”指代搢紳、士大夫。古代士以上戴冠,故稱。

(4)乘堅策肥,履絲曳縞。(晁錯《論貴粟疏》)

“堅”指代堅車,“肥”指代肥馬。

2. 借人或事物的所屬、所在代替該人或事物。例如:

(1)蚩尤塞寒空,蹴踏崖谷滑。(杜甫《自京赴奉先縣詠懷五百字》)

(2)勢分三足鼎,業復五銖錢。(唐劉禹錫《蜀先主廟》)

(3)更吹羌笛關山月,無那金閨萬里愁。(唐王昌齡《從軍行其一》)

(4)人生如夢,一樽還酹江月。(蘇軾《念奴嬌·赤壁懷古》)

"蚩尤"指代霧,相傳蚩尤與黃帝作戰時,曾興大霧,黃帝發明了指南車,才戰勝了他。"五銖錢"指代漢朝,"五銖錢"是漢武帝以來的錢幣,王莽篡漢後,廢而不用。"金閨"指代金閨裏的美人。"樽"指代酒。

3. 借官名代人、地名代官職、姓氏代朝代。例如:

(1)平原不在,正見清河。(《世說新語·自新》)

(2)自姬漢以來,眇焉悠邈。(蕭統《文選序》)

(3)昔王子師為豫州,未下車即辟荀慈明,既下車又辟孔文舉。(李白《與韓荆州書》)

(4)上規姚姒,渾渾無涯。(韓愈《進學解》)

"平原"指代陸機,因陸機曾作過平原內史。"清河"指代陸雲,因陸雲曾做過清河內史。這實際上是先以地名代官名,再輾轉相代而指人。"姬"指周,因周朝的天子姓姬。"豫州"指代豫州刺史。"姚姒"指代虞夏,因虞舜姓姚,夏禹姓姒,這裏實際上指代虞夏時代的作品。

4. 借質料代成品。例如:

(1)乘堅策肥,履絲曳縞。(晁錯《論貴粟疏》)

(2)其次剔毛髮、嬰金鐵受辱。(司馬遷《報任安書》)

(3)雖古竹帛所載,丹青所畫,何以過子卿?(《漢書·蘇武傳》)

"絲"指絲鞋,"縞"是一種白綢子,這裏指綢衣。"金鐵"是做刑具的材料,這裏指刑具。"竹"、"帛"都是製做書籍的材料,故用以指代書籍。"丹青"是畫畫的原料,故用以指畫。

5. 借具體代抽象。例如:

(1)惜乎!夫子之說君子也,駟不及舌。(《論語·顏淵》)

(2)雖有軒冕之賞弗能勸,斧鉞之威弗能禁。(《莊子·胠篋》)

(3)顏色類相似,手爪不相如。(《漢樂府·上山采蘼蕪》)

(4)雖無絲竹管弦之盛,一詠一觴,亦足以暢敘幽情。(王羲之《蘭

亭集序》)

“舌”指代說出的話。“軒冕”是做官者乘的車子、戴的帽子,指代官祿;“斧鉞”是刑具,指代刑罰。“手爪”指代織布、縫紉等技藝。“絲竹管弦”指代音樂。“春秋”本為魯史名稱,因古人認為《春秋》對記事有一定標準,因此用來指代法式、標準。

6. 借特殊代一般。例如:

(1)其帶劍者,聚徒屬立節操以顯其名,而犯五官之禁。(《韓非子・五蠹》)

(2)一夫作難而七廟墮。(賈誼《過秦論》)

(3)衣必文采,食必粱肉。(晁錯《論貴粟疏》)

(4)自引謝病,擁趙女,屏閑處而不朝。(《史記・魏其武安侯列傳》)

(5)勸客駝蹄羹,霜橙壓香橘。(杜甫《自京赴奉先縣詠懷五百字》)

“五官之禁”本來是指司徒、司馬、司空、司士、司寇的禁令,這裏泛指國家的法令。“七廟”本為天子的宗廟。《禮記・王制》:“天子七廟,三昭三穆,與大祖之廟而七。”“七廟墮”,是指國家毀滅,“七廟”為國家的代稱。“文采”泛指好的衣服。“粱”是上等米,“粱肉”泛指好食物。“趙女"泛指美女,古人認為趙地女子多美貌,故言。“駝蹄羹”泛指最珍貴的食物。

7. 借專名代通名。例如:

(1)是以蘇秦不信於天下,為燕尾生。(鄒陽《獄中上梁王書》)

(2)隋珠照日,羅衣從風。(《洛陽伽藍記・高陽王寺》)

(3)綠珠捧琴至,文君送酒來。(庾信《春賦》)

(4)金闕西廂叩玉扃,轉教小玉報雙成。(白居易《長恨歌》)

“尾生”,古代傳說中極守信用的人。他與一女子約定在橋下見面而女子失約未到,大水沖來,尾生仍不肯離去,最後竟抱橋柱而被淹死。這裏用以指講信用重然諾的人。“隋珠”,相傳隋侯救活了一條受傷的大蛇,大蛇銜來一顆明珠報答他,後世便稱該珠為“隋侯珠”。這裏泛指名貴的珠寶。“綠珠”,晉朝石崇的歌姬;“文君”即卓文君,漢朝司馬相如的妻子,這裏都泛指美女。“小玉”,春秋時吳王夫差的女兒;“雙成”,董雙成,仙人西王母的侍女,二人被用來泛指楊貴妃的侍女。

8. 借部分代全體。例如：

(1)長鋏歸來乎！食無魚。(《戰國策·齊策》)

(2)客徒欲朱丹吾轂，不知一跌將赤吾之族也。(揚雄《解嘲》)

(3)登車何時顧，飛蓋入秦庭。(陶淵明《詠荆軻》)

(4)三分割據紆籌策，萬古雲霄一羽毛。(杜甫《詠懷古跡五首》)

(5)翔禽愛密葉，游鱗悦新藻。(白居易《寄行簡》)

"長鋏"本是劍把，用以指代劍。"轂"，車轂，這裏指代整個車子。"蓋"，車蓋，是車上的圓傘，用以擋雨遮陽，這裏指代車。"羽毛"指鳥，只不過"羽毛"還用以比喻諸葛亮，從修辭上説，既是代稱，又是比喻。"鱗"指魚。

9. 以結果代原因。例如：

(1)列子見之而心醉。(《莊子·應帝王》)

(2)商鞅因景監見，趙良寒心；同子參乘，袁絲變色。(司馬遷《報任安書》)

(3)延壽修史，載此猥鄙無稽之語，豈不令人噴飯。(《茶餘客話·六朝俗惡劣》)

(4)秀才，汝渾身是膽耶？吾亦為汝握兩手汗也。(《元史·趙壁傳》)

"心醉"是傾心迷戀的結果。"寒心"、"變色"都是感到恥辱的結果。"噴飯"是説吃飯時因失笑而將飯噴出，因此"噴飯"有發笑的意思。"握兩手汗"，指驚駭而兩手出汗。後多用"握汗"表示擔心害怕。其他如以"汗顔"表慚愧、"股栗"表恐懼、"酸鼻"表傷心，都屬於這種情況。

二、割裂

所謂割裂，就是把古書中的一句話或一個短語割裂開來，只取用其中的一部分，來表達某個意義。亦稱藏詞。有三種情況：

1. 截取句子或短語的一部分來指代另一部分的意思。例如：

(1)願言之懷，良不可任。(曹丕《與朝歌令吴質書》)

(2)行行向不惑，淹留遂無成。(陶淵明《飲酒》其四)

(3)烈宗知其抗直，而惡聞逆耳。(《晉書·孝武帝紀》)

(4)松檟邈已遠，友于何日逢。(宋之問《高山引》)

(5)隋盧思道嘗共壽陽庾知禮作詩，已成而思道未就，禮曰："盧之

詩何太春日?”(《啓顏錄·盧思道》)

(6)君欲老夫旦旦耶?(《聊齋志異·薛慰娘》)

“願言”代表“思子”的意思,這是截取了《詩經·邶風·二子乘舟》“願言思子,中心養養”第一句的前兩字。“不惑”指代四十歲。《論語·為政》:“吾十有五而志於學,三十而立,四十而不惑,五十而知天命,六十而耳順,七十而從心所欲。”於是後人取用“不惑”指代四十歲。還以“而立”指代三十歲,以“知命”指代五十歲,以“耳順”指代六十歲。“逆耳”指代忠言,這是因為《孔子家語·六本》有“良藥苦於口而利於病,忠言逆於耳而利於行”的說法。“友于”指代兄弟。這是截取《尚書·君陳》“惟孝友于兄弟”的中間兩字。“春日”表示緩慢之意,因為《詩經·豳風·七月》有“春日遲遲”,因以“春日”代“遲遲”。“旦旦”本來是“誠懇的樣子”,這裏卻表示“發誓”,這是截取《詩經·衛風·氓》“信誓旦旦”的後兩字。

2. 截取句子或短語的一部分來表示整個句子或短語的意思。例如:

(1)重以尸素,抱罪枕席。(《晉書·紀瞻傳》)

(2)四海望中興之美,群生懷來蘇之望。(晉劉琨《勸進表》)

(3)君非從流,臣進逆耳。(蕭統《文選序》)

“尸素”來源於《漢書·朱雲傳》:“今朝廷大臣,上不能匡主,下亡以益民,皆尸位素餐。”“尸位素餐”的意思只用“尸素”兩字表示。“來蘇”見於《尚書·仲虺之誥》“徯我後,後來其蘇。”意思是等待我們的君主,君主來了,我們就會獲得重生。後人摘取“來蘇”兩字,一般用以表現民衆獲得解放或盼望解放的心情,實際上包含著“後來其蘇”整句話的意思。“從流”來源於《左傳·成公八年》:“從善如流。”只用首尾兩字表示整句的意思。

3. 截取的部分,既不表示句子或短語另一半的意思,也不表示整個短語或句子的意思,所表示的意思較原意有所變化和發展。例如:

(1)方今英雄並起,各矯命專制,唯曹兗州乃心王室。(《三國志·鍾繇傳》)

(2)靈運罪釁累仍,誠合盡法。但謝玄勳參微管,宜宥及後嗣,可降死一等。(《宋書·謝靈運傳》)

(3)是知孝治所被,爰至無心,錫類所及,匪徒教義。(任昉《啓蕭太傅固辭奪禮》)

(4)以彼行媒,同之抱布。(南朝梁沈約《奏彈王源》)

“乃心”見於《尚書·康王之誥》:“雖爾身在外,乃心罔不在王室。”意為:雖然你人身在外,而你的心卻無時不在王室。因為整句的意思是說臣子對王室忠心,故後人常常摘取“乃心”二字表示忠心。“微管”取自《論語·憲問》:“微管仲,吾其被髮左衽矣。”《論語》原意是:如果没有管仲,中原就要被夷狄佔領,人民就要像夷狄那樣“被髮左衽”了。後來“微管”被用來指管仲或管仲的功勳,成為六朝人頌揚功勞卓著的大臣的套語。“錫類”取自《詩經·大雅·既醉》:“孝子不匱,永錫爾類。”原詩的意思是:孝子的孝心是没有窮盡的,永遠把它賜與你們的同類。這裏的“錫類”已把原詩的意思加以抽象化,指孝子的孝心。“抱布”見於《詩經·衛風·氓》:“氓之蚩蚩,抱布貿絲。”截取“抱布”,實際上只表示“貿”的意思。沈約彈劾王源,列舉罪狀不少,其中有一條是指控他用嫁女所得的財禮來為自己納妾。“同之抱布”,意思是說王源嫁女就跟做買賣一樣。

割裂使表達别致,但隱曲從形式上看,割裂的方式較隨意,幾乎無規律可循。由於任意割裂,產生了一批畸形詞語,增加了理解的困難。

三、委婉

不直接説明本意,而用婉轉曲折的話來表達。從委婉表達的目的而言,主要有四種情況:

1. 避免冒犯。例如:

(1)齊王謂孟嘗君曰:“寡人不敢以先王之臣為臣。”(《戰國策·齊策》)

(2)明主不曉,以為僕沮貳師,而為李陵遊説,遂下於理。(司馬遷《報任安書》)

(3)太子方富於年。(枚乘《七發》)

例(1)齊王看到孟嘗君威望高、勢力大,恐因衝撞而危及自己的統治,想撤他的職,但又不便直説,就以“不敢以先王之臣為臣”為藉口。例(2)表面尊稱皇上為明主。例(3)不敢直説“太子年幼”,而説“富於年”。

2. 顯示客氣。例如:

(1)莊子釣於濮水,楚王使大夫二人往先焉,曰:“願以境内累矣!”(《莊子·秋水》)

(2)(屈原)乃往見太卜鄭詹尹曰:“余有所疑,願因先生決之。”詹尹乃端策拂龜,曰:“君將何以教之?”(《楚辭·卜居》)

(3)如曰今日當一切不事事,守前所為而已,則非某之所敢知。無由會晤,不任區區嚮往之至。(王安石《答司馬諫議書》)

例(1)楚王的使臣奉命請莊子去做官,不直言,而是客氣地說:“想要拿國境以內的事來麻煩您了!”例(2)詹尹的本意是問:“你要占卜什麼”,卻客氣地說:“您打算怎樣指教我?”例(3)否定了司馬光的責難,卻客氣地說:“(您說的)不是我王某人敢於領教的!”

3. 外交辭令。例如:

(1)雖遇執事,其弗敢違。(《左傳·成公三年》)

(2)若以越國之罪為不可赦也……是以帶甲萬人事君也。(《國語·越語上》)

(3)今治水軍八十萬衆,方與將軍會獵於吴。(《資治通鑒·漢紀五十七》)

例(1)是表示敬畏的外交用語,“執事”表面指對方的辦事人員,實際指對方,意謂没有資格直指對方。“弗敢違”表面上說不敢避開,實際上說堅決抗擊。例(2)是越國大夫文種與吴國談判的辭令。“帶甲萬人事君”,意思是“我們準備用萬人大軍跟您作戰”。綿裏藏針,不卑不亢。例(3)是赤壁之戰前曹操寫信對孫權說的話,“會獵”實指交戰,這是用委婉的言辭進行恫嚇。

4. 自謙尊人。例如:

(1)主上幸以先人之故,使得奏薄技。(司馬遷《報任安書》)

(2)幸賴先人餘業,得備宿衛。(楊惲《報孫會宗書》)

(3)亡國賤俘,至微至賤。(李密《陳情表》)

(4)寡君聞君親舉玉趾,將辱於敝邑,使下臣犒執事。(《左傳·僖公二十六年》)

例(1)“薄技”指微薄的才能。例(2)“備”有聊以充數、徒占其位的意思。例(3)李密自稱為“亡國賤俘”,並非他真的當過俘虜,只不過說自己是蜀漢之遺民罷了。例(4)既有自謙語辭也有尊人語辭,“寡君”、“敝邑”、“下臣”為自謙語,“君”、“親”、“玉趾”、“辱”為尊人語辭。

以上只是大致分類,實際上,在一些場合,外交辭令、客氣話和自謙尊人修辭往往綜合使用。如《左傳·成公二年》:“寡君使群臣為魯、衛請,曰:‘無令輿師陷入君地!’下臣不幸,屬當戎行,無所逃隱,且懼奔辟而忝兩君,臣辱戎士,敢告不敏,攝官承乏。”這是晉國大將韓厥對戰敗的“齊侯”說的一段話,

“請”、“君”等為表敬詞語,“寡君”、“群臣”、“下臣”、“忝”、“辱”、“敢”、“不敏”等為自謙詞語,“無所逃隱”、“懼奔辟”、“攝官承乏”等屬於客氣話。這種表達方式有禮有節,剛柔相濟,既傳達了必勝信念,又不失大國風度。

四、避諱

對一些不敢、不便或不願明言的事物,換一種説法表達。可分四類:

1. 對於尊長者的名字不敢直呼,對其所作所為不敢直説,而改用其他説法。例如:

(1)同子參乘,袁絲變色。(司馬遷《報任安書》)

(2)蒯通,范陽人也,本與武帝同諱。(《漢書·蒯伍江息夫傳》)

(3)高后自臨事,不幸有疾,日進不衰,以故悖暴乎治,諸呂為變故亂法,不能獨制,迺取它姓子為孝惠帝嗣。(漢文帝《賜南粵王趙佗書》)

(4)臣聞騏驥長鳴,伯樂昭其能;盧狗悲號,韓國知其才。……竊自惟度,終無伯樂韓國之舉,是以於悒而竊自痛者也。(曹植《求自試表》)

(5)漢皇重色思傾國,御宇多年求不得。楊家有女初長成,養在深閨人未識。天生麗質難自棄,一朝選在君王側。(白居易《長恨歌》)

例(1)漢文帝的宦官名叫趙談,因司馬遷父親名叫司馬談,所以為避父諱而寫為“同子”。例(2)蒯通本名蒯徹,與漢武帝劉徹同名,於是用同義詞“通”代替。顔師古注:“本名為徹,其後史家追書為通。”例(3)漢高祖死後,呂后篡權,諸呂為亂,漢文帝在談到此事時卻説她“自臨事”;漢惠帝死後,呂后强奪宫女之子充太子,而漢文帝卻説呂后有疾,體力不足以獨自執政,於是以異姓人的孩子作惠帝的繼承人。例(4)是曹植寫給魏明帝的自薦信。曹丕父子一直壓制迫害曹植,曹丕死後,曹睿即位,為明帝,曹植希望曹睿能够任用自己,但在寫信時又不敢直説受迫害的事,怕引起曹睿疑心,於是改説伯樂識馬、韓國人瞭解盧狗的事。意思是,儘管自己胸有報國大志,卻無伯樂和韓國人那樣的賢者舉薦。例(5)唐玄宗納自己兒子壽王之妻為貴妃,這是衆所周知的事,而白居易在《長恨歌》中卻把楊貴妃説成是“初長成”的女子,“養在深閨人未識”,後來被“選”至君王身邊。

2. 對關乎尊長者去世或落難的事,忌諱直言,改換另一種説法。例如:

(1)父歿而子嗣,姑死而婦代,非子婦嗣代使父姑終歿也,老少年次自相承也。(《論衡·偶會》)

(2)六歲失怙恃,不為兄嫂所容。(《聊齋志異·珠兒》)

(3)會先王棄群臣,寡人新即位。(《戰國策·燕策》)

(4)放勛乃徂落。(《孟子·萬章上》)

(5)來時,太夫人已不幸。(《漢書·蘇武傳》)

(6)至尊尚蒙塵,幾日休練卒。(杜甫《北征》)

"歿、終歿、失怙恃"都指父母去世。"棄群臣、徂落、不幸"都指君王、長者去世。"蒙塵"指唐玄宗因安史之亂逃亡在外。

3. 迴避不雅字眼或不便言說之事,改用其他說法,以避免粗俗。例如:

(1)是日,武帝起更衣,子夫侍尚衣軒中,得幸。(《史記·外戚世家》)

(2)即陽為病狂,臥便利。(《漢書·玄成傳》)

"得幸"指與帝王發生兩性關係,"便利"指大小便。

4. 忌諱不吉利、不願意之事,改用另外的說法,以避免不祥、不快。例如:

(1)昔者有王命,有采薪之憂,不能造朝。(《孟子·公孫丑下》)

(2)而恐太后玉體之有所郄也。(《戰國策·趙策四》)

(3)行年四歲,舅奪母志。(李密《陳情表》)

"采薪之憂"指患病,朱熹《孟子集注》:"言病不能采薪,謙辭也。""有所郄"指身體不適。"舅奪母志"指母親改嫁,作者不願直說,就改換了說法。

第四節　修辭方式(二)

一、互文

前後語句在意義上互相補充,彼此滲透,須參互理解才能把握完整的意思。也稱"互辭"、"互體"。按照互文成分的遠近,可分為三類:

1. 當句互文。例如:

(1)奴温婢飽身晏起,致茲快活良有因。(白居易《雪中晏起偶詠所懷,兼呈張常侍、韋庶子、皇甫郎中》)

(2)陵陽佳地昔年游,謝朓青山李白樓。(陸龜蒙《懷宛陵舊遊》)

"奴"與"婢"互文,意思是:奴婢都温飽。"謝朓"與"李白"互文,意思是:謝朓登過的高山和樓臺,李白登過的高山和樓臺。

2. 鄰句互文。例如:

(1)少婦今春意,良人昨夜情:誰能將旗鼓,一為取龍城。(沈佺期《雜詩》之三)

(2)思家步月清宵立,憶弟看雲白日眠。(杜甫《恨别》)

"少婦"與"良人"互文,"今春(實指年年)"與"昨夜(實指夜夜)"互文,"意"與"情"互文。意思是說:閨中少婦和軍中良人為著早日團聚,年年、夜夜都在想著同一件事:"誰能將旗鼓,一為取龍城。""思家"和"憶弟"互文,"步月清宵立"和"看雲白日眠"互文,意思是說:自己由於思家憶弟,或"步月清宵立",或"看雲白日眠"。

3. 隔句互文。例如:

(1)公入而賦:"大隧之中,其樂也融融!"姜出而賦:"大隧之外,其樂也洩洩!"(《左傳·隱公元年》)

(2)夏,季孫宿如晉,拜莒田也。晉侯享之,有加籩。武子退,使行人告曰:"小國之事大國也,苟免於討,不敢求貺。得貺不過三獻。今豆有加,下臣弗堪,無乃戾也。"(《左傳·昭公六年》)

(3)日月之行,若出其中;星漢燦爛,若出其裏。(曹操《步出夏門行·觀滄海》)

"公入"和"姜出"互文,意思是:莊公和姜氏共同出入大隧、共同賦詩。"加籩"與"豆有加"互文,孔穎達正義:"上言加籩,此言豆者,籩豆並加,互舉其一也。""日月之行"與"星漢燦爛"互文,意思是:日月星漢共同運行,一樣燦爛。

二、引用

古人詩文中常引用一些經典著作的言論、民謠、諺語或歷史事蹟,以增强說服力和感染力。這也就是一般所謂的"引經據典"。可分明引、暗引和變引三類:

1. 明引。明確說出所引話語的出處或所引事例的來源。例如:

(1)潁考叔,純孝也。愛其母施及莊公。詩曰:"孝子不匱,永錫爾

類。"其是之謂乎?(《左傳·隱公元年》)

(2)一之謂甚,其可再乎?諺所謂"輔車相依,唇亡齒寒"者,其虞虢之謂也。(《左傳·僖公五年》)

(3)昔玉人獻寶,楚王誅之;李斯竭忠,胡亥極刑;是以箕子陽狂,接輿避世,恐遭此患也。(鄒陽《獄中上梁王書》)

(4)每至晴初霜旦,林寒澗肅,常有高猿長嘯,屬引淒異,空谷傳響,哀轉久絕。故漁者歌曰:"巴東三峽巫峽長,猿鳴三聲淚沾裳!"(酈道元《水經注·江水》)

例(1)、(2)說明引文的出處,例(3)說明史實原委,例(4)說明引用漁歌。

2. 暗引。引用前人的話和歷史事例,但不說明出處。如:

(1)青青子衿,悠悠我心。但為君故,沉吟至今。呦呦鹿鳴,食野之蘋。我有嘉賓,鼓瑟吹笙。(曹操《短歌行》)

(2)甚矣吾衰矣! 悵平生交遊零落,只今餘幾? 白髮空垂三千丈,一笑人間萬事。(辛棄疾《賀新郎·甚矣吾衰矣》)

(3)酌貪泉而覺爽,處涸轍以猶歡。(王勃《滕王閣序》)

例(1)"青青子衿"二句引自《詩經·鄭風·子衿》;"呦呦鹿鳴"四句引自《詩經·小雅·鹿鳴》。例(2)"甚矣吾衰矣"引《論語·述而》孔子語,"也"變為"矣"。例(3)"酌貪泉"用《晉書·吳隱之傳》所載事:廣州北二十里的石門有水名貪泉,人喝此水就會貪得無厭,吳隱之喝後,並未變心;"處涸轍"用《莊子·外物》所載事:莊周見一鮒魚處於車轍之中而求救。

3. 變引。對前人的語句不是原本照引,而是加以改變,有時甚至變用其意。例如:

(1)日其將暮兮,睹牛羊之下來。(班彪《北征賦》)

(2)怨何人? 和氏有其愆。(曹植《贈徐幹》)

(3)君看赤壁終陳跡,生子何須似仲謀?(陸游《黃州》)

例(1)變引《詩經·王風·君子于役》"日之夕矣,牛羊下來"句。例(2)引和氏向楚王獻寶事,此典故通行意思是埋怨楚王不識寶,但此處反其意而怨和氏有獻寶不看人之錯。例(3)變引《三國志·吳志·吳主傳》裴松之注所引曹操的話:"生子當如孫仲謀",但反其意而用。

三、合叙

把兩件有關聯的事放在一句話中叙說。亦稱“並提”。例如：

(1) 師之耳目，在吾旗鼓，進退從之。(《左傳・成公二年》)

(2) 春冬之時，則素湍綠潭，迴清倒影。(《水經注・江水》)

例(1)“耳、目”合叙，“旗、鼓”合叙，意思是：師之耳，在吾鼓；師之目，在吾旗。例(2)“素湍、綠潭”合叙，“迴清、倒影”合叙，意思是：素湍迴清，綠潭倒影。

四、倒置

顛倒句中詞語順序，以突出表達重點或滿足押韻、對偶、平仄等要求。例如：

(1) 其子幼弱，其一二父兄懼隊宗主，私族於謀而立長親。(《左傳・昭公十九年》)

(2) 吉日兮辰良，穆將愉兮上皇。(《楚辭・九歌・東皇太一》)

(3) 香稻啄餘鸚鵡粒，碧梧棲老鳳凰枝。(杜甫《秋興八首》其八)

例(1)中，“私族”放在介詞“於”之前，以示突出和强調，一般順序為“謀於私族”。例(2)的“辰良”，一般形式為“良辰”，為了押韻而倒置。例(3)應為：“鸚鵡啄餘香稻粒，鳳凰棲老碧梧枝。”

【導學訓練】

一、學習導引

“修辭”包含三層意思。一是指運用語言的方式方法、規律規則，即修辭手段；二是指運用語言過程中合理有效地調用語音、詞彙、語法形式，以達到最佳表達效果的行為，即修辭活動；三是有時也指研究修辭規律、探討修辭活動的學問，即修辭學。本章針對古漢語學習的目的和要求，主要立足於第一層意思，介紹古漢語修辭的基本特點、古人的修辭思想、主要的修辭方式，目的是幫助學生認識古漢語的特點，提高學生閱讀古代文獻的水平。

學習古漢語修辭，首先必須多讀古典詩文，接觸古漢語的原始材料，增加感性認識。不僅要熟讀教材所選內容，還要適當閱讀教材以外的古漢語作品。原始材料讀得熟、讀得多，增强語感，就容易認識和掌握規律。

其次要結合古漢語語音、詞彙、語法知識以及現代語言學理論,正確認識古漢語語音的特點,正確把握古漢語詞彙和語法規律,正確掌握語言運用的普遍方法,在此基礎上才能準確恰當地體認古漢語修辭特點、規律和方法。因為修辭作為一種語用手段,必須藉助具體的語音、詞彙、語法手段來實現。如對"倒置"方式的掌握,就要和音韻、語法知識結合起來。杜甫《月夜》:"香霧雲鬟濕,清輝玉臂寒。"本意是"香霧濕雲鬟,清輝寒玉臂",但這樣一來就不合乎詩律了。因此作者顛倒詞序。

再次要善於比較歸納。有比較才有鑒別,對古漢語修辭現象的認識,往往是通過比較而加深理解的。比較可從兩方面進行,一種是古漢語修辭現象的互相比較,如"委婉"和"引用"這兩種修辭方式,分別來看,各有特點:"委婉"借助暗示,"引用"依靠影射;"委婉"的效果是求得含蓄,"引用"的效果是達到典雅。但二者在修辭色彩上都具有婉曲蘊藉的共性。弄清了不同修辭方式的特點和相近修辭方式的共性,就可以瞭解各種修辭方式之間的聯繫與區別。另一種是古漢語和現代漢語修辭現象的對照比較,認識和把握古今修辭手段的差異。

最後,為了深入學習古漢語修辭,還需要讀一些重要的修辭學著作,進一步熟悉和系統掌握古今漢語修辭規律,將感性認識上升為理性認識;用豐富的感性材料印證相關理論,同時用系統的理論指導修辭現象的觀察、把握及運用。

二、思考題

1. 除本章所述之外,中國古代還有哪些重要修辭思想?
2. 為什麼說修辭是以語音、詞彙、語法為基礎的語言運用藝術?
3. 古今漢語修辭方式的差異體現在哪些方面?

三、實踐訓練

1. 以《外內表裏,自相副稱》一文為範圍,分析古漢語語音修辭手法。
2. 以《比興》一文為範圍,歸納古漢語誇張辭格的類型。
3. 以《蘇武傳》一文為例,分析委婉和避諱兩種修辭方式的異同。

【研討平臺】

修辭的本質是什麼?

問題概述

"修""辭"二字連用,最早見於《周易・文言》的"修辭立其誠"一語。但究竟修辭的本質是什麼?這是一個迄今還在爭論的問題。唐代孔穎達《周易正義》認為:"辭謂文教","修辭"即"修理文教";宋人文天祥《西澗書院釋攥講義》認為:"辭之義有二:發於言則為言辭,發於文則為文辭。""修辭者,謹飭其辭也。"孔說為後世所不取,而文說的"修飾文辭"說則為大多數人所繼承。後來又派生出不同觀點:第一種觀點認為,修辭就是美辭,即對語言的美化;第二種觀點認為,修辭就是語言的變異;第三種觀點認為,修辭就是語言的調整、選擇與組合。

下面選輯一些關於修辭性質的觀點供參閱。閱讀以後,談談你自己的看法。

資料選輯

1. 夫《易》,彰往而察來,而微顯闡幽,開而當名,辨物正言,斷辭則備矣。其稱名也小,其取類也大。其旨遠,其辭文,其言曲而中,其事肆而隱。

(《周易·繫辭下》,商務印書館,1926年)

2. 修辭學一名美辭學,因其講述修飾辭句而使其增美之理論也。

(王易:《修辭學》,商務印書館,1926年)

3. 胡懷琛在《修辭學發微》一書中,將修辭的方法歸納為用字不照普遍的用法,造句不照普通的造法,理論方面故意地不合邏輯,事物方面故意地和實際情形不符合等,實際上就是把修辭看做詞彙、語法、邏輯常規用法的變異。

(黎運漢、盛永生主編:《漢語修辭學》,廣東教育出版社,2006年,第4頁)

4. 修辭不過是調整語辭使達意傳情能够適切的一種努力。

(陳望道:《修辭學發凡》,上海大江書鋪,1932年)

5. 修辭就是在運用語言的時候,根據一定的目的,精心地選擇語言材料這樣一個工作過程。……修辭不是把話這麼裝飾那麼裝飾,更不是自己製造什麼花樣翻新的說法,只不過是從現有的語言材料中精心選擇而已。

(張志公:《修辭是一個選擇過程》,《修辭學習》1982年創刊號)

6. 孔子在《論語》裏論修辭,《論語·衛靈公》:"子曰:'辭達而已矣。'"這裏談到修辭的總的要求,用文辭來達意表情罷了。怎樣來求達呢?又《憲問》:"子曰:'為命,裨諶草創之,世叔討論之,行人子羽修飾之,東里子産潤色之。'"鄭國作的辭命,像外交上的辭令,内政上的命令,先要經裨諶來起草,再經世叔來討論,討論草稿的内容,從命意到謀篇;修飾,指辭句的修改;潤色,指文辭的加工。除了起草,從討論到修飾、潤色都是修辭,這裏包括命意謀篇到用詞造句到文辭加工,即把命意謀篇的考慮放在第一位。因此,春秋時代講修辭,就把討論命意謀篇包括在内。

孔子講修辭,還注意說話的環境、對象和說話時的態度。因為修辭的目的,就要使所說的話收到預期效果,所以要注意環境、對象和態度。又《憲問》:"子曰:'邦有道,危言危行;邦無道,危行言孫(遜)。'"在邦有道時,話可以說得激烈,在邦無道時,話要說得遜順。又《鄉黨》:"孔子於鄉黨,恂恂如也,似不能言者。其在宗廟朝廷,便便言,唯謹爾。朝,與下大夫言,侃侃如也;與上大夫言,誾誾如也。"在鄉黨,在長輩前,所以謙恭,顯得老實,像不會講話。在宗廟是講禮節的,在朝廷是講政治的,都要明辨是非,所以要辯論,又很謹慎。上朝時,同下大夫講話,態度剛直;同上大夫講話,態度和悅。這同當時講究禮儀,對不同地位的人適用不同的態度有關。在注意對象時還要注意效果。

《衛靈公》:“子曰:‘可與言而不與之言,失人;不可與言而與之言,失言。知(智)者不失人,亦不失言。’”《季氏》:“孔子曰:‘侍于君子有三愆(過失):言未及之而言謂之躁,言及之而不言謂之隱,未見顏色而言謂之瞽。’”没有輪到他說話而說是急躁,輪到他說卻不說是隱匿,不察言觀色而說是盲目。這都説明說話要注意效果。這裏還含有說話要注意時機的意思。“躁”“隱”、“瞽”以及“失人”、“失言”,效果都不好,也没有掌握好時機。《憲問》:“子問公叔文子於公明賈曰:‘信乎,夫子不言、不笑、不取乎?”公明賈對曰:‘以告者過也。夫子時然後言,人不厭其言;樂然後笑,人不厭其笑;義然後取,人不厭其取。’子曰:‘其然? 豈其然’乎?’”公明賈到了人家要他說話的時候才說話,孔子認為要掌握這個時機不容易,所以說“難道是這樣嗎?”……

孔子講到文質。又《雍也》:“子曰:‘質勝文則野,文勝質則史。文質彬彬,然後君子。’”質勝過文,內容可取,文辭表達不够,顯得粗野。文勝質,文辭好,內容不確切,像史的語言,不免諱飾,不符合實際。文質彬彬,文辭和內容都切合實際,然後像成德的君子。這正是對修辭的要求,不光要辭令美,還要求內容切合實際。孔子又提出“正名”,就要求名和實相稱。又《子路》:“子路曰:‘衛君待子而為政,子將奚先?’子曰:‘必也正名乎。’子路曰:‘有是哉,子之迂也,奚其正?’子曰:‘野哉,由也! 君子于其所不知,蓋闕如也。名不正則言不順;言不順,則事不成;事不成則禮樂不興;禮樂不興,則刑罰不中;刑罰不中,則民無所措手足。故君子名之必可言也,言之必可行也。君子于其言,無所苟而已矣。’”孔子講正名,即名與實一致,衛出公自己稱君,拒絕他的父親蒯聵回國即位,孔子認為名不正。按禮,蒯聵是父,當為君,出公是子,當讓位,今以子而稱君,故名不正。這樣,他講的正名,從修辭的使名實一致,發展到要使名稱和合乎禮制的實際的一致了。

(周振甫:《中國修辭學史》,商務印書館,1991年,第9—12頁)

7. 道家老子似乎是反對辯言的,他和後來的禪宗一樣,主張實行身教。他說:“不言之教,無為之益,天下稀及之。”可惜的是這種不言之教,天下的人很少能够做得到。又說:“知者不言,言者不知。”他根本不願多言,何況是美言呢? 他對美言的看法是這樣的:“信言不美,美言不信。善言不辯,辯言不善。”他認為美言都是虛僞的,不可相信的,他痛疾虛僞,所以反對“美言”。但我們所謂的美辭,是要盡一切修辭之美,來感動人,希望能收到說話或是寫作的效果,卻未必是虛僞的,不可相信的。你看那《道德經》五千言,寫得那麼美好,那麼精妙,可見他們並不是真正反對美辭學的。所以梁朝的劉勰,在他的《文心雕龍·情采》篇說:“老子疾僞,故稱美言不信;而五千精妙,則非棄美矣。”這是實在的話。例如上舉的“信言不美,美言不信。善言不辯,辯言不善”便是用排比的修辭法;他甚至也懂得用對偶了,可以說是開六朝駢體文之先河。

莊子的學說,通常被認為“其要本歸於老子之言”。所以他的修辭學說,和老子大致是相同的。在《逍遙遊》篇中,他曾經借古代的懷道者肩吾批評楚國隱士接輿說話的技巧說:“吾聞言於接輿,大而無當,往而不返。吾驚怖其言,猶河漢而無極也;大有徑庭,不近人情焉。”他是反對“大而無當”,滔滔不絕,如河漢之無極的這一種說話的方式的。

在《天道》篇裏，他說："故古之王天下者，……辯雖雕萬物，不自說也。"他以為古代的君主，雖能雕飾萬物，宏辯如流，也不會以此自己覺得揚揚得意。又說："語之所貴者意也。"(《天道》)他是以為意重於辭的。《天地》篇說："合譬飾辭聚衆也，……愚之至也。"他以為合於譬喻，飾於浮辭，既已成了一種風氣，所以得以聚衆，而不自知其非，這是"愚之至也"。又說："至言不出，俗言勝也。"(《天地》篇)他認為至道之言之所以不顯，是被浮雕藻飾的俗言所掩蔽。所以《齊物論》說："言隱于榮華。"所謂榮華，指的便是浮雕藻飾的辭采。在《繕性》篇裏，莊子更將這個意思加以引申。他說："心與心識知而不足以定天下，然後附之以文，益之以博。文滅質，博溺心，然後民始惑亂，無以反其性情而復其初。"又說："古之行身者，不以辯飾知。"(《繕性》篇)這些話，足以和老子的"信言不美，美言不信"互相發明。在《知北遊》和《天道》篇裏，莊子重複地提到了"知者不言，言者不知"的話。其《知北遊》云："夫知者不言，言者不知，故聖人行不言之教。"其《天道》篇云："夫形色名聲果不足以得彼之情，則知者不言，言者不知，而世豈識之哉！"這正發揮了老子的"行不言之教"和"絕聖(學)去知"的本意。又莊子書有《寓言》篇，當是中國歷史上最早對"寓言"這一辭格的名稱的創造。雖然他的所謂"寓言"和我們現在的寓言的意義未必是完全一樣，但"寓者，寄也，所以寄意也"，這一點卻是相同的。

(鄭子瑜：《中國修辭學史稿》，上海教育出版社，1984 年，第 13—14 頁)

【拓展指南】

一、文獻介紹

1.《文心雕龍》

南朝劉勰著。成書於齊和帝中興年間(501—502)。一般認為這是關於文學批評的著作，其實很多內容涉及修辭問題。總共五十篇，其中第三十一篇至四十篇都是談論修辭問題，從字句到篇章，從辭格到風格，都做了較全面論述。因而它也是中國修辭學成熟的標誌性著作之一。

2.《文則》

宋代陳騤著。成書於孝宗乾道六年(1170)。這是中國現存最早的一部較系統的修辭學專著。自《文則》成書至五四運動的七百五十年間，別無修辭學專著問世。作者的自序說："古人之文，其則著矣，因號曰《文則》。"全書內容重點涉及五個方面：(一)文體與修辭，(二)普通修辭，(三)語法與修辭，(四)辭格，(五)風格。同時涉及用詞造句、命意謀篇。

3.《修辭學發凡》

現代學者陳望道著。1932 年由上海大江書鋪出版。全書共十二篇，第一、二、三、十、十二篇介紹修辭理論，第四篇論"消極修辭"，第五至八篇論"積極修辭"中的辭格，

第九篇論"積極修辭"中的辭趣,第十一篇論文體或辭體。該書批判地繼承了古今中外修辭學成果,立足於漢語修辭現象實際,建立了一個中國化的、符合現代科學精神的修辭學體系。劉大白在此書《序》中稱之為"中國第一部有系統的兼顧古話文今話文的修辭學書"。該書的主要貢獻有:(一)提出了"修辭以適應題旨情境為第一義"和修辭就是利用語言文字的一切可能性的精闢論斷;(二)以科學精神為指導,重視方法論。《發凡》問世後,受到海內外學者的一致推崇,它對修辭學的發展產生了深遠的影響,被公認為中國現代修辭學的里程碑,作者亦被公認為中國現代修辭學的奠基人。

4.《現代漢語修辭學》

當代學者張弓著。被譽為繼陳望道《修辭學發凡》之後"我國現代修辭學史上又一座里程碑"。初版於1963年。全書20餘萬字,分為十章。該著作在修辭學理論上的建樹,主要體現在漢語語體研究方面。它對漢語語體問題的探討,大大超越了其他同類著作,在修辭學學科體系的建構上自成一家。

5.《管錐編》

當代學者錢鍾書著。1979年中華書局出版前四卷,1982年出版《〈管錐編〉增訂》,1991年又出版《〈管錐編〉增訂》(之二),共計一百三十多萬字。徵引古今中外四千多位作家學者、涉及七種語言的上萬種著作,內容博大精深,令人歎服。《管錐編》雖然是對中國古代典籍研究的劄記,但是其中許多篇幅闡述修辭理論,不少內容具有開創意義,如比喻理論、通感理論等。因此,可以說《管錐編》也是一部重要的修辭學著作。

二、資料導引

1. 季紹德:《古漢語修辭》,吉林文史出版社,1986年。
2. 黎運漢、盛永生:《漢語修辭學》,廣東教育出版社,2006年。
3. 李運富、林定川:《二十世紀漢語修辭學綜觀》,香港新世紀出版社,1992年。
4. 李維琦等:《古漢語同義修辭》,湖南師範大學出版社,1989年。
5. 倪寶元:《大學修辭》,上海教育出版社,1994年。
6. 王希傑:《漢語修辭學》,商務印書館,2004年。
7. 楊樹達:《中國修辭學》,上海古籍出版社,1983年。
8. 趙克勤:《古漢語修辭常識》,河南人民出版社,1984年。
9. 周振甫:《中國修辭學史》,商務印書館,1991年。
10. 張靜、鄭遠漢:《修辭學教程》,河南教育出版社、香港文化教育出版社,1989年。
11. 鄭奠、譚全基:《古漢語修辭學資料彙編》商務印書館,1980年。
12. 朱祖延:《古漢語修辭例話》,湖北教育出版社,1990年。
13. 宗廷虎:《20世紀中國修辭學》,中國人民大學出版社,2008年。
14. 宗廷虎:《中國修辭史》,吉林教育出版社,2007年。

【文 選】

上古天真論

【解題】

選自《四部叢刊·重廣補注黃帝內經素問第一卷》。《黃帝內經》是我國最早系統闡述中醫理論、介紹中醫實踐的著作,內容涉及病理、生理、解剖診斷等方面。由《素問》和《靈樞》兩部分構成。部分篇章形成於戰國末期,大部分文字可能寫於西漢時期。作者已不可考。

本文是《素問》的第一篇,借助黃帝與其臣歧伯的對話,闡述了人如何持養精神以保健康長壽的道理。

【原文】

昔在黃帝,生而神靈,弱而能言,幼而徇齊[1],長而敦敏[2],成而登天[3]。迺問於天師曰[4]:"余聞上古之人,春秋皆度百歲[5],而動作不衰;今時之人,年半百而動作皆衰者,時世異耶?人將失之耶[6]?"

【注釋】

[1] 徇齊:疾速,這裏指思維敏捷。

[2] 敦敏:誠實而通達。

[3] 成而登天:成人後登上帝王之位。

[4] 迺:同"乃"。天師:天子的老師,這裏指下文的歧伯。

[5] 春秋:指代年齡。

[6] 失之:違背養生之法。

【原文】

岐伯對曰[7]:"上古之人,其知道者[8],法於陰陽[9],和於術數[10],食飲有節,起居有常,不妄作勞[11],故能形與神俱,而盡終其天年[12],度百歲乃去。今時之人不然也,以酒為漿[13],以妄為常,醉以入房,以欲竭其精,以耗散其真[14],不知持滿[15],不時御神[16],務快其心,逆於生樂[17],起居無節,故半百而衰也。夫上古聖人之教下也,皆謂之虛邪賊風[18],避之有時,恬惔虛无[19],真氣從之,精神內守,病安從來?是以志閑而少欲[20],心安而不懼,形勞而不倦,氣從以順,各從其欲,皆得所願。故美其食,任其服,樂其俗,高下不相慕[21],其民故曰朴[22]。是以嗜欲不能勞其目,淫邪不能惑其心,愚智賢不肖[23],不懼於物,故合於道,所以能年皆度百歲而動作不衰者,以其德全不危也。[24]"

【注釋】

[7] 岐伯:古名醫,傳說為黄帝大臣。

[8] 知道:懂得養生之道。

[9] 法:效法。陰陽:事物的兩個對立面。

[10] 和:調和。術數:指自然規律。

[11] 不妄作勞:不違背常規勞動。

[12] 天年:自然賦予的年歲。

[13] 漿:飲料,這裏指水。

[14] 耗:指輕易使用。真:真氣,即元氣。

[15] 持滿:保持精力充沛。

[16] 時:按時。御神:指使用精力。

[17] 逆於生樂:跟尋求快樂的目的悖逆。

[18] 虚邪賊風:乘虚而入的邪氣,損害精神的陰風。

[19] 虚无:指少物欲。

[20] 閑:通"閒"。志閑,精神安閒。

[21] 高下:指人的地位高低。

[22] 朴:通"樸"。淳樸,質樸。

[23] 愚智賢不肖:泛指形形色色的人。

[24] 德全不危:養生之道全面,没有被危害。

子產獻捷

【解題】

選自中華書局1980年版《十三經注疏·春秋左傳正義·襄公二十五年》。本文記述了鄭國子產的外交辭令及其效果。襄公二十四年,陳國和楚國攻打鄭國。二十五年,鄭國反攻陳國獲勝。當時晉國自恃强大,詰問鄭國攻打陳國的理由。子產據理應對晉國詰難,最終説服晉國接受獻捷之禮且許可鄭國再次討伐陳國。孔子高度評價了子產的辭令效果,並由此提出了"言之無文,行而不遠"的修辭學觀點。

【原文】

鄭子產獻捷于晉[1],戎服將事[2]。晉人問陳之罪,對曰:"昔虞閼父為周陶正[3],以服事我先王[4]。我先王賴其利器用也[5],與其神明之後也[6],庸以元女大姬配胡公[7],而封諸陳,以備三恪[8]。則我周之自出[9],至于今是賴。桓公之亂[10],蔡人欲立其出。我先君莊公奉五父而立之[11],蔡人殺之。我又與蔡人奉戴厲公,至於莊、宣,皆我之自立。夏氏之亂[12],成公播蕩[13],又我之自入,君所知也。今陳忘周之大德,蔑我大惠,棄我姻親,介恃楚衆[14],以憑陵我敝邑,不可億逞[15]。我是以有往年之告[16]。未獲成命,則有我東門之役[17]。當陳隧者[18],井堙木刊[19]。敝邑大懼不競而恥大姬[20]。天誘其衷[21],啓敝邑之心。陳知其罪,授手于我。用敢獻功!”晉人曰:“何故侵小?”對曰:“先王之命,唯罪所在,各致其辟[22]。且昔天子之地一圻[23],列國一同[24],自是以衰[25]。今大國多數圻矣!若無侵小,何以至焉?”晉人曰:“何故戎服?”對曰:“我先君武、莊,為平、桓卿士。城濮之役,文公布命曰:‘各復舊職!’命我文公戎服輔王,以授楚捷。不敢廢王命故也。”士莊伯不能詰,復於趙文子。文子曰:“其辭順,犯順不祥。”乃受之。

【注釋】

[1] 獻捷:戰勝後進獻俘虜和戰利品。

[2] 戎服:軍服。將事:處理政事。

[3] 虞閼父(èfǔ):舜的後代。陶正:主掌陶業的官員。

[4] 先王:指周武王。

[5] 賴:善,嘉獎。利器用:使器用對人有利。

[6] 神明:指舜。閼父為虞舜的後代。

[7] 庸:連詞,所以。胡工:閼父的兒子。

[8] 備:使齊備。三恪:三敬。指分封黃帝、帝堯、帝舜的後代。事見《禮記·樂記》。

[9] 我周之自出:等於說“自我周出”,指陳國是周人的後代。

[10] 桓公之亂:指陳桓公卒,陳亂,蔡人立桓公子厲公。事在魯桓公五年。

[11] 五父:五父佗,桓公弟,殺太子免而代之,鄭莊公輔定其位。

[12] 夏氏之亂:指夏征舒殺陳靈公的叛亂。事在宣公十一年。

[13] 播蕩:流亡。

[14] 介恃:憑藉,倚恃。

[15] 億逞:滿足。

[16] 往年之告:指襄公二十四年鄭伯告晉伐陳。

[17] 東門之役:指襄公二十四年陳隨楚攻打鄭東門。

[18] 隧:通道,這裏用如動詞。

[19] 堙:填塞。

[20] 競:强大。恥大姬:使大姬受辱。

[21] 天誘其衷:上天誘發陳國的良知。

[22] 辟:刑罰。

[23] 一圻:四周各千里。

[24] 一同:四周各百里。

［25］衰：遞減。

【原文】

冬十月，子展相鄭伯如晉，拜陳之功[26]。子西復伐陳，陳及鄭平。仲尼曰："《志》有之[27]：'言以足志[28]，文以足言[29]。'不言，誰知其志？言之無文，行而不遠。晉為伯，鄭入陳，非文辭不為功。慎辭哉！"

【注釋】

［26］拜陳之功：拜謝晉國接受他們奉獻的陳國戰利品。

［27］《志》：指古書。

［28］足志：意謂可以充分地表達思想。

［29］文：文采。

甯嬴氏論貌與言

【解題】

選自《四部叢刊・國語・晉語》。本文記述了甯嬴氏關於言辭、性情、外貌之間關係的看法，認為三者相应，才能成事，並提出了"言文而發之，合而後行"的修辭學觀點，

【原文】

陽處父如衛[1]，反，過甯[2]，舍於逆旅甯嬴氏[3]。嬴謂其妻曰："吾求君子久矣，乃今得之。"舉而從之[4]，陽子道與之語，及山而還[5]。其妻曰："子得所求而不從之，何其懷也[6]！"曰："吾見其皃而欲之，聞其言而惡之。夫皃，情之華也[7]；言，皃之機也[8]。身為情[9]，成於中。言，身之文也[10]。言文而發之[11]，合而後行[12]，離則有釁[13]。今陽子之皃濟[14]，其言匱，非其實也[15]。若中不濟，而外彊之[16]，其卒將復[17]，中外易矣[18]。若外內類[19]，而言反之，瀆其信也[20]。夫言以昭信[21]，奉之如機，歷時而發之[22]，胡可瀆也！今陽子之情譓矣[23]，以濟蓋也[24]，且剛而主能[25]，不本而犯[26]，怨之所聚也。吾懼未獲其利而及其難，是故去之。"期年，乃有賈季之難[27]，陽子死之。

【注釋】

［1］陽處父：春秋時晉國太傅，因封於陽地（今山西省太谷縣陽邑村），遂以陽為姓。如：往。

［2］反：返的古字。甯：晉邑，在今河南獲嘉縣西北。

［3］逆旅：迎接旅客處，旅店。嬴：姓。

［4］舉：起身。

［5］山：指溫山，在今河南省修武縣北。《左傳・文公五年》記載同一事件，說陽處

父“及温而還”。

[6] 懷:想念,指戀家。

[7] 情之華:性情的華彩,即內心的外在表現形式。

[8] 皃之機:外貌的機樞,即外表的最關鍵部分。

[9] 身為情:身體產生性情。

[10] 文:文采。

[11] 言文而發之:言辭有文采然後說出來。

[12] 合:指內心、言辭、外貌三者相一致。

[13] 釁:釁隙,過失。

[14] 濟:美好,出衆。

[15] 非其實:不符合實情。實:即上文的“情”。

[16] 彊(qiǎng):同“强”,勉强。

[17] 卒:最終。復:反復,復舊,指回到不濟。這幾句大意是說,如果內心平庸,即使外表裝出不凡的樣子,最終仍會暴露平庸。

[18] 以:與。易:不同。

[19] 類:同類,相一致。

[20] 瀆其信:减弱言辭的可信度。

[21] 昭:顯示。

[22] 歷時而發之:經過一段時間考慮,成熟了然後說出來。

[23] 譓(huì):辨察,這裏指斤斤計較。

[24] 以濟蓋:因為出衆的外表而掩蓋。

[25] 剛:剛愎,這裏指倔强固執。主能:崇尚自己的才能。

[26] 不本而犯:行事不以仁義為本,因而容易觸犯别人。

[27] 賈季之難:賈季發難的事件。賈季,晉國大夫,狐偃之子射姑。據韋昭注,魯文公六年,晉國在夷地春獵,賈季將中軍,趙盾佐之。陽處父卻要求將春獵行動改至董地,使趙盾將中軍,賈季佐之。此事引起賈季反感,派人殺死陽處父。

舜往于田

【解題】

選自中華書局 1980 年版《十三經注疏·孟子注疏·萬章章句上》。本篇中,孟子以舜的事蹟為例,闡明了自己關於“孝”與“仁”的主張,另提出了“說詩者不以文害辭,不以辭害志”的修辭學觀點。

【原文】

萬章問曰:“舜往于田[1],號泣于旻天[2],何為其號泣也?”孟子曰:“怨慕也[3]。”萬章曰:“‘父母愛之,喜而不忘;父母惡之,勞而不怨[4]。’然則舜怨乎?”曰:“長息問於公明高曰[5]:‘舜往于田,則吾既得聞命矣;號泣于旻天,于父母,則吾不知也。’公明高曰:‘是非爾所知也。’夫公明高以孝子之心為不若是恝[6],我竭力耕田,共為子職而已矣[7],父母之不我愛,於我何哉?帝使其子九男二女,百官牛羊倉廩備[8],以事舜於畎畝之中,天下之士多就之者[9],帝將胥天下而遷之焉[10]。為不順於父母,如窮人無所歸[11]。天下之士悦之,人之所欲也,而不足以解憂;好色[12],人之所欲,妻帝之二女,而不足以解憂;富,人之所欲,富有天下,而不足以解憂;貴,人之所欲,貴為天子,而不足以解憂。人悦之、好色、富、貴,無足以解憂者,惟順於父母可以解憂。人少,則慕父母;知好色,則慕少艾[13];有妻子,則慕妻子;仕則慕君,不得於君則熱中[14]。大孝終身慕父母。五十而慕者,予於大舜見之矣。”

【注釋】

[1] 舜往于田:相傳舜曾在歷山耕田,三十歲被堯舉用。

[2] 號泣於旻(mín)天:向著天一邊訴説,一邊哭泣。旻天:秋季的天,這裏指天空。

[3] 慕:對父母的依戀。本段下面幾個“慕”字同此。

[4] 這幾句是曾子所言,又見於《禮記·祭義》和《大戴禮記·曾子大孝篇》,詞句略有不同。忘,疏忽;勞,擔憂。

[5] 長息:公明高的弟子。公明高:曾子的弟子。

[6] 恝(jiè):忽視,輕視。

[7] 共:恭敬。後作“恭”。

[8] 備:豐足。

[9] 就:走向,這裏指投奔。

[10] 將胥天下而遷之焉:把整個天下都讓給他(舜)。胥:都,全。

[11] 這兩句意思是:舜因為得不到父母的歡心,就像困窘的人失去依靠一樣。

[12] 好(hǎo)色:美色。

[13] 少艾:年輕美貌之人。

[14] 熱中:內心焦急。

【原文】

萬章問曰:“《詩》云:‘娶妻如之何?必告父母[15]。’信斯言也,宜莫如舜[16]。舜之不告而娶,何也?”孟子曰:“告則不得娶。男女居室[17],人之大倫也。如告,則廢人之大倫,以懟父母[18],是以不告也。”萬章曰:“舜之不告而娶,則吾既得聞命矣;帝之妻舜而不告,何也?”曰:“帝亦知告焉,則不得妻也。”萬章曰:“父母使舜完廩[19],捐階[20],瞽瞍焚廩[21]。使浚井[22],出,從而揜之[23]。象曰[24]:‘謨蓋都君咸我績[25],牛羊父母,倉廩父母,干戈朕,琴朕,弤朕[26],二嫂使治朕棲[27]。'象往入舜宫[28],舜在牀琴[29]。象曰:'鬱陶思君爾[30]。'忸怩[31]。舜曰:'惟兹臣庶,汝其于予治[32]。'不識舜不知象之將殺己與?"曰:"奚而不知也[33]? 象憂亦憂,象喜亦喜。"曰:"然則舜僞喜者與?"曰:"否;昔者有饋生魚於鄭子産,子産使校人畜之池[34]。校人烹之,反命曰:[35]'始舍之,圉圉焉[36];少則洋洋焉[37],攸然而逝[38]。'子産曰:'得其所哉! 得其所哉!'校人出,曰:'孰謂子産智? 予既烹而食之,曰,得其所哉,得其所哉。'故君子可欺以其方,難罔以非其道[39]。彼以愛兄之道來,故誠信而喜之,奚僞焉?"

【注釋】

[15] 這兩句見於《詩經·齊風·南山》。

[16] 宜:應該。舜時還没有《詩經》,萬章如此説,是因為他以為舜時也存在類似禮節。

[17] 居室:指結婚。

[18] 懟(duì):怨恨。

[19] 完廩:修繕糧倉。

[20] 捐階:捐棄階梯,這裏的意思是抽去梯子。

[21] 瞽瞍:舜的父親。

[22] 浚:疏浚。文中意思是淘。

[23] 揜:用土掩埋。

[24] 象:舜的同父異母弟。

[25] 謨蓋都君咸我績:出謀陷害舜都是我的功勞。謨(mó):計謀。蓋:通"害"。都君:指舜。據《史記·五帝本紀》載,舜"一年而所居成聚,二年成邑,三年成都"。

[26] 這幾句的意思是:牛羊分給父母,倉廩分給父母,干戈分給我,琴分給我,弓分給我。朕:我。戰國以前一般人自稱也可用"朕",秦統一後,成為皇帝專用的第一人稱代詞。弤(dǐ):彫弓。

[27] 棲:歇宿。文中指代牀鋪。

[28] 宫:住所。

[29] 琴:活用為動詞,彈琴。

[30] 鬱陶:憂思積聚的樣子。

[31] 忸怩:慚愧的樣子。

[32] 這兩句的意思是:我考慮臣下和百姓的問題,你也許可以替我管理吧。唯:通"惟",思考;于:相當於"為",王引之《經傳釋詞》云:"于,為也;為,助也。"

[33] 奚:怎麼,為什麼。

[34] 校人:掌管池沼的小吏。

[35] 反命:回復命令。反,後作"返"。

[36] 圉圉(yǔyǔ):困乏的樣子。

[37] 洋洋:舒展的樣子。

[38] 攸然:迅速的樣子。

[39] 意思是:難以用不合常道的詭詐欺罔他。難:以……為難,意動用法。

【原文】

萬章問曰:"象日以殺舜為事,立為天子則放之[40],何也?"孟子曰:"封之也[41];或曰,放焉。"萬章曰:"舜流共工于幽州,放驩兜于崇山,殺三苗于三危,殛鯀于羽山[42],四罪而天下咸服,誅不仁也[43]。象至不仁,封之有庳[44]。有庳之人奚罪焉?仁人固如是乎?在他人則誅之,在弟則封之?"曰:"仁人之於弟也,不藏怒焉,不宿怨焉[45],親愛之而已矣。親之,欲其貴也;愛之,欲其富也。封之有庳,富貴之也。身為天子,弟為匹夫,可謂親愛之乎?""敢問或曰放者,何謂也?"曰:"象不得有為於其國,天子使吏治其國而納其貢稅焉,故謂之放。豈得暴彼民哉[46]?雖然,欲常常而見之,故源源而來[47]。'不及貢,以政接于有庳[48]。'此之謂也。"

【注釋】

[40] 放:流放。

[41] 封之:指封象為一方長官。

[42] 這幾句並見於今《尚書·舜典》,用字略有不同。流、放同義;殺、殛同義。使用了變文避複辭格。共工:舜時水官名。幽州:舜時十二州之一,在今河北省北部及遼寧省大部。驩(huán)兜:舜時惡人。崇山:山名,在今湖南省張家界市西南。三苗:古代南方一個部落聯盟,地在今湖北武昌、湖南岳陽和江西九江一帶。三危:山名,在今甘肅省敦煌市東南。鯀:夏禹的父親。羽山:山名,在今山東省蓬萊市東南。

[43] 罪、誅同義,指懲處。使用了變文避複辭格。

[44] 有庳(bì):古地名,地在今湖南省道縣北。

[45] 宿怨:懷恨在心。

[46] 暴:暴虐地對待。

[47] 源源:連續不斷的樣子。

[48] 從下文看,這兩句似為引用他人或他書之言。楊伯峻《孟子譯注》疑為《尚書》逸文。

【原文】

咸丘蒙問曰[49]:"語云:'盛德之士,君不得而臣,父不得而子。'舜南面而立,堯帥諸侯北面而朝之,瞽瞍亦北面而朝之。舜見瞽瞍,其容有蹙[50]。孔子曰:'於斯時也,天下殆哉,岌岌乎![51]'不識此語誠然乎哉?"孟子曰:"否。此非君子之言,齊東野人之語也[52]。堯老而舜攝也[53]。《堯典》曰:

‘二十有八載，放勛乃徂落，百姓如喪考妣，三年，四海遏密八音[54]。’孔子曰：‘天無二日，民無二王。’舜既為天子矣，又帥天下諸侯以為堯三年喪，是二天子矣。”

【注釋】

[49] 咸丘蒙：孟子弟子。咸丘為魯國地名，此處以之為姓氏。

[50] 有蹙：不安的樣子。有，形容詞詞頭。

[51] 此句為“天下岌岌乎殆哉”的倒置。岌岌：危險的樣子；殆：危險。

[52] 野人：土俗之人。

[53] 攝：代理。

[54] 這幾句見《尚書・舜典》。《堯典》和《舜典》本為一篇，原名《堯典》，南朝齊明帝建武年間，吳興郡人姚方興始分為二，於是有了《舜典》。放勳：堯的稱號。徂落：死的委婉說法。百姓：百官群臣。考妣：父母。遏密：停止。八音：金、石、絲、竹、匏、土、革、木八種材料所作的樂器，這裏泛指音樂。

【原文】

咸丘蒙曰：“舜之不臣堯[55]，則吾既得聞命矣。《詩》云：‘普天之下，莫非王土；率土之濱，莫非王臣[56]。’而舜既為天子矣，敢問瞽瞍之非臣，如何？”曰：“是詩也，非是之謂也；勞於王事，而不得養父母也。曰：‘此莫非王事，我獨賢勞也[57]。’故說《詩》者不以文害辭[58]，不以辭害志[59]。以意逆志[60]，是為得之。如以辭而已矣，《雲漢》之詩曰：‘周餘黎民，靡有孑遺[61]。’信斯言也，是周無遺民也。孝子之至，莫大乎尊親；尊親之至，莫大乎以天下養。為天子父，尊之至也；以天下養，養之至也。《詩》曰：‘永言孝思，孝思維則[62]。’此之謂也。《書》曰：‘祗載見瞽瞍，夔夔齋栗，瞽瞍亦允若[63]。’是為‘父不得而子’也？”

【注釋】

[55] 臣：這裏活用作動詞，意思是：以……為臣。

[56] 這幾句引自《詩經・小雅・北山》。率：循，沿著。濱：邊界。

[57] 賢：多。

[58] 不以文害辭：不能因為字面而誤解語辭。

[59] 不以辭害志：不能因為語辭而誤解作者本意。

[60] 以意逆志：用自己真切的感受推測作者本意。

[61] 這兩句引自《詩經・大雅・雲漢》。黎民：老百姓。孑遺：剩餘，這裏指存活。

[62] 這兩句引自《詩經・大雅・下武》。永言：長久地申說。思：語氣助詞，舒緩語氣，可不譯。惟：語氣助詞，幫助判斷，可譯為“是”。則：法則。

[63] 這幾句見《尚書・大禹謨》。祗(zhī)：恭敬。載見：因事而見。夔夔：恐懼的樣子。齋栗：戰慄。允：的確。若：順。這幾句是說，舜恭敬地去見瞽瞍，恐懼謹慎，瞽瞍

也因此真變得通情達理了。

燕昭王求士

【解題】

選自《四部備要·戰國策·燕策一》。《戰國策》為記錄戰國時期各諸侯國動態和遊說之士言行的史料彙編。是一部重要史書和歷史散文集。西漢末由劉向編定。全書按諸侯國編排，分為東周、西周、秦、楚、齊、趙、魏、韓、燕、宋、衛、中山十二國，共三十三篇。東漢高誘曾為之作注，現行注本有清嘉慶年間黃丕烈重刊宋代姚氏本等。

本篇記述燕昭王聽取郭隗意見，廣招天下賢士，於是燕國由弱變强，攻破齊國，終報前仇。

【原文】

燕昭王收破燕後即位[1]，卑身厚幣以招賢者[2]，欲將以報讎。故往見郭隗先生曰[3]："齊因孤國之亂而襲破燕[4]，孤極知燕小力少，不足以報[5]。然得賢士與共國，以雪先王之耻，孤之願也。敢問以國報讎者奈何？"郭隗先生對曰："帝者與師處[6]，王者與友處，霸者與臣處，亡國與役處[7]。詘指而事之[8]，北面而受學[9]，則百己者至[10]；先趨而後息[11]，先問而後嘿[12]，則什己者至；人趨己趨，則若己者至；馮几據杖[13]，眄視指使[14]，則厮役之人至；若恣睢奮擊[15]，呴籍叱咄[16]，則徒隸之人至矣[17]。此古服道致士之法也[18]。王誠博選國中之賢者而朝其門下[19]，天下聞王朝其賢臣，天下之士必趨於燕矣。"

【注釋】

[1] 燕昭王：名職，燕王噲的兒子。公元前 311 年即位，在位三十三年。破燕：殘破的燕國。公元前 316 年，燕王噲讓位於燕相子之，導致燕國大亂。兩年後，齊宣王攻破燕國，燕王噲和子之被殺。公元前 311 年，公子職由趙國擁立稱王，即燕昭王。"收破燕"即指此事。

[2] 卑身：降低自己的身分。

[3] 郭隗（wěi）：燕國賢士。

[4] 因：趁著。孤：王侯自謙之辭。

[5] 報：報仇。

[6] 帝者與師處：成就帝業的人能與老師相處。意思是說在上位的人能禮賢下士。

[7] 亡國：猶説"亡國者"。全句意思是亡國之君妒賢嫉能，其信任的人只不過是一些唯唯諾諾的蠢才。

[8] 詘（qū）指：即屈旨。屈己之意以侍奉賢者。

[9] 北面:面向北。古人尊師,師的位置坐北面南,弟子面北,位置與師相向。

[10] 百己者:才能超過自己百倍的人。

[11] 趨:快步走。見了尊長要快步向前,以示尊敬。這是一種禮節。

[12] 問:慰問,指對人親近。嘿:"默"的異體字。

[13] 馮几(píng jī):靠著几案。馮:通"憑"。據杖:拄著手杖。

[14] 眄(miǎn)視:斜視,指瞧不起。指使:用手指使喚人,指輕視。

[15] 恣睢(zī suī):聯綿詞。放縱暴虐。奮擊:奮力打擊。

[16] 呴:疑為"跔"的借字。跔(jū)籍:踐踏,淩辱。叱咄:大聲呵斥。

[17] 徒隸:罪犯奴隸。這裏指奴才。

[18] 服道:服侍有道者。致士:招致賢士。

[19] 誠:副詞,果真。博選:廣泛選擇。朝:拜謁。

【原文】

昭王曰:"寡人將誰朝而可[20]?"郭隗先生曰:"臣聞古之君人有以千金求千里馬者[21],三年不能得。涓人言於君曰[22]:'請求之。'君遣之。三月得千里馬,馬已死,買其首五百金,反以報君[23]。君大怒曰:'所求者生馬,安事死馬而捐五百金[24]?'涓人對曰:'死馬且買之五百金,况生馬乎?天下必以王為能市馬[25],馬今至矣[26]。'於是不能期年[27],千里之馬至者三。今王誠欲致士,先從隗始。隗且見事[28],况賢於隗者乎?豈遠千里哉[29]?"

【注釋】

[20] 可:合適。誰:疑問代詞作賓語前置。

[21] 君人:君王,為君之人。

[22] 涓人:宮廷內負責清潔的人,這裏指君王親近的僕從。

[23] 反:返回。這個意義後作"返"。

[24] 安事:安用,哪裏用得著。捐:棄,浪費。

[25] 市:買。

[26] 今:副詞,將。

[27] 期(jī)年:周年。

[28] 見事:被侍奉。見,助動詞,表被動。

[29] 遠千里:以千里為遠。遠:形容詞的意動用法,以……為遠。

【原文】

於是昭王為隗築宮而師之[30]。樂毅自魏往[31],鄒衍自齊往[32],劇辛自趙往[33],士爭湊燕[34]。燕王弔死問生[35],與百姓同其甘苦。二十八年,燕國殷富,士卒樂佚輕戰[36]。於是遂以樂毅為上將軍[37],與秦、楚、三晉合謀以伐齊[38]。齊兵敗,閔王出走於外[39]。燕兵獨追北[40],入至臨淄[41],盡取齊寶,燒其宮室宗廟。齊城之不下者,唯獨莒、即墨[42]。

【注釋】

[30] 宮:房屋。

[31] 樂毅:魏國名將樂羊的後代,為魏使燕,燕昭王以客禮相待,任為亞卿。後任上將軍,率軍破齊,封昌國君 。燕昭王死,其子惠王立,信齊反間計,罷免樂毅。樂毅奔趙,封望諸君。

[32] 鄒衍:齊人,戰國時著名陰陽家,遊歷列國。往燕,燕昭王擁帚親迎。

[33] 劇辛:趙人,破齊的主謀者。以後伐趙失敗,為趙所殺。

[34] 湊:聚集。

[35] 弔:悼念。

[36] 樂佚(lèyì):悠閒安樂。輕:輕視,不怕。

[37] 上將軍:官名,最高軍事統帥。

[38] 三晉:指韓、趙、魏三國。

[39] 閔:亦作"湣"。出走:指樂毅攻入臨淄時,齊閔王出逃至衛、鄒、魯、莒等地。

[40] 北:敗逃,這裏指敗逃的敵人。

[41] 臨淄:齊國首都,在今山東淄博市東北部。

[42] 莒(jǔ):今山東莒縣。即墨:今山東即墨市。

君子必辯

【解題】

選自《古逸叢書·荀子·非相篇》。荀子主張,為了宣傳仁義,君子一定要善於辯說。要求說話得體,富於文采,條理明晰。該主張是先秦時期儒家修辭學思想的重要內容之一。

【原文】

凡言不合先王,不順禮義,謂之姦。言雖辨[1],君子不聽。法先王,順禮義,黨學者[2],然而不好言,不樂言,則必非誠士也。故君子之於言也,志好之,行安之,樂言之。故君子必辯[3]。凡人莫不好言其所善,而君子為甚。故贈人以言,重於金石珠玉;觀人以言[4],美於黼黻文章[5];聽人以言[6],樂於鐘鼓琴瑟。故君子之於言無厭。鄙夫反是,好其實,不卹其文[7],是以終身不免埤汙傭俗[8]。故《易》曰:"括囊[9],無咎無譽。"腐儒之謂也。

【注釋】

[1] 辨:通"辯":動聽。

[2] 黨:使知曉。

[3] 辯:能談說,有口才。

[4] 觀:當為"勸",形近而誤。王念孫《讀書雜志》卷一〇:"觀,本作勸。勸人以

言,謂以善言勸人也。”

[5] 黼黻(fǔfú)文章:古代禮服上的彩色花紋,黑白相間的叫黼,青黑相間的叫黻,青赤相間的叫文,赤白相間的叫章。

[6] 聽:使聽。

[7] 邺:通“恤”。顧及。文:文采。

[8] 埤(bēi):通“卑”。卑賤。傭:通“庸”。

[9] 括:捆紮。

【原文】

凡説之難[10],以至高遇至卑,以至治接至亂[11],未可直至也。遠舉則病繆,近世則病傭[12]。善者於是閒也,亦必遠舉而不繆,近世而不傭,與時遷徙,與世偃仰,緩急嬴絀[13],府然若渠匽檃栝之於己也,曲得所謂焉[14],然而不折傷。故君子之度己則以繩,接人則用枻[15]。度己以繩,故足以為天下法則矣;接人用枻,故能寬容因求[16],以成天下之大事矣。故君子賢而能容罷[17],知而能容愚,博而能容淺,粹而能容雜,夫是之謂兼術。《詩》曰:“徐方既同,天子之功[18]。”此之謂也。

【注釋】

[10] 説:談説。

[11] 這兩句是説,以最為崇高的思想境界去對待那些最為卑劣的人,以治理國家最為有效的政治措施去接觸那些最能搗亂的人。

[12] 這兩句是説,舉遠古的事例容易流於謬誤,舉近代的事例容易流於庸俗。病:擔心。繆(miù):通“謬”。

[13] 嬴:通“贏”。多餘。絀(chù):不足。

[14] 府然:順從的樣子。“府”通“俯”。匽:通“堰”。攔河壩。檃栝(yǐnkuò):矯正竹木邪曲的工具。揉曲叫檃,正方稱栝。曲:委婉。這句意思是説,譬如以渠堰引水,必須隨地形左右;譬如以檃栝正木,必須因紋理緊松,方能達到自己勸説的目的。

[15]枻(yì):短槳,這裏指船。這兩句意思是説,君子嚴於律己,就像木工用墨線來取直一樣;寬以待人,就像梢公用舟船來接客一樣。

[16] 因求:依靠衆人。“求”當為“衆”之誤。王念孫《讀書雜志》卷一〇:“因求二字義不可通,‘求’當為‘衆’字之誤也。唯寬容故能因衆以成事。上文與時遷徙,與世偃仰,正所謂因衆也。”

[17] 罷(pí):通“疲”。不賢的人。

[18] 見《詩經·大雅·常武》。徐方:徐國,地在今淮河中下游一帶。同:歸順。

【原文】

談説之術:矜莊以莅之[19],端誠以處之,堅彊以持之,分別以諭之,譬稱以明之[20],欣驩芬薌以送之[21]。寶之珍之,貴之神之[22],如是則説常無不受。雖不說人[23]，人莫不貴。夫是之謂為能貴其所貴。傳曰："唯君子為能貴其所貴。"此之謂也。

【注釋】

[19] 矜莊：莊重。蒞：到達，這裏指對待。

[20] "分別"兩句：當為"譬稱以諭之，分別以明之"。王念孫《讀書雜志》卷一〇："'分別'當在下句，'譬稱'當在上句。譬稱所以曉人，故曰'譬稱以諭之'；分別所以明理，故曰分別以明之。今本'譬稱'與'分別'互易。"

[21] 驩：同"歡"。薌（xiāng）：通"香"。芬薌：芳香，這裏指和氣。送：這裏指傳達、灌輸。

[22] 這兩句是說，說話者自己重視自己的言論。

[23] 說：喜悅，在這個意義上後作"悅"。

【原文】

君子必辯。凡人莫不好言其所善，而君子為甚焉。是以小人辯，言險；君子辯，言仁也。言而非仁之中也，則其言不若其默也，其辯不若其吶也[24]。言而仁之中也，則好言者上矣，不好言者下也。故仁，言大矣[25]。起於上所以導於下[26]，政令是也；起於下所以忠於上，謀救是也[27]。故君子之行仁也無厭。志好之，行安之，樂言之，故言君子必辯。小辯不如見端[28]，見端不如見本分[29]。小辯而察，見端而明，本分而理；聖人士君子之分具矣[30]。

【注釋】

[24] 吶（nè）通"訥"。指不善於講話，言語遲鈍。

[25] 言大：言談的根本。

[26] 所以：用以，用來。導：指導。

[27] 謀救：建議與勸阻。謀，"諫"字之誤。王念孫《讀書雜志》卷一〇："余謂'謀救'當為'諫救'，字之誤也。"救：阻止。

[28] 小辯：辯論事情的細枝末節。見（xiàn）端：揭示事情的頭緒。

[29] 本分（fèn）：固有的名分。

[30] 分：名分，此指身分、資格、地位。

【原文】

有小人之辯者，有士君子之辯者，有聖人之辯者：不先慮，不早謀，發之而當[31]，成文而類[32]，居錯遷徙[33]，應變不窮，是聖人之辯者也。先慮之，早謀之，斯須之言而足聽[34]，文而致實[35]，博而黨正[36]，是士君子之辯者也。聽其言則辭辨而無統[37]，用其身則多詐而無功[38]，上不足以順明王，下不足以和齊百姓，然而口舌之於嚕唯則節[39]，足以為奇偉偃卻之屬[40]，夫是之謂姦人之雄。聖王起,所以先誅也,然後盜賊次之。盜賊得變[41],此不得變也。

【注釋】

[31] 發之:說出話來。

[32] 成文:寫成文字。類:合於禮法。

[33] 居錯遷徙:起落自如,變動不拘。居:通"舉"。錯:通"措"。

[34] 斯須:片刻。

[35] 文而致實:有文采且信實。致:通"質"。

[36] 博而黨正:既廣博且正直。黨:直。在這個意義上後作"讜"。

[37] 統:根本。

[38] 用其身:任用他做事。

[39] 噡唯則節:或暢談,或應答,調節得當。噡(zhān):多言。唯:應答聲。

[40] 奇偉:誇大。偃卻:傲慢。

[41] 變:轉變,悔過自新。

蘇武傳

【解題】

選自《四部備要·前漢書·列傳第二十四》。《漢書》,東漢史學家班固(32—92)編撰,是我國第一部紀傳體斷代史,奠定了後世正史體式。全書主要記述了上起漢高祖元年(前206),下至王莽地皇四年(23),共二百三十年的史事。共一百篇,包括紀十二篇,表八篇,志十篇,傳七十篇;後人劃分為一百二十卷。該書史料豐富,聞見博洽,語言典雅。主要注本有唐顏師古《漢書注》、清王先謙《漢書補注》等。

本篇叙寫蘇武被扣匈奴十九年的艱辛,充分表現了蘇武不屈服於敵國的威逼利誘,始終保持民族氣節的可貴精神。作者不是機械地鋪叙歷史事件,而是經過精心取捨剪裁,集中筆墨寫蘇武奉命出使的精神,以及在異國的種種遭遇和表現,成功地塑造了蘇武的形象。李陵勸降和送別兩節,用對比與襯托手法刻畫、烘托蘇武,生動地展示了人物性格和節操,具有極强的藝術效果。

【原文】

武,字子卿[1]。少以父任[2],兄弟並為郎[3],稍遷至栘中廄監[4]。時漢連伐胡,數通使相窺觀。匈奴留漢使郭吉、路充國等前後十餘輩[5]。匈奴使來,漢亦留之,以相當[6]。天漢元年[7],且鞮侯單于初立[8],恐漢襲之。迺曰:"漢天子,我丈人行也[9]。"盡歸漢使路充國等[10]。武帝嘉其義,迺遣武以中郎將使持節送匈奴使留在漢者[11]，因厚賂單于，答其善意。武與副中郎將張勝及假吏常惠等[12]，募士斥候百餘人俱[13]。

【注釋】

[1] 武：蘇武，杜陵（今西安市長安區）人。本文在《漢書》中屬於《李廣蘇建傳》，李廣傳後附李陵傳，蘇建傳後附蘇武傳，因此開頭没有姓。

[2] 父：指蘇武的父親蘇建。

[3] 兄弟：指蘇武和他的兄蘇嘉，弟蘇賢。郎：官名，這裏指守衛皇宫和隨從車駕的武官。漢制，凡年俸二千石以上的官員，其子都可以任用為郎。蘇武的父親有功，封平陵侯，官至代郡太守。因此蘇武和他的哥哥、弟弟都為郎。

[4] 稍：逐漸。遷：升遷。移（yí）中廄（jiù）：漢宫中有移園，園中有馬棚，故稱。監：此指管馬廄的官，掌鞍馬、鷹犬等。

[5] 郭吉：元封元年（前 110），漢武帝親統大軍十八萬到北地，派郭吉赴匈奴，勸説單于歸順，單于大怒，扣留了郭吉。路充國：元封四年（前 107），匈奴遣使者至漢，病卒。單于以為是被漢殺死。當漢朝派路充國送喪至匈奴時，扣留了路充國。事見《史記・匈奴列傳》、《漢書・匈奴傳》。輩：批。

[6] 相當：相抵。

[7] 天漢元年：公元前 100 年，漢武帝即位的第四十一年。天漢，漢武帝年號。

[8] 且鞮（jūdī）侯：匈奴烏維單于的弟弟的封號。

[9] 丈人：對父輩的尊稱。行（háng）：輩。

[10] 歸：遣送。

[11] 中郎將：皇帝的侍衛長。節：符節，古代使臣的憑證，以竹為杆，柄長八尺，栓上旄牛尾，共三層，故又稱"旄節"。

[12] 假吏：臨時充當使臣的屬吏。

[13] 募士：即"應募士"。漢代對應募士兵的稱呼。斥候：軍中擔任警衛的偵察人員。俱：一同前往。

【原文】

既至匈奴，置幣遺單于，單于益驕，非漢所望也。方欲發使送武等，會緱王與長水虞常等謀反匈奴中[14]。緱王者，昆邪王姊子也[15]，與昆邪王俱降漢，後隨浞野侯没胡中[16]，及衛律所將降者[17]，陰相與謀，劫單于母閼氏歸漢[18]。會武等至匈奴。虞常在漢時，素與副張勝相知[19]，私候勝曰[20]："聞漢天子甚怨衛律，常能為漢伏弩射殺之，吾母與弟在漢，幸蒙其賞賜。"張勝許之，以貨物與常。後月餘，單于出獵，獨閼氏子弟在。虞常等七十餘人欲發，其一人夜亡，告之。單于子弟發兵與戰，緱王等皆死，虞常生得。單于使衛律治其事。張勝聞之，恐前語發，以狀語武[21]。武曰："事如此，此必及我，見犯迺死[22]，重負國[23]！"欲自殺。勝、惠共止之。

【注釋】

［14］會：適逢。緱（gōu）王：匈奴的一個親王。長水：水名，在今陝西省藍田縣西北。虞常：長水人，後投降匈奴。

［15］昆邪（húnyé）王：匈奴一個部落的王，其轄地在河西（今甘肅省西北部）。

［16］浞（zhuó）野侯：漢將趙破奴的封號。漢武帝太初二年（前 103）率二萬騎擊匈奴，兵敗而降，全軍淪没。

［17］衛律：本為長水匈奴人，生長於漢，經協律都尉李延年推薦為漢使出使匈奴。回漢後，正值李延年犯罪，衛律怕受牽連，又逃奔匈奴，被封為丁零王。所將降者：所帶領的投降者。

［18］閼氏（yānzhī）：匈奴王后封號。

［19］相知：彼此交好。

［20］候：拜訪。

［21］狀：情况。語（yù）：告訴。

［22］見犯迺死：被侮辱才去死。

［23］重負國：更對不起國家。

【原文】

虞常果引張勝[24]。單于怒，召諸貴人議[25]，欲殺漢使者。左伊秩訾曰[26]："即謀單于[27]，何以復加？宜皆降之[28]。"單于使衛律召武受辭[29]。武謂惠等："屈節辱命，雖生，何面目以歸漢？"引佩刀自刺。衛律驚，自抱持武。馳召醫。鑿地為坎，置煴火[30]，覆武其上，蹈其背以出血[31]。武氣絶，半日復息。惠等哭，輿歸營[32]。單于壯其節，朝夕遣人候問武，而收繫張勝[33]。

【注釋】

［24］引：攀引，牽引。

［25］貴人：指公卿大臣。

［26］左伊秩訾（zī）：匈奴的王號，有"左"、"右"之分。

［27］即：如果，倘若。

［28］降之：使他們都投降。

［29］受辭：接受審問。

［30］煴（yūn）火：没有光焰的火。

［31］蹈：通"搯"（tāo）。敲擊，拍打。

［32］輿：轎子。此用作動詞，猶"抬"。

［33］收：逮捕。繫：監禁。

【原文】

武益愈。單于使使曉武，會論虞常[34]，欲因此時降武。劍斬虞常已，律曰:“漢使張勝謀殺單于近臣,當死;單于募降者,赦罪。”舉劍欲擊之,勝請降。律謂武曰:“副有罪,當相坐[35]。”武曰:“本無謀,又非親屬,何謂相坐?”復舉劍擬之,武不動。律曰:“蘇君,律前負漢,歸匈奴,幸蒙大恩,賜號稱王,擁衆數萬,馬畜彌山,富貴如此。蘇君今日降,明日復然。空以身膏草野[36],誰復知之?”武不應。律曰:“君因我降,與君為兄弟;今不聽吾計,後雖欲復見我,尚可得乎?”武罵律曰:“女為人臣子,不顧恩義,畔主背親[37],為降虜於蠻夷,何以女為見?且單于信女,使決人死生,不平心持正,反欲鬭兩主[38],觀禍敗。南越殺漢使者[39],屠為九郡[40];宛王殺漢使者[41],頭縣北闕[42];朝鮮殺漢使者[43],即時誅滅。獨匈奴未耳。若知我不降明,欲令兩國相攻,匈奴之禍,從我始矣!”律知武終不可脅,白單于[44]。單于愈益欲降之。迺幽武,置大窖中,絕不飲食。天雨雪,武臥齧雪與旃毛[45],并咽之,數日不死。匈奴以為神,乃徙武北海上無人處,使牧羝[46]。羝乳乃得歸[47]。別其官屬常惠等[48],各置他所。

【注釋】

[34] 會:一起。論:判罪。

[35] 相坐:連帶治罪。秦漢時期,凡犯謀反等大罪者,其親屬也要跟著治罪,叫作連坐,或相坐。

[36] 膏:滋潤。這裏用作動詞。

[37] 畔:通“叛”。

[38] 鬭兩主:使漢天子和匈奴單於相鬥。鬭,使動用法,使……相鬥。

[39] 南越:國名,在今廣東、廣西南部一帶。

[40] 屠:屠殺,引申為分解、分裂。據《史記·南越列傳》載,武帝元鼎五年(前112),南越王相呂嘉弒其國王及漢使者,叛漢。武帝發兵討伐,生擒呂嘉,遂改其地為珠崖、南海等九郡。

[41] 宛王:指大宛國王毋寡。

[42] 北闕:宮殿的北門。據《史記·大宛列傳》載,漢武帝太初元年(前104),宛王毋寡派人殺死前來求去良馬的漢使。武帝怒,即命李廣利討伐大宛,大宛諸貴族殺死毋寡而降漢。

[43] 據《史記·朝鮮列傳》載,武帝元封二年(前109)派遣涉何出使朝鮮,涉何暗害了陪送他的朝鮮人,謊報為殺了朝鮮武將,因被封為遼東東部都尉。後朝鮮王右渠梟殺死涉何。於是武帝發兵討伐,朝鮮相殺王右渠降漢。

[44] 白:稟告。

[45] 旃:通“氈”。

[46] 羝(dī):公羊。

[47] 乳:生育,指生小羊。

［48］官屬：部下及其隨從人員。

【原文】

武既至海上，廩食不至[49]，掘野鼠去屮實而食之[50]。仗漢節牧羊，臥起操持，節旄盡落。積五六年，單于弟於靬王弋射海上[51]。武能網紡繳[52]，檠弓弩[53]，於靬王愛之，給其衣食。三歲餘，王病，賜武馬畜、服匿[54]、穹廬[55]。王死後，人衆徙去。其冬，丁令盜武牛羊[56]，武復窮厄[57]。

【注釋】

［49］廩食：官方供應的糧食。

［50］去(jǔ)：後作"弆"。储藏。屮(cǎo)：同"草"。

［51］於靬(wūjiān)王：且鞮單于之弟，為匈奴親王之一。弋射：射獵。

［52］網：結網。繳(zhuó)：係在箭上的絲繩。

［53］檠(qíng)：矯正弓弩的器具。這裏用作動詞。

［54］服匿：盛酒酪的罐子。

［55］穹廬：圓頂大篷帳，類似今之蒙古包。

［56］丁令：匈奴部族之一。

［57］窮厄：艱難困苦。

【原文】

初，武與李陵俱為侍中[58]。武使匈奴明年，陵降，不敢求武。久之，單于使陵至海上，為武置酒設樂。因謂武曰："單于聞陵與子卿素厚，故使陵來說足下，虛心欲相待。終不得歸漢，空自苦亡人之地，信義安所見乎？前長君為奉車[59]，從至雍棫陽宮[60]，扶輦下除，觸柱折轅，劾大不敬[61]，伏劍自刎，賜錢二百萬以葬。孺卿從祠河東后土[62]，宦騎與黃門駙馬爭船[63]，推墮駙馬河中，溺死，宦騎亡。詔使孺卿逐捕。不得，惶恐飲藥而死。來時大夫人已不幸[64]，陵送葬至陽陵[65]。子卿婦年少，聞已更嫁矣。獨有女弟二人[66]，兩女一男，今復十餘年，存亡不可知。人生如朝露，何久自苦如此？陵始降時，忽忽如狂[67]，自痛負漢[68]；加以老母繫保宮[69]。子卿不欲降，何以過陵？且陛下春秋高[70]，法令亡常，大臣亡罪夷滅者數十家，安危不可知。子卿尚復誰為乎？願聽陵計，勿復有云！"武曰："武父子亡功德，皆為陛下所成就，位列將[71]，爵通侯[72]，兄弟親近，常願肝腦塗地。今得殺身自效，雖蒙斧鉞湯鑊[73]，誠甘樂之。臣事君，猶子事父也。子為父死，亡所恨，願無復再言。"陵與武飲數日，復曰："子卿壹聽陵言[74]。"武曰："自分已死久矣[75]！王必欲降武，請畢今日之驩，效死於前！"陵見其至誠，喟然歎曰："嗟呼！義士！陵與衛律之罪，上通於天！"因泣下霑衿[76]，與武決去[77]。陵惡自賜武，使其妻賜武牛羊數十頭。

【注釋】

[58] 李陵:字少卿,西漢隴西成紀(今甘肅秦安)人,李廣之孫。天漢二年(前 99)出征匈奴,被困投降,後病死匈奴。侍中:官名,皇帝的侍從。

[59] 長君:指蘇武的長兄蘇嘉。奉車:官名,即奉車都尉,皇帝出巡時,負責車馬的侍從官。

[60] 雍:漢代縣名,在今陝西鳳翔縣南。棫(yù)陽宮:秦時所建宮殿,在雍之東北。

[61] 劾:彈劾,揭發罪狀。大不敬:不敬皇帝的罪名,為一種不可赦免的重罪。

[62] 孺卿:蘇武之弟蘇賢,字孺卿。河東:漢代郡名,在今山西夏縣北。后土:地神。

[63] 宦騎(jì):乘馬的宦官。黃門駙馬:宮中掌管車輦馬匹的官。舩:"船"的異體。

[64] 大夫人:指蘇武的母親。不幸:去世。

[65] 陽陵:漢時縣名,在今陝西咸陽市東。

[66] 女弟:妹妹。

[67] 忽忽:恍惚。

[68] 痛:恨。

[69] 保宮:囚禁犯罪大臣及其眷屬之處,原名"居室",太初元年更名"保宮"。

[70] 春秋高:年老。

[71] 位:爵位。列將:將軍總稱。蘇武父子曾被任為右將軍、中郎將等。

[72] 通侯:漢爵位名,本名徹侯,為避武帝諱而改。武父蘇建曾封為平陵侯。

[73] 鉞(yuè):大斧。湯鑊(huò):開水鍋。泛指酷刑。

[74] 壹:一定。

[75] 分(fèn):估計,料想。

[76] 衿:古代服裝下連到前襟的衣領。

[77] 決:辭別。

【原文】

後陵復至北海上,語武:"區脫捕得雲中生口[78],言太守以下吏民皆白服,曰:'上崩[79]。'"武聞之,南鄉號哭,歐血,旦夕臨[80],數月。昭帝即位[81],數年,匈奴與漢和親。漢求武等,匈奴詭言武死。後漢使復至匈奴,常惠請其守者與俱,得夜見漢使,具自陳過[82],教使者謂單于言:"天子射上林中[83],得鴈,足有係帛書,言武等在某澤中。"使者大喜,如惠語以讓單于[84]。單于視左右而驚,謝漢使曰[85]:"武等實在。"於是李陵置酒賀武曰:"今足下還歸,揚名於匈奴,功顯於漢室,雖古竹帛所載[86],丹青所畫[87],何以過子卿!陵雖駑怯,令漢且貰陵罪[88],全其老母,使得奮大辱之積志,庶幾乎曹柯之盟[89]。此陵宿昔之所不忘也!收族陵家[90],為世大戮[91],陵尚復何顧乎？已矣！令子卿知吾心耳！異域之人，壹別長絕！"陵起舞，歌曰："徑萬里兮度沙幕[92]，為君將兮奮匈奴。路窮絕兮矢刃摧，士衆滅兮名已隤[93]，老母已死，雖欲報恩將安歸？"陵泣下數行，因與武決。

【注釋】

[78] 區(ōu)脫：匈奴部落名。雲中：漢郡名，在今山西省北部和內蒙自治區南部一帶。生口：活口，即俘虜。

[79] 上崩：後元二年(前87)漢武帝死。

[80] 臨(lìn)：哭泣。

[81] 昭帝：武帝少子，名弗陵。

[82] 陳：說。

[83] 上林：指上林苑，漢朝皇帝遊玩射獵的園林，故址在今陝西省西安市附近。

[84] 讓：責問。

[85] 謝：道歉。

[86] 竹帛：書籍。

[87] 丹：硃砂。青：青雘(huò)。都是繪畫顏料。這裏代指繪畫。

[88] 令：假如。且：姑且。貰(shì)：赦免。

[89] 庶幾：差不多。曹柯之盟：據《史記・刺客列傳》載，春秋時，魯將曹沫與齊作戰，屢戰屢敗，不得已魯國向齊國割地求和，但仍用曹沫為將。後齊桓公與魯莊公于齊之柯邑盟會，曹沫持匕首脅迫桓公，齊桓公全部歸還魯地。李陵引此以自比，表示願立功贖罪。

[90] 族：滅族。古代一種刑罰，一人有罪，滅三族或九族。

[91] 戮：羞辱。

[92] 徑：經過。幕：通"漠"。

[93] 隤(tuí)：敗壞。

【原文】

單于召會武官屬，前以降及物故[94]，凡隨武還者九人。武以始元六年春至京師[95]，詔武奉一太牢謁武帝園廟[96]，拜為典屬國[97]，秩中二千石[98]，賜錢二百萬，公田二頃[99]，宅一區。常惠、徐聖、趙終根皆拜為中郎[100]，賜帛各二百匹。其餘六人，老，歸家，賜錢人十萬，復終身[101]。常惠後至右將軍[102]，封列侯，自有傳。武留匈奴凡十九歲，始以彊壯出，及還，須髮盡白。

【注釋】

[94] 以：同"已"。物故：去世。

[95] 始元：漢昭帝的年號。京師：京都，指長安。

[96] 太牢：祭品，有牛、羊、豕三牲。園廟：陵園祠廟。

[97] 典屬國：負責屬國事務的官員。

[98] 秩：官吏的俸祿。中(zhòng)二千石：俸祿等級，即每月一百八十石，一年合計二千一百六十石。這裏舉整數而言。

[99] 公田：國家直接控制的土地。

[100] 常惠、徐聖、趙終根：蘇武出使匈奴的隨員。中郎：官名，為天子近侍官。

[101] 復終身：又終身免除賦稅。

[102] 右將軍：官名，管理京師衛戍事務。

外內表裏，自相副稱

【解題】

本文選自《四部叢刊·論衡·超奇》。本文運用比喻、用典等修辭手法，論述了"實誠在胸臆，文墨著竹帛，外內表裏，自相副稱"的文學批評方法與修辭學觀點，可以看做是對"修辭立其誠"理論的進一步發明。

【原文】

有根株於下，有榮葉於上[1]；有實核於內，有皮殼於外。文墨辭說，士之榮葉、皮殼也[2]。實誠在胸臆[3]，文墨著竹帛，外內表裏，自相副稱[4]。意奮而筆縱，故文見而實露也[5]。人之有文也，猶禽之有毛也。毛有五色，皆生於體。苟有文無實，是則五色之禽，毛妄生也[6]。選士以射，心平體正，執弓矢審固[7]，然後射中。論說之出，猶弓矢之發也；論之應理，猶矢之中的[8]。夫射以矢中效巧[9]，論以文墨驗奇。奇巧俱發於心，其實一也。文有深指巨略[10]，君臣治術，身不得行，口不能紲[11]，表著情心[12]，以明己之必能為之也。孔子作《春秋》，以示王意。然則孔子之《春秋》，素王之業也[13]；諸子之傳書，素相之事也[14]。觀《春秋》以見王意，讀諸子以睹相指。故曰：陳平割肉，丞相之端見[15]；叔孫敖決期思，令君之兆著[16]。觀讀傳書之文，治道政務，非徒割肉決水之占也[17]。足不彊則跡不遠，鋒不銛則割不深[18]。連結篇章，必大才智鴻懿之俊也。

【注釋】

[1] 榮：花。

[2] 士：這裏泛指讀書人。

[3] 實誠：真情實意。胸臆：心中。

[4] 副稱：相稱，對應。

[5] 見(xiàn)：同"現"。

[6] 妄：不實，憑空。

[7] 審固：審慎穩固。

［8］的(dì)：目標，靶子。

［9］效：驗證。

［10］指：意旨。略：謀略。

［11］紲：這裏指陳述。

［12］表著：表達。

［13］素王：素，空。孔子没有做王，所以稱素王。《定賢篇》："孔子不王，素王之業，在於《春秋》。"

［14］素相：素丞相。王充認為桓譚就是素丞相。

［15］陳平：漢高祖的重要謀臣，吕后時任丞相。端：苗頭。據《史記・陳丞相世家》載，陳平為百姓時，因替鄉里分祭肉很公平，曾受到人們的稱讚，後人因此認為這是他當宰相的苗頭。

［16］叔孫敖：或作"孫叔敖"，戰國時楚國人，曾做過令尹。決：疏通。期思：古河名，在今河南固始縣西北部。令君：當是"令尹"之誤。兆：跡象。據《淮南子・人間訓》載，叔孫敖治理蔣邑時，疏通期思河。從這件事，楚莊王看到了他有當令尹的才能。

［17］占：占驗，預兆。

［18］銛：鋒利。

【原文】

或曰：著書之人，博覽多聞，學問習熟，則能推類興文[19]。文由外而興，未必實才學文相副也[20]。且淺意於華葉之言，無根核之深[21]，不見大道體要[22]，故立功者希。安危之際，文人不與[23]，無能建功之驗，徒能筆說之效也。曰：此不然。周世著書之人皆權謀之臣，漢世直言之士皆通覽之吏，豈謂文非華葉之生，根核推之也？心思為謀，集紮為文[24]，情見於辭，意驗於言。商鞅相秦，致功於霸，作《耕戰》之書。虞卿為趙[25]，決計定說，行退作《春秋》之思[26]，起城中之議[27]。《耕戰》之書，秦堂上之計也[28]。陸賈消吕氏之謀[29]，與《新語》同一意[30]。桓君山易晁錯之策[31]，與《新論》共一思。觀谷永之陳説[32]，唐林之宜言[33]，劉向之切議，以知為本[34]，筆墨之文，將而送之[35]，豈徒雕文飾辭，苟為華葉之言哉？精誠由中，故其文語感動人深。是故魯連飛書，燕將自殺[36]；鄒陽上疏，梁孝開牢[37]。書疏文義，奪於肝心[38]，非徒博覽者所能造，習熟者所能為也。

【注釋】

［19］推類：類推。興文：寫出文章。

［20］"學"字疑為"與"字之誤。《初學記》卷二一、《太平御覽》卷五八五引作"未必實才與文相副也"。

［21］核：通"荄"(gāi)。草根。

［22］體要：要領。大道體要：指治理國家的根本原則。

［23］與：參與。

［24］槧：用以書寫的木片。

［25］虞卿：戰國時人，曾遊説趙孝成王，聯齊、魏抗秦，被採用，拜上卿。由於食邑在"虞"，所以被稱為"虞卿"。著有《虞氏春秋》，已佚。

［26］行退作《春秋》之思：產生了隱退而作《虞氏春秋》的想法。據《史記・平原君虞卿列傳》載，虞卿為救朋友魏齊，放棄趙國相位，至魏國都大梁（今河南省開封市），不得志而著《虞氏春秋》。

［27］起：疑為"趙"，遞修本正作"趙城中之議"。趙城中之議：虞卿是在趙國都城邯鄲給趙王出謀劃策，所以王充稱這些建議為"趙城中之議"。

［28］秦堂上之計：指商鞅在秦國的宫殿之上向秦孝公提出的改革建議。堂：君主議政的地方。

［29］陸賈消呂氏之謀：《史記・酈生陸賈列傳》記載：劉邦死後，惠帝即位，政權落在呂后手裏。惠帝、呂后相繼死去，呂后的親戚呂祿、呂產起兵作亂。陸賈建議丞相陳平聯合太尉周勃維護政權，最後消滅了呂祿等，迎立了漢文帝劉恒。

［30］《新語》：陸賈著，上下兩卷，共十二篇，主要論述秦亡漢興及其他朝代興亡的原因。劉邦號為"新語"。

［31］桓君山：名譚，字君山，西漢著名哲學家、經學家，好音律，善鼓琴，博學多能。其哲學論文《新論》，成為無神論者反對靈魂不死論的思想武器。晁錯：西漢政論家，任職於文景兩朝。主張納粟受爵，逐步削奪諸侯王國的封地，以鞏固中央集權制度，得到景帝採納。這句是説，桓君山主張實行分封制，認為這是鞏固國家政權的根本措施，與晁錯的"削藩策"對立。

［32］谷永：字子雲，西漢光祿大夫、大司農，通曉儒家經典，以敢於直言進諫著稱。陳説：谷永給漢成帝上書提的各種建議。

［33］宜：當為"直"字之誤。遞修本作"直"，《漢書・王貢兩龔鮑傳》："唐林數上疏諫正，有忠直節"，亦可為旁證。

［34］知：見解。本：根據。

［35］將：扶。這裏是借助的意思。

［36］魯連：魯仲連，戰國時齊國人。據《史記・魯仲連鄒陽列傳》記載：一位燕將佔領了齊國的聊城，本該領功，但燕君聽信讒言，迫使該將領不得回燕，死守聊城。魯仲連寫信用箭射入城內，分析了燕將的困難處境，指出死守没有出路。燕將看信後，感到回燕、降齊、死守都没有好結果，於是自殺。

［37］鄒陽：西漢臨淄（今山東省淄博市東北）人，善於寫論辯文章。據《史記・魯仲連鄒陽列傳》載，由於羊勝挑撥，漢文帝之子梁孝王將鄒陽下獄。鄒陽在獄中上書申冤，遂獲釋，並被尊為上客。

［38］書：書信。疏：奏章。文義：文章的內容。奪：迸發。

【原文】

夫鴻儒希有[39],而文人比然[40],將相長吏,安可不貴[41]? 豈徒用其才力,游文於牒牘哉[42]? 州郡有憂,能治章上奏,解理結煩[43],使州郡連事[44],有如唐子高、谷子雲之吏,出身盡思[45],竭筆牘之力,煩憂適有不解者哉[46]?

【注釋】

[39] 希:稀少。後作"稀"。

[40] 比然:一個接一個的樣子,到處都是。

[41] 貴:尊重。

[42] 游文:舞弄文墨。牒牘:泛指文書。古代書寫所用竹木片,薄者曰牒,厚者曰牘。

[43] 解理:解決處理。結煩:困難煩雜的事務。

[44] 連事:疑為"無事"。下文有"事解憂除,州郡無事"。

[45] 出身:挺身做事。

[46] 適:疑當作"曷"。哪裏。"曷"一作"遏",與"適"形近而誤。

比　興

【解題】

本文選自《四部備要·文心雕龍》卷八。主要講比喻和起興這兩種修辭方法的意義、類型和特點,並論述了運用比興手法應該注意的問題。

【原文】

《詩》文弘奧,包韞六義[1];毛公述《傳》[2],獨標"興體",豈不以"風"通而"賦"同,"比"顯而"興"隱哉[3]? 故比者,附也;興者,起也。附理者切類以指事[4],起情者依微以擬議[5]。起情故興體以立,附理故比例以生[6]。比則畜憤以斥言[7],興則環譬以記諷[8]。蓋隨時之義不一,故詩人之志有二也。

【注釋】

[1] 弘:宏闊。奧:深。韞(yùn):藏。六義:風、雅、頌,賦、比、興。前三者是詩的體制,後三者是詩的表現手法,合稱六義。直陳其事叫賦,比喻叫比,托物起言叫興。

[2] 毛公:指毛亨,戰國末年魯國人。傳:對《詩》的注釋,即《詩詁訓傳》,人稱《毛傳》。

[3] "風"通:《詩經》作品按風、雅、頌分類排列,前後貫通,無須為每首詩注明是風、雅或頌。"賦"同:賦的直陳手法前後相同。"比"顯:比喻手法明顯。因此都不注明。"興"隱:起興手法隱晦。

［4］附理：比附事理。切類：切合事類。

［5］起情：引發情感。依微：憑藉隱微含蓄的方法。擬：比擬，這裏指寄託。

［6］例：事理。

［7］畜：據楊明照《文心雕龍校注拾遺》，當為"蓄"。憤：指激動的情緒。斥言：説出指斥的話。

［8］環譬：回環譬喻而不直言。記：據楊明照《文心雕龍校注拾遺》，當為"託"，形近而誤。託諷：寄託勸喻。這裏把比説成"畜憤以斥言"，把興説成"環譬以記諷"，是根據《周禮·春官·大師》鄭玄注："比，見今之失，不敢斥言，取比類以言之；興，見今之美，嫌於媚譽，取善事以喻勸之。"即是説比是借比喻來批評缺點，興是借好事來讚美優點。

【原文】

觀夫興之託諭，婉而成章[9]，稱名也小，取類也大[10]。關雎有別，故后妃方德[11]；尸鳩貞一，故夫人象義[12]。義取其貞，無從於夷禽[13]；德貴其別，不嫌於鷙鳥；明而未融[14]，故發注而後見也[15]。且何謂為比？蓋寫物以附意，颺言以切事者也[16]。故金錫以喻明德[17]，珪璋以譬秀民[18]，螟蛉以類教誨[19]，蜩螗以寫號呼[20]，澣衣以擬心憂[21]，卷席以方志固[22]：凡斯切象[23]，皆比義也。至如"麻衣如雪"[24]，"兩驂如舞"[25]，若斯之類，皆比類者也。楚襄信讒，而三閭忠烈[26]，依《詩》製《騷》，諷兼"比"、"興"。炎漢雖盛，而辭人夸毗[27]，詩刺道喪，故興義銷亡。於是賦頌先鳴，故比體雲構，紛紜雜遝[28]，信舊章矣[29]。

【注釋】

［9］成章：構成篇章。

［10］稱名：稱舉事物名分。取類：取相類事物來起興，即取義。這兩句為《周易·系辭下》原文。

［11］關雎：指《詩經》的"關雎"篇。按照《毛傳》，這首詩讚美后妃之德，現在大家認為這是寫戀愛和結婚的詩。方：比。

［12］尸鳩：即鳲鳩，布穀鳥，見《詩經·鵲巢》鄭玄注説，鳲鳩佔居鵲巢而有專一之德，比喻夫人安於在夫家生活。象：似，象徵。

［13］從："縱"的古字。捨棄，放棄。夷禽：平常之禽。

［14］明而未融：天剛明還没有大亮。融：大明。《左傳·昭公五年》："明而未融，其當旦乎。"

［15］發注：闡發，注釋。

［16］颺言：揚言，大聲宣講，指明言。

［17］這句是説：用金和錫來比喻君子光明美好的品德。《詩經·衛風·淇奧》："有匪君子，如金如錫。"

[18] 這句是說，用珪和璋來比喻出衆之人。珪璋：玉名，上圓下方的叫珪，半珪叫璋。秀：超出衆人之上的。《詩經・大雅・卷阿》："顒顒卬卬，如珪如璋，令聞令望。豈弟君子，四方為綱。"

[19] 這句是說，用螟蛉來類比教誨子女。螟蛉：一種緑色小蟲。有一種細腰蜂（蜾蠃）常捕捉螟蛉存放於巢內，借其身體産卵，待卵孵化以後，又拿螟蛉作食物。古人誤認為蜾蠃不産子，養育螟蛉為子。《詩經・小雅・小宛》："螟蛉有子，蜾蠃負之，教誨爾子，式穀似之。"

[20] 這句是說，用蜩螗的鳴噪來喻寫殷商的飲酒號呼之聲。蜩螗（tiáo táng）：蟬。《詩經・大雅・蕩》："文王曰咨，咨女殷商。如蜩如螗，如沸如羹。"

[21] 這句是說，以髒衣未洗來比喻心情憂鬱。澣：洗。

[22] 這句是說，以心非牀席那樣可捲來比喻心志堅固。卷席：《詩經・邶風・柏舟》："我心匪石，不可轉也。我心匪席，不可卷也。"

[23] 切象：切貼的形象。

[24] 引自《詩經・曹風・蜉蝣》。

[25] 引自《詩經・鄭風・大叔于田》。驂，駕車時排在左右兩旁的馬。

[26] 楚襄：戰國時楚懷王和頃襄王。三閭：指代屈原，他曾任三閭大夫。

[27] 炎漢：古代用五行來講朝代興亡，漢屬火德，故稱。夸毗：無骨氣。

[28] 雜遝：雜亂。

[29] 信：據范文瀾《文心雕龍注》，"信"當作"倍"，違背。章：條理，法則。

【原文】

夫比之為義[30]，取類不常：或喻於聲，或方於貌，或擬於心，或譬於事。宋玉《高唐》云[31]："纖條悲鳴，聲似竽籟[32]"，此比聲之類也；枚乘《菟園》云[33]："焱焱紛紛，若塵埃之間白雲[34]"，此則比貌之類也；賈生《鵩賦》云[35]："禍之與福，何異糾纆[36]"，此以物比理者也；王褒《洞簫》云[37]："優柔温潤，如慈父之畜子也[38]"，此以聲比心者也；馬融《長笛》云[39]："繁縟絡繹，范蔡之說也[40]"，此以響比辯者也；張衡《南都》云[41]："起鄭舞，繭曳緒[42]"，此以容比物者也。若斯之類，辭賦所先，日用乎比，月忘乎興，習小而棄大，所以文謝於周人也[43]。至於揚、班之倫，曹、劉以下[44]，圖狀山川，影寫雲物[45]，莫不織綜比義[46]，以敷其華[47]，驚聽回視[48]，資此效績。又安仁《螢賦》云"流金在沙[49]"，季鷹《雜詩》云"青條若總翠[50]"，皆其義者也。故比類雖繁，以切至為貴[51]，若刻鵠類鶩[52]，則無所取焉。

【注釋】

[30] 義：即六義之義，這裏當手法講。

[31] 宋玉的《高唐賦》，載《文選》卷一九。

[32] 竽：形似笙，有三十六簧。籟：古代的一種簫。

[33] 枚乘:西漢初年作家,有《梁王菟園賦》,載《古文苑》卷三。

[34] 猋猋:據楊明照《文心雕龍校注》,當為“猋猋”(biāobiāo),鳥快飛的樣子。間(jiàn):夾雜。

[35] 賈生:賈誼,西漢初年作家。有《鵩(fú)鳥賦》,載《文選》卷一三。

[36] 糺:同“糾”。絞合。纆(mò):繩索。這兩句原文是:“夫禍之與福兮,何異糾纆。”

[37] 王褒:西漢作家。有《洞簫賦》,載《文選》卷一七。

[38] 畜:撫養。所引二句,原本分離,原文是:“故聽其巨音,則周流氾濫,並包吐含,若慈父之畜子也。……科條譬類,誠應義理,澎濞慷慨,一何壯士;優柔温潤,又似君子。”

[39] 馬融:東漢學者、作家,有《長笛賦》,載《文選》卷一八。

[40] 繁縟(rù):指音樂節奏繁複。絡繹:接連不斷。范蔡:指范雎、蔡澤,都曾為秦國丞相,都是戰國時的辯士。說(shuì):遊說之辭。

[41] 張衡:東漢著名科學家、文學家,有《南都賦》,載《文選》卷四。

[42] 蠒:同“繭”。蠶繭。曳(yè):抽。緒:端緒,這裏指蠶絲的端緒。這兩句在《南都賦》中原作:“坐南歌兮起鄭舞,白鶴飛兮繭曳緒。”

[43] 謝:遜色,比不上。周人:指《詩經》作者。

[44] 揚:揚雄,西漢末年作家。班:班固,東漢初年歷史學家、文學家。曹:曹植,建安時期著名作家。劉:劉楨,“建安七子”之一。

[45] 圖狀:像繪圖一樣摹狀。影寫:像造影一樣抒寫。

[46] 纖:據范文瀾《文心雕龍注》,當作“織”。織綜比義:像綜合交織經緯線一樣運用比喻手法。

[47] 敷:鋪陳。華:藻飾。

[48] 回:眩惑。

[49] 安仁:西晉作家潘岳的字。潘安仁有《螢火賦》,載《初學記》卷三〇。所引句子原文為:“若流金之在沙,載飛載止。”流:流動,文中指金光閃動。

[50] 季鷹:西晉作家張翰的字。其《雜詩》載《文選》卷二九。所引詩句原文為:“青條若總翠,黃華如散金。”總:聚集;翠:翡翠。

[51] 切至:貼切得當。

[52] 鵠:天鵝。鶩(wù):家鴨。

【原文】

贊曰[53]:詩人比興,觸物圓覽[54]。物雖胡越[55],合則肝膽[56]。擬容取心[57],斷辭必敢[58]。攢雜詠歌[59],如川之渙[60]。

【注釋】

[53] 贊:佐助,這裏指總結說明。古代一些文章末尾有贊辭,用以總括全篇大意。《文心雕龍》中每篇都有贊。

[54] 觸物圓覽：凡接觸到的事物都周詳觀察。
[55] 物雖胡越：事物雖如北胡南越相隔很遠。
[56] 合則肝膽：運用比興使之緊密結合，便近如肝連著膽。
[57] 擬容取心：模擬形貌須抓住實質。
[58] 斷辭必敢：裁定文辭必須果敢。
[59] 攢（zǎn）：聚集。雜：交錯使用比興手法。
[60] 渙：水盛的樣子。

夸 飾

【解題】

本文選自《四部備要·文心雕龍》卷八。夸飾又作“誇飾”，意思是誇張修飾，即誇張。文章指出，誇飾是文學作品中常見的修辭方法，有文辭就必有誇飾；兩漢辭賦家運用誇飾有得有失，人們應當在總結其經驗的基礎上，打破常規，以“倒海”、“傾昆”的精神充分發揮誇飾的作用。

【原文】

夫形而上者謂之道，形而下者謂之器[1]。神道難摹，精言不能追其極[2]；形器易寫，壯辭可得喻其真[3]；才非短長，理自難易耳。故自天地以降[4]，豫入聲貌[5]，文辭所被[6]，夸飾恒存。雖《詩》、《書》雅言[7]，風格訓世[8]，事必宜廣，文亦過焉[9]。是以言峻則嵩高極天[10]，論狹則河不容舠[11]，說多則子孫千億[12]，稱少則民靡孑遺[13]；襄陵舉滔天之目[14]，倒戈立漂杵之論[15]。辭雖已甚，其義無害也。且夫鴞音之醜，豈有泮林而變好[16]？荼味之苦，寧以周原而成飴[17]？並意深褒讚，故義成矯飾[18]。大聖所錄，以垂憲章[19]，孟軻所云“說詩者不以文害辭，不以辭害意”也[20]。

【注釋】

[1] 這兩句引自《周易·系辭上》。形而上：成形之前，也就是抽象的東西，即道。形而下：成形之後，也就是具體的東西，即器。形：形體；道：道理，規律；器：器物，實體。
[2] 神道：奇妙的道理。摹：摹寫。精言：精微的言語。
[3] 壯辭：誇大的言辭。喻：說明。
[4] 天地以降：有天地以來。
[5] 豫入：參與介入。豫：通“與”。干預，涉及。
[6] 被：覆蓋，涉及。
[7] 雅言：正言。
[8] 風格：教化的法則。訓世：訓示世人。
[9] 過：超過，誇大。

[10] 嵩高極天:嵩山高到了天上。《詩經·大雅·崧高》:“崧高維嶽,駿極於天。”

[11] 容舠:容納小船。《詩經·衛風·河廣》:“誰謂河廣,曾不容刀。”

[12] 子孫千億:子孫成千上萬。《詩經·大雅·假樂》:“干祿百福,子孫千億。”

[13] 民靡孑[jié]遺:老百姓没有一個存留下來的。《詩經·大雅·雲漢》:“周餘黎民,靡有孑遺。”孑:孤零。

[14] 襄陵舉滔天之目:提到洪水漫上丘陵,就舉淹没天空的説法為例。《尚書·堯典》:“湯湯洪水方割(害),蕩蕩懷山襄陵,浩浩滔天。”目:稱説。

[15] 倒戈立漂杵之論:講到反叛,就有流血浮起舂物築土的棒槌的言論。《尚書·武成》:“罔有敵于我師,前徒倒戈,攻於後以北,血流漂杵。”倒戈:倒轉武器進攻自己一方。杵(chǔ):用於舂物或築土的棒槌。

[16] 這兩句説,貓頭鷹的叫聲本來難聽,怎能因它棲於泮水邊的樹上而變得動聽呢?《詩經·魯頌·泮水》:“翩彼飛鴞,集于泮林,食我桑葚,懷我好音。”鴞(xiāo):貓頭鷹。泮(pàn)林:春秋時魯國泮水邊上的桑林,設有學校。

[17] 這兩句説,苦菜的味道本來是苦的,怎能因其長於周國的平原而變得甘甜呢?《詩·大雅·緜》:“周原膴(wǔ)膴,堇(jǐn)荼如飴(yí)。”荼:苦菜。飴:糖漿。

[18] 矯飾:夸飾。

[19] 大聖:指孔子。垂:留傳。憲章:法度。

[20] 引文見前《舜往于田》一文。

【原文】

自宋玉、景差[21],夸飾始盛;相如憑風,詭濫愈甚[22]。故上林之館,奔星與宛虹入軒[23];從禽之盛,飛廉與鷦鷯俱獲[24]。及揚雄《甘泉》,酌其餘波[25]。語瓌奇則假珍於玉樹[26];言峻極則顛墜於鬼神[27]。至《東都》之比目[28],《西京》之海若[29],驗理則理無不驗[30],窮飾則飾猶未窮矣。又子雲《羽獵》,鞭宓妃以饟屈原[31];張衡《羽獵》,困元冥於朔野[32]。孌彼洛神,既非罔兩[33];惟此水師,亦非魑魅[34];而虛用濫形,不其疎乎[35]?此欲夸其威而飾其事,義睽剌也[36]。至如氣貌山海[37],體勢宮殿[38],嵯峨揭業[39],熠燿焜煌之狀[40],光采煒煒而欲然[41],聲貌岌岌其將動矣[42]。莫不因夸以成狀,沿飾而得奇也。於是後進之才,獎氣挾聲[43],軒翥而欲奮飛[44],騰擲而羞跼步[45]。辭入煒燁[46],春藻不能程其豔[47];言在萎絕,寒谷未足成其凋[48]。談歡則字與笑並,論慼則聲共泣偕。信可以發蘊而飛滯[49],披瞽而駭聾矣[50]。

【注釋】

[21] 宋玉、景差:戰國時楚國辭賦家。

[22] 相如:司馬相如,西漢文學家,下文出現的《上林賦》是其代表作之一。憑風:依憑宋玉、景差的誇飾之風,指繼承這種風尚。詭濫:虛妄不實。

［23］這兩句意思是，描寫上林苑的館閣，就誇張説流星與曲虹進入了它的房舍。上林：漢天子游獵的園林。奔星：流星。宛虹：彎曲的長虹。軒：屋舍。《上林賦》説："奔星更於閨闥，宛虹拖於楯軒。"

［24］這兩句意思是，寫到追逐飛禽的盛况，就誇張説飛廉、鷦鷯等奇鳥都可捕獲。從：追趕。飛廉：神鳥龍雀。鷦鷯（jiāo liáo）：一作"鷦明"，形似鳳凰的鳥。《上林賦》描寫狩獵場面説："於是乎背秋涉冬，天子校獵。……椎飛廉，……揜焦明"。焦明即鷦明。

［25］這兩句意思是，揚雄作《甘泉賦》，繼承了司馬相如的流風餘韻。《甘泉》：《甘泉賦》。《甘泉賦》載於《文選》卷六。酌：斟酌、挹取，這裏指學習、繼承。

［26］瓌（guì）奇：珍貴奇異之物。瓌：同"瑰"。瑰麗。玉樹：相傳是以珊瑚為枝，碧玉為葉的樹。《甘泉賦》寫道："翠玉樹之青葱兮。"

［27］顛墜：跌落。《甘泉賦》寫道："鬼魅不能自逮兮，半長途而下顛。"

［28］《東都》：應為《西都》。班固《兩都賦》包括《東都》和《西都》兩部分。比目：比目魚，兩眼在頭的一側。《西都賦》寫道："揄文竿，出比目。"

［29］《西京》：指《西京賦》，是張衡《二京賦》的一部分，載《文選》卷二。海若：海神名。《西京賦》寫道："海若游於玄渚"。

［30］不驗：據范文瀾《文心雕龍注》，"不"當為"可"。

［31］子雲：揚雄的字。《羽獵》：指《羽獵賦》，是揚雄的代表作之一，載《漢書·揚雄傳》。宓（fú）妃：相傳為伏羲之女兒，溺死洛水為神。餽：同"餉"。進奉酒食。《羽獵賦》寫道："鞭洛水之宓妃，餉屈原與彭胥。"

［32］張衡也有《羽獵賦》，但殘缺不全。困：拘留。元冥：水神。一本作"玄冥"。朔：北方。今《羽獵賦》殘文没有"困玄冥"的內容。

［33］孌：美好貌。罔兩：又作"魍魎"。水怪。

［34］水師，水神，指玄冥。魑魅：鬼怪。

［35］虛用濫形：不切實際地任意描寫。踈：同"疏"。粗疏。

［36］義睽（kuí）剌：於義理卻乖違而不順。睽剌：乖戾，違背。

［37］氣貌：用作動詞，描寫氣勢與形貌。

［38］體勢：用作動詞，敘述體態與情勢。

［39］嵯峨：險峻突兀貌。揭業：高聳貌。

［40］熠（yì）耀：光明貌。焜煌：猶輝煌。

［41］煒（wěi）煒：明亮貌。然：燃燒。在這個意義上後作"燃"。

［42］這句大意是説：在濤聲與山體的映襯下，樓臺似乎愈來愈高，富有飛動的氣勢。岌岌：高而可畏。

［43］奬：助長。氣：指夸飾之風氣。挾：依以自重。聲：聲勢。

［44］軒翥（zhù）：高飛的樣子。

［45］騰擲：跳躍。跼（jú）步：小步。跼：拘束。

［46］煒燁：光明貌。

［47］春藻：春天的景色。程：衡量。

［48］寒谷：劉向《别録》中説："燕有谷，地美而寒，不生五穀。"凋：零落。

［49］發蘊飛滯：啓發迷惑，表達鬱悶。蘊：積蓄。滯：鬱塞。

［50］這句是説，使盲人睜開眼睛，聾子受到震驚。披：打開。瞽（gǔ）：盲人。枚乘《七發》寫道："發瞽披聾而觀望之也。"

【原文】

然飾窮其要[51]，則心聲鋒起[52]；夸過其理，則名實兩乖。若能酌《詩》、《書》之曠旨[53]，剪揚馬之甚泰[54]，使夸而有節，飾而不誣，亦可謂之懿也[55]。

【注釋】

［51］窮其要：極力表達事物關鍵。

［52］心聲：指讀者的思想感情。鋒：通"蜂"。蜂起，蜂擁而起。

［53］曠：廣遠。

［54］剪：除去。泰：過分。

［55］懿：美。

【原文】

贊曰：夸飾在用，文豈循檢[56]。言必鵬運[57]，氣靡鴻漸[58]。倒海探珠，傾崑取琰[59]。曠而不溢[60]，奢而無玷[61]。

【注釋】

［56］檢：法式，固定規格。

［57］言必鵬運：言語的氣勢必定像大鵬的運行。《莊子·逍遥遊》云，鵬鳥乘海上的大風才能飛行。

［58］靡：不要。鴻漸：鴻鳥起飛徐徐緩緩，漸漸而上。《周易·漸卦》説"鴻漸於幹"。這裏用作比喻。

［59］崑：崑侖山，産玉。琰（yǎn）：美玉。

［60］溢：過多。

［61］玷：玉的斑點，指毛病。

言　語

【解題】

本文選自臺灣商務印書館《景印文淵閣四庫全書·史通》卷六。《史通》是我國第一部史學理論專著，唐代劉知幾撰。共二十卷，分内、外篇，内篇討論歷史編纂問題，外篇叙述史籍源流，兼評古人得失。

本篇論述史傳修辭的重要性，叙述先秦至隋朝口語發展的階段特徵，評騭秦、隋之際兩種不同的史傳書面語以及史家運用語言的原則，強調史書運用語言要重視口語，不應一味仿古追舊。

【原文】

蓋樞機之發，榮辱之主[1]；言之不文，行之不遠[2]，則知飾詞專對[3]，古之所重也。夫上古之世，人惟朴略[4]，言語難曉，訓釋方通。是以尋理則事簡而意深，考文則詞艱而義釋，若《尚書》載伊尹立訓[5]、皋陶矢謨[6]、《洛誥》、《康誥》、《牧誓》、《泰誓》是也[7]。周監於二代，郁郁乎文[8]。大夫、行人，尤重詞命[9]，語微婉而多切[10]，言流靡而不淫[11]，若《春秋》載呂相絕秦[12]，子產獻捷[13]，臧孫諫君納鼎[14]，魏絳對戮揚干是也[15]。戰國虎爭，馳說雲湧[16]，人持《弄丸》之辯，家挾《飛鉗》之術[17]，劇談者以譎誑為宗[18]，利口者以寓言為主[19]，若《史記》載蘇秦合從[20]，張儀連橫[21]，范雎反間以相秦[22]，魯連解紛而全趙是也[23]。逮漢、魏以降，周、隋而往，世皆尚文[24]，時無專對。運籌畫策，自具於章表；獻可替否[25]，總歸於筆札。宰我、子貢之道不行[26]，蘇秦、張儀之業遂廢矣。假有忠言切諫，《答戲》、《解嘲》[27]，其可稱者，若朱雲折檻以抗憤[28]，張綱埋輪而獻直[29]。秦密之酬吳客[30]，王融之答虜使[31]，此之小辯[32]，曾何足云。是以歷選載言，布諸方册[33]，自漢已下[34]，無足觀焉。

【注釋】

[1] 樞機：事物運動的關鍵，這裏指言語。發：這裏是說出的意思。主：關鍵。這兩句引自《周易·繫辭上》："言行，君子之樞機。樞機之發，榮辱之主也。"

[2] 這兩句引自《左傳·襄公二十五年》（本單元《子產獻捷》），原句為："言之無文，行而不遠。"

[3] 飾詞：修飾文詞。專對：善於應答問訊。《論語·子路》："孔子曰：誦詩三百，授之以政，不達；使于四方，不能專對，雖多亦奚以為？"

[4] 惟：語氣助詞。朴：通"樸"。質樸。略：簡單。

[5] 伊尹立訓：伊尹所立之訓。據《史記·殷本紀》、《尚書序》說，太甲元年伊尹作《伊訓》，而傳世的《伊訓》卻是湯訓告伊尹之辭。

[6] 矢：據浦起龍《史通通釋》，當為"之"字。皋陶之謨：即《皋陶謨》，是舜、禹、皋陶集會討論問題的言語記錄。皋陶強調九刑、五德的重要性，提出了帝王施政修身的基本要求。

[7]《洛誥》、《康誥》、《牧誓》、《泰誓》：都是《尚書》中的篇目。《洛誥》講周成王赴新都洛邑主政及周公輔佐的事。《康誥》記載康叔受封赴殷地時周公訓誡的過程。《牧誓》記載武王伐紂的誓師之辭。《泰誓》敘述武王伐紂時歷數紂王暴行的場面。

[8] 監：借鑒，參考。在這個意義上後作"鑒"。二代：夏代、商代。郁郁：豐富，繁

盛。文:文采。這兩句引自《論語・八佾》,原句為:"周監於二代,郁郁乎文哉!"

[9] 行人:官名。《周禮》秋官有行人,管朝覲聘問。詞命:外交辭令。

[10] 微婉:微妙委婉。切:符合事實而不夸飾。

[11] 流靡:流利漂亮。不淫:樸質而不妖冶豔麗。

[12]《春秋》:這裏指《春秋左傳》。據《左傳・成公十三年》載,晉厲公派遣大夫呂相向秦國宣告絕交,並出兵擊敗秦軍。

[13] 子産獻捷:載於《左傳・襄公二十五年》,參見本單元《子産獻捷》。

[14] 據《左傳・桓公二年》載,魯、齊、陳、鄭四國聯軍勘定宋國內亂後,魯桓公私取宋國珍藏的郜國大鼎,納於太廟。魯大夫臧哀伯以為非禮,諫請歸還宋,桓公未聽。

[15] 據《左傳・襄公三年》載,晉悼公弟揚干在曲梁乘車疾馳,擾亂會盟行列,執掌軍法的魏絳遂誅殺其僕從,以示懲戒。悼公怒,欲殺絳。絳呈書申述,悼公感悟,使絳佐新軍。

[16] 馳説(shuì):奔走遊説。

[17]《弄丸》、《飛鉗》:《鬼谷子》篇名,涉及辯難方術內容。

[18] 劇談:健談。劇:猛烈。譎(jué)誑;狡詐,虛妄。宗:根本。

[19] 利口:能言善辯。寓言:假借事物以表達自己的心意。寓:寄託。

[20] 蘇秦合從:據《史記・蘇秦列傳》載,蘇秦遊説六國,締結聯盟,共抗秦國。從:"縱"的古字。

[21] 張儀連横:據《史記・張儀列傳》載,魏人張儀為秦相,遊説他國向秦國靠攏。

[22] 范睢反間句:據《史記・范睢列傳》載,秦昭王時,范睢以稱霸策略遊説昭王,昭王大喜,任命范睢為相,封為應侯。

[23] 魯連解紛句:據《史記・魯仲連鄒陽列傳》載,秦將白起擊破趙國長平,進圍邯鄲,趙王震恐,援趙的魏將晉鄙部隊亦畏縮不敢再行。魏安釐王使辛垣衍潛入邯鄲,勸説趙孝成王尊秦為帝以求和。魯仲連便趕到邯鄲,批駁了辛垣衍的主張,使魏也放棄帝秦的提議。秦將得知後,立即撤退。晉鄙軍續進,趙國得以保全。

[24] 尚文:提倡文治。

[25] 獻可:建議可行的事。替否:廢除不應該實施的事。語出《左傳・昭公二十年》:"君所謂可而有否焉。臣獻其否以成其可;君所謂否而有可焉,臣獻其可以去其否。"又《國語・晉語》:"夫事君者,薦可而替否。"

[26] 宰我、子貢:孔子學生,俱擅長言辭。《論語・先進》載:"言語,宰我、子貢。"道:這裏指説話方式。

[27]《答戲》、《解嘲》:指班固所作《答賓戲》和揚雄所作《解嘲》,兩人懷才不遇,都假設他人對自己發出責難,作虛擬對答。

[28] 朱雲折檻:朱雲,西漢成帝時人,曾當殿犯上直言,御史推其下殿,朱雲手攀門檻抵抗,致使門檻折斷。事見《漢書・朱雲傳》。抗憤:激昂憤慨。

[29] 張綱埋輪:張綱,東漢順帝時人,以埋車輪的方式表示彈劾外戚的決心。事見

《後漢書·張皓傳》。獻直:獻上直言。

[30] 秦密:三國時蜀人,官至左中郎將長水校尉,曾當衆與吴國使節辯難。事見《三國志·蜀書·秦宓傳》。

[31] 王融:南齊時人,年少善辯,曾與北魏使者激烈質對。事見《南齊書·王融傳》。

[32] 小辯:一時的巧言辯説。

[33] 方册:指各種書籍。方:古代寫字的木版。册:或作"策"。古代寫字的竹片。

[34] 已:同"以"。

【原文】

尋夫戰國已前,其言皆可諷詠,非但筆削所致[35],良由體質素美[36]。何以覈諸[37]? 至如"鸜貢"、"鸜鵒"[38],童豎之謡也[39];"山木"、"轉車"[40],時俗之諺也;"皤腹"、"棄甲"[41],城者之謳也[42];"原田"、"是謀"[43],輿人之誦也[44]。斯皆芻詞鄙句[45],猶能温潤若此,况乎束帶立朝之士[46],加以多聞博古之説者哉! 則知時人出言,史官入記,雖有討論潤色[47],終不失其梗概者也。

【注釋】

[35] 筆削:修改。

[36] 良:的確。體質:這裏指言談的內容。

[37] 覈(hé):核實。

[38]《左傳·僖公五年》載童謡,有"鶉之賁賁"句。又《左傳·昭公二十五年》載童謡,有"鸜之鵒之"句。鸜鵒(qúyù):鳥名,俗名八哥。

[39] 豎,童僕。

[40]《左傳·隱公十一年》:"周諺有之曰:'山有木,工則度之,賓有禮,主則擇之。'"。轉:"輔"之誤。《左傳·僖公五年》:"諺所謂'輔車相依,唇亡齒寒'者,其虞、虢之謂也。"

[41]《左傳·宣公二年》:"城者謳曰:'睅其目,皤其腹。棄甲而復。"

[42] 謳:歌曲。

[43]《左傳·僖公二十八年》:"晉侯患之,聽輿人之誦曰:'原田每每(草盛貌),舍其舊而新是謀'。"

[44] 輿人:衆人。

[45] 芻詞:樵夫一類人的言論。

[46] 束帶立朝之士:指有文化有地位的人。語出《論語·公冶長》篇。束帶,束緊衣帶,意謂穿好朝服。立朝,站在朝堂上。

[47] 討論:研究,評論。潤色:修飾文彩。

【原文】

夫《三傳》之說，既不習於《尚書》[48]；兩漢之詞，又多違於《戰策》。足以驗氓俗之遞改[49]，知歲時之不同。而後來作者，通無遠識，記其當世口語，罕能從實而書，方復追效昔人，示其稽古[50]。是以好丘明者，則偏模《左傳》；愛子長者[51]，則全學史公。用使周、秦言辭，見於魏、晉之代，楚、漢應對，行乎宋、齊之日。而偽修混沌[52]，失彼天然，今古以之不純[53]，真偽由其相亂。故裴少期譏孫盛録曹公平素之語[54]，而全作夫差亡滅之詞[55]。雖言似《春秋》，而事殊乖越者矣[56]。

【注釋】

[48] 習：因襲。

[49] 氓俗：民俗。

[50] 示其稽古：顯示他具有援引古史的能力。稽：考核，考證。

[51] 子長：司馬遷的字。

[52] 偽修混沌：假裝修習混沌氏的道術。據《莊子・天地篇》載，子貢在漢陰見一老人抱甕入井，取水灌地，雖費力卻不願使用桔槔汲水。子貢將此事告訴孔子，孔子認為"彼（丈人）假修渾沌氏之術者也"。偽：虛假。修：修習。混沌：也作"渾沌"。這裏指混沌氏，傳說中的部落聯盟領袖。

[53] 不純：分不清楚。

[54] 裴少期：劉宋時史學家，名松之，本字世期，唐人避諱改作少期。孫盛：東晉著名的史學家。曹公：指曹操。

[55] 據《史記・吳太伯世家》載，吳王夫差打敗越國後，越王勾踐卑辭請和。伍子胥勸夫差拒絕，未聽，反賜子胥自殺。黃池之會，勾踐襲擊吳國，擄太子友，軟禁夫差於甬東，夫差道："孤老矣，不能事君王也。吾悔不用子胥之言，自令陷此。"遂自殺，吳國滅亡。

[56] 乖越：不相稱。

【原文】

然自晉咸、洛不守[57]，龜鼎南遷[58]，江左為禮樂之鄉[59]，金陵實圖書之府[60]，故其俗猶能語存規檢[61]，言喜風流[62]，顛沛造次[63]，不忘經籍。而史臣修飾，無所費功[64]。其於中國則不然[65]，何者？于斯時也，先王桑梓，剪為蠻貊[66]；被髮左衽，充牣神州[67]。其中辯若駒支[68]，學如郯子[69]，有時而遇，不可多得。而彥鸞修偽國諸史[70]，收、弘撰《魏》、《周》書[71]，必諱彼夷音變成華語[72]，等楊由之聽雀[73]，如介葛之聞牛[74]，斯亦可矣。而於其間，則有妄益文彩，虛加風物[75]，援引《詩》、《書》，憲章《史》、《漢》[76]，遂使沮渠、乞伏[77]，儒雅比於元封[78]；拓跋、宇文[79]，德音同於正始[80]。華而失實,過莫大焉。唯王、宋著書[81],敘元、高時事[82],抗詞正筆[83],務存直道,方言世語,由此畢彰。而今之學者,皆尤二子[84],以言多滓穢,語傷淺俗[85]。夫本質如此,而推過史臣,猶鑒者見嫫母多媸[86],而歸罪於明鏡也。又世之議者,咸以北朝衆作,周史為工[87]。蓋賞其記言之體,多同於古故也。夫以枉飾虛言,都捐實事[88],便號以良直,師其模楷,是以董狐、南史[89],舉目可求;班固、華嶠[90],比肩皆是者矣[91]。近有敦煌張太素、中山郎餘令[92],並稱述者,自負史才。郎著《李傳》,張著《隋後略》,凡所撰人語,皆依倣舊辭,若選言可以效古而書,其難類者,則忽而不取。料其所棄,可勝紀哉!

【注釋】

[57] 咸、洛:指咸陽、洛陽,都是古代帝都。這裏的意思是説,晉代都城不保,國家滅亡。

[58] 龜鼎:古代帝王統治國家時用以象徵權力與帝位的重器。

[59] 江左:即江東,指長江下游南岸地區,也指東晉、宋、齊、梁、陳各朝統治的全部地區。

[60] 金陵:南京的别稱。

[61] 語存規檢:言語仍然保存著往日典雅的風格。規檢:規範、風格。

[62] 風流:精妙有韻味。

[63] 顛沛:動盪變亂。造次:急遽、匆忙。語出《論語·里仁》,原句是:"造次必於是,顛沛必於是。"

[64] 無所費功:没有多少需要花費工夫的地方。

[65] 中國:中原,指北朝。

[66] 這兩句是説,先王統治的舊地,全都變為異族的地盤。桑梓:桑和梓都是古代家宅旁常栽的樹木,後作故鄉的代稱。剪:割佔。蠻:古代對南方民族的泛稱。貊(mò):古代北方民族名。蠻貊,這裏泛指四方少數民族。

[67] 這兩句是説,風習迥異的民族,充斥著中原大地。被髮:披著頭髮。被,"披"的古字。左衽:向左掩著衣襟。這都是當時所謂"夷狄"的風俗。前句出自《論語·憲問》:"微管仲,吾其被髮左衽矣。"後句出自《文選》劉孝標《辯命論》:"遂居先王之桑梓,竊名號於中縣。種落繁熾,充牣神州。"充牣(rèn):充滿,充塞。

[68] 駒支:春秋時期姜戎族酋長。據《左傳·襄公十四年》載,范宣子責問駒支,駒支從容應辯,贏得尊敬。

[69] 郯子:指春秋時期郯國君主。據《左傳·昭公十七年》載,郯子朝魯,魯大夫叔孫昭子問少皞為何以鳥名官,郯子解釋了原因。仲尼聽説此事,認為郯子學問淵博,就前去請教。

[70] 彥鸞:崔鴻的字,北魏東清河(今山東北部)人,撰《十六國春秋》。正統史學

家認為,自西晉末年到北魏統一北方期間,中國北部由五個少數民族先後建立的十六個政權是偽政權。

[71] 收:魏收,北齊學者,撰《魏書》一百一十四篇。弘:牛弘,隋朝學者,撰《周史》,已亡佚。

[72] 諱:隱避,隱藏。

[73] 楊由之聽雀:楊由,東漢蜀郡成都人,曾任蜀郡文學掾,通占卜之術。某日有大雀集於庫樓,楊由聽雀聲後預言將有兵變,不久廣柔縣果然爆發民族起義。事見《後漢書・方術傳》。

[74] 介葛之聞牛:介,春秋時東夷國。葛,指介國國君葛盧。葛盧出訪魯國時,聽見牛鳴,即知此牛生有三小牛,果然如此。事見《左傳・僖公二十九年》。

[75] 風物:風光,風貌。

[76] 憲章:效法。

[77] 且渠:復姓,這裏指十六國時期北涼王,胡族。乞伏:部落名,這裏指十六國時期西秦王,鮮卑族。

[78] 元封:漢武帝年號(前 110—105)。

[79] 拓跋:北魏立國的主體民族,原為鮮卑族一部,後與匈奴族混居而自成一部族。宇文:北周立國者之姓,鮮卑族。

[80] 德音:帝王的詔令。正始:三國時魏齊王曹芳年號(240—250)。

[81] 王:指王劭,隋朝歷史學家,撰《齊志》。宋:指北齊宋孝王,撰《關東風俗傳》。兩書俱亡佚。

[82] 元:指西魏君主元氏。高:指北齊君主高氏。

[83] 抗詞:嚴厲正直的措詞。正筆:忠實公正的文筆。

[84] 尤:歸咎、責怪。

[85] 指《北史・王劭傳論》的評論:"(劭)久在史官,既撰《齊書》,兼修《隋典》。好詭怪之說,尚委曲之談。文辭鄙穢,體統繁雜。直愧南(史)董(狐). 才無(司馬)遷、(班)固。徒煩翰墨,不足觀採。"

[86] 嫫母:古代醜婦,相傳為黃帝之妻。媸:相貌醜陋。

[87] 周史:記周史者。西魏有柳虯的史書,隋有牛弘的《周史》,唐令狐德棻等又據牛弘之書撰《周書》。

[88] 都捐:完全背離。

[89] 董狐:春秋時晉國史官。南史:春秋時齊國史官。

[90] 華嶠:西晉著名學者,史學家,曾撰《漢後書》九十七卷,經西晉末年永嘉之亂,書稿流失,剩五十餘卷,為劉宋人范曄寫《後漢書》的主要參考書之一。

[91] 比肩:肩頭相互挨接,人物衆多的意思。

[92] 張太素:名大業,魏州繁水(河南南樂縣西北)人。唐高宗時,官東台舍人,兼修國史,並參撰《後魏書》、《北齊書》、《隋書》等。郎餘令:定州新樂(河北省西部)人。

唐初官著作佐郎。

【原文】

蓋江羋罵商臣曰:“呼!役夫,宜君王廢汝而立職![93]”漢王怒酈生曰:“豎儒,幾敗乃公事![94]”單固謂嵇康曰:“老奴,汝死自其分![95]”樂廣歎衛玠曰:“誰家生得寧馨兒[96]!”斯並當時侮嫚之詞[97],流俗鄙俚之說[98]。必播以唇吻,傳諸諷誦,而世人皆以為上之二言不失清雅[99],而下之兩句殊為魯朴者[100],何哉?蓋楚、漢世隔,事已成古,魏、晉年近,言猶類今。已古者即謂其文,猶今者乃驚其質。夫天地久長,風俗無恒,後之視今,亦猶今之視昔。而作者皆怯書今語,勇效昔言,不其惑乎!苟記事則約附五經,載語則依憑三史[101],是春秋之俗,戰國之時,與兩儀而並存[102],經千載而如一。奚以今來古往質文之屢變者哉?蓋善為政者,不擇人而理,故俗無精麄[103],咸被其化。工為史者,不選事而書,故言無美惡,盡傳于後。若事皆不謬,言必近真,庶幾可與古人同居[104],何止得其糟粕而已[105]。

【注釋】

[93] 江羋(mǐ):春秋時楚成王之妹,《史記》以為成王妾。商臣:楚成王長子。據《左傳·文公元年》載:“楚子將以商臣為太子,……既而又欲立王子職,而黜太子商臣。商臣聞之而未察,告其師潘崇曰:‘若之何而察之?’潘崇曰:‘享江羋而勿敬也。’從之。江羋怒曰:‘呼!役夫,宜君王之欲殺女而立職也。’”

[94] 漢王:指劉邦。酈生:指劉邦的謀士酈食其(yìjī)。據《史記·留侯世家》載,公元前204年,項羽圍困劉邦於滎陽,劉邦大恐,因與謀士酈食其商討對策。食其建議復立六國後裔,以孤立項羽。劉邦命食其雕刻印信分封六國,張良得知,便向劉邦力陳分封之害.並警告說:“誠用客之謀,陛下大事去矣!”劉邦輟食吐哺罵曰:“豎儒,幾敗而公事。令趣銷印。”

[95] 單(shàn)固:三國曹魏時兗州刺史令狐愚心腹,參與密謀廢立之事,事泄,被夷三族。臨刑前罵康曰:‘老奴,汝死自分耳,何面目行地下也!”嵇康:令狐愚心腹。後貪戀富貴賣友求榮,陷害單固一家,不久亦被斬。事見《三國志·魏志·王淩傳》裴松之注引《魏略》。

[96] 樂廣:西晉人,官至太尉掾,轉太子舍人。衛玠:魏晉之際著名的清談名士和玄理學家,官至太子洗馬。樂廣與衛玠為翁婿關係。《晉書》有《樂廣傳》和《衛玠傳》,但兩傳俱無“寧馨兒”語,其語今見《王衍傳》。《史通》似誤。寧馨兒:晉宋時俗語,猶今言這樣的孩子。

[97] 侮嫚之詞:指“役夫”、“豎儒”、“老奴”、“寧馨兒”。侮嫚:侮辱輕視。

[98] 俚:流俗。

[99] 上之二言:指“役夫”、“豎儒”。

[100] 下之兩句:指“老奴”、“寧馨兒”。

［101］三史：指《史記》、《漢書》、《三國志》。

［102］兩儀：指天地。

［103］麄：同“粗”。

［104］同居：共處，指與古人對話。《太平御覽》卷六一六引《尸子》：“孔子云：誦《詩》讀《書》，與古人居。”

［105］糟粕：廢棄無用的事物。《莊子·天道》：“然則君子所讀者，古人之糟魄已夫。”《釋文》：“魄”本又作“粕”。

《文則》序

【解題】

本文選自上海商務印書館1937年版《叢書集成初編·文則》。這篇作者自序敘述了總結文則的過程，指出了探求文則的方法及寫作《文則》的目的。

【原文】

余始冠[1]，游泮宮[2]，從老於文者問焉，僅得文之端緒。後三年，入成均[3]，復從老於文者問焉，僅識文之利病[4]。彼老於文者，有進取之累[5]，所有告於我與夫我所得，惟利於進取。後四年，竊第而歸，未獲從仕[6]，凡一星終[7]，得以慫閱古書[8]，始知古人之作，歎曰：文當如是。且《詩》、《書》、二《禮》、《易》、《春秋》所載，丘明、高、赤所傳[9]，老、莊、孟、荀之徒所著，皆學者所朝夕諷誦之文也；徒諷誦而弗考，猶終日飲食而不知味。余竊有考焉，隨而錄之，遂盈簡牘。古人之文，其則著矣[10]，因號曰文則。或曰：方今宗工鉅儒[11]，濟濟盈庭[12]，下筆語妙天下，雖與日月爭光可也，奚以吾子《文則》為？余曰：蓋將所以自則也，如示人以為則，則吾豈敢？

乾道庚寅正月既望[13]，天台陳騤序[14]。

【注釋】

［1］冠：古代男子二十歲舉行加冠禮，以示進入成年。

［2］泮（pàn）宮：西周時所設學宮。後泛指學校。

［3］成均：古代的大學。這裏指官設的最高學府。

［4］利病：優劣。

［5］進取：干進以取得功名。

［6］從仕：做官。

［7］一星終：十二年。古人劃周天為十二次，以為木星一年行一次，十二年滿一周天，故以十二年為一星終。《左傳·襄公九年》：“十二年矣，是謂一終，一星終也。”杜預注：“歲星十二歲而一周天。”

［8］恣閱：無拘無束地閱讀，亦即無“進取”之累的閱讀。

［9］丘明、高、赤：即左丘明、公羊高、穀梁赤，分别為《左傳》、《公羊傳》、《穀梁傳》的作者。

［10］則：法則，準則。著：明顯。

［11］宗工：學術上有重大成就，為衆所推崇的人。鉅儒：大儒，有學問的人。鉅，通“巨”。

［12］濟濟：衆多的樣子。

［13］乾道：宋孝宗趙昚(shèn)第二個年號。既望：陰曆每月十六。

［14］天台：地名，在今浙江省台州市北部。

第六章　訓　詁

第一節　概　述

一、訓詁與訓詁學

近代學者劉師培曾說:“言語之遷變,略有數端。有隨時代而殊者,如《爾雅》‘夏曰歲,商曰祀,周曰年,唐虞曰載’;《孟子》‘夏曰校,商曰序,周曰庠’是也。同一事物而歷代之稱謂各殊,則生於後世,必有不能識古義者,若欲通古言,必須以今語釋古語……同一名義而四方之稱之各殊,則生於此地必有不能識彼地之言者,若欲通方言,必須以雅言證方言。且語言既與文字分離,凡通俗之文,必與文言之文有別,則書籍所用之文,又必以通俗之文解之。綜斯三故,而訓詁之學以興。”①清代學者陳澧說:“蓋時有古今,猶地有東西、有南北,相隔遠則言語不通矣。地遠則有翻譯,時遠則有訓詁。有翻譯則能使別國如鄉鄰,有訓詁則能使古今如旦暮,所謂通之也。訓詁之功大矣哉!”②這些話告訴我們,隨著社會的發展,語言也在不斷地發生著變化。前代人明白曉暢的用語,到了後代可能變得晦澀難懂;同時,由於地域的隔閡,此地人熟知的用語,彼地人卻難解其意。為了解決這種障礙,就產生了以今釋古、以易釋難、以通語釋方言的工作,這項工作就是訓詁。

“訓、詁”都是解釋的意思。《說文解字·言部》:“訓,說教也。”段玉裁注:“說教者,說釋而教之,必順其理。”“詁,訓故言也。”“故言者,舊言也。十口所識前言也。訓者,說教也。訓故言者,說釋故言以教人,是之謂詁。”“訓詁”連言也是解釋的意思。唐代孔穎達在《毛詩正義》中說:“詁訓傳者,注解之別名。毛以《爾雅》之作,多為釋詩,而篇有《釋詁》、《釋訓》,故依《爾雅》訓而為《詩》立傳。傳者,傳通其義也。《爾雅》所釋,十有九篇,獨云詁訓者。詁者,古也,古今異言,通之使人知也。訓者,道也,道物之貌,以

① 劉師培:《中國文學教科书第一下·周代訓詁學釋例》,寧武南氏校印。

② 陳澧:《東塾讀書記》卷一一。

告人也。《釋言》則《釋詁》之别。故《爾雅》序篇云:‘《釋詁》、《釋言》,通古今之字,古與今異言也。《釋訓》,言形貌也。’然則詁訓者,通古今之異辭,辨物之形貌,則解釋之義,盡歸於此。”

注解語言的工作稱作訓詁,這項工作的結果也稱作訓詁,在大量訓詁的基礎上,對訓詁實踐進行理性認識,進而科學、系統地總結出訓詁的規律,就形成了一門傳統的學問,即訓詁學。我們學習訓詁,主要就是學習訓詁的方法、原則和規律,並用它來指導訓詁實踐。黄侃説:“若以此地之語釋彼地之語,或以今時之語釋昔時之語,雖屬訓詁之所有事,而非構成之原理。真正之訓詁學,即以語言解釋語言,初無時地之限域,且論其法式,明其義例,以求語言文字之系統與根源是也。”①

傳統訓詁一定程度上可以認為是經學的附庸,訓詁對象多是魏晉以前的經史典籍。從清末章太炎發表《論語言文字之學》開始(1906年),訓詁逐漸從經學附庸的舊框子裏解放出來,走上了獨立發展的道路。今天,其工作對象和範圍大大拓展,不論古今中外、經史子集,甚至經濟、科技、軍事、宗教等文獻,凡是要對其中的語言進行解説,都可以納入訓詁的範疇。

二、訓詁發展史略

有了語言,也就有了對語言進行解釋的需求,所以訓詁是隨著語言的產生、發展而產生、發展的。

(一)訓詁的萌芽期——遠古至春秋戰國

根據現有資料,甲骨文中就有訓詁的記錄,如殷墟卜辭:“帝于北方曰夗,風曰役。帝于東方曰析,風曰劦。”(《殷墟文字綴合編》261)到了春秋戰國時期,文獻中的訓詁資料不斷增多。如《易》之“十翼”中包含的訓詁資料就很多,例如《繫辭上》:“形而上者謂之道,形而下者謂之器,化而裁之謂之變,推而行之謂之通,舉而錯之天下之民,謂之事業。”《序卦》:“師者,衆也。”“泰者,通也。”“頤者,養也。”《雜卦》:“革,去故也。鼎,取新也。”《左傳》《公羊傳》《穀梁傳》本身就是解説《春秋》的傳,其中也有大量的訓詁材料。如《左傳·莊公三年》:“凡師一宿為舍,再宿曰信,過信為次。”《公羊傳·昭公元年》:“原者何?上平曰原,下平曰隰。”《穀梁傳·僖公二十八年》:“水北為陽,山南為陽。”除了這類包含在“傳”中的訓詁材料之外,春秋

① 黄侃述、黄焯編:《文字聲韻訓詁筆記·訓詁筆記卷上·訓詁學定義及訓詁名稱》,上海古籍出版社,1983年,第181頁。

戰國時期的經典正文中也直接包含有大量的訓詁材料。如《老子·道經》第十四章:"視之不見名曰夷,聽之不聞名曰希,搏之不得名曰微。"《儀禮·聘禮》:"十斗曰斛,十六斗曰籔,十籔曰秉。"《論語·顔淵》:"季康子問政於孔子。孔子對曰:'政者,正也。子帥以正,孰敢不正?'"《韓非子·五蠹》:"古者蒼頡之作書也,自環者謂之厶(私),背厶(私)謂之公。"上述諸例都是單釋字詞的訓詁。其實闡發經典大義也屬訓詁範疇,這類材料更為豐富。如"十翼"從不同的角度對《易》作了全面訓解,尤重義理的闡發,對後世的解經風格產生了極大的影響。《春秋》三傳中,《左傳》重在通過補叙史實証發經意,《公羊》《穀梁》重在解釋經文詞句的意義和事理,以闡發經文的微言大義。《韓非子》的《解老》《喻老》則是對《老子》的注解和闡發。

(二)訓詁的興盛期——兩漢

從先秦到兩漢,語言又有了新的發展變化,所以到了漢代,先秦典籍的許多地方已經難以讀懂,訓詁的興起就成了歷史的必然。另外,先秦典籍經歷秦火,多已散佚,漢代統治者出於維護自身統治的目的而大力提倡儒家學說,出現了以口傳背誦、隸書書寫為特點的今文經和地下出土、民間進獻的以古文記錄的古文經,並分别形成了今文經學派和古文經學派。西漢前期今文經學一統天下,但其内部還存在著複雜的派别分歧,一經往往分為好幾家,如《詩》分"魯、齊、韓"三家,《書》分為歐陽及大小夏侯三家,《易》分為楊、施、孟、梁邱、京房五家,而古文經學在西漢前期流行於民間,不佔主流。漢哀帝時,劉歆建議將屬於古文經學派的《左傳》等列於學官,遭到今文經學派的强烈反對,使今文經學派和古文經學派的鬥爭明朗化。王莽改制時,曾經為古文經立博士,東漢光武帝時隨即又被取消。但是,今文經學的空疏、荒誕和繁瑣越來越引起人們的厭惡,漢章帝時,皇帝詔令諸儒選舉高才教授古文經典,在賈逵、許慎、馬融、鄭玄等古文經師的努力下,以反對讖緯,倡導訓詁簡明、樸實學風為特點的古文經學最終大顯于世。今、古文兩派的學術鬥爭在客觀上極大地促進了訓詁的發展。

兩漢時期的訓詁,無論規模、還是種類,都大大超越了前一個時期。《漢書·藝文志》記錄了西漢時期對儒家經典的訓詁成果,據統計,六藝類至少有七十七種一千三百五十七卷,遺憾的是,這些著作今天大多已經亡佚了。東漢的訓詁成果又有了新的發展,比如鄭玄曾遍注群經,完整地保存到今天的還有《毛詩箋》《三禮注》,另外如何休《公羊傳解詁》、趙岐《孟子章句》、王逸《楚辭章句》、高誘《戰國策注》《呂氏春秋注》《淮南子注》等都是訓詁名作。兩漢時期,除了隨文釋義式的注釋外,還有一個重要成就就是產生了通釋語義的訓詁專著,其中《爾雅》、《方言》、《釋名》和《說文解字》等都是相關領域的奠基性著作。尤其是《爾雅》的編定,標誌著訓詁學的正式發端,大大推動了訓詁的發展。

(三)訓詁的發展期——魏晉至隋唐

魏晉南北朝時期,以王肅經說為代表的王學為了爭奪官學地位以及宣揚本派學說,與以鄭玄經說為代表的鄭學展開了長時期的學術論爭。兩派的論爭,也促進了訓詁的發展。可惜的是,王肅的經說未能完整地保存下來。這一時期訓詁範圍大為拓展,不但重視經學典籍的訓詁,也重視其他類別文獻的訓詁。如,以現存的儒家經注而言,就有魏王弼、晉韓康伯《周易注》、魏何晏《論語集解》、晉杜預《春秋左氏經傳集解》、晉范甯《春秋穀梁傳集解》、晉郭璞《爾雅注》、梁皇侃《論語義疏》等;儒家經典以外的如魏曹操《孫子兵法注》、魏王弼《老子注》、吳韋昭《國語注》、晉郭象《莊子注》、晉張湛《列子注》、晉郭璞《山海經注》、南朝宋裴駰《史記集解》、南朝宋裴松之《三國志注》、南朝梁劉孝標《世說新語注》、北魏酈道元《水經注》等。此外,通釋語義的訓詁專著也不少,流傳至今較為重要的如三國魏張揖《廣雅》、南朝梁顧野王《玉篇》等。

隋唐時期,國家統一,經濟繁榮,訓詁得到了更進一步的發展。突出表現是,許多重要的儒家經典都出現了"義疏"體的新注解,如唐孔穎達《五經正義》、賈公彥《周禮疏》和《儀禮疏》、徐彥《春秋公羊傳疏》、楊士勛《春秋穀梁傳疏》,另外較為重要的有唐李鼎祚《周易集解》、楊倞《荀子注》、司馬貞《史記索隱》、張守節《史記正義》、顏師古《漢書注》、李賢《後漢書注》、李善《文選注》等。通釋語義的訓詁專著流傳至今較為重要的有唐陸德明《經典釋文》、玄應《一切經音義》、慧琳《一切經音義》、顏師古《匡謬正俗》等。

(四)訓詁的變革期——宋代

經歷了唐末五代天下大亂的局面之後,宋初的統治者相對比較重視文化建設,如宋太宗時組織十二位學者花費兩年時間編纂了大型類書《太平廣記》,組織十四位學者花費六年時間編纂了大約五百萬字的《太平御覽》,而宋真宗時組織十八位學者花費八年時間編纂了大約九百四十萬字的《册府元龜》等。另外,學者們還校定《說文》,重修《切韻》、《玉篇》等,為訓詁的進一步發展創造了條件。

總體上看,宋初的訓詁承襲唐風,繼續為儒家經典作疏,如邢昺等撰《論語疏》、《孝經疏》、《爾雅疏》。慶曆以後,在范仲淹、王安石、歐陽修、周敦頤、張載、二程(程顥、程頤)等學者倡導下,學風漸變。學者們一方面輕考據、重義理,把訓詁由樸學的手段變為理學的工具,如陸九淵曾說:"學苟知道,六經皆我注脚。"另一方面,發揚孟子"盡信書不如無書"的見解,大膽懷疑古代經典,攻駁漢唐經注,勇於創發新義。如歐陽修說:"《爾雅》非聖人之書,不能無失。考其文理,乃是秦漢之間學詩者纂集說詩博士解詁。"他所撰寫的《詩本義》,不受舊注的束縛,獨立思考,以推求詩人本志為目的,以自己的見解驗定舊注的是非,體現了疑古創新的精神。朱熹針對晉梅賾的《古文尚書經傳》說:"《書》凡易讀者皆古文,豈有數百年壁藏之中,不能損一字哉?伏生所傳皆難讀,如何伏生偏記其難,而易者全不能記也?孔書至東晉方出,前此諸儒皆未之見,可疑之甚!"[①]朱熹的這一懷疑經過清代閻若璩等人的繼續考證,最終得到了大家的公認。類似的情況很多,在當時形成了一種疑古之風,學者們用這種疑古精神來作注,就不像唐代學者一味墨守成說,而是在擇善而從的同時大膽創發新義。朱熹的《四書集注》、《詩集傳》、《楚辭集注》就是這方面的代表。當然,有的疑古創新太過,以至改易古經、穿鑿附會,就走向了樸學的反面,這是為後人所詬病的。

(五)訓詁的停滯期——元明

元代民族矛盾、階級矛盾都十分突出,大量掌握先進文化的漢族知識分子受到壓制。元太祖時蒙古貴族別迭等人甚至說:"漢人無補於國,可悉空其人,以為牧地。"[②]元世祖統一中國後,又把全國人分為蒙古人、色目人、漢人、南人四等,漢族知識分子大都屬於地位低下的南人、漢人之列。類似的這些措施使得以漢族為主體的文化萎靡不振。

元代訓詁著作可觀者不多,重要者如:胡三省《資治通鑒注》内容豐富,保留了不少有價值的訓詁材料;盧以緯《語助》是我國研究虚詞最早的專著,開創之功不可没;戴侗《六書故》提出了因聲求義的訓詁方法,其中說:"訓詁之士,知因文以求義矣,未知因聲以求義也。夫文字之用,莫博於諧聲,聲變於假借,因文以求義而不知因聲以求義,吾未見其能盡文字之情也。"

明代為了加强中央集權,大力提倡程朱理學,規定八股取士只能以朱熹《四書集注》和宋人所注的五經命題,只能代古人立言,不得任意發揮。這

① 張心澂:《偽書通考》,商務印書館,1954年,第133頁。周大璞:《訓詁學初稿》,武漢大學出版社,2007年,第436頁。

② 見《元史·耶律楚材傳》。

些措施使得有明一代學風空疏，士人遊談無根，同時思想禁錮、墨守成規，訓詁同樣停滯不前。

明代訓詁著作較重要者如：方以智《通雅》考證古音古義，兼及方言俗語，時有卓見，尤其所言“欲通古義，先通古音”、“因聲求義，知義而得聲”等，發人深省；梅膺祚《字彙》是繼顧野王《玉篇》之後又一部楷體漢字的彙編，它的突出特點是不但收字量大增，達 33179 個，其中新增了不少宋元以來的俗字，而且打破了《説文》部首的體系，將 540 部調整為 214 部，每部之中所收之字按照筆畫數量排列，大大方便了檢字，且成為後世部首編排法的範式；張自烈《正字通》在《字彙》的基礎上增加收字數量，達 33549 個，同時補充例證、糾正了《字彙》的許多訛誤，後來著名的《康熙字典》就是直接以它為基礎編纂而成的。

（六）訓詁的全盛期——清代

清初以滿族貴族為主體的統治者為了緩和民族矛盾，特别是漢族士大夫階層的民族對抗情緒，逐步廢止了民族歧視政策。順治、康熙、雍正等人從維護統治的目的出發，崇儒重道，身體力行地學習漢文化，對漢族士大夫階層採用懷柔、利用的政策，客觀上為文化學術的繁榮創造了適宜的環境和條件。同時，清王朝懼怕漢人造反，又竭力加强對漢人的思想控制和鎮壓，大興文字獄。據《清代文字獄檔》記載，從乾隆六年至五十三年，四十八年間，竟有文字獄六十三起。

在籠絡與高壓並行的政策下，學者們避兇趨吉，投身于文獻、考據之學。他們結合學術變遷的趨勢，崇尚樸學，不為無根之談，注意吸收漢唐以來的訓詁成果，强調讀經，重視實證，把握住了由文字、音韻以通經的治學方法，最終形成了乾嘉學派。清末學者皮錫瑞説：“乾隆以後，許、鄭之學大明，治宋學者已鮮。説經皆主實證，不空談義理，是為專門漢學。”①

清代的訓詁成果，無論在數量上還是在質量上，都大大超越了前代，其中最有代表性的訓詁著作有王念孫、王引之父子的《廣雅疏証》、《讀書雜志》、《經義述聞》、《經傳釋詞》等，這些著作“就古音以求古義，引申觸類，不限形體”②，取得了前所未有的成就。段玉裁《説文解字注》、朱駿聲《説文通訓定聲》、桂馥《説文解字義證》、王筠《説文釋例》及《説文句讀》，對《説文》進行了全面研究，其作者被譽為“説文四大家”。陳廷敬、張玉書等

① 皮錫瑞：《經學歷史》，中華書局，1981 年，第 341 頁。

② 王念孫：《廣雅疏證序》。

三十人奉康熙之命歷時六年編成的《康熙字典》，是我國現存的第一部官修字典，全書收字 47035 個，按 214 部編排，至今仍是學習古代漢語的重要工具書。阮元的《經籍籑詁》"展一韻而衆字畢備，檢一字而諸韻皆成，尋一訓而原書可識。"[①]匯集了唐代以前古書中的訓詁資料，是研究古漢語、訓詁學的重要工具書。

還值得一提的是，清代的仿雅著作不僅數量多，而且各具特色。例如吳玉搢《别雅》、洪亮吉《比雅》、夏味堂《拾雅》、史夢蘭《疊雅》、陳奐《毛雅》、朱駿聲《說雅》、程先甲《選雅》等。

有清一代的訓詁學者一方面繼承了漢代樸實的學風，另一方面又掌握了因聲求義、綜合比較等較為科學的方法，因而在古籍注釋方面自然取得了超越前人的豐富成果，這裏擇其要者列舉目錄如下：惠棟《周易述》、孫星衍《尚書今古文注疏》、馬瑞辰《毛詩傳箋通釋》、孫詒讓《周禮正義》、胡培翬《儀禮正義》、朱彬《禮記訓纂》、洪亮吉《春秋左傳詁》、陳立《公羊義疏》、鍾文烝《穀梁補注》、劉寶楠《論語正義》、焦循《孟子正義》、皮錫瑞《孝經鄭注疏》、郝懿行《爾雅義疏》；阮元編的《皇清經解》收書 180 餘部，王先謙編的《皇清經解續編》收書 209 部，收錄了絕大多數清人對儒家經典的訓釋成果。其他如錢大昕《二十二史考異》、王鳴盛《十七史商榷》、張文虎《史記及三家注校勘札記》、王先謙《漢書補注》及《後漢書集解》、杭世駿《三國志補注》、梁章鉅《三國志旁證》、孫詒讓《墨子閒詁》、王先謙《荀子集解》及《莊子集解》、郭慶藩《莊子集釋》、王先慎《韓非子集解》、王夫之《楚辭通釋》、戴震《屈原賦注》、王琦《李太白集注》、仇兆鰲《杜少陵集詳注》、楊倫《杜詩鏡銓》、趙殿成《王右丞集注》等。另外顧炎武《日知錄》、錢大昕《十駕齋養新錄》、桂馥《札樸》、趙翼《陔餘叢考》、鄒漢勛《讀書偶識字》、俞樾《茶香室叢鈔》等也是重要的綜合性訓詁札記。

三、訓詁的基本原則

（一）歷史性原則

語言隨著社會的發展在不斷地發展變化，一定程度上可以說每個時代的語言都有每個時代的特點。以詞彙為例，每個特定的歷史時期，都既有舊詞的淡出，又有新詞的產生，同時還有大量沿用的前代詞彙。而沿用的詞彙

---

① 《經籍籑詁》王引之序。

中,既有意義完全不變者,又有詞義發生了變化者。語言的其他要素亦然。如果不了解語言的時代特點和差異,就容易犯以今律古或者以古律今的錯誤。

例如,"唐代的'僅'和清代的'僅'都是程度副詞,很容易被認為一樣,然而前者歎其多,後者歎其少,實際上恰得其反。與'僅'字相類似的有'稍'字,宋代以前'稍'字都作'漸'字講,近代才作'略'字講。像這種地方最有興趣,我們絕對不該輕易放過。"①

有人看到《爾雅》第一條:"初、哉、首、基、肇、祖、元、胎、俶、落、權輿,始也",就認為陶淵明《桃花源記》中的"落英繽紛"中的"落"字也應為"開始"的意思。郭在貽批評說:"落有始訓,見於《爾雅》,乃先秦古義,時至南北朝,落字是否還有始義呢? 至少從陶淵明的詩文來看,落字已無始義。"當我們知道以"始"來釋"落英繽紛"的"落"是為了標新立異而以古律今後,再看見有人又把《春曉》一詩中"花落知多少"中的"落"解釋為"始",就更體會到了不遵循語言的歷史性原則進行訓詁的危害與可怕了。②

不論以今律古還是以古律今都是因為不了解或者忽視語言的歷史性而造成的,要從根本上避免這種錯誤,我們就必須用歷史的眼光去觀察語義的變遷。

(二) 社會性原則

語言是社會的產物,必然為社會所制約,不能脫離社會而存在。因此,我們在進行訓詁時就必須遵循語言的社會性原則。

王力指出:"遠在兩千多年以前,荀子就說過:'名無固宜,約之以命。約定俗成謂之宜,異於約則謂之不宜。'(《正名篇》)任何個人都不能創造語言。如果作家用一個詞,有的不是社會一般所接受的意義,讀者就看不懂,語言在這裏就失掉它的作用。固然,在語言中也有新詞新義的形成,我們也承認語言巨匠們能創造新詞,但是,那也不是偶然的。第一,必須有舊的詞根(或詞素)作為新詞的基礎;第二,必須為社會群衆所接受,讓它進入全民詞彙的倉庫裏。因此,即使是新詞新義,也必然是具有社會性。如果某詞只在一部書中具有某種意義,同時代的其他的書並不使用這種意義,那末這種意義是可懷疑的。如果一個作家多次使用這個詞義,雖然别的作家不用它,

---

① 王力:《新訓詁學》,《龍蟲並雕齋文集(一)》,中華書局,1980 年,第 325—326 頁。

② 周一農:《"落"義出新與〈春曉〉别解》,見《詞彙的文化蘊涵》,上海三聯書店,2005 年,第 175 頁。

還可以設想是方言的關係。如果我們所作的詞義解釋只在這一處講得通，在别的書上再也找不到同樣的意義，那末，這種解釋一定是不合語言事實的。作家使用這種在社會上不通行的詞義，只能導致讀者的不了解，為什麽不用一個能為社會所接受的詞呢？實際上，作家並没有使用這個詞義，而只是注釋家誤解罷了。”當然，“作為一個原則，注釋家不會反對語言的社會性。但是，在實踐的過程中，注釋家卻往往忽略了這個重要的原則。”①這是我們必須要加以注意的。

第二節　訓詁的内容

訓詁的内容十分豐富，不但解釋字、詞，而且還包括句意、章旨；不但訓釋語義，而且涉及語音、語法、修辭；此外，像説明歷史背景、典章制度等也都是訓詁的重要工作。當然，不管訓詁的内容多麽廣博，字詞句意的解釋是核心内容。

一、解釋詞語

弄懂字詞的意思是文獻閱讀和理解的基礎。因此，“訓詁之事，在解明字義和詞義。”②

由於“時有古今、地有南北、語有雅俗”，這就導致了不同的語言障礙，因而詞語解釋也有不同的情況：

有的是以今語釋古語。即用當時人們所熟悉的詞語去解釋文獻中的古詞語。例如《詩・小雅・苕之華》：“牂羊墳首，三星在罶。”其中的“牂羊、墳、罶”對漢代人來説已屬古語，所以毛亨注之曰：“牂羊，牝羊也。墳，大也。罶，曲梁也，寡婦之笱也。”再如《孟子・梁惠王上》：“為長者折枝，語人曰：‘我不能。’是不為也，非不能也。”其中的“折枝”在漢代已經屬於古語，所以趙岐注曰：“折枝，案摩，折手節、解罷枝也。”

有的是以通語釋方言。即用當時通行的詞語去解釋方言俗語。例如，《爾雅・釋詁》：“瘵、瘼，病也。”郭璞注：“今江東呼病曰瘵，東齊曰瘼。”《楚辭・離騷》：“扈江離與辟芷兮，紉秋蘭以為佩。”王逸注：“扈，被也，楚人名被為扈。”

---

① 王力：《訓詁學上的一些問題》，見《龍蟲並雕齋文集（一）》，中華書局1980年，第333頁。

② 黄侃述，黄焯編：《文字聲韻訓詁筆記》，上海古籍出版社，1983年，第195頁。

有的是用通俗易懂的詞語去解釋晦澀難懂的詞語。例如,《詩·周南·芣苢》:"采采芣苢,薄言采之。"毛傳:"芣苢,馬舄;馬舄,車前也,宜懷妊焉。薄,辭也。采,取也。"《詩·邶風·谷風》:"就其深矣,方之舟之。就其淺矣,泳之游之。"毛傳:"舟,船也。"鄭箋:"方,泭也。潛行為泳。"《詩·鄭風·大叔于田》:"叔善射忌,又良御忌。"毛傳:"忌,辭也。"鄭箋:"良,亦善也。"

古代解釋詞語的方式最常見的是直訓、義界和在串講中釋詞。

(一)直訓

直訓,就是直接用一個通俗易懂的詞來解釋另一個詞。這是前人解釋詞語時使用最廣的一種方式。例如:

《說文·干部》:"干,犯也。"

《詩·周南·關雎》:"窈窕淑女,君子好逑。"毛傳:"窈窕,幽閒也。淑,善。逑,匹也。"

在直接以詞解詞的直訓中,有幾種常見的較特別的形式需要注意。

1. 同訓。

同訓,就是用同一個詞來解釋幾個不同的詞,亦即幾個不同的詞用同一個詞來解釋。例如:

《說文·辵部》:"遭,遇也。""遘,遇也。""逢,遇也。"

《爾雅·釋詁》:"如、適、之、嫁、徂、逝,往也。"

一般說來,同訓的詞之間具有同義關係,但也有幾個方面需要注意。第一,直訓有時是以大名釋小名,同訓的詞之間意義並不完全等同,有時候甚至算不上同義詞。例如:《說文·疒部》:"疾,病也。""痛,病也。""瘣,病也。""瘏,病也。"疾為病的統稱,痛為疼痛之病,瘣為內傷之病(特指樹木有病瘻腫、枝葉不榮),瘏為困乏之病。第二,有的同訓形式中用來解釋的詞是個多義詞,被解釋的詞分別對應的是其不同的義項,前人稱之為"二義同條"。例如:《爾雅·釋詁》:"育、孟、耆、艾、正、伯,長也。""長"有"長養、年老、官長"等不同的意義。"育"對應的是"長養"之義,"孟、耆、艾"對應的是"年長、年老"之義,"正、伯"對應的是"官長、首長"之義。再如:"棲、遲、憩、休、苦、㱈、齂、呬,息也。""息"有"止息、氣息"等不同的意義,"棲、遲、憩、休、苦"對應的是"止息"之義,"㱈、齂、呬"對應的是"氣息"之義。又如:"台、朕、賚、畀、卜、陽,予也。"訓釋詞"予"有第一人稱代詞"我"和動詞

"賜予"兩種意思,"台、朕"對應的是代詞"我"義,"賚、畀、卜、陽"對應的是動詞"賜予"之義。

2. 互訓。

互訓,就是兩個詞相互訓釋。例如:

《說文·辵部》:"追,逐也。""逐,追也。"

《爾雅·釋宮》:"宮謂之室。室謂之宮。"

一般說來,互訓的兩個詞之間也具有同義關係,因此,可以藉助互訓來判定同義詞。當然,雖然用來互相訓釋的兩個詞一般可以看作同義詞,但是我們應該知道,這一對同義詞之間的同義關係是複雜多樣的,大多不是絕對的同義,它們往往"統言無别、析言有異",應該區别對待。比如,根據上舉《爾雅》"宮、室"互訓的例子我們可以知道這兩個詞是同義詞,但是當看到《釋名·釋宮室》所言:"宮,穹也,屋見於垣上,穹隆然也。""室,實也,人物實滿其中也。"我們就知道,這兩個詞"析言則殊"。再如根據《說文·舟部》:"舟,船也。""船,舟也。"我們知道"舟、船"統言無别,但如果分開來準確地說,則有如段玉裁所指出的區别,即:"古人言舟,漢人言船。"

3. 遞訓。

遞訓,即幾個詞輾轉相訓、層遞而訓。例如:

《說文·心部》:"恚,恨也。""恨,怨也。""怨,恚也。"

《爾雅·釋言》:"速,徵也。""徵,召也。"

《詩·周南·芣苢》:"采采芣苢,薄言采之。"毛傳:"芣苢,馬舄。馬舄,車前也,宜懷妊焉。"

一般說來,利用遞訓也可以確定同義詞,但要注意避免犯"偷换概念"的錯誤。因為,遞訓是"甲由乙訓、乙由丙訓",如果乙是個多義詞,那麼在這個遞相輾轉的系列裏,有可能是用乙的第一個義項訓釋甲,而又由丙來訓釋乙的第二個義項。例如:《說文·支部》:"斂,收也。""收,捕也。"從外在形式上來說,這是一個標準的遞訓。但"收"是個多義詞,既有"收聚、聚集"之義,又有"收捕、逮捕"之義。在這個遞訓中,"收"以"聚集"之義訓"斂",再由"捕"來訓其"逮捕"之義,我們不能僅僅根據"斂、收、捕"在《說文》中屬遞訓就認為這三個詞是一組同義詞。

綜上所述,我們知道,直訓直接以詞解詞,具有簡潔明瞭的優點,因而這種釋詞方式直到今天還被人們廣泛應用於古籍注釋、字典詞典的編纂中。但是,直訓也有明顯的不足,即它的主要作用在於"明詞之同",因而忽略了被訓詞和訓釋詞之間的“異”，不能讓人準確全面地了解被訓詞，無法做到對同義詞的準確辨析。因此，訓詁學者們在直訓這種方式之外，還採用“義界”等其他方式來解釋詞語。

（二）義界

義界，就是界定詞義，即用一句話或幾句話來解釋詞義，以指明被訓詞的內涵和外延。也就是通常所謂下定義，例如：

《說文·口部》：“口，人所以言食也。”

《爾雅·釋器》：“木豆謂之豆；竹豆謂之籩；瓦豆謂之登。”

《釋名·釋親屬》：“妻之姊妹曰娣；母之姊妹曰姨。”

《詩·小雅·沔水》序：“沔水，規宣王也。”鄭箋：“規者，正圓之器也。”

義界常用“共名＋義差”的方式來表述，其中“共名”指出被訓詞的義類，“義差”顯示被訓詞的區別特徵。

《說文·艸部》：“藥，治病艸也。”

其中“艸”為共名，“治病”為義差。

《說文·衣部》：“衰，艸雨衣也。”

其中“衣”為共名，“艸雨”為義差。

《說文·眉部》：“眉，目上毛也。”

其中“毛”為共名，“目上”為義差。

這類義界的突出特點是既能指明被訓詞的類屬，又能揭示被訓詞的區別特徵，因此往往能幫助我們辨析同義詞。例如：

《說文·行部》：“術，邑中道也。”“街，四通道也。”

《說文解字注》“洒”下注曰：“沬，洒面也。浴，洒身也。澡，洒手也。洗，洒足也。”

《詩·衛風·淇奧》：“有匪君子，如切如磋，如琢如磨。”毛傳：“治骨曰切，象曰磋，玉曰琢，石曰磨。”

《詩·小雅·無羊》：“爾牧來思，何蓑何笠，或負其餱。”毛傳：“蓑所以備雨，笠所以禦暑。”

如果被訓詞的意義比較抽象，注釋者也可用在被訓詞的反義詞前加

“不、非”等否定詞的方式來表述,這種方式也屬義界。例如:

《說文·手部》:“拙,不巧也。”
《說文·日部》:“旱,不雨也。”
《說文·人部》:“假,非真也。”“倨,不遜也。”

如有需要,注釋者也可能對被訓詞所表示的客觀事物加以描寫,或用與之類似的事物加以譬況,這種方式我們也看作義界。例如:

《說文·水部》:“漏,以銅受水,刻節,晝夜百刻。”
《說文·鼠部》:“鼬,如鼠,赤黃而大,食鼠者。”
《說文·矢部》:“躲,弓弩發於身而中於遠也。”

義界釋詞較為詳細、全面,使人易於把握被訓詞的準確含義,所以這種釋詞方式今天也仍廣泛應用於古籍注釋、字典詞典的編纂等工作中。

(三)串講中釋詞

在傳注類訓詁材料中,注釋者有時候並不直接、專門對某個詞進行解釋,而是在對整個句子、文意進行串講時點明詞義。例如:

《詩·鄘風·載馳》:“陟彼阿丘,言采其蝱。”毛傳:“升至偏高之丘,采其蝱者,將以療疾。”

在串講中點明“陟”即“升”義。

《詩·邶風·柏舟》:“微我無酒,以敖以遊。”毛傳:“非我無酒,可以敖遊忘憂也。”

在對句子的串講中點明“微”即“非”義。

《詩·邶風·綠衣》:“心之憂矣,曷維其已?”毛傳:“憂雖欲自止,何時能止也?”

在串講中以“何時”釋“曷”,以“止”釋“已”。

《論語·學而》:“學而時習之,不亦說乎?”何晏集解:“王肅曰:‘時者,學者以時誦習之。誦習以時,學無廢業,所以為悅懌也。’”

在串講中點明“說”即“悅懌”義。

這種解釋方式雖為串講,但也同時釋詞,注釋者將被訓詞的意義在串講中揭示出來,把詞義和句意、文義融合在一起,便於讀者理解,這在隨文釋義的注釋中使用得非常普遍。

二、分析文意

雖然釋詞是訓詁最重要的内容,但有時候僅僅理解了詞義,並不一定能看懂這一句話;即使每句話都看懂了,也不一定能準確地把握篇章的意思,所以前人訓詁還分析文意。

(一)講解句意

就是對整個句子的意思進行解釋。例如:

《尚書·堯典》:"曰若稽古帝堯,曰放勳,欽明文思,安安。允恭克讓,光被四表,格於上下。"孔傳:"若,順;稽,考也。能順考古道而行之者帝堯。允,信;克,能;光,充;格,至也。既有四德,又信恭能讓,故其名聞充溢四外,至于天地。勳,功;欽,敬也。言堯放上世之功,化而以敬,明文思之四德,安天下之當安者。"

《楚辭·離騷》:"忽反顧以遊目兮,將往觀乎四荒。"王逸注:"忽,疾貌。荒,遠也。言己欲進忠信以輔事君而不見省,故忽然反顧而去,將遂游目往觀四遠之外以求賢君也。"

這些例子都是在解釋詞義的基礎上對全句的意思進行説明,有的是直接疏通句意,有的是在闡明句子的言外之意。再如:

《詩·衛風·伯兮》:"自伯之東,首如飛蓬。"毛傳:"婦人,夫不在,無容飾。"

《詩·邶風·匏有苦葉》:"人涉卬否,卬須我友。"毛傳:"人皆涉,我友未至,我獨待之而不涉。以言室家之道,非得所適,貞女不行;非得禮義,昏姻不成。"

《詩·小雅·車攻》:"蕭蕭馬鳴,悠悠旆旌。"毛傳:"言不讙譁也。"

(二)説明章旨

章旨,亦作章指,就是詩文的主旨。注釋家在釋詞、解句之外,還常常從宏觀上對整段、整篇的内容進行概括闡發。例如:

《詩·葛覃》序:"《葛覃》,后妃之本也。后妃在父母家,則志在於女功之事,躬儉節用,服澣濯之衣。尊敬師傅,則可以歸安父母,化天下以婦道也。"

《詩·卷耳》序:"《卷耳》,后妃之志也。又當輔佐君子,求賢審官,知臣下之勤勞，内有進賢之志，而無險詖私謁之心，朝夕思念，至於憂勤也。”

章旨很多時候就像現代的“題解”，例如：

《孟子·離婁上》趙岐注曰：“離婁者，古之明目者，蓋以為黄帝時人也。黄帝亡其玄珠，使離朱索之。離朱即離婁也。能視於百步之外，見秋毫之末。然必須規矩乃成方圓，猶《論語》‘述而不作，信而好古’，故以題篇。”

東漢時代開始，流行在原文每一章的結尾對整章的内容進行概括説明的註釋方式，人們稱為章句體。其中最有代表性的是趙岐為《孟子》作的章指。清代學者阮元在《孟子注疏校勘記序》中説，趙岐注《孟子》：“章别為指，令學者可分章尋求。於漢傳注别開一例，功亦勤矣。”錢大昕在《十駕齋養新録·孟子章指》中談到：“趙岐注《孟子》，每章之末括其大旨，間作韻語，謂之章指，《文選》注所引趙岐《孟子章指》是也。”下面略舉兩例：

《孟子·梁惠王上》第一章趙岐注曰：“章指：言治國之道明當以仁義為名，然後上下和親，君臣集穆，天經地義，不易之道，故以建篇立始也。”

《孟子·離婁上》第一章趙岐注曰：“章指：言雖有巧智，猶須法度。國由先王，禮義為要。不仁在位，播越其惡。誣君不諫，故謂之賊。明上下相須，而道化行也。”

三、分析語法

有時候註釋者為了講清詞義、疏通文意，還必須對相關的語法問題進行分析和説明。

包括説明詞法和句法。下面分别略作説明：

（一）説明詞法

1. 辨明虚實。

古人對詞的分類没有今天細密，但他們早就認識到詞分虚實，註釋者往往通過一些特殊的術語來説明虚實。

《詩·小雅·白駒》：“皎皎白駒，賁然來思。爾公爾侯，逸豫無期。慎爾優遊，勉爾遁思。”孔疏：“此‘來思’‘遁思’二‘思’皆語助，不為義也。”

《詩·大雅·文王》：“思皇多士，生此王國。”毛傳：“思，辭也。”

《楚辭·九歌·雲中君》:“蹇將憺兮壽宮,與日月兮齊光。”王逸注:“蹇,詞也。”

《詩·齊風·猗嗟》:“猗嗟昌兮,頎而長兮。”毛傳:“猗嗟,歎辭。”

《孟子·公孫丑下》:“齊人無以仁義與王言者,豈以仁義為不美也?其心曰‘是何足與言仁義也’云爾,則不敬莫大乎是。”趙岐注:“云爾,絶語之辭也。”

《爾雅·釋言》:“憯,曾也。”郭璞注:“發語辭。見《詩》。”邢昺疏:“憯猶言曾也。曾,則也。皆發語辭。郭云‘見《詩》’者,《小雅·節南山》云‘憯莫懲嗟’,《衛風·河廣》云‘曾不崇朝’之類是也。”

2. 說明具體詞性和特殊用法。

《詩·邶風·泉水》:“孌彼諸姬,聊與之謀。”毛傳:“孌,好貌。”古人在註釋中常常用“××貌”來表明被訓詞是個形容詞。其實,上述對於虛詞的說明中,“發語辭”用今天的說法就是句首語氣助詞,“歎辭”就是歎詞,諸如此類也可看作對詞性的說明。

《周禮·夏官·田僕》:“田僕掌馭田路,以田以鄙。”鄭玄注:“田,田獵也。鄙,循行縣鄙。”“田、鄙”本為名詞,依據鄭注我們知道這裏用為動詞。

《論語·季氏》:“故遠人不服,則修文德以來之。”邢疏:“故遠方之人有不服者,則當修文德,使遠人慕其德化而來。”依據邢疏我們知道其中的“來”應理解為使動用法。

《孟子·萬章上》:“咸丘蒙曰:‘舜之不臣堯,則吾既得聞命矣。’”趙岐注:“不以堯為臣也。”依據趙注我們知道其中“臣”為意動用法。

《漢書·諸葛豐傳》:“夫司隸者刺舉不法,善善惡惡,非得顓之也。”顏師古注:“善善,褒賞善人也。惡惡,誅罰惡人也。”依據顏注我們知道第一個“善、惡”是形容詞活用為動詞。

(二) 說明句法

《詩·鄭風·揚之水》:“揚之水,不流束楚。”毛傳:“激揚之水可謂不能流漂束楚乎?”毛亨在串講的句末加上一個“乎”,說明這是一個反詰問句。

《漢書·匈奴傳》:“說曰:‘必我也,為漢患者。’”顏師古注:“言我必於漢生患。”顏注說明原句主謂倒裝。

《詩·周南·汝墳》:“遵彼汝墳,伐其條肄。既見君子,不我遐棄。”孔疏:“‘不我遐棄’猶云‘不遐棄我’,古之人語多倒,《詩》之此類衆矣。”孔疏不但說明了原句為賓語前置,而且說明了這種前置是《詩經》的一大通例。

《左傳·昭公十九年》:"彼何罪?諺所謂'室於怒市於色'者,楚之謂矣。"杜預注:"言靈王怒吳子而執其弟,猶人忿於室家而作色於市人。"杜注說明原句兩個介賓短語和謂語的位置顛倒,而且介詞的賓語前置於介詞,正常語序應為"怒於室""色於市"。

由上述可知,在我國古代大量的訓詁資料中,蘊藏著豐富的有關語法的說解和分析,它雖然不像現代語法研究一樣專門而系統,卻也不乏真知灼見,因此在語法研究方面盲目否定古人是不客觀的。

四、指明修辭

修辭和意義的表達緊密相關,注釋家有時需要對原文所使用的修辭方式加以說明,以幫助理解文獻原意。古代文獻中的修辭方式多種多樣,下面略舉幾種較為常見者。

(一)興

"興",就是先言他物,借以引起所詠之物的一種修辭方式。這一修辭手法在《詩經》中使用得非常普遍[①],被稱為"六義"之一,影響較大,注釋者往往對其進行說明。例如:

> 《詩·周南·關雎》:"關關雎鳩,在河之洲。"毛傳:"興也。關關,和聲也。雎鳩,王雎也,鳥摯而有別。水中可居者曰洲。后妃說樂君子之德,無不和諧,又不淫其色,慎固幽深,若雎鳩之有別焉,然後可以風化天下。夫婦有別則父子親,父子親則君臣敬,君臣敬則朝廷正,朝廷正則王化成。"
>
> 《詩·邶風·北風》:"北風其涼,雨雪其雱。"毛傳:"興也。北風,寒涼之風。雱,盛貌。"鄭箋云:"寒涼之風,病害萬物。興者,喻君政教酷暴,使民散亂。"
>
> 《詩·小雅·斯干》:"秩秩斯干,幽幽南山。"毛傳:"興也。秩秩,流行也。干,澗也。幽幽,深遠也。"鄭箋云:"興者,喻宣王之德如澗水之源,秩秩流出,無極已也。國以饒富,民取足焉,如於深山。"

孔穎達在《毛詩正義》中注釋"六義"時曾說:"鄭以賦之言鋪也,鋪陳善惡,則詩文直陳其事、不譬喻者皆賦辭也。鄭司農云:'比者,比方於物。'諸

---

① "國風"共160篇,其中毛傳注明"興也"的就有72篇,"小雅"共74篇,毛傳注明"興也"的有38篇。(據郭芹納:《訓詁學》,高等教育出版社,2005年,第21頁。)

言如者,皆比辭也。司農又云:‘興者,託事於物。’則興者起也,取譬引類,起發己心,詩文諸舉草木鳥獸以見意者,皆興辭也。賦、比、興如此次者,言事之道直陳為正,故《詩》經多賦在比興之先。比之與興,雖同是附託外物,比顯而興隱,當先顯後隱,故比居興先也。”他的這段話對我們理解“興”有一定的幫助。

(二)互文

互文,又叫“互文見義”、“互言”、“互辭”等。即在結構相近的並列語句中,其文互有詳略、其意相互補充、相互發明的修辭方法,即所謂“兩物各舉一邊而省文”。使用互文的文句,如果理解時執於一端就會出現偏差,所以訓詁家往往會作說明。例如:

《周禮·春官·小祝》:“有寇戎之事,則保郊,祀于社。”鄭玄注:“保、祀互文,郊社皆守而祀之,彌烖兵。”

《左傳·隱公元年》:“公入而賦:‘大隧之中,其樂也融融。’姜出而賦:‘大隧之外,其樂也洩洩。’”孔疏:“服虔云:‘入言公,出言姜,明俱出入,互相見。”

《詩大序》:“動天地,感鬼神。”孔疏:“天地云動,鬼神曰感,互言耳。”

《詩·小雅·楚茨》:“我倉既盈,我庾維億。”鄭箋:“倉言盈,庾言億,亦互辭,喻多也。”

《禮記·坊記》:“君子約言,小人先言。”鄭注:“言人尚德不尚言也。約與先,互言爾。君子約則小人多矣,小人先則君子後矣。”

(三)借代

又叫代指、代稱,就是不直接稱呼事物本身,而借用相關的事物來稱代。訓詁常予以揭示。例如:

《呂氏春秋·求人》:“功績銘於金石,著於盤盂。”高誘注:“金,鐘鼎也。石,豐碑也。”

《漢書·陳勝傳》:“將軍身被堅執銳。”顔师古注:“堅,堅甲也。銳,利兵也。”

《漢書·高帝紀》:“是日,車駕西都長安。”顔師古注:“凡言車駕者,謂天子乘車而行,不敢指斥也。”

五、說明歷史背景、典章制度及其他

文獻總是在一定的歷史背景下產生的,當時的社會制度乃至風俗習慣、典故史實等對後人來説已經日漸生疏,如果不加以説明,就會影響對文意的理解,因此註釋家也將這些内容作為訓詁的對象。例如:

《論語·八佾》:"孔子謂季氏,'八佾舞於庭,是可忍也,孰不可忍也。'"何晏集解:"馬融曰:'孰,誰也。佾,列也。天子八佾,諸侯六,卿大夫四,士二。八人為列,八八六十四人。魯以周公故受王者禮樂,有八佾之舞,季桓子僭於其家廟舞之,故孔子譏之。"

佾列的規模是當時等級和地位的象徵,季氏屬於諸侯國的大夫,按理只能用四佾之舞,若用八佾已屬僭越,故孔子覺得不能忍受。

《左傳·僖公三十二年》:"公辭焉。召孟明、西乞、白乙使出師於東門之外。"杜注:"孟明,百里孟明視。西乞,西乞術。白乙,白乙丙。"孔疏:"世族譜以百里孟明視為百里奚之子,則姓百里,名視,字孟明也。古人之言名字者,皆先字後名而連言之。其術、丙必是名,西乞、白乙或字或氏不可明也。"

孔疏説明了先秦時期先字後名的稱謂習慣,避免讀者以今律古。

《詩經·周南·葛覃》:"是刈是濩,為絺為綌,服之無斁。"毛傳:"古者王后織玄紞,公侯夫人紘綖,卿之内子大帶,大夫命婦成祭服,士妻朝服,庶士以下各衣其夫。"

毛亨之注説明當時的制度規定婦女各有不同内容的女工之事。

《楚辭·離騷》:"扈江離与辟芷兮,紉秋蘭以為佩。"王逸注:"紉,索也。蘭,香草也,秋而芳。佩,飾也,所以象德。故行清潔者佩芳,德光明者佩玉,能解結者佩觿,能决疑者佩玦。故孔子無所不佩也。言已修身清潔,乃取江離辟芷以為衣被,紉索秋蘭以為佩飾,博采衆善,以自約束也。"

王逸的注解説明了當時佩飾的風俗。

第三節 訓詁的方法

如前所述,雖然訓詁的内容非常豐富,但對詞義的解釋則是整個訓詁工

作的核心。在長期的訓詁實踐中,人們摸索出了一套行之有效的探求詞義的方法,即因形求義、因聲求義、因文求義。

一、因形求義

因形求義,就是通過分析漢字的形體結構來探求詞義。亦即"形訓"。

古人很早就認識到了漢字形體與意義之間的密切聯繫,常常通過分析字形說解意義。例如《左傳·宣公十二年》:"夫文,止戈為武。"《左傳·宣公十五年》:"故文,反'正'為'乏'。"《韓非子·五蠹》:"古者倉頡之作書也,自環者謂之'厶',背'厶'謂之'公'。"到了東漢許慎的《說文解字》,更是每字必析其形,以空前的規模運用了這一方法。當然,在古人大量的因形求義的材料中,既有科學合理的,也有主觀臆測的,需要我們有辨別地加以利用。

(一)因形求義的原理

為什麽可以因形求義即可以通過分析字形探求詞義呢?因為漢字在形義關係上具有一定的統一性。通過漢字知識的學習,我們已經了解到,漢字是記錄漢語的書寫符號,是形、音、義三者的統一體。先民們在初創漢字的時候,總是力圖創造出便於目治的文字,使人們能够睹其形而知其義。所以,漢字形體往往能够反映其所代表的詞的意義内涵,在字形和其所表示的詞的意義上具有一定的關聯性,這便是我們能够根據字形探求詞義的内在原因。

(二)因形求義的對象

因形求義主要適用於詞的本義的分析。因為只有本義和字形聯繫密切。如"向、朝"二字,甲骨文分别寫作、。分析其字形,"向"像開在牆壁上的洞,可知"窗戶"為其本義;"朝"像日出於草中而月尚未落,可知"早晨"為其本義。

不過,雖然因形求義的直接對象是本義,但本義是引申義的源頭,利用因形求義探求出本義,也有助於我們對引申義的引申脈絡有更加清晰的了解,從而對引申義做出更準確、具體的解釋。例如:

《左傳·成公十一年》:"郤犨來聘,求婦於聲伯,聲伯奪施氏婦以與之。婦人曰:'鳥獸猶不失儷,子將若何?'曰:'吾不能死亡。'婦人遂行,生二子於郤氏。郤氏亡,晉人歸之施氏。施氏逆諸河,沈其二子。婦人怒曰:'已不能庇其伉儷而亡之,又不能字人之孤而殺之,將何以終?'遂誓施氏。"其中"字人之孤"的"字"一般不好理解。但是我們只要分析一下它的字形結構,在探求出本義之後,問題就迎刃而解了。《說文·子部》:"字,乳也。从子在宀下，子亦聲。”段玉裁注曰：“人及鳥生子曰乳，獸曰㹒。引申之為撫字，亦引申之為文字。《叙》云：字者，言孳乳而浸多也。”可知“字”的本義就是“生子、生育”，然後再由“生子”義引申出了“撫育”、“文字”等義，上文“字人之孤”中的“字”正是“撫育”之義。

假借義和本義没有關係，也就和字形無關係，因此也可以借助這一特點識別假借，並進而考其本字。例如：《漢書・項籍傳》：“迺自刭。王翳取其頭，亂相輮蹈爭羽相殺者數十人。”其中的“輮”字，顔師古注曰：“輮，踐也。”“踐踏”義本應與足有關，然而“輮”之字形從車，本義恐當與車有關。查《説文・車部》：“輮，車网也[①]。从車柔聲。”段玉裁注：“車网者，輪邊圍繞如网然。”可知“輮”本義指車輪的外框，確實與“踐踏”無關。同屬“柔”聲的“蹂”字正是“踐踏”之義，《説文・内部》：“内，獸足蹂地也……，篆文从足柔聲。”可知這裏“輮”是通假字，“蹂”才是本字。

（三）因形求義的依據

因形求義是通過分析字形結構來探求詞義，所分析的字形必須是能够反映造字意圖的字形。我們知道，漢字形體歷經數千年，已經發生了很大的變化，使得一部分字形由可分析性文字變成了難分析性文字。比如“子”字，甲骨文寫作、金文寫作、籀文寫作、小篆寫作、隸書寫作，其中從甲骨文到小篆基本上可以看出小孩的模樣，字形能够顯示出造字意圖，但從隸書開始就看不出小孩的樣子，無法再來分析其理據了。因此，因形求義原則上應該依據小篆之前古文字階段的字形。

需要注意的是，漢字字形在其發展演變中也有一些訛變，因形求義時不能依據訛變字形而望文生訓，否則就會誤解。例如《説文解字》曰：“虎，山獸之君。从虍，虎足象人足。象形。”這就是依據已經訛變了的小篆字形而做出的錯誤說解。如果依據甲骨文寫法，金文寫法，一看就像張牙舞爪的老虎形象，就不會説“虎足象人足”了。

從“六書”的角度看，象形、指事、會意三種類型的字比較充分地反映了造字意圖，便於運用因形求義的方法。例如：

《左傳・僖公三十三年》：“（先軫）免胄入狄師，死焉。狄人歸其元，面如生。”其中的“元”為何義？查甲骨文寫作，在人的頂端加上一指示性符號來表示人的頭部，“頭”即其本義，本句中使用的正是這個意義。

---

① 依段玉裁《説文解字注》。

司馬遷《報任安書》:“然陵一呼勞軍,士無不起,躬自流涕,沬血飲泣,更張空拳,冒白刃,北鄉爭死敵者。”其中“沬血”即“用手抹去滿臉的鮮血”。“沬”為什麽可以這樣理解呢?查《說文解字·水部》:“沬,洒面也。从水未聲。,古文沬,从頁。”顏師古曰:“沬,古頮字。頮,洒面也。言流血在面如盥頮。”“頮”正是一個會意字,字形表示“雙手掬水洗臉”。

此外,形聲字雖然不如象形字、指事字、會意字那樣較直接地以形表意,但其形符所表達的該字所屬的意義範疇,也是我們探求詞義的重要線索,可資利用。例如:

《史記·趙世家》:“夫翦髮文身,錯臂左衽,甌越之民也;黑齒雕題,卻冠秫絀,大吳之國也。”其中的“題”是形聲字,從頁是聲。“頁”字甲骨文寫作,是一個象形字,本義為“人頭”,表明“題”的本義與“人頭”相關。查《說文解字·頁部》可知:“題,額也。”正是“額頭”之義。

《史記·魏公子列傳》:“趙王埽除自迎,執主人之禮。”其中的“除”是什麽意思?其字形從阜、余聲,是形聲字,而從“阜”之字多與山、高低升降有關係。查《說文解字·阜部》:“除,殿陛也。”正可作為印證。《漢書·王莽傳下》:“羣臣扶掖莽,自前殿南下椒除。”顏師古注:“除,殿陛之道也。”

利用形符,還可以幫助我們從多義詞衆多的義項中確定其本義。例如:

晉葛洪《抱朴子·博喻》:“瓊瑶以符采剖判,三金以琦玩冶鑠。”其中的“判”表示“剖開”。晉殷仲文《解尚書表》:“宜其極法,以判忠邪。”其中的“判”表示“區别”。《宋書·許昭先傳》:“叔父肇之,坐事繫獄,七年不判。”其中的“判”表示“對獄訟的審理和判決。”這些義項中哪個是“判”的本義呢?我們分析其字形,從刀、半聲,即可斷定“剖”當為其本義。查《說文解字·刀部》:“判,分也。”即可印證。

《韓非子·和氏》:“王乃使玉人理其璞而得寶焉,遂命曰‘和氏之璧’。”其中的“理”表示“雕琢玉”。後蜀顧敻《虞美人》詞之二:“起來無語理朝妝,寶匣鏡凝光。”其中的“理”表示“整理”。《後漢書·劉平傳》:“其後每屬縣有劇賊,輒令平守之,所至皆理。”其中的“理”表示“太平安定”。晉王嘉《拾遺記·前漢下》:“〔低光荷〕實如玄珠,可以飾佩。花葉難萎,芬馥之氣,徹十餘里。食之令人口氣常香,益脈理病。”其中的“理”表示“醫治”。《易·繫辭上》:“仰以觀於天文,俯以察於地理。”其中的“理”表示“紋路”。《禮記·樂記》:“好惡無節於內,知誘於外,而不能反躬,天理滅矣。”其中的“理”表示“本性”。《京本通俗小說·錯斬崔寧》:“這是没理的事。因是小弟戲謔了他,他便取笑寫來的。”其中的“理”表示“道理、事理”。

漢司馬遷《報任安書》:“明主不曉,以為僕沮貳師,而為李陵游說,遂下於理。”其中的“理”表示“掌刑獄的官署”。晉葛洪《抱朴子・譏惑》:“雖見恥笑,余亦不理也。”其中的“理”表示“理睬”。這些義項中哪個是“理”的本義呢？我們分析其字形從玉、里聲,即可斷定其本義當為“雕琢玉”。

(四)因形求義需要注意的問題

1. 不可拘泥於《說文解字》的說解。

《說文》是分析字形、說解本義的字典,是我們因形求義、探求本義的重要工具書。但是在因形求義的時候僅僅依據《說文》是不够的,還應該驗之以甲骨金文等古文字。因為許慎所見到的古文字資料有限,有些說解不當。例如:

《說文・爪部》:“為,母猴也。其為禽好爪。爪,母猴象也;下腹為母猴形。”這是依據已經訛變了的小篆字形作出的不正確的說解。其實,“為”字的甲骨文寫作,從爪、從象,像手牽大象勞作之形,是會意字,本義為“勞作”。

《說文・行部》:“行,人之步趨也。从彳从亍。”“行”的小篆寫作,甲骨文、金文寫作、、,字形像四通八達的道路。所以許慎對字形的分析、本義的解釋都不準確。“行”本為象形字,義為“道路”。《爾雅・釋宮》:“行,道也。”《詩・豳風・七月》:“女執懿筐,遵彼微行。”道路是用以行走的,所以才引申為動詞“行走”。羅振玉《增訂殷墟書契考釋》:“象四達之衢,人所行也。石鼓文或增人作,其義甚明。由而變為,形已稍失。許書作,則形義全不可見,於是許君乃釋行為人之步趨,謂其字从彳从亍,失彌甚矣。古从行之字,或省其右作彳,或省其左作亍,許君誤認為二字者,蓋由字形傳寫失其初狀使然矣。”

因此,因形求義不能盲從《說文》,要參酌甲骨金文等古文字。

2. 要有文獻證據。

因形求義還必須證之以古代文獻的實際語料。這是因為對字形的分析具有一定的主觀性,分析的結論有時不一定切合實際的造字意圖,這就需要藉助文獻的用例來驗證。如果我們分析的意義在文獻中找不到用例,就說明我們的分析有問題,或者是已經失傳的意義。例如:

“我”:甲骨文寫作、、等,象兵器之形,本義當與之有關。但是,在古代文獻中,“我”並沒有當作“兵器”之義講的實際用例,那麼我們就不能確定“我”的本義是兵器。

總之,因形求義的實質就是利用字形和意義之間的內在關係來幫助我們達到訓詁的目的。王筠在《說文釋例》的序言裏說:"其字之為事而作者,即據事以審字,勿由字以生事;其字之為物而作者,即據物以察字,勿泥字以造物。且勿假他事以成此事之意,勿假他物以為此物之形。而後可與倉頡籀斯相質於一堂也。"這段話值得我們認真體會。

二、因聲求義

因聲求義,就是以語音為線索來探求詞義。

字形只是記錄詞語的書寫符號,是語言的外在形式,而語音才是語言的內在形式,詞的讀音與其意義的關係更為緊密,因此利用語音這種語言的內在形式去探求詞義,比起因形求義具有更為廣泛的適應性和可靠性,也是更為重要的訓詁方法。

早在先秦時期,人們就已經利用語音線索來說解詞義了。例如:

《周易·說卦》:"乾,健也。坤,順也。震,動也。巽,入也。坎,陷也。離,麗也。兌,說也。"

《論語·顏淵》:"政者,正也。"

兩漢時期,通釋語義的專書如《爾雅》、《說文》中也時常採用因聲求義的方法解釋詞義。尤其漢末劉熙的《釋名》全面採用聲訓,集上古聲訓之大成,實為漢語語源學的開端。同時,傳注書中因聲求義的材料也是隨處可見的。例如:

《爾雅·釋詁》:"履,禮也。"

《說文·一部》:"天,顛也。"

《釋名·釋形體》:"腕,宛也,言可宛屈也。"

《禮記·檀弓上》:"葬也者,藏也。"

《詩經·小雅·巧言》:"君子信盜,亂是用暴。"毛傳:"盜,逃也。"

雖然因聲求義在漢代已經廣泛使用,但還缺少科學性。真正從理論上系統而科學地闡述音義關係,利用音近義通的原理來探求詞義,則是清代的事。戴震說:"訓詁音聲,相為表裏。"(《六書音均表·序》)段玉裁說:"聖人之製字,有義而後有音,有音而後有形。學者之考字,因形以得其音,因音以得其義。治經莫重於得義,得義莫切於得音。"(《廣雅疏證·序》)王念孫說:"訓詁之旨,本於聲音,故有聲同字異,聲近義通。雖或類聚群分,實亦同條共貫。譬如振裘必提其領,舉網必挈其綱,故曰'本立而道生,知天下之至賾而不可亂也。'此之不寤,則有字别為音,音别為義,或望文虚造而違古義,或墨守成訓而尠會通,易簡之理既失,而大道多歧矣。"(《廣雅疏證·序》)王引之説:"夫訓詁之要,在聲音不在文字。聲之相同相近者,義每不甚相遠。"(《經義述聞·春秋名字解詁叙》)類似的這些論述,科學地闡明了聲音和意義之間的關係,表明了因聲求義在訓詁中的重要地位。清人在這些認識的基礎上,突破漢字形體的束縛,借助聲音來探求意義,不僅在理論上取得了突破,而且在訓詁實踐上也取得了卓越的成就。

(一)因聲求義的原理

聲音是語言的物質外殼,意義是語言的内容,這二者之間的關係,最開始時一般是偶然、任意的。正如《荀子·正名》所言:"名無固宜,約之以命。約定俗成謂之宜,異於約者謂之不宜。"所以,同一個聲音往往可以表達幾種彼此完全無關的意義,而不同的聲音又可用來表達相同的意義。但是,詞一旦創造出來,其讀音和意義之間的關係就固定下來了,成為全體社會成員所必須遵守的共同約定了;同時,這些詞也是隨後新詞産生的基礎。新詞創造時,往往會受到原有詞語的制約和影響,這就使得新詞和原有詞語之間在聲音和意義上形成了一定的聯繫,這種聯繫在客觀上就表現為"音近義通"。另外,在古書中,通假字是影響閲讀的極大障礙,而通假的原因也和讀音相關。"因聲求義"正是基於語言中的這些客觀因素,藉助音同或音近的詞語來給被訓詞作訓釋。

(二)因聲求義的方式

籠統地説,就是拿音同或音近的字來訓詁。從具體形式看,主要有三種情況:

1. 音同音近字相訓

即拿意義上有聯繫的音同音近字來訓釋。例如:

《周易·晉卦》:"晉,進也。"

《詩經·豳風·東山》:"有敦瓜苦,烝在栗薪。"鄭箋:"古者聲栗、裂同也。"

《釋名·釋典藝》:"銘,名也,述其功美,使可稱名也。"

《説文·丄部》:"旁,溥也。"

2. 同字相訓。

即拿相同的字來訓釋。這其實也屬於音同音近的字相訓,只是因為形式特别,所以單列一類介紹。例如:

《周易·序卦》:"蒙者,蒙也。"
《孟子·滕文公上》:"徹者,徹也。"
《詩·大序》:"風,風也。"
《釋名·釋宫室》:"觀,觀也,於上觀望也。"

同字相訓實際上是利用一字(詞)多義的特點,用該字(詞)的一個意義解釋另一個意義或其得義之理據。上例中第一個蒙字是卦名,第二個蒙是蒙稚的意思;第一個徹是稅名,第二個徹是徹取的意思;第一個風指《詩經》中的風體,第二個風是教化、諷喻的意思;第一個觀指樓觀,第二個觀是觀望的意思。

3. 分音合音字相訓。

也就是利用古人所謂"急讀為一,緩讀為二"的字相訓。例如:

《詩經·鄘風·牆有茨》毛傳:"茨,蒺藜。"
《説文解字·風部》:"飆,扶搖風也。"
《小爾雅·廣訓》:"諸,之乎也。"
《爾雅·釋言》:"曷,盍也。"郭璞注:"盍,何不。"

(三)因聲求義的功用

1. 識別通假。

我們知道,通假的實質是"同音替代"。因此,要想識別通假,就必須從語音入手,探求本字,按本字理解。清代學者早已清醒地認識到了這一點。王引之在《經義述聞》序中引用王念孫的話説:"字之聲同聲近者,經傳往往假借。學者以聲求義,破其假借之字而讀以本字,則渙然冰釋;如其假借之字而强為之解,則詰䡙為病矣。"他們反復申述説:"凡字之相通,皆由於聲之相近,不求諸聲而求諸字,則窒矣。"(《經義述聞》卷三"嗣也")"夫古字通用,存乎聲音。今之學者,不求諸聲而但求諸形,固宜其説之多謬也。"(《經義述聞》卷三"平章百姓")"至於經典古字,聲近而通,則有不限於無字之假借者,往往本字見存,而古本則不用本字,而用同聲之字。學者改本字讀之,則怡然理順,依借字解之,則以文害辭。"(《經義述聞》卷三二"經文假借")近代學者黄侃也説:"用字不能無假借者,勢也;解字必求得本根者,理也。"①這些説法都説明,因聲求義是破假借、明本字之重要而有效的手

① 黄侃:《黄侃論學雜著》,上海古籍出版社,1980年,第396頁。

段。例如：

《詩經・召南・甘棠》："蔽芾甘棠,勿翦勿拜。"鄭箋："拜之言拔也。"

《詩經・鄘風・柏舟》："之死矢靡它。"毛傳："矢,誓也。"

《詩經・小雅・常棣》："兄弟鬩於牆,外御其務。"毛傳："御,禦也。務,侮也。"

《左傳・隱公十一年》："公孫閼與潁考叔爭車,潁考叔挾輈以走,子都拔棘以逐之。"杜注："棘,戟也。"

王念孫《讀書雜志・荀子雜志・勸學》"强自取柱"條："强自取柱,柔自取束。楊注曰：'凡物强則以為柱而任勞,柔自見束而約急,皆其自取也。'引之曰：'楊說"强自取柱"之義甚迂。'柱與束相對為文,則柱非謂屋柱之柱也。柱當讀為祝。哀十四年《公羊傳》'天祝予',十三年《穀梁傳》'祝髮文身',何、范注竝曰：'祝,斷也。'此言物强則自取斷折,所謂太剛則折也。《大戴記》作'强自取折',是其明證矣。《南山經》'招搖之山有草焉,其名曰祝餘。''祝餘'或作'柱荼'。是祝與柱通也。"

2. 推求語源。

就是利用音同、音近的字來揭示某一語詞的命名之由。朱宗萊《文字學形義篇・訓詁舉要》說："音訓者,字屬恒言,義亦共曉,心知其意,不煩詳說,因推求其命名之由,而以聲類通之。蓋古者未有文字,先有語言,事物名稱,往往定於造字之先,誠明其語原,斯字義亦著。音訓之法,蓋自此起。"因聲求義往往能揭示出被訓詞的語源。例如：

《白虎通・禮樂》："琴者,禁也,所以禁止淫邪,正人心也。"

《詩經・召南・騶虞》："彼茁者葭,壹發五豝。"毛傳："茁,出也。"

《說文・示部》："祠,春祭曰祠,品物少,多文詞也。"

《說文・示部》："禱,告事求福也。"

《說文・土部》："城,以盛民也。"

《釋名・釋形體》："頰,夾也,兩旁稱也。"

正因為如此,聲訓也常用來繫聯同源詞。

3. 辨明轉語

所謂轉語,就是詞語因時地變化而產生的變體。對於這類詞語也可以運用聲訓的方式訓釋。例如：

《方言》卷十一："蠾蝓者，侏儒，語之轉也。"

《字詁》："'郎當'之轉口即'籠東'，輕轉即'伶仃'；'籠東'之搭舌即'籠鍾'；'郎當'之仄聲即'落托'。大抵皆失志蹭蹬之意。特古今方言轉口有異耳。"

(四) 因聲求義需要注意的問題

首先要謹防主觀臆斷。因聲求義歷史悠久，歷代學者都曾以之作為詮釋經典的重要方法，在訓詁學史上佔有重要地位。客觀地說，自古以來的因聲求義材料中有不少可取之處，但主觀臆斷的情況也大量存在。較明顯的表現是：對於同樣的被訓詞，各家的聲訓結果有時會大相徑庭。例如：《說文·未部》："未，味也。"而《釋名·釋天》："未，昧也，日中則昃向幽昧也。"有時候，同一個人對同一被訓詞也有不同的聲訓結果。例如：《說文·馬部》："馬，怒也，武也。"有的甚至穿鑿附會。這些主觀性表現致使人們對聲訓產生了不可靠的感覺。這也正好提醒我們，在運用聲訓時要注意尋求文獻資料的證據，謹慎適度、不為鑿空之談。

其次要依據古音。音義之間的關係隨著時代在不斷變化，運用因聲求義這一方法時也應當把握歷史性原則。我們面對的是古代文獻，這就要求我們必須以古代語音為依據。王引之說："由借字之古音，以考同音之本字。"(《經義述聞》卷三二"經文假借")這正是他對自己因聲求義實踐的科學總結。

三、因文求義

因文求義，就是根據詞語出現的具體語言環境來訓釋詞義。

如前所述，因形求義和因聲求義雖然各有其不可替代的優點，但同時也存在一定的局限性。形、義之間以及音、義之間的關係紛繁複雜，加上古代文獻資料不足，形訓或聲訓的結果往往會帶有一定的主觀性。與之不同，由具體語境確定的詞義則相對明確而具體。不少語言學家都有類似的看法。如法國語言學家房德里耶斯說："確定詞的價值的，是上下文。……儘管詞可能在意義上有各種變態，但是上下文給予該詞獨一無二的價值；儘管詞在人的記憶中積累了一切過去的表象，但是上下文使它擺脫了這些過去的表象而為它創造一個現在的價值。"①王力先生說："一詞多義，這是詞彙中的

---

① 轉引自王力：《訓詁學上的一些問題》，見《龍蟲並雕齋文集》，中華書局，1980年，第334頁。

普遍現象。所謂一詞多義,是指它在詞典中的價值說的;到了一定的上下文裏,一個詞只有一個獨一無二的意義。在這種情況下,我們可以說,詞義是由上下文確定的。豈但多義詞,即使是獨義詞,在不同的上下文中,它的詞義也會產生不同的色調。我們不能否認:詞在上下文中,才真正體現了它的明確的價值。"①可見,一個詞所具有的確切意義,是由上下文,亦即語言環境所決定的。所以我們在訓釋詞義時,還必須根據詞義本身的內在規律,利用上下文,即利用詞語所賴以存在的語言環境來探求詞義。

因文求義是訓詁之常法,應用最為廣泛,方式方法也非常多,但其要點不外乎依據語言環境,依據古人行文慣例(即構詞組句的規則和習慣),依據句段篇章的意思來確定詞義。例如:

> 《經義述聞》卷十九"不靖其能":"昭元年傳,'魯雖有罪,其執事不辟難,畏威而敬命矣。若免之以勸左右,可也。若子之羣吏,處不辟汚,出不逃難,其何患之有?患之所生,汚而不治,難而不守,所由來也。能是二者,又何患焉?不靖其能,其誰從之?魯叔孫豹可謂能矣。請免之以靖能者。子會而赦有罪,又賞其賢,諸侯其誰不欣焉?望楚而歸之,視遠如邇。'杜注'不靖其能'二句曰'安靖賢能則衆附從'。引之謹案,'其能'謂處不辟汚,出不逃難也。而云'安靖其處不辟汚出不逃難'則文不成義矣。今案,傳曰'靖其能',又曰'賞其賢',則'靖'與'賞'意當相近。傳又曰'子若免之以勸左右可也',又曰'請免之以靖能者',則'靖'有表彰風勸之義。'靖'當讀為'旌'。旌,表也。言魯使本當戮,以其能是二者而免之,所以表章之也。表其能即是賞其賢,故下文又曰賞其賢矣。旌表其能,所以勸羣吏。若不旌其能以示之,孰肯勸勉而為能者乎?故曰'不旌其能,其誰從之'也。僖二十四年傳:'以志吾過,且旌善人。'哀十六年傳:'猶將旌君以徇於國。'並與此同義。以六書之例求之,'靖'從'青'聲,'青'從'生'聲,'旌'亦從'生'聲,故'旌'字得通作'靖'。'旌'字通作'靖',猶'旌'字得通作'精'也。"

王引之在這裏就是主要根據"不靖其能"的上下文及有關材料來推斷"'靖'當讀為'旌'"的。

因文求義是從語言實際出發進行訓詁的,排比歸納是其常用的方法。

---

① 王力:《訓詁學上的一些問題》,見《龍蟲並雕齋文集》,中華書局,1980年,第334頁。

排比歸納的要點在於將同一部書或不同書中的相關句子排列在一起,加以對照比較,從而求得對被訓詞的確解。例如:

《經義述聞》卷五"終風且暴"條:"家大人曰:《終風》篇'終風且暴',毛詩曰:'終日風為終風。'韓詩曰:'終風,西風也。'此皆緣詞生訓,非經文本義。'終'猶'既'也,言既風且暴也。《燕燕》曰:'終温且惠,淑慎其身。'《北門》曰:'終窶且貧,莫知我艱。'《小雅·伐木》曰:'神之聽之,終和且平。'《甫田》曰:'禾易長畝,終善且有。'《正月》曰:'終其永懷,又窘陰雨。'終字皆當訓為既。既、終,語之轉。既已之既轉為終,猶既盡之既轉為終耳。解者皆失之。"

第四節　訓詁的體式

訓詁體式,指訓詁的體裁和格式。訓詁的對象不同,訓詁時所採取的角度和目的不同,所選用的體式就隨之而異。原因在於運用不同的訓詁體式所產生的訓詁效果並不一樣。了解一些有關訓詁體式的基本知識對於我們的閱讀和研究都會大有裨益。

章太炎最早對訓詁體式進行了分類①。但直到今天,學界對訓詁體式的認識還比較粗疏,分類並不完全一致。一般分為隨文釋義的註釋體和通釋語義的專著體兩大類。

一、隨文釋義

隨文釋義,就是隨原文進行註釋。隨文釋義出現得最早,類別也最多,我們這裏大致分為注疏類、章句類、音義類等幾個類別。

(一)注疏類

注疏,籠統地說就是注解、疏通之義,即直接對典籍的字、詞、句進行解釋。注疏類的名稱很多,有詁、訓、傳、注、箋、疏等。

詁,也寫作"故"。《說文·言部》:"詁,訓故言也。"詁體一方面徵引故事,一方面直接解釋詞義,目的都是通過這種解釋使人便於理解。徵引故事類與傳體相近,在文獻中出現很早,如《周語》有《泰誓故》。但類似的情況不多見,後世也很少使用。直接解釋詞義者多見,如漢人為《詩經》所作的

① 章炳麟在《國故論衡·明解故》中把訓詁體式分為通論、駙經、序錄、略例四類。

註釋有《魯故》、《韓故》,《爾雅》之《釋詁》篇,清人黃生《字詁》等。

訓,《說文・言部》:"訓,說教也。"訓之為體,單獨使用時,與"詁"並没有什麼大的不同,都是注解的别名。如漢代賈逵的《春秋釋訓》、何休的《孝經注訓》等。

傳,即傳述。孔穎達說:"傳者,傳通其義也。"傳體所包含的内容與形式又多種多樣。有的引述事實,證發經義,如《左傳》;有的傳述師說,發明經意,如《公羊傳》、《穀梁傳》。或根據說解與原文的關係分為"内傳"、"外傳",關係密者稱"内傳",關係疏者稱"外傳",如《韓詩内傳》、《韓詩外傳》,《左傳》、《國語》①。或根據說解人的情况分為"大傳"、"小傳",古人舊解、說解大義者稱"大傳",自我新說謙稱為"小傳",如漢張生、歐陽生的《尚書大傳》、宋劉敞的《七經小傳》。需要說明的是,《毛詩故訓傳》名為"故訓傳",實際上以"故訓"為主,"傳"的分量很小。其中註釋《檜風・素冠》引述子夏、閔子騫三年之喪事,《小雅・巷伯》引述顏叔子、魯男子避嫌事,《大雅・緜》引述古公亶父事,這些才是所謂的"傳"。

注,即注解。唐賈公彥《儀禮・士冠禮》疏曰:"注者,注義於經下,若水之注物。"說明了注體得名的緣由。孔穎達《毛詩正義》曰:"注者,著也,言為之說解,使其著明也。"說明了注體的功用。注作為一種體例,大約開始於西漢,東漢漸多,到鄭玄《三禮注》行世後,影響更大,成了最為通行的訓詁體式之一。

箋,表識也。《說文・竹部》:"箋,表識書也。"箋之為體,始於東漢大儒鄭玄《毛詩箋》。孔穎達《毛詩正義》曰:"鄭於諸經皆謂之注,此言箋者,呂忱《字林》云:'箋者,表也,識也。'鄭以毛學審備,遵暢厥旨,所以表明毛意,記識其事,故稱為箋。"鄭玄《六藝論》曰:"注《詩》宗毛為主,其義若隱略,則更表明。如有不同,即下己意,使可識别也。"對比毛傳與鄭箋,可以發現鄭箋的特點在於申明舊注、補足舊注、辨證舊注。箋之為體,自鄭以後至明代應用都較少,清人復興漢學,箋體才變得多了起來,有郝懿行《禮記箋》、龔景翰《離騷箋》、陳本禮《漢詩統箋》等。

疏,即疏通文意。《說文・㐬部》:"疏,通也。"疏之為體,又稱義疏,出現於南北朝,其特點在於既解釋原文,又解釋注文。據《隋書・經籍志》記載,南北朝時義疏很多,但是流傳到今天的只有皇侃的《論語義疏》一種了。唐人對前代的義疏加以整理訂正,其中奉詔官修的義疏稱"正義",如孔穎

---

① 《左傳》又稱《春秋内傳》,《國語》又稱《春秋外傳》。

達《五經正義》;私人自己整理訂正者仍稱“疏”,如賈公彦《儀禮疏》、徐彦《春秋公羊傳疏》、楊士勛《春秋穀梁傳疏》等。

(二)章句類

章句,即離章辨句。《後漢書·桓譚傳》注曰:“章句,謂離章辨句,委曲枝派也。”所謂委曲枝派,就是作詳細的分析解説。章句體的特點在於明確句讀,劃分章節,在分析解説全文的基礎上,分章概括大意,闡述思想内容。章句體始於漢代,著名的有趙岐《孟子章句》、王逸《楚辭章句》等。

(三)音義類

音義體,即既注音又釋義的一種訓詁體式。音義之為體,興起於漢魏之際,隨後便大行於世。音義類著名的有三國吴韋昭《漢書音義》、宋徐野民《史記音義》等。唐陸德明對《周易》、《尚書》、《毛詩》、《周禮》、《儀禮》、《禮記》、《左傳》、《公羊》、《穀梁》、《孝經》、《論語》、《老子》、《莊子》、《爾雅》等十四部書進行訓詁,在注音、釋義之外兼及校勘,而且原文與註文兼釋,各書皆稱“音義”,合稱《經典釋文》。一些只稱“音”、“音訓”、“音注”、“音詁”者,並不一定只注音,往往也是注音兼及釋義。它們都可看作“音義”之體。

二、通釋語義

通釋語義類訓詁的成果即訓詁專著。隨文釋義解釋的對象是處於使用狀態的詞語,其所解釋的只是被訓詞語在某書或某句中的意義,這種意義是被訓詞語在具體語境中的具體義、臨時義。與之不同,訓詁專著所解釋的對象是處于儲存狀態的詞語,其所作的解釋往往是在隨文而釋的基礎上提煉出的概括義。黄侃先生説:“小學之訓詁貴圓,經學之訓詁貴專。”(《文字聲韻訓詁筆記》)他所説的“小學之訓詁”,即訓詁專著中對詞義的解釋;“經學之訓詁”,即隨文釋義的註釋書中的解釋。“圓”和“專”準確形象地説明了兩種訓詁形式的本質區别。從訓釋對象上看,隨文釋義的對象主要是“字面生澀而義晦”者或“字面普通而義别”者;而訓詁專著原則上要解釋的是語言中全部的詞。

通釋語義的訓詁專著至遲在漢代已經出現,其内容與形式多種多樣,下面我們將對《爾雅》、《方言》、《釋名》、《説文》、《經典釋文》五部訓詁專著,按照其内容分為釋義為主、音義兼注、形音義結合三大類略作介紹。

(一) 釋義為主

1.《爾雅》。

《爾雅》是我國第一部訓詁專著。關於它的作者和撰成時代,歷來頗多爭論。現在基本認為《爾雅》不是一時一人所作,先秦已有雛形,最後編定於西漢時期。關於《爾雅》的名稱,劉熙《釋名·釋典藝》:"爾雅:爾,昵;昵,近也。雅,義也;義,正也。"《漢書·藝文志》張晏注:"爾,近也;雅,正也。"黄侃《爾雅略說》:"雅之訓正,誼屬後起,其實即'夏'之借字。"兩種解釋看似有異,實無不同,《爾雅》就是用華夏近正之語解釋方俗詞、古語詞,正如郭璞《爾雅注》中所說:"所以釋古今之異言,通方俗之殊語。"

據《漢書·藝文志》所說:"《爾雅》,三卷二十篇。"但今本《爾雅》只有十九篇,分别為:《釋詁》、《釋言》、《釋訓》、《釋親》、《釋宫》、《釋器》、《釋樂》、《釋天》、《釋地》、《釋丘》、《釋山》、《釋水》、《釋草》、《釋木》、《釋蟲》、《釋魚》、《釋鳥》、《釋獸》、《釋畜》。這十九篇可以再分為兩大類,《釋詁》、《釋言》、《釋訓》為一類,解釋的是普通詞語;《釋親》以下十六篇為一類,解釋的是各種名物詞語。例如:

初、哉、首、基、肇、祖、元、胎、俶、落、權輿,始也。(《釋詁》)

還、復,返也。(《釋言》)

穆穆、肅肅,敬也。(《釋訓》)

父為考,母為妣,父之考為王父,父之妣為王母,王父之考為曾祖王父,王父之妣為曾祖王母,曾祖王父之考為高祖王父,曾祖王父之妣為高祖王母。(《釋親》)

宫謂之室,室謂之宫。(《釋宫》)

木豆謂之豆,竹豆謂之籩,瓦豆謂之登。(《釋器》)

穹蒼蒼,天也。春為蒼天,夏為昊天,秋為旻天,冬為上天。(《釋天》)

兩河間曰冀州,河南曰豫州,河西曰雝州,漢南曰荆州,江南曰揚州,濟河間曰兖州,濟東曰徐州,燕曰幽州,齊曰營州。(《釋地》)

丘一成為敦丘,再成為陶丘,再成鋭上為融丘,三成為昆侖丘。(《釋山》)

水中可居者曰洲,小洲曰渚,小渚曰沚,小沚曰坻,人所為為潏。(《釋水》)

食苗心,螟;食葉,蟘;食節,賊;食根,蟊。(《釋蟲》)

狒狒，如人，被髮，迅走，食人。（《釋獸》）

《爾雅》把古今異言、方俗殊語以及各種名物加以全面地研究和系統地整理，匯集成初具條理的分類詞典，它不僅保存了漢語詞語的故訓和古代文化，而且為我國早期訓詁學奠定了堅實的基礎。同時，《爾雅》這種按義類通釋語義的做法也為後來很多訓詁書所模仿，形成了數量不小的“群雅”，甚至形成了“雅學”。①

《爾雅》這部書歷來深受學者重視，被譽為“七經之檢度，學問之階路”（張揖《上廣雅表》），並被視為儒家最重要的經典之一。

《爾雅》作為我國最早的一本詞典，其開創之功不可没；同時，對其缺陷也應有清醒的認識：

首先，在分類上還有不够合理與科學的地方。如《釋宫》中包括有道路和橋梁，《釋器》中包括有衣服和食物，《釋草》中包括有木本植物，《釋魚》中包括有爬行動物。

其次，以多義詞作訓釋詞，釋義不够明確。例如《釋詁》：“林、烝、天、帝、皇、王、后、辟、公、侯，君也。”其中，用以釋義的“君”既有“君王”之義，又有“衆多”之義。到底哪些詞對應的是哪個意思，還需要詳加分辨。具體到這一組，“林、烝”對應的是“衆多”，“天、帝、皇、王、后、辟、公、侯”對應的是“君王”。從詞典釋義應當明確精準的角度而言，這種“二義同條”的釋詞方式並不科學，容易讓人産生誤解。

2.《方言》。

《方言》全稱《輶軒使者絕代語釋别國方言》，為西漢末年蜀郡成都人揚雄所撰。關於揚雄撰著《方言》的情况，漢末應劭在《風俗通義序》裏説：“周秦常以歲八月遣輶軒之使求異代方言，還奏籍之，藏於秘室。及嬴氏之亡，遺脱漏棄，無見之者。蜀人嚴君平有千餘言，林閭翁孺才有梗概之法。揚雄好之。天下孝廉衛卒交會，周章質問，以次注續，二十七年爾乃治正，凡九千字。”《方言》是我國第一部方言專著和方言詞典，也是世界語言學史上第一部比較方言詞彙的著作。

今本《方言》共十三卷，各卷没有篇名，標以數字。其中卷一、卷二、卷三、卷六、卷七、卷一〇、卷一二、卷一三釋一般語詞，卷四釋服制，卷五釋器

① 趙世舉：《歷代雅書述略》（上、下）（《辭書研究》1991 年第 3、4 期）和《雅學史初探》（上、下），原載《襄陽師專學報》1990 年第 2 期和 1991 年第 1 期），中國人民大學複印報刊資料《語言文字學》1992 年第 1 期轉載。

物，卷八釋獸，卷九釋兵器，卷一一釋蟲。《方言》在内容和體例上都受《爾雅》影響，不僅分類參照《爾雅》，而且在解釋體例上也非常相似，都是每條先列舉一些同義詞，然後用一個通行詞來解釋。不過，兩相比較，《方言》還是比《爾雅》有所改進。《爾雅》只是羅列古今方俗同義詞，並没有説明其間的區别。而《方言》不僅説明了一組同義詞中各個詞在地域分佈上的不同，而且有時還對同義詞在意義上的差别也有所解釋。可以説，《爾雅》只是羅列訓詁材料，而《方言》則記録了活的方言口語。比較如下：

《爾雅·釋詁》："如、適、之、嫁、徂、逝，往也。"

《方言》卷一："嫁、逝、徂、適，往也。自家而出謂之嫁，由女出為嫁也；逝，秦晉語也；徂，齊語也；適，宋魯語也。往，凡語也。"

《爾雅·釋詁》："懷、惟、慮、願、念、惄，思也。"

《方言》卷一："鬱悠、懷、惄、惟、慮、願、念、靖、慎，思也。晉、宋、衛、魯之间謂之鬱悠。惟，凡思也；慮，謀思也；願，欲思也；念，常思也；東齊、海岱之间曰靖，秦晉或曰慎。凡思之貌亦曰慎，或曰惄。"

《方言》記載的詞語包括古方言、當代方言和共同語，大致有如下四類：

(1)通語。或稱通名、凡語、凡通語、四方之通名，是指没有地域限制、當時較為通行的共同語。

娥、㜲，好也。秦曰娥，宋魏之間謂之㜲，秦晉之間凡好而輕者謂之娥，自關而東河濟之間謂之媌，或謂之姣。趙魏燕代之間曰姝，或曰妦。自關而西秦晉之故都曰妍。好，其通語也。(卷一)

庸、恣、比、侹、更、佚，代也。齊曰佚，江淮陳楚之間曰侹，餘四方之通語也。(卷三)

(2)某地、某地之間通語。這是通行於某個地區的方言。

悼、惄、悴、慭，傷也。自關而東汝潁陳楚之間通語也。汝謂之惄，秦謂之悼，宋謂之悴，楚潁之間謂之慭。(卷一)

悛、憮、矜、悼、憐，哀也。齊魯之間曰矜；陳楚之間曰悼；趙魏燕代之間曰悛；自楚之北郊曰憮；秦晉之間曰矜，或曰悼。(卷一)

(3)古今語。或稱古雅之别語。指殘留在當時方言中的古語詞。例如：

敦、豐、厖、夰、幠、般、嘏、奕、戎、京、奘、將，大也。凡物之大貌曰豐；厖，深之大也。東齊海岱之間曰夰，或曰幠；宋魯陳衛之間謂之嘏，或曰戎;秦晉之間凡物壯大謂之嘏,或曰夏;秦晉之間凡人之大謂之奘,或謂之壯;燕之北鄙、齊楚之郊或曰京,或曰將。皆古今語也。(卷一)

假、佫、懷、摧、詹、戾、艘,至也。邠唐冀兖之間曰假,或曰佫;齊楚之會郊或曰懷;摧、詹、戾,楚語也;艘,宋語也。皆古雅之别語也。(卷一)

(4)轉語。或稱語之轉。指因為時、地不同而形成的語音有所變化的同一個詞的變體。例如:

庸謂之倯,轉語也。(卷三)

煤,火也,楚轉語也。猶齊言焜火也。(卷一〇)

緤、末、紀,緒也。南楚皆曰緤,或曰端,或曰紀,或曰末,皆楚轉語也。(卷一〇)

《方言》所收錄的是漢代及漢代以前的方言詞彙,其中所用的地理名稱非常繁雜,根據華學誠的研究至少有 110 個[①];書中所涉及的地域也非常廣闊,幾乎囊括了漢朝的全部版圖;書中所收的詞,不僅包括廣大地區的漢語,而且可能還含有一些少數民族語言[②]。《方言》一書作為漢語方言學的開山之作,在訓詁學、漢語史,乃至古代社會文化等很多方面都具有極高的學術價值。

3.《釋名》。

《釋名》是我國第一部語源學著作,漢末北海(今山東濰坊西南)人劉熙所著。它大規模地應用了萌芽於先秦、盛行於漢代的聲訓法來探求事物命名之由,專門解釋詞的語源義和同源關係,並注意到當時的語音和古音的異同,對探求語源,辨證古音和古義,具有重要的參考價值。

《釋名》在編纂上借鑒《爾雅》,將所釋之詞按照義類編排為八卷二十七篇。劉熙在自序中說:"夫名之於實,各有義類。百姓日稱而不知其所以之意,故撰天地、陰陽、四時、邦國、都鄙、車服、喪紀,下及民庶應用之器,論叙指歸,謂之《釋名》,凡二十七篇。"這二十七篇依次為:《釋天》、《釋地》、《釋山》、《釋水》、《釋丘》、《釋道》(以上為卷一);《釋州國》、《釋形體》(以上為卷二);《釋姿容》、《釋長幼》、《釋親屬》(以上為卷三);《釋言語》、《釋飲食》、《釋采帛》、《釋首飾》(以上為卷四);《釋衣服》、《釋宫室》(以上為卷

① 華學誠:《揚雄方言校釋匯證》(下)之"地理名詞釋",中華書局,2006 年。

② 張永言:《訓詁學》,華中工學院出版社,1985 年,第 87 頁。

五）;《釋牀帳》、《釋書契》、《釋典藝》（以上為卷六）;《釋用器》、《釋樂器》、《釋兵》、《釋車》、《釋船》（以上為卷七）;《釋疾病》、《釋喪制》（以上為卷八）。

《釋名》一書在材料上既選取前代文獻,又大量採用了當時的口語。在訓詁方法上,全面運用聲訓,通篇以音同或音近字來解釋詞義。

(1)以同音字為訓。例如:

> 土,吐也,吐生萬物也。(《釋地》)
> 銘,名也,記名其功也。(《釋言語》)
> 亭,停也,亦人所停集也。(《釋宫室》)

(2)以音近字為訓。例如:

> 日,實也,光明盛實也。月,缺也,滿則缺也。(《釋天》)
> 禮,體也,得其事體也。(《釋典藝》)
> 觀,觀也,於上觀望也。(《釋宫室》)
> 含,合也,合口停之也;銜亦然也。(《釋飲食》)

《釋名》所釋名物典禮共計 1502 種,為我們保存了許多古詞、古義和語源線索。清人畢沅在《釋名疏證》序中說:"其書參校方俗,考合古今,晰名物之殊,辨典禮之異,洵為《爾雅》、《說文》以後不可少之書。"

聲訓是《釋名》的最大特色,而其最大的弊病也由此產生。《釋名》在使用聲訓時缺乏嚴格的準則,過於主觀,有些解釋是穿鑿附會。例如:《釋天》:"雨,羽也,如鳥羽動則散也。"《釋形體》:"骨,滑也,骨堅而滑也。"這是不可取的。

(二)音義兼注

《經典釋文》是一部按照經典原文順序編排的,以注音為主兼及釋義和校勘的訓詁著作。作者陸德明,本名元朗,後以字行,蘇州吴(今江蘇吴縣)人,生於南朝梁陳之際,卒於唐太宗貞觀初年。《經典釋文》一書始撰於陳後主至德元年(583),完成於隋滅陳(589)以前。

《經典釋文》全書三十卷。第一卷為"序錄",包括"序"(說明著述之由)、"條例"(說明編著方法)、"次第"(說明書中各經典的先後次序及編排理由)、"注解傳述人"(介紹各種經典的授受源流和諸家所作的解釋)。第二卷至第三十卷為十四種經典的音義,即《周易音義》、《古文尚書音義》、《毛詩音義》、《周禮音義》、《儀禮音義》、《禮記音義》、《左傳音義》、《公羊傳音義》、《穀梁傳音義》、《孝經音義》、《論語音義》、《老子音義》、《莊子音義》、《爾雅音義》。與後世大衆熟知的儒家"十三經"相比,少《孟子》而多《老子》、《莊子》,這是因為《孟子》在北宋以前還没有進入"經"的行列,而《老子》、《莊子》在魏晉以後得到了士大夫之崇尚的緣故。陸德明在"序"中說:"粤以癸卯之歲,承乏上庠,循省舊音,苦其太簡,況微言久絶,大義愈乖,攻乎異端,競生穿鑿,不在其位,不謀其政,既職司其憂,寧可視成而已?遂因暇景,救其不逮,研精六籍,采摭九流,搜訪異同,校之《倉》《雅》,輒撰集《五典》、《孝經》、《論語》及《老》、《莊》、《爾雅》等音,合為三袟三十卷,號曰《經典釋文》。古今竝錄,括其樞要,經注畢詳,訓義兼辯,質而不野,繁而非蕪,示傳一家之學,用貽後嗣……。"這基本說明了編撰此書的宗旨和大概情況。

《經典釋文》的基本體例是"摘字為音",即摘出經典正文和注文中的單字,加以音釋。全書共釋經典正文9992字,釋經典注文6129字,合計16121字。請看下面《十三經注疏》之《論語注疏》和《經典釋文》之《論語音義》對比的一個片斷:

> 《論語注疏·學而第一》:子曰:"學而時習之,不亦說乎?馬曰:"子者,男子之通稱,謂孔子也。"王曰:"時者,學者以時誦習之。誦習以時,學無廢業,所以為說懌。"有朋自遠方來,不亦樂乎?包曰:"同門曰朋。"人不知而不慍,不亦君子乎?"慍,怒也。凡人有所不知,君子不怒。
>
> 《經典釋文》卷二四《論語音義》:亦說音悅,注同。通稱尺證反。說懌音亦。有朋蒲弘反。有或作友,非。亦樂音洛。譙周云:"悅深而樂淺。"一云"自内曰悅,自外曰樂。"不慍紆問反。怒也。鄭云:"怨也。"

《經典釋文》的絕大部分註釋都有反切注音。據統計,全書共採漢魏六朝音切二百三十多家,是研究漢語音韻學的寶貴資料。同時,書中收集的漢魏六朝人所作的大量的古書註解以及陸氏自己所做的許多訓釋和校勘則為古漢語詞彙、訓詁的研究以及相關著作的校勘提供了寶貴的資料。

(三)形音義結合

這類訓詁的典型代表是《說文解字》。該書在文字學部分已經介紹,這裏僅從訓詁角度補充介紹如下:

《說文解字》對於每個字均說明其字形,用以形說義的方法來解釋其本義,並用"讀若"和形聲字的聲旁來說明字音,有時還在說解中徵引群書、方言、通人的說法作為佐證。例如:

广,因广為屋,象對剌高屋之形。凡广之屬皆从广。讀若儼然之儼。(广部)

廣,殿之大屋也。从广黄聲。(广部)

𠬪,物落,上下相付也。从爪从又。凡𠬪之屬皆从𠬪。讀若《詩》"摽有梅"。(𠬪部)

𣄺,屰惡驚詞也。从旡咼聲。讀若楚人名多夥。(旡部)

需要説明的是,《説文解字》一書,本身並没有使用反切來注音,因為在許慎那個時代,大約還没有這種注音方法。如果某些字需要注明讀音,就採用"讀若"法。而對於形聲字,則指出其聲符。今本《説文解字》的反切,乃是宋人徐鉉根據孫愐《唐韻》加注在每個字之下的,並不是漢代人的注音。

《説文解字》在中國語言學史上成就巨大,影響深遠。

其一,第一次給"六書"下了定義,並舉了例子。對於所收之字,許慎先訓其義,次説其形,再明其音,首次系統關注到了漢字形、音、義之間的關係。許慎釋義必據其形,析形必合其義,讓研究走上了科學系統的大道。

其二,首次對當時的漢字進行了深入而系統的結構分析,首創了部首編排的方法。段玉裁在《説文解字注》中稱讚説:"合所有之字,分别其部為五百四十。每部各建一首,而同首者則曰'凡某之屬皆从某',於是形立而音義易明。凡字必有所屬之首,五百四十字可以統攝天下古今之字。此前古未有之書,許君之所獨創。"

其三,確立了從本義入手研究字詞的方法。段玉裁在《説文解字注》中説:"許以形為主,因形以説音、説義。其所説義與他書絕不同者,它書多假借,則字多非本義。許惟就字説其本義,知何者為本義,乃知何者為假借,則本義乃假借之權衡也。"又説:"許之為是書也,以漢人通借緐多,不可究詰,學者不識何字為本字,何義為本義,雖有倉頡、爰歷、博學、凡將、訓纂、急就、元尚諸篇,揚雄、杜林諸家之説,而其篆文既亂襍無章,其説亦零星間見,不能使學者推見本始,觀其會通,故為之依形以説音義,而製字之本義昭然可知。本義既明,則用此字之聲而不用此字之義者,乃可定為假借。本義明而假借亦無不明矣。"

此外,《説文解字》釋義的相對可靠性、對釋詞方法的合理運用以及作為一項針砭時弊的成果而對當時社會用字混亂現象的糾正和規範,也深為人們所稱道。

第五節 訓詁的運用

一、古文閱讀

古文閱讀離不開訓詁,有訓詁之助,就可以理解得更加準確、透徹和深入。例如,《南史·列傳第三十四》:"乃伺超之坐,自後斬之,頭墜而身不僵。"其中的"僵"如果理解為"硬"就不恰當了。只要利用訓詁資料就可以準確理解。大徐本《說文》"人部"曰:"僵,僨也。"《左傳·隐公三年》:"庚戌,鄭伯之車僨于濟。"陸德明《經典釋文》:"僨,仆也。"《淮南子·說山》高誘注:"僵,仆也。"小徐本《說文繫傳》曰:"僵,偃也。"可見,"僵"即"倒"義。成語"百足之蟲,死而不僵"中的"僵"也是"倒"的意思。再如,《左傳·隱公元年》:"莊公寤生,驚姜氏,名曰寤生,遂惡之。"我們知道"寤生"即"逆生",但為什麼逆生的孩子會讓姜氏產生厭惡之情,乃至於要廢長立幼,最終引發戰爭呢?清人黃生說出了其中的原因:"凡生子首出為順,足出為逆,至有手及臀先出者,此等皆不利於父母,或其子不祥,故世俗惡之。莊公寤生,是逆生也。逆生則產必難,其母之驚且惡也宜矣。"①

二、古籍整理

古籍整理主要包括校勘、標點、註釋和翻譯。訓詁作為一門綜合性的學術,與古籍整理關係密切。下面舉例說明:

訓詁與校勘。古籍由於時代久遠、輾轉傳抄,常常會產生各種訛誤,只有糾正了錯誤,才能通順準確地理解文義,因此離不開校勘。要想正確校勘,必須依據訓詁。以王念孫在《讀書雜志》中對《戰國策·趙策四》"觸龍言條"的校勘為例:

> 太后明謂左右:"有復言令長安君為質者,老婦必唾其面。左師觸讋願見太后,太后盛氣而揖之。"吴曰:"觸讋,姚云一本無言字。史亦作龍。案《說苑·敬慎篇》:'魯哀公問孔子,夏桀之臣有左師觸龍者,諂諛不正。'人名或有同者,此當從讋以别之。"念孫案:"吴說非也。此《策》及《趙世家》皆作'左師觸龍言,願見太后'。今本'龍、言'二字誤

① 黃生:《義府》卷上。

合為'讋'耳。太后聞觸龍願見之言,故盛氣以待之。若無言字則文義不明。據姚云'一本無言字',則姚本有言字明矣。而今刻姚本亦無言字,則後人依鮑本改之也。《漢書》'古今人表'正作'左師觸龍'。又《荀子·議兵篇》注曰:'《戰國策》趙有左師觸龍。'《太平御覽》人事部引此策曰:'左師觸龍言願見。'皆其明證矣。又《荀子·臣道篇》曰:'若曹觸龍之於紂者,可謂國賊矣。'《史記》'高祖功臣矦者表'有臨轅夷矦戚觸龍、'惠景閒矦者表'有山都敬矦王觸龍,是古人多以觸龍為名,未有名觸讋者。"

王念孫運用訓詁手段對"觸龍言"進行了準確校勘。其結論後來也為長沙馬王堆出土的帛書《戰國縱橫家書》所印證。

訓詁與標點。古書雖無標點,但不得不斷句。《禮記·學記》曰:"一年視離經辨志。""離經辨志"就是離析經文,辨明大意。唐人即有"學識何如觀點書"之諺。清人顧炎武也說:"句讀之不通,而欲從事於九丘之書,真可謂千載笑端矣。"訓詁是正確斷句、標點和理解古書文意的基礎和前提。例如:

《論語·鄉黨》:"廄焚。子退朝,曰:'傷人乎?'不問馬。"有人將其點斷為:"廄焚。子退朝,曰:'傷人乎?''不!'問馬。"後一種斷句標點不當,因為考之古代辭例可知,"不"在先秦没有這樣的用法。

《三國志·魏書·華佗傳》:"復與兩錢散,成得藥,去五六歲。"中華書局標點本《三國志》曾誤點為"復與兩錢散,成得藥去,五六歲。"究其原因,就是由於斷句者不知道"去"乃"藏"義。

訓詁和註釋。註釋古書必須通訓詁,否則容易誤釋。例如,陶淵明《桃花源記》:"此人一一為具言所聞,皆歎惋。"對於其中"歎惋"一詞,《漢語大詞典》等將其注為"嗟歎惋惜",不當。因為從文意看,桃花源中人並無惋惜之意。其實,這裏的"惋"並非"惋惜","歎惋"屬於同義連用,"歎、惋"都是"歎、驚歎、歎息"之義。查考古代訓詁書,《玉篇·心部》、《廣韻·換韻》、《集韻·換韻》、《類篇·心部》等都解釋說:"惋,驚歎也。"表示"驚歎、歎息"之義的"惋"也常和"驚、愕、慨、駭、惕"等連用,下舉諸例中的"惋"都不能理解為"惋惜"。

滎陽郡有一家,姓廖,累世為蠱,以此致富。後取新婦,不以此語之。遇家人咸出,唯此婦守舍,忽見屋中有大缸,婦試發之,見有大蛇,婦乃作湯灌殺之。及家人歸,婦具白其事,舉家驚惋。未幾,其家疾疫,

死亡略盡。(晉干寶《搜神記》卷一二)

臣近親率所統,欲北掃趙魏,軍次武昌,獲撫軍大將軍、會稽王昱書,說風塵紛紜,妄生疑惑,辭旨危急,憂及社稷。省之惋愕,不解所由。(《晉書·桓温傳》)

忽逢一道人,年可九十,容服麁素而神明俊遠。雖覺其韻高,而不悟是神人。須臾進前,逢一年少道人,顯問:"向逢一老道人,是誰耶?"答曰:"頭陀弟子大迦葉也。"顯方惋慨良久。(梁釋僧佑《出三藏記集·法顯傳》)

頃聞之道路云,二魯背叛,致之有由,謂不然之言,絕於智者之耳。忽見來表,將興晉陽之甲,驚愕駭惋,未譬所由。(《宋書·南郡王義宣》)

說此語時,天地大動,無雲而雨,諸天惋惕,即以天眼。(《賢愚經·堅誓師子品》)

古籍中表示"驚歎、歎息"之義的"歎惋"也不少見。如:

琛謂章武王融曰:"不恨我不見石崇,恨石崇不見我。"融立性貪暴,志欲無厭,見之歎惋,不覺成疾。還家,臥三日不能起。江陽王繼來省疾,諭之曰:"卿之財產,應得抗衡,何為羡歎,以至於此?"(《太平廣記·奢侈·元琛》)

同義連用者往往可以倒序使用,表示"驚歎"的"歎惋"也可說成"惋歎",玄應《一切經音義》中引《字略》曰:"惋歎,驚異也。"上述《太平廣記》所記石崇故事來自《洛陽伽藍記》:"融立性貪暴,志欲無限,見之惋歎。"二者一作"歎惋",一作"惋歎",其義完全相同。再如:

慕容出牆望,吳軍無邊岸。咄我臣諸佐,此事可惋歎。(《樂府詩集·慕容垂歌詞》)

訓詁和翻譯。古文今譯通常要遵循"信、達、雅"的標準,其中"信"最為重要。"信"即忠實於原文,它也必須以訓詁為基礎。例如:

《三國志·魏書·三少帝紀》:"屬到市觀見所斥賣官奴婢,年皆七十,或癃疾殘病,所謂天民之窮者也。"有人將其翻譯為:"我到市上看到拍賣官奴婢,年齡都已到七十,或者衰弱殘病,可稱為天下百姓中最窮困的。"由於不通訓詁,短短幾句話的翻譯竟有兩處錯誤。首先,"屬"並非第一人稱代詞,不應譯為"我",它在句中的意思是"近來"。"屬"表"近來"的例子漢魏時期不少。如《漢書・傅介子傳》:“匈奴使屬過,當至烏孫,道過龜茲。”顏師古注:“屬,近也。近始過去。”《後漢書・章帝八王傳》:“屬遭大憂,悲懷感傷。”李賢注:“屬,近。”其次,句中“或”為否定性無定代詞,應譯作“有的”,而不能以今律古地譯為“或者”。

《三國志・魏書・賈詡傳》:“詡曰:‘我段公外孫也,汝別埋我,我家必厚贖之。’時太尉段熲,昔久為邊將,威震西土,故詡假以懼氐。氐果不敢害,與盟而送之,其餘悉死。詡實非段甥,權以濟事,咸此類也。”有人把其中最後一句翻譯為:“賈詡其實並不是段熲的外甥。”譯者將“甥”譯為“外甥”實屬大謬。前文已言“我段公外孫也”,所以依據上下文即可確定這裏“甥”即“外孫”之義。表“外孫”義的“甥”在古書中多有使用,例如《詩經・齊風・猗嗟》:“終日射侯,不出正兮,展我甥兮。”毛傳:“外孫曰甥。”《古今韻會舉要・庚韻》:“甥,外孫曰甥,據外祖而言也。”究其致誤之因,也在於不通訓詁,以今釋古。

三、辭書編纂

我們這裏所講的辭書就是通釋語義的專著,是在隨文釋義的基礎上概括、總結、提煉的結果,可以說辭書就是訓詁的成果。因此訓詁與辭書編纂關係密切。辭書編纂要以訓詁為基礎,訓詁要為辭書編纂服務。例如:

《漢語大詞典》釋“聽許”為“聽而許之”。這樣的解釋實屬望文生義。“聽許”是同義連用而成的複合詞,義為“聽從、同意”。如《三國志・魏志・臧洪傳》:“洪聞之,果徒跣號泣,並勒所領兵,又從紹請兵馬,求欲救超,而紹終不聽許。超遂族滅。”《三國志・蜀書・譙周傳》:“晉室踐阼,累下詔所在發遣周。周遂輿疾詣洛,泰始三年至。以疾不起,就拜騎都尉,周乃自陳無功而封,求還爵土,皆不聽許。”“聽”單用亦可表“許”義。如《呂氏春秋・知士》:“靜郭君辭,不得已而受,十日謝病,强辭,三日而聽。”高誘注:“聽,許。”《三國志・魏書・武帝紀》:“大將軍何進與袁紹謀誅宦官,太后不聽。進乃召董卓,欲以脅太后,卓未至而進見殺。”古文中還有許多“聽、許”同義變文之例,如《三國志・魏書・楊阜傳》:“每朝廷會議,阜常侃然以天下為己任。數諫爭,不聽,乃屢乞遜位,未許。會卒,家無餘財。孫豹嗣。”《三國志・吳書・陸遜傳附子陸抗傳》:“諸將咸欲攻闡,抗每不許。宜都太守雷譚言至懇切,抗欲服衆,聽令一攻。攻果無利,圍備始合。”至於“聽許”和“聽”變文避複的例子,就更有說服力了。《三國志・蜀書・先主傳》:“登曰:‘公路驕豪,非治亂之主。今欲為使君合步騎十萬,上可以匡主濟民,成五霸之業，下可以割地守境，書功於竹帛。若使君不見聽許，登亦未敢聽使君也。'"綜上可知，《漢語大詞典》對於"聽許"一詞的解釋並不合適，應當予以糾正。

《漢語大詞典》第十卷"遇犬"條曰："遇犬，獵犬。《詩・小雅・巧言》：'躍躍毚兔，遇犬獲之。'鄭玄箋：'遇犬，犬之馴者，謂田犬也。'"通常人們都根據鄭玄所注將"遇犬"當作一個詞，表示"獵狗"，《漢語大詞典》亦採用此說。但是從"犬"在先秦使用的通例來看，戰國中期以前，除"祭祀之犬"這種情況外，"犬"基本不受定語修飾，故"遇犬"當指"遇到獵犬"。唐人孔穎達也正是這樣理解的，《毛詩正義》曰："躍躍然者跳疾之狡兔，遇值犬則能獲得之。"由此可見，訓詁之於辭書編纂的重要性。

四、了解古代社會和文化

語言具有社會性，訓詁作為研究語言、解釋語言的工作，與社會文化生活具有密切的聯繫。我們既可以通過研究古代社會和文化作出正確的訓詁，又可以通過訓詁來了解古代社會和文化。

以下事例很能說明問題①：新中國成立前，外國的一艘輪船在揚子江捕到一條不知名的豚魚，於是命名為白鰭豚，並認為這是破天荒的發現。後來，國內搞生物學的科學工作者也發現了這種豚魚，他們深知古代名物的考察有賴於訓詁，於是就求助於訓詁學家徐復先生。先生想到《爾雅》有《釋魚》篇，打開《爾雅注疏》一看，原來他們所發現的，正是《釋魚》篇記錄的"鱀"。從此，這種豚魚就按照中國的習慣叫作白鱀豚。可見，《爾雅》對於國際生物學界的貢獻，不只是證明白鱀豚發現權屬於哪個國家的問題，更重要的是，它還為研究白鱀豚的歷史提供了很早的可信資料。再如，許多猛禽都有吐"食丸"的習性。這是因為猛禽的爪和喙雖然锋利，卻無法拔毛撕羽、剔骨取肉，只能囫圇吞食，然後將不能消化的皮毛團成块状，經過食道和口腔再吐出來。有人認為這一生物現象是由西方生物學家在近代才首先發現的。其實，《說文解字》早就記錄了這種有趣的現象。《說文・丸部》："䠸，鷙鳥食已，吐其皮毛如丸。从丸咼聲。讀若骫。"

唐人秦韜玉《貧女》詩云："誰愛風流高格調，共憐時世儉梳妝。"通過訓詁我們知道"時世儉梳妝"即"時髦的怪異打扮"。若再進一步查閱相關資料，我們就可以大致勾勒出這一時髦打扮的具體情形了。白居易《上陽白

① 吳金華：《訓詁學家的樂趣——徐復先生二三事》，《文匯讀書周報》2006 年 8 月。

髮人》:"小頭鞋履窄衣裳,青黛點眉眉細長。外人不見見應笑,天寶末年時世妝。"又《江南喜逢蕭九徹,因話長安舊遊,戲贈五十韻》之四:"時世高梳髻,風流澹作妝。戴花紅石竹,帔暈紫檳榔。"之五:"鬢動懸蟬翼,釵垂小鳳行。拂胸輕粉絮,暖手小香囊。"牛嶠《女冠子》:"綠雲高髻,點翠勻紅時世。"《新唐書·車服志》:"文宗即位……婦人衣青碧纈、平頭小花草履、彩帛縵成履,而禁高髻、險妝、去眉、開額及吳越高頭草履。"①

【導學訓練】

一、學習導引

訓詁與訓詁學是兩個不同的概念。本章名曰"訓詁",其實主要介紹了訓詁的內容、方法、體式、源流及其運用,目的是讓同學們對訓詁有全面的瞭解,從而學會利用訓詁資料,以解決文獻閱讀和語言研究中的實際問題,從這個意義上說實屬"訓詁學"。同時,本章也注重通過訓詁實例展示訓詁的具體規律和方法,旨在幫助同學們觸類旁通,學會訓詁。這是從實踐出發又回到實踐。同學們應根據這一思路,重點從應用出發來學習和掌握本章內容。

訓詁一定要尊重語言事實。如果盲目追求新說而不顧語言事實,就不可能正確訓詁。基礎知識部分已經舉了不少相關的例子,需要好好體會。訓詁方面出現的很多問題,推其原因主要在於:一方面,對於文獻原文或前人的舊說並沒有好好領會就妄自斷言;另一方面,因急於求成而信口雌黃。這都是不正確的。尊重語言事實,具體要從兩方面落實:一是尊重語言的社會性,一是尊重語言的歷史性。

特別需要注意的是,訓詁免不了要涉及通假問題,通假的條件是同音替代。但絕不可濫用。王力先生曾提醒我們說:"同音字的假借是比較可信的,讀音十分相近(或者既是雙聲又是疊韻,或者是聲母的發音部位相同的疊韻字,或者是韻母相近的雙聲字)的假借也還是可能的,因為可能有方言的關係;至於聲母發音部位很遠的疊韻字與韻母發音部位很遠的雙聲字,則應該是不可能的。而談古音通假的學者們卻往往喜歡把古音通假的範圍擴大到一切的雙聲疊韻,這樣就讓穿鑿附會的人有廣闊的天地,能够左右逢源,隨心所欲。雙聲疊韻的機會是很多的,字與字之間常常有這樣那樣的瓜葛,只要註釋家靈機一動,大膽假設一下,很容易就能攀上關係。曾經有人認為楊朱就是莊周,因為'莊''楊'疊韻,'周''朱'雙聲;這樣濫用古音通假,不難把雞說成狗,把紅說成黃,因為'雞''狗'雙聲,'紅''黃'雙聲;又不難把松說成桐,把旦說成晚,因為'松''桐'疊韻,'旦''晚'疊韻。這好像是笑話,其實古音通假的誤解和濫用害處很大,如果變本加厲,非到這個地步不止。……兩個字完全同音,或者聲音十分相近,古音通假的可能性

① 張永言:《訓詁學》,華中工學院出版社,1985年,第6頁。

雖然大，但是仍舊不可以濫用。如果没有任何證據，没有其他例子，古音通假的解釋仍然有穿鑿附會的危險。”①

二、思考題

1. 清代乾嘉學者的訓詁特點是什麼？有哪些重要的訓詁成就？

2. 關於形訓、聲訓、義訓除了本教材的看法，還有哪些説法？跟本教材的區別是什麼？你的看法如何？

3. 訓詁可以看作一種論證，論證有演繹法和歸納法。請談談傳統訓詁是如何運用這兩種論證方法的。

三、實踐訓練

1.《説文・矢部》：“(躲)，弓弩發於身而中於遠也。从矢从身。，篆文躲从寸。寸，法度也，亦手也。”你是否同意許慎對“躲”字所做的解釋？談談你的看法。《説文》中這類有爭議的説解不少，請再找出二十條，並談談自己的看法。

2. 段玉裁在下面這段材料中揭示出了什麼現象？請在《説文解字注》中再找出一些類似的例子，並加以分析。

《説文・艸部》：“芋，大葉實根，駭人，故謂之芋也。”段玉裁注：“口部曰：吁，驚也。毛傳曰：訏，大也。凡于聲字多訓大，芋之為物，葉大根實，二者皆堪駭人，故謂之芋。其字从艸于聲也。《小雅》：‘君子攸芋。’毛傳：‘芋，大也，謂居中以自光大。’”

3. 通過查閱文獻解釋下列句子中“天”的意義，寫成一篇短文。

(1)坐井觀天。(2)天將降大任於斯人。(3)刑天舞干戚，猛志固常在。(4)素面朝天。(5)天行有常，不為堯存，不為桀亡。(6)民以食為天。(7)天字第一號。

【研討平臺】

因聲求義與聲訓

問題概述

“因聲求義”和“聲訓”是否為一回事？很多時候，人們將“因聲求義”和“聲訓”看作一回事。在學習訓詁的初始階段，這樣籠統的理解也並非不可。但是仔細觀察，我們會發現，“因聲求義”實際包含以下四類情況：第一，如“日，實也”、“月，闕也”、“羊，祥也”之類推求語源者；第二，如“祈，求也”、“改，更也”、“香，芳也”之類以音同音近的同義詞相訓者；第三，如“焜，火也”、“卬，我也”之類説明古今音轉者；第四，如《詩・豳風・東山》鄭箋：“古者聲‘栗、裂’同也”之類明通假者。② 嚴格説來，其中只有第一類

① 王力：《訓詁學上的一些問題》，見《龍蟲並雕齋文集》第一集，第 339 頁。

② 孫雍長：《訓詁原理》，高等教育出版社，2009 年，第 198 頁。

屬於聲訓。因為聲訓的原理是聲義同源,聲訓的旨趣是解釋詞語的命名之義,而非解釋詞的具體所指。破讀通假字實際上只是溝通字際關係,説明用字問題,故不屬聲訓。不過也還有其他的不同看法。

正確認識"因聲求義"的内涵,對於我們深入理解音義關係,探求同源詞,辨明事物命名之由以及破讀通假字都有重要意義。以下我們將選輯一些相關材料,閱讀之後不妨談談自己的體會。

資料選輯

1.《詩經・召南・行露》篇"雖速我獄",《傳》云"獄,确也";《小雅・巧言》篇"君子信盜",《傳》云"盜,逃也"。蓋獄訟之"獄"、盜賊之"盜",義所易曉,故推極二字命名之本,以明"獄"字由"确"得義、"盜"字由"逃"得義;非謂"速獄"即"速确"、"信盜"即"信逃"也。

（劉師培:《毛詩詞例舉要》,見《劉申叔先生遺書》）

2. 直到清代,"因聲求義"作為訓詁的一個重要方法,才臻於系統化、理論化。乾嘉學者認為"義以音生,字從音造。"(阮元《揅經室集》)"故訓聲音,相為表裏。"(戴震《六書音韻表序》)王念孫强調"訓詁之旨,本於聲音。故有聲同字異,聲近義同。雖或類聚群分,實亦同條共貫。譬如振裘必提其領,舉網必絜其綱。"(《廣雅疏證序》)所以,他著《廣雅疏證》的方法是"就古音以求古義,引申觸類,不限形體。"晚近章太炎先生也説:"夫治小學者,在於比次聲音,推跡故訓,以得語言之本。"(《國故論衡・小學略説》)並進一步以"音義相讎,謂之變易;義自音衍,謂之孳乳"為條例,著《文始》一書,運用聲音通轉的規律來歸納同源字,是對"因聲求義"方法更為系統的應用。總之,清代以來,聲音問題在訓詁中受到了極大的重視。"因聲求義"比之"以形索義",成為應用更廣的一種方法。正如黄季剛先生所説:"小學徒識字形,不足以究語言文字之根本。"(《音韻略説》)他還説:"文字之訓詁,必以聲音為之綱領",而"完全之訓詁,必義與聲皆相應。"(《訓詁學講詞》)這些都反映了訓詁學家對聲音問題的竭力强調,説明"因聲求義"方法的重要性。

（陸宗達、王寧:《訓詁方法論》,中國社會科學出版社,1983 年,第 77—78 頁）

3. 前人註釋古書,間或也有用"聲訓"的形式來説明"諧音寓意"的修辭手法的。例如《詩・召南・采蘋》:"于以采蘋? 南澗之濱。于以采藻? 于彼行潦。"鄭箋:"蘋之言賓也,藻之言澡也。婦人之行尚柔順,自潔清,故取名以為戒。"這裏所説的"取名以為戒",是説取某事物已有之名來與語言中另一同音之詞諧音,以達到警誡的作用,即"諧音寓意";並不是指為某一尚無稱謂的事物來取名。古時婦女出嫁前三月要教之以"四德"(婦德、婦言、婦容、婦功),然後再舉行"教成之祭",祭品"牲用魚,芼用蘋、藻"。祭品之所以要用蘋與藻這兩種菜,為的是取"蘋"與"賓"諧音,"藻"與"澡"諧音,以寄寓婦人應"賓服""自潔清"之意(孔疏:"祭不以餘菜,獨以蘋、藻者,蘋之言賓,賓,服也,欲使婦人柔順服從;藻之言澡,澡,浴也,欲使婦人自絜清。故云'婦人之行尚柔順,自絜清,故取名以為戒'")。鄭箋在這裏雖然採用的是"蘋之言賓也""藻之言澡也"的"聲訓"形式,卻並非是在釋"蘋""藻"二詞的命名之義。其他諸如"'女贄不過榛、栗、棗、脩以告虔',取早起、戰栗、修治法度、虔敬之義也";古人喪服有"竹杖""桐杖","所以杖竹、桐何?取其名也:'竹'者蹙也,'桐'者痛也";與"環"即暗示回環,與"玦"即暗示下決斷或訣別而去;"欲其夷也則以'雉'名官,欲其聚也則以'鳩'名官,欲其戶止也則以'扈'名官",凡此種種,都是諧音寓意,"以曲文其直,以隱蘊其顯","取名以為戒"者,並不是真正的探源式的"聲訓"。

(孫雍長:《訓詁原理》,高等教育出版社,2009 年,第 199 頁)

【拓展指南】

一、文獻介紹

1.《毛詩故訓傳》

《毛詩故訓傳》,簡稱《毛傳》,是現存最早最完整的一部傳注。關於其作者和傳授源流,直到三國時代吳國的陸璣和徐整才有較為詳細的叙述。陸璣《毛詩草木鳥獸蟲魚疏》:"孔子刪《詩》,授卜商,商為之序,以授魯人曾申,申授魏人李克,克授魯人孟仲子,仲子授根牟子,根牟子授趙人荀卿,荀卿授魯國毛亨,毛亨作《訓詁傳》,以授趙國毛萇。時人謂亨為大毛公,萇為小毛公。"《經典釋文·序錄》引徐整云:"子夏授高行子,高行子授薛倉子,薛倉子授帛妙子,帛妙子授河間人大毛公,毛公為《故訓傳》於家,以授趙人小毛公,小毛公為河間獻王博士,以不在漢朝,故不列於學。"

《毛傳》訓詁內容豐富,以解釋詞義、句意為主但並不限於此,在訓詁史上意義重大。大抵說來其內容包括:(1)解釋詞義。這是毛傳的主要內容,前引例衆多,兹不贅舉。(2)解釋句意。如《大雅·公劉》:"執豕于牢,酌之用匏。"毛傳:"酌之用匏,儉以質也。"這一注解點明了句子的言外之意。(3)記述典章制度,如《曹風·候人》:"彼其之子,三百赤芾。"毛傳:"一命緼芾黝珩,再命赤芾黝珩,三命赤芾葱珩,大夫以上赤芾乘軒。"(4)徵引故事、史實。如《大雅·緜》:"古公亶父,陶復陶穴,未有家室。"毛傳:"古公處豳,狄人侵之。事之以皮幣,不得免焉;事之以犬馬,不得免焉;事之以珠玉,不得免焉。乃屬其耆老而告之曰:'狄人之所欲者,吾土地也。吾聞之,君子不以其所養人者害人。二三子何患乎无君?'去之,踰梁山,邑乎岐山之下。豳人曰:'仁人之君,不可失也。'從之如歸。"

東漢末年,鄭玄為之作《箋》,唐代孔穎達又進一步疏解《毛傳》、《鄭箋》而作《毛詩正義》,清人阮元將其收入《十三經注疏》。

2.《讀書雜志》

清王念孫(1744—1832)撰,八十二卷,是作者的讀書札記匯編。該書以讀書札記的形式記錄了對《逸周書》、《戰國策》、《史記》、《漢書》、《管子》、《晏子春秋》、《墨子》、

《荀子》、《淮南子》等九部書的校讀成果,並附有《漢隸拾遺》一卷和《讀書雜志餘編》二卷。(《讀書雜志餘編》是王念孫死後,王引之從其遺稿中整理出來的,共有校讀《後漢書》、《老子》、《莊子》、《呂氏春秋》、《韓非子》、《法言》、《楚辭》、《文選》等札記二百六十餘條。)全書內容以校勘為主,同時對部分詞語進行考釋。作者以淵博的學識為基礎,用豐富的材料校正原書中的文字訛誤和句讀錯亂,考辨音訓異同,作出明確論斷。書中的許多精彩論斷,現今已為考古發現所證實。由於該書在校正文字、闡明文義、以聲音通訓詁等方面成績卓著,因而被公認為一部極具價值的校勘、訓詁專著,對今天的古籍校讀和詞語研究都有重要的借鑒作用。

3.《經義述聞》

清王引之(1766—1834)撰,"述聞者,述所聞於父也",故名《經義述聞》。全書共三十二卷,是王念孫、王引之父子校讀經傳的札記集合,書中凡稱"家大人曰"者乃是王念孫的意見,凡稱"引之謹案"者則是王引之自己的看法。作者對《周易》、《尚書》、《毛詩》、《周禮》、《儀禮》、《大戴禮記》、《禮記》、《左傳》、《國語》、《公羊傳》、《穀梁傳》、《爾雅》等十二種經書加以校讀,共計609條。另外還附有專門解說古人名與字之意義聯繫的《春秋名字解詁》二卷,辨證星曆的《太歲考》二卷和總結治學經驗的《通說》二卷。該書在編寫體例、學術觀點、校讀方法上與《讀書雜志》完全一致。在訓詁方面,其特點不僅以聲音通訓詁,而且能結合上下文意,借助語言環境來確定詞義。由於作者具有注重證據,不尚空言的治學態度,又長於訓詁考據之學,故能旁徵博引,擇善而從,解決了許多自漢代以來不易解決的疑難問題。阮元為之作序譽曰:"凡古儒所誤解者,無不旁徵曲喻,而得其本義之所在。使古聖賢見之,必解頤曰:'吾言固如是!'數千年誤解之,今得明矣!"

4.《詩詞曲語辭匯釋》

近人張相(1877—1945)著,六卷,是一部專門研究唐宋元明間流行於詩詞曲中的特殊詞語的專著。共收詞八百餘條。每條之下又詳分義項,加以解說,然後廣為舉例,不避重復。其釋義不僅能細緻地辨別各義項間的細微區別,而且還往往由語義的解釋推及語源的探討和語法的分析。每個詞條的例證,大體是由詩而詞而曲,依次列舉。每組例證的排列,基本都按照作者的時代為序。該書在匯釋詞義的方法上頗可作為參考,大體說來主要有二:一是以詩證詩,以詞證詞,以曲證曲;二是以詩詞曲三者互証。判定一個義項的方法約有五種:(1)體會聲韻;(2)辨認字形;(3)玩繹章法;(4)揣摩情節;(5)比照意義。作者運用文字、音韻、訓詁之學,結合古今口語,依據大量語言資料排比互証,研究詩詞曲中"字面生澀而義晦"或"字面普通而義別"的詞語,推求詞義及用法的流變,做出嚴謹精當的詮釋。

二、資料導引

1. 馮浩菲:《中國訓詁學》,山東大學出版社,1995年。

2. 郭芹納:《訓詁學》,高等教育出版社,2005年。

3. 郭在貽:《訓詁叢稿》,上海古籍出版社,1985年。

4. 郭在貽:《訓詁學》,湖南人民出版社,1986 年。
5. 陸宗達:《訓詁簡論》,北京出版社,2002 年。
6. 陸宗達、王寧:《訓詁方法論》,中國社會科學出版社,1983 年。
7. 齊佩瑢:《訓詁學概論》,中華書局,1984 年。
8. 孫雍長:《訓詁原理》,高等教育出版社,2009 年。
9. 王力:《龍蟲並雕齋文集》,中華書局,1980 年。
10. 王力:《同源字典》,商務印書館,1982 年。
11. 王念孫:《廣雅疏証》,江蘇古籍出版社,1984 年。
12. 王念孫:《讀書雜志》,江蘇古籍出版社,1985 年。
13. 王寧:《訓詁學原理》,中國國際廣播出版社,1996 年。
14. 王寧、李國英、李運富:《訓詁學》,高等教育出版社,2010 年。
15. 王引之:《經義述聞》,江蘇古籍出版社,1985 年。
16. 張相:《詩詞曲語辭匯釋》,中華書局,1979 年。
17. 張永言:《訓詁學》,華中工學院出版社,1985 年。
18. 周大璞:《訓詁學初稿》,武漢大學出版社,2007 年。

【文　選】

老子四則

【解題】

節選自《四部叢刊·道德經》。《道德經》又名《老子》。全書分上下兩篇,八十一章,五千餘字。作者李耳,字伯陽,一名重耳,又號老聃。春秋時楚國苦縣(今河南鹿邑縣)人,曾做過周“守藏室之史”(管理藏書的史官)。歷代關於《老子》的傳本和注疏很多。今人嚴靈峰所輯《無求備齋老子集成》收錄包括道觀碑本、敦煌寫本和木刻本在內的《老子》版本共計三百五十六種。新發現的《老子》最重要的有兩種:一是 1973 年在長沙馬王堆漢墓發現的帛書本《老子》,一是 1993 年在荆門郭店楚墓發現的竹簡本《老子》。《老子》注本有西漢河上公《老子道德經章句》,西漢末年嚴遵《老子指歸》,魏王弼《老子道德經注》。今人陳鼓應《老子今注今譯》,參照簡帛本修訂而成,便於初學者閱讀。

無用第十一

三十輻共一轂 古者車三十輻法月數也共一轂者轂中有孔故衆輻共湊之治身者當除情去欲使五藏空虛神乃歸之也治國者寡能摠衆弱共使强輻音福轂古木反 當其無有車之用 无謂空虛轂中空虛車得去行轝中空虛人能載其上也當丁浪反 埏埴以為器 埏和也埴土也和土以為飲食之器埏始然反埴市力反 當其無有器之用 器中空虛故得有所盛受 鑿户牖以為室 謂作屋室 當其無有室之用 言户牖空虛人得以出入觀視室中空虛人得以居處是其用 故有之以為利 利物也利於形用器中有物室中有人恐其屋破壞腹中有神畏形之消亡也 無之以為用 言虛空者乃可用盛受萬物故曰虛无能制有形道者空也

檢欲第十二

五色令人目盲 貪淫好色則傷精失明也令力征反盲陌庚反 五音令人耳聾 好聽五音則和氣去心不能聽無聲之聲聾力東反 五味令人口爽 爽亡也人嗜五味於口則口亡言失於道味也 馳騁田獵令人心發狂 人精神好安静馳騁呼吸精神散亡故發狂也騁敕領反 難得之貨令人行妨 妨傷也難得之貨謂金銀珠玉心貪意欲不知厭足則行傷身辱也行下孟反妨音反 是以聖人為腹 守五性去六情節志氣養神明 不為目 目不妄視妄視泄精於外 故去彼取此 去彼目之妄視取此腹之養性去羌吕反

益謙第二十二

曲則全 曲己從衆不自專則全其身也 枉則直 枉屈己而申人久久自得直也枉音往 窪則盈 地窪下水流之人則下德歸之也窪烏瓜反 弊則新 自受弊薄後己先人天下敬之久久自新也 少則得 自受取少則得多也天道祐謙神明託虛 多則惑 財多者惑於所守學多者惑於所聞 是以聖人抱一為天下式 抱守法式也聖人守一乃知萬事故能為天下法式也 不自見故明 聖人不以其目視千里之外也乃因天下之目以視故能明達也見賢遍反

不自是故彰聖人不自以為是而非人故能彰顯於世不自伐故有功伐取也聖人德化流行不自取其美故有功於天下不自矜故長矜大也聖人不自貴大故能久不危夫唯不爭故天下莫能與之爭此言天下賢與不肖无能與不爭者爭也古之所謂曲則全者豈虛言哉傳古言曲從則全身正言非虛妄也誠全而歸之誠實也能行曲從者實其肌體歸之於父母無有傷害也

任成第三十四

大道氾兮言道氾氾若浮若沉若有若無視之不見說之難殊氾音泛其可左右道可左右无所不宜萬物恃之而生恃待也萬物皆恃道而生而不辭道不辭謝而逆止也功成不名有有道不名其有功也愛養萬物而不為主道雖愛養萬物不如人主有所放取常無欲可名於小道匿德藏名恒然無為似若微小也萬物歸焉而不為主萬物皆歸道受氣道非如人主有所禁止也可名為大萬物橫來橫去使各自在故不若於大也是以聖人終不為大聖人法道匿德藏名不為滿大故能成其大聖人以身師導不言而化萬事修治故能成其大

學　記

【解題】

本文節選自中華書局1980年版《十三經注疏·禮記正義》。記述學習的功用、方法、目的、效果,以及古代學校教學次序,為人師表的原理和方法,尊師敬業的意義等。

【原文】

發慮憲[1],求善良[2],足以謏聞[3],不足以動衆[4]。就賢體遠[5],足以動衆,未足以化民[6]。君子如欲化民成俗[7],其必由學乎[8]!

【注釋】

[1] 發慮憲:發佈施政謀略和國家法令。慮:謀慮,計畫。憲:法度,政令。

[2] 求善良:物色品德善良的人。

[3] 謏(xiǎo)聞:小有聲名。

[4] 動衆:使大衆感動、震動。

[5] 就:親近,接近。體:體恤,體念。遠:遠人。指被疏遠的賢人。

[6] 化民:教化民衆。

[7] 君子:在古代文獻中,君子有兩種含義:一是品德高尚者,二是在位統治者。這裏指後者。

[8] 其:表示推測的語氣助詞。恐怕,大概。學:教育,學校。

【原文】

玉不琢[9],不成器;人不學,不知道[10]。是故古之王者,建國君民[11],教學為先。《兑命》曰[12]:"念終始,典于學。"[13]其此之謂乎[14]!

【注釋】

[9] 琢:雕刻。

[10] 道:道理。

[11] 君民:統治臣民。君:君臨,統治。

[12]《兌命》:即《説(yuè)命》,《古文尚書》的篇名。

[13] 念終始,典於學:意思是要自始至終想到教育之事,經常勤學。典:經常從事。

[14] 其此之謂乎:恐怕説的就是這個意思。"其",語氣助詞,表推測。"此"作"謂"的賓語,"之",結構助詞,幫助賓語前置。

【原文】

雖有嘉肴,弗食,不知其旨[15]也。雖有至道,弗學,不知其善也。是故學然後知不足,教然後知困[16]。知不足,然後能自反也[17];知困,然後能自强[18]也。故曰:教學相長也。《兌命》曰:"學學半。"[19]其此之謂乎!

【注釋】

[15] 旨:味美。

[16] 困:不通達。

[17] 自反:反躬內省。

[18] 自强:自我勉勵、督促。

[19] 學學半:教和學各佔一半,相互促進,同等重要。前一"學"讀作 xiào,本作斆(xiào),指教人。後一"學"指向人學。

【原文】

古之教者[20],家有塾,黨有庠,術有序,國有學[21]。比年入學[22],中年考校[23]。一年視離經辨志[24],三年視敬業樂羣[25],五年視博習親師[26],七年視論學取友[27],謂之小成[28];九年知類通達[29],强立而不反[30],謂之大成。夫然後足以化民易俗,近者説服[31],而遠者懷之,此大學之道也。記曰[32]:"蛾子時術之。"[33]其此之謂乎!

【注釋】

[20] 古之教者:古代的教育體制。

[21] 塾、庠、序、學:都是古代的學校,所處的地方和規模有别。據《周禮·地官·大司徒》,記載古代二十五家為閭,五百家為党,萬二千五百家為遂,黨屬於鄉,遂在遠郊之外。古代做官的退休後歸教於閭里,朝夕坐於門,門側之堂稱塾。

[22] 比年:每年。

[23] 中年:每隔一年。

[24] 離經辨志:讀斷文句,分析經籍義理,辨别學習之意向。

[25] 敬業樂羣:專注所學,樂於群居。

[26] 博習親師：廣泛地學習，虛心向老師求教。

[27] 論學取友：談論學問，善交益友。

[28] 小成：略有成就。

[29] 知類通達：謂懂得事物間類比的關係，依類推理並能融會貫通。

[30] 强立而不反：臨事不惑，且不違背師訓。

[31] 說（yuè）服：心悦誠服。

[32] 記：典籍。

[33] 蛾子時術之：小蟻學習大蟻時時銜土而構築蟻巢，喻學者應該經常不停地努力學習，終有所成。蛾（yǐ）：鄭玄注："蛾，蚍蜉也，蚍蜉之子，微蟲耳，時術蚍蜉之所為，其功乃復成大垤。"孔穎達疏："蚍蜉之子，按《釋蟲》云：蚍蜉，大螘，小者螘。是蟻為蚍蜉大者，又云蟻子，故云蚍蜉之子也。"術：效法，學習。

【原文】

大學始教，皮弁祭菜[34]，示敬道也。宵雅肄三，官其始也[35]。入學鼓篋[36]，孫其業也[37]。夏楚二物，收其威也[38]。未卜禘，不視學[39]，游其志也[40]。時觀而弗語，存其心也[41]。幼者聽而弗問，學不躐等也[42]。此七者，教之大倫也[43]。記曰："凡學，官先事，士先志。"[44]其此之謂乎！

【注釋】

[34] 皮弁（biàn）：冠名，祭祀的冠服。祭菜，祭祀先聖先師所用的果蔬之類。

[35] 宵雅肄三，官之始也：《詩經·小雅》之《鹿鳴》、《四牡》、《皇皇者華》三篇為君臣宴樂之詩，學校開學時就要求學生吟唱，以為今後當官做準備。宵雅：即小雅，《詩經》組成部分之一。肄：學習。

[36] 鼓篋（qiè）：擊鼓集衆，而後打開書箱。

[37] 孫：同"遜"。恭順。

[38] 夏楚：懲罰的教刑。夏：同"檟"（jiǎ）。即楸，落葉喬木。楚：木名，又名牡荆。落葉灌木，或小喬木，枝幹堅勁，可做杖。本句的意思是：以夏楚責打犯禮者，使其收斂，變得莊重有禮，循規蹈矩。

[39] 卜禘（dì）：祭祀之前先占卜。禘：禘祭，天子和諸侯在夏天進行的大祭之禮。視學：指天子、諸侯視察學校。

[40] 游其志：自由發展其志向。

[41] 存其心：讓學生用心思考，自我領悟。

[42] 躐（liè）等：不循序漸進，逾越等級次序。

[43] 大倫：大的原則。

[44] 凡學，官先事，士先志：大凡學習，為官者先教以為官之事，為士者先教以立士之志。

【原文】

大學之教也,時教必有正業[45],退息必有居學[46]。不學操縵[47],不能安弦[48];不學博依[49],不能安詩[50];不學雜服[51],不能安禮[52];不興其藝[53],不能樂學[54]。故君子之於學也,藏焉,脩焉,息焉,遊焉[55]。夫然,故安其學而親其師,樂其友而信其道,是以雖離師輔而不反也[56]。《兑命》曰:“敬孫務時敏,厥脩乃來。”[57]其此之謂乎!

【注釋】

[45] 時教:四時進行的教育。正業:規定的課業。主要指儒家經典。

[46] 退息:猶離校回家。居學:平居自學,相當於家庭作業。

[47] 操縵:調弄琴絃。

[48] 不能安弦:不能按正確手法撥弦。

[49] 博依:廣為比喻。

[50] 安詩:寫好詩。

[51] 雜服:冕服皮弁之類。

[52] 安禮:行好禮。

[53] 興:喜歡。藝:技藝。即前文所言操縵、博依、雜服之類。

[54] 樂學:樂於學習。

[55] 藏:入學。脩:通“修”,修習。息:退而私居。遊:潛心於學。

[56] 師輔:師友。

[57] 敬孫務時敏,厥脩乃來:專心致志,謙遜好學,及時努力,學業就會有所成就。敬孫:敬慎謙遜。“孫”同“遜”。務:務必,一定。時:及時。敏:勤勉。來:達到。

【原文】

大學之法:禁於未發之謂豫[58],當其可之謂時[59],不陵節而施之謂孫[60],相觀而善之謂摩[61]。此四者,教之所由興也[62]。

【注釋】

[58] 豫:事先防備。即防患於未然。

[59] 當其可:當其可教之時抓住時機進行教育。

[60] 不陵節:不超越制度規定的範圍。施:教。孫:順應。

[61] 相觀而善:相互觀摩切磋。

[62] 興:興盛。本段講教育的四條原則,即預防、適時、循序和觀摩。

【原文】

發然後禁,則扞格而不勝[63];時過然後學,則勤苦而難成;雜施而不孫[64],則壞亂而不脩;獨學而無友,則孤陋而寡聞;燕朋逆其師[65];燕辟廢其學[66]。此六者,教之所由廢也。

【注釋】

[63] 扞(hàn)格:抵觸。勝:克服。

[64] 雜施:所教雜亂。不孫:不循序漸進。

[65] 燕朋:輕慢朋友。燕:褻狎。逆:違抗,背叛。

[66] 燕辟:燕游邪辟。

【原文】

君子既知教之所由興,又知教之所由廢,然後可以為人師也。故君子之教喻也[67],道而弗牽[68],强而弗抑[69],開而弗達[70]。道而弗牽則和,强而弗抑則易,開而弗達則思,和易以思,可謂善喻矣[71]。

【注釋】

[67] 喻:知曉,明白。

[68] 道:同"導"。引導。牽:逼迫,催逼。

[69] 强:勉勵,鼓勵。

[70] 開:啓發。達:得出結論。

[71] 善喻:善於誘導。

【原文】

學者有四失,教者必知之。人之學也,或失則多[72],或失則寡[73],或失則易[74],或失則止[75]。此四者,心之莫同也[76]。知其心,然後能救其失也。教也者,長善而救其失者也[77]。

【注釋】

[72] 多:貪多而不求甚解。

[73] 少:孤陋寡聞。

[74] 易:淺嘗輒止。

[75] 止:畏難不前。

[76] 心之莫同:心性不同。

[77] 長善:增長美德。

【原文】

善歌者,使人繼其聲;善教者,使人繼其志。其言也,約而達[78],微而臧[79],罕譬而喻[80],可謂繼志矣。

【注釋】

[78] 約:簡練。達:通達。

[79] 微:細微。臧(zāng):完善。

[80] 罕譬而喻:教師講課時,用很少的例子和比方就能使學生有透徹的理解。罕譬:較少譬喻。喻:通曉,明白。

【原文】

君子知至學之難易[81],而知其美惡[82],然後能博喻[83]。能博喻,然後能為師。能為師,然後能為長[84]。能為長,然後能為君。故師也者,所以學為君也。是故擇師不可不慎也。記曰:“三王四代唯其師[85]。”此之謂乎!

【注釋】

[81] 君子:指老師。難易:指學業有難易之分。

[82] 而:並且。其:學生,受教育者。美惡:資質才能的好壞。

[83] 博喻:多方誘導。

[84] 長:官長。

[85] 三王:夏禹、商湯、周文王。四代:指虞、夏、商、周。唯其師:正是因為有好的老師。

【原文】

凡學之道,嚴師為難[86]。師嚴然後道尊,道尊然後民知敬學,是故君之所不臣於其臣者二:當其為尸[87],則弗臣也;當其為師,則弗臣也。大學之禮,雖詔於天子,無北面[88],所以尊師也。

【注釋】

[86] 嚴:尊重,尊敬。

[87] 尸:祭主,裝扮為先人受祭的人。

[88] 雖詔於天子,無北面:教師即使被天子召見,給天子講學,也無須面朝北。按周禮,臣見天子,天子面朝南,臣子面向北;但天子學師,天子面向東,老師面朝西,不按君臣之禮,以示對老師的尊重。

【原文】

善學者,師逸而功倍,又從而庸之[89]。不善學者,師勤而功半,又從而怨之。善問者如攻堅木,先其易者,後其節目[90]。及其久也,相說以解[91]。不善問者反此。善待問者如撞鐘[92],叩之以小者則小鳴,叩之以大者則大鳴,待其從容,然後盡其聲[93]。不善答問者反此。此皆進學之道也。

【注釋】

[89] 庸之:歸功於教師。庸,功。

[90] 節目:木頭最堅硬難砍的結節部位。

[91] 相說以解:師徒相悅,問題得到很好的解決。說:同“悅”。

[92] 善待問者:善於回答問題的人。

[93] 盡其聲:形容做充分的解答說明。

鄭伯克段于鄢

【解題】

本文節選自中華書局1980年版《十三經注疏·春秋左傳正義·隱公元年》。文中表現了鄭國統治者內部互相傾軋以及鄭莊公的陰險和虛偽。

【原文】

經　元年春王正月隱公之始年周王之正月也凡人君即位欲其體元以居正故不言一年一月也隱雖不即位然攝行君事故亦朝廟告朔也告朔朝正例在襄二十九年即位例在隱莊閔僖元年○三月公及邾儀父盟于蔑附庸之君未王命例稱名能自通于大國繼好息民故書字貴之名例在莊五年邾今魯國鄒縣也蔑姑蔑魯地魯國卞縣南有姑城○夏五月鄭伯克段于鄢不稱國討而言鄭伯譏失教也段不弟故不言弟明鄭伯雖失教而段亦凶逆以君討臣而用二君之例者言段強大儁傑據大都以耦國所謂得儁曰克也國討例在莊二十二年得儁例在莊十一年母弟例在宣十七年鄭在滎陽宛陵縣西南鄢今潁川鄢陵縣○秋七月天王使宰咺來歸惠公仲子之賵宰官咺名也咺贈死不及尸弔生不及哀豫凶事故貶而名之此天子大夫稱字之例仲子者桓公之母婦人無謚故以字配姓來者自外之文歸者不反之辭○九月及宋人盟于宿客主無名皆微者也宿小國東平無鹽縣也凡盟以國地者國主亦與盟例在僖十九年宋今梁國睢陽縣○冬十有二月祭伯來祭伯諸侯為王卿士者祭國伯爵也傳曰非王命也釋其不稱使○公子益師卒傳例曰公不與小斂故不書日所以示厚薄也春秋不以日月為例唯卿佐之喪獨記日以見義者事之得失既未足以褒貶人君然亦非死者之罪無辭可以寄文而人臣輕賤死日可略故特假日以見義

傳　元年春王周正月言周以別夏殷不書即位攝也假攝君政不脩即位之禮故史不書於策傳所以見異於常○三月公及邾儀父盟于蔑邾子克也克儀父名未王命故不書爵曰儀父貴之也王未賜命以為諸侯其後儀父服事齊桓以奬王室王命以為邾子故莊十六年經書邾子克卒公攝位而欲求好於邾故為蔑之盟解所以與盟也○夏四月費伯帥師城郎不書非公命也費伯魯大夫郎魯邑高平方與縣東南有郁郎亭傳曰君舉必書然則史之策書皆君命也今不書於經亦因史之舊法故傳釋之諸魯事傳釋不書他皆倣此○初鄭武公娶于申曰武姜中國今南陽宛縣生莊公及共叔段段出奔共故曰共叔猶晉侯在鄂謂之鄂侯莊公寤生驚姜氏故名曰寤生遂惡之寐寤而莊公已生故驚而惡之愛共叔段欲立之欲立以為大子亟請於武公公弗許及莊公即位為之請制公曰制巖邑也虢叔死焉佗邑唯命虢叔東虢君也恃制巖險而不脩德鄭滅之恐段復然故開以佗邑虢國今滎陽縣請京使居之謂之京城大叔公順姜請使段居京謂之京城大叔言寵異於衆臣京鄭邑今滎陽京縣祭仲曰都城過百雉國之害也祭仲鄭大夫方丈曰堵三堵曰雉一雉之牆長三丈高一丈侯伯之城方五里徑三百雉故其大都不得過百雉先王之制大都不過參國之一三分國城之一中五之一小九之一今京不度非制也不合法度非先王制君將不堪公曰姜氏欲之焉辟害對曰姜氏何厭之有不如早為之所使得其所宜無使滋蔓蔓難圖也蔓草猶不可除況君之寵弟乎公曰多行不義必自斃子姑待之斃踣也姑且也既而大叔命西鄙北鄙貳於己鄙鄭邊邑貳兩屬公子呂曰國不堪貳

君將若之何公子呂鄭大夫欲與大叔臣請事之若弗與則請除之無生民心叔久不除則舉國之民當生他心公曰無庸将自及言無用除之禍將自及大叔又收貳以為己邑前兩屬者今皆取以為己邑至于廩延言轉侵多也廩延鄭邑陳留酸棗縣北有延津子封曰可矣厚將得衆子封公子呂也厚謂土地廣大公曰不義不暱厚將崩不義於君不親於兄非衆所附雖厚必崩大叔完聚完城郭聚人民繕甲兵具卒乘步曰卒車曰乘將襲鄭夫人將啓之啓開也公聞其期曰可矣命子封帥車二百乘以伐京古者兵車一乘甲士三人步卒七十二人京叛大叔段段入于鄢公伐諸鄢五月辛丑大叔出奔共共國今汲郡共縣書曰鄭伯克段于鄢段不弟故不言弟如二君故曰克稱鄭伯譏失教也謂之鄭志不言出奔難之也傳言夫子作春秋改舊史以明義不早為之所而養成其惡故曰失教段實出奔而以克為文明鄭伯志在於殺難言其奔遂寘姜氏于城潁城潁鄭地而誓之曰不及黄泉無相見也地中之泉故曰黄泉既而悔之潁考叔為潁谷封人封人典封疆者聞之有獻於公公賜之食食舍肉公問之對曰小人有母皆嘗小人之食矣未嘗君之羮請以遺之食而不啜羮欲以發問也宋華元殺羊為羮饗士蓋古賜賤官之常公曰爾有母遺繄我獨無繄語助潁考叔曰敢問何謂也據武姜在設疑也公語之故且告之悔對曰君何患焉若闕地及泉隧而相見其誰曰不然隧若今延道公從之公入而賦大隧之中其樂也融融賦賦詩也融融和樂也姜出而賦大隧之外其樂也洩洩洩洩舒散也遂為母子如初君子曰潁考叔純孝也純猶篤也愛其母施及莊公詩曰孝子不匱永錫爾類其是之謂乎不匱純孝也莊公雖失之於初孝心不忘考叔感而通之所謂永錫爾類詩人之作各以情言君子論之不以文害意故春秋傳引詩不皆與今說詩者同後皆倣此

為　政

【解題】

節選自中華書局 1980 年版《十三經注疏・論語注疏・為政第二》。本篇涉及內容廣泛，主要闡述了“為政以德”的思想、孝悌道德觀和學習方法等。

【原文】

子曰：“為政以德，譬如北辰[1]，居其所，而衆星共之[2]。”

【注釋】

[1]北辰：北極星。

[2]共：“拱”的古字。環繞，圍繞。

【原文】

子曰:"詩三百[3],一言以蔽之[4],曰:'思無邪[5]'。"

【注釋】

[3] 詩三百:指《詩經》。

[4] 蔽:概括。

[5] 思無邪:《詩經·魯頌·駉》:"思無邪,思馬斯徂。""思"為助詞。孔子將其作"思想"解,並不合原義。

【原文】

子曰:"道之以政[6],齊之以刑[7],民免而無恥[8];道之以德,齊之以禮,有恥且格[9]。"

【注釋】

[6] 道:同"導"。引導。

[7] 齊:整治、整頓。

[8] 免而無恥:免於罪過,卻没有羞恥之心。

[9] 格:歸服。

【原文】

子曰:"吾十有五而志于學[10],三十而立,四十而不惑,五十而知天命,六十而耳順,七十而從心所欲,不踰矩[11]。"

【注釋】

[10] 有:同"又"。

[11] 踰:超過。

【原文】

孟懿子問孝[12]。子曰:"無違[13]。"樊遲御[14],子告之曰:"孟孫問孝於我,我對曰'無違'。"樊遲曰:"何謂也?"子曰:"生,事之以禮;死,葬之以禮,祭之以禮。"

【注釋】

[12] 孟懿子:魯國的大夫。"懿"是謚號。

[13] 無違:不要違背。

[14] 樊遲:孔子學生,名須,字子遲。御:駕馭車馬。

【原文】

孟武伯問孝[15]。子曰:"父母唯其疾之憂[16]。"

【注釋】

[15] 孟武伯:孟懿子的兒子,"武"是謚號。

[16] 唯其疾之憂:對於父母,只擔憂他們生病。唯:只。"其疾"為前置賓語。

【原文】

子游問孝[17]。子曰:"今之孝者,是謂能養[18]。至於犬馬,皆能有養[19];不敬[20],何以别乎?"

【注釋】

[17] 子游:孔子的弟子言偃,字子游。

[18] 是謂能養:只是説能够養活父母就行了。是:副詞,相當於"只"。

[19] 至於犬馬,皆能有養:對於狗馬這些畜生都能够得到飼養。

[20] 不敬:不嚴肅恭敬地孝順父母。

【原文】

子夏問孝[21]。子曰:"色難[22]。有事,弟子服其勞[23];有酒食,先生饌[24],曾是以為孝乎[25]?"

【注釋】

[21] 子夏:孔子弟子卜商。

[22] 色難:兒子在父母前經常有愉悦的臉色很難做到。

[23] 服其勞:效勞。

[24] 饌:吃喝。

[25] 曾是以孝乎:難道這樣就可以算作是孝了嗎。曾(céng):副詞,竟。

【原文】

子曰:"吾與回言終日[26],不違[27],如愚[28]。退而省其私[29],亦足以發[30],回也不愚。"

【注釋】

[26] 回:孔子弟子顔回。字子淵。

[27] 不違:不提反對意見和疑問。

[28] 如愚:像愚蠢之人。

[29] 省其私:私下裏思考研究。

[30] 發:發揮。指顔回本人。一説"發"指啓發。指孔子自己。

【原文】

子曰:"視其所以[31],觀其所由[32],察其所安[33]。人焉廋哉[34]? 人焉廋哉?"

【注釋】

[31] 視其所以:考查一個人所結交的朋友。以:此處作"與"講,指與人相處。

[32] 觀其所由:觀察他為達到一定目的所採用的方式。

[33] 察其所安:了解他的心情,安於什麼,不安於什麼。

[34] 人焉廋哉:這個人怎麼能隱藏得住呢。焉:哪裏。廋(sōu):藏匿,隱藏。

【原文】

子曰:"温故而知新,可以為師矣。"

【原文】

子曰:"君子不器[35]。"

【注釋】

[35] 君子不器:孔子認為君子不能像器皿一樣(只有一種用途)。

【原文】

子貢問君子[36]。子曰:"先行其言而後從之[37]。"

【注釋】

[36] 子貢:孔子的學生端木賜。

[37] 先行其言而後從之:先按說的去做,然後再說。

【原文】

子曰:"君子周而不比[38],小人比而不周。"

【注釋】

[38] 周而不比:團結而不是勾結。周:以道義來團結人。比:因利害相互勾結。

【原文】

子曰:"學而不思則罔[39],思而不學則殆[40]。"

【注釋】

[39] 罔:迷惘。

[40] 殆:停滯不前。

【原文】

子曰:"攻乎異端[41],斯害也已[42]。"

【注釋】

[41] 攻乎異端:批判不同於自已的主張。

[42] 斯:連詞。害:有害。已:為語氣助詞。

【原文】

子曰:"由[43]!誨女知之乎[44]!知之為知之,不知為不知,是知也[45]。"

【注釋】

[43] 由:孔子弟子仲由,字子路。

[44] 誨:教導。女:同"汝"。第二人稱代詞。

[45] 是知也:這就是聰明智慧。知:"智"的古字。一說"知"為知道,意思是真正的知道。

【原文】

子張學干祿[46]。子曰:“多聞闕疑[47],慎言其餘[48],則寡尤[49];多見闕殆[50],慎行其餘[51],則寡悔[52]。言寡尤,行寡悔,祿在其中矣。”

【注釋】

[46] 子張:孔子弟子顓孫師,字子張。干祿:求官祿。

[47] 多聞闕疑:多聽並保留有懷疑的地方。

[48] 慎言其餘:謹慎地說出那些可以肯定的部分。

[49] 則寡尤:就會少犯錯誤。尤:錯誤。

[50] 多見闕殆:多看,對有疑問的地方加以保留。

[51] 慎行其餘:謹慎地施行那可以肯定的部分。

[52] 悔:因失誤而後悔。

【原文】

哀公問曰[53]:“何為則民服?”孔子對曰:“舉直錯諸枉[54],則民服;舉枉錯諸直,則民不服。”

【注釋】

[53] 哀公:指魯哀公。姓姬,魯定公之子。在位二十七年(前494—前466)。

[54] 舉直錯諸枉:把正直的人舉薦提拔出來,放在邪曲的人之上。舉:舉薦。錯:通“措”,放置。諸:兼詞,相當於“之於”。枉:邪曲之人。一說“錯”指廢置,意思是廢置那些邪曲的人。

【原文】

季康子問[55]:“使民敬、忠以勸[56],如之何[57]?”子曰:“臨之以莊[58],則敬;孝慈[59],則忠;舉善而教不能[60],則勸。”

【注釋】

[55] 季康子:季孫肥,魯哀公時正卿。

[56] 使民敬、忠以勸:使人民恭敬、忠誠而且勤勉。以:連詞。勸:勤勉。

[57] 如之何:應該怎麼做。

[58] 臨:對待。以:用。莊:嚴肅認真。

[59] 孝慈:孝順父母,慈愛幼小。

[60] 舉善而教不能:舉薦提拔好人,教導能力較弱的人。

【原文】

子曰:“人而無信,不知其可也[61]。大車無輗[62],小車無軏[63],其何以行之哉?”

【注釋】

[61] 其:指無信之人。

[62] 輗(ní):大車轅端與橫木相接處的活銷。

［63］軏（yuè）：古代車轅與横木相連接的關鍵。古代用牛力的車叫大車，用馬力的車叫小車。兩者都要把牲口套在車轅上。車轅前面有一道横木，就是駕牲口的地方。那横木，大車上的叫作鬲，小車上的叫作衡。鬲、衡兩頭都有關鍵（活銷），輗就是鬲的關鍵，軏就是衡的關鍵（據楊伯峻《論語譯注》説）。

性猶杞柳

【解題】

節選自中華書局1980年版《十三經注疏·孟子注疏·告子章句上》。本文通過與告子的問答，以性猶杞柳湍水的比喻來説明人的善惡完全是由外在的後天因素決定的，提出了"生之謂性"、"性無善無不善"的人性論主張。

【原文】

告子曰："性猶杞柳也[1]，義猶桮棬也[2]；以人性為仁義，猶以杞柳為桮棬。"孟子曰："子能順杞柳之性而以為桮棬乎？將戕賊杞柳而後以為桮棬也[3]？如將戕賊杞柳而以為桮棬，則亦將戕賊人以為仁義與[4]？率天下之人而禍仁義者[5]，必子之言夫[6]！"告子曰："性猶湍水[7]也，決諸東方則東流[8]，決諸西方則西流。人性之無分於善不善也，猶水之無分於東西也。"孟子曰："水信無分於東西[9]，無分於上下乎？人性之善也，猶水之就下也。人無有不善，水無有不下。今夫水搏而躍之[10]，可使過顙[11]；激而行之，可使在山。是豈水之性哉？其勢則然也。人之可使為不善，其性亦猶是也。"告子曰："生之謂性[12]。"孟子曰："生之謂性也，猶白之謂白與？"曰："然。""白羽之白也，猶白雪之白；白雪之白猶白玉之白歟？"曰："然。""然則犬之性猶牛之性，牛之性猶人之性歟？"

【注釋】

［1］杞：本同"梠"。這裏當為"杞"。杞柳：木名。落葉喬木，枝條細長柔韌，可編織箱筐等器物。也稱紅皮柳。

［2］桮棬（（bēi quān）：盛酒之類的容器。桮：同"杯"。棬：曲木製成的杯盂。

［3］戕（qiāng）賊：摧殘，破壞。

［4］與：語氣助詞，表反問，後作"歟"。

［5］率：率領。

［6］必：一定。

［7］湍（tuān）：水勢急而旋。

［8］決：水衝破堤壩。諸：兼詞，"之於"的合音。

[9] 信:誠,誠然。

[10] 搏:拍打。躍:激盪跳躍。

[11] 顙(sǎng):額頭。

[12] 生之謂性:天生的資質叫作性。之:結構助詞,用在主謂之間,取消句子獨立性。

【原文】

告子曰:"食色,性也[13]。仁,內也,非外也[14];義,外也,非內也。"孟子曰:"何以謂仁內義外也?"曰:"彼長而我長之[15],非有長於我也[16];猶彼白而我白之[17],從其白於外也[18],故謂之外也。"曰:"異於白馬之白也,無以異於白人之白也;不識長馬之長也[19],無以異於長人之長歟?且謂長者義乎?長之者義乎?"曰:"吾弟則愛之,秦人之弟則不愛也,是以我為悦者也[20],故謂之內。長楚人之長,亦長吾之長,是以長為悦者也,故謂之外也。"曰:"耆秦人之炙[21],無以異於耆吾炙,夫物則亦有然者也[22],然則耆炙亦有外歟?"

【注釋】

[13] 食色,性也:飲食與男女之事,皆是人的本性。

[14] 這句意思是:仁,是內在的東西,而非外在的東西。

[15] 彼長而我長之:因為他年紀大而我對他恭敬。前一個"長"為年長之意,後一個為恭敬之意。

[16] 非有長於我也:恭敬之心不是我所預有。

[17] 彼白而我白之:它是白的,我才認為它是白的。

[18] 從:根據,由於。

[19] 長馬之長:對老馬的憐憫心。前一個"長"為恭敬之意,後一個則為年長之意。下文的"長人之長","長楚人之長","長吾之長"同。

[20] 是以我為悦者也:這是因為我自已的關係而高興這樣。

[21] 耆:同"嗜"。炙:烤肉。

[22] 夫物則亦有然者也:各種事物也有如此的情形。

【原文】

孟季子問公都子曰:"何以謂義內也?"曰:"行吾敬[23],故謂之內也。""鄉人長於伯兄一歲[24],則誰敬?"曰:"敬兄。""酌則誰先[25]?"曰:"先酌鄉人。""所敬在此,所長在彼,果在外[26],非由內也。"公都子不能答,以告孟子。孟子曰:"敬叔父乎?敬弟乎?彼將曰,'敬叔父。'曰,'弟為尸[27],則誰敬?'彼將曰,'敬弟。'子曰,'惡在其敬叔父也[28]?'彼將曰,'在位故也。'子亦曰,'在位故也。庸敬在兄[29],斯須之敬在鄉人[30]。'"季子聞之,曰:

"敬叔父則敬,敬弟則敬,果在外,非由內也。"公都子曰:"冬日則飲湯[31],夏日則飲水,然則飲食亦在外也?"公都子曰:"告子曰:'性無善無不善也。'或曰:'性可以為善,可以為不善;是故文武興[32],則民好善;幽厲興[33],則民好暴[34]。'或曰:'有性善,有性不善;是故以堯為君而有象[35];以瞽瞍為父而有舜[36];以紂為兄之子,且以為君,而有微子啓、王子比干[37]。'今曰'性善',然則彼皆非歟?"孟子曰:"乃若其情[38],則可以為善矣,乃所謂善也。若夫為不善,非才之罪也[39]。惻隱之心[40],人皆有之;羞惡之心,人皆有之;恭敬之心,人皆有之;是非之心,人皆有之。惻隱之心,仁也;羞惡之心,義也;恭敬之心,禮也;是非之心,智也。仁義禮智,非由外鑠我也[41],我固有之也,弗思耳矣。故曰,'求則得之,舍則失之。'或相倍蓰而無筭者[42],不能盡其才者也。《詩》曰:'天生蒸民,有物有則。民之秉彝,好是懿德[43]。'孔子曰:'為此詩者,其知道乎!故有物必有則,民之秉彝也,故好是懿德。'"

【注釋】

[23] 行吾敬:恭敬從我的內心發出。

[24] 鄉人:同鄉的人。伯兄:大哥。

[25] 酌:斟酒。

[26] 果:副詞。終究,到底。

[27] 尸:古代祭祀時代死者受祭的人。

[28] 惡(wū):疑問代詞。

[29] 庸:平日,平常。

[30] 斯:指代上面提到的須敬鄉人的情况。

[31] 湯:熱水。

[32] 文武:周文王和周武王。

[33] 幽厲:周幽王和周厲王。

[34] 暴:横暴。

[35] 象:舜的弟弟,曾謀害舜。這裏以其作例,説明即使有堯舜這樣的賢君,還是免不了有象這樣不肖的臣屬。

[36] 瞽瞍:舜的父親。

[37] 微子啓、王子比干:皆為紂王時的賢臣。

[38] 乃若其情:從天生的資質看。乃若:至於。情:資質。

[39] 才:質性。

[40] 惻隱:同情,憐憫。

[41] 鑠:給予。

[42] 相倍蓰而無筭:相差一倍、五倍甚至無數倍。蓰:五倍。

[43] 蒸:《詩》本作“烝”,众。秉彝:守常。懿:美好。

【原文】

孟子曰:“富歲[44],子弟多賴[45];凶歲,子弟多暴,非天之降才爾殊也[46],其所以陷溺其心者然也。今夫麰麥[47],播種而耰之[48],其地同,樹之時又同[49],浡然而生[50],至於日至之時[51],皆熟矣。雖有不同,則地有肥磽[52],雨露之養、人事之不齊也。故凡同類者,舉相似也[53],何獨至於人而疑之?聖人,與我同類者。故龍子曰:‘不知足而為屨[54],我知其不為蕢也[55]。’屨之相似,天下之足同也。口之於味,有同耆也[56];易牙先得我口之所耆者也[57]。如使口之於味也,其性與人殊,若犬馬之與我不同類也,則天下何耆皆從易牙之於味也?至於味,天下期於易牙,是天下之口相似也。惟耳亦然。至於聲,天下期於師曠[58],是天下之耳相似也。惟目亦然。至於子都[59],天下莫不知其姣也[60]。不知子都之姣者,無目者也。故曰,口之於味也,有同耆焉;耳之於聲也,有同聽焉;目之於色也,有同美焉。至於心,獨無所同然乎?心之所同然者何也?謂理也,義也。聖人先得我心之所同然耳。故理義之悅我心,猶芻豢之悅我口[61]。”

【注釋】

[44] 富歲:豐收的年份。

[45] 賴:今作“懶”。

[46] 非天之降才爾殊也:不是天生的資質這樣不同。

[47] 麰(móu):大麥。

[48] 耰(yōu):農具名。狀如槌,用以擊碎土塊,平整土地和覆種。這裏用作動詞,耕種之意。

[49] 樹:種植。

[50] 浡然:形容事物蓬勃興起貌。

[51] 日至:夏至。

[52] 磽(qiāo):土地堅硬貧瘠。

[53] 舉:都,全。

[54] 屨(jù):鞋。

[55] 蕢(kuì):草編的盛物器。

[56] 耆:同“嗜”。

[57] 易牙:齊桓公的寵臣。

[58] 師曠:春秋晉國樂師,善於辨音。

[59] 子都:古時美男子。

[60] 姣:謂容貌美麗,體態健美。

[61] 芻豢(chú huàn):朱熹《孟子集注》:“草食曰芻,牛羊是也;穀食曰豢,犬豕

是也。"

屈到嗜芰

【解題】

節選自《四部叢刊·國語·楚語上》。文中說楚國大夫屈到喜食菱,臨死囑家臣祭品要擺上菱。他的兒子屈建恪守禮制,認為對於祭品的等級禮法有明確規定,不可僭越。

【原文】

屈到嗜芰[1]。有疾,召其宗老而屬之[2],曰:"祭我必以芰。"及祥[3],宗老將薦芰[4],屈建命去之[5]。宗老曰:"夫子屬之。"子木曰:"不然。夫子承楚國之政,其法刑在民心而藏在王府,上之可以比先王,下之可以訓後世,雖微楚國[6],諸侯莫不譽。其祭典有之曰:國君有牛享[7],大夫有羊饋[8],士有豚犬之奠[9],庶人有魚炙之薦,籩豆、脯醢則上下共之[10]。不羞珍異[11],不陳庶侈[12]。夫子不以其私欲干國之典[13]。"遂不用。

【注釋】

[1] 屈到:楚卿。芰(jì):菱。

[2] 宗老:古代大夫家臣之管理宗事者。屬:囑咐。

[3] 及祥:到了舉行祥祭的時候。祥:喪祭名,父母死十三個月後祭稱小祥,二十五個月後稱大祥。

[4] 薦:獻上。

[5] 屈建:屈到之子,字子木。

[6] 微:無,没有。

[7] 牛享:用牛作供品祭祀。

[8] 羊饋:用羊作供品祭祀。

[9] 豚犬之奠:用小豬和狗作供品祭祀。

[10] 籩(biān)豆:籩和豆。古代祭祀及宴會時常用的兩種禮器。竹制為籩,木制為豆。脯醢((fǔ hǎi):佐酒的菜餚。脯:肉乾。醢:肉醬。

[11] 羞:進獻食物。

[12] 庶侈:衆多。

[13] 干:違反。

濮陽人呂不韋賈於邯鄲

【解題】

本文選自《四部備要·戰國策·秦策五》。記述了呂不韋在趙國邯鄲經商時結識在趙作人質的秦公子異人(後改名子楚),認為“奇貨可居”,從此開始了他政治生涯的過程。

【原文】

濮陽人呂不韋賈於邯鄲[1],見秦質子異人[2],歸而謂父曰:“耕田之利幾倍?”曰:“十倍。”“珠玉之贏幾倍[3]?”曰:“百倍。”“立國家之主贏幾倍?”曰:“無數。”曰:“今力田疾作[4],不得煖衣餘食,今建國立君,澤可以遺世[5]。願往事之。”

【注釋】

[1] 濮陽:今河南省濮陽南。呂不韋:戰國末年著名商人,後為秦國丞相,衛國濮陽人。賈(gǔ):經商。邯鄲:趙國都城,今河北省邯鄲市。

[2] 質:古代派往別處或別國去作抵押的人質。多為王子或世子。子異人:即後來的秦莊襄王,名子楚。

[3] 贏:利。

[4] 力田疾作:意思是努力耕田,辛勤努力勞作。

[5] 澤:恩澤,惠澤。

【原文】

秦子異人質於趙,處於鄗城[6],故往說之曰:“子傒有承國之業[7],又有母在中,今子無母於中,外託於不可知之國[8],一日倍約[9],身為糞土。今子聽吾計事,求歸,可以有秦國。吾為子使秦,必來請子。”

【注釋】

[6] 鄗(liǎo)城:戰國時趙地名。

[7] 子傒:秦太子,是子異人的異母兄弟。

[8] 託:寄託。

[9] 倍:通“背”。

【原文】

乃說秦王后弟陽泉君曰[10]:“君之罪至死,君知之乎?君之門下無不居高尊位,太子門下無貴者。君之府藏珍珠寶玉,君之駿馬盈外廄[11],美女充後庭。王之春秋高[12],一日山陵崩[13],太子用事[14],君危於累卵,而不壽於朝生[15]。說有可以一切而使君富貴千萬歲,其寧於太山四維[16],必無危亡之患矣。”陽泉君避席,請聞其說。不韋曰:“王年高矣,王后無子,子傒有承國之業,士倉又輔之[17]。王一日山陵崩,子傒立,士倉用事,王后之門必生蓬蒿[18]。子異人賢材也,棄在於趙,無母於內,引領西望[19],而願一得歸[20]。王后誠請而立之,是子異人無國而有國,王后無子而有子也。”陽泉君曰:“然。”入說王后,王后乃請趙而歸之。

【注釋】

［10］秦王后：秦孝文王后華陽夫人。

［11］廄（jiù）：馬棚。

［12］春秋：指年齡。

［13］山陵崩：比喻死亡，一般用於天子、諸侯、王后等。

［14］用事：執政。

［15］不壽於朝生：比朝生還短命。朝生：木槿，早晨開花，晚上凋謝。形容生命之短。

［16］太山四維：以太山作為四個支柱。太山：即泰山。

［17］士倉：即杜倉。“士”當為“土”之誤，“土”、“杜”二字古通。杜倉乃秦昭王時丞相。

［18］必生蓬蒿：比喻失勢而門庭冷落。

［19］引領：伸頸遠望。多形容殷切期望。

［20］一：有一天，有朝一日。

【原文】

趙未之遣，不韋說趙曰：“子異人，秦之寵子也，無母於中，王后欲取而子之。使秦而欲屠趙[21]，不顧一子以留計[22]，是抱空質也。若使子異人歸而得立，趙厚送遣之，是不敢倍德畔施[23]，是自為德講[24]。秦王老矣，一日晏駕[25]，雖有子異人，不足以結秦。”趙乃遣之。

【注釋】

［21］使：如果，假使。

［22］留計：堅持既定的計策，即“屠趙”。

［23］倍德畔施：忘恩負義。畔：通“叛”。

［24］講：和解，交好。

［25］晏駕：車駕晚出。古代稱帝王死亡的諱辭。

【原文】

異人至，不韋使楚服而見[26]。王后悅其狀，高其知[27]，曰：“吾楚人也。”而自子之，乃變其名曰“楚”。王使子誦[28]，子曰：“少棄捐在外[29]，嘗無師傅所教學，不習於誦。”王罷之，乃留止。間曰[30]：“陛下嘗軔車於趙矣[31]，趙之豪桀得知名者不少。今大王反國，皆西面而望[32]。大王無一介之使以存之[33]，臣恐其皆有怨心。使邊境早閉晚開。”王以為然，奇其計。王后勸立之。王乃召相，令之曰：“寡人子莫若楚。”立以為太子。

【注釋】

［26］使楚服：讓他穿楚國的衣服。因華陽夫人為楚人，這樣做是為了取悅她。

［27］高其知：贊賞他的智慧。

［28］誦：誦經。

［29］棄捐：指在趙國為質。

［30］間曰：（子楚）過一會兒説。

［31］軔（rèn）車：停車。這裏指秦孝文王也曾出質於趙。軔：用來阻止車輪滾動的木頭。

［32］西面而望：仰望大王。

［33］一介之使：一個普通的使臣。存：慰問，問候。

齊宣王見顔斶

【解題】

本文選自《四部備要·戰國策·齊策四》。通過顔斶與齊王及其左右的對話，表現了士人不求聞達、視利祿如浮雲的思想。

【原文】

齊宣王見顔斶[1]，曰："斶前[2]！"斶亦曰："王前！"宣王不悦。左右曰："王，人君也；斶，人臣也；王曰：'斶前'，亦曰：'王前'，可乎？"斶對曰："夫斶前為慕勢，王前為趨士[3]；與使斶為趨勢，不如使王為趨士。"王忿然作色[4]，曰："王者貴乎？士貴乎？"對曰："士貴耳，王者不貴。"王曰："有説乎？"斶曰："有。昔者秦攻齊，令曰：'有敢去柳下季壟五十步而樵采者[5]，死不赦。'令曰：'有能得齊王頭者，封萬户侯，賜金千鎰[6]。'由是觀之，生王之頭曾不若死士之壟也[7]。"宣王默然不悦。

【注釋】

［1］齊宣王：戰國時齊國國君，齊威王之子，嬀姓。公元前320年繼齊威王為田氏齊國第五代國君，前319—前301年在位。顔斶（chù）：齊人。

［2］前：名詞活用為動詞，上前來。

［3］趨：投向，趨向。

［4］忿然：發怒貌。

［5］柳下季：即柳下惠，春秋時魯國人。壟：墳墓。

［6］鎰：古代重量單位，合二十兩。一説二十四兩。

［7］曾：副詞。竟，乃。

【原文】

左右皆曰："斶來！斶來！大王據千乘之地，而建千石鍾[8]，萬石簴[9]；天下之士仁義皆來役處[10]；辯知並進[11]，莫不來語[12]；東西南北，莫敢不服；求萬物不備具，而百無不親附。今夫士之高者乃稱匹夫、徒步而處農畝[13]，下則鄙野、監門、閭里[14]。士之賤也亦甚矣！"

【注釋】

[8] 石(dàn):古時重量單位。一百二十斤為一石。鍾:通“鐘”。古代樂器。

[9] 簴(jù):古代懸掛鐘磬的架子。

[10] 役處:服務,做事。

[11] 辯知:指口才敏捷之人。

[12] 語:告訴,陳述。

[13] 匹夫、徒步:皆指平民。農畝:猶鄉野。

[14] 鄙野:鄉野之地。監門:看門人。閭里:平民聚居之處。

【原文】

斶對曰:“不然。斶聞古大禹之時,諸侯萬國。何則?德厚之道得[15],貴士之力也[16]。故舜起農畝,出於野鄙,而為天子。及湯之時,諸侯三千。當今之世,南面稱寡者乃二十四[17]。由此觀之,非得失之策與?稍稍誅滅[18],滅亡無族之時,欲為監門閭里,安可得而有乎哉?是故《易傳》不云乎:‘居上位未得其實,以喜其為名者,必以驕奢為行。据慢驕奢[19],則凶從之。’是故無其實而喜其名者削,無德而望其福者約[20],無功而受其祿者辱,禍必握[21]。故曰:‘矜功不立,虛願不至[22]。’此皆幸樂其名[23],華而無其實德者也。是以堯有九佐[24],舜有七友[25],禹有五丞[26],湯有三輔[27]。自古及今而能虛成名於天下者,無有。是以君王無羞亟問,不媿下學。是故成其道德,而揚功名於後世者,堯、舜、禹、湯、周文王是也。故曰:‘無形者,形之君也[28];無端者,事之本也。’夫上見其原,下通其流,至聖人明學,何不吉之有哉?老子曰:‘雖貴,必以賤為本;雖高,必以下為基。’是以侯王稱孤、寡、不穀,是其賤之本與,非夫?孤、寡者,人之困賤下位也,而侯王以自謂,豈非下人而尊貴士與?夫堯傳舜,舜傳禹,周成王任周公旦,而世世稱曰明主。是以明乎士之貴也。”

【注釋】

[15] 德厚之道得:掌握了德厚之道。

[16] 貴:以之為貴,看重。

[17] 南面:古代以坐北朝南為尊位,故帝王諸侯見群臣,或卿大夫見僚屬,皆面向南而坐,因用以指居帝王或諸侯、卿大夫之位。稱寡:即稱王。

[18] 稍稍:漸漸。

[19] 据:通“倨”。驕傲,傲慢。

[20] 約:窮困。

[21] 禍必握:必然遭受嚴重的禍害。

[22] 矜功不立,虛願不至:好大喜功的不能建立功業,誇誇其談而無實際行動的達

不到目標。

[23] 幸樂:喜好,喜愛。

[24] 九佐:指尧之九官。《說苑・君道》:"堯之時,舜為司徒,契為司馬,禹為司空,后稷為田疇,夔為樂正,倕為工師,伯夷為秩宗,皋陶為大理,益掌敺禽。"

[25] 七友:指舜的七個友人。分別為雄陶、方回、續牙、伯陽、東不訾、秦不虛、靈甫等七人。

[26] 五丞:指禹的五位賢佐即益、稷、皋陶、垂、契。

[27] 三輔:疑為誼伯、仲伯、咎單三人。

[28] 無形者,形之君也:即無形生有形之意。

【原文】

宣王曰:"嗟乎!君子焉可侮哉?寡人自取病耳[29]。及今聞君子之言,乃今聞細人之行[30],願請受為弟子。且顏先生與寡人遊,食必太牢[31],出必乘車,妻子衣服麗都[32]。"

【注釋】

[29] 自取病:即自取其辱之義。

[30] 細人:見識短淺之人;小人。

[31] 太牢:古代祭祀,牛羊豬三牲具備謂之太牢。

[32] 麗都:華麗,華貴。

【原文】

顏斶辭去,曰:"夫玉生於山,制則破焉[33]。非弗寶貴矣,然夫璞不完[34]。士生乎鄙野,推選則祿焉[35],非不得尊遂也[36],然而形神不全[37]。斶願得歸,晚食以當肉[38],安步以當車[39],無罪以當貴,清靜貞正以自虞[40]。制言者[41],王也;盡忠直言者,斶也。言要道已備矣,願得賜歸,安行而反臣之邑屋[42]!"則再拜而辭去也。

【注釋】

[33] 制:製作。

[34] 璞:未琱琢的玉。完:完整。

[35] 祿:動詞。得到祿位。

[36] 尊遂:尊貴顯名。遂:功成名就。

[37] 形神不全:精神和本質都受到傷害。

[38] 晚食以當肉:飯吃得晚一些,因為餓了的關係,吃得更香,以此就當作吃肉了。

[39] 安步以當車:把閑適的散步當作是乘車。

[40] 虞:通"娛"。娛樂。

[41] 制言:下命令。

[42] 安行:即安步。反:同"返"。邑屋:邑里的房舍。

【原文】

羼知足矣,歸真反撲[43],則終身不辱。

【注釋】

[43] 歸真反撲:回到其原始淳樸本真的狀態。撲:通"璞"。又說通"樸"。

弔屈原賦並序

【解題】

選自中華書局 1977 年版《文選》(胡克家刻本)。賈誼(前 200—前 168),洛陽(今河南省洛陽市東)人,西漢初年著名的政論家、文學家。二十三歲時,因遭群臣忌恨,被貶為長沙王太傅。後被召回長安,為梁懷王太傅。梁懷王墜馬而死後,賈誼深懷歉疚,三十三歲即憂傷而死。其著作主要有散文和辭賦兩類。辭賦以《弔屈原賦》、《鵩鳥賦》最著名。《弔屈原賦》《文選》作《弔屈原文》。

本篇是賈誼被貶後,赴長沙任職途經湘水所作,抒發了對屈原的無限哀思,抨擊了是非顛倒、忠良被害的混亂世道,也表達了今古共悲的志士之憤。

【原文】

誼為長沙王太傅[1],既以謫去[2],意不自得[3],及渡湘水[4],為賦以弔屈原。屈原,楚賢臣也,被讒放逐,作離騷賦,其終篇曰:"已矣哉! 國無人兮,莫我知也。"遂自投汨羅而死。誼追傷之[5],因自喻。其辭曰:

【注釋】

[1] 太傅:官職名,職責在於輔佐太子。賈誼所任長沙王太傅,其實就是輔佐長沙王的官職。

[2] 謫:流放,貶職。

[3] 意不自得:自己感到很不如意。

[4] 及:待,等到。湘水:即湘江。

[5] 追傷:追念傷悼。

【原文】

恭承嘉惠兮[6],俟罪長沙[7]。側聞屈原兮[8],自沈汨羅[9]。造託湘流兮[10],敬弔先生。遭世罔極兮[11],乃隕厥身[12]。

【注釋】

[6] 嘉惠:美好的恩惠,指皇帝任命他做長沙王太傅這件事。

[7] 俟罪:謙詞。指做官。

[8] 側聞:謙詞。從旁聽說。

[9] 汨羅:水名,在今湖南東北部。

[10] 造:到。託湘流:指把弔文寄託給湘水。

[11] 罔:無。極:指中正之道。

[12] 隕:歿。厥:指示代詞。其。

【原文】

嗚呼哀哉! 逢時不祥。鸞鳳伏竄兮[13],鴟梟翱翔[14]。闒茸尊顯兮[15],讒諛得志;賢聖逆曳兮[16],方正倒植[17]。世謂隨夷為溷兮[18],謂跖蹻為廉[19],莫邪為鈍兮[20],鉛刀為銛[21]。吁嗟默默[22],生之無故兮[23]! 斡棄周鼎[24],寶康瓠兮[25];騰駕罷牛[26],驂蹇驢兮[27];驥垂兩耳[28],服鹽車兮[29];章甫薦履[30],漸不可久兮。嗟苦先生,獨離此咎兮[31]!

【注釋】

[13] 鸞鳳:鸞鳥與鳳凰。伏竄:隱藏。

[14] 鴟梟(chī xiāo):貓頭鷹。

[15] 闒(tà)茸:庸碌低劣之人。

[16] 逆曳(yè):被倒著拉,即不順正道之意。

[17] 方正:正直無邪之人。倒植:指本應居高位反而居下位。

[18] 隨:卞隨,殷代賢士。夷:伯夷。溷(hùn):混濁。

[19] 跖:盗跖。蹻:莊蹻。

[20] 莫邪(yé):寶劍名。

[21] 鉛刀:鉛製的刀。鉛質軟,作刀不鋭,故比喻無用的人和物。銛(xiān):鋒利。

[22] 吁嗟:感歎詞。默默:不得意。

[23] 生:指屈原。無故:指無故遇禍。

[24] 斡:轉,也就是棄的意思。周鼎:周代傳國的九鼎。

[25] 寶:意動用法,以之為寶。康瓠:空壺,破瓦壺。

[26] 騰:乘。罷(pí):通"疲"。疲勞。

[27] 驂(cān):同駕一車的三匹馬。這裏用作動詞,有駕車之義。蹇(jiǎn):跛足,瘸。

[28] 驥(jì):駿馬。垂兩耳:形容馬吃力貌,低下頭並耷拉著兩耳。

[29] 服:駕,乘。

[30] 章甫薦履:帽子被墊在鞋子下,比喻上下顛倒,倒行逆施。章甫:一種帽子。薦:墊。

[31] 離:通"罹"。遭受。

【原文】

訊曰[32]:已矣! 國其莫我知兮,獨壹鬱其誰語[33]? 鳳漂漂其高逝兮[34],固自引而遠去。襲九淵之神龍兮[35],沕深潛以自珍[36]。偭蟂獺以隱處兮[37],夫豈從蝦與蛭螾[38]? 所貴聖人之神德兮,遠濁世而自藏。使騏驥可得係而羈兮[39],豈云異夫犬羊? 般紛紛其離此尤兮[40],亦夫子之故也。歷九州而相其君兮,何必懷此都也? 鳳凰翔于千仞兮[41],覽德輝而下之。見細德之險徵兮[42],遥曾擊而去之[43]。彼尋常之汙瀆兮[44],豈能容夫吞舟之巨魚? 横江湖之鱣鯨兮[45],固將制於螻蟻。

【注釋】

[32] 訊:告。“訊曰”相當於楚辭中的“亂曰”,辭賦篇末總括全篇要旨的話。

[33] 壹鬱:同“抑鬱”。

[34] 漂漂:同“飄飄”,飛翔貌。逝:飛。

[35] 襲:因襲,效法。

[36] 沕(wù):深潛貌。

[37] 偭(miǎn)蟂(xiāo)獺(tǎ):這句意思是想要拋棄蟂獺而從神龍。偭:背。蟂:傳説中的一種動物,像蛇,四足,食魚。獺:水獺,食魚。

[38] 蝦(há):指蛤蟆。蛭:水蛭,吸人畜血。螾:同“蚓”。蚯蚓。

[39] 使:假使。

[40] 般:通“盤”。盤桓,徘徊不離。紛紛:紊亂貌。離:通“罹”。尤:過失,罪過。

[41] 仞:古代長度單位,七尺為一仞。

[42] 細德:卑鄙之德。險徵:危險的徵兆。

[43] 曾:通“層”。高。擊:兩翅擊空。

[44] 尋:八尺。常:十六尺。汙:停積不流的水。瀆:小溝渠。

[45] 鱣(zhān):一種大魚。

《説文解字注》序

【解題】

選自中華書局1988年版《説文解字注》。本篇序言作者王念孫,重點指出了段玉裁注《説文》,能够按照文字形音義三者並重的原則,根據他自己構擬的古音十七部,以語音為線索進行訓詁這一特點,並盛讚“千七百年來無此作矣”。

【原文】

《説文》之為書,以文字而兼聲音訓詁者也。凡許氏形聲、讀若,皆與古音相準。或為古之正音,或為古之合音。方以類聚,物以羣分。循而攷之,各有條理。不得其遠近分合之故,則或執今音以疑古音,或執古之正音以疑古之合音,而聲音之學晦矣。《説文》之訓,首列製字之本意而亦不廢假借,凡言“一曰”及所引經類多有之。蓋以廣異聞、備多識而不限於一隅也。不明乎假借之指，則或據《説文》本字以改書傳假借之字，或據《説文》引經假借之字以改經之本字，而訓詁之學晦矣。吾友段氏若膺，於古音之條理，察之精、剖之密，嘗為《六書音均表》，立十七部以綜核之[1]。因是為《説文注》，形聲、讀若一以十七部之遠近分合求之，而聲音之道大明。於許氏之説正義、借義，知其典要，觀其會通，而引經與今本異者，不以本字廢借字，不以借字易本字。揆諸經義，例以本書，若合符節，而訓詁之道大明。訓詁聲音明而小學明，小學明而經學明，蓋千七百年來無此作矣。若夫辨點畫之正俗，察篆隸之緐省[2]，沾沾自謂得之，而於轉注、假借之通例茫乎未之有聞，是知有文字而不知有聲音訓詁也。其視若膺之學，淺深相去為何如邪？余交若膺久，知若膺滚[3]，而又皆從事於小學，故敢舉其犖犖大者，以告綴學之士云。嘉慶戊辰五月高郵王念孫序。

【注釋】

[1] 段玉裁分古韻為十七部，其特點是：一，支、脂、之三分；二，侯部獨立；三，真、文分韻。

[2] 緐：同“繁”。

[3] 滚：同“深”。

《廣雅疏證》序

【解題】

選自中華書局 1983 年版《廣雅疏證》（嘉慶元年王氏家刻本）。本序言由段玉裁作。段與王念孫不但是同門，而且在形音義互求、就古音求古義等方面具有共同的學術主張，同為乾嘉學派的代表，本序即重點論述了以音韻貫穿文字訓詁的思想。

【原文】

小學有形有音有義，三者互相求，舉一可得其二。有古形有今形，有古音有今音，有古義有今義，六者互相求，舉一可得其五。古今者不定之名也。三代為古則漢為今，漢魏晉為古則唐宋以下為今。聖人之制字，有義而後有音，有音而後有形。學者之考字，因形以得其音，因音以得其義。治經莫重於得義，得義莫切於得音。《周官》“六書”[1]，指事、象形、形聲、會意四者，形也；轉注、假借二者，馭形者也，音與義也。三代小學之書不傳，今之存者，形書《説文》為之首，《玉篇》以下次之；音書《廣韻》為之首，《集韻》以下次之；義書《爾雅》為之首，《方言》《釋名》《廣雅》以下次之。《爾雅》《方言》《釋名》《廣雅》者，轉注假借之條目也。義屬於形，是為轉注；義屬於聲，是為假借。稚讓為魏博士[2],作《廣雅》。蓋魏以前經傳謠俗之形音義彙綷於是[3],不孰於古形古音古義,則其說之存者,無由甄綜[4];其說之已亡者,無由比例推測。形失則謂《說文》之外字皆可廢,音失則惑於字母七音[5],猶治絲棼之[6]。義失則梏《說文》所說之本義而廢其假借,又或言假借而昧其古音,是皆無與於小學者也。懷祖氏能以三者互求[7],以六者互求,尤能以古音得經義,蓋天下一人而已矣。假《廣雅》以證其所得,其注之精粹,再有子雲必能知之[8]。敢以是質於懷祖氏,竝質諸天下後世言小學者。乾隆辛亥八月金壇段玉裁序。

【注釋】

[1]《周官》:指《周禮》,《漢書·藝文志》稱為《周官經》。

[2] 稚讓:《廣雅》作者張揖字稚讓,曾在魏明帝太和年間(227—232)任博士。

[3] 謠俗:指經傳之外的其他典籍。綷:《漢書》顔師古注:"綷,合也。"

[4] 甄綜:分析審查。

[5] 七音:傳統音韻學以唇音、舌音、牙音、齿音、喉音、半舌音、半齿音為七音。

[6] 治絲棼之:意思是想理順蠶絲反而使之更加紛亂没有頭緒。棼(fén):紛亂、紊亂。

[7] 懷祖氏:王念孫(1744—1832),字懷祖。

[8] 子雲:西漢辭賦家、語言學家揚雄(前53—18),字子雲,西漢蜀郡成都人。所著《方言》一書為我國最早研究漢語方言的專著。